The Works of Justin Martyr

Genuine and Doubtful

In Greek

Stuart Graham

Hagia Scriptura

Figure 1 By Jacques Callot, Israël Henriet - https://www.britishmuseum.org/collection/object/P_1861-0713-546, Public Domain, https://commons.wikimedia.org/w/index.php?curid=22812904

Copyright © 2023 by Stuart Graham.

All rights reserved. No part of this book may be used or reproduced in any form whatsoever without written permission except in the case of brief quotations in critical articles or reviews.

http://hagiascriptura.com

Cover design by Stuart Graham

Cover Images:

Front: Page 1 of 1 Apology from Add MS 82951
Saint Justin dans André Thevet, Les Vrais Pourtraits et Vies Hommes Illustres, 1584
Rear: Page 1 of Dialogue from Add MS 82951

ISBN - Paperback: 978-0-6450720-7-5

First Edition: May 2023

TABLE OF CONTENTS

Introduction 9

Ἀπολογία Α 39

Ἀπολογία Β΄ 95

Πρὸς Τρύφωνα Ἰουδαῖον Διάλογος 109

Προς Διογνητον 277

Προς Ελληνας 289

Λογος Παραινετικος Προς Ελληνας 295

Περι Μοναρχιας 333

Περι Αναστασεως 345

Introduction

Justin Martyr is one of the earliest post-Apostolic Christian apologists. He was born in the city of Flavia Neapolis (modern day Nablus in Samaria). He is thought to have been born between 90 and 110 AD to Greek pagan parents and was given the name Flavius Justinus. His grandfather bore a Greek name, Bacchius, as did his father, Priscus, while Justin was given a Latin name.

In the *Dialogue* (ch 120.6) he mentions the Samaritans and says they are 'of my race, I say of the Samaritans' (τοῦ γένους τοῦ ἐμοῦ, λέγω δὲ τῶν Σαμαρέων) though he says he also considers himself a Gentile in *Dialogue* 29.1. It is possible his family were formerly Samaritans but had become thoroughly Hellenised and longer considered themselves Samaritans. Alternatively, this could be a reference to his being born in the territory of the Samaritans.

As a young man Justin sought to understand deity, creation, what happens after death and many other related ideas. In his Dialogue with Trypho in answer to Trypho's question he stated the questions he had and the knowledge he had sought.

'So we too have believed. But the most have not taken thought of this, whether there be one or more gods, and whether they have a regard for each one of us or no, as if this knowledge contributed nothing to our happiness; nay, they moreover attempt to persuade us that God takes care of the universe with its genera and species, but not of me and you, and each individually, since otherwise we would surely not need to pray to Him night and day.'

His search for the answers to the question he spoke of led him first to 'surrender' himself to a certain unnamed Stoic teacher and spend a considerable time with him.

When the Stoic displayed a lack of interest in the topics Justin wanted answers to, he left.

Justin's next stop was a type of philospher known as a Peripatetic (Greek 'one given to walking about'), a philosopher of the school founded by Aristotle who was 'as he fancied, shrewd'. Justin was put off by the Peripatetic philospher's being more interested in the fees than in teaching his young student,

'And this man, after having entertained me for the first few days, requested me to settle the fee, in order that our intercourse might not be unprofitable. Him, too, for this reason I abandoned, believing him to be no philosopher at all.'

Undeterred, Justin next 'came to a Pythagorean, very celebrated—a man who thought much of his own wisdom'. The Pythagorean asked Justin if he was acquainted with music, astronomy, and geometry and insisted they were necessary to his learning and to life in General. When his prospective student professed his ignorance of the subjects he was dismissed by the teacher. Justin was impatient and did not wish to linger on the subjects the Pythagorean required but thought the man to be of great knowledge.

He described his situation as 'helpless' and found himself wanting to hear from the Platonists, due to their fame. He sought out one who had settled in his city[1], a man he described as συνετός ('insightful', 'discerning', 'sagacious', or 'shrewd'[2]). He believed that '*I progressed, and made the greatest improvements daily. And the perception of immaterial things quite overpowered me, and the contemplation of ideas furnished my mind with wings, so that in a little while I supposed that I had become wise; and such was my stupidity, I expected forthwith to look upon God, for this is the end of Plato's philosophy*'.

Justin often took to quiet areas away from other people to ponder what he was learning. One day as he was in a lonely field not far from the sea he noticed an old man '*by no means contemptible in appearance, exhibiting meek and

---

[1] Either Flavia Neapolis or Ephesus, Justin does not explain which.
[2] See Matt 11:25, Luke 10:21, Acts 13:7, and 1 Cor 1:19 for examples of New Testament usage.

venerable manners' seemed be following him. Justin was astonished at finding another person in such a lonely place and stopped his walk to observe the old man.

Noticing Justin was keenly watching him, the old man enquired as to whether he knew Justin. When the young man replied in the negative he asked 'why then do you so look at me?' Justin expressed his astonishment at seeing another in so lonely a place. The old man explained that he was concerned about members of his family who had apparently disappeared and was searching for them.

In return Justin explained that he delighted in such walks where he could not be distracted by others and could converse with himself because such places were *'most fit for philology'*. The old man then asked if he was a philologian but *'no lover of deeds and truth'*. Justin asked could there be no greater work than to explain the reason governing all that is and *'being mounted upon it, to look down on the errors of others, and their pursuits'*?

The old man led Justin in a discussion and reasoning that took them to the Prophets of the Bible,

'There existed, long before this time, certain men more ancient than all those who are esteemed philosophers, both righteous and beloved by God, who spoke by the Divine Spirit, and foretold events which would take place, and which are now taking place. They are called prophets. These alone both saw and announced the truth to men, neither reverencing nor fearing any man, not influenced by a desire for glory, but speaking those things alone which they saw and which they heard, being filled with the Holy Spirit. Their writings are still extant, and he who has read them is very much helped in his knowledge of the beginning and end of things, and of those Mters which the philosopher ought to know, provided he has believed them. For they did not use demonstration in their treatises, seeing that they were witnesses to the truth above all demonstration, and worthy of belief; and those events which have happened, and those which are happening, compel you to assent to the utterances made by them, although, indeed, they were entitled to credit on account of the miracles which they performed, since they both glorified the Creator, the God and Father of all things, and proclaimed His Son, the Christ [sent] by Him· which, indeed, the false prophets, who are filled with the lying unclean spirit, neither have done

nor do, but venture to work certain wonderful deeds for the purpose of astonishing men, and glorify the spirits and demons of error. But pray that, above all things, the gates of light may be opened to you; for these things cannot be perceived or understood by all, but only by the man to whom God and His Christ have imparted wisdom.'

After speaking of many other things left unexplained to Trypho and his friends, the old man then parted from Justin, bidding the young man to attend to these ancient 'philosophers'. Justin told Trypho and his friends, 'But straightway a flame was kindled in my soul; and a love of the prophets, and of those men who are friends of Christ, possessed me; and whilst revolving his words in my mind, I found this philosophy alone to be safe and profitable. Thus, and for this reason, I am a philosopher'[3].

The discussion and his subsequent enquiries into the religion led him to believe that Christianity was morally and spiritual superior to the pagan philosophy he had immersed himself in. The example of the ascetic life of early Christians and the heroism of the martyrs further bolstered this opinion.

Renouncing his former faith and his background in philosophy he began to travel throughout the region teaching Christian knowledge as 'true philosophy'. Where this conversation and conversion took place is unknown, but is commonly thought to have occurred near Ephesus. Justin's journey took him to Rome during the reign of the Emperor Antoninus Pius (138-161) where he founded his own school of 'Christian philosophy' taking on Tatian as one of his first students.

Some time during the reign of Marcus Aurelius (161-180) he entered into a dispute with a Cynic philosopher named Crescens (who Tatian describes as a pedarast or παιδεραστία as well as addicted to the love of money[4]) denounced him to the authorities by letter. Justin predicted in the Second Apology that Crescens, whom he called φιλοψόφου καὶ φιλοκόμπου (lover of boasting and lover of bravado), would be the cause of his death.

---

3 Dialogue 8
4 Tatian Address to the Greeks 19, see also Eusebius Ecclesiastical History book 4.16.

Introduction

According to *The Martyrdom Of The Holy Martyrs*, Justin and six of his friends, including two slaves educated by him, were arrested by the Romans and tried by the Urban Prefect (*Præfectus Urbanus*), Junius Rusticus. When the seven refused to sacrifice to the Roman gods they were taken to be beheaded glorifying God as they went. The precise date or even year of his martyrdom is unknown but Rusticus served as Prefect between 162 and 168 AD and so his execution must have taken place during that period.

Rusticus was a Stoic philosopher and likely grandson of Quintus Junius Arulenus Rusticus a member of the Stoic Opposition who stood against the autocratic rule of some of the first century emperors. He had been a teacher and was dragged away from his studies by the second century emperors Hadrian, Atoninus Pius, and Marcus Aurelius to educate them.

Justin's work and teachings left an indelible mark on later Christianity, his appeal to philosophy helping shape later theology. He was quoted or cited by numerous Christians over the following centuries including his student Tatian, Irenaeus, Epiphanius, and Jerome.

Writings

Eusebius of Caesarea (c.260-335) lists the following works as writings of Justin:

1) The First Apology;
2) A Second Apology;
3) The Dialogue with Trypho;
4) The Discourse to the Greeks, (Προς Ελληνας);
5) An Hortatory Address to the Greek (Λογος Παραινετικος Προς Ελληνας);
6) On the Sovereignty of God, (Περι Μοναρχιας);
7) A work entitled The Psalmist; and
8) On the Soul.

Today only the two *Apologies* and the *Dialogue with Trypho* are considered authentic and the remainder either doubtful (i.e. they could be authentic) or definitely spurious. While speaking of Irenaeus, Eusebius cited his mention of a now lost apology Against Marcion[5]. Arethas of Caesarea (c.860-c.939) apparently mentions numerous works by Justin as do Photius of Constantinople and other later writers.

Of the listed works above the author of the *Discourse to the Greeks* is unknown but relies on the works of Tatian (died c.185) and is likely to have been written after his time and is dated to somewhere late in the second to the early third century. John Ernest Grabe was the first to reject the attribution to Justin as the style is very much unlike Justin's authentic works. The only known copy in Greek was found in *Codex Argentoratensis Graecus IX*. A complete copy was made into Syriac at some point as is preserved in the 7th century *Codex Nitriacus* which does not attribute the *Discourse* to Justin. Adolf von Harnack dated it to between 180 and 240.

The Hortatory Address to the Greeks was analyzed and compared to the works of other early writers by Christoph Riedwig (1994) who concluded that it may have been written by Marcellus of Ancyra (died c.374). Apollinaris of Laodicea and Apollinaris of Hierapolis (among others) have also been proposed.

On the Sovereignty of God does not seem to agree with Eusebius' description of a work of the same name and may have been included based solely on the similarity of its title. Harnack believed it was written in the second century and considered that it may still be an authentic work of Justin.

I can find little on the *The Psalmist* and it may be an authentic work. Likewise the work *Treatise On the Soul,* if the same as listed above may be authentic or have been the work of one of his students, perhaps Tatian. This letter has been included in manuscripts attributed to Gregory of Nyssa as well as Gregory Nazianzen while the Clavis Patrum Graecorum mentions Syriac and Arabic transmission under the names Aristotle and Ibn Sina. Migne attributed it to Gregory Thaumaturgis. I cannot find definitive information as to whether they are the same letter.

---

5 Eusebius Eccl. History 4.11 and Irenaeus Against All Heresies 4.6.2

Introduction

The final work, *On the Resurrection*, is not widely accepted as an authentic work, but also not entirely rejected. It exists only as fragments preserved along with the two *Apologies* and the *Dialogue* in the 8th century Byzantine work, the *Sacra Parallela* which was possibly compiled by John of Damascus.

Not listed above are the *Epistola ad Zenam et Serenum* which draws heavily on the writings of Clement of Alexandria as well as pagan philosophers. French Catholic historian Pierre Batiffol (1861-1929) assigned its authorship to the Novatian bishop Sisinnius (died c.427). A short document known as the *Epistle of Mathetes to Diognetus* (Πρὸς Διόγνητον Ἐπιστολή) was included in *Codex Argentoratensis*. Few today believe the letter was written by Justin and many names have been put forward as possible candidates. Likewise the dating ranges widely from about 130 to after 300 AD.

Roberts and Donaldson placed the works considered spurious into two categories.

Probably spurious
1) Epistle to Diognetus
2) To the Greeks
3) Hortatory Address to the Greeks
4) Fragments of On the Resurrection
5) On the Sole Government of God

Unquestionably spurious
6) An Exposition of the True Faith
7) Replies to the Orthodox
8) Christian Questions to Gentiles
9) The Epistle to Zenas and Seranus
10) A Refutation to Certain Doctrines of Aristotle

The Authentic Works

The First and Second Apologies

The first *Apology* was addressed to Antoninus Pius, Marcus Aurelius, and Verus and can thus be dated with relative confidence to between 147 and 161. It references one Felix as governor of Egypt and this is most likely Lucius Munatius Felix who held the position from 23 September 151. Eusebius in his *Chronicon* dates the attack by Crescens to approximately 152-153 further narrowing down the possible range of dates to between roughly 152 and 156. The earliest known copy is found in *Codex Parisus Graecus 450* a manuscript dated to 11 September 1363. Another copy was found in the now lost *Codex Argentoratensis Graecus IX*.

The purpose of this *Apology* is to prove to the emperors, who are considered just and upright rulers, that the persecution of Christians is unjust and that charges of atheism, cannibalism, and so on are false. In chapters 1 to 12 he begins with the negative proof. In 12 he begins to outline the true teachings of Christianity. He seeks to demonstrate that Christians worship the true God, the Father, who created all things offering the only sacrifices worthy of him, prayer and thanksgiving. He teaches in these verses that they are taught by Christ Jesus whom they assign a place of honour second to God. He demonstrates that this teaching leads them to perfect morality, as shown in their masters' words and in their lives as well as being founded on their belief in his resurrection.

In chapters 21 to 29 he explains his doctrine of the Logos (21, 22) how the demons interfere deceitfully with this (23-26) and the contrast of Christian righteousness to this deceit (26-29). He then outlines the proof that Christ is the Son of God and that he truly fulfilled the prophecies of the Old Testament (30-50) no Mter what evil spirits may say to the contrary (54-57). Between chapter 58 and 60 he explains how even Plato learned from Moses.

The remaining chapters contain a glimpse of the daily lives of Christians in Justin's time including topics such as baptism, the eucharist, and their worship on Sunday as opposed to the Jewish Sabbath.

The second *Apology*, addressed to the senate, is essentially a supplement to the first. According to Roberts and Donaldson in their translation of Justin that

'Some have maintained, that what is now called the Second Apology was the preface of the first, and that the second is lost.

Introduction

Others have tried to show, that the so-called Second Apology is the continuation of the first, and that the second is lost. Others have supposed that the two Apologies which we have are Justin's two Apologies, but that Eusebius was wrong in affirming that the second was addressed to Marcus Aurelius; and others maintain, that we have in our two Apologies the two Apologies mentioned by Eusebius, and that our first is his first, and our second his second.'

In *Codex Parisus Graecus 450* the second, shorter *Apology* is placed before the longer as if an introduction to it. But it seems to refer to the first and is today is considered the later of the two. Erwin Goodenough in his *Theology of Justin Martyr* (1923, pg 84) said that the second Apology presented a *'more difficult literary problem. The chapters which we now have are obviously a fragment, for there is no introductory address, and the first sentence begins abruptly with a "but".'*[6]

Others have challenged Goodenough's conclusion believing it to be a kind of composition lending itself to the style found in the second *Apology*. For example Runar M. Thorsteinsson concluded:

'In sum, although relatively poor and often quite puzzling, much of the extant evidence points toward the view of a) above, namely, that 1 Apol. and 2 Apol. are two independent works. as a description of 2 Apol., the label "appendix" is too obscure to be of any help in this already intricate Mter.'

The content and style of the second *Apology* are significantly different to the first. Thorsteinsson points out that the first Apology is quite 'rude' and that the second is written in a much more careful and 'wise' manner, *'showing for the most part a proper distance and due respect toward the addressees.'*

The second *Apology* is shorter than the first at just 15 chapters. It opens with an address to the Roman Senate in Chapter 1 regarding persecution that had broken out under oversight of Lollius Urbicus who acted as Praefect of Rome between 150 and 157. In Chapter 2 he recounts the story of a woman who had converted to Christianity and had left her formerly licentius (ἀκολασταίνω) way of life.

---

6 In Greek it reads, Καὶ τὰ χθὲς δὲ καὶ πρώην

Her husband refused to change his ways and she considered it impious to continue living with him, but hoping she might change him remained with her husband. Her dispute with her husband led to his reporting another Christian to the authorities which in turn leads to a second being arrested.

In chapter 3 Justin expresses the belief that he expected to be fixed to the wood (χύλῳ ἐμπαγῆναι - i.e. either crucified or burned at the stake) and defends himself against Crescens. Justin had recently had a dispute with Crescens, a Stoic philosopher, who, it seems, was bitter over being shown up by a Christian. In chapter 4 he expands his defence to all Christians. Crescens would later report Justin to the authorities leading to his martyrdom by beheading according to the *The Martyrdom of the Holy Martyrs Justin Martyr, Chariton, Charites, Paeon, and Liberianus*.

The remainder of the *Apology* is a defence of Christianity and thus Justin using reasoning and comparisons with pagan philosophy. Unlike the first there are no quotes from the Bible nor lengthy discussions of the works of philosophers.

The Dialogue With Trypho, a Jew

Justin's *Dialogue* is a defense of Christianity in the form of a discussion between Justin and a Jewish man named Trypho, as the name suggests, as well as some of Trypho's friends. It is longer than both *Apologies* combined.

Trypho hails Justin and explains he is also a philosopher trained by one Corinthus, a Socratic teacher in Argos, to always greet one in philosophic garb and to carry on conversation with them '*as perhaps some advantage would spring from the intercourse either to some such man or to myself*'. From here a two day discussion ensues between the two parties with Justin defending Christianity by means of lengthy (and sometimes repeated) quotes from the Old Testament.

As with the Apologies, the earliest known copy of the Dialogue comes from *Codex Parisus Graecus 450*. The discussion is not dated but takes place some time after the Bar Kokhba Revolt (c.132-136) which Trypho said had recently concluded. This gives us a terminus post quem[7] of 136 AD. Internal information gives little to go by apart from this. Paris 450 places the *Dialogue* before the two Apologies, but seeing as its date is 1363, about 1200 years after Justin's time, this is of little help. It does appear to quote from at least one of the apologies and so is likely to have been written later. Eusebius states that the Dialogue took place at Ephesus, which could possibly place it in time before the second *Apology* as that was likely written in Rome after Justin's dispute with Crescens.

The Dialogue is divided into a four part structure as follows·

11) Chapters 1-9 is a recounting of Justin's search for truth and his encounter with the Hebrew prophets
12) Chapters 10-30 are a discussion of the Christian interpretation of the Mosaic Law and the Prophets
13) Chapters 31-108 discuss the person of Jesus and his relation to God as well as the Messianic prophecies proving he is the promised Messiah or Christ.
14) Chapters 109-142 contains Justin's proofs that Gentiles are spiritual Israel

The identity of Trypho is a mystery. Eusebius claimed (*Eccl. Hist.* 4·18) he was one of the most famous Jewish Rabbis of the day giving rise to the belief by scholars such as Lightfoot that he may have been Rabbi Tarphon, Trypho being a possible Greek form of his name. Tarphon was an active and bitter opponent of Christianity and decreed that their writings should be destroyed even though they contained God's name and that the pagans were less dangerous than Christians because they offended the Jews out of ignorance. Eusebius simply calls him *'the most distinguished Jew of the day'* and explains no further[8].

According to Goodenough, Trypho's comments seem to be very close to the sayings of the Tannaim[9]. Once again

---

7 Latin – 'limit after which' or the earliest date something could happen.
8 Goodenough (pg 93) raises the possibility that Trypho was simply a straw man named to allow Justin to defend Christianity against Judaism. Trypho is never spoken of as a Rabbi and in chapter 1 is introduced as possibly having been taught by a Stoic philosopher, Corinthus of Argus.
9 Jewish sages and teachers active between about 10 AD and 220 AD whose sayings are recorded in the Mishna.

Goodenough concluded that Trypho, whether a real person or a literal strawman, represented the best of '*both schools of Judaism, one who knows Scripture and the Rabbinic interpretations, at least the Haggadic interpretations, and yet who has all the open-mindedness and cosmic sense of the Hellenistic Jews*'.

Throughout the *Dialogue* Justin shows a high level of familiarity with the Hebrew Scriptures, though he misatributes passages and misquotes a few. He quotes many from the Septuagint accurately and almost word for word more often than not.

At the close of the *Dialogue* the two agree to disagree and part on good terms and pray for one another as they go.

Whether or not the events of the *Dialogue* really occurred or whether Trypho and his friends were real is debatable. It may be a recounting of a real discussion between Justin and a man Justin called Trypho. Or it could be a purely fictional setting to allow Justin to write an Apology defending his faith against Jewish scholars perhaps in the hope of convincing Jews to convert to Christianity. The *Dialogue* is addressed to a Marcus Pompeius who is mentioned twice in passing[10] and so could be a 'New Christian's Guide to the Old Testament', but this too is speculation.

The *Dialogue* is quite long and there appears to be a lacuna around the middle around the time the first day ended and the second began. A quote in the *Sacra Parallela* mentions that some quotes came from 'the second book'. It would not be unreasonable to assume that it had once been separated into two books, perhaps one for each day of the *Dialogue* itself.

The Doubtful Works

This volume contains five works attributed to Justin Martyr now believed to be by another author.

The first is a work known as *The Epistle of Mathetes to Diognetus*. The *Epistle* was included in Codex Parisus 450 as

---

10 Dialogue 8.3 and 141.5

one of Justin's works, but it is now believed that it was written by another author, perhaps called Mathetes or perhaps pseudonymous. Dates for the *Epistle* range from approximately 130 AD to about 190 AD making one of the earliest Christian apologetic texts.

The *Epistle* is short, at twelve chapters, and appears to be parts of two works stitched together. Chapters 11 and 12 are thought to be from a separate text as differences in style have been noted between these and the first ten chapters as they seem to change to a peoratory style[11].

The second work is *Discourse to the Greeks* (Πρός Ἡλληνας). The Discourse is a short, five chapter work in which the author outlines his reasons for converting from Hellenic paganism to Christianity. In the course of the first four chapters he outlined the immorality and flaws of the Greek paganism and in the fifth chapter he exhorts his fellow Greeks to leave this paganism and become followers of Christ.

The third work bears the English title of *Hortatory Address* (or *Exhortation*) *to the Greeks* (Λογος Παρανετικος Προς Ελλενας) a paraenetic work or exhortation used by moral philosophers such as Epictetus, pseudo-Justin and Clement of Alexandria. No author is named in this work, as mentioned above, Marcellus of Ancyra has been proposed as a possible author. The date of authorship is uncertain but is believed to have been penned some time in the fourth century.

The *Hortatory Address* is thirty-eight chapters long and explain's the author's belief that Homer was the primary source of Greek thought and quotes from his works liberally along with those of other Greek writers.

Pseudo-Justin begins with Homer and proceeds to speaking of the teachings of authors of the Milesian School such as Thales, Anaximander, and Anaximenes of Miletus along with Heraclitus, Hippasus, Anaxagoras, and Archelaus. Through the remainder of the *Address* he examines the pre-Socratic philosophers (e.g. Pythagorus) and compares them to Epicurius (who was not a pre-Socratic philosopher) before moving to Plato and Aristotle.

---

11 The final part of a speech.

Justin Martyr - Authentic & Doubtful Works

Towards the end of the work he refers to the Sybiline Oracles[12] which he regarded as teaching true religion.

The purpose of the *Address* was to compare these philosophers and explain why Moses was superior to all these philosphers who he believed had learned from Moses.

The *Hortatory Address* was included in Codex *Parisinus graecus* 451 along with other works attributed to Justin and was believed to be his. Subsequently, the differences in style along with the author's rejection of pagan philosophy where Justin saw no problems in using pagan philosophy where it did not contradict the Bible indicate it may not have been written by Justin Martyr.

The fourth work, Περι Μοναρχιας, or *On Monarchy*, a treatise arguing for monotheism quoting pagan Greek poets and philosphers. Eusebius, Photius, and Jerome mention a work with a similar title, Περὶ Θεοῦ μοναρχίας (*On the Monarchy of God*), but according to Eusebius Justin quoted from the Scriptures whereas this work does not contain Scriptural references and thus may be a different work included in manuscripts because of the similarity of the title.

William Smith[13] mentions 'Petavius and Tillemont, in a former age, and Herbig and Semisch, in the present day, doubt or deny the genuineness of this treatise, and their arguments are not without considerable force; but the great majority of critics admit the treatise to be Justin's, though some of them, as Cave, Dupin, and Ceillier, contend that it is mutilated. Maran, understanding the passage in Eusebius differently from others, vindicates not

---

12 Not to be confused with the earlier Sybillene Books of the Romans and Etruscans, a much earlier collection of Oracles ordered burned by Byzantine Roman General Stilicho during the fourth century. The Sybillene Oracles are an odd and disjointed collection of ecstatic prophecies by Sybils (prophetesses who uttered their prophesies in a frenzied state). The Sybillene Oracles were believed to have been created by a Jewish Sybil and came to comprise of 14 books with disjointed prophecies of mixed Jewish and Christian origins. Theophilus of Antioch and Clement of Alexandria both believed the Oracles to be genuine prophecy inspired by the prophets of the Old Testament.
13 Smith, W. (1873). A Dictionary of Greek and Roman biography and mythology.

only the genuineness but the integrity of the work.' He also notes that several quotes are preserved in the work not found in any other writing, apparently believing they may be 'spurious additions of a later hand'.

The final work is *On the Resurrection* (Περι Αναστασεως). There are two distinct works with this title connected with Justin Martyr. The first is a collection of fragmentary quotes contained in the *Sacra Parallela* and the second is that included in this volume. The version herein is the same as that translated by Dods and attributed to Athenagoras.

Through the ten chapters of this apology the author counters the arguments of those who teach that Jesus only appeared to have flesh (e.g. the Docetists) and that the dead would not be resurrected in the flesh. The author, whether Justin or Athenagoras, appeals to God's word, examples from the natural world such as Mules, and the teachings of pagan philosophers to prove that the dead would indeed be resurrected in the flesh and that the arguments of those who denied this are absurd.

Justin's Apologetic and Theology

I don't intend to go into either of these subjects deeply. Others have already addressed these topics more than adequately in their own works and it is beyond the scope of this book to discuss them except very briefly.

Justin evidently believed that the pagan philosophers had learned from Moses and other pre-Christian Biblical authors. But, being pagans and therefore not led by God, their paganism led to corrupted philosphy that pointed towards false gods. He declared that philosphers and other pagans 'who lived with reason', such as Socrates and Heraclitus, were in in a sense Christians[14] and 'knew Christ partially'[15]. He believed they had received their philosophy by means of the Old Testament and through the Λογος[16] and had come to this knowledge of Christ, though it was corrupted by the influence of demons.

---

14 First Apology 46.3 - οἱ μετὰ λόγου βιώσαντες, Χριστιανοί εἰσι.
15 Second Apology 10 - μέρους γνωσθέντι.
16 First Apology 46.5.

Justin's view of the Son and Father is not that of the post-Nicene world. He appears to be subordinationist in his views. He sees the Son as a 'second God'[17] who held a 'second place'[18] to the 'Maker of all things' who was 'venerated' (σεβόμενοι), not in a polytheistic manner and yet not in an Orthodox manner either.

He is not 'orthodox' but neither is he 'Arian' and most definitely not 'Sabellian'. In common with later orthodox thought he taught that the Son was numerically different from the Father, begotten of his substance, and the holy spirit is a third person also sharing the nature of the Father.

The New Catholic Encyclopaedia explains how Justin seemed to view the Logos:

The Word is numerically distinct from the Father (Dialogue with Trypho 128-129; cf. Dialogue with Trypho 56, 62). He was born of the very substance of the Father, not that this substance was divided, but He proceeds from it as one fire does from another at which it is lit (cxxviii, lxi); this form of production (procession) is compared also with that of human speech (lxi). The Word (Logos) is therefore the Son, much more, He alone may properly be called Son (II Apol., vi, 3); He is the monogenes, the unigenitus (Dialogue with Trypho 105). Elsewhere, however, Justin, like St. Paul, calls Him the eldest Son, prototokos (I Apol., xxxiii; xlvi; lxiii; Dialogue with Trypho 84, 85 and 125). The Word is God (I Apol., lxiii; Dialogue with Trypho 34, 36, 37, 56, 63, 76, 86, 87, 113, 115, 125, 126 and 128). His Divinity, however, seems subordinate, as does the worship which is rendered to Him (I Apol., vi; cf. lxi, 13; Teder, "Justins des Märtyrers Lehre von Jesus Christus", Freiburg im Br., 1906, 103-19). The Father engendered Him by a free and voluntary act (Dialogue with Trypho 61, 100, 127 and 128; cf. Teder, op. cit., 104), at the beginning of all His works (Dialogue with Trypho 61-62, II Apol., vi, 3); in this last text certain authors thought they distinguished in the Word two states of being, one intimate, the other outspoken, but this distinction, though found in some other apologists, is in Justin very doubtful. Through the Word God has made everything (II Apol., vi; Di-

---

17 Dialogue with Trypho 53 - καὶ λέγεται Θεὸς καὶ κύριος ἕτερος ὑπὸ τὸν ποιητὴν τῶν ὅλων

18 First Apology 13 - καὶ ἐν δευτέρᾳ χώρᾳ ἔχοντες, πνεῦμά τε προφητικὸν ἐν τρίτῃ τάξει

alogue with Trypho 114). The Word is diffused through all humanity (I Apol., vi; II, viii; xiii); it was He who appeared to the patriarchs (I Apol., lxii; lxiii; Dialogue with Trypho 56, 59, 60 etc.). Two influences are plainly discernible in the aforesaid body of doctrine. It is, of course, to Christian revelation that Justin owes his concept of the distinct personality of the Word, His Divinity and Incarnation; but philosophic speculation is responsible for his unfortunate concepts of the temporal and voluntary generation of the Word, and for the subordinationism of Justin's theology. It must be recognized, moreover, that the latter ideas stand out more boldly in the "Apology" than in the "Dialogue."

Justin believed that the Logos, the Son, was also called 'Angel'[19] because he announces to men *'whatsoever the Maker of all things, above whom there is no other God, wishes to announce to them ... I shall endeavor to persuade you, that He who is said to have appeared to Abraham, and to Jacob, and to Moses, and who is called God, is distinct from Him who made all things, I mean numerically, not in will.'*[20]

His theology is complex and informed by his former Middle Platonic life, but is also recognisable in other second and third century writers such as Theophilus of Antioch, Irenaeus, Origen, Hippolytus, Novatian, and Tertullian some of whom[21] also fused various schools of pagan philosophy with Christian theology while others opposed it[22].

In Justin, as with the others mentioned, the Son is 'begotten without intercourse'[23] from the Father's own person at an unknown point in time by an 'act of will of the

---

19 See Isaiah 9:6 in the Septuagint where the foretold Messiah is called 'Angel of Great Counsel' (Μεγάλης βουλῆς ἄγγελος) where the Hebrew text has 'Mighty God'.
20 Dialogue with Trypho 56
21 E.g. Origen
22 Tertullian opposed the use of pagan philosophy as he believed it led to heresy and taught 'the doctrines of demons'. See for example Prescription Against Heretics chapter 7 for his opinion on this. See also Tertullianus, Quintus Septimius Florens; Dunn, Geoffrey D. (2004). Tertullian. Psychology Press. Chapter 5 Philosophy and Justin.
23 1 Apology 21.1 – 'Τῷ δὲ καὶ τὸν λόγον, ὅ ἐστι πρῶτον γέννημα τοῦ θεοῦ, ἄνευ ἐπιμιξίας φάσκειν ἡμᾶς γεγεννῆσθαι'.

Father of all things' and not created *ex nihilo*[24]. Though this is seen as a kind of Trinitarianism, it was condemned following the Council of Nicea by Athanasius and later Augustine and Gregory of Nyssa. A form of Subordinationism survived and was also condemned by John Calvin in his *Institutes of the Christian Religion*[25] in the 16th century as casting down 'the Son from his rank'.

Ultimately, his exact theology, Christology, and pneumatology are not entirely clear. He makes statements about God, the Son, and Spirit without serious explanation leaving the subject open to interpretation.

His theology including his interpretational methodology of the Scriptures had a huge impact on those who came after him. Justin was faithful to the the religion he professed, to the point of martyrdom. He refused to recant his beliefs and was executed around 165 AD for refusing to make sacrifice to the Roman gods.

His surviving writings were quoted by numerous Christians in the centuries after his death as being faithfully Christian. He is seen as a pioneer in 'Christian philosophy' and was able to meet pagan philosophy, particularly Platonism and Stoicism, head on. He is venerated in the Eastern Orthodox Church, Catholic, and Anglican churches as a saint and his works are still studied today.

About This Book

The volume contains the three works considered almost universally as the authentic works of Justin Martyr along with the five works considered to be probably spurious. I do not include the works Roberts and Donaldson

---

24 Dialogue with Trypho 61. Arius in contrast allegedly saw the Son as begotten from nothing and therefore had a beginning both in being and in person. Though, it is possible his conception of God was a form of Subordinationism and rather than the Son being created ex nihilo, Arius viewed him as begotten from the Father's own substance at a discrete point in time in much the same manner as Justin and other second and third century Christians. Nicene Trinitarianism holds that the Son is 'eternally begotten' and has always existed as he is, without beginning in any form. In contrast to the Monarchians, Justin believed 'that which is begotten is numerically distinct from that which begets...' He was also firm in the belief that the only begotten Son is 'θεος'
25 Book 1, Chapter 13.

considered 'unquestionably spurious'. The works included are entirely in Greek apart from headings and footnotes. In the authentic writings the footnotes themselves are primarily Scriptural references with some noting where Justin misattributed a Scriptural quote. I have compared five versions[26] of the Epistle of Diognetus and noted variants between the editions using Lightfoot as the basis.

The text of the *Apologies* and *Dialogue* are from Goodspeed's 1914 publication *Die ältesten Apologeten· Texte mit kurzen Einleitungen* (*The Oldest Apologists· Texts With Brief Introductions*). *The Epistle to Diognetus* is Lightfoot's, while the remainder are from Volume III of J.C.T. Otto's *Corpus Apologetarum Christianorum* (1879).

A Note on Septuagint vs Masoretic Versification

The Old Testament Scriptures in Justin's works are taken from the Greek Septuagint, which means that at times the verse references are not the same as the Hebrew version. The following table gives a reference to the differences between the Hebrew and Greek Psalms as these were some of the most common quotes by Justin·

	Hebrew	LXX
Psalms	10:1–18	9:22–39
	11–113	10–112
	114:1–8	113:1–8
	115:1–18	113:9–26
	116:1–9	114:1–9
	116:10–19	115:1–10
	117–146	116–145
	147:1–11	146:1–11
	147:12–20	147:1–9

I have used English equivalent names of Septuagint books apart from the four books of Kingdoms. The canonical equivalents of their names is given in the Scripture index at the end of the book.

---

26 Four really, Migne's edition was just a copy of Stephanus' edition.

Justin's Use of Scripture

Sometimes Justin paraphrases passages very loosely, inserts words, or quotes verses out of order and comparing his quotes with the Septuagint is advised for accuracy's sake. A good example of his loose usage of Scripture is found in Chapter 46 of his first *Apology* and in *Dialogue with Trypho* ch. 73 where he paraphrased Psalm 95·2, 5-10 and accused the Jews of removing the words ἀπὸ τοῦ ξύλου ('from the wood' or 'tree') from the text. This phrase has never been found in any ancient copy of the Old Testament, Hebrew or Greek.

This use of altered texts, likely from memory, and quotes from unknown sources attributed to genuine Biblical authors seems to be par for the course for writers of his day. Copies of books were expensive and it was not unusual to memorise text rather than own physical copies. Some of these quotes are used by other early Christian authors but attributed to different Biblical authors, for example a quote attributed by Justin to Jeremiah is to be found in the First *Apology* ch 72 the same quote is also attributed to Irenaeus to Isaiah in his *Against Heresies* 3·20.4[27] and then to Jeremiah in *Against Heresies* 4·22.1[28].

We encounter similar confusion over quotes by pagan philosophers in the doubtful texts where the author will attribute a quote to one philospher while Clement of Alexandria and Eusebius will attribute it to another in their own works.

His use of the New Testament comes primarily from the Synoptic Gospels. Occasionally he quotes directly from the Gospels and occasionally indirectly, perhaps from a harmony of the Gospels. Koester said that, '*On the basis of the gospel quotations of the First Apology and the Dialogue with Trypho, one can conclude with great certainty that Justin also had composed a harmony of the Gospels of Mthew, Mark, and Lk (he did not know the Gospel of John), which is lost*

---

27 Isaiah says: "And the holy Lord remembered His dead Israel, who had slept in the land of sepulture; and He came down to preach His salvation to them, that He might save them."

28 As Jeremiah declares, "The holy Lord remembered His dead Israel, who slept in the land of sepulture; and He descended to them to make known to them His salvation, that they might be saved."

but was used by his student Tatian for the composition of his famous and influential four-gospel harmony known as the Diatessaron.' [29].

He generally referred to the Gospels as the 'Memoirs of the Apostles' and occasionally as 'the Gospels' but does not mention them by name. He does not quote from the Revelation of John but does directly refer to it in the *Dialogue with Trypho* 81.4.

'Moreover also among us a man named John, one of the apostles of Christ, prophesied in a revelation made to him that those who have believed on our Christ will spend a thousand years in Jerusalem; and that hereafter the general and, in short, the eternal resurrection and judgment of all will likewise take place.'

In all, Justin quotes from thirty two of the sixty six canonical books of the Bible. He quotes most extensively from the Psalms where he quotes nine Psalms in their entirety[30] and makes partial quotes in 45 other instances. Next to Psalms he uses Isaiah and Genesis extensively to build his Scriptural case for his claims Jesus is the promised Messiah and that Christianity is the legitimate means of serving and worshipping God.

From the New Testament he primarily quotes the Synoptic Gospels. Some of these quotes are a mixture of multiple books. As mentioned above, this may have been from a harmony of the Gospels, either a form of Tatian's or a prototype that may have been later used by Tatian.

Outside the Gospels, he only clearly quotes from Romans 3:12, 13, 16, and 17 where he says:

12 πάντες γὰρ ἐξέκλιναν, βοᾷ, πάντες ἄρα ἠχρειώθησαν· οὐκ ἔστιν ὁ συνίων, οὐκ ἔστιν ἕως ἑνός. 13 ταῖς γλώσσαις αὐτῶν ἐδολιοῦσαν, τάφος ἀνεῳγμένος ὁ λάρυγξ αὐτῶν, ἰὸς ἀσπίδων ὑπὸ τὰ χείλη αὐτῶν, 14 - 15 - 16 σύντριμμα καὶ ταλαιπωρία ἐν ταῖς ὁδοῖς αὐτῶν, 17 καὶ ὁδὸν εἰρήνης οὐκ ἔγνωσαν (Justin Dialogue 27s.3).

In most Greek New Testaments the full passage reads:

---

29 Justin may have known the Gospel of John, but this is not certain. There are two quotes that may be from it. The first is in his first Apology (Jn 3:5 at 1 Apol. 61.4) and the second in the Dialogue (Jn 1:20-23 at Dia. 88.7).
30 Psalm 1, 2, 23, 44, 49, 71, 81, 98, and 109

12 πάντες ἐξέκλειναν, ἅμα ἠχρεώθησαν· οὐκ ἔστιν ποιῶν χρηστότητα, οὐκ ἔστι ἕως ἑνός. 13 τάφος ἀνεῳγμένος ὁ λάρυγξ αὐτῶν, ταῖς γλώσσαις αὐτῶν ἐδολιοῦσαν ἰὸς ἀσπίδων ὑπὸ τὰ χείλη αὐτῶν· 14 ὧν τὸ στόμα ἀρᾶς καὶ πικρίας γέμει. 15 ὀξεῖς οἱ πόδες αὐτῶν ἐκχέαι αἷμα· 16 σύντριμμα καὶ ταλαιπωρία ἐν ταῖς ὁδοῖς αὐτῶν· 17 καὶ ὁδὸν εἰρήνης οὐκ ἔγνωσαν. (Tyndale House GNT)

There is a passage also in the Dialogue that may be a reference to 1 Cor 11:18, 19 Ἔσονται σχίσματα καὶ αἱρέσεις[31]. The full reading is Πρῶτον μὲν γὰρ συνερχομένων ὑμῶν ἐν ἐκκλησια ακουω **σχίσματα** ἐν ὑμῖν ὑπαρχεῖν, καὶ μέρος τί πιστεύω· 19 δεῖ γὰρ **καὶ αἱρέσεις** ἐν ὑμιν εἶναι, ἵνα οἱ δόκιμοι φανεροὶ γένωνται ἐν ὑμῖν (THGNT).

Apart from these two references, there does not appear to be any other quotes from the New Testament in his authentic works. Since he was engaging pagans and Jews for his Apologetic, this is not surprising. In the doubtful works, two quotes from the book of Galatians are used by the author of *To the Greeks* but Scripture is not quoted otherwise. The author of the *Hortatory Address to the Greeks* quotes extensively from Greek sources, primarily Homer and Plato.

Justin does not quote from any apocryphal books apart from a possible quote from a Jewish apocalyptic work known as 2 Esdras (also known as 3 or 4 Esdras depending on the tradition). There are three quotes from unknown sources. The first at *Dialogue* 47.5 may be from a lost work known as the Gospel of the Hebrews (not to be confused with the existing text by the same name). One[32] does not match any currently known works and the third[33] is perhaps an allusion to Isa 54:9.

Final Note

I do not promote these writings as valid sources of Christian doctrine. They are not inspired, only the Bible can claim that. At least one of the doctrines Justin seems to hold (subordinationism) was later condemned as

---

31 'They are divided and sectarian'.
32 Dialogue 72.4
33 Dialogue 138.1

heretical and his loose handling of the Scriptures argues against him.

Still, his writings are an interesting window on second century Christian Apologetics and the introduction to and melding of pagan philosophy to Christian theology. This is something that would both continue and cause controversy for centuries to come and would exert influence on Christian thought and doctrine to the present day.

The Greek text provides an opportunity for those who fairly advanced in their study of Koine Greek to practice and expand their vocabulary as well as understanding of the state of Christian apologetics in the second half of the second century AD.

Works Cited

Dods, M., Reith, G., & Pratten, B. (1909). *The Writings of Justin Martyr and Athenagoras*. Edinburgh: T. & T. Clark. Retrieved 2023, from https://ia600204.us.archive.org/22/items/writingsofjustin00justuoft/writingsofjustin00justuoft.pdf

Dunn, G. D. (2004). *Tertullianus, Quintus Septimius Florens s. Chapter 5 Philosophy and Justin*. Psychology Pres.

Gildersleeve, B. L. (1877). *The Apologies of Justin Martyr to Which is Appended The Epistle of Diognetus*. New York: Harper & Brothers Publishers. Retrieved from https://archive.org/details/apologiesofjusti00just/page/n9/mode/2up?view=theater

Goodenough, E. (1923). *The Theology of Justin Martyr*. Jena, Germany: Verlag Frommannsche Buchhandlung (Walter Biedermann). Retrieved from https://archive.org/details/theologyofjustin00gooduoft/page/108/mode/2up?ref=ol&view=theater

Goodspeed, E. J. (1914). *Die ältesten Apologeten· Texte mit kurzen Einleitungen (The Oldest Apologists· Texts With Brief Introductions)*. Göttingen: Vandenhoeck & Ruprecht.

Koestar, H. (2000). *Introduction to the New Testament: History and literature of Early Christianity*. 2nd ed. (Vol. 2). de Gruyter.

Lake, K. (1917). *The Apostolic Fathers With an English Translation* (Vol. 2). London, New York: William Heinemann, G.P. Putnam's Sons. Retrieved from https://archive.org/details/apostolicfathers02lakeuoft/page/n5/mode/2up?view=theater

Lightfoot, J. B. (1891). *The Apostolic Fathers Revised Texts With Short Introductions and English Translations*. New York: MacMillan and Co.

Migne, J. (1857). *Patrologia Graeca* (Vol. 6). (J. Migne, Ed.) Paris: Imprimerie Catholique.

Otto, J. (1879). *Corpus Apologetarum Christianorum - Opera Justini Addubitata*. (Vol. 3). Sumptibus Gust. Fischer. Retrieved from https://archive.org/details/operaquaeferuntu0002just/page/n7/mode/2up?view=theater

Justin Martyr - Authentic & Doubtful Works

Roberts, A., & Donaldson, J. (1909). *Ante-Nicene Christian Library Translations of the writings of the Fathers Down to A.D. 325* (Vol. II Justin Martyr and Athenagoras). Edinburgh, Scotland: T. and T. Clark. Retrieved May 2023

Smith, W. (1873). *A Dictionary of Greek and Roman biography and mythology*. Retrieved May 6, 2023, from Perseus Tufts: http://www.perseus.tufts.edu/hopper/text?doc=Perseus%3Atext%3A1999.04.0104%3Aalphabetic+letter%3DI%3Aentry+-group%3D13%3Aentry%3Djustinus-bio-5

Smyth, H. W. (1926). *Aeschylus With an English Translation* (Vol. 2). (E. Capps, T. Page, & W. Rouse, Eds.) London, Great Britain: Loeb - William Heinemann.

St. Justin Martyr - Logos. (1917). Retrieved April 2023, from The Catholic Encyclopedia: https://www.newadvent.org/cathen/08580c.htm

Thorsteinsson, R. M. (2012, January). *The literary genre and purpose of Justin's Second Apology: a critical review with insights from ancient epistolography*. Retrieved April 2023, from JSTOR.

Trollope, W. (1845). *S. Justini Philosophi et Martyris cum Tryphone Judaeo Dialogus*. Cambridge, Great Britain: BiblioLife.

Part 1
Authentic Works

Ἀπολογία Α΄

Τοῦ ἁγίου Ἰουστίνου
Ἀπολογία ὑπὲρ Χριστιανῶν
πρὸς Ἀντωνῖνον τὸν Εὐσεβῆ

(E.J. Goodspeed)

I

1. Αὐτοκράτορι Τίτῳ Αἰλίῳ Ἀδριανῷ Ἀντωνίνῳ Εὐσεβεῖ Σεβαστῷ Καίσαρι, καὶ Οὐηρισσίμῳ υἱῷ Φιλοσόφῳ, καὶ Λουκίῳ Φιλοσόφῳ, Καίσαρος φύσει υἱῷ καὶ Εὐσεβοῦς εἰσποιητῷ, ἐραστῇ παιδείας, ἱερᾷ τε συγκλήτῳ καὶ δήμῳ παντὶ Ῥωμαίων, ὑπὲρ τῶν ἐκ παντὸς γένους ἀνθρώπων ἀδίκως μισουμένων καὶ ἐπηρεαζομένων, Ἰουστῖνος Πρίσκου τοῦ Βακχείου, τῶν ἀπὸ Φλαουΐας Νέας πόλεως τῆς Συρίας Παλαιστίνης, εἷς αὐτῶν, τὴν προσφώνησιν καὶ ἔντευξιν πεποίημαι.

II

1. Τοὺς κατὰ ἀλήθειαν εὐσεβεῖς καὶ φιλοσόφους μόνον τἀληθὲς τιμᾶν καὶ στέργειν ὁ λόγος ὑπαγορεύει, παραιτουμένους δόξαις παλαιῶν ἐξακολουθεῖν, ἂν φαῦλαι ὦσιν· οὐ γὰρ μόνον μὴ ἕπεσθαι τοῖς ἀδίκως τι πράξασιν ἢ δογματίσασιν ὁ σώφρων λόγος ὑπαγορεύει, ἀλλ' ἐκ παντὸς τρόπου καὶ πρὸ τῆς ἑαυτοῦ ψυχῆς τὸν φιλαλήθη, κἂν θάνατος ἀπειλῆται, τὰ δίκαια λέγειν τε καὶ πράττειν αἱρεῖσθαι δεῖ.

2. ὑμεῖς μὲν οὖν ὅτι λέγεσθε εὐσεβεῖς καὶ φιλόσοφοι καὶ φύλακες δικαιοσύνης καὶ ἐρασταὶ παιδείας, ἀκούετε πανταχοῦ· εἰ δὲ καὶ ὑπάρχετε, δειχθήσεται. **3.** οὐ γὰρ κολακεύσοντες ὑμᾶς διὰ τῶνδε τῶν γραμμάτων οὐδὲ πρὸς χάριν ὁμιλήσοντες, ἀλλ' ἀπαιτήσοντες κατὰ τὸν ἀκριβῆ καὶ ἐξεταστικὸν λόγον τὴν κρίσιν ποιήσασθαι προσεληλύθειμεν, μὴ προλήψει μηδ' ἀνθρωπαρεσκείᾳ τῇ δεισιδαιμόνων κατεχομένους ἢ ἀλόγῳ ὁρμῇ καὶ χρονίᾳ προκατεσχηκυίᾳ φήμῃ κακῇ τὴν καθ' ἑαυτῶν ψῆφον φέροντας. 4. ἡμεῖς μὲν γὰρ πρὸς οὐδενὸς πείσεσθαί τι κακὸν δύνασθαι λελογίσμεθα, ἢν μὴ κακίας ἐργάται ἐλεγχώμεθα ἢ πονηροὶ διεγνώσμεθα· ὑμεῖς δ' ἀποκτεῖναι μὲν δύνασθε, βλάψαι δ' οὔ.

III

1. Ἀλλ' ἵνα μὴ ἄλογον φωνὴν καὶ τολμηρὰν δόξῃ τις ταῦτα εἶναι, ἀξιοῦμεν τὰ κατηγορούμενα αὐτῶν ἐξετάζεσθαι, καί, ἐὰν οὕτως ἔχοντα ἀποδεικνύωνται, κολάζεσθαι ὡς πρέπον ἐστί [μᾶλλον δὲ κολάζειν]· εἰ δὲ μηδὲν ἔχοι τις ἐλέγχειν, οὐχ ὑπαγορεύει ὁ ἀληθὴς λόγος διὰ φήμην πονηρὰν ἀναιτίους ἀνθρώπους ἀδικεῖν, μᾶλλον δὲ ἑαυτούς, οἳ οὐ κρίσει ἀλλὰ πάθει τὰ πράγματα ἐπάγειν ἀξιοῦτε. 2. καλὴν δὲ καὶ μόνην δικαίαν πρόκλησιν ταύτην πᾶς ὁ σωφρονῶν ἀποφανεῖται, τὸ τοὺς ἀρχομένους τὴν εὐθύνην τοῦ ἑαυτῶν βίου καὶ λόγου ἄληπτον παρέχειν, ὁμοίως δ' αὖ καὶ τοὺς ἄρχοντας μὴ βίᾳ μηδὲ τυραννίδι ἀλλ' εὐσεβείᾳ καὶ φιλοσοφίᾳ ἀκολουθοῦντας τὴν ψῆφον τίθεσθαι· οὕτως γὰρ ἂν καὶ οἱ ἄρχοντες καὶ οἱ ἀρχόμενοι ἀπολαύοιεν τοῦ ἀγαθοῦ. 3. ἔφη γάρ που καί τις τῶν παλαιῶν· Ἂν μὴ οἱ ἄρχοντες φιλοσοφήσωσι καὶ οἱ ἀρχόμενοι, οὐκ ἂν εἴη τὰς πόλεις εὐδαιμονῆσαι. 4. ἡμέτερον οὖν ἔργον καὶ βίου καὶ μαθημάτων τὴν ἐπίσκεψιν πᾶσι παρέχειν, ὅπως ὑπὲρ τῶν ἀγνοεῖν τὰ ἡμέτερα νομιζόντων τὴν τιμωρίαν, ὧν ἂν πλημμελῶσι τυφλώττοντες αὐτῶν, αὐτοῖς ὀφλήσωμεν· ὑμέτερον δέ, ὡς αἱρεῖ λόγος, ἀκούοντας ἀγαθοὺς εὑρίσκεσθαι κριτάς. 5. ἀναπολόγητον γὰρ λοιπὸν μαθοῦσιν, ἢν μὴ τὰ δίκαια ποιήσητε, ὑπάρξει πρὸς θεόν.

IV

1. Ὀνόματος μὲν οὖν προσωνυμίᾳ οὔτε ἀγαθὸν οὔτε κακὸν κρίνεται ἄνευ τῶν ὑποπιπτουσῶν τῷ ὀνόματι πράξεων· ἐπεί, ὅσον τε ἐκ τοῦ κατηγορουμένου ἡμῶν ὀνόματος χρηστότατοι ὑπάρχομεν. 2. ἀλλ' ἐπεὶ οὐ τοῦτο δίκαιον ἡγούμεθα, διὰ τὸ ὄνομα ἐὰν κακοὶ ἐλεγχώμεθα, αἰτεῖν ἀφίεσθαι, πάλιν, εἰ μηδὲν διά τε τὴν προσηγορίαν τοῦ ὀνόματος καὶ διὰ τὴν πολιτείαν εὑρισκόμεθα ἀδικοῦντες, ὑμέτερον ἀγωνιᾶσαί ἐστι, μὴ ἀδίκως

Ἀπολογία Α

κολάζοντες τοὺς μὴ ἐλεγχομένους τῇ δίκῃ κόλασιν ὀφλήσητε. **3.** ἐξ ὀνόματος μὲν γὰρ ἢ ἔπαινος ἢ κόλασις οὐκ ἂν εὐλόγως γένοιτο, ἢν μή τι ἐνάρετον ἢ φαῦλον δι' ἔργων ἀποδείκνυσθαι δύνηται. **4.** καὶ γὰρ τοὺς κατηγορουμένους ἐφ' ὑμῶν πάντας πρὶν ἐλεγχθῆναι οὐ τιμωρεῖτε· ἐφ' ἡμῶν δὲ τὸ ὄνομα ὡς ἔλεγχον λαμβάνετε, καίπερ, ὅσον γε ἐκ τοῦ ὀνόματος, τοὺς κατηγοροῦντας μᾶλλον κολάζειν ὀφείλετε.

5. Χριστιανοὶ γὰρ εἶναι κατηγορούμεθα· τὸ δὲ χρηστὸν μισεῖσθαι οὐ δίκαιον. **6.** καὶ πάλιν, ἐὰν μέν τις τῶν κατηγορουμένων ἔξαρνος γένηται τῇ φωνῇ μὴ εἶναι φήσας, ἀφίετε αὐτὸν ὡς μηδὲν ἐλέγχειν ἔχοντες ἁμαρτάνοντα, ἐὰν δέ τι ὁμολογήσῃ εἶναι, διὰ τὴν ὁμολογίαν κολάζετε· δέον καὶ τὸν τοῦ ὁμολογοῦντος βίον εὐθύνειν καὶ τὸν τοῦ ἀρνουμένου, ὅπως διὰ τῶν πράξεων ὁποῖός ἐστιν ἕκαστος φαίνηται. **7.** ὃν γὰρ τρόπον παραλαβόντες τινὲς παρὰ τοῦ διδασκάλου Χριστοῦ μὴ ἀρνεῖσθαι ἐξεταζόμενοι παρακελεύονται, τὸν αὐτὸν τρόπον κακῶς ζῶντες ἴσως ἀφορμὰς παρέχουσι τοῖς ἄλλως καταλέγειν τῶν πάντων Χριστιανῶν ἀσέβειαν καὶ ἀδικίαν αἱρουμένοις. **8.** οὐκ ὀρθῶς μὲν οὐδὲ τοῦτο πράττεται· καὶ γάρ τοι φιλοσοφίας ὄνομα καὶ σχῆμα ἐπιγράφονταί τινες, οἳ οὐδὲν ἄξιον τῆς ὑποσχέσεως πράττουσι· γινώσκετε δ' ὅτι καὶ οἱ τὰ ἐναντία δοξάσαντες καὶ δογματίσαντες τῶν παλαιῶν τῷ ἑνὶ ὀνόματι προσαγορεύονται φιλόσοφοι. **9.** καὶ τούτων τινὲς ἀθεότητα ἐδίδαξαν, καὶ τὸν Δία ἀσελγῆ ἅμα τοῖς αὐτοῦ παισὶν οἱ γενόμενοι ποιηταὶ καταγγέλλουσι· κἀκείνων τὰ διδάγματα οἱ μετερχόμενοι οὐκ εἴργονται πρὸς ὑμῶν, ἆθλα δὲ καὶ τιμὰς τοῖς εὐφώνως ὑβρίζουσι τούτους τίθετε.

V

1.Τί δὴ οὖν τοῦτ' ἂν εἴη; ἐφ' ἡμῶν, ὑπισχνουμένων μηδὲν ἀδικεῖν μηδὲ τὰ ἄθεα ταῦτα δοξάζειν, οὐ κρίσεις ἐξετάζετε, ἀλλὰ ἀλόγῳ πάθει καὶ μάστιγι δαιμόνων φαύλων ἐξελαυνόμενοι ἀκρίτως κολάζετε μὴ φροντίζοντες. **2.** εἰρήσεται γὰρ τἀληθές· ἐπεὶ τὸ παλαιὸν δαίμονες φαῦλοι, ἐπιφανείας ποιησάμενοι, καὶ γυναῖκας ἐμοίχευσαν καὶ παῖδας διέφθειραν καὶ φόβητρα ἀνθρώποις ἔδειξαν, ὡς καταπλαγῆναι τοὺς οἳ λόγῳ τὰς γινομένας πράξεις οὐκ ἔκρινον, ἀλλὰ δέει συνηρπασμένοι καὶ μὴ ἐπιστάμενοι δαίμονας εἶναι φαύλους θεοὺς προσωνόμαζον, καὶ ὀνόματι ἕκαστον προσηγόρευον, ὅπερ ἕκαστος αὑτῷ τῶν δαιμόνων ἐτίθετο. 3. ὅτε δὲ Σωκράτης λόγῳ ἀληθεῖ καὶ ἐξεταστικῶς ταῦτα εἰς φανερὸν ἐπειρᾶτο φέρειν καὶ ἀπάγειν τῶν δαιμόνων τοὺς ἀνθρώπους, καὶ αὐτοὶ οἱ δαίμονες διὰ τῶν χαιρόντων τῇ κακίᾳ ἀνθρώπων ἐνήργησαν ὡς ἄθεον καὶ ἀσεβῆ ἀποκτεῖναι, λέγοντες καινὰ εἰσφέρειν αὐτὸν δαιμόνια· καὶ ὁμοίως ἐφ' ἡμῶν τὸ αὐτὸ ἐνεργοῦσιν. 4. οὐ γὰρ μόνον Ἕλλησι διὰ Σωκράτους ὑπὸ λόγου ἠλέγχθη ταῦτα, ἀλλὰ καὶ ἐν βαρβάροις ὑπ' αὐτοῦ τοῦ λόγου μορφωθέντος καὶ ἀνθρώπου γενομένου καὶ Ἰησοῦ Χριστοῦ κληθέντος, ᾧ πεισθέντες ἡμεῖς τοὺς ταῦτα πράξαντας δαίμονας οὐ μόνον μὴ ὀρθοὺς εἶναί φαμεν, ἀλλὰ κακοὺς καὶ ἀνοσίους δαίμονας, οἳ οὐδὲ τοῖς ἀρετὴν ποθοῦσιν ἀνθρώποις τὰς πράξεις ὁμοίας ἔχουσιν.

VI

1. Ἔνθεν δὲ καὶ ἄθεοι κεκλήμεθα· καὶ ὁμολογοῦμεν τῶν τοιούτων νομιζομένων θεῶν ἄθεοι εἶναι, ἀλλ' οὐχὶ τοῦ ἀληθεστάτου καὶ πατρὸς δικαιοσύνης καὶ σωφροσύνης καὶ τῶν ἄλλων ἀρετῶν ἀνεπιμίκτου τε κακίας θεοῦ· 2. ἀλλ' ἐκεῖνόν τε καὶ τὸν παρ' αὐτοῦ υἱὸν ἐλθόντα καὶ διδάξαντα ἡμᾶς ταῦτα, καὶ τὸν τῶν ἄλλων ἑπομένων καὶ ἐξομοιουμένων ἀγαθῶν ἀγγέλων στρατόν, πνεῦμά τε τὸ προφητικὸν σεβόμεθα καὶ προσκυνοῦμεν, λόγῳ καὶ ἀληθείᾳ τιμῶντες, καὶ παντὶ βουλομένῳ μαθεῖν, ὡς ἐδιδάχθημεν, ἀφθόνως παραδιδόντες.

VII

1. Ἀλλά, φήσει τις, ἤδη τινὲς ληφθέντες ἠλέγχθησαν κακοῦργοι. 2. καὶ γὰρ πολλοὺς πολλάκις, ὅταν ἑκάστοτε τῶν κατηγορουμένων τὸν βίον ἐξετάζητε, ἀλλ' οὐ διὰ τοὺς προλεχθέντας καταδικάζετε. 3. καθόλου μὲν οὖν κἀκεῖνο ὁμολογοῦμεν, ὅτι ὃν τρόπον οἱ ἐν Ἕλλησι τὰ αὐτοῖς ἀρεστὰ δογματίσαντες ἐκ παντὸς τῷ ἑνὶ ὀνόματι φιλοσοφίας προσαγορεύονται, καίπερ τῶν δογμάτων ἐναντίων ὄντων, οὕτως καὶ τῶν ἐν βαρβάροις γενομένων καὶ δοξάντων σοφῶν τὸ ἐπικατηγορούμενον ὄνομα κοινόν ἐστι· Χριστιανοὶ γὰρ πάντες προσαγορεύονται. 4. ὅθεν πάντων τῶν καταγγελλομένων ὑμῖν τὰς πράξεις κρίνεσθαι ἀξιοῦμεν, ἵνα ὁ ἐλεγχθεὶς ὡς ἄδικος κολάζηται, ἀλλὰ μὴ ὡς Χριστιανός· ἐὰν δέ τις ἀνέλεγκτος φάνηται,

ἀπολύηται ὡς Χριστιανὸς οὐδὲν ἀδικῶν. 5. οὐ γὰρ τοὺς κατηγοροῦντας κολάζειν ὑμᾶς ἀξιώσομεν· ἀρκοῦνται γὰρ τῇ προσούσῃ πονηρίᾳ καὶ τῇ τῶν καλῶν ἀγνοίᾳ.

VIII

1. Λογίσασθε δ' ὅτι ὑπὲρ ὑμῶν ταῦτα ἔφημεν ἐκ τοῦ ἐφ' ἡμῖν εἶναι ἀρνεῖσθαι ἐξεταζομένους. 2. ἀλλ' οὐ βουλόμεθα ζῆν ψευδολογοῦντες· τοῦ γὰρ αἰωνίου καὶ καθαροῦ βίου ἐπιθυμοῦντες τῆς μετὰ θεοῦ τοῦ πάντων πατρὸς καὶ δημιουργοῦ διαγωγῆς ἀντιποιούμεθα, καὶ σπεύδομεν ἐπὶ τὸ ὁμολογεῖν, οἱ πεπεισμένοι καὶ πιστεύοντες τυχεῖν τούτων δύνασθαι τοὺς τὸν θεὸν δι' ἔργων πείσαντας, ὅτι αὐτῷ εἵποντο καὶ τῆς παρ' αὐτῷ διαγωγῆς ἤρων, ἔνθα κακία οὐκ ἀντιτυπεῖ. 3. ὡς μὲν οὖν διὰ βραχέων εἰπεῖν, ἅ τε προσδοκῶμεν καὶ μεμαθήκαμεν διὰ τοῦ Χριστοῦ καὶ διδάσκομεν ταῦτά ἐστι. 4. Πλάτων δὲ ὁμοίως ἔφη Ῥαδάμανθυν καὶ Μίνω κολάσειν τοὺς ἀδίκους παρ' αὐτοὺς ἐλθόντας· ἡμεῖς δὲ τὸ αὐτὸ πρᾶγμά φαμεν γενήσεσθαι, ἀλλ' ὑπὸ τοῦ Χριστοῦ, καὶ τοῖς αὐτοῖς σώμασι μετὰ τῶν ψυχῶν γινομένων καὶ αἰωνίαν κόλασιν κολασθησομένων, ἀλλ' οὐχὶ χιλιονταετῆ περίοδον, ὡς ἐκεῖνος ἔφη, μόνον. 5. εἰ μὲν οὖν ἄπιστον ἢ ἀδύνατον τοῦτο φήσει τις, πρὸς ἡμᾶς ἥδε ἡ πλάνη ἐστὶν ἀλλ' οὐ πρὸς ἕτερον, μέχρις οὗ ἔργῳ μηδὲν ἀδικοῦντες ἐλεγχόμεθα.

IX

1. Ἀλλ' οὐδὲ θυσίαις πολλαῖς καὶ πλοκαῖς ἀνθῶν τιμῶμεν οὓς ἄνθρωποι μορφώσαντες καὶ ἐν ναοῖς ἱδρύσαντες θεοὺς προσωνόμασαν, ἐπεὶ ἄψυχα καὶ νεκρὰ ταῦτα γινώσκομεν καὶ θεοῦ μορφὴν μὴ ἔχοντα (οὐ γὰρ τοιαύτην ἡγούμεθα τὸν θεὸν ἔχειν τὴν μορφήν, ἥν φασί τινες εἰς τιμὴν μεμιμῆσθαι), ἀλλ' ἐκείνων τῶν φανέντων κακῶν δαιμόνων καὶ ὀνόματα καὶ σχήματα ἔχειν. 2. τί γὰρ δεῖ εἰδόσιν ὑμῖν λέγειν, ἃ τὴν ὕλην οἱ τεχνῖται διατιθέασι ξέοντες καὶ τέμνοντες καὶ χωνεύοντες καὶ τύπτοντες; καὶ ἐξ ἀτίμων πολλάκις σκευῶν διὰ τέχνης τὸ σχῆμα μόνον ἀλλάξαντες καὶ μορφοποιήσαντες θεοὺς ἐπονομάζουσιν. 3. ὅπερ οὐ μόνον ἄλογον ἡγούμεθα, ἀλλὰ καὶ ἐφ' ὕβρει τοῦ θεοῦ γίνεσθαι, ὃς ἄρρητον δόξαν καὶ μορφὴν ἔχων ἐπὶ φθαρτοῖς καὶ δεομένοις θεραπείας πράγμασιν ἐπονομάζεται. 4. καὶ ὅτι οἱ τούτων τεχνῖται ἀσελγεῖς τε

καὶ πᾶσαν κακίαν, ἵνα μὴ καταριθμῶμεν, ἔχουσιν, ἀκριβῶς ἐπίστασθε· καὶ τὰς ἑαυτῶν παιδίσκας συνεργαζομένας φθείρουσιν. **5.** ὢ τῆς ἐμβροντησίας, ἀνθρώπους ἀκολάστους θεοὺς εἰς τὸ προσκυνεῖσθαι πλάσσειν λέγεσθαι καὶ μεταποιεῖν, καὶ τῶν ἱερῶν, ἔνθα ἀνατίθενται, φύλακας τοιούτους καθιστάναι, μὴ συνορῶντας ἀθέμιτον καὶ τὸ νοεῖν ἢ λέγειν ἀνθρώπους θεῶν εἶναι φύλακας.

X

1. Ἀλλ' οὐ δέεσθαι τῆς παρὰ ἀνθρώπων ὑλικῆς προσφορᾶς προσειλήφαμεν τὸν θεόν, αὐτὸν παρέχοντα πάντα ὁρῶντες· ἐκείνους δὲ προσδέχεσθαι αὐτὸν μόνον δεδιδάγμεθα καὶ πεπείσμεθα καὶ πιστεύομεν, τοὺς τὰ προσόντα αὐτῷ ἀγαθὰ μιμουμένους, σωφροσύνην καὶ δικαιοσύνην καὶ φιλανθρωπίαν καὶ ὅσα οἰκεῖα θεῷ ἐστι, τῷ μηδενὶ ὀνόματι θετῷ καλουμένῳ. **2.** καὶ πάντα τὴν ἀρχὴν ἀγαθὸν ὄντα δημιουργῆσαι αὐτὸν ἐξ ἀμόρφου ὕλης δι' ἀνθρώπους δεδιδάγμεθα· οἳ ἐὰν ἀξίους τῷ ἐκείνου βουλεύματι ἑαυτοὺς δι' ἔργων δείξωσι, τῆς μετ' αὐτοῦ ἀναστροφῆς καταξιωθῆναι προσειλήφαμεν συμβασιλεύοντας, ἀφθάρτους καὶ ἀπαθεῖς γενομένους. **3.** ὃν τρόπον γὰρ τὴν ἀρχὴν οὐκ ὄντας ἐποίησε, τὸν αὐτὸν ἡγούμεθα τρόπον διὰ τὸ ἑλέσθαι τοὺς αἱρουμένους τὰ αὐτῷ ἀρεστὰ καὶ ἀφθαρσίας καὶ συνουσίας καταξιωθῆναι. **4.** τὸ μὲν γὰρ τὴν ἀρχὴν γενέσθαι οὐχ ἡμέτερον ἦν· τὸ δ' ἐξακολουθῆσαι οἷς φίλον αὐτῷ αἱρουμένους δι' ὧν αὐτὸς ἐδωρήσατο λογικῶν δυνάμεων πείθει τε καὶ εἰς πίστιν ἄγει ἡμᾶς. **5.** καὶ ὑπὲρ πάντων ἀνθρώπων ἡγούμεθα εἶναι τὸ μὴ εἴργεσθαι ταῦτα μανθάνειν, ἀλλὰ καὶ προτρέπεσθαι ἐπὶ ταῦτα. **6.** ὅπερ γὰρ οὐκ ἠδυνήθησαν οἱ ἀνθρώπειοι νόμοι πρᾶξαι, ταῦτα ὁ λόγος θεῖος ὢν εἰργάσατο, εἰ μὴ οἱ φαῦλοι δαίμονες κατεσκέδασαν πολλὰ ψευδῆ καὶ ἄθεα κατηγορήματα, σύμμαχον λαβόντες τὴν ἐν ἑκάστῳ κακὴν πρὸς πάντα καὶ ποικίλην φύσει ἐπιθυμίαν, ὧν οὐδὲν πρόσεστιν ἡμῖν.

XI

1. Καὶ ὑμεῖς, ἀκούσαντες βασιλείαν προσδοκῶντας ἡμᾶς, ἀκρίτως ἀνθρώπινον λέγειν ἡμᾶς ὑπειλήφατε, ἡμῶν τὴν μετὰ θεοῦ λεγόντων, ὡς καὶ ἐκ τοῦ ἀνεταζομένους ὑφ' ὑμῶν ὁμολογεῖν εἶναι Χριστιανούς, γινώσκοντες τῷ ὁμολογοῦντι θάνατον τὴν ζημίαν κεῖσθαι, φαίνεται. **2.** εἰ γὰρ ἀνθρώπινον βασιλείαν προσεδοκῶμεν, κἂν ἠρνούμεθα, ὅπως μὴ ἀναιρώμεθα, καὶ λανθάνειν ἐπειρώμεθα, ὅπως τῶν προσδοκωμένων τύχωμεν· ἀλλ' ἐπεὶ οὐκ εἰς τὸ νῦν τὰς ἐλπίδας ἔχομεν, ἀναιρούντων οὐ πεφροντίκαμεν τοῦ καὶ πάντως ἀποθανεῖν ὀφειλομένου.

XII

1. Ἀρωγοὶ δ' ὑμῖν καὶ σύμμαχοι πρὸς εἰρήνην ἐσμὲν πάντων μᾶλλον ἀνθρώπων, οἳ ταῦτα δοξάζομεν, ὡς λαθεῖν θεὸν κακοεργὸν ἢ πλεονέκτην ἢ ἐπίβουλον ἢ ἐνάρετον ἀδύνατον εἶναι, καὶ ἕκαστον ἐπ' αἰωνίαν κόλασιν ἢ σωτηρίαν κατ' ἀξίαν τῶν πράξεων πορεύεσθαι. **2.** εἰ γὰρ οἱ πάντες ἄνθρωποι ταῦτα ἐγίνωσκον, οὐκ ἄν τις τὴν κακίαν πρὸς ὀλίγον ᾑρεῖτο, γινώσκων πορεύεσθαι ἐπ' αἰωνίαν διὰ πυρὸς καταδίκην, ἀλλ' ἐκ παντὸς τρόπου ἑαυτὸν συνεῖχε καὶ ἐκόσμει ἀρετῇ, ὅπως τῶν παρὰ τοῦ θεοῦ τύχῃ ἀγαθῶν καὶ τῶν κολαστηρίων ἀπηλλαγμένος εἴη. **3.** οὐ γὰρ διὰ τοὺς ὑφ' ὑμῶν κειμένους νόμους καὶ κολάσεις πειρῶνται λανθάνειν ἀδικοῦντες, ἀνθρώπους δ' ὄντας λανθάνειν ὑμᾶς δυνατὸν ἐπιστάμενοι ἀδικοῦσιν· εἰ ἔμαθον καὶ ἐπείσθησαν θεὸν ἀδύνατον εἶναι λαθεῖν τι, οὐ μόνον πραττόμενον ἀλλὰ καὶ βουλευόμενον, κἂν διὰ τὰ ἐπικείμενα ἐκ παντὸς τρόπου κόσμιοι ἦσαν, ὡς καὶ ὑμεῖς συμφήσετε.

4. Ἀλλ' ἐοίκατε δεδιέναι μὴ πάντες δικαιοπραγήσωσι, καὶ ὑμεῖς οὓς κολάζητε ἔτι οὐχ ἕξετε· δημίων δ' ἂν εἴη τὸ τοιοῦτον ἔργον, ἀλλ' οὐκ ἀρχόντων ἀγαθῶν. **5.** πεπείσμεθα δ' ἐκ δαιμόνων φαύλων, οἳ καὶ παρὰ τῶν ἀλόγως βιούντων αἰτοῦσι θύματα καὶ θεραπείας, καὶ ταῦτα, ὡς προέφημεν, ἐνεργεῖσθαι· ἀλλ' οὐχ ὑμᾶς, οἵ γε εὐσεβείας καὶ φιλοσοφίας ὀρέγεσθε, ἄλογόν τι πρᾶξαι ὑπειλήφαμεν. **6.** εἰ δὲ καὶ ὑμεῖς ὁμοίως τοῖς ἀνοήτοις τὰ ἔθη πρὸ τῆς ἀληθείας τιμᾶτε, πράττετε ὃ δύνασθε· τοσοῦτον δὲ δύνανται καὶ ἄρχοντες πρὸ τῆς ἀληθείας δόξαν τιμῶντες, ὅσον καὶ λῃσταὶ ἐν ἐρημίᾳ. **7.** ὅτι δ' οὐ καλλιερήσετε, ὁ λόγος ἀποδείκνυσιν, οὗ βασιλικώτατον καὶ δικαιότατον ἄρχοντα μετὰ τὸν γεννήσαντα θεὸν οὐδένα οἴδαμεν ὄντα. **8.** ὃν γὰρ τρόπον διαδέχεσθαι πενίας ἢ πάθη ἢ ἀδοξίας πατρικὰς ὑφαιροῦνται πάντες, οὕτως καὶ ὅσα ἂν ὑπαγορεύσῃ ὁ λόγος μὴ δεῖν αἱρεῖσθαι ὁ νουνεχὴς οὐχ αἱρήσεται. **9.** γενήσεσθαι ταῦτα πάντα προεῖπε, φημί, ὁ ἡμέτερος διδάσκαλος καὶ τοῦ πατρὸς πάντων καὶ δεσπότου θεοῦ υἱὸς καὶ ἀπόστολος ὢν Ἰησοῦς Χριστός, ἀφ' οὗ καὶ τὸ Χριστιανοὶ ἐπονομάζεσθαι ἐσχήκαμεν. **10.** ὅθεν καὶ βέβαιοι γινόμεθα πρὸς τὰ δεδιδαγμένα ὑπ' αὐτοῦ πάντα, ἐπειδὴ ἔργῳ φαίνεται γινόμενα ὅσα φθάσας γενέσθαι προεῖπεν· ὅπερ θεοῦ ἔργον ἐστί, πρὶν ἢ γενέσθαι εἰπεῖν καὶ οὕτως δειχθῆναι γινόμενον ὡς προείρηται. **11.** ἦν μὲν οὖν καὶ ἐπὶ τούτοις παυσαμένους μηδὲν προστιθέναι, λογισαμένους ὅτι δίκαιά τε καὶ ἀληθῆ ἀξιοῦμεν· ἀλλ' ἐπεὶ γνωρίζομεν οὐ ῥᾷον ἀγνοίᾳ κατεχομένην ψυχὴν συντόμως μεταβάλλειν, ὑπὲρ τοῦ πεῖσαι τοὺς φιλαλήθεις μικρὰ προσθεῖναι προεθυμήθημεν, εἰδότες ὅτι οὐκ ἀδύνατον ἀληθείας παρατεθείσης ἄγνοιαν φυγεῖν.

XIII

1. Ἄθεοι μὲν οὖν ὡς οὔκ ἐσμεν, τὸν δημιουργὸν τοῦδε τοῦ παντὸς σεβόμενοι, ἀνενδεῆ αἱμάτων καὶ σπονδῶν καὶ θυμιαμάτων, ὡς ἐδιδάχθημεν, λέγοντες, λόγῳ εὐχῆς καὶ εὐχαριστίας ἐφ' οἷς προσφερόμεθα πᾶσιν, ὅση δύναμις, αἰνοῦντες, μόνην ἀξίαν αὐτοῦ τιμὴν ταύτην παραλαβόντες, τὸ τὰ ὑπ' ἐκείνου εἰς διατροφὴν γενόμενα οὐ πυρὶ δαπανᾶν, ἀλλ' ἑαυτοῖς καὶ τοῖς δεομένοις προσφέρειν, **2.** ἐκείνῳ δὲ εὐχαρίστους ὄντας διὰ λόγου πομπὰς καὶ ὕμνους πέμπειν ὑπέρ τε τοῦ γεγονέναι καὶ τῶν εἰς εὐρωστίαν πόρων πάντων, ποιοτήτων μὲν γενῶν καὶ μεταβολῶν ὡρῶν, καὶ τοῦ πάλιν ἐν ἀφθαρσίᾳ γενέσθαι διὰ πίστιν τὴν ἐν αὐτῷ αἰτήσεις πέμποντες, - τίς σωφρονῶν οὐχ ὁμολογήσει; **3.** τὸν διδάσκαλόν τε τούτων γενόμενον ἡμῖν καὶ εἰς τοῦτο γεννηθέντα Ἰησοῦν Χριστόν, τὸν σταυρωθέντα ἐπὶ Ποντίου Πιλάτου, τοῦ γενομένου ἐν Ἰουδαίᾳ ἐπὶ χρόνοις Τιβερίου Καίσαρος ἐπιτρόπου, υἱὸν αὐτοῦ τοῦ ὄντως θεοῦ μαθόντες καὶ ἐν δευτέρᾳ χώρᾳ ἔχοντες, πνεῦμά τε προφητικὸν ἐν τρίτῃ τάξει ὅτι μετὰ λόγου τιμῶμεν ἀποδείξομεν. **4.** ἐνταῦθα γὰρ μανίαν ἡμῶν καταφαίνονται, δευτέραν χώραν μετὰ τὸν ἄτρεπτον καὶ ἀεὶ ὄντα θεὸν καὶ γεννήτορα τῶν ἁπάντων ἀνθρώπῳ σταυρωθέντι διδόναι ἡμᾶς λέγοντες, ἀγνοοῦντες τὸ ἐν τούτῳ μυστήριον, ᾧ προσέχειν ὑμᾶς ἐξηγουμένων ἡμῶν προτρεπόμεθα.

XIV

1. Προλέγομεν γὰρ ὑμῖν φυλάξασθαι, μὴ οἱ προδιαβεβλημένοι ὑφ' ἡμῶν δαίμονες ἐξαπατήσωσιν ὑμᾶς καὶ ἀποτρέψωσι τοῦ ὅλως ἐντυχεῖν καὶ συνεῖναι τὰ λεγόμενα (ἀγωνίζονται γὰρ ἔχειν ὑμᾶς δούλους καὶ ὑπηρέτας, καὶ ποτὲ μὲν δι' ὀνείρων ἐπιφανείας, ποτὲ δ' αὖ διὰ μαγικῶν στροφῶν χειροῦνται πάντας τοὺς οὐκ ἔσθ' ὅπως ὑπὲρ τῆς αὐτῶν σωτηρίας ἀγωνιζομένους), ὃν τρόπον καὶ ἡμεῖς μετὰ τὸ τῷ λόγῳ πεισθῆναι ἐκείνων μὲν ἀπέστημεν, θεῷ δὲ μόνῳ τῷ ἀγεννήτῳ διὰ τοῦ υἱοῦ ἑπόμεθα· 2. οἱ πάλαι μὲν πορνείαις χαίροντες, νῦν δὲ σωφροσύνην μόνην ἀσπαζόμενοι· οἱ δὲ καὶ μαγικαῖς τέχναις χρώμενοι, ἀγαθῷ καὶ ἀγεννήτῳ θεῷ ἑαυτοὺς ἀνατεθεικότες· χρημάτων δὲ καὶ κτημάτων οἱ πόρους παντὸς μᾶλλον στέργοντες, νῦν καὶ ἃ ἔχομεν εἰς κοινὸν φέροντες καὶ παντὶ δεομένῳ κοινωνοῦντες· 3. οἱ μισάλληλοι δὲ καὶ ἀλληλοφόνοι καὶ πρὸς τοὺς οὐχ ὁμοφύλους διὰ τὰ ἔθη καὶ ἑστίας κοινὰς μὴ ποιούμενοι, νῦν μετὰ τὴν ἐπιφάνειαν τοῦ Χριστοῦ ὁμοδίαιτοι γινόμενοι, καὶ ὑπὲρ τῶν ἐχθρῶν εὐχόμενοι, καὶ τοὺς ἀδίκως μισοῦντας πείθειν πειρώμενοι, ὅπως οἱ κατὰ τὰς τοῦ Χριστοῦ καλὰς ὑποθημοσύνας βιώσαντες εὐέλπιδες ὦσι σὺν ἡμῖν τῶν αὐτῶν παρὰ τοῦ πάντων δεσπόζοντος θεοῦ τυχεῖν. 4. ἵνα δὲ μὴ σοφίζεσθαι ὑμᾶς δόξωμεν, ὀλίγων τινῶν τῶν παρ' αὐτοῦ τοῦ Χριστοῦ διδαγμάτων ἐπιμνησθῆναι καλῶς ἔχειν πρὸ τῆς ἀποδείξεως ἡγησάμεθα, καὶ ὑμέτερον ἔστω ὡς δυνατῶν βασιλέων ἐξετάσαι εἰ ἀληθῶς ταῦτα δεδιδάγμεθα καὶ διδάσκομεν. 5. βραχεῖς δὲ καὶ σύντομοι παρ' αὐτοῦ λόγοι γεγόνασιν· οὐ γὰρ σοφιστὴς ὑπῆρχεν, ἀλλὰ δύναμις θεοῦ ὁ λόγος αὐτοῦ ἦν.

XV

1. Περὶ μὲν οὖν σωφροσύνης τοσοῦτον εἶπεν· *Ὃς ἂν ἐμβλέψῃ γυναικὶ πρὸς τὸ ἐπιθυμῆσαι αὐτῆς ἤδη ἐμοίχευσε τῇ καρδίᾳ παρὰ τῷ θεῷ.* 2. καί· *Εἰ ὁ ὀφθαλμός σου ὁ δεξιὸς σκανδαλίζει σε, ἔκκοψον αὐτόν· συμφέρει γάρ σοι μονόφθαλμον εἰσελθεῖν εἰς τὴν βασιλείαν τῶν οὐρανῶν, ἢ μετὰ τῶν δύο πεμφθῆναι εἰς τὸ αἰώνιον πῦρ.* 3. καί· *Ὃς γαμεῖ*

ἀπολελυμένην ἀφ' ἑτέρου ἀνδρὸς μοιχᾶται. [34] **4.** καί· Εἰσί τινες οἵτινες εὐνουχίσθησαν ὑπὸ τῶν ἀνθρώπων, εἰσὶ δὲ οἳ ἐγεννήθησαν εὐνοῦχοι, εἰσὶ δὲ οἳ εὐνούχισαν ἑαυτοὺς διὰ τὴν βασιλείαν τῶν οὐρανῶν· πλὴν οὐ πάντες τοῦτο χωροῦσιν.[35] **5.** ὥσπερ καὶ οἱ νόμῳ ἀνθρωπίνῳ διγαμίας ποιούμενοι ἁμαρτωλοὶ παρὰ τῷ ἡμετέρῳ διδασκάλῳ εἰσί, καὶ οἱ προσβλέποντες γυναικὶ πρὸς τὸ ἐπιθυμῆσαι αὐτῆς· οὐ γὰρ μόνον ὁ μοιχεύων ἔργῳ ἐκβέβληται παρ' αὐτῷ, ἀλλὰ καὶ ὁ μοιχεῦσαι βουλόμενος, ὡς οὐ τῶν ἔργων φανερῶν μόνον τῷ θεῷ ἀλλὰ καὶ τῶν ἐνθυμημάτων. **6.** καὶ πολλοί τινες καὶ πολλαὶ ἑξηκοντοῦται καὶ ἑβδομηκοντοῦται, οἳ ἐκ παίδων ἐμαθητεύθησαν τῷ Χριστῷ, ἄφθοροι διαμένουσι· καὶ εὔχομαι κατὰ πᾶν γένος ἀνθρώπων τοιούτους δεῖξαι. **7.** τί γὰρ καὶ λέγομεν τὸ ἀναρίθμητον πλῆθος τῶν ἐξ ἀκολασίας μεταβαλόντων καὶ ταῦτα μαθόντων; οὐ γὰρ τοὺς δικαίους οὐδὲ τοὺς σώφρονας εἰς μετάνοιαν ἐκάλεσεν ὁ Χριστός, ἀλλὰ τοὺς ἀσεβεῖς καὶ ἀκολάστους καὶ ἀδίκους. **8.** εἶπε δὲ οὕτως· οὐκ ἦλθον καλέσαι δικαίους, ἀλλὰ ἁμαρτωλοὺς εἰς μετάνοιαν.[36] θέλει γὰρ ὁ πατὴρ ὁ οὐράνιος τὴν μετάνοιαν τοῦ ἁμαρτωλοῦ ἢ τὴν κόλασιν αὐτοῦ.

9. Περὶ δὲ τοῦ στέργειν ἅπαντας ταῦτα ἐδίδαξεν· Εἰ ἀγαπᾶτε τοὺς ἀγαπῶντας ὑμᾶς, τί καινὸν ποιεῖτε; καὶ γὰρ οἱ πόρνοι τοῦτο ποιοῦσιν. Ἐγὼ δὲ ὑμῖν λέγω· Εὔχεσθε ὑπὲρ τῶν ἐχθρῶν ὑμῶν καὶ ἀγαπᾶτε τοὺς μισοῦντας ὑμᾶς καὶ εὐλογεῖτε τοὺς καταρωμένους ὑμῖν καὶ εὔχεσθε ὑπὲρ τῶν ἐπηρεαζόντων ὑμᾶς.[37]

10. εἰς δὲ τὸ κοινωνεῖν τοῖς δεομένοις καὶ μηδὲν πρὸς δόξαν ποιεῖν ταῦτα ἔφη· Παντὶ τῷ αἰτοῦντι δίδοτε καὶ τὸν βουλόμενον δανείσασθαι μὴ ἀποστραφῆτε. εἰ γὰρ δανείζετε παρ' ὧν ἐλπίζετε λαβεῖν, τί καινὸν ποιεῖτε; τοῦτο καὶ οἱ τελῶναι ποιοῦσιν. **11.** ὑμεῖς δὲ μὴ θησαυρίζητε ἑαυτοῖς ἐπὶ τῆς γῆς, ὅπου σὴς καὶ βρῶσις ἀφανίζει καὶ λῃσταὶ διορύσσουσι· θησαυρίζετε δὲ ἑαυτοῖς ἐν τοῖς οὐρανοῖς, ὅπου οὔτε σὴς οὔτε βρῶσις ἀφανίζει. **12.** τί γὰρ ὠφελεῖται ἄνθρωπος, ἂν τὸν κόσμον ὅλον κερδήσῃ, τὴν δὲ ψυχὴν αὐτοῦ ἀπολέσῃ; ἢ τί δώσει

---

34 Matt 5:28, 29, 32 The quotes are paraphrased as if Justin is reciting them from memory. Verses are also sometimes quoted out of order.
35 Matt 19:12
36 Matt 9:13
37 Matt 5:46, 44; Luke 6:28

Ἀπολογία Α

αὐτῆς ἀντάλλαγμα; θησαυρίζετε οὖν ἐν τοῖς οὐρανοῖς, ὅπου οὔτε σὴς οὔτε βρῶσις ἀφανίζει.³⁸ **13.** καί· Γίνεσθε δὲ χρηστοὶ καὶ οἰκτίρμονες, ὡς καὶ ὁ πατὴρ ὑμῶν χρηστός ἐστι καὶ οἰκτίρμων, καὶ τὸν ἥλιον αὐτοῦ ἀνατέλλει ἐπὶ ἁμαρτωλοὺς καὶ δικαίους καὶ πονηρούς. **14.** μὴ μεριμνᾶτε δὲ τί φάγητε ἢ τί ἐνδύσησθε. οὐχ ὑμεῖς τῶν πετεινῶν καὶ τῶν θηρίων διαφέρετε; καὶ ὁ θεὸς τρέφει αὐτά. **15.** μὴ οὖν μεριμνήσητε τί φάγητε ἢ τί ἐνδύσησθε· οἶδε γὰρ ὁ πατὴρ ὑμῶν ὁ οὐράνιος ὅτι τούτων χρείαν ἔχετε. **16.** ζητεῖτε δὲ τὴν βασιλείαν τῶν οὐρανῶν, καὶ ταῦτα πάντα προστεθήσεται ὑμῖν. ὅπου γὰρ ὁ θησαυρός ἐστιν, ἐκεῖ καὶ ὁ νοῦς τοῦ ἀνθρώπου.³⁹ **17.** καί· Μὴ ποιῆτε ταῦτα πρὸς τὸ θεαθῆναι ὑπὸ τῶν ἀνθρώπων· εἰ δὲ μή γε, μισθὸν οὐκ ἔχετε παρὰ τοῦ πατρὸς ὑμῶν τοῦ ἐν τοῖς οὐρανοῖς.⁴⁰

XVI

1. Περὶ δὲ τοῦ ἀνεξικάκους εἶναι καὶ ὑπηρετικοὺς πᾶσι καὶ ἀοργήτους ἃ ἔφη ταῦτά ἐστι· Τῷ τύπτοντί σου τὴν σιαγόνα πάρεχε καὶ τὴν ἄλλην, καὶ τὸν αἴροντά σου τὸν χιτῶνα ἢ τὸ ἱμάτιον μὴ κωλύσῃς. **2.** ὃς δ' ἂν ὀργισθῇ, ἔνοχός ἐστιν εἰς τὸ πῦρ. παντὶ δὲ ἀγγαρεύοντί σε μίλιον ἀκολούθησον δύο. λαμψάτω δὲ ὑμῶν τὰ καλὰ ἔργα ἔμπροσθεν τῶν ἀνθρώπων, ἵνα βλέποντες θαυμάζωσι τὸν πατέρα ὑμῶν τὸν ἐν τοῖς οὐρανοῖς.⁴¹

3. οὐ γὰρ ἀνταίρειν δεῖ· οὐδὲ μιμητὰς εἶναι τῶν φαύλων βεβούληται ἡμᾶς, ἀλλὰ διὰ τῆς ὑπομονῆς καὶ πραότητος ἐξ αἰσχύνης καὶ ἐπιθυμίας τῶν κακῶν ἄγειν πάντας προετρέψατο. **4.** ὃ γὰρ καὶ ἐπὶ πολλῶν τῶν παρ' ὑμῖν γεγενημένων ἀποδεῖξαι ἔχομεν· ἐκ βιαίων καὶ τυράννων μετέβαλον, ἡττηθέντες ἢ γειτόνων καρτερίαν βίου παρακολουθήσαντες ἢ συνοδοιπόρων πλεονεκτουμένων ὑπομονὴν ξένην κατανοήσαντες ἢ συμπραγματευομένων πειραθέντες.

5. περὶ δὲ τοῦ μὴ ὀμνύναι ὅλως, τἀληθῆ δὲ λέγειν ἀεί, οὕτως παρεκελεύσατο· Μὴ ὀμόσητε ὅλως· ἔστω δὲ ὑμῶν τὸ ναὶ ναί, καὶ τὸ οὒ οὔ· τὸ δὲ περισσὸν τούτων ἐκ τοῦ πονηροῦ.⁴²

---

38 Luke 6:30, 34; Matt 6:19, 16:26, 6:20
39 Luke 6:36; Matt 5:45, 6:25, 26, 33, 21
40 Matt 6:1
41 Luke 6:29; Matt 5:22, 41, 16
42 Matt 5:34, 37

6. ὡς δὲ καὶ τὸν θεὸν μόνον δεῖ προσκυνεῖν, οὕτως ἔπεισεν εἰπών· Μεγίστη ἐντολή ἐστι· Κύριον τὸν θεόν σου προσκυνήσεις καὶ αὐτῷ μόνῳ λατρεύσεις ἐξ ὅλης τῆς καρδίας σου καὶ ἐξ ὅλης τῆς ἰσχύος σου, κύριον τὸν θεὸν τὸν ποιήσαντά σε.[43] **7.** καὶ προσελθόντος αὐτῷ τινος καὶ εἰπόντος· Διδάσκαλε ἀγαθέ, ἀπεκρίνατο λέγων· Οὐδεὶς ἀγαθὸς εἰ μὴ μόνος ὁ θεός, ὁ ποιήσας τὰ πάντα.[44]

8. οἳ δ' ἂν μὴ εὑρίσκωνται βιοῦντες, ὡς ἐδίδαξε, γνωριζέσθωσαν μὴ ὄντες Χριστιανοί, κἂν λέγωσιν διὰ γλώττης τὰ τοῦ Χριστοῦ διδάγματα· οὐ γὰρ τοὺς μόνον λέγοντας, ἀλλὰ τοὺς καὶ τὰ ἔργα πράττοντας σωθήσεσθαι ἔφη. **9.** εἶπε γὰρ οὕτως· Οὐχὶ πᾶς ὁ λέγων μοι Κύριε κύριε εἰσελεύσεται εἰς τὴν βασιλείαν τῶν οὐρανῶν, ἀλλ' ὁ ποιῶν τὸ θέλημα τοῦ πατρός μου τοῦ ἐν τοῖς οὐρανοῖς. **10.** ὃς γὰρ ἀκούει μου καὶ ποιεῖ ἃ λέγω ἀκούει τοῦ ἀποστείλαντός με. **11.** πολλοὶ δὲ ἐροῦσί μοι· Κύριε κύριε, οὐ τῷ σῷ ὀνόματι ἐφάγομεν καὶ ἐπίομεν καὶ δυνάμεις ἐποιήσαμεν; καὶ τότε ἐρῶ αὐτοῖς· Ἀποχωρεῖτε ἀπ' ἐμοῦ, ἐργάται τῆς ἀνομίας. **12.** τότε κλαυθμὸς ἔσται καὶ βρυγμὸς τῶν ὀδόντων, ὅταν οἱ μὲν δίκαιοι λάμψωσιν ὡς ὁ ἥλιος, οἱ δὲ ἄδικοι πέμπωνται εἰς τὸ αἰώνιον πῦρ. **13.** πολλοὶ γὰρ ἥξουσιν ἐπὶ τῷ ὀνόματί μου, ἔξωθεν μὲν ἐνδεδυμένοι δέρματα προβάτων, ἔσωθεν δὲ ὄντες λύκοι ἅρπαγες· ἐκ τῶν ἔργων αὐτῶν ἐπιγνώσεσθε αὐτούς. πᾶν δὲ δένδρον, μὴ ποιοῦν καρπὸν καλόν, ἐκκόπτεται καὶ εἰς πῦρ βάλλεται.[45]

14. κολάζεσθαι δὲ τοὺς οὐκ ἀκολούθως τοῖς διδάγμασιν αὐτοῦ βιοῦντας, λεγομένους δὲ μόνον Χριστιανούς, καὶ ὑφ' ὑμῶν ἀξιοῦμεν.

XVII

1. Φόρους δὲ καὶ εἰσφορὰς τοῖς ὑφ' ὑμῶν τεταγμένοις πανταχοῦ πρὸ πάντων πειρώμεθα φέρειν, ὡς ἐδιδάχθημεν παρ' αὐτοῦ. **2.** κατ' ἐκεῖνο γὰρ τοῦ καιροῦ προσελθόντες τινὲς ἠρώτων αὐτόν, εἰ δεῖ Καίσαρι φόρους τελεῖν. καὶ ἀπεκρίνατο· Εἴπατέ μοι, τίνος εἰκόνα τὸ νόμισμα ἔχει; οἱ δὲ ἔφασαν· Καίσαρος. καὶ πάλιν ἀνταπεκρίνατο αὐτοῖς·

---

43 Mark 12:30
44 Matt 19:16, 17
45 Matt 7:21-23; Luke 13:42, 7:15, 16, 19

Ἀπόδοτε οὖν τὰ Καίσαρος τῷ Καίσαρι καὶ τὰ τοῦ θεοῦ τῷ θεῷ.⁴⁶ **3.** ὅθεν θεὸν μὲν μόνον προσκυνοῦμεν, ὑμῖν δὲ πρὸς τὰ ἄλλα χαίροντες ὑπηρετοῦμεν, βασιλεῖς καὶ ἄρχοντας ἀνθρώπων ὁμολογοῦντες καὶ εὐχόμενοι μετὰ τῆς βασιλικῆς δυνάμεως καὶ σώφρονα τὸν λογισμὸν ἔχοντας ὑμᾶς εὑρεθῆναι. **4.** εἰ δὲ καὶ ἡμῶν εὐχομένων καὶ πάντα εἰς φανερὸν τιθέντων ἀφροντιστήσετε, οὐδὲν ἡμεῖς βλαβησόμεθα, πιστεύοντες, μᾶλλον δὲ καὶ πεπεισμένοι, κατ' ἀξίαν τῶν πράξεων ἕκαστον τίσειν διὰ πυρὸς αἰωνίου δίκας, καὶ πρὸς ἀναλογίαν ὧν ἔλαβε δυνάμεων παρὰ θεοῦ τὸν λόγον ἀπαιτηθήσεσθαι, ὡς ὁ Χριστὸς ἐμήνυσεν εἰπών· Ὧι πλέον ἔδωκεν ὁ θεός, πλέον καὶ ἀπαιτηθήσεται παρ' αὐτοῦ.⁴⁷

XVIII

1. Ἀποβλέψατε γὰρ πρὸς τὸ τέλος ἑκάστου τῶν γενομένων βασιλέων, ὅτι τὸν κοινὸν πᾶσι θάνατον ἀπέθανον· ὅπερ εἰ εἰς ἀναισθησίαν ἐχώρει, ἕρμαιον ἂν ἦν τοῖς ἀδίκοις πᾶσιν. **2.** ἀλλ' ἐπεὶ καὶ αἴσθησις πᾶσι γενομένοις μένει καὶ κόλασις αἰωνία ἀπόκειται, μὴ ἀμελήσητε πεισθῆναί τε καὶ πιστεῦσαι ὅτι ἀληθῆ ταῦτά ἐστι. **3.** νεκυομαντεῖαι μὲν γὰρ καὶ αἱ ἀδιαφθόρων παίδων ἐποπτεύσεις καὶ ψυχῶν ἀνθρωπίνων κλήσεις καὶ οἱ λεγόμενοι παρὰ τοῖς μάγοις ὀνειροπομποὶ καὶ πάρεδροι καὶ τὰ γινόμενα ὑπὸ τῶν ταῦτα εἰδότων πεισάτωσαν ὑμᾶς, ὅτι καὶ μετὰ θάνατον ἐν αἰσθήσει εἰσὶν αἱ ψυχαί, **4.** καὶ οἱ ψυχαῖς ἀποθανόντων λαμβανόμενοι καὶ ῥιπτούμενοι ἄνθρωποι, οὓς δαιμονιολήπτους καὶ μαινομένους καλοῦσι πάντες, καὶ τὰ παρ' ὑμῖν λεγόμενα μαντεῖα Ἀμφιλόχου καὶ Δωδώνης καὶ Πυθοῦς, καὶ ὅσα ἄλλα τοιαῦτά ἐστι, **5.** καὶ τὰ τῶν συγγραφέων διδάγματα, Ἐμπεδοκλέους καὶ Πυθαγόρου, Πλάτωνός τε καὶ Σωκράτους, καὶ ὁ παρ' Ὁμήρῳ βόθρος καὶ ἡ κάθοδος Ὀδυσσέως εἰς τὴν τούτων ἐπίσκεψιν, καὶ τῶν τὰ αὐτὰ τούτοις εἰπόντων· **6.** οἷς κἂν ὁμοίως ἡμᾶς ἀποδέξασθε, οὐχ ἧττον ἐκείνων θεῷ πιστεύοντας ἀλλὰ μᾶλλον, οἳ καὶ τὰ νεκρούμενα καὶ εἰς γῆν βαλλόμενα πάλιν ἀπολήψεσθαι ἑαυτῶν σώματα προσδοκῶμεν, ἀδύνατον μηδὲν εἶναι θεῷ λέγοντες.

---

46 Matt 22:17, 19, 20, 21
47 Luke 12:48

XIX

1. Καὶ κατανοοῦντι τί ἀπιστότερον ἂν μᾶλλον δόξαι, ἢ εἰ ἐν σώματι μὴ ὑπήρχομεν καί τις ἔλεγεν, ἐκ μικρᾶς τινος ῥανίδος τῆς τοῦ ἀνθρωπείου σπέρματος δυνατὸν ὀστέα τε καὶ νεῦρα καὶ σάρκας εἰκονοποιηθέντα, οἷα ὁρῶμεν, γενέσθαι; 2. ἔστω γὰρ νῦν ἐφ' ὑποθέσεως λεγόμενον· εἴ τις ὑμῖν μὴ οὖσι τοιούτοις μηδὲ τοιούτων ἔλεγε, τὸ σπέρμα τὸ ἀνθρώπειον δεικνὺς καὶ εἰκόνα γραπτήν, ἐκ τοῦ τοιοῦδε οἷόν τε γενέσθαι διαβεβαιούμενος, πρὶν ἰδεῖν γενόμενον ἐπιστεύσατε; οὐκ ἄν τις τολμήσειεν ἀντειπεῖν. 3. τὸν αὐτὸν οὖν τρόπον διὰ τὸ μήπω ἑωρακέναι ὑμᾶς ἀναστάντα νεκρὸν ἀπιστία ἔχει. 4. ἀλλ' ὃν τρόπον τὴν ἀρχὴν οὐκ ἂν ἐπιστεύσατε ἐκ τῆς μικρᾶς ῥανίδος δυνατὸν τοιούτους γενέσθαι, καὶ ὁρᾶτε γινομένους, τὸν αὐτὸν τρόπον λογίσασθε, ὅτι διαλυθέντα καὶ δίκην σπερμάτων εἰς γῆν διαχυθέντα τὰ ἀνθρώπεια σώματα κατὰ καιρὸν προστάξει θεοῦ ἀναστῆναι καὶ ἀφθαρσίαν ἐνδύσασθαι οὐκ ἀδύνατον. 5. ποίαν γὰρ ἀξίαν θεοῦ δύναμιν λέγουσιν οἱ φάσκοντες εἰς ἐκεῖνο χωρεῖν ἕκαστον ἐξ οὗπερ ἐγένετο, καὶ παρὰ ταῦτα μηδὲν ἄλλο δύνασθαι μηδὲ τὸν θεόν, οὐκ ἔχομεν λέγειν· ἀλλ' ἐκεῖνο συνορῶμεν, ὅτι οὐκ ἂν ἐπίστευσαν δυνατὸν εἶναι τοιούτους ποτὲ γενέσθαι, ὁποίους καὶ ἑαυτοὺς καὶ τὸν σύμπαντα κόσμον καὶ ἐξ ὁποίων γεγενημένα ὁρῶσι. 6. κρεῖττον δὲ πιστεύειν καὶ τὰ τῇ ἑαυτῶν φύσει καὶ ἀνθρώποις ἀδύνατα, ἢ ὁμοίως τοῖς ἄλλοις ἀπιστεῖν παρειλήφαμεν, ἐπειδὴ καὶ τὸν ἡμέτερον διδάσκαλον Ἰησοῦν Χριστὸν ἔγνωμεν εἰπόντα· *Τὰ ἀδύνατα παρὰ ἀνθρώποις δυνατὰ παρὰ θεῷ.*[48] 7. καί· *Μὴ φοβεῖσθε τοὺς ἀναιροῦντας ὑμᾶς καὶ μετὰ ταῦτα μὴ δυναμένους τι ποιῆσαι, εἶπε, φοβήθητε δὲ τὸν μετὰ τὸ ἀποθανεῖν δυνάμενον καὶ ψυχὴν καὶ σῶμα εἰς γέενναν ἐμβαλεῖν.*[49] 8. ἡ δὲ γέεννά ἐστι τόπος, ἔνθα κολάζεσθαι μέλλουσιν οἱ ἀδίκως βιώσαντες καὶ μὴ πιστεύοντες ταῦτα γενήσεσθαι ὅσα ὁ θεὸς διὰ τοῦ Χριστοῦ ἐδίδαξε.

XX

1. Καὶ Σίβυλλα δὲ καὶ Ὑστάσπης γενήσεσθαι τῶν φθαρτῶν ἀνάλωσιν διὰ πυρὸς ἔφασαν. 2. οἱ λεγόμενοι δὲ

---

48 Matt 19:26
49 Matt 10:28

Ἀπολογία Α

Στωϊκοὶ φιλόσοφοι καὶ αὐτὸν τὸν θεὸν εἰς πῦρ ἀναλύεσθαι δογματίζουσι καὶ αὖ πάλιν κατὰ μεταβολὴν τὸν κόσμον γενέσθαι λέγουσιν· ἡμεῖς δὲ κρεῖττόν τι τῶν μεταβαλλομένων νοοῦμεν τὸν πάντων ποιητὴν θεόν. **3.** εἰ οὖν καὶ ὁμοίως τινὰ τοῖς παρ' ὑμῖν τιμωμένοις ποιηταῖς καὶ φιλοσόφοις λέγομεν, ἔνια δὲ καὶ μειζόνως καὶ θείως καὶ μόνοι μετὰ ἀποδείξεως, τί παρὰ πάντας ἀδίκως μισούμεθα; **4.** τῷ γὰρ λέγειν ἡμᾶς ὑπὸ θεοῦ πάντα κεκοσμῆσθαι καὶ γεγενῆσθαι Πλάτωνος δόξομεν λέγειν δόγμα· τῷ δὲ ἐκπύρωσιν γενέσθαι Στωϊκῶν· τῷ δὲ κολάζεσθαι ἐν αἰσθήσει καὶ μετὰ θάνατον οὔσας τὰς τῶν ἀδίκων ψυχάς, τὰς δὲ τῶν σπουδαίων ἀπηλλαγμένας τῶν τιμωριῶν εὖ διάγειν, ποιηταῖς καὶ φιλοσόφοις τὰ αὐτὰ λέγειν δόξομεν· **5.** τῷ δὲ καὶ μὴ δεῖν χειρῶν ἀνθρωπίνων ἔργοις προσκυνεῖν Μενάνδρῳ τῷ κωμικῷ καὶ τοῖς ταῦτα φήσασι ταὐτὰ φράζομεν· μείζονα γὰρ τὸν δημιουργὸν τοῦ σκευαζομένου ἀπεφήναντο.

XXI

1. Τῷ δὲ καὶ τὸν λόγον, ὅ ἐστι πρῶτον γέννημα τοῦ θεοῦ, ἄνευ ἐπιμιξίας φάσκειν ἡμᾶς γεγεννῆσθαι, Ἰησοῦν Χριστὸν τὸν διδάσκαλον ἡμῶν, καὶ τοῦτον σταυρωθέντα καὶ ἀποθανόντα καὶ ἀναστάντα ἀνεληλυθέναι εἰς τὸν οὐρανόν, οὐ παρὰ τοὺς παρ' ὑμῖν λεγομένους υἱοὺς τῷ Διῒ καινόν τι φέρομεν. **2.** πόσους γὰρ υἱοὺς φάσκουσι τοῦ Διὸς οἱ παρ' ὑμῖν τιμώμενοι συγγραφεῖς, ἐπίστασθε· Ἑρμῆν μέν, λόγον τὸν ἑρμηνευτικὸν καὶ πάντων διδάσκαλον, Ἀσκληπιὸν δέ, καὶ θεραπευτὴν γενόμενον, κεραυνωθέντα ἀνεληλυθέναι εἰς οὐρανόν, Διόνυσον δὲ διασπαραχθέντα, Ἡρακλέα δὲ φυγῇ πόνων ἑαυτὸν πυρὶ δόντα, τοὺς ἐκ Λήδας δὲ Διοσκούρους, καὶ τὸν ἐκ Δανάης Περσέα, καὶ τὸν ἐξ ἀνθρώπων δὲ ἐφ' ἵππου Πηγάσου Βελλεροφόντην. **3.** τί γὰρ λέγομεν τὴν Ἀριάδνην καὶ τοὺς ὁμοίως αὐτῇ κατηστερίσθαι λεγομένους; καὶ τί γὰρ τοὺς ἀποθνήσκοντας παρ' ὑμῖν αὐτοκράτορας, ἀεὶ ἀπαθανατίζεσθαι ἀξιοῦντες καὶ ὀμνύντα τινὰ προάγετε ἑωρακέναι ἐκ τῆς πυρᾶς ἀνερχόμενον εἰς τὸν οὐρανὸν τὸν κατακαέντα Καίσαρα; **4.** καὶ ὁποῖαι ἑκάστου τῶν λεγομένων υἱῶν τοῦ Διὸς ἱστοροῦνται αἱ πράξεις, πρὸς εἰδότας λέγειν οὐκ ἀνάγκη, πλὴν ὅτι εἰς διαφορὰν καὶ προτροπὴν τῶν ἐκπαιδευομένων ταῦτα γέγραπται· μιμητὰς γὰρ θεῶν καλὸν εἶναι πάντες ἡγοῦνται. **5.** ἀπείη δὲ σωφρονούσης ψυχῆς ἔννοια τοιαύτη περὶ θεῶν, ὡς καὶ αὐτὸν τὸν ἡγεμόνα καὶ γεννήτορα πάντων κατ' αὐτοὺς Δία πατροφόντην τε καὶ πατρὸς τοιούτου γεγονέναι, ἔρωτί τε κακῶν καὶ αἰσχρῶν ἡδονῶν ἥττω γενόμενον ἐπὶ Γανυμήδην καὶ τὰς πολλὰς μοιχευθείσας γυναῖκας ἐλθεῖν, καὶ τοὺς αὐτοῦ παῖδας τὰ ὅμοια πράξαντας παραδέξασθαι. **6.** ἀλλ', ὡς προέφημεν, οἱ φαῦλοι δαίμονες ταῦτα ἔπραξαν· ἀπαθανατίζεσθαι δὲ ἡμεῖς μόνους δεδιδάγμεθα τοὺς ὁσίως καὶ ἐναρέτως ἐγγὺς θεῷ βιοῦντας, κολάζεσθαι δὲ τοὺς ἀδίκως καὶ μὴ μεταβάλλοντας ἐν αἰωνίῳ πυρὶ πιστεύομεν.

XXII

1. Υἱὸς δὲ θεοῦ, ὁ Ἰησοῦς λεγόμενος, εἰ καὶ κοινῶς μόνον ἄνθρωπος, διὰ σοφίαν ἄξιος υἱὸς θεοῦ λέγεσθαι· πατέρα γὰρ ἀνδρῶν τε θεῶν τε πάντες συγγραφεῖς τὸν θεὸν καλοῦσιν. **2.** εἰ δὲ καὶ ἰδίως, παρὰ τὴν κοινὴν γένεσιν, γεγεννῆσθαι αὐτὸν ἐκ θεοῦ λέγομεν λόγον θεοῦ, ὡς προέφημεν, κοινὸν τοῦτο ἔστω ὑμῖν τοῖς τὸν Ἑρμῆν λόγον τὸν παρὰ θεοῦ ἀγγελτικὸν λέγουσιν. **3.** εἰ δὲ αἰτιάσαιτό τις ἐσταυρῶσθαι αὐτόν, καὶ τοῦτο κοινὸν τοῖς προκατηριθμημένοις παθοῦσιν υἱοῖς καθ' ὑμᾶς τοῦ Διὸς ὑπάρχει. **4.** ἐκείνων τε γὰρ οὐχ ὅμοια τὰ πάθη τοῦ θανάτου ἀλλὰ διάφορα ἱστορεῖται· ὥστε μηδὲ τὸ ἴδιον τοῦ πάθους ἥττονα δοκεῖν εἶναι τοῦτον, ἀλλ', ὡς ὑπεσχόμεθα, προϊόντος τοῦ λόγου καὶ κρείττονα ἀποδείξομεν, μᾶλλον δὲ καὶ ἀποδέδεικται· ὁ γὰρ κρείττων ἐκ τῶν πράξεων φαίνεται. **5.** εἰ δὲ καὶ διὰ παρθένου γεγεννῆσθαι φέρομεν, κοινὸν καὶ τοῦτο πρὸς τὸν Περσέα ἔστω ἡμῖν. **6.** ᾧ δὲ λέγομεν χωλοὺς καὶ παραλυτικοὺς καὶ ἐκ γενετῆς πονηροὺς ὑγιεῖς πεποιηκέναι αὐτὸν καὶ νεκροὺς ἀνεγεῖραι, ὅμοια τοῖς ὑπὸ Ἀσκληπιοῦ γεγενῆσθαι λεγομένοις καὶ ταῦτα φάσκειν δόξομεν.

XXIII

1. Ἵνα δὲ ἤδη καὶ τοῦτο φανερὸν ὑμῖν γένηται, ὅτι ὁπόσα λέγομεν μαθόντες παρὰ τοῦ Χριστοῦ καὶ τῶν προελθόντων αὐτοῦ προφητῶν μόνα ἀληθῆ ἐστι καὶ πρεσβύτερα πάντων γεγενημένων συγγραφέων, καὶ οὐχὶ διὰ τὸ ταὐτὰ λέγειν αὐτοῖς παραδεχθῆναι ἀξιοῦμεν, ἀλλ' ὅτι τὸ ἀληθὲς λέγομεν· **2.** καὶ Ἰησοῦς Χριστὸς μόνος ἰδίως υἱὸς τῷ θεῷ γεγέννηται, λόγος αὐτοῦ ὑπάρχων καὶ

Ἀπολογία Α

πρωτότοκος καὶ δύναμις, καὶ τῇ βουλῇ αὐτοῦ γενόμενος ἄνθρωπος ταῦτα ἡμᾶς ἐδίδαξεν ἐπ' ἀλλαγῇ καὶ ἐπαναγωγῇ τοῦ ἀνθρωπείου γένους· 3. πρὶν ἢ ἐν ἀνθρώποις αὐτὸν γενέσθαι ἄνθρωπον φθάσαντές τινες διὰ τοὺς προειρημένους κακοὺς δαίμονας διὰ τῶν ποιητῶν ὡς γενόμενα εἶπον ἃ μυθοποιήσαντες ἔφησαν, ὃν τρόπον καὶ τὰ καθ' ἡμῶν λεγόμενα δύσφημα καὶ ἀσεβῆ ἔργα ἐνήργησαν, ὧν οὐδεὶς μάρτυς οὐδὲ ἀπόδειξίς ἐστι, - τοῦτον ἔλεγχον ποιησόμεθα.

XXIV

1. Πρῶτον μὲν ὅτι τὰ ὅμοια τοῖς Ἕλλησι λέγοντες μόνοι μισούμεθα δι' ὄνομα τοῦ Χριστοῦ, καὶ μηδὲν ἀδικοῦντες ὡς ἁμαρτωλοὶ ἀναιρούμεθα, ἄλλων ἀλλαχοῦ καὶ δένδρα σεβομένων καὶ ποταμοὺς καὶ μῦς καὶ αἰλούρους καὶ κροκοδείλους καὶ τῶν ἀλόγων ζώων τὰ πολλά, καὶ οὐ τῶν αὐτῶν ὑπὸ πάντων τιμωμένων ἀλλὰ ἄλλων ἀλλαχόσε, ὥστ' εἶναι ἀσεβεῖς ἀλλήλοις πάντας διὰ τὸ μὴ τὰ αὐτὰ σέβειν. **2.** ὅπερ μόνον ἐγκαλεῖν ἡμῖν ἔχετε, ὅτι μὴ τοὺς αὐτοὺς ὑμῖν σέβομεν θεούς, μηδὲ τοῖς ἀποθανοῦσι χοὰς καὶ κνίσας καὶ ἐν γραφαῖς στεφάνους καὶ θυσίας φέρομεν. **3.** ὅτι γὰρ οὖν τὰ αὐτὰ παρ' οἷς μὲν θεοί, παρ' οἷς δὲ θηρία, παρ' οἷς δὲ ἱερεῖα νενομισμένα ἐστίν, ἀκριβῶς ἐπίστασθε.

XXV

1. Δεύτερον δ' ὅτι ἐκ παντὸς γένους ἀνθρώπων οἱ παλαιοὶ σεβόμενοι Διόνυσον τὸν Σεμέλης καὶ Ἀπόλλωνα τὸν Λητοΐδην, οἳ δι' ἔρωτας ἀρσένων ὅσα ἔπραξαν αἶσχος καὶ λέγειν, καὶ οἱ Περσεφόνην καὶ Ἀφροδίτην, τὰς διὰ τὸν Ἄδωνιν οἰστρηθείσας, ὧν καὶ τὰ μυστήρια ἄγετε, ἢ Ἀσκληπιὸν ἤ τινα τῶν ἄλλων ὀνομαζομένων θεῶν, καίπερ θανάτου ἀπειλουμένου διὰ Ἰησοῦ Χριστοῦ τούτων μὲν κατεφρονήσαμεν, **2.** θεῷ δὲ τῷ ἀγεννήτῳ καὶ ἀπαθεῖ ἑαυτοὺς ἀνεθήκαμεν, ὃν οὔτε ἐπ' Ἀντιόπην καὶ τὰς ἄλλας ὁμοίως οὐδὲ ἐπὶ Γανυμήδην δι' οἴστρον ἐληλυθέναι πειθόμεθα, οὐδὲ λυθῆναι βοηθείας τυχόντα διὰ Θέτιδος ὑπὸ τοῦ ἑκατοντάχειρος ἐκείνου, οὐδὲ μεριμνῶντα διὰ τοῦτο τὸν τῆς Θέτιδος Ἀχιλλέα διὰ τὴν παλλακίδα Βρισηΐδα ὀλέσαι πολλοὺς τῶν Ἑλλήνων. **3.** καὶ τοὺς πειθομένους ἐλεοῦμεν· τοὺς δὲ τούτων αἰτίους δαίμονας γνωρίζομεν.

XXVI

1. Τρίτον δ' ὅτι καὶ μετὰ τὴν ἀνέλευσιν τοῦ Χριστοῦ εἰς οὐρανὸν προεβάλλοντο οἱ δαίμονες ἀνθρώπους τινὰς λέγοντας ἑαυτοὺς εἶναι θεούς, οἳ οὐ μόνον οὐκ ἐδιώχθησαν ὑφ' ὑμῶν, ἀλλὰ καὶ τιμῶν κατηξιώθησαν 2. Σίμωνα μέν τινα Σαμαρέα, τὸν ἀπὸ κώμης λεγομένης Γίτθων, ὃς ἐπὶ Κλαυδίου Καίσαρος διὰ τῆς τῶν ἐνεργούντων δαιμόνων τέχνης δυνάμεις ποιήσας μαγικὰς ἐν τῇ πόλει ὑμῶν βασιλίδι Ῥώμῃ θεὸς ἐνομίσθη καὶ ἀνδριάντι παρ' ὑμῶν ὡς θεὸς τετίμηται, ὃς ἀνδριὰς ἀνεγήγερται ἐν τῷ Τίβερι ποταμῷ μεταξὺ τῶν δύο γεφυρῶν, ἔχων ἐπιγραφὴν Ῥωμαϊκὴν ταύτην· Σίμωνι δεωσάγκτῳ. 3. καὶ σχεδὸν πάντες μὲν Σαμαρεῖς, ὀλίγοι δὲ καὶ ἐν ἄλλοις ἔθνεσιν, ὡς τὸν πρῶτον θεὸν ἐκεῖνον ὁμολογοῦντες ἐκεῖνον καὶ προσκυνοῦσι· καὶ Ἑλένην τινά, τὴν περινοστήσασαν αὐτῷ κατ' ἐκεῖνο τοῦ καιροῦ, πρότερον ἐπὶ τέγους σταθεῖσαν, τὴν ὑπ' αὐτοῦ ἔννοιαν πρώτην γενομένην λέγουσι. 4. Μένανδρον δέ τινα, καὶ αὐτὸν Σαμαρέα, τὸν ἀπὸ κώμης Καππαρεταίας, γενόμενον μαθητὴν τοῦ Σίμωνος, ἐνεργηθέντα καὶ ὑπὸ τῶν δαιμονίων καὶ ἐν Ἀντιοχείᾳ γενόμενον πολλοὺς ἐξαπατῆσαι διὰ μαγικῆς τέχνης οἴδαμεν, ὃς καὶ τοὺς αὐτῷ ἑπομένους ὡς μηδὲ ἀποθνήσκοιεν ἔπεισε· καὶ νῦν εἰσί τινες ἀπ' ἐκείνου τοῦτο ὁμολογοῦντες. 5. Μαρκίωνα δέ τινα Ποντικόν, ὃς καὶ νῦν ἔτι ἐστὶ διδάσκων τοὺς πειθομένους, ἄλλον τινὰ νομίζειν μείζονα τοῦ δημιουργοῦ θεόν· ὃς κατὰ πᾶν γένος ἀνθρώπων διὰ τῆς τῶν δαιμόνων συλλήψεως πολλοὺς πεποίηκε βλασφημίας λέγειν καὶ ἀρνεῖσθαι τὸν ποιητὴν τοῦδε τοῦ παντὸς θεόν, ἄλλον δέ τινα, ὡς ὄντα μείζονα, τὰ μείζονα παρὰ τοῦτον ὁμολογεῖν πεποιηκέναι. 6. πάντες οἱ ἀπὸ τούτων ὁρμώμενοι, ὡς ἔφημεν, Χριστιανοὶ καλοῦνται, ὃν τρόπον καὶ οἱ οὐ κοινωνοῦντες τῶν αὐτῶν δογμάτων τοῖς φιλοσόφοις τὸ ἐπικατηγορούμενον ὄνομα τῆς φιλοσοφίας κοινὸν ἔχουσιν. 7. εἰ δὲ καὶ τὰ δύσφημα ἐκεῖνα μυθολογούμενα ἔργα πράττουσι, λυχνίας μὲν ἀνατροπὴν καὶ τὰς ἀνέδην μίξεις καὶ ἀνθρωπείων σαρκῶν βοράς, οὐ γινώσκομεν· ἀλλ' ὅτι μὴ διώκονται μηδὲ φονεύονται ὑφ' ὑμῶν, κἂν διὰ τὰ δόγματα, ἐπιστάμεθα. 8. ἔστι δὲ ἡμῖν καὶ σύνταγμα κατὰ πασῶν τῶν γεγενημένων αἱρέσεων συντεταγμένον, ᾧ εἰ βούλεσθε ἐντυχεῖν, δώσομεν.

XXVII

1. Ἡμεῖς δέ, ἵνα μηδένα διώκωμεν μηδὲ ἀσεβῶμεν, ἐκτιθέναι καὶ τὰ γεννώμενα πονηρῶν εἶναι δεδιδάγμεθα· πρῶτον μὲν ὅτι τοὺς πάντας σχεδὸν ὁρῶμεν ἐπὶ πορνείᾳ προάγοντας, οὐ μόνον τὰς κόρας ἀλλὰ καὶ τοὺς ἄρσενας, καὶ ὃν τρόπον λέγονται οἱ παλαιοὶ ἀγέλας βοῶν ἢ αἰγῶν ἢ προβάτων τρέφειν ἢ ἵππων φορβάδων, οὕτω νῦν παῖδας εἰς τὸ αἰσχρῶς χρῆσθαι μόνον· καὶ ὁμοίως θηλειῶν καὶ ἀνδρογύνων καὶ ἀρρητοποιῶν πλῆθος κατὰ πᾶν ἔθνος ἐπὶ τούτου τοῦ ἄγους ἕστηκε. 2. καὶ τούτων μισθοὺς καὶ εἰσφορὰς καὶ τέλη λαμβάνετε δέον ἐκκόψαι ἀπὸ τῆς ὑμετέρας οἰκουμένης. 3. καὶ τῶν τούτοις χρωμένων τις πρὸς τῇ ἀθέῳ καὶ ἀσεβεῖ καὶ ἀκρατεῖ μίξει, εἰ τύχοι, τέκνῳ ἢ συγγενεῖ ἢ ἀδελφῷ μίγνυται. 4. οἱ δὲ καὶ τὰ ἑαυτῶν τέκνα καὶ τὰς ὁμοζύγους προαγωγεύονται, καὶ φανερῶς εἰς κιναιδίαν ἀποκόπτονταί τινες καὶ εἰς μητέρα θεῶν τὰ μυστήρια ἀναφέρουσι, καὶ παρὰ παντὶ τῶν νομιζομένων παρ' ὑμῖν θεῷ ὄφις σύμβολον μέγα καὶ μυστήριον ἀναγράφεται. 5. καὶ τὰ φανερῶς ὑμῖν πραττόμενα καὶ τιμώμενα ὡς ἀνατετραμμένου καὶ οὐ παρόντος φωτὸς θείου ἡμῖν προσγράφετε· ὅπερ ἀπηλλαγμένοις ἡμῖν τοῦ πράττειν τι τούτων οὐ βλάβην φέρει, ἀλλὰ τοῖς πράττουσι καὶ ψευδομαρτυροῦσι μᾶλλον.

XXVIII

1. Παρ' ἡμῖν μὲν γὰρ ὁ ἀρχηγέτης τῶν κακῶν δαιμόνων ὄφις καλεῖται καὶ σατανᾶς καὶ διάβολος, ὡς καὶ ἐκ τῶν ἡμετέρων συγγραμμάτων ἐρευνήσαντες μαθεῖν δύνασθε· ὃν εἰς τὸ πῦρ πεμφθήσεσθαι μετὰ τῆς αὐτοῦ στρατιᾶς καὶ τῶν ἑπομένων ἀνθρώπων κολασθησομένους τὸν ἀπέραντον αἰῶνα, προεμήνυσεν ὁ Χριστός. 2. καὶ γὰρ ἡ ἐπιμονὴ τοῦ μηδέπω τοῦτο πρᾶξαι τὸν θεὸν διὰ τὸ ἀνθρώπινον γένος γεγένηται· προγινώσκει γάρ τινας ἐκ μετανοίας σωθήσεσθαι μέλλοντας καί τινας μηδέπω ἴσως γεννηθέντας. 3. καὶ τὴν ἀρχὴν νοερὸν καὶ δυνάμενον αἱρεῖσθαι τἀληθῆ καὶ εὖ πράττειν τὸ γένος τὸ ἀνθρώπινον πεποίηκεν, ὥστ' ἀναπολόγητον εἶναι τοῖς πᾶσιν ἀνθρώποις παρὰ τῷ θεῷ· λογικοὶ γὰρ καὶ θεωρητικοὶ γεγένηνται. 4. εἰ δέ τις ἀπιστεῖ μέλειν τούτων τῷ θεῷ, ἢ μὴ εἶναι αὐτὸν διὰ τέχνης ὁμολογήσει, ἢ ὄντα χαίρειν κακίᾳ φήσει ἢ λίθῳ ἐοικότα μένειν, καὶ μηδὲν εἶναι

ἀρετὴν μηδὲ κακίαν, δόξῃ δὲ μόνον τοὺς ἀνθρώπους ἢ ἀγαθὰ ἢ κακὰ ταῦτα ἡγεῖσθαι· ἥπερ μεγίστη ἀσέβεια καὶ ἀδικία ἐστί.

XXIX

1. Καὶ πάλιν, μὴ τῶν ἐκτεθέντων τις μὴ ἀναληφθεὶς θανατωθῇ, καὶ ὦμεν ἀνδροφόνοι· ἀλλ' ἢ τὴν ἀρχὴν οὐκ ἐγαμοῦμεν εἰ μὴ ἐπὶ παίδων ἀνατροφῇ, ἢ παραιτούμενοι τὸ γήμασθαι τέλεον ἐνεκρατευόμεθα. **2.** καὶ ἤδη τις τῶν ἡμετέρων, ὑπὲρ τοῦ πεῖσαι ὑμᾶς ὅτι οὐκ ἔστιν ἡμῖν μυστήριον ἡ ἀνέδην μίξις, βιβλίδιον ἀνέδωκεν ἐν Ἀλεξανδρείᾳ Φήλικι ἡγεμονεύοντι ἀξιῶν ἐπιτρέψαι ἰατρῷ τοὺς διδύμους αὐτοῦ ἀφελεῖν· ἄνευ γὰρ τῆς τοῦ ἡγεμόνος ἐπιτροπῆς τοῦτο πράττειν ἀπειρῆσθαι οἱ ἐκεῖ ἰατροὶ ἔλεγον. **3.** καὶ μηδ' ὅλως βουληθέντος Φήλικος ὑπογράψαι, ἐφ' ἑαυτοῦ μείνας ὁ νεανίσκος ἠρκέσθη τῇ ἑαυτοῦ καὶ τῶν ὁμογνωμόνων συνειδήσει. **4.** οὐκ ἄτοπον δὲ ἐπιμνησθῆναι ἐν τούτοις ἡγησάμεθα καὶ Ἀντινόου τοῦ νῦν γεγενημένου, ὃν καὶ πάντες ὡς θεὸν διὰ φόβου σέβειν ὥρμηντο, ἐπιστάμενοι τίς τε ἦν καὶ πόθεν ὑπῆρχεν.

XXX

1. Ὅπως δὲ μή τις εἴπῃ ἀντιτιθεὶς ἡμῖν, τί κωλύει καὶ τὸν παρ' ἡμῖν λεγόμενον Χριστόν, ἄνθρωπον ἐξ ἀνθρώπων ὄντα, μαγικῇ τέχνῃ ἃς λέγομεν δυνάμεις πεποιηκέναι καὶ δόξαι διὰ τοῦτο υἱὸν θεοῦ εἶναι, τὴν ἀπόδειξιν ἤδη ποιησόμεθα, οὐ τοῖς λέγουσι πιστεύοντες, ἀλλὰ τοῖς προφητεύουσι πρὶν ἢ γενέσθαι κατ' ἀνάγκην πειθόμενοι, διὰ τὸ καὶ ὄψει ὡς προεφητεύθη ὁρᾶν γενόμενα καὶ γινόμενα· ἥπερ μεγίστη καὶ ἀληθεστάτη ἀπόδειξις καὶ ὑμῖν, ὡς νομίζομεν, φανήσεται.

XXXI

1. Ἄνθρωποι οὖν τινες ἐν Ἰουδαίοις γεγένηνται θεοῦ προφῆται, δι' ὧν τὸ προφητικὸν πνεῦμα προεκήρυξε τὰ γενήσεσθαι μέλλοντα πρὶν ἢ γενέσθαι· καὶ τούτων οἱ ἐν Ἰουδαίοις κατὰ καιροὺς γενόμενοι βασιλεῖς τὰς προφητείας, ὡς ἐλέχθησαν ὅτε προεφητεύοντο, τῇ ἰδίᾳ αὐτῶν Ἑβραΐδι φωνῇ ἐν βιβλίοις ὑπ' αὐτῶν τῶν προφητῶν συντεταγμένας κτώμενοι περιεῖπον. **2.** ὅτε δὲ Πτολεμαῖος, ὁ Αἰγυπτίων βασιλεύς, βιβλιοθήκην

Ἀπολογία Α

κατεσκεύαζε καὶ τὰ πάντων ἀνθρώπων συγγράμματα συνάγειν ἐπειράθη, πυθόμενος καὶ περὶ τῶν προφητειῶν τούτων, προσέπεμψε τῷ τῶν Ἰουδαίων τότε βασιλεύοντι Ἡρώδῃ ἀξιῶν διαπεμφθῆναι αὐτῷ τὰς βίβλους τῶν προφητειῶν. **3.** καὶ ὁ μὲν βασιλεὺς Ἡρώδης τῇ προειρημένῃ Ἑβραΐδι αὐτῶν φωνῇ γεγραμμένας διεπέμψατο. **4.** ἐπειδὴ δὲ οὐκ ἦν γνώριμα τὰ ἐν αὐταῖς γεγραμμένα τοῖς Αἰγυπτίοις, πάλιν αὐτὸν ἠξίωσε πέμψας τοὺς μεταβαλοῦντας αὐτὰς εἰς τὴν Ἑλλάδα φωνὴν ἀνθρώπους ἀποστεῖλαι. **5.** καὶ τούτου γενομένου ἔμειναν αἱ βίβλοι καὶ παρ' Αἰγυπτίοις μέχρι τοῦ δεῦρο, καὶ πανταχοῦ παρὰ πᾶσίν εἰσιν Ἰουδαίοις, οἳ καὶ ἀναγινώσκοντες οὐ συνιᾶσι τὰ εἰρημένα, ἀλλ' ἐχθροὺς ἡμᾶς καὶ πολεμίους ἡγοῦνται, ὁμοίως ὑμῖν ἀναιροῦντες καὶ κολάζοντες ἡμᾶς ὁπόταν δύνωνται, ὡς καὶ πεισθῆναι δύνασθε. **6.** καὶ γὰρ ἐν τῷ νῦν γεγενημένῳ Ἰουδαϊκῷ πολέμῳ Βαρχωχέβας ὁ τῆς Ἰουδαίων ἀποστάσεως ἀρχηγέτης, Χριστιανοὺς μόνους εἰς τιμωρίας δεινάς, εἰ μὴ ἀρνοῖντο Ἰησοῦν τὸν Χριστὸν καὶ βλασφημοῖεν, ἐκέλευεν ἀπάγεσθαι. **7.** ἐν δὴ ταῖς τῶν προφητῶν βίβλοις εὕρομεν προκηρυσσόμενον παραγινόμενον, γεννώμενον διὰ παρθένου, καὶ ἀνδρούμενον, καὶ θεραπεύοντα πᾶσαν νόσον καὶ πᾶσαν μαλακίαν καὶ νεκροὺς ἀνεγείροντα, καὶ φθονούμενον καὶ ἀγνοούμενον καὶ σταυρούμενον Ἰησοῦν τὸν ἡμέτερον Χριστόν, καὶ ἀποθνήσκοντα καὶ ἀνεγειρόμενον καὶ εἰς οὐρανοὺς ἀνερχόμενον, καὶ υἱὸν θεοῦ ὄντα καὶ κεκλημένον, καί τινας πεμπομένους ὑπ' αὐτοῦ εἰς πᾶν γένος ἀνθρώπων κηρύξοντας ταῦτα, καὶ τοὺς ἐξ ἐθνῶν ἀνθρώπους μᾶλλον αὐτῷ πιστεύειν. **8.** προεφητεύθη δέ, πρὶν ἢ φανῆναι αὐτόν, ἔτεσι ποτὲ μὲν πεντακισχιλίοις, ποτὲ δὲ τρισχιλίοις, ποτὲ δὲ δισχιλίοις, καὶ πάλιν χιλίοις καὶ ἄλλοτε ὀκτακοσίοις· κατὰ γὰρ τὰς διαδοχὰς τῶν γενῶν ἕτεροι καὶ ἕτεροι ἐγένοντο προφῆται.

XXXII

1. Μωυσῆς μὲν οὖν, πρῶτος τῶν προφητῶν γενόμενος, εἶπεν αὐτολεξεὶ οὕτως· *Οὐκ ἐκλείψει ἄρχων ἐξ Ἰούδα οὐδὲ ἡγούμενος ἐκ τῶν μηρῶν αὐτοῦ, ἕως ἂν ἔλθῃ ᾧ ἀπόκειται· καὶ αὐτὸς ἔσται προσδοκία ἐθνῶν, δεσμεύων πρὸς ἄμπελον τὸν πῶλον αὐτοῦ, πλύνων ἐν αἵματι σταφυλῆς τὴν στολὴν αὐτοῦ.*[50] **2.** ὑμέτερον οὖν ἐστιν ἀκριβῶς ἐξετάσαι καὶ μαθεῖν, μέχρι

---

50 Gen 49:10

τίνος ἦν ἄρχων καὶ βασιλεὺς ἐν Ἰουδαίοις ἴδιος αὐτῶν· μέχρι τῆς φανερώσεως Ἰησοῦ Χριστοῦ, τοῦ ἡμετέρου διδασκάλου καὶ τῶν ἀγνοουμένων προφητειῶν ἐξηγητοῦ, ὡς προερρέθη ὑπὸ τοῦ θείου ἁγίου προφητικοῦ πνεύματος διὰ τοῦ Μωυσέως μὴ ἐκλείψειν ἄρχοντα ἀπὸ Ἰουδαίων, ἕως ἂν ἔλθῃ ᾧ ἀπόκειται τὸ βασίλειον. **3.** Ἰούδας γὰρ προπάτωρ Ἰουδαίων, ἀφ' οὗ καὶ τὸ Ἰουδαῖοι καλεῖσθαι ἐσχήκασι· καὶ ὑμεῖς μετὰ τὴν γενομένην αὐτοῦ φανέρωσιν καὶ Ἰουδαίων ἐβασιλεύσατε καὶ τῆς ἐκείνων πάσης γῆς ἐκρατήσατε. **4.** τὸ δὲ Αὐτὸς ἔσται προσδοκία ἐθνῶν μηνυτικὸν ἦν ὅτι ἐκ πάντων τῶν ἐθνῶν προσδοκήσουσιν αὐτὸν πάλιν παραγενησόμενον, ὅπερ ὄψει ὑμῖν πάρεστιν ἰδεῖν καὶ ἔργῳ πεισθῆναι· ἐκ πάντων γὰρ γενῶν ἀνθρώπων προσδοκῶσι τὸν ἐν Ἰουδαίᾳ σταυρωθέντα, μεθ' ὃν εὐθὺς δοριάλωτος ὑμῖν ἡ γῆ Ἰουδαίων παρεδόθη. **5.** τὸ δὲ Δεσμεύων πρὸς ἄμπελον τὸν πῶλον αὐτοῦ καὶ πλύνων τὴν στολὴν αὐτοῦ ἐν αἵματι σταφυλῆς σύμβολον δηλωτικὸν ἦν τῶν γενησομένων τῷ Χριστῷ καὶ τῶν ὑπ' αὐτοῦ πραχθησομένων. **6.** πῶλος γάρ τις ὄνου εἱστήκει ἔν τινι εἰσόδῳ κώμης πρὸς ἄμπελον δεδεμένος, ὃν ἐκέλευσεν ἀγαγεῖν αὐτῷ τότε τοὺς γνωρίμους αὐτοῦ, καὶ ἀχθέντος ἐπιβὰς ἐκάθισε καὶ εἰσελήλυθεν εἰς τὰ Ἱεροσόλυμα, ἔνθα τὸ μέγιστον ἱερὸν ἦν Ἰουδαίων, ὃ ὑφ' ὑμῶν ὕστερον κατεστράφη· καὶ μετὰ ταῦτα ἐσταυρώθη, ὅπως τὸ λεῖπον τῆς προφητείας συντελεσθῇ. **7.** τὸ γὰρ Πλύνων τὴν στολὴν αὐτοῦ ἐν αἵματι σταφυλῆς προαγγελτικὸν ἦν τοῦ πάθους οὗ πάσχειν ἔμελλε, δι' αἵματος καθαίρων τοὺς πιστεύοντας αὐτῷ. **8.** ἡ γὰρ κεκλημένη ὑπὸ τοῦ θείου πνεύματος διὰ τοῦ προφήτου στολὴ οἱ πιστεύοντες αὐτῷ εἰσιν ἄνθρωποι, ἐν οἷς οἰκεῖ τὸ παρὰ τοῦ θεοῦ σπέρμα, ὁ λόγος. **9.** τὸ δὲ εἰρημένον Αἷμα τῆς σταφυλῆς σημαντικὸν τοῦ ἔχειν μὲν αἷμα τὸν φανησόμενον, ἀλλ' οὐκ ἐξ ἀνθρωπείου σπέρματος ἀλλ' ἐκ θείας δυνάμεως. **10.** ἡ δὲ πρώτη δύναμις μετὰ τὸν πατέρα πάντων καὶ δεσπότην θεὸν καὶ υἱὸς ὁ λόγος ἐστίν· ὃς τίνα τρόπον σαρκοποιηθεὶς ἄνθρωπος γέγονεν, ἐν τοῖς ἑξῆς ἐροῦμεν. **11.** ὃν τρόπον γὰρ τὸ τῆς ἀμπέλου αἷμα οὐκ ἄνθρωπος πεποίηκεν ἀλλ' ὁ θεός, οὕτως καὶ τοῦτο ἐμηνύετο οὐκ ἐξ ἀνθρωπείου σπέρματος γενήσεσθαι τὸ αἷμα ἀλλ' ἐκ δυνάμεως θεοῦ, ὡς προέφημεν. **12.** καὶ Ἡσαΐας δέ, ἄλλος προφήτης, τὰ αὐτὰ δι' ἄλλων ῥήσεων προφητεύων οὕτως εἶπεν· Ἀνατελεῖ ἄστρον ἐξ Ἰακώβ, καὶ ἄνθος ἀναβήσεται ἀπὸ τῆς ῥίζης Ἰεσσαί·

καὶ ἐπὶ τὸν βραχίονα αὐτοῦ ἔθνη ἐλπιοῦσιν.[51] **13**. ἄστρον δὲ φωτεινὸν ἀνέτειλε, καὶ ἄνθος ἀνέβη ἀπὸ τῆς ῥίζης Ἰεσσαί, οὗτος ὁ Χριστός. **14**. διὰ γὰρ παρθένου τῆς ἀπὸ τοῦ σπέρματος Ἰακώβ, τοῦ γενομένου πατρὸς Ἰούδα, τοῦ δεδηλωμένου Ἰουδαίων πατρός, διὰ δυνάμεως θεοῦ ἀπεκυήθη· καὶ Ἰεσσαὶ προπάτωρ μὲν κατὰ τὸ λόγιον γεγένηται, τοῦ δὲ Ἰακὼβ καὶ τοῦ Ἰούδα κατὰ γένους διαδοχὴν υἱὸς ὑπῆρχεν.

XXXIII

1. Καὶ πάλιν ὡς αὐτολεξεὶ διὰ παρθένου μὲν τεχθησόμενος διὰ τοῦ Ἡσαΐου προεφητεύθη, ἀκούσατε. Ἐλέχθη δὲ οὕτως· Ἰδοὺ ἡ παρθένος ἐν γαστρὶ ἕξει καὶ τέξεται υἱόν, καὶ ἐροῦσιν ἐπὶ τῷ ὀνόματι αὐτοῦ Μεθ' ἡμῶν ὁ θεός.[52] **2**. ἃ γὰρ ἦν ἄπιστα καὶ ἀδύνατα νομιζόμενα παρὰ τοῖς ἀνθρώποις γενήσεσθαι, ταῦτα ὁ θεὸς προεμήνυσε διὰ τοῦ προφητικοῦ πνεύματος μέλλειν γίνεσθαι, ἵν' ὅταν γένηται μὴ ἀπιστηθῇ, ἀλλ' ἐκ τοῦ προειρῆσθαι πιστευθῇ. **3**. ὅπως δέ τινες μὴ νοήσαντες τὴν δεδηλωμένην προφητείαν, ἐγκαλέσωσιν ἡμῖν ἅπερ ἐνεκαλέσαμεν τοῖς ποιηταῖς, εἰποῦσιν ἀφροδισίων χάριν ἐληλυθέναι ἐπὶ γυναῖκας τὸν Δία, διασαφῆσαι τοὺς λόγους πειρασόμεθα. **4**. τὸ οὖν Ἰδοὺ ἡ παρθένος ἐν γαστρὶ ἕξει σημαίνει οὐ συνουσιασθεῖσαν τὴν παρθένον συλλαβεῖν· εἰ γὰρ ἐσυνουσιάσθη ὑπὸ ὁτουοῦν, οὐκ ἔτι ἦν παρθένος· ἀλλὰ δύναμις θεοῦ ἐπελθοῦσα τῇ παρθένῳ ἐπεσκίασεν αὐτήν, καὶ κυοφορῆσαι παρθένον οὖσαν πεποίηκε. **5**. καὶ ὁ ἀποσταλεὶς δὲ πρὸς αὐτὴν τὴν παρθένον κατ' ἐκεῖνο τοῦ καιροῦ ἄγγελος θεοῦ εὐηγγελίσατο αὐτὴν εἰπών· Ἰδοὺ συλλήψῃ ἐν γαστρὶ ἐκ πνεύματος ἁγίου καὶ τέξῃ υἱόν, καὶ υἱὸς ὑψίστου κληθήσεται, καὶ καλέσεις τὸ ὄνομα αὐτοῦ Ἰησοῦν, αὐτὸς γὰρ σώσει τὸν λαὸν αὐτοῦ ἀπὸ τῶν ἁμαρτιῶν αὐτῶν,[53] ὡς οἱ ἀπομνημονεύσαντες πάντα τὰ περὶ τοῦ σωτῆρος ἡμῶν Ἰησοῦ Χριστοῦ ἐδίδαξαν, οἷς ἐπιστεύσαμεν, ἐπειδὴ καὶ διὰ Ἡσαΐου τοῦ προδεδηλωμένου τὸ προφητικὸν πνεῦμα τοῦτον γεννησόμενον, ὡς προεμηνύομεν, ἔφη. **6**. τὸ πνεῦμα οὖν καὶ τὴν δύναμιν τὴν παρὰ τοῦ θεοῦ οὐδὲν ἄλλο νοῆσαι θέμις ἢ τὸν λόγον, ὃς καὶ πρωτότοκος τῷ θεῷ ἐστι Μωυσῆς ὁ προδεδηλωμένος προφήτης ἐμήνυσε· καὶ

---

51 Isa 11:1
52 Isa 7:14
53 Luke 1:32; Matt 1:21

τοῦτο ἐλθὸν ἐπὶ τὴν παρθένον καὶ ἐπισκιάσαν οὐ διὰ συνουσίας ἀλλὰ διὰ δυνάμεως ἐγκύμονα κατέστησε. **7.** τὸ δὲ Ἰησοῦς, ὄνομα τῇ Ἑβραΐδι φωνῇ, σωτὴρ τῇ Ἑλληνίδι διαλέκτῳ δηλοῖ[54]. **8.** ὅθεν καὶ ὁ ἄγγελος πρὸς τὴν παρθένον εἶπε· *Καὶ καλέσεις τὸ ὄνομα αὐτοῦ Ἰησοῦν· αὐτὸς γὰρ σώσει τὸν λαὸν αὐτοῦ ἀπὸ τῶν ἁμαρτιῶν αὐτῶν.* **9.** ὅτι δὲ οὐδενὶ ἄλλῳ θεοφοροῦνται οἱ προφητεύοντες εἰ μὴ λόγῳ θείῳ, καὶ ὑμεῖς, ὡς ὑπολαμβάνω, φήσετε.

XXXIV

1. Ὅπου δὲ καὶ τῆς γῆς γεννᾶσθαι ἔμελλεν, ὡς προεῖπεν ἕτερος προφήτης ὁ Μιχαίας, ἀκούσατε. ἔφη δὲ οὕτως· *Καὶ σὺ Βηθλεέμ, γῆ Ἰούδα, οὐδαμῶς ἐλαχίστη εἶ ἐν τοῖς ἡγεμόσιν Ἰούδα· ἐκ σοῦ γὰρ ἐξελεύσεται ἡγούμενος, ὅστις ποιμανεῖ τὸν λαόν μου.*[55] **2.** κώμη δέ τίς ἐστιν ἐν τῇ χώρᾳ Ἰουδαίων, ἀπέχουσα σταδίους τριάκοντα πέντε Ἱεροσολύμων, ἐν ᾗ ἐγεννήθη Ἰησοῦς Χριστός, ὡς καὶ μαθεῖν δύνασθε ἐκ τῶν ἀπογραφῶν τῶν γενομένων ἐπὶ Κυρηνίου, τοῦ ὑμετέρου ἐν Ἰουδαίᾳ πρώτου γενομένου ἐπιτρόπου.

XXXV

1. Ὡς δὲ καὶ λήσειν ἔμελλε τοὺς ἄλλους ἀνθρώπους γεννηθεὶς ὁ Χριστὸς ἄχρις ἀνδρωθῇ, ὅπερ καὶ γέγονεν, ἀκούσατε τῶν προειρημένων εἰς τοῦτο. **2.** ἔστι δὲ ταῦτα·[56] *Παιδίον ἐγεννήθη ἡμῖν, καὶ νεανίσκος ἡμῖν ἀπεδόθη, οὗ ἡ ἀρχὴ ἐπὶ τῶν ὤμων*[57]· μηνυτικὸν τῆς δυνάμεως τοῦ σταυροῦ, ᾧ προσέθηκε τοὺς ὤμους σταυρωθείς, ὡς προϊόντος τοῦ λόγου σαφέστερον δειχθήσεται. **3.** καὶ πάλιν ὁ αὐτὸς προφήτης Ἡσαΐας θεοφορούμενος τῷ πνεύματι τῷ προφητικῷ ἔφη· *Ἐγὼ ἐξεπέτασα τὰς χεῖράς μου ἐπὶ λαὸν ἀπειθοῦντα καὶ ἀντιλέγοντα, ἐπὶ τοὺς πορευομένους ἐν ὁδῷ οὐ*

---

54 Justin says here the name Ἰησοῦς means Σωτὴρ in Greek. In Hebrew it means 'Yeho[vah] Saves'.

55 Micah 5:2

56 The translation by Dodds, Reith, and Pratten notes that 'These predictions have so little reference to the point Justin intends to make out, that some editors have supposed a passage has here been lost'. They say that on the other hand, 'Others think the irrelevancy an insufficient ground for such a supposition'.

57 Isa 9:6

καλῇ. **4**. αἰτοῦσί με νῦν κρίσιν καὶ ἐγγίζειν θεῷ τολμῶσιν.[58] **5**. καὶ πάλιν ἐν ἄλλοις λόγοις δι' ἑτέρου προφήτου λέγει· Αὐτοὶ ὤρυξάν μου πόδας καὶ χεῖρας, καὶ ἔβαλον κλῆρον ἐπὶ τὸν ἱματισμόν μου.[59] **6**. καὶ ὁ μὲν Δαυεὶδ ὁ βασιλεὺς καὶ προφήτης, ὁ εἰπὼν ταῦτα, οὐδὲν τούτων ἔπαθεν· Ἰησοῦς δὲ Χριστὸς ἐξετάθη τὰς χεῖρας, σταυρωθεὶς ὑπὸ τῶν Ἰουδαίων ἀντιλεγόντων αὐτῷ καὶ φασκόντων μὴ εἶναι αὐτὸν Χριστόν· καὶ γάρ, ὡς εἶπεν ὁ προφήτης, διασύροντες αὐτὸν ἐκάθισαν ἐπὶ βήματος καὶ εἶπον· Κρῖνον ἡμῖν. **7**. τὸ δὲ Ὤρυξάν μου χεῖρας καὶ πόδας ἐξήγησις τῶν ἐν τῷ σταυρῷ παγέντων ἐν ταῖς χερσὶ καὶ τοῖς ποσὶν αὐτοῦ ἥλων ἦν. **8**. καὶ μετὰ τὸ σταυρῶσαι αὐτὸν ἔβαλον κλῆρον ἐπὶ τὸν ἱματισμὸν αὐτοῦ, καὶ ἐμερίσαντο ἑαυτοῖς οἱ σταυρώσαντες αὐτόν. **9**. καὶ ταῦτα ὅτι γέγονε, δύνασθε μαθεῖν ἐκ τῶν ἐπὶ Ποντίου Πιλάτου γενομένων ἄκτων. **10**. καὶ ὅτι ῥητῶς καθεσθησόμενος ἐπὶ πῶλον ὄνου καὶ εἰσελευσόμενος εἰς τὰ Ἱεροσόλυμα προεφητεύετο, ἑτέρου προφήτου τοῦ Σοφονίου τὰς τῆς προφητείας λέξεις ἐροῦμεν. **11**. εἰσὶ δὲ αὗται· Χαῖρε σφόδρα, θύγατερ Σιών, κήρυσσε, θύγατερ Ἱερουσαλήμ· ἰδοὺ ὁ βασιλεύς σου ἔρχεταί σοι πρᾶος, ἐπιβεβηκὼς ἐπὶ πῶλον ὄνον υἱὸν ὑποζυγίου.[60]

XXXVI

1. Ὅταν δὲ τὰς λέξεις τῶν προφητῶν λεγομένας ὡς ἀπὸ προσώπου ἀκούητε, μὴ ἀπ' αὐτῶν τῶν ἐμπεπνευσμένων λέγεσθαι νομίσητε, ἀλλ' ἀπὸ τοῦ κινοῦντος αὐτοὺς θείου λόγου. **2**. ποτὲ μὲν γὰρ ὡς προαγγελτικὸς τὰ μέλλοντα γενήσεσθαι λέγει, ποτὲ δ' ὡς ἀπὸ προσώπου τοῦ δεσπότου πάντων καὶ πατρὸς θεοῦ φθέγγεται, ποτὲ δὲ ὡς ἀπὸ προσώπου τοῦ Χριστοῦ, ποτὲ δὲ ὡς ἀπὸ προσώπου λαῶν ἀποκρινομένων τῷ κυρίῳ ἢ τῷ πατρὶ αὐτοῦ· ὁποῖον καὶ ἐπὶ τῶν παρ' ὑμῖν συγγραφέων ἰδεῖν ἔστιν, ἕνα μὲν τὸν τὰ πάντα συγγράφοντα ὄντα, πρόσωπα δὲ τὰ διαλεγόμενα παραφέροντα. **3**. ὅπερ μὴ νοήσαντες οἱ ἔχοντες τὰς βίβλους τῶν προφητῶν Ἰουδαῖοι οὐκ ἐγνώρισαν οὐδὲ παραγενόμενον τὸν Χριστόν, ἀλλὰ καὶ ἡμᾶς τοὺς λέγοντας παραγεγενῆσθαι αὐτὸν καί, ὡς

---

58 Isa 65:2
59 Ps 22:16
60 Zech 9:9 Justin incorrectly attributes this to Zephaniah, this may be a copyist's error.

προεκεκήρυκτο, ἀποδεικνύντας ἐσταυρῶσθαι ὑπ' αὐτῶν μισοῦσιν.

XXXVII

1. Ἵνα δὲ καὶ τοῦτο ὑμῖν φανερὸν γένηται, ἀπὸ προσώπου τοῦ πατρὸς ἐλέχθησαν διὰ Ἡσαΐου τοῦ προειρημένου προφήτου οἵδε οἱ λόγοι· *Ἔγνω βοῦς τὸν κτησάμενον καὶ ὄνος τὴν φάτνην τοῦ κυρίου αὐτοῦ, Ἰσραὴλ δέ με οὐκ ἔγνω καὶ ὁ λαός μου οὐ συνῆκεν.* **2.** *οὐαὶ ἔθνος ἁμαρτωλόν, λαὸς πλήρης ἁμαρτιῶν, σπέρμα πονηρόν, υἱοὶ ἄνομοι· ἐγκατελίπατε τὸν κύριον.*[61]

3. καὶ πάλιν ἀλλαχοῦ, ὅταν λέγῃ ὁ αὐτὸς προφήτης ὁμοίως ἀπὸ τοῦ πατρός· *Ποῖόν μοι οἶκον οἰκοδομήσετε; λέγει κύριος.* **4.** *ὁ οὐρανός μοι θρόνος, καὶ ἡ γῆ ὑποπόδιον τῶν ποδῶν μου.*[62] **5.** καὶ πάλιν ἀλλαχοῦ· *Τὰς νουμηνίας ὑμῶν καὶ τὰ σάββατα μισεῖ ἡ ψυχή μου, καὶ μεγάλην ἡμέραν νηστείας καὶ ἀργίαν οὐκ ἀνέχομαι· οὐδ', ἂν ἔρχησθε ὀφθῆναί μοι, εἰσακούσομαι ὑμῶν.* **6.** *πλήρεις αἵματος αἱ χεῖρες ὑμῶν.* **7.** *κἂν φέρητε σεμίδαλιν, θυμίαμα, βδέλυγμά μοί ἐστι· στέαρ ἀρνῶν καὶ αἷμα ταύρων οὐ βούλομαι.* **8.** *τίς γὰρ ἐξεζήτησε ταῦτα ἐκ τῶν χειρῶν ὑμῶν; ἀλλὰ διάλυε πάντα σύνδεσμον ἀδικίας, διάσπα στραγγαλιὰς βιαίων συναλλαγμάτων, ἄστεγον καὶ γυμνὸν σκέπε, διάθρυπτε πεινῶντι τὸν ἄρτον σου.*[63] **9.** ὁποῖα μὲν οὖν ἐστι καὶ τὰ διδασκόμενα διὰ τῶν προφητῶν ἀπὸ τοῦ θεοῦ, νοεῖν δύνασθε.

XXXVIII

1. Ὅταν δὲ ἀπὸ προσώπου τοῦ Χριστοῦ λέγῃ τὸ προφητικὸν πνεῦμα, οὕτως φθέγγεται· *Ἐγὼ ἐξεπέτασα τὰς χεῖράς μου ἐπὶ λαὸν ἀπειθοῦντα καὶ ἀντιλέγοντα, ἐπὶ τοὺς πορευομένους ἐν ὁδῷ οὐ καλῇ.*[64] **2.** καὶ πάλιν· *Τὸν νῶτόν μου τέθεικα εἰς μάστιγας καὶ τὰς σιαγόνας μου εἰς ῥαπίσματα, τὸ δὲ πρόσωπόν μου οὐκ ἀπέστρεψα ἀπὸ αἰσχύνης ἐμπτυσμάτων.* **3.** *καὶ ὁ κύριος βοηθός μου ἐγένετο· διὰ τοῦτο οὐκ ἐνετράπην, ἀλλ'*

---

[61] Isa 1:3, 4a - Dodds, Reith, and Pratten note that this quote varies from the LXX in one word, where it uses μου for με in Isa 1:3. The quote also omits the last few words of verse 4, 'καὶ παρωργίσατε τὸν ἅγιον τοῦ Ισραηλ'.
[62] Isa 66:1
[63] Isa 1:14, 18:6
[64] Isa 65:2

Ἀπολογία Α

ἔθηκα τὸ πρόσωπόν μου ὡς στερεὰν πέτραν, καὶ ἔγνων ὅτι οὐ μὴ αἰσχυνθῶ, ὅτι ἐγγίζει ὁ δικαιώσας με.[65] **4.** καὶ πάλιν ὅταν λέγῃ· Αὐτοὶ ἔβαλον κλῆρον ἐπὶ τὸν ἱματισμόν μου, καὶ ὤρυξάν μου πόδας καὶ χεῖρας. **5.** ἐγὼ δὲ ἐκοιμήθην καὶ ὕπνωσα, καὶ ἀνέστην, ὅτι κύριος ἀντελάβετό μου.[66] **6.** καὶ πάλιν ὅταν λέγῃ· Ἐλάλησαν ἐν χείλεσιν, ἐκίνησαν κεφαλὴν λέγοντες· Ῥυσάσθω ἑαυτόν.[67] **7.** ἅτινα πάντα ὅτι γέγονεν ὑπὸ τῶν Ἰουδαίων τῷ Χριστῷ, μαθεῖν δύνασθε. **8.** σταυρωθέντος γὰρ αὐτοῦ ἐξέστρεφον τὰ χείλη καὶ ἐκίνουν τὰς κεφαλὰς λέγοντες· Ὁ νεκροὺς ἀνεγείρας ῥυσάσθω ἑαυτόν.[68]

XXXIX

1. Ὅταν δὲ ὡς προφητεῦον τὰ μέλλοντα γίνεσθαι λαλῇ τὸ προφητικὸν πνεῦμα, οὕτως λέγει· Ἐκ γὰρ Σιὼν ἐξελεύσεται νόμος καὶ λόγος κυρίου ἐξ Ἱερουσαλήμ, καὶ κρινεῖ ἀνὰ μέσον ἐθνῶν καὶ ἐλέγξει λαὸν πολύν· καὶ συγκόψουσι τὰς μαχαίρας αὐτῶν εἰς ἄροτρα καὶ τὰς ζιβύνας αὐτῶν εἰς δρέπανα, καὶ οὐ μὴ λήψονται ἔθνος ἐπὶ ἔθνος μάχαιραν καὶ οὐ μὴ μάθωσιν ἔτι πολεμεῖν.[69] **2.** καὶ ὅτι οὕτως γέγονε, πεισθῆναι δύνασθε. **3.** ἀπὸ γὰρ Ἱερουσαλὴμ ἄνδρες δεκαδύο τὸν ἀριθμὸν ἐξῆλθον εἰς τὸν κόσμον, καὶ οὗτοι ἰδιῶται, λαλεῖν μὴ δυνάμενοι, διὰ δὲ θεοῦ δυνάμεως ἐμήνυσαν παντὶ γένει ἀνθρώπων ὡς ἀπεστάλησαν ὑπὸ τοῦ Χριστοῦ διδάξαι πάντας τὸν τοῦ θεοῦ λόγον· καὶ οἱ πάλαι ἀλληλοφόνται οὐ μόνον οὐ πολεμοῦμεν τοὺς ἐχθρούς, ἀλλ᾽, ὑπὲρ τοῦ μηδὲ ψεύδεσθαι μηδ᾽ ἐξαπατῆσαι τοὺς ἐξετάζοντας, ἡδέως ὁμολογοῦντες τὸν Χριστὸν ἀποθνήσκομεν. **4.** δυνατὸν γὰρ ἦν τὸ λεγόμενον

Ἡ γλῶσσ᾽ ὀμώμοκεν, ἡ δὲ φρὴν ἀνώμοτος ποιεῖν ἡμᾶς εἰς τοῦτο.[70] **5.** γελοῖον ἤδη πρᾶγμα, ὑμῖν μὲν τοὺς συντιθεμένους καὶ καταλεγομένους στρατιώτας καὶ πρὸ

---

65 Isa 50:6-8
66 4 = Ps 21:18, 5 = Ps 3:5 – Note that the Psalms in the LXX and Latin Vulgate use a different numbering from those of the Hebrew. A table for the Psalms can be found in the introduction. In this case Psalms 10-112 are 11-113 (i.e. off by one). So Ps 21:18 in the LXX is Ps 22:18 in the Hebrew and any translations made from it.
67 Ps 21:8b, 9a
68 See Matt 27:39
69 Isa 2:3
70 Euripides Hippolytus line 608

τῆς ἑαυτῶν ζωῆς καὶ γονέων καὶ πατρίδος καὶ πάντων τῶν οἰκείων τὴν ὑμετέραν ἀσπάζεσθαι ὁμολογίαν, μηδὲν ἄφθαρτον δυναμένων ὑμῶν αὐτοῖς παρασχεῖν, ἡμᾶς δέ, ἀφθαρσίας ἐρῶντας, μὴ πάνθ' ὑπομεῖναι ὑπὲρ τοῦ τὰ ποθούμενα παρὰ τοῦ δυναμένου δοῦναι λαβεῖν.

XL

1. Ἀκούσατε δὲ πῶς καὶ περὶ τῶν κηρυξάντων τὴν διδαχὴν αὐτοῦ καὶ μηνυσάντων τὴν ἐπιφάνειαν προερρέθη, τοῦ προειρημένου προφήτου καὶ βασιλέως οὕτως εἰπόντος διὰ τοῦ προφητικοῦ πνεύματος· *Ἡμέρα τῇ ἡμέρᾳ ἐρεύγεται ῥῆμα, καὶ νὺξ τῇ νυκτὶ ἀναγγέλλει γνῶσιν,* **2.** *οὐκ εἰσὶ λαλιαὶ οὐδὲ λόγοι, ὧν οὐχὶ ἀκούονται αἱ φωναὶ αὐτῶν.* **3.** *εἰς πᾶσαν τὴν γῆν ἐξῆλθεν ὁ φθόγγος αὐτῶν καὶ εἰς τὰ πέρατα τῆς οἰκουμένης τὰ ῥήματα αὐτῶν.* **4.** *ἐν τῷ ἡλίῳ ἔθετο τὸ σκήνωμα αὐτοῦ, καὶ αὐτός, ὡς νυμφίος ἐκπορευόμενος ἐκ παστοῦ αὐτοῦ, ἀγαλλιάσεται ὡς γίγας δραμεῖν ὁδόν.*[71] **5.** πρὸς τούτοις δὲ καὶ λόγων ἑτέρων τῶν προφητευθέντων δι' αὐτοῦ τοῦ Δαυεὶδ καλῶς ἔχον καὶ οἰκείως ἐπιμνησθῆναι λελογίσμεθα, ἐξ ὧν μαθεῖν ὑμῖν πάρεστι πῶς προτρέπεται ζῆν τοὺς ἀνθρώπους τὸ προφητικὸν πνεῦμα, **6.** καὶ πῶς μηνύει τὴν γεγενημένην Ἡρώδου τοῦ βασιλέως Ἰουδαίων καὶ αὐτῶν Ἰουδαίων καὶ Πιλάτου τοῦ ὑμετέρου παρ' αὐτοῖς γενομένου ἐπιτρόπου σὺν τοῖς αὐτοῦ στρατιώταις κατὰ τοῦ Χριστοῦ συνέλευσιν, **7.** καὶ ὅτι πιστεύεσθαι ἔμελλεν ὑπὸ τῶν ἐκ παντὸς γένους ἀνθρώπων, καὶ ὅτι αὐτὸν υἱὸν καλεῖ ὁ θεὸς καὶ ὑποτάσσειν αὐτῷ πάντας τοὺς ἐχθροὺς ἐπήγγελται, καὶ πῶς οἱ δαίμονες, ὅσον ἐπ' αὐτοῖς, τήν τε τοῦ πατρὸς πάντων καὶ δεσπότου θεοῦ καὶ τὴν αὐτοῦ τοῦ Χριστοῦ ἐξουσίαν φυγεῖν πειρῶνται, καὶ ὡς εἰς μετάνοιαν καλεῖ πάντας ὁ θεὸς πρὶν ἐλθεῖν τὴν ἡμέραν τῆς κρίσεως. **8.** εἴρηνται δὲ οὕτως·

Μακάριος ἀνὴρ ὃς οὐκ ἐπορεύθη ἐν βουλῇ ἀσεβῶν καὶ ἐν ὁδῷ ἁμαρτωλῶν οὐκ ἔστη καὶ ἐπὶ καθέδραν λοιμῶν οὐκ ἐκάθισεν, ἀλλ' ἢ ἐν τῷ νόμῳ κυρίου τὸ θέλημα αὐτοῦ, καὶ ἐν τῷ νόμῳ αὐτοῦ μελετήσει ἡμέρας καὶ νυκτός. **9.** *καὶ ἔσται ὡς τὸ ξύλον τὸ πεφυτευμένον παρὰ τὰς διεξόδους τῶν ὑδάτων, ὃ τὸν καρπὸν αὐτοῦ δώσει ἐν καιρῷ αὐτοῦ, καὶ τὸ φύλλον αὐτοῦ οὐκ ἀπορρυήσεται, καὶ πάντα ὅσα ἂν ποιῇ κατευοδωθήσεται.* **10.** *οὐχ οὕτως οἱ ἀσεβεῖς, οὐχ οὕτως, ἀλλ' ἢ ὡσεὶ χνοῦς, ὃν*

---
[71] Ps 18:2-6

Ἀπολογία Α

ἐκρίπτει ὁ ἄνεμος ἀπὸ προσώπου τῆς γῆς· διὰ τοῦτο οὐκ ἀναστήσονται ἀσεβεῖς ἐν κρίσει οὐδὲ ἁμαρτωλοὶ ἐν βουλῇ δικαίων, ὅτι γινώσκει κύριος ὁδὸν δικαίων, καὶ ὁδὸς ἀσεβῶν ἀπολεῖται.[72]

11. Ἵνα τί ἐφρύαξαν ἔθνη, καὶ λαοὶ ἐμελέτησαν καινά; παρέστησαν οἱ βασιλεῖς τῆς γῆς, καὶ οἱ ἄρχοντες συνήχθησαν ἐπὶ τὸ αὐτὸ κατὰ τοῦ κυρίου καὶ κατὰ τοῦ Χριστοῦ αὐτοῦ, λέγοντες· Διαρρήξωμεν τοὺς δεσμοὺς αὐτῶν καὶ ἀπορρίψωμεν ἀφ' ἡμῶν τὸν ζυγὸν αὐτῶν. **12.** ὁ κατοικῶν ἐν οὐρανοῖς ἐκγελάσεται αὐτούς, καὶ ὁ κύριος ἐκμυκτηριεῖ αὐτούς· τότε λαλήσει πρὸς αὐτοὺς ἐν ὀργῇ αὐτοῦ, καὶ ἐν τῷ θυμῷ αὐτοῦ ταράξει αὐτούς. **13.** ἐγὼ δὲ κατεστάθην βασιλεὺς ὑπ' αὐτοῦ ἐπὶ Σιὼν ὄρος τὸ ἅγιον αὐτοῦ, διαγγέλλων τὸ πρόσταγμα κυρίου. **14.** κύριος εἶπε πρός με· Υἱός μου εἶ σύ, ἐγὼ σήμερον γεγέννηκά σε. **15.** αἴτησαι παρ' ἐμοῦ, καὶ δώσω σοι ἔθνη τὴν κληρονομίαν σου, καὶ τὴν κατάσχεσίν σου τὰ πέρατα τῆς γῆς· ποιμανεῖς αὐτοὺς ἐν ῥάβδῳ σιδηρᾷ, ὡς σκεύη κεραμέως συντρίψεις αὐτούς. **16.** καὶ νῦν βασιλεῖς σύνετε, παιδεύθητε πάντες οἱ κρίνοντες τὴν γῆν. **17.** δουλεύσατε τῷ κυρίῳ ἐν φόβῳ, καὶ ἀγαλλιᾶσθε αὐτῷ ἐν τρόμῳ. **18.** δράξασθε παιδείας, μή ποτε ὀργισθῇ κύριος, καὶ ἀπολεῖσθε ἐξ ὁδοῦ δικαίας, ὅταν ἐκκαυθῇ ἐν τάχει ὁ θυμὸς αὐτοῦ. **19.** μακάριοι πάντες οἱ πεποιθότες ἐπ' αὐτόν.[73]

XLI

1. Καὶ πάλιν δι' ἄλλης προφητείας μηνύον τὸ προφητικὸν πνεῦμα δι' αὐτοῦ τοῦ Δαυείδ, ὅτι μετὰ τὸ σταυρωθῆναι βασιλεύσει ὁ Χριστός, οὕτως εἶπεν· Ἄισατε τῷ κυρίῳ πᾶσα ἡ γῆ, καὶ ἀναγγείλατε ἡμέραν ἐξ ἡμέρας τὸ σωτήριον αὐτοῦ· ὅτι μέγας κύριος καὶ αἰνετὸς σφόδρα, φοβερὸς ὑπὲρ πάντας τοὺς θεούς· ὅτι πάντες οἱ θεοὶ τῶν ἐθνῶν εἴδωλα δαιμονίων εἰσίν, ὁ δὲ θεὸς τοὺς οὐρανοὺς ἐποίησε. **2.** δόξα καὶ αἶνος κατὰ πρόσωπον αὐτοῦ, καὶ ἰσχὺς καὶ καύχημα ἐν τόπῳ ἁγιάσματος αὐτοῦ· δότε τῷ κυρίῳ, τῷ πατρὶ τῶν αἰώνων, δόξαν. λάβετε χάριν καὶ εἰσέλθετε κατὰ πρόσωπον αὐτοῦ καὶ προσκυνήσατε ἐν αὐλαῖς ἁγίαις αὐτοῦ· φοβηθήτω ἀπὸ προσώπου αὐτοῦ πᾶσα ἡ γῆ καὶ κατορθωθήτω καὶ μὴ

---

72 8-10 - Ps 1
73 11-19 - Ps 2

σαλευθήτω. **3.** εὐφρανθήτωσαν ἐν τοῖς ἔθνεσιν· ὁ κύριος ἐβασίλευσεν ἀπὸ τοῦ ξύλου.[74]

XLII

1. Ὅταν δὲ τὸ προφητικὸν πνεῦμα τὰ μέλλοντα γίνεσθαι ὡς ἤδη γενόμενα λέγῃ, ὡς καὶ ἐν τοῖς προειρημένοις δοξάσαι ἐστίν, ὅπως ἀπολογίαν μὴ παράσχῃ τοῖς ἐντυγχάνουσιν, καὶ τοῦτο διασαφήσομεν. **2.** τὰ πάντως ἐγνωσμένα γενησόμενα προλέγει ὡς ἤδη γενόμενα· ὅτι δὲ οὕτως δεῖ ἐκδέχεσθαι, ἐνατενίσατε τῷ νοΐ τοῖς λεγομένοις. **3.** Δαυεὶδ ἔτεσι χιλίοις καὶ πεντακοσίοις πρὶν[75] ἢ Χριστὸν ἄνθρωπον γενόμενον σταυρωθῆναι τὰ προειρημένα ἔφη, καὶ οὐδεὶς τῶν πρὸ ἐκείνου γενομένων σταυρωθεὶς εὐφροσύνην παρέσχε τοῖς ἔθνεσιν, ἀλλ' οὐδὲ τῶν μετ' ἐκεῖνον. **4.** ὁ καθ' ἡμᾶς δὲ Ἰησοῦς Χριστὸς σταυρωθεὶς καὶ ἀποθανὼν ἀνέστη, καὶ ἐβασίλευσεν ἀνελθὼν εἰς οὐρανόν, καὶ ἐπὶ τοῖς παρ' αὐτοῦ διὰ τῶν ἀποστόλων ἐν τοῖς πᾶσιν ἔθνεσι κηρυχθεῖσιν εὐφροσύνη ἐστὶ προσδοκώντων τὴν κατηγγελμένην ὑπ' αὐτοῦ ἀφθαρσίαν.

XLIII

1. Ὅπως δὲ μή τινες ἐκ τῶν προλελεγμένων ὑφ' ἡμῶν δοξάσωσι καθ' εἱμαρμένης ἀνάγκην φάσκειν ἡμᾶς τὰ γινόμενα γίνεσθαι, ἐκ τοῦ προειπεῖν προεγνωσμένα, καὶ τοῦτο διαλύομεν. **2.** τὰς τιμωρίας καὶ τὰς κολάσεις καὶ τὰς ἀγαθὰς ἀμοιβὰς κατ' ἀξίαν τῶν πράξεων ἑκάστου ἀποδίδοσθαι διὰ τῶν προφητῶν μαθόντες καὶ ἀληθὲς ἀποφαινόμεθα· ἐπεὶ εἰ μὴ τοῦτό ἐστιν, ἀλλὰ καθ' εἱμαρμένην πάντα γίνεται, οὔτε τὸ ἐφ' ἡμῖν ἐστιν ὅλως· εἰ γὰρ εἵμαρται τόνδε τινὰ ἀγαθὸν εἶναι καὶ τόνδε φαῦλον, οὔθ' οὗτος ἀπόδεκτος οὐδὲ ἐκεῖνος μεμπτέος. **3.** καὶ αὖ εἰ μὴ προαιρέσει ἐλευθέρᾳ πρὸς τὸ φεύγειν τὰ αἰσχρὰ καὶ αἱρεῖσθαι τὰ καλὰ δύναμιν ἔχει τὸ ἀνθρώπειον γένος,

---

74 Psa 95:2, 5-10 The verses quoted from this Psalm are heavily paraphrased and differ wildly in the First Apology to extant LXX manuscripts. He returns to this passage in his Dialogue with Trypho ch. 73 accusing the Jews of removing the words ἀπὸ τοῦ ξύλου.

75 A chronological error, it's source is unknown. David lived approximately one thousand years before Christ. 1,500 years would be a range of somewhere near the end of the Exodus into the early times of the Judges.

Ἀπολογία Α

ἀναίτιόν ἐστι τῶν ὁπωσδήποτε πραττομένων. **4.** ἀλλ' ὅτι ἐλευθέρᾳ προαιρέσει καὶ κατορθοῖ καὶ σφάλλεται, οὕτως ἀποδείκνυμεν. **5.** τὸν αὐτὸν ἄνθρωπον τῶν ἐναντίων τὴν μετέλευσιν ποιούμενον ὁρῶμεν. **6.** εἰ δὲ εἵμαρτο ἢ φαῦλον ἢ σπουδαῖον εἶναι, οὐκ ἄν ποτε τῶν ἐναντίων δεκτικὸς ἦν καὶ πλειστάκις μετετίθετο· ἀλλ' οὐδ' οἱ μὲν ἦσαν σπουδαῖοι, οἱ δὲ φαῦλοι, ἐπεὶ τὴν εἱμαρμένην αἰτίαν φαύλων καὶ ἐναντία ἑαυτῇ πράττουσαν ἀποφαινοίμεθα, ἢ ἐκεῖνο τὸ προειρημένον δόξαι ἀληθὲς εἶναι, ὅτι οὐδέν ἐστιν ἀρετὴ οὐδὲ κακία, ἀλλὰ δόξῃ μόνον ἢ ἀγαθὰ ἢ κακὰ νομίζεται· ἥπερ, ὡς δείκνυσιν ὁ ἀληθὴς λόγος, μεγίστη ἀσέβεια καὶ ἀδικία ἐστίν. **7.** ἀλλ' εἱμαρμένην φαμὲν ἀπαράβατον ταύτην εἶναι, τοῖς τὰ καλὰ ἐκλεγομένοις τὰ ἄξια ἐπιτίμια, καὶ τοῖς ὁμοίως τὰ ἐναντία τὰ ἄξια ἐπίχειρα. **8.** οὐ γὰρ ὥσπερ τὰ ἄλλα, οἷον δένδρα καὶ τετράποδα μηδὲν δυνάμενα προαιρέσει πράττειν, ἐποίησεν ὁ θεὸς τὸν ἄνθρωπον· οὐδὲ γὰρ ἦν ἄξιος ἀμοιβῆς ἢ ἐπαίνου, οὐκ ἀφ' ἑαυτοῦ ἑλόμενος τὸ ἀγαθόν, ἀλλὰ τοῦτο γενόμενος οὐδ', εἰ κακὸς ὑπῆρχε, δικαίως κολάσεως ἐτύγχανεν, οὐκ ἀφ' ἑαυτοῦ τοιοῦτος ὤν, ἀλλ' οὐδὲν δυνάμενος εἶναι ἕτερον παρ' ὃ ἐγεγόνει.

XLIV

1. Ἐδίδαξε δὲ ἡμᾶς ταῦτα τὸ ἅγιον προφητικὸν πνεῦμα, διὰ Μωυσέως φῆσαν τῷ πρώτῳ πλασθέντι ἀνθρώπῳ εἰρῆσθαι ὑπὸ τοῦ θεοῦ οὕτως· *Ἰδοὺ πρὸ προσώπου σου τὸ ἀγαθὸν καὶ τὸ κακόν, ἔκλεξαι τὸ ἀγαθόν.*[76] **2.** καὶ πάλιν διὰ Ἡσαΐου, τοῦ ἑτέρου προφήτου, ὡς ἀπὸ τοῦ πατρὸς τῶν ὅλων καὶ δεσπότου θεοῦ εἰς τοῦτο λεχθῆναι οὕτως· **3.** *Λούσασθε, καθαροὶ γένεσθε, ἀφέλετε τὰς πονηρίας ἀπὸ τῶν ψυχῶν ὑμῶν, μάθετε καλὸν ποιεῖν, κρίνατε ὀρφανῷ καὶ δικαιώσατε χήραν, καὶ δεῦτε καὶ διαλεχθῶμεν, λέγει κύριος· καὶ ἐὰν ὦσιν αἱ ἁμαρτίαι ὑμῶν ὡς φοινικοῦν, ὡσεὶ ἔριον λευκανῶ, καὶ ἐὰν ὦσιν ὡς κόκκινον, ὡς χιόνα λευκανῶ.* **4.** *καὶ ἐὰν θέλητε καὶ εἰσακούσητέ μου, τὰ ἀγαθὰ τῆς γῆς φάγεσθε, ἐὰν δὲ μὴ εἰσακούσητέ μου, μάχαιρα ὑμᾶς κατέδεται· τὸ γὰρ στόμα κυρίου ἐλάλησε ταῦτα.*[77] **5.** τὸ δὲ προειρημένον *Μάχαιρα ὑμᾶς κατέδεται* οὐ λέγει διὰ μαχαιρῶν φονευθήσεσθαι τοὺς παρακούσαντας, ἀλλ' ἡ μάχαιρα τοῦ

---

[76] Deut 30:15, 19
[77] Isa 1:16-20

θεοῦ ἔστι τὸ πῦρ, οὗ βορὰ γίνονται οἱ τὰ φαῦλα πράττειν αἱρούμενοι. **6.** διὰ τοῦτο λέγει· *Μάχαιρα ὑμᾶς κατέδεται· τὸ γὰρ στόμα κυρίου ἐλάλησεν.* **7.** εἰ δὲ καὶ περὶ τεμνούσης καὶ αὐτίκα ἀπαλλασσούσης μαχαίρας ἔλεγεν, οὐκ ἂν εἶπε Κατέδεται.

8. ὥστε καὶ Πλάτων εἰπών· *Αἰτία ἑλομένου, θεὸς δ' ἀναίτιος,*[78] παρὰ Μωυσέως τοῦ προφήτου λαβὼν εἶπε· πρεσβύτερος γὰρ Μωυσῆς καὶ πάντων τῶν ἐν Ἕλλησι συγγραφέων. **9.** καὶ πάντα, ὅσα περὶ ἀθανασίας ψυχῆς ἢ τιμωριῶν τῶν μετὰ θάνατον ἢ θεωρίας οὐρανίων ἢ τῶν ὁμοίων δογμάτων καὶ φιλόσοφοι καὶ ποιηταὶ ἔφασαν, παρὰ τῶν προφητῶν τὰς ἀφορμὰς λαβόντες καὶ νοῆσαι δεδύνηται καὶ ἐξηγήσαντο. **10.** ὅθεν παρὰ πᾶσι σπέρματα ἀληθείας δοκεῖ εἶναι· ἐλέγχονται δὲ μὴ ἀκριβῶς νοήσαντες, ὅταν ἐναντία αὐτοὶ ἑαυτοῖς λέγωσιν.

11. ὥστε ὅ φαμεν, πεπροφητεῦσθαι τὰ μέλλοντα γίνεσθαι, οὐ διὰ τὸ εἱμαρμένης ἀνάγκῃ πράττεσθαι λέγομεν· ἀλλὰ προγνώστου τοῦ θεοῦ ὄντος τῶν μελλόντων ὑπὸ πάντων ἀνθρώπων πραχθήσεσθαι, καὶ δόγματος ὄντος παρ' αὐτόν, κατ' ἀξίαν τῶν πράξεων ἕκαστον ἀμείψεσθαι μέλλοντα τῶν ἀνθρώπων, καὶ τὰ παρ' αὐτοῦ κατ' ἀξίαν τῶν πραττομένων ἀπαντήσεσθαι, διὰ τοῦ προφητικοῦ πνεύματος προλέγει, εἰς ἐπίστασιν καὶ ἀνάμνησιν ἀεὶ ἄγων τὸ τῶν ἀνθρώπων γένος, δεικνὺς ὅτι καὶ μέλον ἐστὶν αὐτῷ καὶ προνοεῖται αὐτῶν. **12.** κατ' ἐνέργειαν δὲ τῶν φαύλων δαιμόνων θάνατος ὡρίσθη κατὰ τῶν τὰς Ὑστάσπου ἢ Σιβύλλης ἢ τῶν προφητῶν βίβλους ἀναγινωσκόντων, ὅπως διὰ τοῦ φόβου ἀποστρέψωσιν ἐντυγχάνοντας τοὺς ἀνθρώπους τῶν καλῶν γνῶσιν λαβεῖν, αὐτοῖς δὲ δουλεύοντας κατέχωσιν· ὅπερ εἰς τέλος οὐκ ἴσχυσαν πρᾶξαι. **13.** ἀφόβως μὲν γὰρ οὐ μόνον ἐντυγχάνομεν αὐταῖς, ἀλλὰ καὶ ὑμῖν, ὡς ὁρᾶτε, εἰς ἐπίσκεψιν φέρομεν, ἐπιστάμενοι πᾶσιν εὐάρεστα φανήσεσθαι· κἂν ὀλίγους δὲ πείσωμεν, τὰ μέγιστα κερδήσαντες ἐσόμεθα· ὡς γεωργοὶ γὰρ ἀγαθοὶ παρὰ τοῦ δεσπόζοντος τὴν ἀμοιβὴν ἕξομεν.

---

78 Plato Republic 10.

Ἀπολογία Α

XLV

1. Ὅτι δὲ ἀγαγεῖν τὸν Χριστὸν εἰς τὸν οὐρανὸν ὁ πατὴρ τῶν πάντων θεὸς μετὰ τὸ ἀναστῆσαι ἐκ νεκρῶν αὐτὸν ἔμελλε, καὶ κατέχειν ἕως ἂν πατάξῃ τοὺς ἐχθραίνοντας αὐτῷ δαίμονας, καὶ συντελεσθῇ ὁ ἀριθμὸς τῶν προεγνωσμένων αὐτῷ ἀγαθῶν γινομένων καὶ ἐναρέτων, δι' οὓς καὶ μηδέπω τὴν ἐπικύρωσιν πεποίηται, ἐπακούσατε τῶν εἰρημένων διὰ Δαυεὶδ τοῦ προφήτου. **2.** ἔστι δὲ ταῦτα· *Εἶπεν ὁ κύριος τῷ κυρίῳ μου· Κάθου ἐκ δεξιῶν μου, ἕως ἂν θῶ τοὺς ἐχθρούς σου ὑποπόδιον τῶν ποδῶν σου.* **3.** *ῥάβδον δυνάμεως ἐξαποστελεῖ σοι κύριος ἐξ Ἱερουσαλήμ· καὶ κατακυρίευε ἐν μέσῳ τῶν ἐχθρῶν σου.* **4.** *μετὰ σοῦ ἡ ἀρχὴ ἐν ἡμέρᾳ τῆς δυνάμεώς σου ἐν ταῖς λαμπρότησι τῶν ἁγίων σου· ἐκ γαστρὸς πρὸ ἑωσφόρου ἐγέννησά σε.*[79] **5.** τὸ οὖν εἰρημένον *Ῥάβδον δυνάμεως ἐξαποστελεῖ σοι ἐξ Ἱερουσαλήμ* προαγγελτικὸν τοῦ λόγου τοῦ ἰσχυροῦ, ὃν ἀπὸ Ἱερουσαλὴμ οἱ ἀπόστολοι αὐτοῦ ἐξελθόντες πανταχοῦ ἐκήρυξαν, καί, καίπερ θανάτου ὁρισθέντος κατὰ τῶν διδασκόντων ἢ ὅλως ὁμολογούντων τὸ ὄνομα τοῦ Χριστοῦ, ἡμεῖς πανταχοῦ καὶ ἀσπαζόμεθα καὶ διδάσκομεν. **6.** εἰ δὲ καὶ ὑμεῖς ὡς ἐχθροὶ ἐντεύξεσθε τοῖσδε τοῖς λόγοις, οὐ πλέον τι δύνασθε, ὡς προέφημεν, τοῦ φονεύειν· ὅπερ ἡμῖν μὲν οὐδεμίαν βλάβην φέρει, ὑμῖν δὲ καὶ πᾶσι τοῖς ἀδίκως ἐχθραίνουσι καὶ μὴ μετατιθεμένοις κόλασιν διὰ πυρὸς αἰωνίαν ἐργάζεται.

XLVI

1. Ἵνα δὲ μή τινες ἀλογισταίνοντες εἰς ἀποτροπὴν τῶν δεδιδαγμένων ὑφ' ἡμῶν εἴπωσι πρὸ ἐτῶν ἑκατὸν πεντήκοντα γεγεννῆσθαι τὸν Χριστὸν λέγειν ἡμᾶς ἐπὶ Κυρηνίου, δεδιδαχέναι δὲ ἅ φαμεν διδάξαι αὐτὸν ὕστερον χρόνοις ἐπὶ Ποντίου Πιλάτου, καὶ ἐπικαλῶσιν ὡς ἀνευθύνων ὄντων τῶν προγεγενημένων πάντων ἀνθρώπων, φθάσαντες τὴν ἀπορίαν λυσόμεθα. **2.** τὸν Χριστὸν πρωτότοκον τοῦ θεοῦ εἶναι ἐδιδάχθημεν καὶ προεμηνύσαμεν λόγον ὄντα, οὗ πᾶν γένος ἀνθρώπων μετέσχε. **3.** καὶ οἱ μετὰ λόγου βιώσαντες Χριστιανοί εἰσι, κἂν ἄθεοι ἐνομίσθησαν, οἷον ἐν Ἕλλησι μὲν Σωκράτης καὶ Ἡράκλειτος καὶ οἱ ὅμοιοι αὐτοῖς, ἐν βαρβάροις δὲ Ἀβραὰμ

---
79 Ps 109:1-3

καὶ Ἀνανίας καὶ Ἀζαρίας καὶ Μισαὴλ καὶ Ἠλίας καὶ ἄλλοι πολλοί, ὧν τὰς πράξεις ἢ τὰ ὀνόματα καταλέγειν μακρὸν εἶναι ἐπιστάμενοι τανῦν παραιτούμεθα. **4.** ὥστε καὶ οἱ προγενόμενοι ἄνευ λόγου βιώσαντες, ἄχρηστοι καὶ ἐχθροὶ τῷ Χριστῷ ἦσαν καὶ φονεῖς τῶν μετὰ λόγου βιούντων· οἱ δὲ μετὰ λόγου βιώσαντες καὶ βιοῦντες Χριστιανοὶ καὶ ἄφοβοι καὶ ἀτάραχοι ὑπάρχουσι. **5.** δι' ἣν δ' αἰτίαν διὰ δυνάμεως τοῦ λόγου κατὰ τὴν τοῦ πατρὸς πάντων καὶ δεσπότου θεοῦ βουλὴν διὰ παρθένου ἄνθρωπος ἀπεκυήθη καὶ Ἰησοῦς ἐπωνομάσθη, καὶ σταυρωθεὶς ἀποθανὼν ἀνέστη καὶ ἀνελήλυθεν εἰς οὐρανόν, ἐκ τῶν διὰ τοσούτων εἰρημένων ὁ νουνεχὴς καταλαβεῖν δυνήσεται. **6.** ἡμεῖς δέ, οὐκ ἀναγκαίου ὄντος τανῦν τοῦ περὶ τῆς ἀποδείξεως τούτου λόγου, ἐπὶ τὰς ἐπειγούσας ἀποδείξεις πρὸς τὸ παρὸν χωρήσωμεν.

XLVII

1. Ὅτι οὖν καὶ ἐκπορθηθήσεσθαι ἡ γῆ Ἰουδαίων ἔμελλεν, ἀκούσατε τῶν εἰρημένων ὑπὸ τοῦ προφητικοῦ πνεύματος· εἴρηνται δὲ οἱ λόγοι ὡς ἀπὸ προσώπου λαῶν θαυμαζόντων τὰ γεγενημένα. **2.** εἰσὶ δὲ οἵδε· Ἐγενήθη ἔρημος Σιών, ὡς ἔρημος ἐγενήθη Ἰερουσαλήμ, εἰς κατάραν ὁ οἶκος, τὸ ἅγιον ἡμῶν καὶ ἡ δόξα, ἣν εὐλόγησαν οἱ πατέρες ἡμῶν, ἐγενήθη πυρίκαυστος, καὶ πάντα τὰ ἔνδοξα αὐτῆς συνέπεσε. **3.** καὶ ἐπὶ τούτοις ἀνέσχου καὶ ἐσιώπησας καὶ ἐταπείνωσας ἡμᾶς σφόδρα.[80] **4.** καὶ ὅτι ἠρήμωτο Ἰερουσαλήμ, ὡς προείρητο γεγενῆσθαι, πεπεισμένοι ἐστέ. **5.** εἴρηται δὲ καὶ περὶ τῆς ἐρημώσεως αὐτῆς, καὶ περὶ τοῦ μὴ ἐπιτραπήσεσθαι μηδένα αὐτῶν οἰκεῖν, διὰ Ἠσαΐου τοῦ προφήτου οὕτως· Ἡ γῆ αὐτῶν ἔρημος, ἔμπροσθεν αὐτῶν οἱ ἐχθροὶ αὐτῶν αὐτὴν φάγονται, καὶ οὐκ ἔσται ἐξ αὐτῶν ὁ κατοικῶν ἐν αὐτῇ.[81] **6.** ὅτι δὲ φυλάσσεται ὑφ' ὑμῶν ὅπως μηδεὶς ἐν αὐτῇ γένηται, καὶ θάνατος κατὰ τοῦ καταλαμβανομένου Ἰουδαίου εἰσιόντος ὥρισται, ἀκριβῶς ἐπίστασθε.

XLVIII

1. Ὅτι δὲ καὶ θεραπεύσειν πάσας νόσους καὶ νεκροὺς ἀνεγερεῖν ὁ ἡμέτερος Χριστὸς προεφητεύθη, ἀκούσατε

---
80 Isa 64:10-12
81 Isa 1:7

Ἀπολογία Α

τῶν λελεγμένων. **2.** ἔστι δὲ ταῦτα· *Τῇ παρουσίᾳ αὐτοῦ ἁλεῖται χωλὸς ὡς ἔλαφος, καὶ τρανὴ ἔσται γλῶσσα μογιλάλων· τυφλοὶ ἀναβλέψουσι καὶ λεπροὶ καθαρισθήσονται καὶ νεκροὶ ἀναστήσονται καὶ περιπατήσουσιν.*[82] **3.** ὅτι τε ταῦτα ἐποίησεν, ἐκ τῶν ἐπὶ Ποντίου Πιλάτου γενομένων ἄκτων μαθεῖν δύνασθε. **4.** πῶς τε προμεμήνυται ὑπὸ τοῦ προφητικοῦ πνεύματος ἀναιρεθησόμενος ἅμα τοῖς ἐπ' αὐτὸν ἐλπίζουσιν ἀνθρώποις, ἀκούσατε τῶν λεχθέντων διὰ Ἡσαΐου. **5.** ἔστι δὲ ταῦτα· *Ἴδε ὡς ὁ δίκαιος ἀπώλετο, καὶ οὐδεὶς ἐκδέχεται τῇ καρδίᾳ· καὶ ἄνδρες δίκαιοι αἴρονται, καὶ οὐδεὶς κατανοεῖ.* **6.** *Ἀπὸ προσώπου ἀδικίας ἦρται ὁ δίκαιος καὶ ἔσται ἐν εἰρήνῃ ἡ ταφὴ αὐτοῦ· ἦρται ἐκ τοῦ μέσου.*[83]

XLIX

1. Καὶ πάλιν πῶς δι' αὐτοῦ Ἡσαΐου λέλεκται ὅτι οἱ οὐ προσδοκήσαντες αὐτὸν λαοὶ τῶν ἐθνῶν προσκυνήσουσιν αὐτόν, οἱ δὲ ἀεὶ προσδοκῶντες Ἰουδαῖοι ἀγνοήσουσι παραγενόμενον αὐτόν· ἐλέχθησαν δὲ οἱ λόγοι ὡς ἀπὸ προσώπου αὐτοῦ τοῦ Χριστοῦ. **2.** εἰσὶ δὲ οὗτοι· *Ἐμφανὴς ἐγενήθην τοῖς ἐμὲ μὴ ἐπερωτῶσιν, εὑρέθην τοῖς ἐμὲ μὴ ζητοῦσι· εἶπον· Ἰδοὺ εἰμί, ἔθνει, οἳ οὐκ ἐκάλεσαν τὸ ὄνομά μου.* **3.** *ἐξεπέτασα τὰς χεῖράς μου ἐπὶ λαὸν ἀπειθοῦντα καὶ ἀντιλέγοντα, ἐπὶ τοὺς πορευομένους ἐν ὁδῷ οὐ καλῇ, ἀλλ' ὀπίσω τῶν ἁμαρτιῶν αὐτῶν.* **4.** *ὁ λαὸς ὁ παροξύνων ἐναντίον μου.*[84] **5.** Ἰουδαῖοι γὰρ ἔχοντες τὰς προφητείας καὶ ἀεὶ προσδοκήσαντες τὸν Χριστὸν παραγενησόμενον, ἠγνόησαν, οὐ μόνον δέ, ἀλλὰ καὶ παρεχρήσαντο· οἱ δὲ ἀπὸ τῶν ἐθνῶν μηδέποτε μηδὲν ἀκούσαντες περὶ τοῦ Χριστοῦ, μέχρις οὗ οἱ ἀπὸ Ἰερουσαλὴμ ἐξελθόντες ἀπόστολοι αὐτοῦ ἐμήνυσαν τὰ περὶ αὐτοῦ καὶ τὰς προφητείας παρέδωκαν, πληρωθέντες χαρᾶς καὶ πίστεως τοῖς εἰδώλοις ἀπετάξαντο καὶ τῷ ἀγεννήτῳ θεῷ διὰ τοῦ Χριστοῦ ἑαυτοὺς ἀνέθηκαν. **6.** ὅτι δὲ προεγινώσκετο τὰ δύσφημα ταῦτα λεχθησόμενα κατὰ τῶν τὸν Χριστὸν ὁμολογούντων, καὶ ὡς εἶεν τάλανες οἱ δυσφημοῦντες αὐτὸν καὶ τὰ παλαιὰ ἔθη καλὸν εἶναι τηρεῖν λέγοντες, ἀκούσατε τῶν βραχυεπῶς εἰρημένων διὰ

---

[82] Isa 35:6
[83] Isa 57:1
[84] Isa 65:1-3

Ἡσαΐου. **7.** ἔστι δὲ ταῦτα· Οὐαὶ τοῖς λέγουσι τὸ γλυκὺ πικρὸν καὶ τὸ πικρὸν γλυκύ.[85]

L

1. Ὅτι δὲ καὶ ὑπὲρ ἡμῶν γενόμενος ἄνθρωπος παθεῖν καὶ ἀτιμασθῆναι ὑπέμεινε, καὶ πάλιν μετὰ δόξης παραγενήσεται, ἀκούσατε τῶν εἰρημένων εἰς τοῦτο προφητειῶν. **2.** ἔστι δὲ ταῦτα·

Ἀνθ᾽ ὧν παρέδωκαν εἰς θάνατον τὴν ψυχὴν αὐτοῦ, καὶ μετὰ τῶν ἀνόμων ἐλογίσθη, αὐτὸς ἁμαρτίας πολλῶν εἴληφε καὶ τοῖς ἀνόμοις ἐξιλάσεται. **3.** ἴδε γὰρ συνήσει ὁ παῖς μου, καὶ ὑψωθήσεται καὶ δοξασθήσεται σφόδρα. **4.** ὃν τρόπον ἐκστήσονται πολλοὶ ἐπὶ σέ, οὕτως ἀδοξήσει ἀπὸ ἀνθρώπων τὸ εἶδός σου καὶ ἡ δόξα σου ἀπὸ τῶν ἀνθρώπων, οὕτως θαυμάσονται ἔθνη πολλά, καὶ συνέξουσι βασιλεῖς τὸ στόμα αὐτῶν· ὅτι οἷς οὐκ ἀνηγγέλη περὶ αὐτοῦ, καὶ οἳ οὐκ ἀκηκόασι συνήσουσι. **5.** κύριε, τίς ἐπίστευσε τῇ ἀκοῇ ἡμῶν; καὶ ὁ βραχίων κυρίου τίνι ἀπεκαλύφθη; ἀνηγγείλαμεν ἐνώπιον αὐτοῦ ὡς παιδίον, ὡς ῥίζα ἐν γῇ διψώσῃ. **6.** οὐκ ἔστιν εἶδος αὐτῷ οὐδὲ δόξα· καὶ εἴδομεν αὐτόν, καὶ οὐκ εἶχεν εἶδος οὐδὲ κάλλος, ἀλλὰ τὸ εἶδος αὐτοῦ ἄτιμον καὶ ἐκλεῖπον παρὰ τοὺς ἀνθρώπους. **7.** ἄνθρωπος ἐν πληγῇ ὢν καὶ εἰδὼς φέρειν μαλακίαν, ὅτι ἀπέστραπται τὸ πρόσωπον αὐτοῦ, ἠτιμάσθη καὶ οὐκ ἐλογίσθη. **8.** οὗτος τὰς ἁμαρτίας ἡμῶν φέρει καὶ περὶ ἡμῶν ὀδυνᾶται, καὶ ἡμεῖς ἐλογισάμεθα αὐτὸν εἶναι ἐν πόνῳ καὶ ἐν πληγῇ καὶ ἐν κακώσει. **9.** αὐτὸς δὲ ἐτραυματίσθη διὰ τὰς ἀνομίας ἡμῶν καὶ μεμαλάκισται διὰ τὰς ἁμαρτίας ἡμῶν· παιδεία εἰρήνης ἐπ᾽ αὐτόν, τῷ μώλωπι αὐτοῦ ἡμεῖς ἰάθημεν. **10.** πάντες ὡς πρόβατα ἐπλανήθημεν, ἄνθρωπος τῇ ὁδῷ αὐτοῦ ἐπλανήθη· καὶ παρέδωκεν αὐτὸν ταῖς ἁμαρτίαις ἡμῶν, καὶ αὐτὸς διὰ τὸ κεκακῶσθαι οὐκ ἀνοίγει τὸ στόμα αὐτοῦ· ὡς πρόβατον ἐπὶ σφαγὴν ἤχθη, καὶ ὡς ἀμνὸς ἐναντίον τοῦ κείροντος αὐτὸν ἄφωνος, οὕτως οὐκ ἀνοίγει τὸ στόμα αὐτοῦ. **11.** ἐν τῇ ταπεινώσει αὐτοῦ ἡ κρίσις αὐτοῦ ἤρθη.[86] **12.** μετὰ οὖν τὸ σταυρωθῆναι αὐτὸν καὶ οἱ γνώριμοι αὐτοῦ πάντες ἀπέστησαν, ἀρνησάμενοι αὐτόν· ὕστερον δέ, ἐκ νεκρῶν ἀναστάντος καὶ ὀφθέντος αὐτοῖς καὶ ταῖς προφητείαις ἐντυχεῖν, ἐν αἷς πάντα ταῦτα προείρητο γενησόμενα,

---

85 Isa 5:20
86 Isa 52:13-53:8

διδάξαντος, καὶ εἰς οὐρανὸν ἀνερχόμενον ἰδόντες καὶ πιστεύσαντες καὶ δύναμιν ἐκεῖθεν αὐτοῖς πεμφθεῖσαν παρ' αὐτοῦ λαβόντες καὶ εἰς πᾶν γένος ἀνθρώπων ἐλθόντες, ταῦτα ἐδίδαξαν καὶ ἀπόστολοι προσηγορεύθησαν.

LI

1. Ἵνα δὲ μηνύσῃ ἡμῖν τὸ προφητικὸν πνεῦμα ὅτι ὁ ταῦτα πάσχων ἀνεκδιήγητον ἔχει τὸ γένος καὶ βασιλεύει τῶν ἐχθρῶν, ἔφη οὕτως·

Τὴν γενεὰν αὐτοῦ τίς διηγήσεται; ὅτι αἴρεται ἀπὸ τῆς γῆς ἡ ζωὴ αὐτοῦ, ἀπὸ τῶν ἀνομιῶν αὐτῶν ἥκει εἰς θάνατον. **2.** *καὶ δώσω τοὺς πονηροὺς ἀντὶ τῆς ταφῆς αὐτοῦ καὶ τοὺς πλουσίους ἀντὶ τοῦ θανάτου αὐτοῦ, ὅτι ἀνομίαν οὐκ ἐποίησεν οὐδὲ εὑρέθη δόλος ἐν τῷ στόματι αὐτοῦ· καὶ κύριος βούλεται καθαρίσαι αὐτὸν τῆς πληγῆς.* **3.** *ἐὰν δῶτε περὶ ἁμαρτίας, ἡ ψυχὴ ὑμῶν ὄψεται σπέρμα μακρόβιον.* **4.** *καὶ βούλεται κύριος ἀφελεῖν ἀπὸ πόνου τὴν ψυχὴν αὐτοῦ, δεῖξαι αὐτῷ φῶς καὶ πλάσαι τῇ συνέσει, δικαιῶσαι δίκαιον εὖ δουλεύοντα πολλοῖς, καὶ τὰς ἁμαρτίας ἡμῶν αὐτὸς ἀνοίσει.* **5.** *διὰ τοῦτο αὐτὸς κληρονομήσει πολλοὺς καὶ τῶν ἰσχυρῶν μεριεῖ σκύλα, ἀνθ' ὧν παρεδόθη εἰς θάνατον ἡ ψυχὴ αὐτοῦ, καὶ ἐν τοῖς ἀνόμοις ἐλογίσθη, καὶ αὐτὸς ἁμαρτίας πολλῶν ἀνήνεγκε καὶ διὰ τὰς ἀνομίας αὐτῶν αὐτὸς παρεδόθη.*[87]

6. ὡς δὲ καὶ εἰς τὸν οὐρανὸν ἔμελλεν ἀνιέναι, καθὼς προεφητεύθη, ἀκούσατε. **7.** ἐλέχθη δὲ οὕτως· *Ἄρατε πύλας οὐρανῶν, ἀνοίχθητε, ἵνα εἰσέλθῃ ὁ βασιλεὺς τῆς δόξης. τίς ἐστιν οὗτος ὁ βασιλεὺς τῆς δόξης; Κύριος κραταιὸς καὶ κύριος δυνατός.*[88] **8.** ὡς δὲ καὶ ἐξ οὐρανῶν παραγίνεσθαι μετὰ δόξης μέλλει, ἀκούσατε καὶ τῶν εἰρημένων εἰς τοῦτο διὰ Ἰερεμίου τοῦ προφήτου[89]. **9.** ἔστι δὲ ταῦτα· *Ἰδοὺ ὡς υἱὸς*

---

87 Isa 53:8-12
88 Ps 23:7-10
89 The texts cite Jeremiah as the source of the prophecy, but translators say it is found in Daniel. See the footnote below regarding this quote.

ἀνθρώπου ἔρχεται ἐπάνω τῶν νεφελῶν τοῦ οὐρανοῦ, καὶ οἱ ἄγγελοι αὐτοῦ σὺν αὐτῷ.[90]

LII

1. Ἐπειδὴ τοίνυν τὰ γενόμενα ἤδη πάντα ἀποδείκνυμεν πρὶν ἢ γενέσθαι προκεκηρύχθαι διὰ τῶν προφητῶν, ἀνάγκη καὶ περὶ τῶν ὁμοίως προφητευθέντων, μελλόντων δὲ γίνεσθαι, πίστιν ἔχειν ὡς πάντως γενησομένων. **2.** ὃν γὰρ τρόπον τὰ ἤδη γενόμενα προκεκηρυγμένα καὶ ἀγνοούμενα ἀπέβη, τὸν αὐτὸν τρόπον καὶ τὰ λείποντα, κἂν ἀγνοῆται καὶ ἀπιστῆται, ἀποβήσονται. **3.** δύο γὰρ αὐτοῦ παρουσίας προεκήρυξαν οἱ προφῆται· μίαν μέν, τὴν ἤδη γενομένην, ὡς ἀτίμου καὶ παθητοῦ ἀνθρώπου, τὴν δὲ δευτέραν, ὅταν μετὰ δόξης ἐξ οὐρανῶν μετὰ τῆς ἀγγελικῆς αὐτοῦ στρατιᾶς παραγενήσεσθαι κεκήρυκται, ὅτε καὶ τὰ σώματα ἀνεγερεῖ πάντων τῶν γενομένων ἀνθρώπων, καὶ τῶν μὲν ἀξίων ἐνδύσει ἀφθαρσίαν, τῶν δ' ἀδίκων ἐν αἰσθήσει αἰωνίᾳ μετὰ τῶν φαύλων δαιμόνων εἰς τὸ αἰώνιον πῦρ πέμψει. **4.** ὡς δὲ καὶ ταῦτα προείρηται γενησόμενα, δηλώσομεν. **5.** ἐρρέθη δὲ διὰ Ἰεζεκιὴλ τοῦ προφήτου οὕτως· Συναχθήσεται ἁρμονία πρὸς ἁρμονίαν καὶ ὀστέον πρὸς ὀστέον, καὶ σάρκες ἀναφυήσονται.[91] **6.** καὶ πᾶν γόνυ κάμψει τῷ κυρίῳ, καὶ πᾶσα γλῶσσα ἐξομολογήσεται αὐτῷ.[92] **7.** ἐν οἵᾳ δὲ αἰσθήσει καὶ κολάσει γενέσθαι μέλλουσιν οἱ ἄδικοι, ἀκούσατε τῶν ὁμοίως εἰς τοῦτο εἰρημένων. **8.** ἔστι δὲ ταῦτα· Ὁ σκώληξ αὐτῶν οὐ παυθήσεται, καὶ τὸ πῦρ αὐτῶν οὐ σβεσθήσεται.[93] **9.** καὶ τότε μετανοήσουσιν, ὅτε οὐδὲν ὠφελήσουσι. **10.** ποῖα δὲ μέλλουσιν οἱ λαοὶ τῶν Ἰουδαίων λέγειν καὶ ποιεῖν,

---

90 Dan 7:13 – various translators say this is from daniel but only the first part matches the quote in Daniel. The second half, καὶ οἱ ἄγγελοι αὐτοῦ σὺν αὐτῷ, matches part of Matthew 16:27. The Theodotion (Th) translation of Daniel reads as in the Hebrew and the Old Greek (OG) is very similar, keeping the same ideas. LES2 translates the ending as 'and the ancient of days was present, and his attendants were present with him' (Th) and 'And he came to the Ancient of Days, and he was brought to him' (OG). It seems this conflates Dan 7:13 (behold, I saw one like a son of man coming upon the clouds) and Matthew 25:31 (with his angels) (see also Matt 16:27, Mark 8:38, and Lk 21:27) and not Daniel, let alone Jeremiah as the text says.
91 Ezek 37:7, 8
92 Isa 45:24
93 Isa 66:24

Ἀπολογία Α

ὅταν ἴδωσιν αὐτὸν ἐν δόξῃ παραγενόμενον, διὰ Ζαχαρίου τοῦ προφήτου προφητευθέντα

ἐλέχθη οὕτως· Ἐντελοῦμαι τοῖς τέσσαρσιν ἀνέμοις συνάξαι τὰ ἐσκορπισμένα τέκνα, ἐντελοῦμαι τῷ βορρᾷ φέρειν, καὶ τῷ νότῳ μὴ προσκόπτειν. **11.** καὶ τότε ἐν Ἰερουσαλὴμ κοπετὸς μέγας, οὐ κοπετὸς στομάτων ἢ χειλέων, ἀλλὰ κοπετὸς καρδίας, καὶ οὐ μὴ σχίσωσιν αὐτῶν τὰ ἱμάτια, ἀλλὰ τὰς διανοίας. **12.** κόψονται φυλὴ πρὸς φυλήν, καὶ τότε ὄψονται εἰς ὃν ἐξεκέντησαν, καὶ ἐροῦσι· Τί, κύριε, ἐπλάνησας ἡμᾶς ἀπὸ τῆς ὁδοῦ σου; ἡ δόξα, ἣν εὐλόγησαν οἱ πατέρες ἡμῶν, ἐγενήθη ἡμῖν εἰς ὄνειδος.[94]

LIII

1. Πολλὰς μὲν οὖν καὶ ἑτέρας προφητείας ἔχοντες εἰπεῖν ἐπαυσάμεθα, αὐτάρκεις καὶ ταύτας εἰς πεισμονὴν τοῖς τὰ ἀκουστικὰ καὶ νοερὰ ὦτα ἔχουσιν εἶναι λογισάμενοι, καὶ νοεῖν δύνασθαι αὐτοὺς ἡγούμενοι ὅτι οὐχ ὁμοίως τοῖς μυθοποιηθεῖσι περὶ τῶν νομισθέντων υἱῶν τοῦ Διὸς καὶ ἡμεῖς μόνον λέγομεν, ἀλλ' οὐκ ἀποδεῖξαι ἔχομεν. **2.** τίνι γὰρ ἂν λόγῳ ἀνθρώπῳ σταυρωθέντι ἐπειθόμεθα, ὅτι πρωτότοκος τῷ ἀγεννήτῳ θεῷ ἐστι καὶ αὐτὸς τὴν κρίσιν τοῦ παντὸς ἀνθρωπείου γένους ποιήσεται, εἰ μὴ μαρτύρια πρὶν ἢ ἐλθεῖν αὐτὸν ἄνθρωπον γενόμενον κεκηρυγμένα περὶ αὐτοῦ εὕρομεν καὶ οὕτως γενόμενα ἑωρῶμεν, **3.** γῆς μὲν Ἰουδαίων ἐρήμωσιν, καὶ τοὺς ἀπὸ παντὸς ἔθνους ἀνθρώπων διὰ τῆς παρὰ τῶν ἀποστόλων αὐτοῦ διδαχῆς πεισθέντας καὶ παραιτησαμένους τὰ παλαιά, ἐν οἷς πλανώμενοι ἀνεστράφησαν, ἔθη, ἑαυτοὺς ἡμᾶς ὁρῶντες, πλείονάς τε καὶ ἀληθεστέρους τοὺς ἐξ ἐθνῶν τῶν ἀπὸ Ἰουδαίων καὶ Σαμαρέων Χριστιανοὺς εἰδότες; **4.** τὰ μὲν γὰρ ἄλλα πάντα γένη ἀνθρώπεια ὑπὸ τοῦ προφητικοῦ πνεύματος καλεῖται ἔθνη, τὸ δὲ Ἰουδαϊκὸν καὶ Σαμαρειτικὸν φῦλον Ἰσραὴλ καὶ οἶκος Ἰακὼβ κέκληνται. **5.** ὡς δὲ προεφητεύθη ὅτι πλείονες οἱ ἀπὸ τῶν ἐθνῶν πιστεύοντες τῶν ἀπὸ Ἰουδαίων καὶ Σαμαρέων, τὰ προφητευθέντα ἀπαγγελοῦμεν. ἐλέχθη δὲ οὕτως· Εὐφράνθητι στεῖρα ἡ οὐ τίκτουσα, ῥῆξον καὶ βόησον ἡ οὐκ ὠδίνουσα, ὅτι πολλὰ τὰ τέκνα τῆς ἐρήμου μᾶλλον ἢ τῆς ἐχούσης τὸν ἄνδρα.[95] **6.** ἔρημα

---

94 A combination of Zech 12:3-14, Isa 63:17, and Isa 64:11.
95 Isa 54:1

γὰρ ἦν πάντα τὰ ἔθνη ἀληθινοῦ θεοῦ, χειρῶν ἔργοις λατρεύοντα· Ἰουδαῖοι δὲ καὶ Σαμαρεῖς, ἔχοντες τὸν παρὰ τοῦ θεοῦ λόγον διὰ τῶν προφητῶν παραδοθέντα αὐτοῖς καὶ ἀεὶ προσδοκήσαντες τὸν Χριστόν, παραγενόμενον ἠγνόησαν, πλὴν ὀλίγων τινῶν οὓς προεῖπε τὸ ἅγιον προφητικὸν πνεῦμα διὰ Ἡσαΐου σωθήσεσθαι. **7.** εἶπε δὲ ὡς ἀπὸ προσώπου αὐτῶν· *Εἰ μὴ κύριος ἐγκατέλιπεν ἡμῖν σπέρμα, ὡς Σόδομα καὶ Γόμορρα ἂν ἐγενήθημεν.*[96] **8.** Σόδομα γὰρ καὶ Γόμορρα πόλεις τινὲς ἀσεβῶν ἀνδρῶν ἱστοροῦνται ὑπὸ Μωυσέως γενόμεναι, ἃς πυρὶ καὶ θείῳ καύσας ὁ θεὸς κατέστρεψε, μηδενὸς τῶν ἐν αὐταῖς σωθέντος πλὴν ἀλλοεθνοῦς τινος Χαλδαίου τὸ γένος, ᾧ ὄνομα Λώτ· σὺν ᾧ καὶ θυγατέρες διεσώθησαν. **9.** καὶ τὴν πᾶσαν αὐτῶν χώραν ἔρημον καὶ κεκαυμένην οὖσαν καὶ ἄγονον μένουσαν οἱ βουλόμενοι ὁρᾶν ἔχουσιν. **10.** ὡς δὲ καὶ ἀληθέστεροι οἱ ἀπὸ τῶν ἐθνῶν καὶ πιστότεροι προεγινώσκοντο. ἀπαγγελοῦμεν τὰ εἰρημένα διὰ Ἡσαΐου τοῦ προφήτου. **11.** ἔφη δὲ οὕτως· *Ἰσραὴλ ἀπερίτμητος τὴν καρδίαν, τὰ δὲ ἔθνη τὴν ἀκροβυστίαν.*[97] **12.** τὰ τοσαῦτα γοῦν ὁρώμενα πειθὼ καὶ πίστιν τοῖς τἀληθὲς ἀσπαζομένοις καὶ μὴ φιλοδοξοῦσι μηδὲ ὑπὸ παθῶν ἀρχομένοις μετὰ λόγου ἐμφορῆσαι δύναται.

LIV

1. Οἱ δὲ παραδιδόντες τὰ μυθοποιηθέντα ὑπὸ τῶν ποιητῶν οὐδεμίαν ἀπόδειξιν φέρουσι τοῖς ἐκμανθάνουσι νέοις, καὶ ἐπὶ ἀπάτῃ καὶ ἀπαγωγῇ τοῦ ἀνθρωπείου γένους εἰρῆσθαι ἀποδείκνυμεν κατ' ἐνέργειαν τῶν φαύλων δαιμόνων. **2.** ἀκούσαντες γὰρ διὰ τῶν προφητῶν κηρυσσόμενον παραγενησόμενον τὸν Χριστόν, καὶ κολασθησομένους διὰ πυρὸς τοὺς ἀσεβεῖς τῶν ἀνθρώπων, προεβάλλοντο πολλοὺς λεχθῆναι λεγομένους υἱοὺς τῷ Διΐ, νομίζοντες δυνήσεσθαι ἐνεργῆσαι τερατολογίαν ἡγήσασθαι τοὺς ἀνθρώπους τὰ περὶ τὸν Χριστὸν καὶ ὅμοια τοῖς ὑπὸ τῶν ποιητῶν λεχθεῖσι. **3.** καὶ ταῦτα δ' ἐλέχθη καὶ ἐν Ἕλλησιν καὶ ἐν ἔθνεσι πᾶσιν, ὅπου μᾶλλον ἐπήκουον τῶν προφητῶν πιστευθήσεσθαι τὸν Χριστὸν προκηρυσσόντων. **4.** ὅτι δὲ καὶ ἀκούοντες τὰ διὰ τῶν προφητῶν λεγόμενα οὐκ ἐνόουν ἀκριβῶς, ἀλλ' ὡς

---

96 Isa 1:9
97 Jer 9:26 – Justin or a copyist misatributes this quote to Isaiah.

Ἀπολογία Α

πλανώμενοι ἐμιμήσαντο τὰ περὶ τὸν ἡμέτερον Χριστόν, διασαφήσομεν. **5**. Μωυσῆς οὖν ὁ προφήτης, ὡς προέφημεν, πρεσβύτερος ἦν πάντων συγγραφέων, καὶ δι' αὐτοῦ, ὡς προεμηνύσαμεν, προεφητεύθη οὕτως· *Οὐκ ἐκλείψει ἄρχων ἐξ Ἰούδα καὶ ἡγούμενος ἐκ τῶν μηρῶν αὐτοῦ, ἕως ἂν ἔλθῃ ᾧ ἀπόκειται· καὶ αὐτὸς ἔσται προσδοκία ἐθνῶν, δεσμεύων πρὸς ἄμπελον τὸν πῶλον αὐτοῦ, πλύνων τὴν στολὴν αὐτοῦ ἐν αἵματι σταφυλῆς.*[98] **6**. τούτων οὖν τῶν προφητικῶν λόγων ἀκούσαντες οἱ δαίμονες Διόνυσον μὲν ἔφασαν γεγονέναι υἱὸν τοῦ Διός, εὑρετὴν δὲ γενέσθαι ἀμπέλου παρέδωκαν, καὶ οἶνον ἐν τοῖς μυστηρίοις αὐτοῦ ἀναγράφουσι, καὶ διασπαραχθέντα αὐτὸν ἀνεληλυθέναι εἰς οὐρανὸν ἐδίδαξαν. **7**. καὶ ἐπειδὴ διὰ τῆς Μωυσέως προφητείας οὐ ῥητῶς ἐσημαίνετο, εἴτε υἱὸς τοῦ θεοῦ ὁ παραγενησόμενός ἐστι, καὶ εἰ ὀχούμενος ἐπὶ πώλου ἐπὶ γῆς μενεῖ ἢ εἰς οὐρανὸν ἀνελεύσεται, καὶ τὸ τοῦ πώλου ὄνομα καὶ ὄνου πῶλον καὶ ἵππου σημαίνειν ἐδύνατο, μὴ ἐπιστάμενοι εἴτε ὄνου πῶλον ἄγων ἔσται σύμβολον τῆς παρουσίας αὐτοῦ εἴτε ἵππου ὁ προκηρυσσόμενος, καὶ υἱὸς θεοῦ ἐστιν, ὡς προέφημεν, ἢ ἀνθρώπου, τὸν Βελλεροφόντην καὶ αὐτὸν ἐφ' ἵππου Πηγάσου, ἄνθρωπον ἐξ ἀνθρώπου γενόμενον, εἰς οὐρανὸν ἔφασαν ἀνεληλυθέναι. **8**. ὅτε δὲ ἤκουσαν διὰ τοῦ ἄλλου προφήτου Ἡσαΐου λεχθέν, ὅτι διὰ παρθένου τεχθήσεται καὶ δι' ἑαυτοῦ ἀνελεύσεται εἰς τὸν οὐρανόν, τὸν Περσέα λεχθῆναι προεβάλλοντο. **9**. καὶ ὅτε ἔγνωσαν εἰρημένον, ὡς προλέλεκται ἐν ταῖς προγεγραμμέναις προφητείαις, *Ἰσχυρὸς ὡς γίγας δραμεῖν ὁδόν,*[99] τὸν Ἡρακλέα ἰσχυρὸν καὶ ἐκπερινοστήσαντα τὴν πᾶσαν γῆν ἔφασαν. a**10**. ὅτε δὲ πάλιν ἔμαθον προφητευθέντα θεραπεύσειν αὐτὸν πᾶσαν νόσον καὶ νεκροὺς ἀνεγερεῖν τὸν Ἀσκληπιὸν παρήνεγκαν.

LV

1. Ἀλλ' οὐδαμοῦ οὐδ' ἐπί τινος τῶν λεγομένων υἱῶν τοῦ Διὸς τὸ σταυρωθῆναι ἐμιμήσαντο· οὐ γὰρ ἐνοεῖτο αὐτοῖς, συμβολικῶς, ὡς προδεδήλωται, τῶν εἰς τοῦτο εἰρημένων πάντων λελεγμένων. **2**. ὅπερ, ὡς προεῖπεν ὁ προφήτης, τὸ μέγιστον σύμβολον τῆς ἰσχύος καὶ ἀρχῆς αὐτοῦ ὑπάρχει, ὡς καὶ ἐκ τῶν ὑπ' ὄψιν πιπτόντων δείκνυται· κατανοήσατε γὰρ πάντα τὰ ἐν τῷ κόσμῳ, εἰ

---

[98] Gen 49:9, 10
[99] Ps 9:5

ἄνευ τοῦ σχήματος τούτου διοικεῖται ἢ κοινωνίαν ἔχειν δύναται. **3.** θάλασσα μὲν γὰρ οὐ τέμνεται, ἢν μὴ τοῦτο τὸ τρόπαιον, ὃ καλεῖται ἱστίον, ἐν τῇ νηῒ σῶον μείνῃ· γῆ δὲ οὐκ ἀροῦται ἄνευ αὐτοῦ· σκαπανεῖς δὲ τὴν ἐργασίαν οὐ ποιοῦνται οὐδὲ βαναυσουργοὶ ὁμοίως εἰ μὴ διὰ τῶν τὸ σχῆμα τοῦτο ἐχόντων ἐργαλείων. **4.** τὸ δὲ ἀνθρώπειον σχῆμα οὐδενὶ ἄλλῳ τῶν ἀλόγων ζῴων διαφέρει, ἢ τῷ ὀρθόν τε εἶναι καὶ ἔκτασιν χειρῶν ἔχειν καὶ ἐν τῷ προσώπῳ ἀπὸ τοῦ μετωπίου τεταμένον τὸν λεγόμενον μυξωτῆρα φέρειν, δι' οὗ ἥ τε ἀναπνοή ἐστι τῷ ζῴῳ, καὶ οὐδὲν ἄλλο δείκνυσιν ἢ τὸ σχῆμα τοῦ σταυροῦ. **5.** καὶ διὰ τοῦ προφήτου δὲ ἐλέχθη οὕτως· *Πνεῦμα πρὸ προσώπου ἡμῶν χριστὸς κύριος.*[100] **6.** καὶ τὰ παρ' ὑμῖν δὲ σύμβολα τὴν τοῦ σχήματος τούτου δύναμιν δηλοῖ, [ἵνα ἀμε]λῶμεν καὶ τῶν τροπαίων, δι' ὧν αἵ τε πρόοδοι ὑμῶν πανταχοῦ γίνονται, τῆς ἀρχῆς καὶ δυνάμεως τὰ σημεῖα ἐν τούτοις δεικνύντες, εἰ καὶ μὴ νοοῦντες τοῦτο πράττετε. **7.** καὶ τῶν παρ' ὑμῖν ἀποθνησκόντων αὐτοκρατόρων τὰς εἰκόνας ἐπὶ τούτῳ τῷ σχήματι ἀνατίθετε, καὶ θεοὺς διὰ γραμμάτων ἐπονομάζετε. **8.** καὶ διὰ λόγου οὖν καὶ σχήματος τοῦ φαινομένου, ὅση δύναμις, προτρεψάμενοι ὑμᾶς ἀνεύθυνοι οἴδαμεν λοιπὸν ὄντες, κἂν ὑμεῖς ἀπιστεῖτε· τὸ γὰρ ἡμέτερον γέγονε καὶ πεπέρανται.

LVI

1. Οὐκ ἠρκέσθησαν δὲ οἱ φαῦλοι δαίμονες πρὸ τῆς φανερώσεως τοῦ Χριστοῦ εἰπεῖν τοὺς λεχθέντας υἱοὺς τῷ Διῒ γεγονέναι, ἀλλ' ἐπειδή, φανερωθέντος αὐτοῦ καὶ γενομένου ἐν ἀνθρώποις, καὶ ὅπως διὰ τῶν προφητῶν προεκεκήρυκτο ἔμαθον καὶ ἐν παντὶ γένει πιστευόμενον καὶ προσδοκώμενον ἔγνωσαν, πάλιν, ὡς προεδηλώσαμεν, προεβάλλοντο ἄλλους, Σίμωνα μὲν καὶ Μένανδρον ἀπὸ Σαμαρείας, οἳ καὶ μαγικὰς δυνάμεις ποιήσαντες πολλοὺς ἐξηπάτησαν καὶ ἔτι ἀπατωμένους ἔχουσι. **2.** καὶ γὰρ παρ' ὑμῖν, ὡς προέφημεν, ἐν τῇ βασιλίδι Ῥώμῃ ἐπὶ Κλαυδίου Καίσαρος γενόμενος ὁ Σίμων καὶ τὴν ἱερὰν σύγκλητον καὶ τὸν δῆμον Ῥωμαίων εἰς τοσοῦτο κατεπλήξατο, ὡς θεὸς νομισθῆναι καὶ ἀνδριάντι, ὡς τοὺς ἄλλους παρ' ὑμῖν τιμωμένους θεούς, τιμηθῆναι. **3.** ὅθεν τήν τε ἱερὰν σύγκλητον καὶ τὸν δῆμον τὸν ὑμέτερον συνεπιγνώμονας

---

100 Lam 4:20 (LXX)

ταύτης ἡμῶν τῆς ἀξιώσεως παραλαβεῖν αἰτοῦμεν, ἵν', εἴ τις εἴη τοῖς ἀπ' ἐκείνου διδάγμασι κατεχόμενος, τἀληθὲς μαθὼν τὴν πλάνην φυγεῖν δυνηθῇ. **4.** καὶ τὸν ἀνδριάντα, εἰ βούλεσθε, καθαιρήσατε.

LVII

1. Οὐ γὰρ μὴ γενέσθαι τὴν ἐκπύρωσιν ἐπὶ κολάσει τῶν ἀσεβῶν οἱ φαῦλοι δαίμονες πεῖσαι δύνανται, ὅνπερ τρόπον οὐδὲ λαθεῖν τὸν Χριστὸν παραγενόμενον ἴσχυσαν πρᾶξαι, ἀλλ' ἐκεῖνο μόνον, τοὺς ἀλόγως βιοῦντας καὶ ἐμπαθῶς ἐν ἔθεσι φαύλοις τεθραμμένους καὶ φιλοδοξοῦντας ἀναιρεῖν ἡμᾶς καὶ μισεῖν, δύνανται ποιῆσαι· οὓς οὐ μόνον οὐ μισοῦμεν, ἀλλ', ὡς δείκνυται, ἐλεοῦντες μεταθέσθαι πεῖσαι βουλόμεθα. **2.** οὐ γὰρ δεδοίκαμεν θάνατον, τοῦ πάντως ἀποθανεῖν ὁμολογουμένου, καὶ μηδενὸς ἄλλου καινοῦ ἀλλ' ἢ τῶν αὐτῶν ἐν τῇδε τῇ διοικήσει ὄντων· ὧν εἰ μὲν κόρος τοὺς μετασχόντας κἂν ἐνιαυτοῦ ἔχῃ, ἵνα ἀεὶ ὦσι καὶ ἀπαθεῖς καὶ ἀνενδεεῖς, τοῖς ἡμετέροις διδάγμασι προσέχειν δεῖ. **3.** εἰ δ' ἀπιστοῦσι μηδὲν εἶναι μετὰ θάνατον, ἀλλ' εἰς ἀναισθησίαν χωρεῖν τοὺς ἀποθνῄσκοντας ἀποφαίνονται, παθῶν τῶν ἐνταῦθα καὶ χρειῶν ἡμᾶς ῥυόμενοι εὐεργετοῦσιν, ἑαυτοὺς δὲ φαύλους καὶ μισανθρώπους καὶ φιλοδόξους δεικνύουσιν· οὐ γὰρ ὡς ἀπαλλάξοντες ἡμᾶς ἀναιροῦσιν, ἀλλ' ὡς ἀποστεροῦντες ζωῆς καὶ ἡδονῆς φονεύουσι.

LVIII

1. Καὶ Μαρκίωνα δὲ τὸν ἀπὸ Πόντου, ὡς προέφημεν, προεβάλλοντο οἱ φαῦλοι δαίμονες, ὃς ἀρνεῖσθαι μὲν τὸν ποιητὴν τῶν οὐρανίων καὶ γηΐνων ἁπάντων θεὸν καὶ τὸν προκηρυχθέντα διὰ τῶν προφητῶν Χριστὸν υἱὸν αὐτοῦ καὶ νῦν διδάσκει, ἄλλον δέ τινα καταγγέλλει παρὰ τὸν δημιουργὸν τὸν πάντων θεὸν καὶ ὁμοίως ἕτερον υἱόν· **2.** ᾧ πολλοὶ πεισθέντες ὡς μόνῳ τἀληθῆ ἐπισταμένῳ, ἡμῶν καταγελῶσιν, ἀπόδειξιν μηδεμίαν περὶ ὧν λέγουσιν ἔχοντες, ἀλλὰ ἀλόγως ὡς ὑπὸ λύκου ἄρνες συνηρπασμένοι βορὰ τῶν ἀθέων δογμάτων καὶ δαιμόνων γίνονται. **3.** οὐ γὰρ ἄλλο τι ἀγωνίζονται οἱ λεγόμενοι δαίμονες, ἢ ἀπάγειν τοὺς ἀνθρώπους ἀπὸ τοῦ ποιήσαντος θεοῦ καὶ τοῦ πρωτογόνου αὐτοῦ Χριστοῦ· καὶ τοὺς μὲν τῆς γῆς μὴ ἐπαίρεσθαι δυναμένους τοῖς γηΐνοις καὶ χειροποιήτοις προσήλωσαν καὶ προσηλοῦσι, τοὺς δὲ ἐπὶ θεωρίαν θείων ὁρμῶντας ὑπεκκρούοντες, ἢν μὴ λογισμὸν σώφρονα καὶ καθαρὸν καὶ ἀπαθῆ βίον ἔχωσιν, εἰς ἀσέβειαν ἐμβάλλουσιν.

LIX

1. Ἵνα δὲ καὶ παρὰ τῶν ἡμετέρων διδασκάλων, λέγομεν δὲ τοῦ λόγου τοῦ διὰ τῶν προφητῶν, λαβόντα τὸν Πλάτωνα μάθητε τὸ εἰπεῖν, ὕλην ἄμορφον οὖσαν στρέψαντα τὸν θεὸν κόσμον ποιῆσαι, ἀκούσατε τῶν αὐτολεξεὶ εἰρημένων διὰ Μωυσέως, τοῦ προδεδηλωμένου πρώτου προφήτου καὶ πρεσβυτέρου τῶν ἐν Ἕλλησι συγγραφέων, δι' οὗ μηνύον τὸ προφητικὸν πνεῦμα, πῶς τὴν ἀρχὴν καὶ ἐκ τίνων ἐδημιούργησεν ὁ θεὸς τὸν κόσμον, ἔφη οὕτως· 2. Ἐν ἀρχῇ ἐποίησεν ὁ θεὸς τὸν οὐρανὸν καὶ τὴν γῆν. 3. ἡ δὲ γῆ ἦν ἀόρατος καὶ ἀκατασκεύαστος, καὶ σκότος ἐπάνω τῆς ἀβύσσου· καὶ πνεῦμα θεοῦ ἐπεφέρετο ἐπάνω τῶν ὑδάτων. 4. καὶ εἶπεν ὁ θεός· Γενηθήτω φῶς. καὶ ἐγένετο οὕτως.[101] 5. ὥστε λόγῳ θεοῦ ἐκ τῶν ὑποκειμένων καὶ προδηλωθέντων διὰ Μωυσέως γεγενῆσθαι τὸν πάντα κόσμον, καὶ Πλάτων καὶ οἱ ταὐτὰ λέγοντες καὶ ἡμεῖς ἐμάθομεν, καὶ ὑμεῖς πεισθῆναι δύνασθε. 6. καὶ τὸ καλούμενον Ἔρεβος παρὰ τοῖς ποιηταῖς εἰρῆσθαι πρότερον ὑπὸ Μωυσέως οἴδαμεν[102].

LX

1. Καὶ τὸ ἐν τῷ παρὰ Πλάτωνι Τιμαίῳ φυσιολογούμενον περὶ τοῦ υἱοῦ τοῦ θεοῦ, ὅτε λέγει· Ἐχίασεν αὐτὸν ἐν τῷ παντί, παρὰ Μωυσέως λαβὼν ὁμοίως εἶπεν. 2. ἐν γὰρ ταῖς Μωυσέως γραφαῖς ἀναγέγραπται, ὡς κατ' ἐκεῖνο τοῦ καιροῦ, ὅτε ἐξῆλθον ἀπὸ Αἰγύπτου οἱ Ἰσραηλῖται καὶ γεγόνασιν ἐν τῇ ἐρήμῳ, ἀπήντησαν αὐτοῖς ἰοβόλα θηρία, ἔχιδναί τε καὶ ἀσπίδες καὶ ὄφεων πᾶν γένος, ὃ ἐθανάτου τὸν λαόν. 3. καὶ κατ' ἐπίπνοιαν καὶ ἐνέργειαν τὴν παρὰ τοῦ θεοῦ λεγομένην λαβεῖν τὸν Μωυσέα χαλκὸν καὶ ποιῆσαι τύπον σταυροῦ καὶ τοῦτον στῆσαι ἐπὶ τῇ ἁγίᾳ σκηνῇ καὶ εἰπεῖν τῷ λαῷ· Ἐὰν προσβλέπητε τῷ τύπῳ τούτῳ καὶ πιστεύητε, ἐν αὐτῷ σωθήσεσθε.[103] 4. καὶ γενομένου τούτου τοὺς μὲν ὄφεις ἀποθανεῖν ἀνέγραψε, τὸν δὲ λαὸν

---

101 Gen 1:1-3
102 Compare De 32:22
103 Num 21:8

Ἀπολογία Α

ἐκφυγεῖν τὸν θάνατον οὕτως παρέδωκεν. **5.** ἃ ἀναγνοὺς Πλάτων καὶ μὴ ἀκριβῶς ἐπιστάμενος, μηδὲ νοήσας τύπον εἶναι σταυροῦ ἀλλὰ χίασμα νοήσας, τὴν μετὰ τὸν πρῶτον θεὸν δύναμιν κεχιάσθαι ἐν τῷ παντὶ εἶπε. **6.** καὶ τὸ εἰπεῖν αὐτὸν τρίτον, ἐπειδή, ὡς προείπομεν, ἐπάνω τῶν ὑδάτων ἀνέγνω ὑπὸ Μωυσέως εἰρημένον ἐπιφέρεσθαι τὸ τοῦ θεοῦ πνεῦμα. **7.** δευτέραν μὲν γὰρ χώραν τῷ παρὰ θεοῦ λόγῳ, ὃν κεχιάσθαι ἐν τῷ παντὶ ἔφη, δίδωσι, τὴν δὲ τρίτην τῷ λεχθέντι ἐπιφέρεσθαι τῷ ὕδατι πνεύματι, εἰπών· *Τὰ δὲ τρίτα περὶ τὸν τρίτον.* **8.** καὶ ὡς ἐκπύρωσιν γενήσεσθαι διὰ Μωυσέως προεμήνυσε τὸ προφητικὸν πνεῦμα, ἀκούσατε. **9.** ἔφη δὲ οὕτως· *Καταβήσεται ἀείζωον πῦρ καὶ καταφάγεται μέχρι τῆς ἀβύσσου κάτω.*[104] **10.** οὐ τὰ αὐτὰ οὖν ἡμεῖς ἄλλοις δοξάζομεν, ἀλλ' οἱ πάντες τὰ ἡμέτερα μιμούμενοι λέγουσι. **11.** παρ' ἡμῖν οὖν ἔστι ταῦτα ἀκοῦσαι καὶ μαθεῖν παρὰ τῶν οὐδὲ τοὺς χαρακτῆρας τῶν στοιχείων ἐπισταμένων, ἰδιωτῶν μὲν καὶ βαρβάρων τὸ φθέγμα, σοφῶν δὲ καὶ πιστῶν τὸν νοῦν ὄντων, καὶ πηρῶν καὶ χήρων τινῶν τὰς ὄψεις· ὡς συνεῖναι οὐ σοφίᾳ ἀνθρωπείᾳ ταῦτα γεγονέναι, ἀλλὰ δυνάμει θεοῦ λέγεσθαι.

LXI

1. Ὃν τρόπον δὲ καὶ ἀνεθήκαμεν ἑαυτοὺς τῷ θεῷ καινοποιηθέντες διὰ τοῦ Χριστοῦ, ἐξηγησόμεθα, ὅπως μὴ τοῦτο παραλιπόντες δόξωμεν πονηρεύειν τι ἐν τῇ ἐξηγήσει. **2.** ὅσοι ἂν πεισθῶσι καὶ πιστεύωσιν ἀληθῆ ταῦτα τὰ ὑφ' ἡμῶν διδασκόμενα καὶ λεγόμενα εἶναι, καὶ βιοῦν οὕτως δύνασθαι ὑπισχνῶνται, εὔχεσθαί τε καὶ αἰτεῖν νηστεύοντες παρὰ τοῦ θεοῦ τῶν προημαρτημένων ἄφεσιν διδάσκονται, ἡμῶν συνευχομένων καὶ συννηστευόντων αὐτοῖς. **3.** ἔπειτα ἄγονται ὑφ' ἡμῶν ἔνθα ὕδωρ ἐστί, καὶ τρόπον ἀναγεννήσεως, ὃν καὶ ἡμεῖς αὐτοὶ ἀνεγεννήθημεν, ἀναγεννῶνται· ἐπ' ὀνόματος γὰρ τοῦ πατρὸς τῶν ὅλων καὶ δεσπότου θεοῦ καὶ τοῦ σωτῆρος ἡμῶν Ἰησοῦ Χριστοῦ καὶ πνεύματος ἁγίου τὸ ἐν τῷ ὕδατι τότε λουτρὸν ποιοῦνται. **4.** καὶ γὰρ ὁ Χριστὸς εἶπεν· *Ἂν μὴ ἀναγεννηθῆτε, οὐ μὴ εἰσέλθητε εἰς τὴν βασιλείαν τῶν οὐρανῶν.*[105] **5.** ὅτι δὲ καὶ ἀδύνατον εἰς τὰς μήτρας τῶν τεκουσῶν τοὺς ἅπαξ γενομένους ἐμβῆναι, φανερὸν πᾶσίν ἐστι. **6.** καὶ διὰ Ἠσαΐου τοῦ προφήτου, ὡς

---

[104] De 32:22
[105] Jn 3:5

προεγράψαμεν, εἴρηται, τίνα τρόπον φεύξονται τὰς ἁμαρτίας οἱ ἁμαρτήσαντες καὶ μετανοοῦντες. **7.** ἐλέχθη δὲ οὕτως· *Λούσασθε, καθαροὶ γένεσθε, ἀφέλετε τὰς πονηρίας ἀπὸ τῶν ψυχῶν ὑμῶν, μάθετε καλὸν ποιεῖν, κρίνατε ὀρφανῷ καὶ δικαιώσατε χήραν, καὶ δεῦτε καὶ διαλεχθῶμεν, λέγει κύριος· καὶ ἐὰν ὦσιν αἱ ἁμαρτίαι ὑμῶν ὡς φοινικοῦν, ὡσεὶ ἔριον λευκανῶ, καὶ ἐὰν ὦσιν ὡς κόκκινον, ὡς χιόνα λευκανῶ.* **8.** *ἐὰν δὲ μὴ εἰσακούσητέ μου, μάχαιρα ὑμᾶς κατέδεται· τὸ γὰρ στόμα κυρίου ἐλάλησε ταῦτα.*[106] **9.** καὶ λόγον δὲ εἰς τοῦτο παρὰ τῶν ἀποστόλων ἐμάθομεν τοῦτον. **10.** ἐπειδὴ τὴν πρώτην γένεσιν ἡμῶν ἀγνοοῦντες κατ' ἀνάγκην γεγεννήμεθα ἐξ ὑγρᾶς σπορᾶς κατὰ μῖξιν τὴν τῶν γονέων πρὸς ἀλλήλους καὶ ἐν ἔθεσι φαύλοις καὶ πονηραῖς ἀνατροφαῖς γεγόναμεν, ὅπως μὴ ἀνάγκης τέκνα μηδὲ ἀγνοίας μένωμεν ἀλλὰ προαιρέσεως καὶ ἐπιστήμης, ἀφέσεώς τε ἁμαρτιῶν ὑπὲρ ὧν προημάρτομεν τύχωμεν, ἐν τῷ ὕδατι ἐπονομάζεται τῷ ἑλομένῳ ἀναγεννηθῆναι καὶ μετανοήσαντι ἐπὶ τοῖς ἡμαρτημένοις τὸ τοῦ πατρὸς τῶν ὅλων καὶ δεσπότου θεοῦ ὄνομα, αὐτὸ τοῦτο μόνον ἐπιλέγοντος τοῦ τὸν λουσόμενον ἄγοντος ἐπὶ τὸ λουτρόν. **11.** ὄνομα γὰρ τῷ ἀρρήτῳ θεῷ οὐδεὶς ἔχει εἰπεῖν· εἰ δέ τις τολμήσειεν εἶναι λέγειν, μέμηνε τὴν ἄσωτον μανίαν. **12.** καλεῖται δὲ τοῦτο τὸ λουτρὸν φωτισμός, ὡς φωτιζομένων τὴν διάνοιαν τῶν ταῦτα μανθανόντων. **13.** καὶ ἐπ' ὀνόματος δὲ Ἰησοῦ Χριστοῦ, τοῦ σταυρωθέντος ἐπὶ Ποντίου Πιλάτου, καὶ ἐπ' ὀνόματος πνεύματος ἁγίου, ὃ διὰ τῶν προφητῶν προεκήρυξε τὰ κατὰ τὸν Ἰησοῦν πάντα, ὁ φωτιζόμενος λούεται.

LXII

1. Καὶ τὸ λουτρὸν δὴ τοῦτο ἀκούσαντες οἱ δαίμονες διὰ τοῦ προφήτου κεκηρυγμένον ἐνήργησαν καὶ ῥαντίζειν ἑαυτοὺς τοὺς εἰς τὰ ἱερὰ αὐτῶν ἐπιβαίνοντας καὶ προσιέναι αὐτοῖς μέλλοντας, λοιβὰς καὶ κνίσας ἀποτελοῦντας· τέλεον δὲ καὶ λούεσθαι ἀπιόντας πρὶν ἐλθεῖν ἐπὶ τὰ ἱερά, ἔνθα ἵδρυνται, ἐνεργοῦσι. **2.** καὶ γὰρ τὸ ὑπολύεσθαι ἐπιβαίνοντας τοῖς ἱεροῖς καὶ τοῖς αὐτοῖς τοὺς θρησκεύοντας κελεύεσθαι ὑπὸ τῶν ἱερατευόντων ἐκ τῶν συμβάντων Μωυσεῖ τῷ εἰρημένῳ προφήτῃ μαθόντες οἱ δαίμονες ἐμιμήσαντο. **3.** κατ' ἐκεῖνο γὰρ τοῦ καιροῦ ὅτε Μωυσῆς ἐκελεύσθη κατελθὼν εἰς

---

[106] Isa 1:16-20

Ἀπολογία Αʹ

Αἴγυπτον ἐξαγαγεῖν τὸν ἐκεῖ λαὸν τῶν Ἰσραηλιτῶν, ποιμαίνοντος αὐτοῦ ἐν τῇ Ἀρραβικῇ γῇ πρόβατα τοῦ πρὸς μητρὸς θείου, ἐν ἰδέᾳ πυρὸς ἐκ βάτου προσωμίλησεν αὐτῷ ὁ ἡμέτερος Χριστός, καὶ εἶπεν· Ὑπόλυσαι τὰ ὑποδήματά σου καὶ προσελθὼν ἄκουσον. **4.** ὁ δὲ ὑπολυσάμενος καὶ προσελθὼν ἀκήκοε κατελθεῖν εἰς Αἴγυπτον καὶ ἐξαγαγεῖν τὸν ἐκεῖ λαὸν τῶν Ἰσραηλιτῶν, καὶ δύναμιν ἰσχυρὰν ἔλαβε παρὰ τοῦ λαλήσαντος αὐτῷ ἐν ἰδέᾳ πυρὸς Χριστοῦ, καὶ κατελθὼν ἐξήγαγε τὸν λαὸν ποιήσας μεγάλα καὶ θαυμάσια, ἃ εἰ βούλεσθε μαθεῖν, ἐκ τῶν συγγραμμάτων ἐκείνου ἀκριβῶς μαθήσεσθε.

LXIII

1. Ἰουδαῖοι δὲ πάντες καὶ νῦν διδάσκουσι τὸν ἀνωνόμαστον θεὸν λελαληκέναι τῷ Μωυσεῖ. **2.** ὅθεν τὸ προφητικὸν πνεῦμα διὰ Ἡσαΐου τοῦ προμεμηνυμένου προφήτου ἔλεγχον αὐτούς, ὡς προεγράψαμεν, εἶπεν· *Ἔγνω βοῦς τὸν κτησάμενον καὶ ὄνος τὴν φάτνην τοῦ κυρίου αὐτοῦ, Ἰσραὴλ δέ με οὐκ ἔγνω καὶ ὁ λαός με οὐ συνῆκε.*[107] **3.** καὶ Ἰησοῦς δὲ ὁ Χριστός, ὅτι οὐκ ἔγνωσαν Ἰουδαῖοι τί πατὴρ καὶ τί υἱός, ὁμοίως ἐλέγχων αὐτοὺς καὶ αὐτὸς εἶπεν· *Οὐδεὶς ἔγνω τὸν πατέρα εἰ μὴ ὁ υἱός, οὐδὲ τὸν υἱὸν εἰ μὴ ὁ πατὴρ καὶ οἷς ἂν ἀποκαλύψῃ ὁ υἱός.*[108] **4.** ὁ λόγος δὲ τοῦ θεοῦ ἐστιν ὁ υἱὸς αὐτοῦ, ὡς προέφημεν. **5.** καὶ ἄγγελος δὲ καλεῖται καὶ ἀπόστολος· αὐτὸς γὰρ ἀπαγγέλλει ὅσα δεῖ γνωσθῆναι, καὶ ἀποστέλλεται, μηνύσων ὅσα ἀγγέλλεται, ὡς καὶ αὐτὸς ὁ κύριος ἡμῶν εἶπεν· *Ὁ ἐμοῦ ἀκούων ἀκούει τοῦ ἀποστείλαντός με.*[109] **6.** καὶ ἐκ τῶν τοῦ Μωυσέως δὲ συγγραμμάτων φανερὸν τοῦτο γενήσεται. **7.** λέλεκται δὲ ἐν αὐτοῖς οὕτως· *Καὶ ἐλάλησε Μωυσεῖ ἄγγελος θεοῦ ἐν φλογὶ πυρὸς ἐκ τῆς βάτου καὶ εἶπεν· Ἐγώ εἰμι ὁ ὤν, θεὸς Ἀβραάμ, θεὸς Ἰσαάκ, θεὸς Ἰακώβ, ὁ θεὸς τῶν πατέρων σου.* **8.** *κάτελθε εἰς Αἴγυπτον καὶ ἐξάγαγε τὸν λαόν μου.*[110] **9.** τὰ δ' ἑπόμενα ἐξ ἐκείνων βουλόμενοι μαθεῖν δύνασθε· οὐ γὰρ δυνατὸν ἐν τούτοις ἀναγράψαι πάντα. **10.** ἀλλ' εἰς ἀπόδειξιν γεγόνασιν οἵδε οἱ λόγοι ὅτι υἱὸς θεοῦ καὶ ἀπόστολος Ἰησοῦς ὁ Χριστός ἐστι, πρότερον λόγος ὤν, καὶ ἐν ἰδέᾳ

---

[107] Isa 1:3
[108] Matt 11:27
[109] Luk 10:16
[110] Ex 3:6

πυρὸς ποτὲ φανείς, ποτὲ δὲ καὶ ἐν εἰκόνι ἀσωμάτῳ· νῦν δὲ διὰ θελήματος θεοῦ ὑπὲρ τοῦ ἀνθρωπείου γένους ἄνθρωπος γενόμενος ὑπέμεινε καὶ παθεῖν ὅσα αὐτὸν ἐνήργησαν οἱ δαίμονες διατεθῆναι ὑπὸ τῶν ἀνοήτων Ἰουδαίων. **11.** οἵτινες ἔχοντες ῥητῶς εἰρημένον ἐν τοῖς Μωυσέως συντάγμασι· *Καὶ ἐλάλησεν ἄγγελος τοῦ θεοῦ τῷ Μωυσεῖ ἐν πυρὶ φλογὸς ἐν βάτῳ καὶ εἶπεν· Ἐγώ εἰμι ὁ ὤν, ὁ θεὸς Ἀβραὰμ καὶ ὁ θεὸς Ἰσαὰκ καὶ ὁ θεὸς Ἰακώβ,*[111] τὸν τῶν ὅλων πατέρα καὶ δημιουργὸν τὸν ταῦτα εἰπόντα λέγουσιν εἶναι. **12.** ὅθεν καὶ τὸ προφητικὸν πνεῦμα ἐλέγχον αὐτοὺς εἶπεν· *Ἰσραὴλ δέ με οὐκ ἔγνω, καὶ ὁ λαός με οὐ συνῆκε.*[112] **13.** καὶ πάλιν ὁ Ἰησοῦς, ὡς ἐδηλώσαμεν, παρ' αὐτοῖς ὢν εἶπεν· *Οὐδεὶς ἔγνω τὸν πατέρα εἰ μὴ ὁ υἱός, οὐδὲ τὸν υἱὸν εἰ μὴ ὁ πατὴρ καὶ οἷς ἂν ὁ υἱὸς ἀποκαλύψῃ.*[113] **14.** Ἰουδαῖοι οὖν ἡγησάμενοι ἀεὶ τὸν πατέρα τῶν ὅλων λελαληκέναι τῷ Μωυσεῖ, τοῦ λαλήσαντος αὐτῷ ὄντος υἱοῦ τοῦ θεοῦ, ὃς καὶ ἄγγελος καὶ ἀπόστολος κέκληται, δικαίως ἐλέγχονται καὶ διὰ τοῦ προφητικοῦ πνεύματος καὶ δι' αὐτοῦ τοῦ Χριστοῦ, ὡς οὔτε τὸν πατέρα οὔτε τὸν υἱὸν ἔγνωσαν. **15.** οἱ γὰρ τὸν υἱὸν πατέρα φάσκοντες εἶναι ἐλέγχονται μήτε τὸν πατέρα ἐπιστάμενοι, μηθ' ὅτι ἐστὶν υἱὸς τῷ πατρὶ τῶν ὅλων γινώσκοντες· ὃς καὶ λόγος πρωτότοκος ὢν τοῦ θεοῦ καὶ θεὸς ὑπάρχει. **16.** καὶ πρότερον διὰ τῆς τοῦ πυρὸς μορφῆς καὶ εἰκόνος ἀσωμάτου τῷ Μωυσεῖ καὶ τοῖς ἑτέροις προφήταις ἐφάνη· νῦν δ' ἐν χρόνοις τῆς ὑμετέρας ἀρχῆς, ὡς προείπομεν, διὰ παρθένου ἄνθρωπος γενόμενος κατὰ τὴν τοῦ πατρὸς βουλὴν ὑπὲρ σωτηρίας τῶν πιστευόντων αὐτῷ καὶ ἐξουθενηθῆναι καὶ παθεῖν ὑπέμεινεν, ἵνα ἀποθανὼν καὶ ἀναστὰς νικήσῃ τὸν θάνατον. **17.** τὸ δὲ εἰρημένον ἐκ βάτου τῷ Μωυσεῖ· *Ἐγώ εἰμι ὁ ὤν, ὁ θεὸς Ἀβραὰμ καὶ ὁ θεὸς Ἰσαὰκ καὶ ὁ θεὸς Ἰακὼβ καὶ ὁ θεὸς τῶν πατέρων σου,*[114] σημαντικὸν τοῦ καὶ ἀποθανόντας ἐκείνους μένειν καὶ εἶναι αὐτοῦ τοῦ Χριστοῦ ἀνθρώπους· καὶ γὰρ πρῶτοι τῶν πάντων ἀνθρώπων ἐκεῖνοι περὶ θεοῦ ζήτησιν ἠσχολήθησαν, Ἀβραὰμ μὲν πατὴρ ὢν τοῦ Ἰσαάκ, Ἰσαὰκ δὲ τοῦ Ἰακώβ, ὡς καὶ Μωυσῆς ἀνέγραψε.

---

111 Ex 3:6
112 Isa 1:3
113 Matt 11:27
114 Ex 3:6

Ἀπολογία Α

LXIV

1. Καὶ τὸ ἀνεγείρειν δὲ τὸ εἴδωλον τῆς λεγομένης Κόρης ἐπὶ ταῖς τῶν ὑδάτων πηγαῖς ἐνεργῆσαι τοὺς δαίμονας, λέγοντας θυγατέρα αὐτὴν εἶναι τοῦ Διός, μιμησαμένους τὸ διὰ Μωυσέως εἰρημένον, ἐκ τῶν προειρημένων νοῆσαι δύνασθε. 2. ἔφη γὰρ ὁ Μωυσῆς, ὡς προεγράψαμεν· *Ἐν ἀρχῇ ἐποίησεν ὁ θεὸς τὸν οὐρανὸν καὶ τὴν γῆν. 3. ἡ δὲ γῆ ἦν ἀόρατος καὶ ἀκατασκεύαστος, καὶ πνεῦμα θεοῦ ἐπεφέρετο ἐπάνω τῶν ὑδάτων.*[115] 4. εἰς μίμησιν οὖν τοῦ λεχθέντος ἐπιφερομένου τῷ ὕδατι πνεύματος θεοῦ τὴν Κόρην θυγατέρα τοῦ Διὸς ἔφασαν. 5. καὶ τὴν Ἀθηνᾶν δὲ ὁμοίως πονηρευόμενοι θυγατέρα τοῦ Διὸς ἔφασαν, οὐκ ἀπὸ μίξεως, ἀλλ', ἐπειδὴ ἐννοηθέντα τὸν θεὸν διὰ λόγου τὸν κόσμον ποιῆσαι ἔγνωσαν, ὡς τὴν πρώτην ἔννοιαν ἔφασαν τὴν Ἀθηνᾶν· ὅπερ γελοιότατον ἡγούμεθα εἶναι, τῆς ἐννοίας εἰκόνα παραφέρειν θηλειῶν μορφήν. 6. καὶ ὁμοίως τοὺς ἄλλους λεγομένους υἱοὺς τοῦ Διὸς αἱ πράξεις ἐλέγχουσιν.

LXV

1. Ἡμεῖς δὲ μετὰ τὸ οὕτως λοῦσαι τὸν πεπεισμένον καὶ συγκατατεθειμένον ἐπὶ τοὺς λεγομένους ἀδελφοὺς ἄγομεν, ἔνθα συνηγμένοι εἰσί, κοινὰς εὐχὰς ποιησόμενοι ὑπέρ τε ἑαυτῶν καὶ τοῦ φωτισθέντος καὶ ἄλλων πανταχοῦ πάντων εὐτόνως, ὅπως καταξιωθῶμεν τὰ ἀληθῆ μαθόντες καὶ δι' ἔργων ἀγαθοὶ πολιτευταὶ καὶ φύλακες τῶν ἐντεταλμένων εὑρεθῆναι, ὅπως τὴν αἰώνιον σωτηρίαν σωθῶμεν. 2. ἀλλήλους φιλήματι ἀσπαζόμεθα παυσάμενοι τῶν εὐχῶν. 3. ἔπειτα προσφέρεται τῷ προεστῶτι τῶν ἀδελφῶν ἄρτος καὶ ποτήριον ὕδατος καὶ κράματος, καὶ οὗτος λαβὼν αἶνον καὶ δόξαν τῷ πατρὶ τῶν ὅλων διὰ τοῦ ὀνόματος τοῦ υἱοῦ καὶ τοῦ πνεύματος τοῦ ἁγίου ἀναπέμπει καὶ εὐχαριστίαν ὑπὲρ τοῦ κατηξιῶσθαι τούτων παρ' αὐτοῦ ἐπὶ πολὺ ποιεῖται· οὗ συντελέσαντος τὰς εὐχὰς καὶ τὴν εὐχαριστίαν πᾶς ὁ παρὼν λαὸς ἐπευφημεῖ λέγων· Ἀμήν. 4. τὸ δὲ Ἀμὴν τῇ Ἑβραΐδι φωνῇ τὸ Γένοιτο σημαίνει. 5. εὐχαριστήσαντος δὲ τοῦ προεστῶτος καὶ ἐπευφημήσαντος παντὸς τοῦ λαοῦ οἱ καλούμενοι παρ' ἡμῖν διάκονοι διδόασιν ἑκάστῳ τῶν παρόντων μεταλαβεῖν ἀπὸ τοῦ

---

[115] Gen 1:1, 2

εὐχαριστηθέντος ἄρτου καὶ οἴνου καὶ ὕδατος καὶ τοῖς οὐ παροῦσιν ἀποφέρουσι.

LXVI

1. Καὶ ἡ τροφὴ αὕτη καλεῖται παρ' ἡμῖν εὐχαριστία, ἧς οὐδενὶ ἄλλῳ μετασχεῖν ἐξόν ἐστιν ἢ τῷ πιστεύοντι ἀληθῆ εἶναι τὰ δεδιδαγμένα ὑφ' ἡμῶν, καὶ λουσαμένῳ τὸ ὑπὲρ ἀφέσεως ἁμαρτιῶν καὶ εἰς ἀναγέννησιν λουτρόν, καὶ οὕτως βιοῦντι ὡς ὁ Χριστὸς παρέδωκεν. **2.** οὐ γὰρ ὡς κοινὸν ἄρτον οὐδὲ κοινὸν πόμα ταῦτα λαμβάνομεν· ἀλλ' ὃν τρόπον διὰ λόγου θεοῦ σαρκοποιηθεὶς Ἰησοῦς Χριστὸς ὁ σωτὴρ ἡμῶν καὶ σάρκα καὶ αἷμα ὑπὲρ σωτηρίας ἡμῶν ἔσχεν, οὕτως καὶ τὴν δι' εὐχῆς λόγου τοῦ παρ' αὐτοῦ εὐχαριστηθεῖσαν τροφήν, ἐξ ἧς αἷμα καὶ σάρκες κατὰ μεταβολὴν τρέφονται ἡμῶν, ἐκείνου τοῦ σαρκοποιηθέντος Ἰησοῦ καὶ σάρκα καὶ αἷμα ἐδιδάχθημεν εἶναι. **3.** οἱ γὰρ ἀπόστολοι ἐν τοῖς γενομένοις ὑπ' αὐτῶν ἀπομνημονεύμασιν, ἃ καλεῖται εὐαγγέλια, οὕτως παρέδωκαν ἐντετάλθαι αὐτοῖς· τὸν Ἰησοῦν λαβόντα ἄρτον εὐχαριστήσαντα εἰπεῖν· *Τοῦτο ποιεῖτε εἰς τὴν ἀνάμνησίν μου, τοῦτ' ἐστι τὸ σῶμά μου.*[116] καὶ τὸ ποτήριον ὁμοίως λαβόντα καὶ εὐχαριστήσαντα εἰπεῖν· *Τοῦτό ἐστι τὸ αἷμά μου.*[117] καὶ μόνοις αὐτοῖς μεταδοῦναι. **4.** ὅπερ καὶ ἐν τοῖς τοῦ Μίθρα μυστηρίοις παρέδωκαν γίνεσθαι μιμησάμενοι οἱ πονηροὶ δαίμονες· ὅτι γὰρ ἄρτος καὶ ποτήριον ὕδατος τίθεται ἐν ταῖς τοῦ μυουμένου τελεταῖς μετ' ἐπιλόγων τινῶν, ἢ ἐπίστασθε ἢ μαθεῖν δύνασθε.

LXVII

1. Ἡμεῖς δὲ μετὰ ταῦτα λοιπὸν ἀεὶ τούτων ἀλλήλους ἀναμιμνήσκομεν· καὶ οἱ ἔχοντες τοῖς λειπομένοις πᾶσιν ἐπικουροῦμεν, καὶ σύνεσμεν ἀλλήλοις ἀεί. **2.** ἐπὶ πᾶσί τε οἷς προσφερόμεθα εὐλογοῦμεν τὸν ποιητὴν τῶν πάντων διὰ τοῦ υἱοῦ αὐτοῦ Ἰησοῦ Χριστοῦ καὶ διὰ πνεύματος τοῦ ἁγίου. **3.** καὶ τῇ τοῦ ἡλίου λεγομένῃ ἡμέρᾳ[118] πάντων κατὰ πόλεις ἢ ἀγροὺς μενόντων ἐπὶ τὸ αὐτὸ συνέλευσις γίνεται, καὶ τὰ ἀπομνημονεύματα τῶν ἀποστόλων ἢ τὰ συγγράμματα τῶν προφητῶν ἀναγινώσκεται, μέχρις

---

116 Lk 22:19
117 See 1 Co 11:25
118 τῇ τοῦ ἡλίου λεγομένῃ ἡμέρᾳ - Sunday, in Latin it was known as Solis Dies. The phrase translated somewhat literally is 'the day called Sun'.

Ἀπολογία Α

ἐγχωρεῖ. **4.** εἶτα παυσαμένου τοῦ ἀναγινώσκοντος ὁ προεστὼς διὰ λόγου τὴν νουθεσίαν καὶ πρόκλησιν τῆς τῶν καλῶν τούτων μιμήσεως ποιεῖται. **5.** ἔπειτα ἀνιστάμεθα κοινῇ πάντες καὶ εὐχὰς πέμπομεν· καί, ὡς προέφημεν, παυσαμένων ἡμῶν τῆς εὐχῆς ἄρτος προσφέρεται καὶ οἶνος καὶ ὕδωρ, καὶ ὁ προεστὼς εὐχὰς ὁμοίως καὶ εὐχαριστίας, ὅση δύναμις αὐτῷ, ἀναπέμπει, καὶ ὁ λαὸς ἐπευφημεῖ λέγων τὸ Ἀμήν, καὶ ἡ διάδοσις καὶ ἡ μετάληψις ἀπὸ τῶν εὐχαριστηθέντων ἑκάστῳ γίνεται, καὶ τοῖς οὐ παροῦσι διὰ τῶν διακόνων πέμπεται. **6.** οἱ εὐποροῦντες δὲ καὶ βουλόμενοι κατὰ προαίρεσιν ἕκαστος τὴν ἑαυτοῦ ὃ βούλεται δίδωσι, καὶ τὸ συλλεγόμενον παρὰ τῷ προεστῶτι ἀποτίθεται, καὶ αὐτὸς ἐπικουρεῖ ὀρφανοῖς τε καὶ χήραις, καὶ τοῖς διὰ νόσον ἢ δι' ἄλλην αἰτίαν λειπομένοις, καὶ τοῖς ἐν δεσμοῖς οὖσι, καὶ τοῖς παρεπιδήμοις οὖσι ξένοις, καὶ ἁπλῶς πᾶσι τοῖς ἐν χρείᾳ οὖσι κηδεμὼν γίνεται. **7.** τὴν δὲ τοῦ ἡλίου ἡμέραν κοινῇ πάντες τὴν συνέλευσιν ποιούμεθα, ἐπειδὴ πρώτη ἐστὶν ἡμέρα, ἐν ᾗ ὁ θεὸς τὸ σκότος καὶ τὴν ὕλην τρέψας κόσμον ἐποίησε, καὶ Ἰησοῦς Χριστὸς ὁ ἡμέτερος σωτὴρ τῇ αὐτῇ ἡμέρᾳ ἐκ νεκρῶν ἀνέστη· τῇ γὰρ πρὸ τῆς κρονικῆς ἐσταύρωσαν αὐτόν, καὶ τῇ μετὰ τὴν κρονικήν, ἥτις ἐστὶν ἡλίου ἡμέρα, φανεὶς τοῖς ἀποστόλοις αὐτοῦ καὶ μαθηταῖς ἐδίδαξε ταῦτα, ἅπερ εἰς ἐπίσκεψιν καὶ ὑμῖν ἀνεδώκαμεν.

LXVIII

1. Καὶ εἰ μὲν δοκεῖ ὑμῖν λόγου καὶ ἀληθείας ἔχεσθαι, τιμήσατε αὐτά· εἰ δὲ λῆρος ὑμῖν δοκεῖ, ὡς ληρωδῶν πραγμάτων καταφρονήσατε, καὶ μὴ ὡς κατ' ἐχθρῶν κατὰ τῶν μηδὲν ἀδικούντων θάνατον ὁρίζετε. **2.** προλέγομεν γὰρ ὑμῖν ὅτι οὐκ ἐκφεύξεσθε τὴν ἐσομένην τοῦ θεοῦ κρίσιν, ἐὰν ἐπιμένητε τῇ ἀδικίᾳ· καὶ ἡμεῖς ἐπιβοήσομεν· Ὃ φίλον τῷ θεῷ τοῦτο γενέσθω. **3.** Καὶ ἐξ ἐπιστολῆς δὲ τοῦ μεγίστου καὶ ἐπιφανεστάτου Καίσαρος Ἀδριανοῦ, τοῦ πατρὸς ὑμῶν, ἔχοντες ἀπαιτεῖν ὑμᾶς καθὰ ἠξιώσαμεν κελεῦσαι τὰς κρίσεις γενέσθαι, οὐκ ἐκ τοῦ κεκρῖσθαι τοῦτο ὑπὸ Ἀδριανοῦ μᾶλλον ἠξιώσαμεν, ἀλλ' ἐκ τοῦ ἐπίστασθαι δίκαια ἀξιοῦν τὴν προσφώνησιν καὶ ἐξήγησιν πεποιήμεθα. **4.** ὑπετάξαμεν δὲ καὶ τῆς ἐπιστολῆς Ἀδριανοῦ τὸ ἀντίγραφον, ἵνα καὶ κατὰ τοῦτο ἀληθεύειν ἡμᾶς γνωρίζητε. **5.** καὶ ἔστι τὸ ἀντίγραφον τοῦτο·

Ἀδριανοῦ ὑπὲρ Χριστιανῶν ἐπιστολή.

Μινουκίῳ Φουνδανῷ.

1. Ἐπιστολὴν ἐδεξάμην γραφεῖσάν μοι ἀπὸ Σερηνίου Γρανιανοῦ, λαμπροτάτου ἀνδρός, ὅντινα σὺ διεδέξω. **2.** οὐ δοκεῖ οὖν μοι τὸ πρᾶγμα ἀζήτητον καταλιπεῖν, ἵνα μήτε οἱ ἄνθρωποι ταράττωνται καὶ τοῖς συκοφάνταις χορηγία κακουργίας παρασχεθῇ. **3.** ἂν οὖν σαφῶς εἰς ταύτην τὴν ἀξίωσιν οἱ ἐπαρχιῶται δύνωνται διϊσχυρίζεσθαι κατὰ τῶν Χριστιανῶν, ὡς καὶ πρὸ βήματος ἀποκρίνεσθαι, ἐπὶ τοῦτο μόνον τραπῶσιν, ἀλλ' οὐκ ἀξιώσεσιν οὐδὲ μόναις βοαῖς. **4.** πολλῷ γὰρ μᾶλλον προσῆκεν, εἴ τις κατηγορεῖν βούλοιτο, τοῦτό σε διαγινώσκειν. **5.** εἴ τις οὖν κατηγορεῖ καὶ δείκνυσί τι παρὰ τοὺς νόμους πράττοντας, οὕτως διόριζε κατὰ τὴν δύναμιν τοῦ ἁμαρτήματος· ὡς μὰ τὸν Ἡρακλέα, εἴ τις συκοφαντίας χάριν τοῦτο προτείνοι, διαλάμβανε ὑπὲρ τῆς δεινότητος, καὶ φρόντιζε ὅπως ἂν ἐκδικήσειας.[119]

Ἀντωνίνου Ἐπιστολὴ πρὸς τὸ κοινὸν τῆς Ἀσίας.

Αὐτοκράτωρ Καῖσαρ

Τίτος Αἴλιος Ἀδριανὸς Ἀντωνῖνος σεβαστὸς, εὐσεβὴς, ἀρχιερεὺς μέγιστος, δημαρχικῆς ἐξουσίας τὸ ιε', ὕπατος τὸ γ', πατὴρ πατρίδος, τῷ κοινῷ τῆς Ἀσίας χαίρειν.—Ἐγὼ ᾤμην ὅτι καὶ τοὺς θεοὺς ἐπιμελεῖς ἔσεσθαι μὴ λανθάνειν τοὺς τοιούτους. Πολὺ γὰρ μᾶλλον ἐκείνους κολάσοιεν, εἴπερ δύναιντο, τοὺς μὴ βουλομένους αὐτοῖς προσκυνεῖν. Οἷς ταραχὴν ὑμεῖς ἐμβάλλετε, καὶ τὴν γνώμην αὐτῶν ἥνπερ ἔχουσιν ὡς ἀθέων κατηγορεῖτε, καὶ ἕτερά τινα ἐμβάλλετε, ἅτινα οὐ δυνάμεθα ἀποδεῖξαι. Εἴη δ' ἂν ἐκείνοις χρήσιμον, τὸ δοκεῖν ἐπὶ τῷ κατηγορουμένῳ τεθνάναι· καὶ νικῶσιν ὑμᾶς προϊέμενοι τὰς ἑαυτῶν ψυχάς, ἤπερ πειθόμενοι οἷς ἀξιοῦτε πράσσειν αὐτούς. Περὶ δὲ τῶν σεισμῶν τῶν γεγονότων καὶ τῶν γινομένων, οὐκ εἰκὸς ὑπομνῆσαι ὑμᾶς ἀθυμοῦντας, ὅταν περ ὦσι, πυραβάλλονκας τὰ ὑμέτερα πρὸς τὰ ἐκείνων, ὅτι εὐπαρρησιαστότεροι ὑμῶν γίνονται πρὸς τὸν Θεόν. Καὶ ὑμεῖς μὲν ἀγνοεῖν δοκεῖτε παρ' ἐκεῖνον τὸν χρόνον τοὺς

---

[119] Some Greek editions (such as Gildersleve's) stop with this letter, Migne's edition adds the two following letters.

θεούς, καὶ τῶν ἱερῶν ἀμελεῖτε, θρησκείαν δὲ τὴν περὶ τὸν Θεὸν οὐκ ἐπίστασθε. Ὅθεν καὶ τοὺς θρησκεύοντας ἐζηλώκατε, καὶ διώκετε ἕως θανάτου. Ὑπὲρ τῶν τοιούτων καὶ ἄλλοι τινὲς τῶν περὶ τὰς ἐπαρχίας ἡγεμόνων τῷ θειοτάτῳ μου πατρὶ ἔγραψαν· οἷς καὶ ἀντέγραψε μηδὲν ὀχλεῖν τοῖς τοιούτοις, εἰ μὴ φαίνοιντό τι ἐπὶ τὴν ἡγεμονίαν Ῥωμαίων ἐγχειροῦντες· καὶ ἐμοὶ δὲ περὶ τῶν τοιούτων πολλοὶ ἐσήμαναν· οἷς δὴ καὶ ἀντέγραψα, τῇ τοῦ πατρός μου κατακολουθῶν γνώμῃ. Εἰ δέ τις ἔχει πρός τινα τῶν τοιούτων πρᾶγμα καταφέρειν ὡς τοιούτου, ἐκεῖνος ὁ καταφερόμενος ἀπολελύσθω τοῦ ἐγκλήματος, κἂν φαίνηται τοιοῦτος ὤν· ἐκεῖνος δὲ ὁ καταφέρων, ἔνοχος ἔσται τῇ δίκῃ.

Μάρκου βασιλέως Ἐπιστολὴ πρὸς τὴν σύγκλητον, ἐν ᾗ μαρτυρεῖ Χριστιανοὺς αἰτίους γεγενῆσθαι τῆς νίκης αὐτῶν.

Αὐτοκράτωρ Καῖσαρ Μάρκος Αὐρήλιος Ἀντωνῖνος, Γερμανικός, Παρθικός, Σαρματικός, δήμῳ Ῥωμαίων, καὶ τῇ ἱερᾷ συγκλήτῳ χαίρειν.—Φανερὰ ὑμῖν ἐποίησα τὰ τοῦ ἐμοῦ σκοποῦ μεγέθη, ὁποῖα ἐν τῇ Γερμανίᾳ ἐκ περιστάσεως διὰ περιβολῆς ἐπακολουθήματα ἐποίησα ἐν τῇ μεθορίᾳ καμὼν καὶ παθών, ἐν Κοτίνῳ καταλαμβανομένου μου ὑπὸ δρακόντων ἑβδομήκοντα τεσσάρων, ἀπὸ μιλίων ἐννέα. Γενομένων δὲ αὐτῶν ἐγγὺς ἡμῶν, ἐξπλωράτωρες ἐμήνυσαν ἡμῖν, καὶ Πομπηϊανὸς ὁ ἡμέτερος πολέμαρχος ἐδήλωσεν ἡμῖν ἄτινα εἴδομεν (καταλαμβανόμενος δὲ ἤμην ἐν μεγέθει πλήθους ἀμίκτου, καὶ στρατευμάτων λεγεῶνος πρίμας δεκάτης, γεμιναφρεντησίᾳ μίγμα κατηριθμημένον), πλήθη παρεῖναι παμμίκτου ὄχλου χιλιάδων ἐννακοσίων ἑβδομηκαεπτά. Ἐξετάσας οὖν ἐμαυτὸν καὶ τὸ πλῆθος τὸ ἐμὸν πρὸς τὸ μέγεθος τῶν βαρβάρων καὶ πολεμίων, κατέδραμον εἰς τὸ θεοῖς εὔχεσθαι πατρῴοις. Ἀμελούμενος δὲ ὑπ' αὐτῶν, καὶ τὴν στενοχωρίαν μου θεωρήσας τῆς δυνάμεως, παρεκάλεσα τοὺς παρ' ἡμῖν λεγομένους χριστιανούς· καὶ ἐπερωτήσας, εὗρον πλῆθος καὶ μέγεθος αὐτῶν, καὶ ἐμβριμησάμενος εἰς αὐτούς, ὅπερ οὐκ ἔπρεπε, διὰ τὸ ὕστερον ἐπεγνωκέναι με τὴν δύναμιν αὐτῶν· ὅθεν ἀρξάμενοι, οὐ βελῶν παράρτησιν, οὔτε ὅπλων, οὔτε σαλπίγγων (διὰ τὸ ἐχθρὸν εἶναι τὸ τοιοῦτο αὐτοῖς, διὰ τὸν Θεὸν ὃν φοροῦσι κατὰ συνείδησιν· εἰκὸς οὖν ἐστιν, οὓς ὑπολαμβάνομεν ἀθέους εἶναι, Θεὸν ἔχουσιν αὐτόματον ἐν τῇ συνειδήσει τετειχισμένον)· ῥίψαντες γὰρ ἑαυτοὺς ἐπὶ τὴν γῆν, οὐχ ὑπὲρ ἐμοῦ μόνον ἐδεήθησαν, ἀλλὰ καὶ ὑπὲρ τοῦ παρόντος στρατεύματος, παρήγοροι γενέσθαι δίψης καὶ λιμοῦ τῆς παρούσης. Πεμπταῖοι γὰρ ὕδωρ οὐκ εἰλήφειμεν διὰ τὸ μὴ παρεῖναι. Ἦμεν γὰρ ἐν τῷ μεσομφάλῳ τῆς Γερμανίας, καὶ τοῖς ὅροις αὐτῶν. Ἅμα δὲ τῷ τούτους ῥίψαι ἐπὶ τὴν γῆν ἑαυτοὺς, καὶ εὔχεσθαι Θεῷ, ᾧ ἐγὼ ἠγνόουν, εὐθέως ὕδωρ ἠκολούθει οὐρανόθεν, ἐπὶ μὲν ἡμᾶς ψυχρότατον, ἐπὶ δὲ τοὺς Ῥωμαίων ἐπιβούλους, χάλαζα πυρώδης· ἀλλὰ καὶ εὐθὺ Θεοῦ παρουσίαν ἐν εὐχῇ γινομένην παραυτίκα, ὡς ἀνυπερβλήτου καὶ ἀκαταλύτου. Αὐτόθεν οὖν ἀρξάμενοι, συγχωρήσωμεν τοῖς τοιούτοις εἶναι Χριστιανοῖς, ἵνα μὴ, καθ' ἡμῶν τι τοιοῦτον αἰτησάμενοι ὅπλον, ἐπιτύχωσι. Τὸν δὲ τοιοῦτον συμβουλεύω, διὰ τὸ τοιοῦτον εἶναι Χριστιανὸν, μὴ ἐγκαλεῖσθαι. Εἰ δὲ εὑρεθείη τις ἐγκαλῶν τῷ Χριστιανῷ, ὅτι Χριστιανός ἐστι, τὸν μὲν προσαγόμενον Χριστιανὸν πρόδηλον εἶναι βούλομαι γίνεσθαι ὁμολογήσαντα τοῦτο, ἄλλο ἕτερον μηδὲν ἐγκαλούμενον, ἢ ὅτι Χριστιανός ἐστι μόνον· τὸν προσάγοντα δὲ τοῦτον, ζῶντα καίεσθαι· τὸν δὲ Χριστιανὸν ὁμολογήσαντα, καὶ συνασφαλισάμενον περὶ τοῦ τοιούτου, τὸν πεπιστευμένον τὴν ἐπαρχίαν εἰς μετάνοιαν καὶ ἀνελευθερίαν τὸν τοιοῦτον μὴ μετάγειν. Ταῦτα δὲ καὶ τῆς συγκλήτου δόγματι κυρωθῆναι βούλομαι, καὶ κελεύω τοῦτό μου τὸ διάταγμα ἐν τῷ φόρῳ τοῦ Τραϊανοῦ προτεθῆναι, πρὸς τὸ δύνασθαι ἀναγινώσκεσθαι. Φροντίσει ὁ πραίφεκτος Βηράσιος Πολλίων εἰς τὰς πέριξ ἐπαρχίας πεμφθῆναι· πάντα δὲ τὸν βουλόμενον χρῆσθαι καὶ ἔχειν, μὴ κωλύεσθαι λαμβάνειν ἐκ τῶν προτεθέντων παρ' ἡμῶν.

Ἀπολογία Β΄

Τοῦ αὐτοῦ ἁγίου
Ἰουστίνου Φιλοσόφου καὶ Μάρτυρος
Ἀπολογία ὑπὲρ Χριστιανῶν
πρὸς τὴν Ῥωμαίων Σύγκλητον

(E.J. Goodspeed)

I

1. Καὶ τὰ χθὲς δὲ καὶ πρώην ἐν τῇ πόλει ὑμῶν γενόμενα ἐπὶ Οὐρβίκου, ὦ Ῥωμαῖοι, καὶ τὰ πανταχοῦ ὁμοίως ὑπὸ τῶν ἡγουμένων ἀλόγως πραττόμενα ἐξηνάγκασέ με ὑπὲρ ὑμῶν, ὁμοιοπαθῶν ὄντων καὶ ἀδελφῶν, κἂν ἀγνοῆτε καὶ μὴ θέλητε διὰ τὴν δόξαν τῶν νομιζομένων ἀξιωμάτων, τὴν τῶνδε τῶν λόγων σύνταξιν ποιήσασθαι. **2.** πανταχοῦ γάρ, ὃς ἂν σωφρονίζηται ὑπὸ πατρὸς ἢ γείτονος ἢ τέκνου ἢ φίλου ἢ ἀδελφοῦ ἢ ἀνδρὸς ἢ γυναικὸς κατ' ἔλλειψιν, χωρὶς τῶν πεισθέντων τοὺς ἀδίκους καὶ ἀκολάστους ἐν αἰωνίῳ πυρὶ κολασθήσεσθαι, τοὺς δ' ἐναρέτους καὶ ὁμοίως Χριστῷ βιώσαντας ἐν ἀπαθείᾳ συγγενέσθαι τῷ θεῷ (λέγομεν δὲ τῶν γενομένων Χριστιανῶν), διὰ τὸ δυσμετάθετον καὶ φιλήδονον καὶ δυσκίνητον πρὸς τὸ καλὸν ὁρμῆσαι, καὶ οἱ φαῦλοι δαίμονες, ἐχθραίνοντες ἡμῖν καὶ τοὺς τοιούτους δικαστὰς ἔχοντες ὑποχειρίους καὶ λατρεύοντας, ὡς οὖν ἄρχοντας δαιμονιῶντας, φονεύειν ἡμᾶς παρασκευάζουσιν. **3.** ὅπως δὲ καὶ ἡ αἰτία τοῦ παντὸς γενομένου ἐπὶ Οὐρβίκου φανερὰ ὑμῖν γένηται, τὰ πεπραγμένα ἀπαγγελῶ.

II

1. Γυνή τις συνεβίου ἀνδρὶ ἀκολασταίνοντι, ἀκολασταίνουσα καὶ αὐτὴ πρότερον. **2.** ἐπεὶ δὲ τὰ τοῦ Χριστοῦ διδάγματα ἔγνω, αὐτὴ ἐσωφρονίσθη καὶ τὸν ἄνδρα ὁμοίως σωφρονεῖν πείθειν ἐπειρᾶτο, τὰ διδάγματα ἀναφέρουσα, τήν τε μέλλουσαν τοῖς οὐ σωφρόνως καὶ μετὰ λόγου ὀρθοῦ βιοῦσιν ἔσεσθαι ἐν αἰωνίῳ πυρὶ κόλασιν ἀπαγγέλλουσα. **3.** ὁ δὲ ταῖς αὐταῖς ἀσελγείαις ἐπιμένων ἀλλοτρίαν διὰ τῶν πράξεων ἐποιεῖτο τὴν γαμετήν. **4.** ἀσεβὲς γὰρ ἡγουμένη τὸ λοιπὸν ἡ γυνὴ συγκατακλίνεσθαι ἀνδρί, παρὰ τὸν τῆς φύσεως νόμον καὶ παρὰ τὸ δίκαιον πόρους ἡδονῆς ἐκ παντὸς πειρωμένῳ ποιεῖσθαι, τῆς συζυγίας χωρισθῆναι ἐβουλήθη. **5.** καὶ ἐπειδὴ ἐξεδυσωπεῖτο ὑπὸ τῶν αὐτῆς, ἔτι προσμένειν συμβουλευόντων, ὡς εἰς ἐλπίδα μεταβολῆς ἥξοντός ποτε τοῦ ἀνδρός, βιαζομένη ἑαυτὴν ἐπέμενεν.

6. Ἐπειδὴ δὲ ὁ ταύτης ἀνὴρ εἰς τὴν Ἀλεξάνδρειαν πορευθεὶς χαλεπώτερα πράττειν ἀπηγγέλθη, ὅπως μὴ κοινωνὸς τῶν ἀδικημάτων καὶ ἀσεβημάτων γένηται, μένουσα ἐν τῇ συζυγίᾳ καὶ ὁμοδίαιτος καὶ ὁμόκοιτος γινομένη, τὸ λεγόμενον παρ' ὑμῖν ῥεπούδιον δοῦσα ἐχωρίσθη. **7.** ὁ δὲ καλὸς κἀγαθὸς ταύτης ἀνήρ, δέον αὐτὸν χαίρειν ὅτι ἃ πάλαι μετὰ τῶν ὑπηρετῶν καὶ τῶν μισθοφόρων εὐχερῶς ἔπραττε, μέθαις χαίρουσα καὶ κακίᾳ πάσῃ, τούτων μὲν τῶν πράξεων πέπαυτο καὶ αὐτὸν τὰ αὐτὰ παύσασθαι πράττοντα ἐβούλετο, μὴ βουλομένου ἀπαλλαγείσης κατηγορίαν πεποίηται, λέγων αὐτὴν Χριστιανὴν εἶναι. **8.** καὶ ἡ μὲν βιβλίδιόν σοι τῷ αὐτοκράτορι ἀνέδωκεν, πρότερον συγχωρηθῆναι αὐτῇ διοικήσασθαι τὰ ἑαυτῆς ἀξιοῦσα, ἔπειτα ἀπολογήσασθαι περὶ τοῦ κατηγορήματος μετὰ τὴν τῶν πραγμάτων αὐτῆς διοίκησιν· καὶ συνεχώρησας τοῦτο.

9. Ὁ δὲ ταύτης ποτὲ ἀνήρ, πρὸς ἐκείνην μὲν μὴ δυνάμενος τὰ νῦν ἔτι λέγειν, πρὸς Πτολεμαῖόν τινα, ὃν Οὔρβικος ἐκολάσατο, διδάσκαλον ἐκείνης τῶν Χριστιανῶν μαθημάτων γενόμενον, ἐτράπετο διὰ τοῦδε τοῦ τρόπου. **10.** ἑκατόνταρχον εἰς δεσμὰ ἐμβαλόντα τὸν Πτολεμαῖον, φίλον αὐτῷ ὑπάρχοντα, ἔπεισε λαβέσθαι τοῦ Πτολεμαίου καὶ ἀνερωτῆσαι εἰ, αὐτὸ τοῦτο μόνον, Χριστιανός ἐστιν. **11.** καὶ τὸν Πτολεμαῖον, φιλαλήθη ἀλλ' οὐκ ἀπατηλὸν οὐδὲ ψευδολόγον τὴν γνώμην ὄντα ὁμολογήσαντα ἑαυτὸν εἶναι Χριστιανόν, ἐν δεσμοῖς γενέσθαι ὁ ἑκατόνταρχος πεποίηκεν, καὶ ἐπὶ πολὺν χρόνον ἐν τῷ δεσμωτηρίῳ ἐκολάσατο.

Ἀπολογία Β΄

12. Τελευταῖον δέ, ὅτε ἐπὶ Οὔρβικον ἤχθη ὁ ἄνθρωπος, ὁμοίως αὐτὸ τοῦτο μόνον ἐξητάσθη, εἰ εἴη Χριστιανός. **13.** καὶ πάλιν, τὰ καλὰ ἑαυτῷ συνεπιστάμενος διὰ τὴν ἀπὸ τοῦ Χριστοῦ διδαχήν, τὸ διδασκαλεῖον τῆς θείας ἀρετῆς ὡμολόγησεν. **14.** ὁ γὰρ ἀρνούμενος ὁτιοῦν ἢ κατεγνωκὼς τοῦ πράγματος ἔξαρνος γίνεται, ἢ ἑαυτὸν ἀνάξιον ἐπιστάμενος καὶ ἀλλότριον τοῦ πράγματος τὴν ὁμολογίαν φεύγει· ὧν οὐδὲν πρόσεστιν τῷ ἀληθινῷ Χριστιανῷ.

15. Καὶ τοῦ Οὐρβίκου κελεύσαντος αὐτὸν ἀπαχθῆναι Λούκιός τις, καὶ αὐτὸς ὢν Χριστιανός, ὁρῶν τὴν ἀλόγως οὕτως γενομένην κρίσιν, πρὸς τὸν Οὔρβικον ἔφη· **16.** Τίς ἡ αἰτία; τοῦ μήτε μοιχὸν μήτε πόρνον μήτε ἀνδροφόνον μήτε λωποδύτην μήτε ἅρπαγα μήτε ἁπλῶς ἀδίκημά τι πράξαντα ἐλεγχόμενον, ὀνόματος δὲ Χριστιανοῦ προσωνυμίαν ὁμολογοῦντα τὸν ἄνθρωπον τοῦτον ἐκολάσω; οὐ πρέποντα Εὐσεβεῖ αὐτοκράτορι οὐδὲ φιλοσόφου Καίσαρος παιδὶ οὐδὲ τῇ ἱερᾷ συγκλήτῳ κρίνεις, ὦ Οὔρβικε. **17.** καὶ ὃς οὐδὲν ἄλλο ἀποκρινάμενος καὶ πρὸς τὸν Λούκιον ἔφη· Δοκεῖς μοι καὶ σὺ εἶναι τοιοῦτος. **18.** καὶ Λουκίου φήσαντος· Μάλιστα, πάλιν καὶ αὐτὸν ἀπαχθῆναι ἐκέλευσεν. **19.** ὁ δὲ καὶ χάριν εἰδέναι ὡμολόγει, πονηρῶν δεσποτῶν τῶν τοιούτων ἀπηλλάχθαι γινώσκων καὶ πρὸς τὸν πατέρα καὶ βασιλέα τῶν οὐρανῶν πορεύεσθαι. **20.** καὶ ἄλλος δὲ τρίτος ἐπελθὼν κολασθῆναι προσετιμήθη.

III

1. Κἀγὼ οὖν προσδοκῶ ὑπό τινος τῶν ὠνομασμένων ἐπιβουλευθῆναι καὶ ξύλῳ ἐμπαγῆναι, ἢ κἂν ὑπὸ Κρίσκεντος τοῦ φιλοψόφου καὶ φιλοκόμπου. **2.** οὐ γὰρ φιλόσοφον εἰπεῖν ἄξιον τὸν ἄνδρα, ὅς γε περὶ ἡμῶν ἃ μὴ ἐπίσταται δημοσίᾳ καταμαρτυρεῖ, ὡς ἀθέων καὶ ἀσεβῶν Χριστιανῶν ὄντων, πρὸς χάριν καὶ ἡδονὴν τῶν πολλῶν τῶν πεπλανημένων ταῦτα πράττων. **3.** εἴτε γὰρ μὴ ἐντυχὼν τοῖς τοῦ Χριστοῦ διδάγμασι κατατρέχει ἡμῶν, παμπόνηρός ἐστι καὶ ἰδιωτῶν πολὺ χείρων, οἳ φυλάττονται πολλάκις περὶ ὧν οὐκ ἐπίστανται διαλέγεσθαι καὶ ψευδομαρτυρεῖν· ἢ εἰ ἐντυχών, μὴ συνῆκε τὸ ἐν αὐτοῖς μεγαλεῖον, ἢ συνείς, πρὸς τὸ μὴ ὑποπτευθῆναι τοιοῦτος ταῦτα ποιεῖ, πολὺ μᾶλλον ἀγεννὴς καὶ παμπόνηρος, ἰδιωτικῆς καὶ ἀλόγου δόξης καὶ φόβου ἐλάττων ὤν.

4. Καὶ γὰρ προθέντα με καὶ ἐρωτήσαντα αὐτὸν ἐρωτήσεις τινὰς τοιαύτας καὶ μαθεῖν καὶ ἐλέγξαι, ὅτι ἀληθῶς μηδὲν ἐπίσταται, εἰδέναι ὑμᾶς βούλομαι. 5. καὶ ὅτι ἀληθῆ λέγω, εἰ μὴ ἀνηνέχθησαν ἡμῖν αἱ κοινωνίαι τῶν λόγων, ἕτοιμος καὶ ἐφ' ὑμῶν κοινωνεῖν τῶν ἐρωτήσεων πάλιν· βασιλικὸν δ' ἂν καὶ τοῦτο ἔργον εἴη. 6. εἰ δὲ καὶ ἐγνώσθησαν ὑμῖν αἱ ἐρωτήσεις μου καὶ αἱ ἐκείνου ἀποκρίσεις, φανερὸν ὑμῖν ἐστιν ὅτι οὐδὲν τῶν ἡμετέρων ἐπίσταται· ἢ εἰ καὶ ἐπίσταται, διὰ τοὺς ἀκούοντας δὲ οὐ τολμᾷ λέγειν, ὁμοίως Σωκράτει ὡς προέφην, οὐ φιλόσοφος ἀλλὰ φιλόδοξος ἀνὴρ δείκνυται, ὅς γε μηδὲ τὸ Σωκρατικὸν ἀξιέραστον ὂν τιμᾷ· Ἀλλ' οὔτι γε πρὸ τῆς ἀληθείας τιμητέος ἀνήρ. 7. ἀδύνατον δὲ Κυνικῷ, ἀδιάφορον τὸ τέλος προθεμένῳ, τὸ ἀγαθὸν εἰδέναι πλὴν ἀδιαφορίας.

IV

1. Ὅπως δὲ μή τις εἴπῃ· Πάντες οὖν ἑαυτοὺς φονεύσαντες πορεύεσθε ἤδη παρὰ τὸν θεὸν καὶ ἡμῖν πράγματα μὴ παρέχετε, – ἐρῶ δι' ἣν αἰτίαν τοῦτο οὐ πράττομεν, καὶ δι' ἣν ἐξεταζόμενοι ἀφόβως ὁμολογοῦμεν. 2. οὐκ εἰκῇ τὸν κόσμον πεποιηκέναι τὸν θεὸν δεδιδάγμεθα, ἀλλ' ἢ διὰ τὸ ἀνθρώπειον γένος· χαίρειν τε τοῖς τὰ προσόντα αὐτῷ μιμουμένοις προέφημεν, ἀπαρέσκεσθαι δὲ τοῖς τὰ φαῦλα ἀσπαζομένοις ἢ λόγῳ ἢ ἔργῳ.

3. Εἰ οὖν πάντες ἑαυτοὺς φονεύσομεν, τοῦ μὴ γεννηθῆναί τινα καὶ μαθητευθῆναι εἰς τὰ θεῖα διδάγματα, ἢ καὶ μὴ εἶναι τὸ ἀνθρώπειον γένος, ὅσον ἐφ' ἡμῖν, αἴτιοι ἐσόμεθα, ἐναντίον τῇ τοῦ θεοῦ βουλῇ καὶ αὐτοὶ ποιοῦντες, ἐὰν τοῦτο πράξωμεν. 4. ἐξεταζόμενοι δὲ οὐκ ἀρνούμεθα διὰ τὸ συνεπίστασθαι ἑαυτοῖς μηδὲν φαῦλον, ἀσεβὲς δὲ ἡγούμενοι μὴ κατὰ πάντα ἀληθεύειν, ὃ καὶ φίλον τῷ θεῷ γινώσκομεν, ὑμᾶς δὲ καὶ τῆς ἀδίκου προλήψεως ἀπαλλάξαι νῦν σπεύδοντες.

V

1. Εἰ δέ τινα ὑπέλθοι καὶ ἡ ἔννοια αὕτη ὅτι, εἰ θεὸν ὡμολογοῦμεν βοηθόν, οὐκ ἄν, ὡς λέγομεν, ὑπὸ ἀδίκων ἐκρατούμεθα καὶ ἐτιμωρούμεθα, καὶ τοῦτο διαλύσω. 2. ὁ

Ἀπολογία Β´

θεὸς τὸν πάντα κόσμον ποιήσας καὶ τὰ ἐπίγεια ἀνθρώποις ὑποτάξας καὶ τὰ οὐράνια στοιχεῖα εἰς αὔξησιν καρπῶν καὶ ὡρῶν μεταβολὰς κοσμήσας καὶ θεῖον τούτοις νόμον τάξας, ἃ καὶ αὐτὰ δι' ἀνθρώπους φαίνεται πεποιηκώς, τὴν μὲν τῶν ἀνθρώπων καὶ τῶν ὑπὸ τὸν οὐρανὸν πρόνοιαν ἀγγέλοις, οὓς ἐπὶ τούτοις ἔταξε, παρέδωκεν.

3. Οἱ δ' ἄγγελοι, παραβάντες τήνδε τὴν τάξιν, γυναικῶν μίξεσιν ἡττήθησαν καὶ παῖδας ἐτέκνωσαν, οἵ εἰσιν οἱ λεγόμενοι δαίμονες. **4.** καὶ προσέτι λοιπὸν τὸ ἀνθρώπειον γένος ἑαυτοῖς ἐδούλωσαν· τὰ μὲν διὰ μαγικῶν γραφῶν, τὰ δὲ διὰ φόβων καὶ τιμωριῶν, ὧν ἐπέφερον, τὰ δὲ διὰ διδαχῆς θυμάτων καὶ θυμιαμάτων καὶ σπονδῶν, ὧν ἐνδεεῖς γεγόνασι μετὰ τὸ πάθεσιν ἐπιθυμιῶν δουλωθῆναι· καὶ εἰς ἀνθρώπους φόνους, πολέμους, μοιχείας, ἀκολασίας καὶ πᾶσαν κακίαν ἔσπειραν.

5. Ὅθεν καὶ ποιηταὶ καὶ μυθολόγοι, ἀγνοοῦντες τοὺς ἀγγέλους καὶ τοὺς ἐξ αὐτῶν γεννηθέντας δαίμονας ταῦτα πρᾶξαι εἰς ἄρρενας καὶ θηλείας καὶ πόλεις καὶ ἔθνη, ἅπερ συνέγραψαν, εἰς αὐτὸν τὸν θεὸν καὶ τοὺς ὡς ἀπ' αὐτοῦ σπορᾷ γενομένους υἱοὺς καὶ τῶν λεχθέντων ἐκείνου ἀδελφῶν καὶ τέκνων ὁμοίως τῶν ἀπ' ἐκείνων, Ποσειδῶνος καὶ Πλούτωνος, ἀνήνεγκαν. **6.** ὀνόματι γὰρ ἕκαστον, ὅπερ ἕκαστος ἑαυτῷ τῶν ἀγγέλων καὶ τοῖς τέκνοις ἔθετο, προσηγόρευσαν.

VI

1. Ὄνομα δὲ τῷ πάντων πατρὶ θετόν, ἀγεννήτῳ ὄντι, οὐκ ἔστιν· ᾧ γὰρ ἂν καὶ ὄνομά τι προσαγορεύηται, πρεσβύτερον ἔχει τὸν θέμενον τὸ ὄνομα. **2.** τὸ δὲ πατὴρ καὶ θεὸς καὶ κτίστης καὶ κύριος καὶ δεσπότης οὐκ ὀνόματά ἐστιν, ἀλλ' ἐκ τῶν εὐποιϊῶν καὶ τῶν ἔργων προσρήσεις.

3. Ὁ δὲ υἱὸς ἐκείνου, ὁ μόνος λεγόμενος κυρίως υἱός, ὁ λόγος πρὸ τῶν ποιημάτων καὶ συνὼν καὶ γεννώμενος, ὅτε τὴν ἀρχὴν δι' αὐτοῦ πάντα ἔκτισε καὶ ἐκόσμησε, Χριστὸς μὲν κατὰ τὸ κεχρῖσθαι καὶ κοσμῆσαι τὰ πάντα δι' αὐτοῦ τὸν θεὸν λέγεται, ὄνομα καὶ αὐτὸ περιέχον ἄγνωστον σημασίαν, ὃν τρόπον καὶ τὸ θεὸς προσαγόρευμα οὐκ ὄνομά ἐστιν, ἀλλὰ πράγματος δυσεξηγήτου ἔμφυτος τῇ φύσει τῶν ἀνθρώπων δόξα.

4. Ἰησοῦς δὲ καὶ ἀνθρώπου καὶ σωτῆρος ὄνομα καὶ σημασίαν ἔχει. 5. καὶ γὰρ καὶ ἄνθρωπος, ὡς προέφημεν, γέγονε κατὰ τὴν τοῦ θεοῦ καὶ πατρὸς βουλὴν ἀποκυηθεὶς ὑπὲρ τῶν πιστευόντων ἀνθρώπων καὶ ἐπὶ καταλύσει τῶν δαιμόνων· καὶ νῦν ἐκ τῶν ὑπ' ὄψιν γινομένων μαθεῖν δύνασθε. 6. δαιμονιολήπτους γὰρ πολλοὺς κατὰ πάντα τὸν κόσμον καὶ ἐν τῇ ὑμετέρᾳ πόλει πολλοὶ τῶν ἡμετέρων ἀνθρώπων, τῶν Χριστιανῶν, ἐπορκίζοντες κατὰ τοῦ ὀνόματος Ἰησοῦ Χριστοῦ, τοῦ σταυρωθέντος ἐπὶ Ποντίου Πιλάτου, ὑπὸ τῶν ἄλλων πάντων ἐπορκιστῶν καὶ ἐπαστῶν καὶ φαρμακευτῶν μὴ ἰαθέντας, ἰάσαντο καὶ ἔτι νῦν ἰῶνται, καταργοῦντες καὶ ἐκδιώκοντες τοὺς κατέχοντας τοὺς ἀνθρώπους δαίμονας.

VII

1. Ὅθεν καὶ ἐπιμένει ὁ θεὸς τὴν σύγχυσιν καὶ κατάλυσιν τοῦ παντὸς κόσμου μὴ ποιῆσαι, ἵνα καὶ οἱ φαῦλοι ἄγγελοι καὶ δαίμονες καὶ ἄνθρωποι μηκέτι ὦσι, διὰ τὸ σπέρμα τῶν Χριστιανῶν, ὃ γινώσκει ἐν τῇ φύσει ὅτι αἴτιόν ἐστιν. 2. ἐπεὶ εἰ μὴ τοῦτο ἦν, οὐκ ἂν οὐδὲ ὑμῖν ταῦτα ἔτι ποιεῖν καὶ ἐνεργεῖσθαι ὑπὸ τῶν φαύλων δαιμόνων δυνατὸν ἦν, ἀλλὰ τὸ πῦρ τὸ τῆς κρίσεως κατελθὸν ἀνέδην πάντα διέκρινεν, ὡς καὶ πρότερον ὁ κατακλυσμὸς μηδένα λιπὼν ἀλλ' ἢ τὸν μόνον σὺν τοῖς ἰδίοις παρ' ἡμῖν καλούμενον Νῶε, παρ' ὑμῖν δὲ Δευκαλίωνα, ἐξ οὗ πάλιν οἱ τοσοῦτοι γεγόνασιν, ὧν οἱ μὲν φαῦλοι, οἱ δὲ σπουδαῖοι.

3. Οὕτω γὰρ ἡμεῖς τὴν ἐκπύρωσίν φαμεν γενήσεσθαι, ἀλλ' οὐχ, ὡς οἱ Στωϊκοί, κατὰ τὸν τῆς εἰς ἄλληλα πάντων μεταβολῆς λόγον, ὃ αἴσχιστον ἐφάνη· ἀλλ' οὐδὲ καθ' εἱμαρμένην πράττειν τοὺς ἀνθρώπους ἢ πάσχειν τὰ γινόμενα, ἀλλὰ κατὰ μὲν τὴν προαίρεσιν ἕκαστον κατορθοῦν ἢ ἁμαρτάνειν, καὶ κατὰ τὴν τῶν φαύλων δαιμόνων ἐνέργειαν τοὺς σπουδαίους, οἷον Σωκράτην καὶ τοὺς ὁμοίους, διώκεσθαι καὶ ἐν δεσμοῖς εἶναι, Σαρδανάπαλον δὲ καὶ Ἐπίκουρον καὶ τοὺς ὁμοίους ἐν ἀφθονίᾳ καὶ δόξῃ δοκεῖν εὐδαιμονεῖν. 4. ὃ μὴ νοήσαντες οἱ Στωϊκοὶ καθ' εἱμαρμένης ἀνάγκην πάντα γίνεσθαι ἀπεφήναντο.

5. ἀλλ' ὅτι αὐτεξούσιον τό τε τῶν ἀγγέλων γένος καὶ τῶν ἀνθρώπων τὴν ἀρχὴν ἐποίησεν ὁ θεός, δικαίως ὑπὲρ

Ἀπολογία Β΄

ὧν ἂν πλημμελήσωσι τὴν τιμωρίαν ἐν αἰωνίῳ πυρὶ κομίσονται. **6.** γεννητοῦ δὲ παντὸς ἥδε ἡ φύσις, κακίας καὶ ἀρετῆς δεκτικὸν εἶναι· οὐ γὰρ ἂν ἦν ἐπαινετὸν οὐδὲν αὐτῶν, εἰ οὐκ ἦν ἐπ' ἀμφότερα τρέπεσθαι καὶ δύναμιν εἶχε. **7.** δεικνύουσι δὲ τοῦτο καὶ οἱ πανταχοῦ κατὰ λόγον τὸν ὀρθὸν νομοθετήσαντες καὶ φιλοσοφήσαντες ἄνθρωποι ἐκ τοῦ ὑπαγορεύειν τάδε μὲν πράττειν, τῶνδε δὲ ἀπέχεσθαι.

8. Καὶ οἱ Στωϊκοὶ φιλόσοφοι ἐν τῷ περὶ ἠθῶν λόγῳ τὰ αὐτὰ τιμῶσι καρτερῶς, ὡς δηλοῦσθαι ἐν τῷ περὶ ἀρχῶν καὶ ἀσωμάτων λόγῳ οὐκ εὐοδοῦν αὐτούς. **9.** εἴτε γὰρ καθ' εἱμαρμένην φήσουσι τὰ γινόμενα πρὸς ἀνθρώπων γίνεσθαι, ἢ μηδὲν εἶναι θεὸν παρὰ τρεπόμενα καὶ ἀλλοιούμενα καὶ ἀναλυόμενα εἰς τὰ αὐτὰ ἀεί, φθαρτῶν μόνων φανήσονται κατάληψιν ἐσχηκέναι καὶ αὐτὸν τὸν θεὸν διά τε τῶν μερῶν καὶ διὰ τοῦ ὅλου ἐν πάσῃ κακίᾳ γινόμενον ἢ μηδὲν εἶναι κακίαν μηδ' ἀρετήν· ὅπερ καὶ παρὰ πᾶσαν σώφρονα ἔννοιαν καὶ λόγον καὶ νοῦν ἐστι.

VIII

1. Καὶ τοὺς ἀπὸ τῶν Στωϊκῶν δὲ δογμάτων, ἐπειδὴ κἂν τὸν ἠθικὸν λόγον κόσμιοι γεγόνασιν, ὡς καὶ ἔν τισιν οἱ ποιηταί, διὰ τὸ ἔμφυτον παντὶ γένει ἀνθρώπων σπέρμα τοῦ λόγου, μεμισῆσθαι καὶ πεφονεῦσθαι οἴδαμεν· Ἡράκλειτον μέν, ὡς προέφημεν, καὶ Μουσώνιον δὲ ἐν τοῖς καθ' ἡμᾶς καὶ ἄλλους οἴδαμεν. **2.** ὡς γὰρ ἐσημάναμεν, πάντας τοὺς κἂν ὁπωσδήποτε κατὰ λόγον βιοῦν σπουδάζοντας καὶ κακίαν φεύγειν μισεῖσθαι ἀεὶ ἐνήργησαν οἱ δαίμονες. **3.** οὐδὲν δὲ θαυμαστόν, εἰ τοὺς οὐ κατὰ σπερματικοῦ λόγου μέρος, ἀλλὰ κατὰ τὴν τοῦ παντὸς λόγου, ὅ ἐστι Χριστοῦ, γνῶσιν καὶ θεωρίαν πολὺ μᾶλλον μισεῖσθαι οἱ δαίμονες ἐλεγχόμενοι ἐνεργοῦσιν· οἳ τὴν ἀξίαν κόλασιν καὶ τιμωρίαν κομίσονται ἐν αἰωνίῳ πυρὶ ἐγκλεισθέντες. **4.** εἰ γὰρ ὑπὸ τῶν ἀνθρώπων ἤδη διὰ τοῦ ὀνόματος Ἰησοῦ Χριστοῦ ἡττῶνται, δίδαγμά ἐστι τῆς καὶ μελλούσης αὐτοῖς καὶ τοῖς λατρεύουσιν αὐτοῖς ἐσομένης ἐν πυρὶ αἰωνίῳ κολάσεως. **5.** οὕτως γὰρ καὶ οἱ προφῆται πάντες προεκήρυξαν γενήσεσθαι, καὶ Ἰησοῦς ὁ ἡμέτερος διδάσκαλος ἐδίδαξε.

IX

1. Ἵνα δὲ μή τις εἴπῃ τὸ λεγόμενον ὑπὸ τῶν νομιζομένων φιλοσόφων, ὅτι κόμποι καὶ φόβητρά ἐστι τὰ λεγόμενα ὑφ' ἡμῶν ὅτι κολάζονται ἐν αἰωνίῳ πυρὶ οἱ ἄδικοι, καὶ διὰ φόβον ἀλλ' οὐ διὰ τὸ καλὸν εἶναι καὶ ἀρεστὸν ἐναρέτως βιοῦν τοὺς ἀνθρώπους ἀξιοῦμεν, βραχυεπῶς πρὸς τοῦτο ἀποκρινοῦμαι, ὅτι, εἰ μὴ τοῦτό ἐστιν, οὔτε ἔστι θεός, ἤ, εἰ ἔστιν, οὐ μέλει αὐτῷ τῶν ἀνθρώπων, καὶ οὐδέν ἐστιν ἀρετὴ οὐδὲ κακία, καί, ὡς προέφημεν, ἀδίκως τιμωροῦσιν οἱ νομοθέται τοὺς παραβαίνοντας τὰ διατεταγμένα καλά. **2.** ἀλλ' ἐπεὶ οὐκ ἄδικοι ἐκεῖνοι καὶ ὁ αὐτῶν πατήρ, τὰ αὐτὰ αὐτῷ πράττειν διὰ τοῦ λόγου διδάσκων, οἱ τούτοις συντιθέμενοι οὐκ ἄδικοι.

3. ἐὰν δέ τις τοὺς διαφόρους νόμους τῶν ἀνθρώπων προβάληται, λέγων ὅτι παρ' οἷς μὲν ἀνθρώποις τάδε καλά, τὰ δὲ αἰσχρὰ νενόμισται, παρ' ἄλλοις δὲ τὰ παρ' ἐκείνοις αἰσχρὰ καλά, καὶ τὰ καλὰ αἰσχρὰ νομίζεται, ἀκουέτω καὶ τῶν εἰς τοῦτο λεγομένων **4.** καὶ νόμους διατάξασθαι τῇ ἑαυτῶν κακίᾳ ὁμοίους τοὺς πονηροὺς ἀγγέλους ἐπιστάμεθα, οἷς χαίρουσιν οἱ ὅμοιοι γενόμενοι ἄνθρωποι, καὶ ὀρθὸς λόγος παρελθὼν οὐ πάσας δόξας οὐδὲ πάντα δόγματα καλὰ ἀποδείκνυσιν, ἀλλὰ τὰ μὲν φαῦλα, τὰ δὲ ἀγαθά· ὥστε μοι καὶ πρὸς τοὺς τοιούτους τὰ αὐτὰ καὶ τὰ ὅμοια εἰρήσεται, καὶ λεχθήσεται διὰ πλειόνων, ἐὰν χρεία ᾖ. **5.** τανῦν δὲ ἐπὶ τὸ προκείμενον ἀνέρχομαι.

X

1. Μεγαλειότερα μὲν οὖν πάσης ἀνθρωπείου διδασκαλίας φαίνεται τὰ ἡμέτερα διὰ τοῦ τὸ λογικὸν τὸ ὅλον τὸν φανέντα δι' ἡμᾶς Χριστὸν γεγονέναι, καὶ σῶμα καὶ λόγον καὶ ψυχήν. **2.** ὅσα γὰρ καλῶς ἀεὶ ἐφθέγξαντο καὶ εὗρον οἱ φιλοσοφήσαντες ἢ νομοθετήσαντες, κατὰ λόγου μέρος δι' εὑρέσεως καὶ θεωρίας ἐστὶ πονηθέντα αὐτοῖς. **3.** ἐπειδὴ δὲ οὐ πάντα τὰ τοῦ λόγου ἐγνώρισαν, ὅς ἐστι Χριστός, καὶ ἐναντία ἑαυτοῖς πολλάκις εἶπον.

4. Καὶ οἱ προγεγενημένοι τοῦ Χριστοῦ, κατὰ τὸ ἀνθρώπινον λόγῳ πειραθέντες τὰ πράγματα θεωρῆσαι καὶ ἐλέγξαι, ὡς ἀσεβεῖς καὶ περίεργοι εἰς δικαστήρια ἤχθησαν.

Ἀπολογία Β'

5. ὁ πάντων δὲ αὐτῶν εὐτονώτερος πρὸς τοῦτο γενόμενος Σωκράτης τὰ αὐτὰ ἡμῖν ἐνεκλήθη· καὶ γὰρ ἔφασαν αὐτὸν καινὰ δαιμόνια εἰσφέρειν, καὶ οὓς ἡ πόλις νομίζει θεοὺς μὴ ἡγεῖσθαι αὐτόν. **6.** ὁ δὲ δαίμονας μὲν τοὺς φαύλους καὶ τοὺς πράξαντας ἃ ἔφασαν οἱ ποιηταί, ἐκβαλὼν τῆς πολιτείας καὶ Ὅμηρον καὶ τοὺς ἄλλους ποιητάς, παραιτεῖσθαι τοὺς ἀνθρώπους ἐδίδαξε, πρὸς θεοῦ δὲ τοῦ ἀγνώστου αὐτοῖς διὰ λόγου ζητήσεως ἐπίγνωσιν προὔτρέπετο, εἰπών· *Τὸν δὲ πατέρα καὶ δημιουργὸν πάντων οὔθ' εὑρεῖν ῥᾴδιον, οὔθ' εὑρόντα εἰς πάντας εἰπεῖν ἀσφαλές.*[120]

7. ἃ ὁ ἡμέτερος Χριστὸς διὰ τῆς ἑαυτοῦ δυνάμεως ἔπραξε. **8.** Σωκράτει μὲν γὰρ οὐδεὶς ἐπείσθη ὑπὲρ τούτου τοῦ δόγματος ἀποθνήσκειν· Χριστῷ δέ, τῷ καὶ ὑπὸ Σωκράτους ἀπὸ μέρους γνωσθέντι (λόγος γὰρ ἦν καὶ ἔστιν ὁ ἐν παντὶ ὤν, καὶ διὰ τῶν προφητῶν προειπὼν τὰ μέλλοντα γίνεσθαι καὶ δι' ἑαυτοῦ ὁμοιοπαθοῦς γενομένου καὶ διδάξαντος ταῦτα), οὐ φιλόσοφοι οὐδὲ φιλόλογοι μόνον ἐπείσθησαν, ἀλλὰ καὶ χειροτέχναι καὶ παντελῶς ἰδιῶται, καὶ δόξης καὶ φόβου καὶ θανάτου καταφρονήσαντες· ἐπειδὴ δύναμίς ἐστι τοῦ ἀρρήτου πατρὸς καὶ οὐχὶ ἀνθρωπείου λόγου κατασκευή.

XI

1. Οὐκ ἂν δὲ οὐδὲ ἐφονευόμεθα οὐδὲ δυνατώτεροι ἡμῶν ἦσαν οἵ τε ἄδικοι ἄνθρωποι καὶ δαίμονες, εἰ μὴ πάντως παντὶ γεννωμένῳ ἀνθρώπῳ καὶ θανεῖν ὠφείλετο· ὅθεν καὶ τὸ ὄφλημα ἀποδιδόντες εὐχαριστοῦμεν. **2.** καίτοι γε καὶ τὸ Ξενοφώντειον ἐκεῖνο νῦν πρός τε Κρίσκεντα καὶ τοὺς ὁμοίως αὐτῷ ἀφραίνοντας καλὸν καὶ εὔκαιρον εἰπεῖν ἡγούμεθα.

3. Τὸν Ἡρακλέα ἐπὶ τρίοδόν τινα ἔφη ὁ Ξενοφῶν βαδίζοντα εὑρεῖν τήν τε ἀρετὴν καὶ τὴν κακίαν, ἐν γυναικῶν μορφαῖς φαινομένας. **4.** καὶ τὴν μὲν κακίαν, ἁβρᾷ ἐσθῆτι καὶ ἐρωτοπεποιημένῳ καὶ ἀνθοῦντι ἐκ τῶν τοιούτων προσώπῳ, θελκτικήν τε εὐθὺς πρὸς τὰς ὄψεις οὖσαν, εἰπεῖν πρὸς τὸν Ἡρακλέα ὅτι, ἢν αὐτῇ ἕπηται, ἡδόμενόν τε καὶ κεκοσμημένον τῷ λαμπροτάτῳ καὶ ὁμοίῳ τῷ περὶ αὐτὴν κόσμῳ διαιτήσειν ἀεὶ ποιήσει. **5.** καὶ τὴν ἀρετὴν ἐν αὐχμηρῷ μὲν τῷ προσώπῳ καὶ τῇ περιβολῇ

---
[120] Plato Timæus p.28 C

οὖσαν εἰπεῖν· Ἀλλ' ἤν ἐμοὶ πείθῃ, οὐ κόσμῳ οὐδὲ κάλλει τῷ ῥέοντι καὶ φθειρομένῳ ἑαυτὸν κοσμήσεις ἀλλὰ τοῖς ἀϊδίοις καὶ καλοῖς κόσμοις.

6. Καὶ πάνθ' ὁντινοῦν πεπείσμεθα, φεύγοντα τὰ δοκοῦντα καλά, τὰ δὲ νομιζόμενα σκληρὰ καὶ ἄλογα μετερχόμενον, εὐδαιμονίαν ἐκδέχεσθαι. **7.** ἡ γὰρ κακία, πρόβλημα ἑαυτῆς τῶν πράξεων τὰ προσόντα τῇ ἀρετῇ καὶ ὄντως ὄντα καλὰ διὰ μιμήσεως ἀφθάρτων περιβαλλομένη (ἄφθαρτον γὰρ οὐδὲν ἔχει οὐδὲ ποιῆσαι δύναται), δουλαγωγεῖ τοὺς χαμαιπετεῖς τῶν ἀνθρώπων, τὰ προσόντα αὐτῇ φαῦλα τῇ ἀρετῇ περιθεῖσα. **8.** οἱ δὲ νενοηκότες τὰ προσόντα τῷ ὄντι καλὰ καὶ ἄφθαρτοι τῇ ἀρετῇ· ὃ καὶ περὶ Χριστιανῶν καὶ τῶν ἀπὸ τοῦ ἄθλου καὶ τῶν ἀνθρώπων τῶν τοιαῦτα πραξάντων, ὁποῖα ἔφασαν οἱ ποιηταὶ περὶ τῶν νομιζομένων θεῶν, ὑπολαβεῖν δεῖ πάντα νουνεχῆ, ἐκ τοῦ καὶ τοῦ φευκτοῦ καταφρονεῖν ἡμᾶς θανάτου λογισμὸν ἕλκοντα.

XII

1. Καὶ γὰρ αὐτὸς ἐγώ, τοῖς Πλάτωνος χαίρων διδάγμασι, διαβαλλομένους ἀκούων Χριστιανούς, ὁρῶν δὲ ἀφόβους πρὸς θάνατον καὶ πάντα τὰ ἄλλα νομιζόμενα φοβερά, ἐνενόουν ἀδύνατον εἶναι ἐν κακίᾳ καὶ φιληδονίᾳ ὑπάρχειν αὐτούς. **2.** τίς γὰρ φιλήδονος ἢ ἀκρατὴς καὶ ἀνθρωπίνων σαρκῶν βορὰν ἀγαθὸν ἡγούμενος δύναιτο ἂν θάνατον ἀσπάζεσθαι, ὅπως τῶν αὑτοῦ ἀγαθῶν στερηθῇ, ἀλλ' οὐκ ἐκ παντὸς ζῆν μὲν ἀεὶ τὴν ἐνθάδε βιοτὴν καὶ λανθάνειν τοὺς ἄρχοντας ἐπειρᾶτο, οὐχ ὅτι γε ἑαυτὸν κατήγγειλε φονευθησόμενον;

3. Ἤδη καὶ τοῦτο ἐνήργησαν οἱ φαῦλοι δαίμονες διά τινων πονηρῶν ἀνθρώπων πραχθῆναι. **4.** φονεύοντες γὰρ αὐτοί τινας ἐπὶ συκοφαντίᾳ τῇ εἰς ἡμᾶς καὶ εἰς βασάνους εἵλκυσαν οἰκέτας τῶν ἡμετέρων ἢ παῖδας ἢ γύναια, καὶ δι' αἰκισμῶν φοβερῶν ἐξαναγκάζουσι κατειπεῖν ταῦτα τὰ μυθολογούμενα, ἃ αὐτοὶ φανερῶς πράττουσιν·

Ὧν ἐπειδὴ οὐδὲν πρόσεστιν ἡμῖν, οὐ φροντίζομεν, θεὸν τὸν ἀγέννητον καὶ ἄρρητον μάρτυρα ἔχοντες τῶν τε λογισμῶν καὶ τῶν πράξεων. **5.** τίνος γὰρ χάριν οὐχὶ καὶ ταῦτα δημοσίᾳ ὡμολογοῦμεν ἀγαθὰ καὶ φιλοσοφίαν θείαν αὐτὰ ἀπεδείκνυμεν, φάσκοντες Κρόνου μὲν μυστήρια τελεῖν ἐν τῷ ἀνδροφονεῖν, καὶ ἐν τῷ αἵματος ἐμπίπλασθαι, ὡς λέγεται, τὰ ἴσα τῷ παρ' ὑμῖν τιμωμένῳ εἰδώλῳ, ᾧ οὐ μόνον ἀλόγων ζώων αἵματα προσραίνεται ἀλλὰ καὶ ἀνθρώπεια, διὰ τοῦ παρ' ὑμῖν ἐπισημοτάτου καὶ εὐγενεστάτου ἀνδρὸς τὴν πρόσχυσιν τοῦ τῶν φονευθέντων αἵματος ποιούμενοι, Διὸς δὲ καὶ τῶν ἄλλων θεῶν μιμηταὶ γενόμενοι ἐν τῷ ἀνδροβατεῖν καὶ γυναιξὶν ἀδεῶς μίγνυσθαι, Ἐπικούρου μὲν καὶ τὰ τῶν ποιητῶν συγγράμματα ἀπολογίαν φέροντες;

6. Ἐπειδὴ δὲ ταῦτα τὰ μαθήματα καὶ τοὺς ταῦτα πράξαντας καὶ μιμουμένους φεύγειν πείθομεν, ὡς καὶ νῦν διὰ τῶνδε τῶν λόγων ἠγωνίσμεθα, ποικίλως πολεμούμεθα· ἀλλ' οὐ φροντίζομεν, ἐπεὶ θεὸν τῶν πάντων ἐπόπτην δίκαιον οἴδαμεν. **7.** εἴθε καὶ νῦν τις ἂν τραγικῇ φωνῇ ἀνεβόησεν ἐπί τι βῆμα ὑψηλὸν ἀναβάς· Αἰδέσθητε, αἰδέσθητε ἃ φανερῶς πράττετε εἰς ἀναιτίους ἀναφέροντες, καὶ τὰ προσόντα καὶ ἑαυτοῖς καὶ τοῖς ὑμετέροις θεοῖς περιβάλλοντες τούτοις ὧν οὐδὲν οὐδ' ἐπὶ ποσὸν μετουσία ἐστί. **8.** μετάθεσθε, σωφρονίσθητε.

XIII

1. Καὶ γὰρ ἐγώ, μαθὼν περίβλημα πονηρὸν εἰς ἀποστροφὴν τῶν ἄλλων ἀνθρώπων περιτεθειμένον ὑπὸ τῶν φαύλων δαιμόνων τοῖς Χριστιανῶν θείοις διδάγμασι, καὶ ψευδολογουμένων ταῦτα καὶ τοῦ περιβλήματος κατεγέλασα καὶ τῆς παρὰ τοῖς πολλοῖς δόξης. **2.** Χριστιανὸς εὑρεθῆναι καὶ εὐχόμενος καὶ παμμάχως ἀγωνιζόμενος ὁμολογῶ, οὐχ ὅτι ἀλλότριά ἐστι τὰ Πλάτωνος διδάγματα τοῦ Χριστοῦ, ἀλλ' ὅτι οὐκ ἔστι πάντη ὅμοια, ὥσπερ οὐδὲ τὰ τῶν ἄλλων, Στωϊκῶν τε καὶ ποιητῶν καὶ συγγραφέων.

3. ἕκαστος γάρ τις ἀπὸ μέρους τοῦ σπερματικοῦ θείου λόγου τὸ συγγενὲς ὁρῶν καλῶς ἐφθέγξατο· οἱ δὲ τἀναντία ἑαυτοῖς ἐν κυριωτέροις εἰρηκότες οὐκ ἐπιστήμην τὴν ἄποπτον καὶ γνῶσιν τὴν ἀνέλεγκτον φαίνονται ἐσχηκέναι. **4.** ὅσα οὖν παρὰ πᾶσι καλῶς εἴρηται, ἡμῶν τῶν Χριστιανῶν ἐστι· τὸν γὰρ ἀπὸ ἀγεννήτου καὶ ἀρρήτου θεοῦ λόγον μετὰ τὸν θεὸν προσκυνοῦμεν καὶ ἀγαπῶμεν, ἐπειδὴ καὶ δι' ἡμᾶς ἄνθρωπος γέγονεν, ὅπως καὶ τῶν παθῶν τῶν ἡμετέρων συμμέτοχος γενόμενος καὶ ἴασιν ποιήσηται. **5.** οἱ γὰρ συγγραφεῖς πάντες διὰ τῆς ἐνούσης ἐμφύτου τοῦ λόγου σπορᾶς ἀμυδρῶς ἐδύναντο ὁρᾶν τὰ ὄντα. **6.** ἕτερον γάρ ἐστι σπέρμα τινὸς καὶ μίμημα κατὰ δύναμιν δοθέν, καὶ ἕτερον αὐτὸ οὗ κατὰ χάριν τὴν ἀπ' ἐκείνου ἡ μετουσία καὶ μίμησις γίνεται.

XIV

1. Καὶ ὑμᾶς οὖν ἀξιοῦμεν ὑπογράψαντας τὸ ὑμῖν δοκοῦν προθεῖναι τουτὶ τὸ βιβλίδιον, ὅπως καὶ τοῖς ἄλλοις τὰ ἡμέτερα γνωσθῇ καὶ δύνωνται τῆς ψευδοδοξίας καὶ ἀγνοίας τῶν καλῶν ἀπαλλαγῆναι, οἳ παρὰ τὴν ἑαυτῶν αἰτίαν ὑπεύθυνοι ταῖς τιμωρίαις γίνονται [εἰς τὸ γνωσθῆναι τοῖς ἀνθρώποις ταῦτα], **2.** διὰ τὸ ἐν τῇ φύσει τῇ τῶν ἀνθρώπων εἶναι τὸ γνωριστικὸν καλοῦ καὶ αἰσχροῦ, καὶ διὰ τὸ ἡμῶν, οὓς οὐκ ἐπίστανται τοιαῦτα ὁποῖα λέγουσιν αἰσχρὰ πράττειν, καταψηφίζεσθαι, καὶ διὰ τὸ χαίρειν τοιαῦτα πράξασι θεοῖς καὶ ἔτι νῦν ἀπαιτοῦσι παρὰ ἀνθρώπων τὰ ὅμοια, ὡς ἐκ τοῦ καὶ ἡμῖν, ὡς τοιαῦτα πράττουσι, θάνατον ἢ δεσμὰ ἢ ἄλλο τι τοιοῦτον προστιμᾶν ἑαυτοὺς κατακρίνειν, ὡς μὴ δέεσθαι ἄλλων δικαστῶν.

XV

1. [Καὶ τοῦ ἐν τῷ ἐμῷ ἔθνει, ἀσεβοῦς καὶ πλάνου Σιμωνιανοῦ διδάγματος κατεφρόνησα.] **2.** ἐὰν δὲ ὑμεῖς τοῦτο προγράψητε, ἡμεῖς τοῖς πᾶσι φανερὸν ποιήσαιμεν, ἵνα εἰ δύναιντο μεταθῶνται· τούτου γε μόνου χάριν τούσδε τοὺς λόγους συνετάξαμεν. **3.** οὐκ ἔστι δὲ ἡμῶν τὰ διδάγματα κατὰ κρίσιν σώφρονα αἰσχρά, ἀλλὰ πάσης μὲν φιλοσοφίας ἀνθρωπείου ὑπέρτερα· εἰ δὲ μή, κἂν Σωταδείοις καὶ Φιλαινιδείοις καὶ Ἀρχεστρατείοις καὶ Ἐπικουρείοις καὶ τοῖς ἄλλοις τοῖς τοιούτοις ποιητικοῖς διδάγμασιν οὐχ ὅμοια, οἷς ἐντυγχάνειν πᾶσι, καὶ λεγομένοις καὶ γεγραμμένοις, συγκεχώρηται.

4. Καὶ παυσόμεθα λοιπόν, ὅσον ἐφ' ἡμῖν ἦν πράξαντες, καὶ προσεπευξάμενοι τῆς ἀληθείας καταξιωθῆναι τοὺς πάντῃ πάντας ἀνθρώπους. **5.** εἴη οὖν καὶ ὑμᾶς ἀξίως εὐσεβείας καὶ φιλοσοφίας τὰ δίκαια ὑπὲρ ἑαυτῶν κρῖναι.

Ἀπολογία Β΄

Πρὸς Τρύφωνα Ἰουδαῖον Διάλογος

(E.J. Goodspeed)

I

1 Περιπατοῦντί μοι ἕωθεν ἐν τοῖς τοῦ ξυστοῦ περιπάτοις συναντήσας τις μετὰ καὶ ἄλλων· Φιλόσοφε, χαῖρε, ἔφη. καὶ ἅμα εἰπὼν τοῦτο ἐπιστραφεὶς συμπεριεπάτει μοι· συνεπέστρεφον δ' αὐτῷ καὶ οἱ φίλοι αὐτοῦ. κἀγὼ ἔμπαλιν προσαγορεύσας αὐτόν· Τί μάλιστα; ἔφην.

2 Ὁ δέ· Ἐδιδάχθην ἐν Ἄργει, φησίν, ὑπὸ Κορίνθου τοῦ Σωκρατικοῦ ὅτι οὐ δεῖ καταφρονεῖν οὐδὲ ἀμελεῖν τῶν περικειμένων τόδε τὸ σχῆμα, ἀλλ' ἐκ παντὸς φιλοφρονεῖσθαι προσομιλεῖν τε αὐτοῖς, εἴ τι ὄφελος ἐκ τῆς συνουσίας γένοιτο ἢ αὐτῷ ἐκείνῳ ἢ ἐμοί. ἀμφοτέροις δὲ ἀγαθόν ἐστι, κἂν θάτερος ᾖ ὠφελημένος. τούτου οὖν χάριν, ὅταν ἴδω τινὰ ἐν τοιούτῳ σχήματι, ἀσμένως αὐτῷ προσέρχομαι, σέ τε κατὰ τὰ αὐτὰ ἡδέως νῦν προσεῖπον, οὗτοί τε συνεφέπονταί μοι, προσδοκῶντες καὶ αὐτοὶ ἀκούσεσθαί τι χρηστὸν ἐκ σοῦ.

3 Τίς δὲ σύ ἐσσι, φέριστε βροτῶν; οὕτως προσπαίζων αὐτῷ ἔλεγον.

Ὁ δὲ καὶ τοὔνομά μοι καὶ τὸ γένος ἐξεῖπεν ἁπλῶς. Τρύφων, φησί, καλοῦμαι· εἰμὶ δὲ Ἑβραῖος ἐκ περιτομῆς, φυγὼν τὸν νῦν γενόμενον πόλεμον, ἐν τῇ Ἑλλάδι καὶ τῇ Κορίνθῳ τὰ πολλὰ διάγων.

Καὶ τί ἂν, ἔφην ἐγώ, τοσοῦτον ἐκ φιλοσοφίας σύ τ' ἂν ὠφεληθείης, ὅσον παρὰ τοῦ σοῦ νομοθέτου καὶ τῶν προφητῶν;

Τί γάρ; οὐχ οἱ φιλόσοφοι περὶ θεοῦ τὸν ἅπαντα ποιοῦνται λόγον, ἐκεῖνος ἔλεγε, καὶ περὶ μοναρχίας αὐτοῖς καὶ προνοίας αἱ ζητήσεις γίνονται ἑκάστοτε; ἢ οὐ τοῦτο ἔργον ἐστὶ φιλοσοφίας, ἐξετάζειν περὶ τοῦ θείου;

4 Ναί, ἔφην, οὕτω καὶ ἡμεῖς δεδοξάκαμεν. ἀλλ' οἱ πλεῖστοι οὐδὲ τούτου πεφροντίκασιν, εἴτε εἷς εἴτε καὶ πλείους εἰσὶ θεοί, καὶ εἴτε προνοοῦσιν ἡμῶν ἑκάστου εἴτε καὶ οὔ, ὡς μηδὲν πρὸς εὐδαιμονίαν τῆς γνώσεως ταύτης συντελούσης· ἀλλὰ καὶ ἡμᾶς ἐπιχειροῦσι πείθειν ὡς τοῦ μὲν σύμπαντος καὶ αὐτῶν τῶν γενῶν καὶ εἰδῶν ἐπιμελεῖται θεός, ἐμοῦ δὲ καὶ σοῦ οὐκ ἔτι καὶ τοῦ καθ' ἕκαστα, ἐπεὶ οὐδ' ἂν ηὐχόμεθα αὐτῷ δι' ὅλης νυκτὸς καὶ ἡμέρας. **5** τοῦτο δὲ ὅπῃ αὐτοῖς τελευτᾷ, οὐ χαλεπὸν συννοῆσαι· ἄδεια γὰρ καὶ ἐλευθερία λέγειν καὶ ἕπεσθαι τοῖς δοξάζουσι ταῦτα, ποιεῖν τε ὅ τι βούλονται καὶ λέγειν, μήτε κόλασιν φοβουμένοις μήτε ἀγαθὸν ἐλπίζουσί τι ἐκ θεοῦ. πῶς γάρ; οἵ γε ἀεὶ ταὐτὰ ἔσεσθαι λέγουσι, καὶ ἔτι ἐμὲ καὶ σὲ ἔμπαλιν βιώσεσθαι ὁμοίως, μήτε κρείσσονας μήτε χείρους γεγονότας. ἄλλοι δέ τινες, ὑποστησάμενοι ἀθάνατον καὶ ἀσώματον τὴν ψυχήν, οὔτε κακόν τι δράσαντες ἡγοῦνται δώσειν δίκην (ἀπαθὲς γὰρ τὸ ἀσώματον), οὔτε, ἀθανάτου αὐτῆς ὑπαρχούσης, δέονταί τι τοῦ θεοῦ ἔτι.

6 Καὶ ὃς ἀστεῖον ὑπομειδιάσας· Σὺ δὲ πῶς, ἔφη, περὶ τούτων φρονεῖς καὶ τίνα γνώμην περὶ θεοῦ ἔχεις καὶ τίς ἡ σὴ φιλοσοφία, εἰπὲ ἡμῖν.

II

1 Ἐγώ σοι, ἔφην, ἐρῶ ὅ γέ μοι καταφαίνεται. ἔστι γὰρ τῷ ὄντι φιλοσοφία μέγιστον κτῆμα καὶ τιμιώτατον θεῷ, ᾧ τε προσάγει καὶ συνίστησιν ἡμᾶς μόνη, καὶ ὅσιοι ὡς ἀληθῶς οὗτοί εἰσιν οἱ φιλοσοφίᾳ τὸν νοῦν προσεσχηκότες. τί ποτε δέ ἐστι φιλοσοφία καὶ οὗ χάριν κατεπέμφθη εἰς τοὺς ἀνθρώπους, τοὺς πολλοὺς λέληθεν; οὐ γὰρ ἂν Πλατωνικοὶ ἦσαν οὐδὲ Στωϊκοὶ οὐδὲ Περιπατητικοὶ οὐδὲ Θεωρητικοὶ οὐδὲ Πυθαγορικοί, μιᾶς οὔσης ταύτης ἐπιστήμης. **2** οὗ δὲ χάριν πολύκρανος ἐγενήθη, θέλω εἰπεῖν. συνέβη τοῖς πρώτοις ἁψαμένοις αὐτῆς καὶ διὰ τοῦτο ἐνδόξοις γενομένοις ἀκολουθῆσαι τοὺς ἔπειτα μηδὲν ἐξετάσαντας ἀληθείας πέρι, καταπλαγέντας δὲ μόνον τὴν καρτερίαν αὐτῶν καὶ τὴν

Πρὸς Τρύφωνα Ἰουδαῖον Διάλογος

ἐγκράτειαν καὶ τὸ ξένον τῶν λόγων ταῦτα ἀληθῆ νομίσαι ἃ παρὰ τοῦ διδασκάλου ἕκαστος ἔμαθεν, εἶτα καὶ αὐτούς, τοῖς ἔπειτα παραδόντας τοιαῦτα ἄττα καὶ ἄλλα τούτοις προσεοικότα, τοῦτο κληθῆναι τοὔνομα, ὅπερ ἐκαλεῖτο ὁ πατὴρ τοῦ λόγου. **3** ἐγώ τε κατ' ἀρχὰς οὕτω ποθῶν καὶ αὐτὸς συμβαλεῖν τούτων ἑνί, ἐπέδωκα ἐμαυτὸν Στωϊκῷ τινι· καὶ διατρίψας ἱκανὸν μετ' αὐτοῦ χρόνον, ἐπεὶ οὐδὲν πλέον ἐγίνετό μοι περὶ θεοῦ (οὐδὲ γὰρ αὐτὸς ἠπίστατο, οὐδὲ ἀναγκαίαν ἔλεγε ταύτην εἶναι τὴν μάθησιν), τούτου μὲν ἀπηλλάγην, ἐπ' ἄλλον δὲ ἦκα, Περιπατητικὸν καλούμενον, δριμύν, ὡς ᾤετο. καί μου ἀνασχόμενος οὗτος τὰς πρώτας ἡμέρας ἠξίου με ἔπειτα μισθὸν ὁρίσαι, ὡς μὴ ἀνωφελὴς ἡ συνουσία γίνοιτο ἡμῖν. καὶ αὐτὸν ἐγὼ διὰ ταύτην τὴν αἰτίαν κατέλιπον, μηδὲ φιλόσοφον οἰηθεὶς ὅλως. **4** τῆς δὲ ψυχῆς ἔτι μου σπαργώσης ἀκοῦσαι τὸ ἴδιον καὶ τὸ ἐξαίρετον τῆς φιλοσοφίας, προσῆλθον εὐδοκιμοῦντι μάλιστα Πυθαγορείῳ, ἀνδρὶ πολὺ ἐπὶ τῇ σοφίᾳ φρονοῦντι. κἄπειτα ὡς διελέχθην αὐτῷ, βουλόμενος ἀκροατὴς αὐτοῦ καὶ συνουσιαστὴς γενέσθαι· Τί δαί; ὡμίλησας, ἔφη, μουσικῇ καὶ ἀστρονομίᾳ καὶ γεωμετρίᾳ; ἢ δοκεῖς κατόψεσθαί τι τῶν εἰς εὐδαιμονίαν συντελούντων, εἰ μὴ ταῦτα πρῶτον διδαχθείης, ἃ τὴν ψυχὴν ἀπὸ τῶν αἰσθητῶν περισπάσει καὶ τοῖς νοητοῖς αὐτὴν παρασκευάσει χρησίμην, ὥστε αὐτὸ κατιδεῖν τὸ καλὸν καὶ αὐτὸ ὅ ἐστιν ἀγαθόν; **5** πολλά τε ἐπαινέσας ταῦτα τὰ μαθήματα καὶ ἀναγκαῖα εἰπὼν ἀπέπεμπέ με, ἐπεὶ αὐτῷ ὡμολόγησα μὴ εἰδέναι. ἐδυσφόρουν οὖν, ὡς τὸ εἰκός, ἀποτυχὼν τῆς ἐλπίδος, καὶ μᾶλλον ἢ ἐπίστασθαί τι αὐτὸν ᾠόμην· πάλιν τε τὸν χρόνον σκοπῶν, ὃν ἔμελλον ἐκτρίβειν περὶ ἐκεῖνα τὰ μαθήματα, οὐκ ἠνειχόμην εἰς μακρὰν ἀποτιθέμενος. **6** ἐν ἀμηχανίᾳ δέ μου ὄντος ἔδοξέ μοι καὶ τοῖς Πλατωνικοῖς ἐντυχεῖν· πολὺ γὰρ καὶ τούτων ἦν κλέος. καὶ δὴ νεωστὶ ἐπιδημήσαντι τῇ ἡμετέρᾳ πόλει συνετῷ ἀνδρὶ καὶ προὔχοντι ἐν τοῖς Πλατωνικοῖς συνδιέτριβον ὡς τὰ μάλιστα, καὶ προέκοπτον καὶ πλεῖστον ὅσον ἑκάστης ἡμέρας ἐπεδίδουν. καί με ᾕρει σφόδρα ἡ τῶν ἀσωμάτων νόησις, καὶ ἡ θεωρία τῶν ἰδεῶν ἀνεπτέρου μοι τὴν φρόνησιν, ὀλίγου τε ἐντὸς χρόνου ᾤμην σοφὸς γεγονέναι, καὶ ὑπὸ βλακείας ἤλπιζον αὐτίκα κατόψεσθαι τὸν θεόν· τοῦτο γὰρ τέλος τῆς Πλάτωνος φιλοσοφίας.

III

1 Καί μου οὕτως διακειμένου ἐπεὶ ἔδοξέ ποτε πολλῆς ἠρεμίας ἐμφορηθῆναι καὶ τὸν τῶν ἀνθρώπων ἀλεεῖναι πάτον, ἐπορευόμην εἴς τι χωρίον οὐ μακρὰν θαλάσσης. πλησίον δέ μου γενομένου ἐκείνου τοῦ τόπου, ἔνθα ἔμελλον ἀφικόμενος πρὸς ἐμαυτῷ ἔσεσθαι, παλαιός τις πρεσβύτης, ἰδέσθαι οὐκ εὐκαταφρόνητος, πρᾶον καὶ σεμνὸν ἦθος ἐμφαίνων, ὀλίγον ἀποδέων μου παρείπετο. ὡς δὲ ἐπεστράφην εἰς αὐτόν, ὑποστὰς ἐνητένισα δριμύτερον αὐτῷ.

2 Καὶ ὅς· Γνωρίζεις με; ἔφη.

Ἠρνησάμην ἐγώ.

Τί οὖν, μοι ἔφη, οὕτως με κατανοεῖς;

Θαυμάζω, ἔφην, ὅτι ἔτυχες ἐν τῷ αὐτῷ μοι γενέσθαι· οὐ γὰρ προσεδόκησα ὄψεσθαί τινα ἀνδρῶν ἐνθάδε.

Ὁ δέ· Οἰκείων τινῶν, φησί μοι, πεφρόντικα. οὗτοι δέ μοί εἰσιν ἀπόδημοι· ἔρχομαι οὖν καὶ αὐτὸς σκοπήσων τὰ περὶ αὐτούς, εἰ ἄρα φανήσονταί ποθεν. σὺ δὲ τί ἐνθάδε; ἐμοὶ ἐκεῖνος.

Χαίρω, ἔφην, ταῖς τοιαύταις διατριβαῖς· ἀνεμπόδιστος γάρ μοι ὁ διάλογος πρὸς ἐμαυτὸν γίνεται, [μὴ ἐναντία δρώσαις ὡσανεί,] φιλολογίᾳ τε ἀνυτικώτατά ἐστι τὰ τοιάδε χωρία.

3 Φιλόλογος οὖν τις εἶ σύ, ἔφη, φιλεργὸς δὲ οὐδαμῶς οὐδὲ φιλαλήθης, οὐδὲ πείρᾳ πρακτικὸς εἶναι μᾶλλον ἢ σοφιστής;

Τί δ' ἄν, ἔφην ἐγώ, τούτου μεῖζον ἀγαθὸν ἄν τις ἐργάσαιτο, τοῦ δεῖξαι μὲν τὸν λόγον ἡγεμονεύοντα πάντων, συλλαβόντα δὲ καὶ ἐπ' αὐτῷ ὀχούμενον καθορᾶν τὴν τῶν ἄλλων πλάνην καὶ τὰ ἐκείνων ἐπιτηδεύματα, ὡς οὐδὲν ὑγιὲς δρῶσιν οὐδὲ θεῷ φίλον; ἄνευ δὲ φιλοσοφίας καὶ ὀρθοῦ λόγου οὐκ ἄν τῳ παρείη φρόνησις. διὸ χρὴ πάντα ἄνθρωπον φιλοσοφεῖν καὶ τοῦτο μέγιστον καὶ τιμιώτατον ἔργον ἡγεῖσθαι, τὰ δὲ λοιπὰ δεύτερα καὶ τρίτα, καὶ φιλοσοφίας μὲν ἀπηρτημένα μέτρια καὶ ἀποδοχῆς ἄξια, στερηθέντα δὲ ταύτης καὶ μὴ παρεπομένης τοῖς μεταχειριζομένοις αὐτὰ φορτικὰ καὶ βάναυσα.

Πρὸς Τρύφωνα Ἰουδαῖον Διάλογος

4 Ἡ οὖν φιλοσοφία εὐδαιμονίαν ποιεῖ; ἔφη ὑποτυχὼν ἐκεῖνος.

Καὶ μάλιστα, ἔφην ἐγώ, καὶ μόνη.

Τί γάρ ἐστι φιλοσοφία, φησί, καὶ τίς ἡ εὐδαιμονία αὐτῆς, εἰ μή τι κωλύει φράζειν, φράσον.

Φιλοσοφία μέν, ἦν δ' ἐγώ, ἐπιστήμη ἐστὶ τοῦ ὄντος καὶ τοῦ ἀληθοῦς ἐπίγνωσις, εὐδαιμονία δὲ ταύτης τῆς ἐπιστήμης καὶ τῆς σοφίας γέρας.

5 Θεὸν δὲ σὺ τί καλεῖς; ἔφη.

Τὸ κατὰ τὰ αὐτὰ καὶ ὡσαύτως ἀεὶ ἔχον καὶ τοῦ εἶναι πᾶσι τοῖς ἄλλοις αἴτιον, τοῦτο δή ἐστιν ὁ θεός. οὕτως ἐγὼ ἀπεκρινάμην αὐτῷ· καὶ ἐτέρπετο ἐκεῖνος ἀκούων μου, οὕτως τέ με ἤρετο πάλιν.

Ἐπιστήμη οὐκ ἔστι κοινὸν ὄνομα διαφόρων πραγμάτων; ἔν τε γὰρ ταῖς τέχναις ἁπάσαις ὁ ἐπιστάμενος τούτων τινὰ ἐπιστήμων καλεῖται, ἔν τε στρατηγικῇ καὶ κυβερνητικῇ καὶ ἰατρικῇ ὁμοίως. ἐν τε τοῖς θείοις καὶ ἀνθρωπείοις οὐχ οὕτως ἔχει. ἐπιστήμη τίς ἐστιν ἡ παρέχουσα αὐτῶν τῶν ἀνθρωπίνων καὶ τῶν θείων γνῶσιν, ἔπειτα τῆς τούτων θειότητος καὶ δικαιοσύνης ἐπίγνωσιν;

Καὶ μάλα, ἔφην.

6 Τί οὖν; ὁμοίως ἐστὶν ἄνθρωπον εἰδέναι καὶ θεόν, ὡς μουσικὴν καὶ ἀριθμητικὴν καὶ ἀστρονομίαν ἤ τι τοιοῦτον;

Οὐδαμῶς, ἔφην.

Οὐκ ὀρθῶς ἄρα ἀπεκρίθης ἐμοί, ἔφη ἐκεῖνος· αἱ μὲν γὰρ ἐκ μαθήσεως προσγίνονται ἡμῖν ἢ διατριβῆς τινος, αἱ δὲ ἐκ τοῦ ἰδέσθαι παρέχουσι τὴν ἐπιστήμην. εἴ γέ σοι λέγοι τις ὅτι ἐστὶν ἐν Ἰνδίᾳ ζῶον φυὴν οὐχ ὅμοιον τοῖς ἄλλοις πᾶσιν, ἀλλὰ τοῖον ἢ τοῖον, πολυειδὲς καὶ ποικίλον, οὐκ ἂν πρότερον εἰδείης ἢ ἴδοις αὐτό, ἀλλ' οὐδὲ λόγον ἂν ἔχοις εἰπεῖν αὐτοῦ τινα εἰ μὴ ἀκούσαις τοῦ ἑωρακότος.

7 Οὐ γάρ, φημί.

Πῶς οὖν ἄν, ἔφη, περὶ θεοῦ ὀρθῶς φρονοῖεν οἱ φιλόσοφοι ἢ λέγοιέν τι ἀληθές, ἐπιστήμην αὐτοῦ μὴ ἔχοντες, μηδὲ ἰδόντες ποτὲ ἢ ἀκούσαντες;

Ἀλλ' οὐκ ἔστιν ὀφθαλμοῖς, ἦν δ' ἐγώ, αὐτοῖς, πάτερ, ὁρατὸν τὸ θεῖον ὡς τὰ ἄλλα ζῶα, ἀλλὰ μόνῳ νῷ καταληπτόν, ὥς φησι Πλάτων, καὶ ἐγὼ πείθομαι αὐτῷ.

IV

1 Ἔστιν οὖν, φησί, τῷ νῷ ἡμῶν τοιαύτη τις καὶ τοσαύτη δύναμις, ἢ μὴ τὸ ὂν δι' αἰσθήσεως ἔλαβεν; ἢ τὸν θεὸν ἀνθρώπου νοῦς ὄψεταί ποτε μὴ ἁγίῳ πνεύματι κεκοσμημένος;

Φησὶ γὰρ Πλάτων, ἦν δ' ἐγώ, αὐτὸ τοιοῦτον εἶναι τὸ τοῦ νοῦ ὄμμα καὶ πρὸς τοῦτο ἡμῖν δεδόσθαι, ὡς δύνασθαι καθορᾶν αὐτὸ ἐκεῖνο τὸ ὂν εἰλικρινεῖ αὐτῷ ἐκείνῳ, ὃ τῶν νοητῶν ἁπάντων ἐστὶν αἴτιον, οὐ χρῶμα ἔχον, οὐ σχῆμα, οὐ μέγεθος, οὐδὲ οὐδὲν ὧν ὀφθαλμὸς βλέπει· ἀλλά τι ὂν τοῦτ' αὐτό, φησί, ὂν ἐπέκεινα πάσης οὐσίας, οὔτε ῥητὸν οὔτε ἀγορευτόν, ἀλλὰ μόνον καλὸν καὶ ἀγαθόν, ἐξαίφνης ταῖς εὖ πεφυκυίαις ψυχαῖς ἐγγινόμενον διὰ τὸ συγγενὲς καὶ ἔρωτα τοῦ ἰδέσθαι.

2 Τίς οὖν ἡμῖν, ἔλεγε, συγγένεια πρὸς τὸν θεόν ἐστιν; ἢ καὶ ἡ ψυχὴ θεία καὶ ἀθάνατός ἐστι καὶ αὐτοῦ ἐκείνου τοῦ βασιλικοῦ νοῦ μέρος; ὡς δὲ ἐκεῖνος ὁρᾷ τὸν θεόν, οὕτω καὶ ἡμῖν ἐφικτὸν τῷ ἡμετέρῳ νῷ συλλαβεῖν τὸ θεῖον καὶ τοὐντεῦθεν ἤδη εὐδαιμονεῖν;

Πάνυ μὲν οὖν, ἔφην.

Πᾶσαι δὲ αὐτὸ διὰ πάντων αἱ ψυχαὶ χωροῦσι τῶν ζώων, ἠρώτα, ἢ ἄλλη μὲν ἀνθρώπου, ἄλλη δὲ ἵππου καὶ ὄνου;

Οὔκ, ἀλλ' αἱ αὐταὶ ἐν πᾶσίν εἰσιν, ἀπεκρινάμην.

3 Ὄψονται ἄρα, φησί, καὶ ἵπποι καὶ ὄνοι ἢ εἶδόν ποτε τὸν θεόν;

Οὔ, ἔφην· οὐδὲ γὰρ οἱ πολλοὶ τῶν ἀνθρώπων, εἰ μή τις ἐν δίκῃ βιώσαιτο, καθηράμενος δικαιοσύνῃ καὶ τῇ ἄλλῃ ἀρετῇ πάσῃ.

Πρὸς Τρύφωνα Ἰουδαῖον Διάλογος

Οὐκ ἄρα, ἔφη, διὰ τὸ συγγενὲς ὁρᾷ τὸν θεόν, οὐδ' ὅτι νοῦς ἐστιν, ἀλλ' ὅτι σώφρων καὶ δίκαιος;

Ναί, ἔφην, καὶ διὰ τὸ ἔχειν ᾧ νοεῖ τὸν θεόν.

Τί οὖν; ἀδικοῦσί τινα αἶγες ἢ πρόβατα;

Οὐδὲν οὐδένα, ἦν δ' ἐγώ.

4 Ὄψονται ἄρα, φησί, κατὰ τὸν σὸν λόγον καὶ ταῦτα τὰ ζῷα;

Οὔ· τὸ γὰρ σῶμα αὐτοῖς, τοιοῦτον ὄν, ἐμπόδιόν ἐστιν.

Εἰ λάβοιεν φωνὴν τὰ ζῷα ταῦτα, ὑποτυχὼν ἐκεῖνος, εὖ ἴσθι ὅτι πολὺ ἂν εὐλογώτερον ἐκεῖνα τῷ ἡμετέρῳ σώματι λοιδοροῖντο· νῦν δ' ἐάσωμεν οὕτω, καί σοι ὡς λέγεις συγκεχωρήσθω. ἐκεῖνο δέ μοι εἰπέ· ἕως ἐν τῷ σώματί ἐστιν ἡ ψυχὴ βλέπει, ἢ ἀπαλλαγεῖσα τούτου;

5 Καὶ ἕως μέν ἐστιν ἐν ἀνθρώπου εἴδει, δυνατὸν αὐτῇ, φημί, ἐγγενέσθαι διὰ τοῦ νοῦ, μάλιστα δὲ ἀπολυθεῖσα τοῦ σώματος καὶ αὐτὴ καθ' ἑαυτὴν γενομένη τυγχάνει οὗ ἤρα πάντα τὸν χρόνον.

Ἦ καὶ μέμνηται τούτου πάλιν ἐν ἀνθρώπῳ γενομένη;

Οὔ μοι δοκεῖ, ἔφην.

Τί οὖν ὄφελος ταῖς ἰδούσαις, ἢ τί πλέον τοῦ μὴ ἰδόντος ὁ ἰδὼν ἔχει, εἰ μηδὲ αὐτὸ τοῦτο ὅτι εἶδε μέμνηται;

6 Οὐκ ἔχω εἰπεῖν, ἦν δ' ἐγώ.

Αἱ δὲ ἀνάξιαι ταύτης τῆς θέας κριθεῖσαι τί πάσχουσιν; ἔφη.

Εἴς τινα θηρίων ἐνδεσμεύονται σώματα, καὶ αὕτη ἐστὶ κόλασις αὐτῶν.

Οἴδασιν οὖν ὅτι διὰ ταύτην τὴν αἰτίαν ἐν τοιούτοις εἰσὶ σώμασι καὶ ὅτι ἐξήμαρτόν τι;

Οὐ νομίζω.

7 Οὐδὲ ταύταις ἄρα ὄφελός τι τῆς κολάσεως, ὡς ἔοικεν· ἀλλ' οὐδὲ κολάζεσθαι αὐτὰς λέγοιμι, εἰ μὴ ἀντιλαμβάνονται τῆς κολάσεως.

Οὐ γάρ.

Οὔτε οὖν ὁρῶσι τὸν θεὸν αἱ ψυχαί, οὔτε μεταμείβουσιν εἰς ἕτερα σώματα· ᾔδεσαν γὰρ ἂν ὅτι κολάζονται οὕτως, καὶ ἐφοβοῦντο ἂν καὶ τὸ τυχὸν ἐξαμαρτεῖν ὕστερον. νοεῖν δὲ αὐτὰς δύνασθαι ὅτι ἔστι θεὸς καὶ δικαιοσύνη καὶ εὐσέβεια καλόν, κἀγὼ συντίθεμαι, ἔφη.

Ὀρθῶς λέγεις, εἶπον.

V

1 Οὐδὲν οὖν ἴσασι περὶ τούτων ἐκεῖνοι οἱ φιλόσοφοι· οὐδὲ γὰρ ὅ τί ποτέ ἐστι ψυχὴ ἔχουσιν εἰπεῖν.

Οὐκ ἔοικεν.

Οὐδὲ μὴν ἀθάνατον χρὴ λέγειν αὐτήν· ὅτι εἰ ἀθάνατός ἐστι, καὶ ἀγέννητος δηλαδή.

Ἀγέννητος δὲ καὶ ἀθάνατός ἐστι κατά τινας λεγομένους Πλατωνικούς.

Ἦ καὶ τὸν κόσμον σὺ ἀγέννητον λέγεις;

Εἰσὶν οἱ λέγοντες, οὐ μέντοι γε αὐτοῖς συγκατατίθεμαι ἐγώ.

2 Ὀρθῶς ποιῶν. τίνα γὰρ λόγον ἔχει σῶμα οὕτω στερεὸν καὶ ἀντιτυπίαν ἔχον καὶ σύνθετον καὶ ἀλλοιούμενον καὶ φθίνον καὶ γινόμενον ἑκάστης ἡμέρας μὴ ἀπ' ἀρχῆς τινος ἡγεῖσθαι γεγονέναι; εἰ δὲ ὁ κόσμος γεννητός, ἀνάγκη καὶ τὰς ψυχὰς γεγονέναι καὶ οὐκ εἶναί ποι τάχα· διὰ γὰρ τοὺς ἀνθρώπους ἐγένοντο καὶ τὰ ἄλλα ζῷα, εἰ ὅλως κατ' ἰδίαν καὶ μὴ μετὰ τῶν ἰδίων σωμάτων φήσεις αὐτὰς γεγονέναι.

Οὕτως δοκεῖ ὀρθῶς ἔχειν.

Οὐκ ἄρα ἀθάνατοι.

Οὔ, ἐπειδὴ καὶ ὁ κόσμος γεννητὸς ἡμῖν ἐφάνη.

Πρὸς Τρύφωνα Ἰουδαῖον Διάλογος

3 Ἀλλὰ μὴν οὐδὲ ἀποθνήσκειν φημὶ πάσας τὰς ψυχὰς ἐγώ· ἕρμαιον γὰρ ἦν ὡς ἀληθῶς τοῖς κακοῖς. ἀλλὰ τί; τὰς μὲν τῶν εὐσεβῶν ἐν κρείττονί ποι χώρῳ μένειν, τὰς δὲ ἀδίκους καὶ πονηρὰς ἐν χείρονι, τὸν τῆς κρίσεως ἐκδεχομένας χρόνον τότε. οὕτως αἱ μέν, ἄξιαι τοῦ θεοῦ φανεῖσαι, οὐκ ἀποθνήσκουσιν ἔτι· αἱ δὲ κολάζονται, ἔστ' ἂν αὐτὰς καὶ εἶναι καὶ κολάζεσθαι ὁ θεὸς θέλῃ.

4 Ἆρα τοιοῦτόν ἐστιν ὃ λέγεις, οἷον καὶ Πλάτων ἐν Τιμαίῳ αἰνίσσεται περὶ τοῦ κόσμου, λέγων ὅτι αὐτὸς μὲν καὶ φθαρτός ἐστιν ᾗ γέγονεν, οὐ λυθήσεται δὲ οὐδὲ τεύξεται θανάτου μοίρας διὰ τὴν βούλησιν τοῦ θεοῦ; τοῦτ' αὐτό σοι δοκεῖ καὶ περὶ ψυχῆς καὶ ἁπλῶς πάντων πέρι λέγεσθαι; ὅσα γάρ ἐστι μετὰ τὸν θεὸν ἢ ἔσται ποτέ, ταῦτα φύσιν φθαρτὴν ἔχειν, καὶ οἷά τε ἐξαφανισθῆναι καὶ μὴ εἶναι ἔτι· μόνος γὰρ ἀγέννητος καὶ ἄφθαρτος ὁ θεὸς καὶ διὰ τοῦτο θεός ἐστι, τὰ δὲ λοιπὰ πάντα μετὰ τοῦτον γεννητὰ καὶ φθαρτά. **5** τούτου χάριν καὶ ἀποθνήσκουσιν αἱ ψυχαὶ καὶ κολάζονται· ἐπεὶ εἰ ἀγέννητοι ἦσαν, οὔτ' ἂν ἐξημάρτανον οὔτε ἀφροσύνης ἀνάπλεῳ ἦσαν, οὐδὲ δειλαὶ καὶ θρασεῖαι πάλιν, ἀλλ' οὐδὲ ἑκοῦσαί ποτε εἰς σύας ἐχώρουν καὶ ὄφεις καὶ κύνας, οὐδὲ μὴν ἀναγκάζεσθαι αὐτὰς θέμις, εἴπερ εἰσὶν ἀγέννητοι. τὸ γὰρ ἀγέννητον τῷ ἀγεννήτῳ ὅμοιόν ἐστι καὶ ἴσον καὶ ταὐτόν, καὶ οὔτε δυνάμει οὔτε τιμῇ προκριθείη ἂν θατέρου τὸ ἕτερον. **6** ὅθεν οὐδὲ πολλά ἐστι τὰ ἀγέννητα· εἰ γὰρ διαφορά τις ἦν ἐν αὐτοῖς, οὐκ ἂν εὕροις ἀναζητῶν τὸ αἴτιον τῆς διαφορᾶς, ἀλλ', ἐπ' ἄπειρον ἀεὶ τὴν διάνοιαν πέμπων, ἐπὶ ἑνός ποτε στήσῃ ἀγεννήτου καμὼν καὶ τοῦτο φήσεις ἁπάντων αἴτιον. ἢ ταῦτα ἔλαθε, φημὶ ἐγώ, Πλάτωνα καὶ Πυθαγόραν, σοφοὺς ἄνδρας, οἳ ὥσπερ τεῖχος ἡμῖν καὶ ἔρεισμα φιλοσοφίας ἐξεγένοντο;

VI

1 Οὐδὲν ἐμοί, ἔφη, μέλει Πλάτωνος οὐδὲ Πυθαγόρου οὐδὲ ἁπλῶς οὐδενὸς ὅλως τοιαῦτα δοξάζοντος. τὸ γὰρ ἀληθὲς οὕτως ἔχει· μάθοις δ' ἂν ἐντεῦθεν. ἡ ψυχὴ ἤτοι ζωή ἐστιν ἢ ζωὴν ἔχει. εἰ μὲν οὖν ζωή ἐστιν, ἄλλο τι ἂν ποιήσειε ζῆν, οὐχ ἑαυτήν, ὡς καὶ κίνησις ἄλλο τι κινήσειε μᾶλλον ἢ ἑαυτήν. ὅτι δὲ ζῇ ψυχή, οὐδεὶς ἀντείποι. εἰ δὲ ζῇ, οὐ ζωὴ οὖσα ζῇ, ἀλλὰ μεταλαμβάνουσα τῆς ζωῆς· ἕτερον δέ τι τὸ μετέχον τινὸς ἐκείνου οὗ μετέχει. ζωῆς δὲ ψυχὴ μετέχει, ἐπεὶ ζῆν αὐτὴν ὁ θεὸς βούλεται. **2** οὕτως ἄρα καὶ οὐ μεθέξει ποτέ, ὅταν αὐτὴν μὴ θέλοι ζῆν. οὐ γὰρ ἴδιον αὐτῆς ἐστι τὸ ζῆν ὡς τοῦ θεοῦ· ἀλλὰ ὥσπερ ἄνθρωπος οὐ διὰ παντός ἐστιν οὐδὲ σύνεστιν ἀεὶ τῇ ψυχῇ τὸ σῶμα, ἀλλ', ὅταν δέῃ λυθῆναι τὴν ἁρμονίαν ταύτην, καταλείπει ἡ ψυχὴ τὸ σῶμα καὶ ὁ ἄνθρωπος οὐκ ἔστιν, οὕτως καί, ὅταν δέῃ τὴν ψυχὴν μηκέτι εἶναι, ἀπέστη ἀπ' αὐτῆς τὸ ζωτικὸν πνεῦμα καὶ οὐκ ἔστιν ἡ ψυχὴ ἔτι, ἀλλὰ καὶ αὐτὴ ὅθεν ἐλήφθη ἐκεῖσε χωρεῖ πάλιν.

VII

1 Τίνι οὖν, φημί, ἔτι τις χρήσαιτο διδασκάλῳ ἢ πόθεν ὠφεληθείη τις, εἰ μηδὲ ἐν τούτοις τὸ ἀληθές ἐστιν;

Ἐγένοντό τινες πρὸ πολλοῦ χρόνου πάντων τούτων τῶν νομιζομένων φιλοσόφων παλαιότεροι, μακάριοι καὶ δίκαιοι καὶ θεοφιλεῖς, θείῳ πνεύματι λαλήσαντες καὶ τὰ μέλλοντα θεσπίσαντες, ἃ δὴ νῦν γίνεται· προφήτας δὲ αὐτοὺς καλοῦσιν. οὗτοι μόνοι τὸ ἀληθὲς καὶ εἶδον καὶ ἐξεῖπον ἀνθρώποις, μήτ' εὐλαβηθέντες μήτε δυσωπηθέντες τινά, μὴ ἡττημένοι δόξης, ἀλλὰ μόνα ταῦτα εἰπόντες ἃ ἤκουσαν καὶ ἃ εἶδον ἁγίῳ πληρωθέντες πνεύματι. 2 συγγράμματα δὲ αὐτῶν ἔτι καὶ νῦν διαμένει, καὶ ἔστιν ἐντυχόντα τούτοις πλεῖστον ὠφεληθῆναι καὶ περὶ ἀρχῶν καὶ περὶ τέλους καὶ ὧν χρὴ εἰδέναι τὸν φιλόσοφον, πιστεύσαντα ἐκείνοις. οὐ γὰρ μετὰ ἀποδείξεως πεποίηνται τότε τοὺς λόγους, ἅτε ἀνωτέρω πάσης ἀποδείξεως ὄντες ἀξιόπιστοι μάρτυρες τῆς ἀληθείας· τὰ δὲ ἀποβάντα καὶ ἀποβαίνοντα ἐξαναγκάζει συντίθεσθαι τοῖς λελαλημένοις δι' αὐτῶν. 3 καίτοι γε καὶ διὰ τὰς δυνάμεις, ἃς ἐπετέλουν, πιστεύεσθαι δίκαιοι ἦσαν, ἐπειδὴ καὶ τὸν ποιητὴν τῶν ὅλων θεὸν καὶ πατέρα ἐδόξαζον καὶ τὸν παρ' αὐτοῦ Χριστὸν υἱὸν αὐτοῦ κατήγγελλον· ὅπερ οἱ ἀπὸ τοῦ πλάνου καὶ ἀκαθάρτου πνεύματος ἐμπιπλάμενοι ψευδοπροφῆται οὔτε ἐποίησαν οὔτε ποιοῦσιν, ἀλλὰ δυνάμεις τινὰς ἐνεργεῖν εἰς κατάπληξιν τῶν ἀνθρώπων τολμῶσι καὶ τὰ τῆς πλάνης πνεύματα καὶ δαιμόνια δοξολογοῦσιν. εὔχου δέ σοι πρὸ πάντων φωτὸς ἀνοιχθῆναι πύλας· οὐ γὰρ συνοπτὰ οὐδὲ συννοητὰ πᾶσίν ἐστιν, εἰ μή τῳ θεὸς δῷ συνιέναι καὶ ὁ Χριστὸς αὐτοῦ.

VIII

1 Ταῦτα καὶ ἔτι ἄλλα πολλὰ εἰπὼν ἐκεῖνος, ἃ νῦν καιρὸς οὐκ ἔστι λέγειν, ᾤχετο, κελεύσας διώκειν αὐτά· καὶ οὐκέτι αὐτὸν εἶδον. ἐμοῦ δὲ παραχρῆμα πῦρ ἐν τῇ ψυχῇ

ἀνήφθη, καὶ ἔρως ἔχει με τῶν προφητῶν καὶ τῶν ἀνδρῶν ἐκείνων, οἵ εἰσι Χριστοῦ φίλοι· διαλογιζόμενός τε πρὸς ἐμαυτὸν τοὺς λόγους αὐτοῦ ταύτην μόνην εὕρισκον φιλοσοφίαν ἀσφαλῆ τε καὶ σύμφορον. 2 οὕτως δὴ καὶ διὰ ταῦτα φιλόσοφος ἐγώ. βουλοίμην δ' ἂν καὶ πάντας ἴσον ἐμοὶ θυμὸν ποιησαμένους μὴ ἀφίστασθαι τῶν τοῦ σωτῆρος λόγων· δέος γάρ τι ἔχουσιν ἐν ἑαυτοῖς, καὶ ἱκανοὶ δυσωπῆσαι τοὺς ἐκτρεπομένους τῆς ὀρθῆς ὁδοῦ, ἀνάπαυσίς τε ἡδίστη γίνεται τοῖς ἐκμελετῶσιν αὐτούς. εἰ οὖν τι καὶ σοὶ περὶ σεαυτοῦ μέλει καὶ ἀντιποιῇ σωτηρίας καὶ ἐπὶ τῷ θεῷ πέποιθας, ἅπερ οὐκ ἀλλοτρίῳ τοῦ πράγματος, πάρεστιν ἐπιγνόντι σοὶ τὸν Χριστὸν τοῦ θεοῦ καὶ τελείῳ γενομένῳ εὐδαιμονεῖν.

3 Ταῦτά μου, φίλτατε, εἰπόντος οἱ μετὰ τοῦ Τρύφωνος ἀνεγέλασαν, αὐτὸς δὲ ὑπομειδιάσας· Τὰ μὲν ἄλλα σου, φησίν, ἀποδέχομαι καὶ ἄγαμαι τῆς περὶ τὸ θεῖον ὁρμῆς, ἄμεινον δὲ ἦν φιλοσοφεῖν ἔτι σε τὴν Πλάτωνος ἢ ἄλλου του φιλοσοφίαν, ἀσκοῦντα καρτερίαν καὶ ἐγκράτειαν καὶ σωφροσύνην, ἢ λόγοις ἐξαπατηθῆναι ψευδέσι καὶ ἀνθρώποις ἀκολουθῆσαι οὐδενὸς ἀξίοις. μένοντι γάρ σοι ἐν ἐκείνῳ τῷ τῆς φιλοσοφίας τρόπῳ καὶ ζῶντι ἀμέμπτως ἐλπὶς ὑπελείπετο ἀμείνονος μοίρας· καταλιπόντι δὲ τὸν θεὸν καὶ εἰς ἄνθρωπον ἐλπίσαντι ποία ἔτι περιλείπεται σωτηρία; 4 εἰ οὖν καὶ ἐμοῦ θέλεις ἀκοῦσαι, φίλον γάρ σε ἤδη νενόμικα, πρῶτον μὲν περιτεμοῦ, εἶτα φύλαξον, ὡς νενόμισται, τὸ σάββατον καὶ τὰς ἑορτὰς καὶ τὰς νουμηνίας τοῦ θεοῦ, καὶ ἁπλῶς τὰ ἐν τῷ νόμῳ γεγραμμένα πάντα ποίει, καὶ τότε σοι ἴσως ἔλεος ἔσται παρὰ θεοῦ. Χριστὸς δέ, εἰ καὶ γεγένηται καὶ ἔστι που, ἄγνωστός ἐστι καὶ οὐδὲ αὐτός πω ἑαυτὸν ἐπίσταται οὐδὲ ἔχει δύναμίν τινα, μέχρις ἂν ἐλθὼν Ἠλίας χρίσῃ αὐτὸν καὶ φανερὸν πᾶσι ποιήσῃ· ὑμεῖς δέ, ματαίαν ἀκοὴν παραδεξάμενοι, Χριστὸν ἑαυτοῖς τινα ἀναπλάσσετε καὶ αὐτοῦ χάριν τὰ νῦν ἀσκόπως ἀπόλλυσθε.

IX

1 Συγγνώμη σοι, ἔφην, ὦ ἄνθρωπε, καὶ ἀφεθείη σοι· οὐ γὰρ οἶδας ὃ λέγεις, ἀλλὰ πειθόμενος τοῖς διδασκάλοις, οἳ οὐ συνιᾶσι τὰς γραφάς, καὶ ἀπομαντευόμενος λέγεις ὅ τι ἄν σοι ἐπὶ θυμὸν ἔλθοι. εἰ δὲ βούλοιο τούτου πέρι δέξασθαι λόγον, ὡς οὐ πεπλανήμεθα οὐδὲ παυσόμεθα ὁμολογοῦντες τοῦτον, κἂν τὰ ἐξ ἀνθρώπων ἡμῖν ἐπιφέρωνται ὀνείδη, κἂν ὁ

δεινότατος ἀπειπεῖν ἀναγκάζῃ τύραννος· παρεστῶτι γὰρ δείξω ὅτι οὐ κενοῖς ἐπιστεύσαμεν μύθοις οὐδὲ ἀναποδείκτοις λόγοις, ἀλλὰ μεστοῖς πνεύματος θείου καὶ δυνάμει βρύουσι καὶ τεθηλόσι χάριτι.

2 Ἀνεγέλασαν οὖν πάλιν οἱ μετ' αὐτοῦ καὶ ἄκοσμον ἀνεφθέγγοντο. ἐγὼ δὲ ἀναστὰς οἷός τ' ἤμην ἀπέρχεσθαι· ὁ δέ μου τοῦ ἱματίου λαβόμενος οὐ πρὶν ἀνήσειν ἔφη, πρὶν ὃ ὑπεσχόμην ἐκτελέσαι. Μὴ οὖν, ἔφην, θορυβείτωσαν οἱ ἑταῖροί σου μηδὲ ἀσχημονείτωσαν οὕτως, ἀλλ', εἰ μὲν βούλονται, μετὰ ἡσυχίας ἀκροάσθωσαν, εἰ δὲ καὶ ἀσχολία τις αὐτοῖς ὑπέρτερος ἐμποδών ἐστιν, ἀπίτωσαν· ἡμεῖς δέ, ὑποχωρήσαντές ποι καὶ ἀναπαυσάμενοι, περαίνωμεν τὸν λόγον. 3 ἔδοξε καὶ τῷ Τρύφωνι οὕτως ἡμᾶς ποιῆσαι, καὶ δὴ ἐκνεύσαντες εἰς τὸ μέσον τοῦ ξυστοῦ στάδιον ᾔειμεν· τῶν δὲ σὺν αὐτῷ δύο, χλευάσαντες καὶ τὴν σπουδὴν ἡμῶν ἐπισκώψαντες, ἀπηλλάγησαν. ἡμεῖς δὲ ὡς ἐγενόμεθα ἐν ἐκείνῳ τῷ τόπῳ, ἔνθα ἑκατέρωθεν λίθινοί εἰσι θῶκοι, ἐν τῷ ἑτέρῳ καθεσθέντες οἱ μετὰ τοῦ Τρύφωνος, ἐμβαλόντος τινὸς αὐτῶν λόγον περὶ τοῦ κατὰ τὴν Ἰουδαίαν γενομένου πολέμου, διελάλουν.

X

1 Ὡς δὲ ἀνεπαύσαντο, ἐγὼ οὕτως αὐτοῖς πάλιν ἠρξάμην· Μὴ ἄλλο τί ἐστιν ὃ ἐπιμέμφεσθε ἡμᾶς, ἄνδρες φίλοι, ἢ τοῦτο ὅτι οὐ κατὰ τὸν νόμον βιοῦμεν, οὐδὲ ὁμοίως τοῖς προγόνοις ὑμῶν περιτεμνόμεθα τὴν σάρκα, οὐδὲ ὡς ὑμεῖς σαββατίζομεν; ἢ καὶ ὁ βίος ἡμῶν καὶ τὸ ἦθος διαβέβληται παρ' ὑμῖν; τοῦτο δ' ἐστὶν ὃ λέγω, μὴ καὶ ὑμεῖς πεπιστεύκατε περὶ ἡμῶν, ὅτι δὴ ἐσθίομεν ἀνθρώπους καὶ μετὰ τὴν εἰλαπίνην ἀποσβεννύντες τοὺς λύχνους ἀθέσμοις μίξεσιν ἐγκυλιόμεθα, ἢ αὐτὸ τοῦτο καταγινώσκετε ἡμῶν μόνον, ὅτι τοιούτοις προσέχομεν λόγοις καὶ οὐκ ἀληθεῖ, ὡς οἴεσθε, πιστεύομεν δόξῃ;

2 Τοῦτ' ἔστιν ὃ θαυμάζομεν, ἔφη ὁ Τρύφων, περὶ δὲ ὧν οἱ πολλοὶ λέγουσιν, οὐ πιστεῦσαι ἄξιον· πόρρω γὰρ κεχώρηκε τῆς ἀνθρωπίνης φύσεως. ὑμῶν δὲ καὶ τὰ ἐν τῷ λεγομένῳ εὐαγγελίῳ παραγγέλματα θαυμαστὰ οὕτως καὶ μεγάλα ἐπίσταμαι εἶναι, ὡς ὑπολαμβάνειν μηδένα δύνασθαι φυλάξαι αὐτά· ἐμοὶ γὰρ ἐμέλησεν ἐντυχεῖν αὐτοῖς. 3 ἐκεῖνο δὲ ἀποροῦμεν μάλιστα, εἰ ὑμεῖς, εὐσεβεῖν λέγοντες καὶ τῶν ἄλλων οἰόμενοι διαφέρειν, κατ' οὐδὲν αὐτῶν ἀπολείπεσθε, οὐδὲ διαλλάσσετε ἀπὸ τῶν ἐθνῶν τὸν ὑμέτερον βίον, ἐν τῷ μήτε τὰς ἑορτὰς μήτε τὰ σάββατα

Πρὸς Τρύφωνα Ἰουδαῖον Διάλογος

τηρεῖν μήτε τὴν περιτομὴν ἔχειν, καὶ ἔτι, ἐπ' ἄνθρωπον σταυρωθέντα τὰς ἐλπίδας ποιούμενοι, ὅμως ἐλπίζετε τεύξεσθαι ἀγαθοῦ τινος παρὰ τοῦ θεοῦ, μὴ ποιοῦντες αὐτοῦ τὰς ἐντολάς. ἢ οὐκ ἀνέγνως, ὅτι Ἐξολοθρευθήσεται ἡ ψυχὴ ἐκείνη ἐκ τοῦ γένους αὐτῆς, ἥτις οὐ περιτμηθήσεται τῇ ὀγδόῃ ἡμέρᾳ; ὁμοίως δὲ καὶ περὶ τῶν ἀλλογενῶν καὶ περὶ τῶν ἀργυρωνήτων διέσταλται. **4** ταύτης οὖν τῆς διαθήκης εὐθέως καταφρονήσαντες ὑμεῖς ἀμελεῖτε καὶ τῶν ἔπειτα, καὶ πείθειν ἡμᾶς ἐπιχειρεῖτε ὡς εἰδότες τὸν θεόν, μηδὲν πράσσοντες ὧν οἱ φοβούμενοι τὸν θεόν. εἰ οὖν ἔχεις πρὸς ταῦτα ἀπολογήσασθαι, καὶ ἐπιδεῖξαι ᾧτινι τρόπῳ ἐλπίζετε ὁτιοῦν, κἂν μὴ φυλάσσοντες τὸν νόμον, τοῦτό σου ἡδέως ἀκούσαιμεν μάλιστα, καὶ τὰ ἄλλα δὲ ὁμοίως συνεξετάσωμεν.

XI

1 Οὔτε ἔσται ποτὲ ἄλλος θεός, ὦ Τρύφων, οὔτε ἦν ἀπ' αἰῶνος, ἐγὼ οὕτως πρὸς αὐτόν, πλὴν τοῦ ποιήσαντος καὶ διατάξαντος τόδε τὸ πᾶν. οὐδὲ ἄλλον μὲν ἡμῶν, ἄλλον δὲ ὑμῶν ἡγούμεθα θεόν, ἀλλ' αὐτὸν ἐκεῖνον τὸν ἐξαγαγόντα τοὺς πατέρας ὑμῶν ἐκ γῆς Αἰγύπτου ἐν χειρὶ κραταιᾷ καὶ βραχίονι ὑψηλῷ· οὐδ' εἰς ἄλλον τινὰ ἠλπίκαμεν, οὐ γὰρ ἔστιν, ἀλλ' εἰς τοῦτον εἰς ὃν καὶ ὑμεῖς, τὸν θεὸν τοῦ Ἀβραὰμ καὶ Ἰσαὰκ καὶ Ἰακώβ. ἠλπίσαμεν δὲ οὐ διὰ Μωυσέως οὐδὲ διὰ τοῦ νόμου· ἢ γὰρ ἂν τὸ αὐτὸ ὑμῖν ἐποιοῦμεν. **2** νυνὶ δὲ ἀνέγνων γάρ, ὦ Τρύφων, ὅτι ἔσοιτο καὶ τελευταῖος νόμος καὶ διαθήκη κυριωτάτη πασῶν, ἣν νῦν δέον φυλάσσειν πάντας ἀνθρώπους, ὅσοι τῆς τοῦ θεοῦ κληρονομίας ἀντιποιοῦνται. ὁ γὰρ ἐν Χωρὴβ παλαιὸς ἤδη νόμος καὶ ὑμῶν μόνων, ὁ δὲ πάντων ἁπλῶς· νόμος δὲ κατὰ νόμου τεθεὶς τὸν πρὸ αὐτοῦ ἔπαυσε, καὶ διαθήκη μετέπειτα γενομένη τὴν προτέραν ὁμοίως ἔστησεν. αἰώνιός τε ἡμῖν νόμος καὶ τελευταῖος ὁ Χριστὸς ἐδόθη καὶ ἡ διαθήκη πιστή, μεθ' ἣν οὐ νόμος, οὐ πρόσταγμα, οὐκ ἐντολή. **3** ἢ σὺ ταῦτα οὐκ ἀνέγνως ἅ φησιν Ἡσαΐας; *Ἀκούσατέ μου, ἀκούσατέ μου, λαός μου, καὶ οἱ βασιλεῖς πρός με ἐνωτίζεσθε, ὅτι νόμος παρ' ἐμοῦ ἐξελεύσεται καὶ ἡ κρίσις μου εἰς φῶς ἐθνῶν. ἐγγίζει ταχὺ ἡ δικαιοσύνη μου, καὶ ἐξελεύσεται τὸ σωτήριόν μου, καὶ εἰς τὸν βραχίονά μου ἔθνη ἐλπιοῦσι.*[121] καὶ διὰ Ἰερεμίου περὶ ταύτης αὐτῆς τῆς καινῆς διαθήκης οὕτω φησίν· *Ἰδοὺ ἡμέραι ἔρχονται, λέγει κύριος, καὶ διαθήσομαι τῷ οἴκῳ Ἰσραὴλ καὶ τῷ οἴκῳ Ἰούδα διαθήκην*

---

121 Isa 51:4, 5 (LXX)

καινήν, οὐχ ἣν διεθέμην τοῖς πατράσιν αὐτῶν, ἐν ἡμέρᾳ ᾗ ἐπελαβόμην τῆς χειρὸς αὐτῶν ἐξαγαγεῖν αὐτοὺς ἐκ τῆς Αἰγύπτου.[122] 4 εἰ οὖν ὁ θεὸς διαθήκην καινὴν ἐκήρυξε μέλλουσαν διαταχθήσεσθαι καὶ ταύτην εἰς φῶς ἐθνῶν, ὁρῶμεν δὲ καὶ πεπείσμεθα διὰ τοῦ ὀνόματος αὐτοῦ τοῦ σταυρωθέντος Ἰησοῦ Χριστοῦ ἀπὸ τῶν εἰδώλων καὶ τῆς ἄλλης ἀδικίας προσελθόντας τῷ θεῷ καὶ μέχρι θανάτου ὑπομένοντας τὴν ὁμολογίαν καὶ εὐσέβειαν ποιεῖσθαι, καὶ ἐκ τῶν ἔργων καὶ ἐκ τῆς παρακολουθούσης δυνάμεως συνιέναι πᾶσι δυνατὸν ὅτι οὗτός ἐστιν ὁ καινὸς νόμος καὶ ἡ καινὴ διαθήκη καὶ ἡ προσδοκία τῶν ἀπὸ πάντων τῶν ἐθνῶν ἀναμενόντων τὰ παρὰ τοῦ θεοῦ ἀγαθά. 5 Ἰσραηλιτικὸν γὰρ τὸ ἀληθινόν, πνευματικόν, καὶ Ἰούδα γένος καὶ Ἰακὼβ καὶ Ἰσαὰκ καὶ Ἀβραάμ, τοῦ ἐν ἀκροβυστίᾳ ἐπὶ τῇ πίστει μαρτυρηθέντος ὑπὸ τοῦ θεοῦ καὶ εὐλογηθέντος καὶ πατρὸς πολλῶν ἐθνῶν κληθέντος, ἡμεῖς ἐσμεν, οἱ διὰ τούτου τοῦ σταυρωθέντος Χριστοῦ τῷ θεῷ προσαχθέντες, ὡς καὶ προκοπτόντων ἡμῖν τῶν λόγων ἀποδειχθήσεται.

XII

1 Ἔλεγον δὲ ἔτι καὶ προσέφερον ὅτι καὶ ἐν ἄλλοις λόγοις Ἡσαΐας βοᾷ· Ἀκούσατέ μου τοὺς λόγους, καὶ ζήσεται ἡ ψυχὴ ὑμῶν, καὶ διαθήσομαι ὑμῖν διαθήκην αἰώνιον, τὰ ὅσια Δαυεὶδ τὰ πιστά. ἰδοὺ μάρτυρα αὐτὸν ἔθνεσι δέδωκα. ἔθνη, ἃ οὐκ οἴδασί σε, ἐπικαλέσονταί σε, λαοί, οἳ οὐκ ἐπίστανταί σε, καταφεύξονται ἐπὶ σέ, ἕνεκεν τοῦ θεοῦ σου τοῦ ἁγίου Ἰσραήλ, ὅτι ἐδόξασέ σε.[123] 2 τοῦτον αὐτὸν ὑμεῖς ἠτιμώσατε τὸν νόμον καὶ τὴν καινὴν ἁγίαν αὐτοῦ διαθήκην ἐφαυλίσατε, καὶ οὐδὲ νῦν παραδέχεσθε οὐδὲ μετανοεῖτε πράξαντες κακῶς. ἔτι γὰρ τὰ ὦτα ὑμῶν πέφρακται, οἱ ὀφθαλμοὶ ὑμῶν πεπήρωνται, καὶ πεπάχυται ἡ καρδία. κέκραγεν Ἰερεμίας[124], καὶ οὐδ' οὕτως ἀκούετε· πάρεστιν ὁ νομοθέτης, καὶ οὐχ ὁρᾶτε· πτωχοὶ εὐαγγελίζονται, τυφλοὶ βλέπουσι, καὶ οὐ συνίετε. 3 δευτέρας ἤδη χρεία περιτομῆς, καὶ ὑμεῖς ἐπὶ τῇ σαρκὶ μέγα φρονεῖτε. σαββατίζειν ὑμᾶς ὁ καινὸς νόμος διὰ παντὸς ἐθέλει, καὶ ὑμεῖς μίαν ἀργοῦντες ἡμέραν εὐσεβεῖν δοκεῖτε, μὴ νοοῦντες διὰ τί ὑμῖν προσετάγη· καὶ ἐὰν

---

122 Jer 31:31, 32
123 Isa 55:3 (LXX)
124 Justin attributes the quote to Jeremiah but it is not found in any version of Jeremiah as quoted. According to the translation by Dodd et al, 'some' say this could be a reference to similar phrases recorded in Isaiah or John's Gospel.

ἄζυμον ἄρτον φάγητε, πεπληρωκέναι τὸ θέλημα τοῦ θεοῦ φατε. οὐκ ἐν τούτοις εὐδοκεῖ κύριος ὁ θεὸς ἡμῶν. εἴ τις ἐστὶν ἐν ὑμῖν ἐπίορκος ἢ κλέπτης, παυσάσθω· εἴ τις μοιχός, μετανοησάτω, καὶ σεσαββάτικε τὰ τρυφερὰ καὶ ἀληθινὰ σάββατα τοῦ θεοῦ· εἴ τις καθαρὰς οὐκ ἔχει χεῖρας, λουσάσθω, καὶ καθαρός ἐστιν.

XIII

1 Οὐ γὰρ δή γε εἰς βαλανεῖον ὑμᾶς ἔπεμπεν Ἡσαίας ἀπολουσομένους ἐκεῖ τὸν φόνον καὶ τὰς ἄλλας ἁμαρτίας, οὓς οὐδὲ τὸ τῆς θαλάσσης ἱκανὸν πᾶν ὕδωρ καθαρίσαι, ἀλλά, ὡς εἰκός, πάλαι τοῦτο ἐκεῖνο τὸ σωτήριον λουτρὸν ἦν, ὃ εἶπε, τὸ τοῖς μεταγινώσκουσι καὶ μηκέτι αἵμασι τράγων καὶ προβάτων ἢ σποδῷ δαμάλεως ἢ σεμιδάλεως προσφοραῖς καθαριζομένοις, ἀλλὰ πίστει διὰ τοῦ αἵματος τοῦ Χριστοῦ καὶ τοῦ θανάτου αὐτοῦ, ὃς διὰ τοῦτο ἀπέθανεν, ὡς αὐτὸς Ἡσαίας ἔφη, οὕτως λέγων· 2 Ἀποκαλύψει κύριος τὸν βραχίονα αὐτοῦ τὸν ἅγιον ἐνώπιον πάντων τῶν ἐθνῶν, καὶ ὄψονται πάντα τὰ ἔθνη καὶ τὰ ἄκρα τῆς γῆς τὴν σωτηρίαν τὴν παρὰ τοῦ θεοῦ. Ἀπόστητε, ἀπόστητε, ἀπόστητε,[125] ἐξέλθετε ἐκεῖθεν καὶ ἀκαθάρτου μὴ ἅψησθε, ἐξέλθετε ἐκ μέσου αὐτῆς, ἀφορίσθητε οἱ φέροντες τὰ σκεύη κυρίου, ὅτι οὐ μετὰ ταραχῆς πορεύεσθε· πορεύσεται γὰρ πρὸ προσώπου ὑμῶν κύριος, καὶ ὁ ἐπισυνάγων ὑμᾶς κύριος ὁ θεὸς Ἰσραήλ. ἰδοὺ συνήσει ὁ παῖς μου, καὶ ὑψωθήσεται καὶ δοξασθήσεται σφόδρα. 3 ὃν τρόπον ἐκστήσονται πολλοὶ ἐπὶ σέ, οὕτως ἀδοξήσει ἀπὸ ἀνθρώπων τὸ εἶδος καὶ ἡ δόξα σου, οὕτως θαυμασθήσονται ἔθνη πολλὰ ἐπ' αὐτῷ, καὶ συνέξουσι βασιλεῖς τὸ στόμα αὐτῶν· ὅτι οἷς οὐκ ἀνηγγέλη περὶ αὐτοῦ ὄψονται, καὶ οἳ οὐκ ἀκηκόασι συνήσουσι. Κύριε, τίς ἐπίστευσε τῇ ἀκοῇ ἡμῶν; καὶ ὁ βραχίων κυρίου τίνι ἀπεκαλύφθη; ἀνηγγείλαμεν ἐναντίον αὐτοῦ ὡς παιδίον, ὡς ῥίζα, ἐν γῇ διψώσῃ. 4 οὐκ ἔστιν εἶδος αὐτῷ οὐδὲ δόξα· καὶ εἴδομεν αὐτόν, καὶ οὐκ εἶχεν εἶδος οὐδὲ κάλλος, ἀλλὰ τὸ εἶδος αὐτοῦ ἄτιμον, ἐκλεῖπον παρὰ τοὺς υἱοὺς τῶν ἀνθρώπων. ἄνθρωπος ἐν πληγῇ ὢν καὶ εἰδὼς φέρειν μαλακίαν, ὅτι ἀπέστραπται τὸ πρόσωπον αὐτοῦ, ἠτιμάσθη καὶ οὐκ ἐλογίσθη. οὗτος τὰς ἁμαρτίας ἡμῶν φέρει καὶ περὶ ἡμῶν ὀδυνᾶται, καὶ ἡμεῖς ἐλογισάμεθα αὐτὸν εἶναι ἐν πόνῳ καὶ ἐν πληγῇ καὶ ἐν κακώσει. 5 οὗτος δὲ ἐτραυματίσθη διὰ τὰς ἁμαρτίας ἡμῶν καὶ μεμαλάκισται διὰ τὰς ἀνομίας ἡμῶν· παιδεία εἰρήνης ἡμῶν ἐπ' αὐτόν, τῷ μώλωπι αὐτοῦ

---

125 Justin repeats 'depart' (ἀπόστητε) three times, the LXX has it twice.

ἡμεῖς ἰάθημεν. πάντες ὡς πρόβατα ἐπλανήθημεν, ἄνθρωπος τῇ ὁδῷ αὐτοῦ ἐπλανήθη. καὶ κύριος παρέδωκεν αὐτὸν ταῖς ἁμαρτίαις ἡμῶν. καὶ αὐτὸς διὰ τὸ κεκακῶσθαι οὐκ ἀνοίγει τὸ στόμα αὐτοῦ· ὡς πρόβατον εἰς σφαγὴν ἤχθη· καὶ ὡς ἀμνὸς ἐναντίον τοῦ κείροντος ἄφωνος, οὕτως οὐκ ἀνοίγει τὸ στόμα αὐτοῦ. 6 ἐν τῇ ταπεινώσει αὐτοῦ ἡ κρίσις αὐτοῦ ἤρθη. τὴν δὲ γενεὰν αὐτοῦ τίς διηγήσεται; ὅτι αἴρεται ἀπὸ τῆς γῆς ἡ ζωὴ αὐτοῦ, ἀπὸ τῶν ἀνομιῶν τοῦ λαοῦ μου ἥκει εἰς θάνατον. καὶ δώσω τοὺς πονηροὺς ἀντὶ τῆς ταφῆς αὐτοῦ καὶ τοὺς πλουσίους ἀντὶ τοῦ θανάτου αὐτοῦ, ὅτι ἀνομίαν οὐκ ἐποίησεν καὶ οὐχ εὑρέθη δόλος ἐν τῷ στόματι αὐτοῦ. καὶ κύριος βούλεται καθαρίσαι αὐτὸν τῆς πληγῆς. ἐὰν δῶτε περὶ τῆς ἁμαρτίας, ἡ ψυχὴ ὑμῶν ὄψεται σπέρμα μακρόβιον. 7 καὶ βούλεται κύριος ἀφελεῖν ἀπὸ τοῦ πόνου τῆς ψυχῆς αὐτοῦ, δεῖξαι αὐτῷ φῶς, καὶ πλάσαι τῇ συνέσει, δικαιῶσαι δίκαιον εὖ δουλεύοντα πολλοῖς. καὶ τὰς ἁμαρτίας ἡμῶν αὐτὸς ἀνοίσει. διὰ τοῦτο αὐτὸς κληρονομήσει πολλούς, καὶ τῶν ἰσχυρῶν μεριεῖ σκῦλα, ἀνθ' ὧν παρεδόθη εἰς θάνατον ἡ ψυχὴ αὐτοῦ, καὶ ἐν τοῖς ἀνόμοις ἐλογίσθη, καὶ αὐτὸς ἁμαρτίας πολλῶν ἀνήνεγκε καὶ διὰ τὰς ἀνομίας αὐτῶν παρεδόθη.[126]

8 Εὐφράνθητι στεῖρα ἡ οὐ τίκτουσα, ῥῆξον καὶ βόησον ἡ οὐκ ὠδίνουσα, ὅτι πολλὰ τὰ τέκνα τῆς ἐρήμου μᾶλλον ἢ τῆς ἐχούσης τὸν ἄνδρα. εἶπε γὰρ κύριος· πλάτυνον τὸν τόπον τῆς σκηνῆς σου καὶ τῶν αὐλαιῶν σου, πῆξον, μὴ φείσῃ, μάκρυνον τὰ σχοινίσματά σου καὶ τοὺς πασσάλους κατίσχυσον, εἰς τὰ δεξιὰ καὶ εἰς τὰ ἀριστερὰ ἐκπέτασον· καὶ τὸ σπέρμα σου ἔθνη κληρονομήσει, καὶ πόλεις ἠρημωμένας κατοικιεῖς. 9 μὴ φοβοῦ ὅτι κατῃσχύνθης, μηδὲ ἐντραπῇς ὅτι ὠνειδίσθης, ὅτι αἰσχύνην αἰώνιον ἐπιλήσῃ καὶ ὄνειδος τῆς χηρείας σου οὐ μνησθήσῃ· ὅτι κύριος ἐποίησεν ὄνομα ἑαυτῷ, καὶ ὁ ῥυσάμενός σε, αὐτὸς θεὸς Ἰσραήλ, πάσῃ τῇ γῇ κληθήσεται. ὡς γυναῖκα καταλελειμμένην καὶ ὀλιγόψυχον κέκληκέ σε ὁ κύριος, ὡς γυναῖκα ἐκ νεότητος μεμισημένην.

XIV

1 Διὰ τοῦ λουτροῦ οὖν τῆς μετανοίας καὶ τῆς γνώσεως τοῦ θεοῦ, ὃ ὑπὲρ τῆς ἀνομίας τῶν λαῶν τοῦ θεοῦ γέγονεν, ὡς Ἡσαΐας βοᾷ, ἡμεῖς ἐπιστεύσαμεν, καὶ γνωρίζομεν ὅτι τοῦτ' ἐκεῖνο, ὃ προηγόρευε, τὸ βάπτισμα, τὸ μόνον καθαρίσαι τοὺς μετανοήσαντας δυνάμενον, τοῦτό ἐστι τὸ ὕδωρ τῆς ζωῆς· οὓς

---

126 Isa 52:10 to 54:6

Πρὸς Τρύφωνα Ἰουδαῖον Διάλογος

δὲ ὑμεῖς ὠρύξατε λάκκους ἑαυτοῖς, συντετριμμένοι εἰσὶ καὶ οὐδὲν ὑμῖν χρήσιμοι. τί γὰρ ὄφελος ἐκείνου τοῦ βαπτίσματος, ὃ τὴν σάρκα καὶ μόνον τὸ σῶμα φαιδρύνει; **2** βαπτίσθητε τὴν ψυχὴν ἀπὸ ὀργῆς καὶ ἀπὸ πλεονεξίας, ἀπὸ φθόνου, ἀπὸ μίσους· καὶ ἰδοὺ τὸ σῶμα καθαρόν ἐστι. τοῦτο γάρ ἐστι τὸ σύμβολον τῶν ἀζύμων, ἵνα μὴ τὰ παλαιὰ τῆς κακῆς ζύμης ἔργα πράττητε. ὑμεῖς δὲ πάντα σαρκικῶς νενοήκατε, καὶ ἡγεῖσθε εὐσέβειαν, ἐὰν τοιαῦτα ποιοῦντες τὰς ψυχὰς μεμεστωμένοι ἦτε δόλου καὶ πάσης κακίας ἁπλῶς. **3** διὸ καὶ μετὰ τὰς ἑπτὰ ἡμέρας τῶν ἀζυμοφαγιῶν νέαν ζύμην φυρᾶσαι ἑαυτοῖς ὁ θεὸς παρήγγειλε, τοῦτ' ἔστιν ἄλλων ἔργων πρᾶξιν καὶ μὴ τῶν παλαιῶν καὶ φαύλων τὴν μίμησιν. καὶ ὅτι τοῦτό ἐστιν ὃ ἀξιοῖ ὑμᾶς οὗτος ὁ καινὸς νομοθέτης, τοὺς προλελεγμένους ὑπ' ἐμοῦ λόγους πάλιν ἀνιστορήσω μετὰ καὶ τῶν ἄλλων τῶν παραλειφθέντων. εἴρηνται δὲ ὑπὸ τοῦ Ἡσαΐου οὕτως· **4** Εἰσακούσετέ μου, καὶ ζήσεται ἡ ψυχὴ ὑμῶν, καὶ διαθήσομαι ὑμῖν διαθήκην αἰώνιον, τὰ ὅσια τοῦ Δαυεὶδ τὰ πιστά. ἰδοὺ μαρτύριον αὐτὸν ἔθνεσι δέδωκα, ἄρχοντα καὶ προστάσσοντα ἔθνεσιν. ἔθνη, ἃ οὐκ οἴδασί σε, ἐπικαλέσονταί σε, καὶ λαοί, οἳ οὐκ ἐπίστανταί σε, ἐπὶ σὲ καταφεύξονται, ἕνεκεν τοῦ θεοῦ σου τοῦ ἁγίου Ἰσραήλ, ὅτι ἐδόξασέ σε. **5** ζητήσατε τὸν θεὸν καὶ ἐν τῷ εὑρίσκειν αὐτὸν ἐπικαλέσασθε, ἡνίκα ἂν ἐγγίζῃ ὑμῖν. ἀπολιπέτω ὁ ἀσεβὴς τὰς ὁδοὺς αὐτοῦ καὶ ἀνὴρ ἄνομος τὰς βουλὰς αὐτοῦ καὶ ἐπιστραφήτω ἐπὶ κύριον, καὶ ἐλεηθήσεται, ὅτι ἐπὶ πολὺ ἀφήσει τὰς ἁμαρτίας ὑμῶν. οὐ γάρ εἰσιν αἱ βουλαί μου ὥσπερ αἱ βουλαὶ ὑμῶν, οὐδὲ αἱ ὁδοί μου ὥσπερ αἱ ὁδοὶ ὑμῶν, ἀλλ' ὅσον ἀπέχει ὁ οὐρανὸς ἀπὸ τῆς γῆς, τοσοῦτον ἀπέχει ἡ ὁδός μου ἀπὸ τῆς ὁδοῦ ὑμῶν καὶ τὰ διανοήματα ὑμῶν ἀπὸ τῆς διανοίας μου. **6** ὡς γὰρ ἂν καταβῇ χιὼν ἢ ὑετὸς ἐκ τοῦ οὐρανοῦ καὶ οὐκ ἀποστραφήσεται, ἕως ἂν μεθύσῃ τὴν γῆν καὶ ἐκτέκῃ καὶ βλαστήσῃ καὶ δῷ σπέρμα τῷ σπείραντι καὶ ἄρτον εἰς βρῶσιν, οὕτως ἔσται τὸ ῥῆμά μου, ὃ ἂν ἐξέλθῃ ἐκ τοῦ στόματός μου· οὐ μὴ ἀποστραφῇ, ἕως ἂν συντελεσθῇ πάντα ὅσα ἠθέλησα, καὶ εὐοδώσω τὰ ἐντάλματά μου. **7** ἐν γὰρ εὐφροσύνῃ ἐξελεύσεσθε καὶ ἐν χαρᾷ διδαχθήσεσθε· τὰ γὰρ ὄρη καὶ οἱ βουνοὶ ἐξαλοῦνται προσδεχόμενοι ὑμᾶς, καὶ πάντα τὰ ξύλα τῶν ἀγρῶν ἐπικροτήσει τοῖς κλάδοις, καὶ ἀντὶ τῆς στοιβῆς ἀναβήσεται κυπάρισσος, ἀντὶ δὲ τῆς κονύζης ἀναβήσεται μυρσίνη, καὶ ἔσται κύριος εἰς ὄνομα καὶ εἰς σημεῖον αἰώνιον καὶ οὐκ ἐκλείψει.[127]

8 Τῶν τε λόγων τούτων καὶ τοιούτων εἰρημένων ὑπὸ τῶν προφητῶν, ἔλεγον, ὦ Τρύφων, οἱ μὲν εἴρηνται εἰς τὴν

---

127 Isa 55:3-13

πρώτην παρουσίαν τοῦ Χριστοῦ, ἐν ᾗ καὶ ἄτιμος καὶ ἀειδὴς καὶ θνητὸς φανήσεσθαι κεκηρυγμένος ἐστίν, οἱ δὲ εἰς τὴν δευτέραν αὐτοῦ παρουσίαν, ὅτε ἐν δόξῃ καὶ ἐπάνω τῶν νεφελῶν παρέσται, καὶ ὄψεται ὁ λαὸς ὑμῶν καὶ γνωριεῖ εἰς ὃν ἐξεκέντησαν, ὡς Ὡσηέ, εἷς τῶν δώδεκα προφητῶν, καὶ Δανιὴλ προεῖπον, εἰρημένοι εἰσί.

XV

1 Καὶ τὴν ἀληθινὴν οὖν τοῦ θεοῦ νηστείαν μάθετε νηστεύειν, ὡς Ἡσαΐας φησίν, ἵνα τῷ θεῷ εὐαρεστῆτε. 2 κέκραγε δὲ Ἡσαΐας οὕτως· *Ἀναβόησον ἐν ἰσχύϊ καὶ μὴ φείσῃ, ὡς σάλπιγγι ὕψωσον τὴν φωνήν σου καὶ ἀνάγγειλον τῷ γένει μου τὰ ἁμαρτήματα αὐτῶν καὶ τῷ οἴκῳ Ἰακὼβ τὰς ἀνομίας αὐτῶν. ἐμὲ ἡμέραν ἐξ ἡμέρας ζητοῦσι καὶ γνῶναι τὰς ὁδούς μου ἐπιθυμοῦσιν, ὡς λαὸς δικαιοσύνην πεποιηκὼς καὶ κρίσιν θεοῦ οὐκ ἐγκαταλελοιπώς.* 3 *αἰτοῦσί με νῦν κρίσιν δικαίαν καὶ ἐγγίζειν θεῷ ἐπιθυμοῦσι, λέγοντες· Τί ὅτι ἐνηστεύσαμεν καὶ οὐκ εἶδες, ἐταπεινώσαμεν τὰς ψυχὰς ἡμῶν καὶ οὐκ ἔγνως; ἐν γὰρ ταῖς ἡμέραις τῶν νηστειῶν ὑμῶν εὑρίσκετε τὰ θελήματα ὑμῶν, καὶ πάντας τοὺς ὑποχειρίους ὑμῶν ὑπονύσσετε· ἰδοὺ εἰς κρίσεις καὶ μάχας νηστεύετε, καὶ τύπτετε πυγμαῖς ταπεινόν. ἵνα τί μοι νηστεύετε ἕως σήμερον, ἀκουσθῆναι ἐν κραυγῇ τὴν φωνὴν ὑμῶν;* 4 *οὐ ταύτην τὴν νηστείαν ἐγὼ ἐξελεξάμην, καὶ ἡμέραν ταπεινοῦν ἄνθρωπον τὴν ψυχὴν αὐτοῦ· οὐδ' ἂν κάμψῃς ὡς κρίκον τὸν τράχηλόν σου καὶ σάκκον καὶ σποδὸν ὑποστρώσῃ, οὐδ' οὕτως καλέσετε νηστείαν καὶ ἡμέραν δεκτὴν τῷ κυρίῳ. οὐχὶ τοιαύτην νηστείαν ἐγὼ ἐξελεξάμην, λέγει κύριος· ἀλλὰ λύε πάντα σύνδεσμον ἀδικίας, διάλυε στραγγαλιὰς βιαίων συναλλαγμάτων, ἀπόστελλε τεθραυσμένους ἐν ἀφέσει καὶ πᾶσαν συγγραφὴν ἄδικον διάσπα.* 5 *διάθρυπτε πεινῶντι τὸν ἄρτον σου καὶ πτωχοὺς ἀστέγους εἴσαγε εἰς τὸν οἶκόν σου· ἐὰν ἴδῃς γυμνόν, περίβαλλε, καὶ ἀπὸ τῶν οἰκείων τοῦ σπέρματός σου οὐχ ὑπερόψει. τότε ῥαγήσεται πρώϊμον τὸ φῶς σου, καὶ τὰ ἱμάτιά σου ταχὺ ἀνατελεῖ, καὶ προπορεύσεται ἔμπροσθέν σου ἡ δικαιοσύνη σου, καὶ ἡ δόξα τοῦ θεοῦ περιστελεῖ σε. τότε βοήσῃ, καὶ ὁ θεὸς εἰσακούσεταί σου· ἔτι λαλοῦντός σου ἐρεῖ· Ἰδοὺ πάρειμι.* 6 *ἐὰν δὲ ἀφέλῃς ἀπὸ σοῦ σύνδεσμον καὶ χειροτονίαν καὶ ῥῆμα γογγυσμοῦ, καὶ διδῷς πεινῶντι τὸν ἄρτον σου ἐκ ψυχῆς, καὶ ψυχὴν τεταπεινωμένην ἐμπλήσῃς, τότε ἀνατελεῖ ἐν τῷ σκότει τὸ φῶς σου, καὶ τὸ σκότος σου ὡς μεσημβρία, καὶ ἔσται ὁ θεός σου μετὰ σοῦ διὰ παντός, καὶ ἐμπλησθήσῃ καθὰ ἐπιθυμεῖ ἡ ψυχή σου, καὶ τὰ ὀστᾶ σου πιανθήσονται, καὶ ἔσται ὡς κῆπος μεθύων καὶ*

πηγὴ ὕδατος ἢ γῆ ᾗ μὴ ἐξέλιπεν ὕδωρ.[128] **7** περιτέμεσθε οὖν τὴν ἀκροβυστίαν τῆς καρδίας ὑμῶν, ὡς οἱ λόγοι τοῦ θεοῦ διὰ πάντων τούτων τῶν λόγων ἀξιοῦσι.

XVI

1 Καὶ διὰ Μωυσέως κέκραγεν ὁ θεὸς αὐτός, οὕτως λέγων· *Καὶ περιτεμεῖσθε τὴν σκληροκαρδίαν ὑμῶν καὶ τὸν τράχηλον οὐ σκληρυνεῖτε ἔτι· ὁ γὰρ κύριος, ὁ θεὸς ὑμῶν καὶ κύριος τῶν κυρίων, θεὸς μέγας καὶ ἰσχυρὸς καὶ φοβερός, ὅστις οὐ θαυμάζει πρόσωπον οὐδὲ μὴ λάβῃ δῶρον.*[129] καὶ ἐν τῷ Λευιτικῷ· *Ὅτι παρέβησαν καὶ ὑπερεῖδόν με καὶ ὅτι ἐπορεύθησαν ἐναντίον μου πλάγιοι, καὶ ἐγὼ ἐπορεύθην μετ᾽ αὐτῶν πλαγίως, καὶ ἀπολῶ αὐτοὺς ἐν τῇ γῇ τῶν ἐχθρῶν αὐτῶν. τότε ἐντραπήσεται ἡ καρδία ἡ ἀπερίτμητος αὐτῶν.*[130] **2** ἡ γὰρ ἀπὸ Ἀβραὰμ κατὰ σάρκα περιτομὴ εἰς σημεῖον ἐδόθη, ἵνα ἦτε ἀπὸ τῶν ἄλλων ἐθνῶν καὶ ἡμῶν ἀφωρισμένοι, καὶ ἵνα μόνοι πάθητε ἃ νῦν ἐν δίκῃ πάσχετε, καὶ ἵνα γένωνται αἱ χῶραι ὑμῶν ἔρημοι καὶ αἱ πόλεις πυρίκαυστοι, καὶ τοὺς καρποὺς ἐνώπιον ὑμῶν κατεσθίωσιν ἀλλότριοι, καὶ μηδεὶς ἐξ ὑμῶν ἐπιβαίνῃ εἰς τὴν Ἰερουσαλήμ. **3** οὐ γὰρ ἐξ ἄλλου τινὸς γνωρίζεσθε παρὰ τοὺς ἄλλους ἀνθρώπους, ἢ ἀπὸ τῆς ἐν σαρκὶ ὑμῶν περιτομῆς. οὐδεὶς γὰρ ὑμῶν, ὡς νομίζω, τολμήσει εἰπεῖν ὅτι μὴ καὶ προγνώστης τῶν γίνεσθαι μελλόντων ἦν καὶ ἔστιν ὁ θεὸς καὶ τὰ ἄξια ἑκάστῳ προετοιμάζων. καὶ ὑμῖν οὖν ταῦτα καλῶς καὶ δικαίως γέγονεν. **4** ἀπεκτείνατε γὰρ τὸν δίκαιον καὶ πρὸ αὐτοῦ τοὺς προφήτας αὐτοῦ· καὶ νῦν τοὺς ἐλπίζοντας ἐπ᾽ αὐτὸν καὶ τὸν πέμψαντα αὐτὸν παντοκράτορα καὶ ποιητὴν τῶν ὅλων θεὸν ἀθετεῖτε καί, ὅσον ἐφ᾽ ὑμῖν, ἀτιμάζετε, καταρώμενοι ἐν ταῖς συναγωγαῖς ὑμῶν τοὺς πιστεύοντας ἐπὶ τὸν Χριστόν. οὐ γὰρ ἐξουσίαν ἔχετε αὐτόχειρες γενέσθαι ἡμῶν διὰ τοὺς νῦν ἐπικρατοῦντας· ὁσάκις δὲ ἂν ἐδυνήθητε, καὶ τοῦτο ἐπράξατε. **5** διὸ καὶ ἐμβοᾷ ὑμῖν ὁ θεὸς διὰ τοῦ Ἡσαΐου λέγων· *Ἴδετε ὡς ὁ δίκαιος ἀπώλετο, καὶ οὐδεὶς κατανοεῖ. ἀπὸ γὰρ προσώπου τῆς ἀδικίας ἦρται ὁ δίκαιος. ἔσται ἐν εἰρήνῃ· ἡ ταφὴ αὐτοῦ ἦρται ἐκ τοῦ μέσου. ὑμεῖς προσηγάγετε ὧδε, υἱοὶ ἄνομοι, σπέρμα μοιχῶν καὶ τέκνα πόρνης. ἐν τίνι ἐνετρυφᾶτε καὶ ἐπὶ τίνα ἠνοίξατε τὸ στόμα καὶ ἐπὶ τίνι ἐχαλάσατε τὴν γλῶσσαν;*[131]

---

128 Isa 58:1-12
129 De 10:16
130 Lev 36:40, 41
131 Isa 57:1-4

XVII

1 Οὐχ οὕτως γὰρ τὰ ἄλλα ἔθνη εἰς ταύτην τὴν ἀδικίαν τὴν εἰς ἡμᾶς καὶ τὸν Χριστὸν ἐνέχονται, ὅσον ὑμεῖς, οἳ κἀκείνοις τῆς κατὰ τοῦ δικαίου καὶ ἡμῶν τῶν ἀπ' ἐκείνου κακῆς προλήψεως αἴτιοι ὑπάρχετε· μετὰ γὰρ τὸ σταυρῶσαι ὑμᾶς ἐκεῖνον τὸν μόνον ἄμωμον καὶ δίκαιον ἄνθρωπον, δι' οὗ τῶν μωλώπων ἴασις γίνεται τοῖς δι' αὐτοῦ ἐπὶ τὸν πατέρα προσχωροῦσιν, ἐπειδὴ ἐγνώκατε αὐτὸν ἀναστάντα ἐκ νεκρῶν καὶ ἀναβάντα εἰς τὸν οὐρανόν, ὡς αἱ προφητεῖαι προεμήνυον γενησόμενον, οὐ μόνον οὐ μετενοήσατε ἐφ' οἷς ἐπράξατε κακοῖς, ἀλλὰ ἄνδρας ἐκλεκτοὺς ἀπὸ Ἰερουσαλὴμ ἐκλεξάμενοι τότε ἐξεπέμψατε εἰς πᾶσαν τὴν γῆν, λέγοντας αἵρεσιν ἄθεον Χριστιανῶν πεφηνέναι, καταλέγοντάς τε ταῦτα ἅπερ καθ' ἡμῶν οἱ ἀγνοοῦντες ἡμᾶς πάντες λέγουσιν· ὥστε οὐ μόνον ἑαυτοῖς ἀδικίας αἴτιοι ὑπάρχετε, ἀλλὰ καὶ τοῖς ἄλλοις ἅπασιν ἁπλῶς ἀνθρώποις. 2 καὶ δικαίως βοᾷ Ἠσαΐας· *Δι' ὑμᾶς τὸ ὄνομά μου βλασφημεῖται ἐν τοῖς ἔθνεσι.*[132] *καί· Οὐαὶ τῇ ψυχῇ αὐτῶν, διότι βεβούλευνται βουλὴν πονηρὰν καθ' ἑαυτῶν, εἰπόντες· Δήσωμεν τὸν δίκαιον, ὅτι δύσχρηστος ἡμῖν ἐστι. τοίνυν τὰ γεννήματα τῶν ἔργων αὐτῶν φάγονται. οὐαὶ τῷ ἀνόμῳ· πονηρὰ κατὰ τὰ ἔργα τῶν χειρῶν αὐτοῦ συμβήσεται αὐτῷ.*[133] *καὶ πάλιν ἐν ἄλλοις· Οὐαὶ οἱ ἐπισπώμενοι τὰς ἁμαρτίας αὐτῶν ὡς σχοινίῳ μακρῷ καὶ ὡς ζυγοῦ ἱμάντι δαμάλεως τὰς ἀνομίας, οἱ λέγοντες· Τὸ τάχος αὐτοῦ ἐγγισάτω, καὶ ἐλθέτω ἡ βουλὴ τοῦ ἁγίου Ἰσραήλ, ἵνα γνῶμεν. οὐαὶ οἱ λέγοντες τὸ πονηρὸν καλὸν* <*καὶ τὸ καλὸν πονηρόν,*> *οἱ τιθέντες τὸ φῶς σκότος καὶ τὸ σκότος φῶς, οἱ τιθέντες τὸ πικρὸν γλυκὺ καὶ τὸ γλυκὺ πικρόν*[134] 3 κατὰ οὖν τοῦ μόνου ἀμώμου καὶ δικαίου φωτός, τοῖς ἀνθρώποις πεμφθέντος παρὰ τοῦ θεοῦ, τὰ πικρὰ καὶ σκοτεινὰ καὶ ἄδικα καταλεχθῆναι ἐν πάσῃ τῇ γῇ ἐσπουδάσατε. δύσχρηστος γὰρ ὑμῖν ἔδοξεν εἶναι, βοῶν παρ' ὑμῖν· Γέγραπται· *Ὁ οἶκός μου οἶκος προσευχῆς ἐστιν, ὑμεῖς δὲ πεποιήκατε αὐτὸν σπήλαιον λῃστῶν.*[135] καὶ τὰς τραπέζας τῶν ἐν τῷ ναῷ κολλυβιστῶν κατέστρεψε. 4 καὶ ἐβόα· *Οὐαὶ ὑμῖν, γραμματεῖς καὶ Φαρισαῖοι, ὑποκριταί, ὅτι ἀποδεκατοῦτε τὸ ἡδύοσμον καὶ τὸ πήγανον, τὴν δὲ ἀγάπην τοῦ θεοῦ καὶ τὴν κρίσιν οὐ κατανοεῖτε· τάφοι κεκονιαμένοι, ἔξωθεν φαινόμενοι*

---

132 Isa 52:5
133 Isa 3:9-11
134 Isa 5:18, 20
135 Matt 21:13

ὡραῖοι, ἔσωθεν δὲ γέμοντες ὀστέων νεκρῶν. καὶ τοῖς γραμματεῦσιν· Οὐαὶ ὑμῖν, γραμματεῖς, ὅτι τὰς κλεῖς ἔχετε, καὶ αὐτοὶ οὐκ εἰσέρχεσθε καὶ τοὺς εἰσερχομένους κωλύετε· ὁδηγοὶ τυφλοί.[136]

XVIII

1 Ἐπειδὴ γὰρ ἀνέγνως, ὦ Τρύφων, ὡς αὐτὸς ὁμολογήσας ἔφης, τὰ ὑπ' ἐκείνου τοῦ σωτῆρος ἡμῶν διδαχθέντα, οὐκ ἄτοπον νομίζω πεποιηκέναι καὶ βραχέα τῶν ἐκείνου λόγια πρὸς τοῖς προφητικοῖς ἐπιμνησθείς. 2 Λούσασθε οὖν καὶ νῦν καθαροὶ γένεσθε καὶ ἀφέλεσθε τὰς πονηρίας ἀπὸ τῶν ψυχῶν ὑμῶν, ὡς δὲ λούσασθαι ὑμῖν τοῦτο τὸ λουτρὸν κελεύει ὁ θεὸς καὶ περιτέμνεσθαι τὴν ἀληθινὴν περιτομήν. ἡμεῖς γὰρ καὶ ταύτην ἂν τὴν περιτομὴν τὴν κατὰ σάρκα καὶ τὰ σάββατα καὶ τὰς ἑορτὰς πάσας ἁπλῶς ἐφυλάσσομεν, εἰ μὴ ἔγνωμεν δι' ἣν αἰτίαν καὶ ὑμῖν προσετάγη, τοῦτ' ἔστι διὰ τὰς ἀνομίας ὑμῶν καὶ τὴν σκληροκαρδίαν. 3 εἰ γὰρ ὑπομένομεν πάντα τὰ ἐξ ἀνθρώπων καὶ δαιμόνων φαύλων ἐνεργούμενα εἰς ἡμᾶς φέρειν, ὡς καὶ μέχρι τῶν ἀρρήτων, θανάτου καὶ τιμωριῶν, εὐχόμενοι ἐλεηθῆναι καὶ τοὺς τὰ τοιαῦτα διατιθέντας ἡμᾶς, καὶ μηδὲ μικρὸν ἀμείβεσθαι μηδένα βουλόμενοι, ὡς ὁ καινὸς νομοθέτης ἐκέλευσεν ἡμῖν, πῶς οὐχὶ καὶ τὰ μηδὲ βλάπτοντα ἡμᾶς, περιτομὴν δὲ σαρκικὴν λέγω καὶ σάββατα καὶ τὰς ἑορτάς, ἐφυλάσσομεν, ὦ Τρύφων;

XIX

1 <Καὶ ὁ Τρύφων·> Τοῦτό ἐστιν ὃ ἀπορεῖν ἄξιόν ἐστιν, ὅτι τοιαῦτα ὑπομένοντες οὐχὶ καὶ τὰ ἄλλα πάντα, περὶ ὧν νῦν ζητοῦμεν, φυλάσσετε.

2 Οὐ γὰρ πᾶσιν ἀναγκαία αὕτη ἡ περιτομή, ἀλλ' ὑμῖν μόνοις, ἵνα, ὡς προέφην, ταῦτα πάθητε ἃ νῦν ἐν δίκῃ πάσχετε. οὐδὲ γὰρ τὸ βάπτισμα ἐκεῖνο τὸ ἀνωφελὲς τὸ τῶν λάκκων προσλαμβάνομεν· οὐδὲν γὰρ πρὸς τὸ βάπτισμα τοῦτο τὸ τῆς ζωῆς ἐστι. διὸ καὶ κέκραγεν ὁ θεός, ὅτι Ἐγκατελίπετε αὐτόν, πηγὴν ζῶσαν, καὶ ὠρύξατε ἑαυτοῖς λάκκους συντετριμμένους, οἳ οὐ δυνήσονται συνέχειν ὕδωρ. 3 καὶ ὑμεῖς μέν, οἱ τὴν σάρκα περιτετμημένοι, χρῄζετε τῆς ἡμετέρας περιτομῆς, ἡμεῖς δέ, ταύτην ἔχοντες, οὐδὲν ἐκείνης δεόμεθα. εἰ γὰρ ἦν ἀναγκαία, ὡς δοκεῖτε,

---

136 The quote is a mixture of parts of Matt 23 and Luke 11

οὐκ ἂν ἀκρόβυστον ὁ θεὸς ἔπλασε τὸν Ἀδάμ, οὐδὲ ἐπέβλεψεν ἐπὶ τοῖς δώροις τοῦ ἐν ἀκροβυστίᾳ σαρκὸς προσενέγκαντος θυσίας Ἄβελ, οὐδ' ἂν εὐηρέστησεν ἐν ἀκροβυστίᾳ Ἐνώχ, καὶ οὐκ εὑρίσκετο, διότι μετέθηκεν αὐτὸν ὁ θεός. 4 Λὼτ ἀπερίτμητος ἐκ Σοδόμων ἐσώθη, αὐτῶν ἐκείνων τῶν ἀγγέλων αὐτὸν καὶ τοῦ κυρίου προπεμψάντων. Νῶε, ἀρχὴ γένους ἄλλου, ἅμα τοῖς τέκνοις ἀπερίτμητος εἰς τὴν κιβωτὸν εἰσῆλθεν. ἀπερίτμητος ἦν ὁ ἱερεὺς τοῦ ὑψίστου Μελχισεδέκ, ᾧ καὶ δεκάτας προσφορὰς ἔδωκεν Ἀβραάμ, ὁ πρῶτος τὴν κατὰ σάρκα περιτομὴν λαβών, καὶ εὐλόγησεν αὐτόν· οὗ κατὰ τὴν τάξιν τὸν αἰώνιον ἱερέα ὁ θεὸς καταστήσειν διὰ τοῦ Δαυεὶδ μεμήνυκεν. 5 ὑμῖν οὖν μόνοις ἀναγκαία ἦν ἡ περιτομὴ αὕτη, ἵνα ὁ λαὸς οὐ λαὸς ᾖ καὶ τὸ ἔθνος οὐκ ἔθνος, ὡς καὶ Ὡσηέ, εἷς τῶν δώδεκα προφητῶν, φησί. καὶ γὰρ μὴ σαββατίσαντες οἱ προωνομασμένοι πάντες δίκαιοι τῷ θεῷ εὐηρέστησαν καὶ μετ' αὐτοὺς Ἀβραὰμ καὶ οἱ τούτου υἱοὶ ἅπαντες μέχρι Μωυσέως, ἐφ' οὗ ἄδικος καὶ ἀχάριστος εἰς τὸν θεὸν ὁ λαὸς ὑμῶν ἐφάνη ἐν τῇ ἐρήμῳ μοσχοποιήσας. 6 ὅθεν ὁ θεὸς ἁρμοσάμενος πρὸς τὸν λαὸν ἐκεῖνον καὶ θυσίας φέρειν ὡς πρὸς ὄνομα αὐτοῦ ἐνετείλατο, ἵνα μὴ εἰδωλολατρῆτε· ὅπερ οὐδὲ ἐφυλάξατε, ἀλλὰ καὶ τὰ τέκνα ὑμῶν ἐθύετε τοῖς δαιμονίοις. καὶ σαββατίζειν οὖν ὑμῖν προστέταχεν, ἵνα μνήμην λαμβάνητε τοῦ θεοῦ· καὶ γὰρ ὁ λόγος αὐτοῦ τοῦτο σημαίνει λέγων· *Τοῦ γινώσκειν ὅτι ἐγώ εἰμι ὁ θεὸς ὁ λυτρωσάμενος ὑμᾶς.*[137]

XX

1 Καὶ γὰρ βρωμάτων τινῶν ἀπέχεσθαι προσέταξεν ὑμῖν, ἵνα καὶ ἐν τῷ ἐσθίειν καὶ πίνειν πρὸ ὀφθαλμῶν ἔχητε τὸν θεόν, εὐκατάφοροι ὄντες καὶ εὐχερεῖς πρὸς τὸ ἀφίστασθαι τῆς γνώσεως αὐτοῦ, ὡς καὶ Μωυσῆς φησιν· *Ἔφαγε καὶ ἔπιεν ὁ λαὸς καὶ ἀνέστη τοῦ παίζειν.*[138] καὶ πάλιν· *Ἔφαγεν Ἰακὼβ καὶ ἐνεπλήσθη, καὶ ἐλιπάνθη, καὶ ἀπελάκτισεν ὁ ἠγαπημένος· ἐλιπάνθη, ἐπαχύνθη, ἐπλατύνθη, καὶ ἐγκατέλιπε θεὸν τὸν ποιήσαντα αὐτόν.*[139] τῷ γὰρ Νῶε ὅτι συγκεχώρητο ὑπὸ τοῦ θεοῦ, δικαίῳ ὄντι, πᾶν ἔμψυχον ἐσθίειν πλὴν κρέας ἐν αἵματι, ὅπερ ἐστὶ νεκριμαῖον, διὰ Μωυσέως ἀνιστορήθη ὑμῖν ἐν τῇ βίβλῳ τῆς Γενέσεως. 2 καὶ βουλομένου αὐτοῦ εἰπεῖν Ὡς λάχανα χόρτου, προεῖπον

---
137 Ez 20:12
138 Ex 32:6
139 De 32:15

Πρὸς Τρύφωνα Ἰουδαῖον Διάλογος

ἐγώ· Τὸ ὡς λάχανα χόρτουτοῦ μὴ ἀκούσεσθε ὡς εἴρηται ὑπὸ τοῦ θεοῦ, ὅτι ὡς τὰ λάχανα εἰς τροφὴν τῷ ἀνθρώπῳ ἐπεποιήκει ὁ θεός, οὕτως καὶ τὰ ζῶα εἰς κρεωφαγίαν ἐδεδώκει; ἀλλ' ἐπεί τινα τῶν χόρτων οὐκ ἐσθίομεν, οὕτω καὶ διαστολὴν ἔκτοτε τῷ Νῶε διεστάλθαι φατέ. 3 οὐχ ὡς ἐξηγεῖσθε πιστευτέον. πρῶτον μὲν γὰρ ὅτι πᾶν λάχανον χόρτος ἐστὶ καὶ βιβρώσκεσθαι δυνάμενος λέγειν καὶ κρατύνειν, οὐκ ἐν τούτῳ ἀσχοληθήσομαι. ἀλλὰ εἰ καὶ τὰ λάχανα τοῦ χόρτου διακρίνομεν, μὴ πάντα ἐσθίοντες, οὐ διὰ τὸ εἶναι αὐτὰ κοινὰ ἢ ἀκάθαρτα οὐκ ἐσθίομεν, ἀλλὰ ἢ διὰ τὸ πικρὰ ἢ θανάσιμα ἢ ἀκανθώδη· τῶν δὲ γλυκέων πάντων καὶ τροφιμωτάτων καὶ καλλίστων, θαλασσίων τε καὶ χερσαίων, ἐφιέμεθα καὶ μετέχομεν. 4 οὕτω καὶ τῶν ἀκαθάρτων καὶ ἀδίκων καὶ παρανόμων ἀπέχεσθαι ὑμᾶς ἐκέλευσεν ὁ θεὸς διὰ Μωυσέως, ἐπειδὴ καὶ τὸ μάννα ἐσθίοντες ἐν τῇ ἐρήμῳ καὶ τὰ θαυμάσια πάντα ὁρῶντες ὑμῖν ὑπὸ τοῦ θεοῦ γινόμενα, μόσχον τὸν χρύσεον ποιήσαντες προσεκυνεῖτε. ὥστε δικαίως ἀεὶ βοᾷ· *Υἱοὶ ἀσύνετοι, οὐκ ἔστι πίστις ἐν αὐτοῖς.*[140]

XXI

1 Καὶ ὅτι διὰ τὰς ἀδικίας ὑμῶν καὶ τῶν πατέρων ὑμῶν εἰς σημεῖον, ὡς προέφην, καὶ τὸ σάββατον ἐντέταλται ὁ θεὸς φυλάσσειν ὑμᾶς καὶ τὰ ἄλλα προστάγματα προσετετάχει, καὶ σημαίνει ὅτι διὰ τὰ ἔθνη, ἵνα μὴ βεβηλωθῇ τὸ ὄνομα αὐτοῦ παρ' αὐτοῖς, διὰ τοῦτο εἴασέ τινας ἐξ ὑμῶν ὅλως ζῶντας, αὐταὶ αἱ φωναὶ αὐτοῦ τὴν ἀπόδειξιν ποιήσασθαι δύνανται ὑμῖν. 2 εἰσὶ δὲ εἰρημέναι διὰ τοῦ Ἰεζεκιὴλ οὕτως· *Ἐγὼ κύριος ὁ θεὸς ὑμῶν· ἐν τοῖς προστάγμασί μου πορεύεσθε, καὶ τὰ δικαιώματά μου φυλάσσετε, καὶ ἐν τοῖς ἐπιτηδεύμασιν Αἰγύπτου μὴ συναναμίγνυσθε, καὶ τὰ σάββατά μου ἁγιάζετε, καὶ ἔσται εἰς σημεῖον ἀνὰ μέσον ἐμοῦ καὶ ὑμῶν τοῦ γινώσκειν ὅτι ἐγὼ κύριος ὁ θεὸς ὑμῶν. καὶ παρεπικράνατέ με, καὶ τὰ τέκνα ὑμῶν ἐν τοῖς προστάγμασί μου οὐκ ἐπορεύθησαν, καὶ τὰ δικαιώματά μου οὐκ ἐφύλαξαν τοῦ ποιεῖν αὐτά, ἃ ποιήσας αὐτὰ ἄνθρωπος ζήσεται ἐν αὐτοῖς, ἀλλὰ τὰ σάββατά μου ἐβεβήλουν. 3 καὶ εἶπα τοῦ ἐκχέαι τὸν θυμόν μου ἐπ' αὐτοὺς ἐν τῇ ἐρήμῳ τοῦ συντελέσαι ὀργήν μου ἐπ' αὐτούς, καὶ οὐκ ἐποίησα, ὅπως τὸ ὄνομά μου τὸ παράπαν μὴ βεβηλωθῇ ἐνώπιον τῶν ἐθνῶν· ἐξήγαγον αὐτοὺς κατ' ὀφθαλμοὺς αὐτῶν. καὶ ἐγὼ ἐξῆρα τὴν χεῖρά μου ἐπ' αὐτοὺς ἐν τῇ ἐρήμῳ, τοῦ διασκορπίσαι ἐν τοῖς*

---

140 De 32:6, 20

ἔθνεσι καὶ διασπεῖραι αὐτοὺς ἐν ταῖς χώραις, ἀνθ' ὧν τὰ δικαιώματά μου οὐκ ἐποίησαν, καὶ τὰ προστάγματά μου ἀπώσαντο, καὶ τὰ σάββατά μου ἐβεβήλουν, καὶ ὀπίσω τῶν ἐνθυμημάτων τῶν πατέρων αὐτῶν ἦσαν οἱ ὀφθαλμοὶ αὐτῶν. 4 καὶ ἐγὼ ἔδωκα αὐτοῖς προστάγματα οὐ καλά, καὶ δικαιώματα ἐν οἷς οὐ ζήσονται ἐν αὐτοῖς· καὶ μιανῶ αὐτοὺς ἐν τοῖς δώμασιν αὐτῶν, ἐν τῷ διαπορεύεσθαί με πᾶν διανοῖγον μήτραν ὅπως ἀφανίσω.[141]

XXII

1 Καὶ ὅτι διὰ τὰς ἁμαρτίας τοῦ λαοῦ ὑμῶν καὶ διὰ τὰς εἰδωλολατρείας, ἀλλ' οὐ διὰ τὸ ἐνδεὴς εἶναι τῶν τοιούτων προσφορῶν, ἐνετείλατο ὁμοίως ταῦτα γίνεσθαι, ἀκούσατε πῶς περὶ τούτων λέγει διὰ Ἀμώς, ἑνὸς τῶν δώδεκα, βοῶν· 2 Οὐαὶ οἱ ἐπιθυμοῦντες τὴν ἡμέραν κυρίου. ἵνα τί αὕτη ὑμῖν ἡ ἡμέρα τοῦ κυρίου; καὶ αὐτή ἐστι σκότος καὶ οὐ φῶς. ὃν τρόπον ὅταν ἐκφύγῃ ἄνθρωπος ἐκ προσώπου τοῦ λέοντος, καὶ συναντήσῃ αὐτῷ ἡ ἄρκος, καὶ εἰσπηδήσῃ εἰς τὸν οἶκον αὐτοῦ καὶ ἀπερείσηται τὰς χεῖρας αὐτοῦ ἐπὶ τὸν τοῖχον, καὶ δάκῃ αὐτὸν ὁ ὄφις. οὐχὶ σκότος ἡ ἡμέρα τοῦ κυρίου καὶ οὐ φῶς, καὶ γνόφος οὐκ ἔχων φέγγος αὐτῆς; μεμίσηκα, ἀπῶσμαι τὰς ἑορτὰς ὑμῶν, καὶ οὐ μὴ ὀσφρανθῶ ἐν ταῖς πανηγύρεσιν ὑμῶν. 3 διότι ἐὰν ἐνέγκητέ μοι τὰ ὁλοκαυτώματα καὶ τὰς θυσίας ὑμῶν, οὐ προσδέξομαι αὐτά, καὶ σωτηρίου ἐπιφανείας ὑμῶν οὐκ ἐπιβλέψομαι. ἀπόστησον ἀπ' ἐμοῦ πλῆθος ᾠδῶν σου καὶ ψαλμῶν· ὀργάνων σου οὐκ ἀκούσομαι. καὶ κυλισθήσεται ὡς ὕδωρ κρίμα καὶ ἡ δικαιοσύνη ὡς χειμάρρους ἄβατος. μὴ σφάγια καὶ θυσίας προσηνέγκατέ μοι ἐν τῇ ἐρήμῳ, οἶκος Ἰσραήλ; λέγει κύριος. καὶ ἀνελάβετε τὴν σκηνὴν τοῦ Μολὸχ καὶ τὸ ἄστρον τοῦ θεοῦ ὑμῶν Ῥαφάν, τοὺς τύπους, οὓς ἐποιήσατε ἑαυτοῖς. 4 καὶ μετοικιῶ ὑμᾶς ἐπέκεινα Δαμασκοῦ, λέγει κύριος· ὁ θεὸς ὁ παντοκράτωρ ὄνομα αὐτῷ. οὐαὶ οἱ κατασπαταλῶντες Σιὼν καὶ τοῖς πεποιθόσιν ἐπὶ τὸ ὄρος Σαμαρείας. οἱ ὠνομασμένοι ἐπὶ τοῖς ἀρχηγοῖς ἀπετρύγησαν ἀρχὰς ἐθνῶν· εἰσῆλθον ἑαυτοῖς οἶκος Ἰσραήλ. διάβητε πάντες εἰς Χαλάνην καὶ ἴδετε, καὶ πορεύθητε ἐκεῖθεν εἰς Ἀμὰθ τὴν μεγάλην, καὶ κατάβητε ἐκεῖθεν εἰς Γὲθ τῶν ἀλλοφύλων, τὰς κρατίστας ἐκ πασῶν τῶν βασιλειῶν τούτων, εἰ πλείονά ἐστι τὰ ὅρια αὐτῶν τῶν ὁρίων ὑμῶν. 5 οἱ ἐρχόμενοι εἰς ἡμέραν πονηράν, οἱ ἐγγίζοντες καὶ ἐφαπτόμενοι σαββάτων ψευδῶν, οἱ κοιμώμενοι ἐπὶ κλινῶν ἐλεφαντίνων καὶ κατασπαταλῶντες ἐπὶ ταῖς στρωμναῖς αὐτῶν, οἱ ἐσθίοντες ἄρνας ἐκ ποιμνίων καὶ

---

141 Ez 20:19-26

Πρὸς Τρύφωνα Ἰουδαῖον Διάλογος

μοσχάρια ἐκ μέσου βουκολίων γαλαθηνά, οἱ ἐπικροτοῦντες πρὸς τὴν φωνὴν τῶν ὀργάνων, ὡς ἑστῶτα ἐλογίσαντο καὶ οὐχ ὡς φεύγοντα, οἱ πίνοντες ἐν φιάλαις οἶνον καὶ τὰ πρῶτα μύρα χριόμενοι, καὶ οὐκ ἔπασχον οὐδὲν ἐπὶ τῇ συντριβῇ τοῦ Ἰωσήφ. διὰ τοῦτο νῦν αἰχμάλωτοι ἔσονται ἀπὸ ἀρχῆς δυναστῶν τῶν ἀποικιζομένων, καὶ μεταστραφήσεται οἴκημα κακούργων, καὶ ἐξαρθήσεται χρεμετισμὸς ἵππων ἐξ Ἐφραίμ.[142] 6 καὶ πάλιν διὰ Ἰερεμίου· Συναγάγετε τὰ κρέα ὑμῶν καὶ τὰς θυσίας καὶ φάγετε, ὅτι οὔτε περὶ θυσιῶν ἢ σπονδῶν ἐνετειλάμην τοῖς πατράσιν ὑμῶν, ᾗ ἡμέρᾳ ἐπελαβόμην τῆς χειρὸς αὐτῶν ἐξαγαγεῖν αὐτοὺς ἐκ γῆς Αἰγύπτου.[143] 7 καὶ πάλιν διὰ Δαυεὶδ ἐν τεσσαρακοστῷ ἐνάτῳ ψαλμῷ οὕτως ἔφη· Θεὸς θεῶν κύριος ἐλάλησε, καὶ ἐκάλεσε τὴν γῆν ἀπὸ ἀνατολῶν ἡλίου μέχρι δυσμῶν. ἐκ Σιὼν ἡ εὐπρέπεια τῆς ὡραιότητος αὐτοῦ. ὁ θεὸς ἐμφανῶς ἥξει, ὁ θεὸς ἡμῶν, καὶ οὐ παρασιωπήσεται· πῦρ ἐνώπιον αὐτοῦ καυθήσεται, καὶ κύκλῳ αὐτοῦ καταιγὶς σφόδρα. προσκαλέσεται τὸν οὐρανὸν ἄνω καὶ τὴν γῆν τοῦ διακρῖναι τὸν λαὸν αὐτοῦ. συναγάγετε αὐτῷ τοὺς ὁσίους αὐτοῦ, τοὺς διατιθεμένους τὴν διαθήκην αὐτοῦ ἐπὶ θυσίαις. καὶ ἀναγγελοῦσιν οἱ οὐρανοὶ τὴν δικαιοσύνην αὐτοῦ, ὅτι θεὸς κριτής ἐστι. 8 ἄκουσον, λαός μου, καὶ λαλήσω σοι, Ἰσραήλ, καὶ διαμαρτυροῦμαί σοι· ὁ θεός, ὁ θεός σου εἰμὶ ἐγώ. οὐκ ἐπὶ ταῖς θυσίαις σου ἐλέγξω σε· τὰ δὲ ὁλοκαυτώματά σου ἐνώπιόν μου ἐστὶ διὰ παντός. οὐ δέξομαι ἐκ τοῦ οἴκου σου μόσχους οὐδὲ ἐκ τῶν ποιμνίων σου χιμάρους, ὅτι ἐμά ἐστι πάντα τὰ θηρία τοῦ ἀγροῦ, κτήνη ἐν τοῖς ὄρεσι καὶ βόες· ἔγνωκα πάντα τὰ πετεινὰ τοῦ οὐρανοῦ, καὶ ὡραιότης ἀγροῦ μετ' ἐμοῦ ἐστιν. 9 ἐὰν πεινάσω, οὐ μή σοι εἴπω· ἐμὴ γάρ ἐστιν ἡ οἰκουμένη καὶ τὸ πλήρωμα αὐτῆς. μὴ φάγωμαι κρέα ταύρων, ἢ αἷμα τράγων πίωμαι; θῦσον τῷ θεῷ θυσίαν αἰνέσεως, καὶ ἀπόδος τῷ ὑψίστῳ τὰς εὐχάς σου· καὶ ἐπικάλεσαί με ἐν ἡμέρᾳ θλίψεως, καὶ ἐξελοῦμαί σε, καὶ δοξάσεις με. τῷ δὲ ἁμαρτωλῷ εἶπεν ὁ θεός· Ἵνα τί σὺ ἐκδιηγῇ τὰ δικαιώματά μου, καὶ ἀναλαμβάνεις τὴν διαθήκην μου διὰ στόματός σου; σὺ δὲ ἐμίσησας παιδείαν καὶ ἐξέβαλες τοὺς λόγους μου εἰς τὰ ὀπίσω. 10 εἰ ἐθεώρεις κλέπτην, συνέτρεχες αὐτῷ, καὶ μετὰ μοιχοῦ τὴν μερίδα σου ἐτίθεις. τὸ στόμα σου ἐπλεόνασε κακίαν, καὶ ἡ γλῶσσά σου περιέπλεκε δολιότητας. καθήμενος κατὰ τοῦ ἀδελφοῦ σου κατελάλεις, καὶ κατὰ τοῦ υἱοῦ τῆς μητρός σου ἐτίθεις σκάνδαλον. ταῦτα ἐποίησας, καὶ ἐσίγησα· ὑπέλαβες ἀνομίαν ὅτι ἔσομαί σοι ὅμοιος. ἐλέγξω σε καὶ παραστήσω κατὰ πρόσωπόν σου τὰς ἁμαρτίας σου. σύνετε δὴ ταῦτα οἱ

---

142 Amos 5:18 to 6:7
143 Jer 7:21, 22

ἐπιλανθανόμενοι τοῦ θεοῦ, μήποτε ἁρπάσῃ, καὶ οὐ μὴ ᾖ ὁ ῥυόμενος. θυσία αἰνέσεως δοξάσει με, καὶ ἐκεῖ ὁδός, ἣν δείξω αὐτῷ τὸ σωτήριόν μου.[144] 11 οὔτε οὖν θυσίας παρ' ὑμῶν λαμβάνει, οὔτε ὡς ἐνδεὴς τὴν ἀρχὴν ἐνετείλατο ποιεῖν, ἀλλὰ διὰ τὰς ἁμαρτίας ὑμῶν. καὶ γὰρ τὸν ναὸν τὸν ἐν Ἱερουσαλὴμ ἐπικληθέντα οὐχ ὡς ἐνδεὴς ὢν ὡμολόγησεν οἶκον αὐτοῦ ἢ αὐλήν, ἀλλ' ὅπως καὶ κατὰ τοῦτο προσέχοντες αὐτῷ μὴ εἰδωλολατρῆτε. καὶ ὅτι τοῦτό ἐστιν, Ἡσαΐας λέγει· Ποῖον οἶκον ᾠκοδομήσατέ μοι; λέγει κύριος. ὁ οὐρανός μοι θρόνος, καὶ ἡ γῆ ὑποπόδιον τῶν ποδῶν μου.[145]

XXIII

1 Ἐὰν δὲ ταῦτα οὕτως μὴ ὁμολογήσωμεν, συμβήσεται ἡμῖν εἰς ἄτοπα ἐμπίπτειν νοήματα, ὡς τοῦ αὐτοῦ θεοῦ μὴ ὄντος τοῦ κατὰ τὸν Ἐνὼχ καὶ τοὺς ἄλλους πάντας, οἳ μήτε περιτομὴν τὴν κατὰ σάρκα ἔχοντες μήτε σάββατα ἐφύλαξαν μήτε δὲ τὰ ἄλλα Μωυσέως ἐντειλαμένου ταῦτα ποιεῖν, ἢ τὰ αὐτὰ αὐτὸν δίκαια μὴ ἀεὶ πᾶν γένος ἀνθρώπων βεβουλῆσθαι πράσσειν· ἅπερ γελοῖα καὶ ἀνόητα ὁμολογεῖν φαίνεται. 2 δι' αἰτίαν δὲ τὴν τῶν ἁμαρτωλῶν ἀνθρώπων τὸν αὐτὸν ὄντα ἀεὶ ταῦτα καὶ τὰ τοιαῦτα ἐντετάλθαι ὁμολογεῖν, καὶ φιλάνθρωπον καὶ προγνώστην καὶ ἀνενδεῆ καὶ δίκαιον καὶ ἀγαθὸν ἀποφαίνειν ἔστιν. ἐπεὶ εἰ μὴ ταῦτα οὕτως ἔχει, ἀποκρίνασθέ μοι, ὦ ἄνδρες, περὶ τῶν ζητουμένων τούτων ὅ τι φρονεῖτε. 3 Καὶ μηδὲν μηδενὸς ἀποκρινομένου· Διὰ ταῦτά σοι, ὦ Τρύφων, καὶ τοῖς βουλομένοις προσηλύτοις γενέσθαι κηρύξω ἐγὼ θεῖον λόγον, ὃν παρ' ἐκείνου ἤκουσα τοῦ ἀνδρός. ὁρᾶτε ὅτι τὰ στοιχεῖα οὐκ ἀργεῖ οὐδὲ σαββατίζει. μείνατε ὡς γεγένησθε. εἰ γὰρ πρὸ τοῦ Ἀβραὰμ οὐκ ἦν χρεία περιτομῆς οὐδὲ πρὸ Μωυσέως σαββατισμοῦ καὶ ἑορτῶν καὶ προσφορῶν, οὐδὲ νῦν, μετὰ τὸν κατὰ τὴν βουλὴν τοῦ θεοῦ διὰ Μαρίας τῆς ἀπὸ γένους τοῦ Ἀβραὰμ παρθένου γεννηθέντα υἱὸν θεοῦ Ἰησοῦν Χριστόν, ὁμοίως ἐστὶ χρεία. 4 καὶ γὰρ αὐτὸς ὁ Ἀβραὰμ ἐν ἀκροβυστίᾳ ὢν διὰ τὴν πίστιν, ἣν ἐπίστευσε τῷ θεῷ, ἐδικαιώθη καὶ εὐλογήθη, ὡς ἡ γραφὴ σημαίνει· τὴν δὲ περιτομὴν εἰς σημεῖον, ἀλλ' οὐκ εἰς δικαιοσύνην ἔλαβεν, ὡς καὶ αἱ γραφαὶ καὶ τὰ πράγματα ἀναγκάζει ἡμᾶς ὁμολογεῖν. ὥστε δικαίως εἴρητο περὶ ἐκείνου τοῦ λαοῦ, ὅτι ἐξολοθρευθήσεται ἡ ψυχὴ ἐκείνη ἐκ τοῦ γένους αὐτῆς, ἢ οὐ περιτμηθήσεται τῇ ἡμέρᾳ τῇ ὀγδόῃ. 5 καὶ τὸ μὴ

---

144 Ps 49
145 Isa 66:1

δύνασθαι δὲ τὸ θῆλυ γένος τὴν σαρκικὴν περιτομὴν λαμβάνειν δείκνυσιν ὅτι εἰς σημεῖον ἡ περιτομὴ αὕτη δέδοται, ἀλλ' οὐχ ὡς ἔργον δικαιοσύνης· τὰ γὰρ δίκαια καὶ ἐνάρετα ἅπαντα ὁμοίως καὶ τὰς θηλείας δύνασθαι φυλάσσειν ὁ θεὸς ἐποίησεν. ἀλλὰ σχῆμα μὲν τὸ τῆς σαρκὸς ἕτερον καὶ ἕτερον ὁρῶμεν γεγενημένον ἄρρενος καὶ θηλείας, διὰ δὲ τοῦτο οὐδὲ δίκαιον οὐδὲ ἄδικον οὐδέτερον αὐτῶν ἐπιστάμεθα, ἀλλὰ δι' εὐσέβειαν καὶ δικαιοσύνην.

XXIV

1 Καὶ τοῦτο μὲν οὖν δυνατὸν ἦν ἡμῖν ἐπιδεῖξαι, ὦ ἄνδρες, ἔλεγον, ὅτι ἡ ἡμέρα ἡ ὀγδόη μυστήριόν τι εἶχε κηρυσσόμενον διὰ τούτων ὑπὸ τοῦ θεοῦ μᾶλλον τῆς ἑβδόμης. ἀλλ' ἵνα τὰ νῦν μὴ ἐπ' ἄλλους ἐκτρέπεσθαι λόγους δοκῶ, σύνετε, βοῶ, ὅτι τὸ αἷμα τῆς περιτομῆς ἐκείνης κατήργηται, καὶ αἵματι σωτηρίῳ πεπιστεύκαμεν· ἄλλη διαθήκη τὰ νῦν, καὶ ἄλλος ἐξῆλθεν ἐκ Σιὼν νόμος. 2 Ἰησοῦς Χριστὸς πάντας τοὺς βουλομένους περιτέμνει, ὥσπερ ἄνωθεν ἐκηρύσσετο, πετρίναις μαχαίραις[146], ἵνα γένηται ἔθνος δίκαιον, λαὸς φυλάσσων πίστιν, ἀντιλαμβανόμενος ἀληθείας καὶ φυλάσσων εἰρήνην. 3 δεῦτε σὺν ἐμοὶ πάντες οἱ φοβούμενοι τὸν θεόν, οἱ θέλοντες τὰ ἀγαθὰ Ἰερουσαλὴμ ἰδεῖν. δεῦτε, πορευθῶμεν τῷ φωτὶ κυρίου· ἀνῆκε γὰρ τὸν λαὸν αὐτοῦ, τὸν οἶκον Ἰακώβ. δεῦτε πάντα τὰ ἔθνη, συναχθῶμεν εἰς Ἰερουσαλὴμ τὴν μηκέτι πολεμουμένην διὰ τὰς ἀνομίας τῶν λαῶν. Ἐμφανὴς γὰρ ἐγενήθην τοῖς ἐμὲ μὴ ζητοῦσιν, εὑρέθην τοῖς ἐμὲ μὴ ἐπερωτῶσι, βοᾷ διὰ Ἡσαΐου. 4 Εἶπα· ἰδού εἰμι, ἔθνεσιν οἳ οὐκ ἐπεκαλέσαντό μου τὸ ὄνομα. ἐξεπέτασα τὰς χεῖράς μου ὅλην τὴν ἡμέραν ἐπὶ λαὸν ἀπειθοῦντα καὶ ἀντιλέγοντα, τοῖς πορευομένοις ὁδῷ οὐ καλῇ, ἀλλὰ ὀπίσω τῶν ἁμαρτιῶν αὐτῶν. λαὸς ὁ παροξύνων με ἐναντίον μου.[147]

XXV

1 Σὺν ἡμῖν καὶ κληρονομῆσαι βουλήσονται κἂν ὀλίγον τόπον οὗτοι οἱ δικαιοῦντες ἑαυτοὺς καὶ λέγοντες εἶναι τέκνα Ἀβραάμ, ὡς διὰ τοῦ Ἡσαΐου βοᾷ τὸ ἅγιον πνεῦμα, ὡς ἀπὸ προσώπου αὐτῶν λέγων τάδε· 2 Ἐπίστρεψον ἐκ τοῦ οὐρανοῦ, καὶ ἴδε ἐκ τοῦ οἴκου τοῦ ἁγίου σου καὶ δόξης. ποῦ δή ἐστιν ὁ ζῆλός σου καὶ ἡ ἰσχύς; ποῦ ἔστι τὸ πλῆθος τοῦ ἐλέους

---

146 Josh 5:2; Isa 26:2, 3
147 Isa 65:1-3

σου, ὅτι ἀνέσχου ἡμῶν, κύριε; σὺ γὰρ ἡμῶν εἶ πατήρ, ὅτι Ἀβραὰμ οὐκ ἔγνω ἡμᾶς, καὶ Ἰσραὴλ οὐκ ἐπέγνω ἡμᾶς. ἀλλὰ σύ, κύριε, πατὴρ ἡμῶν, ῥῦσαι ἡμᾶς· ἀπ' ἀρχῆς τὸ ὄνομά σου ἐφ' ἡμᾶς ἐστι. τί ἐπλάνησας ἡμᾶς, κύριε, ἀπὸ τῆς ὁδοῦ σου, ἐσκλήρυνας ἡμῶν τὴν καρδίαν τοῦ μὴ φοβεῖσθαί σε; 3 ἐπίστρεψον διὰ τοὺς δούλους σου, διὰ τὰς φυλὰς τῆς κληρονομίας σου, ἵνα μικρὸν κληρονομήσωμεν τοῦ ὄρους τοῦ ἁγίου σου. ἐγενόμεθα ὡς τὸ ἀπ' ἀρχῆς, ὅτε οὐκ ἦρξας ἡμῶν, οὐδὲ ἐπεκλήθη τὸ ὄνομά σου ἐφ' ἡμᾶς. ἐὰν ἀνοίξῃς τὸν οὐρανόν, τρόμος λήψεται ἀπὸ σοῦ ὄρη, καὶ τακήσονται ὡς ἀπὸ πυρὸς κηρὸς τήκεται· καὶ κατακαύσει πῦρ τοὺς ὑπεναντίους, καὶ φανερὸν ἔσται τὸ ὄνομά σου ἐν τοῖς ὑπεναντίοις, ἀπὸ προσώπου σου ἔθνη ταραχθήσονται. 4 ὅταν ποιῇς τὰ ἔνδοξα, τρόμος λήψεται ἀπὸ σοῦ ὄρη. ἀπὸ τοῦ αἰῶνος οὐκ ἠκούσαμεν, οὐδὲ οἱ ὀφθαλμοὶ ἡμῶν εἶδον θεὸν πλὴν σοῦ καὶ τὰ ἔργα σου. ποιήσει τοῖς μετανοοῦσιν ἔλεον. συναντήσεται τοῖς ποιοῦσι τὸ δίκαιον, καὶ τῶν ὁδῶν σου μνησθήσονται. ἰδοὺ σὺ ὠργίσθης, καὶ ἡμεῖς ἡμάρτομεν· διὰ τοῦτο ἐπλανήθημεν καὶ ἐγενόμεθα ἀκάθαρτοι πάντες, καὶ ὡς ῥάκος ἀποκαθημένης πᾶσα ἡ δικαιοσύνη ἡμῶν, καὶ ἐξερρύημεν ὡς φύλλα διὰ τὰς ἀνομίας ἡμῶν· οὕτως ἄνεμος οἴσει ἡμᾶς. 5 καὶ οὐκ ἔστιν ὁ ἐπικαλούμενος τὸ ὄνομά σου καὶ ὁ μνησθεὶς ἀντιλαβέσθαι, ὅτι ἀπέστρεψας τὸ πρόσωπόν σου ἀφ' ἡμῶν καὶ παρέδωκας ἡμᾶς διὰ τὰς ἁμαρτίας ἡμῶν. καὶ νῦν ἐπίστρεψον, κύριε, ὅτι λαός σου πάντες ἡμεῖς. ἡ πόλις τοῦ ἁγίου σου ἐγενήθη ἔρημος, Σιὼν ὡς ἔρημος ἐγενήθη, Ἰερουσαλὴμ εἰς κατάραν· ὁ οἶκος, τὸ ἅγιον ἡμῶν, καὶ ἡ δόξα, ἣν εὐλόγησαν οἱ πατέρες ἡμῶν, ἐγενήθη πυρίκαυστος, καὶ πάντα τὰ ἔθνη ἔνδοξα συνέπεσε. καὶ ἐπὶ τούτοις ἀνέσχου, κύριε, καὶ ἐσιώπησας, καὶ ἐταπείνωσας ἡμᾶς σφόδρα.[148]

6 Καὶ ὁ Τρύφων· Τί οὖν ἐστιν ὃ λέγεις, ὅτι οὐδεὶς ἡμῶν κληρονομήσει ἐν τῷ ὄρει τῷ ἁγίῳ τοῦ θεοῦ οὐδέν;

XXVI

1 Κἀγώ· Οὐ τοῦτό φημι, ἀλλ' οἱ τὸν Χριστὸν διώξαντες καὶ διώκοντες καὶ μὴ μετανοοῦντες οὐ κληρονομήσουσιν ἐν τῷ ὄρει τῷ ἁγίῳ οὐδέν· τὰ δὲ ἔθνη τὰ πιστεύσαντα εἰς αὐτὸν καὶ μετανοήσαντα ἐφ' οἷς ἥμαρτον, αὐτοὶ κληρονομήσουσι μετὰ τῶν πατριαρχῶν καὶ τῶν προφητῶν καὶ τῶν δικαίων ὅσοι ἀπὸ Ἰακὼβ γεγέννηνται· εἰ καὶ μὴ σαββατίζουσι μηδὲ περιτέμνονται μηδὲ τὰς ἑορτὰς

---

[148] Isa 63:15 to 64:12

φυλάσσουσι, πάντως κληρονομήσουσι τὴν ἁγίαν τοῦ θεοῦ κληρονομίαν. **2** λέγει γὰρ ὁ θεὸς διὰ Ἡσαίου οὕτως· Ἐγὼ κύριος ὁ θεὸς ἐκάλεσά σε ἐν δικαιοσύνῃ, καὶ κρατήσω τῆς χειρός σου καὶ ἰσχύσω σε, καὶ ἔδωκά σε εἰς διαθήκην γένους, εἰς φῶς ἐθνῶν, ἀνοῖξαι ὀφθαλμοὺς τυφλῶν, ἐξαγαγεῖν ἐκ δεσμῶν πεπεδημένους καὶ ἐξ οἴκου φυλακῆς καθημένους ἐν σκότει.[149] **3** καὶ πάλιν· Ἐξάρατε σύσσημον εἰς τὰ ἔθνη. ἰδοὺ γὰρ κύριος ἐποίησεν ἀκουστὸν ἕως ἐσχάτου τῆς γῆς· εἴπατε ταῖς θυγατράσι Σιών· ἰδού σοι ὁ σωτὴρ παραγέγονεν ἀπέχων τὸν ἑαυτοῦ μισθόν, καὶ τὸ ἔργον ἀπὸ προσώπου αὐτοῦ. καὶ καλέσει αὐτὸν λαὸν ἅγιον, λελυτρωμένον ὑπὸ κυρίου, σὺ δὲ κληθήσῃ ἐπιζητουμένη πόλις καὶ οὐ καταλελειμμένη. τίς οὗτος ὁ παραγινόμενος ἐξ Ἐδώμ, ἐρύθημα ἱματίων αὐτοῦ ἐκ Βοσόρ; οὗτος ὡραῖος ἐν στολῇ, ἀναβαίνων βίᾳ μετὰ ἰσχύος; ἐγὼ διαλέγομαι δικαιοσύνην καὶ κρίσιν σωτηρίου. **4** διὰ τί σου ἐρυθρὰ τὰ ἱμάτια, καὶ τὰ ἐνδύματά σου ὡς ἀπὸ πατητοῦ ληνοῦ; πλήρης καταπεπατημένης ληνὸν ἐπάτησα μονώτατος, καὶ τῶν ἐθνῶν οὐκ ἔστιν ἀνὴρ μετ' ἐμοῦ· καὶ κατεπάτησα αὐτοὺς ἐν θυμῷ, καὶ κατέθλασα αὐτοὺς ὡς γῆν, καὶ κατήγαγον τὸ αἷμα αὐτῶν εἰς γῆν. ἡμέρα γὰρ ἀνταποδόσεως ἦλθεν αὐτοῖς, καὶ ἐνιαυτὸς λυτρώσεως πάρεστι. καὶ ἐπέβλεψα καὶ οὐκ ἦν βοηθός, καὶ προσενόησα καὶ οὐδεὶς ἀντελάβετο· καὶ ἐρρύσατο ὁ βραχίων, καὶ ὁ θυμός μου ἐπέστη· καὶ κατεπάτησα αὐτοὺς ἐν τῇ ὀργῇ μου, καὶ κατήγαγον τὸ αἷμα αὐτῶν εἰς γῆν.[150]

XXVII

1 Καὶ ὁ Τρύφων· Διὰ τί ἅπερ βούλει ἐκλεγόμενος ἀπὸ τῶν προφητικῶν λόγων λέγεις, ἃ δὲ διαρρήδην κελεύει σαββατίζειν οὐ μέμνησαι; διὰ γὰρ Ἡσαίου οὕτως εἴρηται· Ἐὰν ἀποστρέψῃς τὸν πόδα σου ἀπὸ τῶν σαββάτων τοῦ μὴ ποιεῖν τὰ θελήματά σου ἐν τῇ ἡμέρᾳ τῇ ἁγίᾳ, καὶ καλέσῃς τὰ σάββατα τρυφερὰ ἅγια τοῦ θεοῦ σου, οὐκ ἄρῃς τὸν πόδα σου ἐπ' ἔργον οὐδὲ μὴ λαλήσῃς λόγον ἐκ τοῦ στόματός σου, καὶ ἔσῃ πεποιθὼς ἐπὶ κύριον, καὶ ἀναβιβάσει σε ἐπὶ τὰ ἀγαθὰ τῆς γῆς καὶ ψωμιεῖ σε τὴν κληρονομίαν Ἰακώβ, τοῦ πατρός σου· τὸ γὰρ στόμα κυρίου ἐλάλησε ταῦτα.[151]

2 Κἀγώ· Οὐχ ὡς ἐναντιουμένων μοι τῶν τοιούτων προφητειῶν, ὦ φίλοι, παρέλιπον αὐτάς, ἀλλὰ ὡς ὑμῶν νενοηκότων καὶ νοούντων ὅτι, κἂν διὰ πάντων τῶν προφητῶν κελεύῃ ὑμῖν τὰ αὐτὰ ποιεῖν ἃ καὶ διὰ Μωυσέως ἐκέλευσε, διὰ

---

149 Isa 42:6, 7
150 Isa 62:10 to 63:6
151 Isa 58:13, 14

τὸ σκληροκάρδιον ὑμῶν καὶ ἀχάριστον εἰς αὐτὸν ἀεὶ τὰ αὐτὰ βοᾷ, ἵνα κἂν οὕτως ποτὲ μετανοήσαντες εὐαρεστῆτε αὐτῷ, καὶ μήτε τὰ τέκνα ὑμῶν τοῖς δαιμονίοις θύητε, μήτε κοινωνοὶ κλεπτῶν καὶ φιλοῦντες δῶρα καὶ διώκοντες ἀνταπόδομα, ὀρφανοῖς οὐ κρίνοντες καὶ κρίσει χήρας οὐ προσέχοντες, ἀλλ' οὐδὲ πλήρεις τὰς χεῖρας αἵματος. 3 καὶ γὰρ αἱ θυγατέρες Σιὼν ἐπορεύθησαν ἐν ὑψηλῷ τραχήλῳ, καὶ ἐν νεύμασιν ὀφθαλμῶν ἅμα παίζουσαι καὶ σύρουσαι τοὺς χιτῶνας.[152] καὶ πάντες γὰρ ἐξέκλιναν, βοᾷ, πάντες ἅρα ἠχρειώθησαν· οὐκ ἔστιν ὁ συνίων, οὐκ ἔστιν ἕως ἑνός. ταῖς γλώσσαις αὐτῶν ἐδολιοῦσαν, τάφος ἀνεῳγμένος ὁ λάρυγξ αὐτῶν, ἰὸς ἀσπίδων ὑπὸ τὰ χείλη αὐτῶν, σύντριμμα καὶ ταλαιπωρία ἐν ταῖς ὁδοῖς αὐτῶν, καὶ ὁδὸν εἰρήνης οὐκ ἔγνωσαν.[153] 4 ὥστε ὃν τρόπον τὴν ἀρχὴν διὰ τὰς κακίας ὑμῶν ταῦτα ἐντέταλτο, ὁμοίως διὰ τὴν ἐν τούτοις ὑπομονήν, μᾶλλον δὲ ἐπίτασιν, διὰ τῶν αὐτῶν εἰς ἀνάμνησιν αὐτοῦ καὶ γνῶσιν ὑμᾶς καλεῖ. ὑμεῖς δὲ λαὸς σκληροκάρδιος καὶ ἀσύνετος καὶ τυφλὸς καὶ χωλὸς καὶ υἱοὶ οἷς οὐκ ἔστι πίστις ἐν αὐτοῖς, ὡς αὐτὸς λέγει, ἐστέ, τοῖς χείλεσιν αὐτὸν μόνον τιμῶντες, τῇ δὲ καρδίᾳ πόρρω αὐτοῦ ὄντες, ἰδίας διδασκαλίας καὶ μὴ τὰ ἐκείνου διδάσκοντες. 5 ἐπεί, εἴπατέ μοι, τοὺς ἀρχιερεῖς ἁμαρτάνειν τοῖς σάββασι προσφέροντας τὰς προσφορὰς ἐβούλετο ὁ θεός, ἢ τοὺς περιτεμνομένους καὶ περιτέμνοντας τῇ ἡμέρᾳ τῶν σαββάτων, κελεύων τῇ ἡμέρᾳ τῇ ὀγδόῃ ἐκ παντὸς περιτέμνεσθαι τοὺς γεννηθέντας ὁμοίως, κἂν ᾖ ἡμέρα τῶν σαββάτων; ἢ οὐκ ἠδύνατο πρὸ μιᾶς ἡμέρας ἢ μετὰ μίαν ἡμέραν τοῦ σαββάτου ἐνεργεῖν περιτέμνεσθαι τοὺς γεννωμένους, εἰ ἠπίστατο κακὸν εἶναι ἐν τοῖς σάββασιν; ἢ καὶ τοὺς πρὸ Μωυσέως καὶ Ἀβραὰμ ὠνομασμένους δικαίους καὶ εὐαρέστους αὐτῷ γενομένους, μήτε τὴν ἀκροβυστίαν περιτετμημένους μήτε τὰ σάββατα φυλάξαντας, διὰ τί οὐκ ἐδίδασκε ταῦτα ποιεῖν;

---

152 Isa 3:16
153 Romans 3:12, 13, 16, 17. The quote moves τάφος ... αὐτῶν in verse 13 to after ἐδολιοῦσαν and omits verses 14 and 15 entirely. It adds βοᾷ, a form of βοάω from βοή 'to shout'. The full quote is 12 πάντες ἐξέκλειναν, ἅμα ἠχρεώθησαν· οὐκ ἔστιν ποιῶν χρηστότητα, οὐκ ἔστιν ἕως ἑνός. 13 τάφος ἀνεῳγμένος ὁ λάρυγξ αὐτῶν, ταῖς γλώσσαις αὐτῶν ἐδολιοῦσαν· ἰὸς ἀσπίδων ὑπὸ τὰ χείλη αὐτῶν· [14 ὧν τὸ στόμα ἀρᾶς καὶ πικρίας γέμει. 15 ὀξεῖς οἱ πόδες αὐτῶν ἐκχέαι αἷμα·] 16 σύντριμμα καὶ ταλαιπωρία ἐν ταῖς ὁδοῖς αὐτῶν· 17 καὶ ὁδὸν εἰρήνης οὐκ ἔγνωσαν. (THGNT)

XXVIII

1 Καὶ ὁ Τρύφων· Καὶ πρότερον ἀκηκόαμέν σου τοῦτο προβάλλοντος καὶ ἐπεστήσαμεν· ἄξιον γάρ, ὡς ἀληθῶς εἰπεῖν, ἐπιστάσεως. καὶ οὔ μοι, ὃ τοῖς πολλοῖς, δοκεῖ λέγειν, ὅτι ἔδοξεν αὐτῷ· τοῦτο γάρ ἐστι πρόφασις ἀεὶ τοῖς μὴ δυναμένοις ἀποκρίνασθαι πρὸς τὸ ζητούμενον.

2 Κἀγώ· Ἐπειδὴ ἀπό τε τῶν γραφῶν καὶ τῶν πραγμάτων τάς τε ἀποδείξεις καὶ τὰς ὁμιλίας ποιοῦμαι, ἔλεγον, μὴ ὑπερτίθεσθε μηδὲ διστάζετε πιστεῦσαι τῷ ἀπεριτμήτῳ ἐμοί. βραχὺς οὗτος ὑμῖν περιλείπεται προσηλύσεως χρόνος· ἐὰν φθάσῃ ὁ Χριστὸς ἐλθεῖν, μάτην μετανοήσετε, μάτην κλαύσετε· οὐ γὰρ εἰσακούσεται ὑμῶν. *Νεώσατε ἑαυτοῖς νεώματα, Ἱερεμίας τῷ λαῷ κέκραγε, καὶ μὴ σπείρετε ἐπ' ἀκάνθας. περιτέμνετε τῷ κυρίῳ, καὶ περιτέμνεσθε τὴν ἀκροβυστίαν τῆς καρδίας ὑμῶν.*[154] **3** μὴ οὖν εἰς ἀκάνθας σπείρετε καὶ ἀνήροτον χωρίον, ὅθεν ὑμῖν καρπὸς οὐκ ἔστι. γνῶτε τὸν Χριστόν, καὶ ἰδοὺ νειὸς καλή, καλὴ καὶ πίων ἐν ταῖς καρδίαις ὑμῶν. *Ἰδοὺ γὰρ ἡμέραι ἔρχονται, λέγει κύριος, καὶ ἐπισκέψομαι ἐπὶ πάντας περιτετμημένους ἀκροβυστίας αὐτῶν, ἐπ' Αἴγυπτον καὶ ἐπὶ Ἰούδαν καὶ ἐπὶ Ἐδὼμ καὶ ἐπὶ υἱοὺς Μωάβ, ὅτι πάντα τὰ ἔθνη ἀπερίτμητα καὶ πᾶς οἶκος Ἰσραὴλ ἀπερίτμητος καρδίας αὐτῶν.*[155] **4** ὁρᾶτε ὡς οὐ ταύτην τὴν περιτομὴν τὴν εἰς σημεῖον δοθεῖσαν ὁ θεὸς θέλει· οὐδὲ γὰρ Αἰγυπτίοις χρήσιμος οὐδὲ τοῖς υἱοῖς Μωὰβ οὐδὲ τοῖς υἱοῖς Ἐδώμ. ἀλλὰ κἂν Σκύθης ᾖ τις ἢ Πέρσης, ἔχει δὲ τὴν τοῦ θεοῦ γνῶσιν καὶ τοῦ Χριστοῦ αὐτοῦ καὶ φυλάσσει τὰ αἰώνια δίκαια, περιτέτμηται τὴν καλὴν καὶ ὠφέλιμον περιτομήν, καὶ φίλος ἐστὶ τῷ θεῷ, καὶ ἐπὶ τοῖς δώροις αὐτοῦ καὶ ταῖς προσφοραῖς χαίρει. **5** παρέξω δὲ ὑμῖν, ἄνδρες φίλοι, καὶ αὐτοῦ ῥήματα τοῦ θεοῦ, ὁπότε πρὸς τὸν λαὸν εἶπε διὰ Μαλαχίου, ἑνὸς τῶν δώδεκα προφητῶν. ἔστι δὲ ταῦτα· *Οὐκ ἔστι θέλημά μου ἐν ὑμῖν, λέγει κύριος, καὶ τὰς θυσίας ὑμῶν οὐ προσδέχομαι ἐκ τῶν χειρῶν ὑμῶν· διότι ἀπὸ ἀνατολῆς ἡλίου ἕως δυσμῶν τὸ ὄνομά μου δεδόξασται ἐν τοῖς ἔθνεσι, καὶ ἐν παντὶ τόπῳ θυσία προσφέρεται τῷ ὀνόματί μου καὶ θυσία καθαρά, ὅτι τιμᾶται τὸ ὄνομά μου ἐν τοῖς ἔθνεσι, λέγει κύριος, ὑμεῖς δὲ βεβηλοῦτε αὐτό.*[156] **6** καὶ διὰ τοῦ Δαυεὶδ ἔφη· Λαός,

---

154 Jer 4:3
155 Jer 9:25
156 Mal 1:10-12

ὃν οὐκ ἔγνων, ἐδούλευσέ μοι· εἰς ἀκοὴν ὠτίου ὑπήκουσέ μου.[157]

XXIX

1 Δοξάσωμεν τὸν θεόν, ἅμα τὰ ἔθνη συνελθόντα, ὅτι καὶ ἡμᾶς ἐπεσκέψατο· δοξάσωμεν αὐτὸν διὰ τοῦ βασιλέως τῆς δόξης, διὰ τοῦ κυρίου τῶν δυνάμεων. εὐδόκησε γὰρ καὶ εἰς τὰ ἔθνη, καὶ τὰς θυσίας ἥδιον παρ' ἡμῶν ἢ παρ' ὑμῶν λαμβάνει. τίς οὖν ἔτι μοι περιτομῆς λόγος ὑπὸ τοῦ θεοῦ μαρτυρηθέντι; τίς ἐκείνου τοῦ βαπτίσματος χρεία ἁγίῳ πνεύματι βεβαπτισμένῳ; 2 ταῦτα οἶμαι λέγων πείσειν καὶ τοὺς βραχὺν νοῦν κεκτημένους. οὐ γὰρ ὑπ' ἐμοῦ συνεσκευασμένοι εἰσὶν οἱ λόγοι οὐδὲ τέχνῃ ἀνθρωπίνῃ κεκαλλωπισμένοι, ἀλλὰ τούτους Δαυεὶδ μὲν ἔψαλλεν, Ἡσαίας δὲ εὐηγγελίζετο, Ζαχαρίας δὲ ἐκήρυξε, Μωυσῆς δὲ ἀνέγραψεν. ἐπιγινώσκεις αὐτούς, Τρύφων; ἐν τοῖς ὑμετέροις ἀπόκεινται γράμμασι, μᾶλλον δὲ οὐχ ὑμετέροις ἀλλ' ἡμετέροις· ἡμεῖς γὰρ αὐτοῖς πειθόμεθα, ὑμεῖς δὲ ἀναγινώσκοντες οὐ νοεῖτε τὸν ἐν αὐτοῖς νοῦν. 3 μὴ οὖν ἄχθεσθε, μηδὲ ὀνειδίζετε ἡμῖν τὴν τοῦ σώματος ἀκροβυστίαν, ἣν αὐτὸς ὁ θεὸς ἔπλασε, μηδέ, ὅτι θερμὸν πίνομεν ἐν τοῖς σάββασι, δεινὸν ἡγεῖσθε· ἐπειδὴ καὶ ὁ θεὸς τὴν αὐτὴν διοίκησιν τοῦ κόσμου ὁμοίως καὶ ἐν ταύτῃ τῇ ἡμέρᾳ πεποίηται καθάπερ καὶ ἐν ταῖς ἄλλαις ἁπάσαις, καὶ οἱ ἀρχιερεῖς τὰς προσφορὰς καθὰ καὶ ταῖς ἄλλαις ἡμέραις καὶ ἐν ταύτῃ κεκελευσμένοι ἦσαν ποιεῖσθαι, καὶ οἱ τοσοῦτοι δίκαιοι μηδὲν τούτων τῶν νομίμων πράξαντες μεμαρτύρηνται ὑπὸ τοῦ θεοῦ αὐτοῦ.

XXX

1 Ἀλλὰ τῇ αὐτῶν κακίᾳ ἐγκαλεῖτε, ὅτι καὶ συκοφαντεῖσθαι δυνατός ἐστιν ὁ θεὸς ὑπὸ τῶν νοῦν μὴ ἐχόντων, ὡς τὰ αὐτὰ δίκαια μὴ πάντας ἀεὶ διδάξας. πολλοῖς γὰρ ἀνθρώποις ἄλογα καὶ οὐκ ἄξια θεοῦ τὰ τοιαῦτα διδάγματα ἔδοξεν εἶναι, μὴ λαβοῦσι χάριν τοῦ γνῶναι ὅτι τὸν λαὸν ὑμῶν πονηρευόμενον καὶ ἐν νόσῳ ψυχικῇ ὑπάρχοντα εἰς ἐπιστροφὴν καὶ μετάνοιαν τοῦ πνεύματος κέκληκε, καὶ αἰώνιός ἐστι μετὰ τὸν Μωυσέως θάνατον προελθοῦσα ἡ προφητεία. 2 καὶ διὰ τοῦ ψαλμοῦ τοῦτο εἴρηται, ὦ ἄνδρες. καὶ ὅτι γλυκύτερα ὑπὲρ μέλι καὶ κηρίον ὁμολογοῦμεν αὐτά, οἱ σοφισθέντες ἀπ' αὐτῶν, ἐκ

---

[157] Ps 17:43

τοῦ καὶ μέχρι θανάτου ἀνεξαρνήτους ἡμᾶς γίνεσθαι τοῦ ὀνόματος αὐτοῦ φαίνεται. ὅτι δὲ καὶ αἰτοῦμεν αὐτόν, οἱ πιστεύοντες εἰς αὐτόν, ἵνα ἀπὸ τῶν ἀλλοτρίων, τοῦτ' ἔστιν ἀπὸ τῶν πονηρῶν καὶ πλάνων πνευμάτων, συντηρήσῃ ἡμᾶς, ἀπὸ προσώπου ἑνὸς τῶν εἰς αὐτὸν πιστευόντων σχηματοποιήσας ὁ λόγος τῆς προφητείας λέγει, πᾶσι φανερόν ἐστιν. 3 ἀπὸ γὰρ τῶν δαιμονίων, ἅ ἐστιν ἀλλότρια τῆς θεοσεβείας τοῦ θεοῦ, οἷς πάλαι προσεκυνοῦμεν, τὸν θεὸν ἀεὶ διὰ Ἰησοῦ Χριστοῦ συντηρηθῆναι παρακαλοῦμεν, ἵνα μετὰ τὸ ἐπιστρέψαι πρὸς θεὸν δι' αὐτοῦ ἀμωμοιῶμεν. βοηθὸν γὰρ ἐκεῖνον καὶ λυτρωτὴν καλοῦμεν, οὗ καὶ τὴν τοῦ ὀνόματος ἰσχὺν καὶ τὰ δαιμόνια τρέμει, καὶ σήμερον ἐξορκιζόμενα κατὰ τοῦ ὀνόματος Ἰησοῦ Χριστοῦ, τοῦ σταυρωθέντος ἐπὶ Ποντίου Πιλάτου, τοῦ γενομένου ἐπιτρόπου τῆς Ἰουδαίας, ὑποτάσσεται, ὡς καὶ ἐκ τούτου πᾶσι φανερὸν εἶναι ὅτι ὁ πατὴρ αὐτοῦ τοσαύτην ἔδωκεν αὐτῷ δύναμιν, ὥστε καὶ τὰ δαιμόνια ὑποτάσσεσθαι τῷ ὀνόματι αὐτοῦ καὶ τῇ τοῦ γενομένου πάθους αὐτοῦ οἰκονομίᾳ.

XXXI

1 Εἰ δὲ τῇ τοῦ πάθους αὐτοῦ οἰκονομίᾳ τοσαύτη δύναμις δείκνυται παρακολουθήσασα καὶ παρακολουθοῦσα, πόση ἡ ἐν τῇ ἐνδόξῳ γινομένῃ αὐτοῦ παρουσίᾳ; ὡς υἱὸς γὰρ ἀνθρώπου ἐπάνω νεφελῶν ἐλεύσεται, ὡς Δανιὴλ ἐμήνυσεν, ἀγγέλων σὺν αὐτῷ ἀφικνουμένων. 2 εἰσὶ δὲ οἱ λόγοι οὗτοι· Ἐθεώρουν ἕως ὅτου θρόνοι ἐτέθησαν, καὶ ὁ παλαιὸς ἡμερῶν ἐκάθητο, ἔχων περιβολὴν ὡσεὶ χιόνα λευκήν, καὶ τὸ τρίχωμα τῆς κεφαλῆς αὐτοῦ ὡσεὶ ἔριον καθαρόν, ὁ θρόνος αὐτοῦ ὡσεὶ φλὸξ πυρός, οἱ τροχοὶ αὐτοῦ πῦρ φλέγον. ποταμὸς πυρὸς εἷλκεν ἐκπορευόμενος ἐκ προσώπου αὐτοῦ· χίλιαι χιλιάδες ἐλειτούργουν αὐτῷ, καὶ μύριαι μυριάδες παρειστήκεισαν αὐτῷ. βίβλοι ἀνεῴχθησαν, καὶ κριτήριον ἐκάθισεν. 3 ἐθεώρουν τότε τὴν φωνὴν τῶν μεγάλων λόγων ὧν τὸ κέρας λαλεῖ, καὶ ἀπετυμπανίσθη τὸ θηρίον, καὶ ἀπώλετο τὸ σῶμα αὐτοῦ καὶ ἐδόθη εἰς καῦσιν πυρός· καὶ τὰ λοιπὰ θηρία μετεστάθη τῆς ἀρχῆς αὐτῶν, καὶ χρόνος ζωῆς τοῖς θηρίοις ἐδόθη ἕως καιροῦ καὶ χρόνου. ἐθεώρουν ἐν ὁράματι τῆς νυκτός, καὶ ἰδοὺ μετὰ τῶν νεφελῶν τοῦ οὐρανοῦ ὡς υἱὸς ἀνθρώπου ἐρχόμενος· καὶ ἦλθεν ἕως τοῦ παλαιοῦ τῶν ἡμερῶν καὶ παρῆν ἐνώπιον αὐτοῦ, καὶ οἱ παρεστηκότες προσήγαγον αὐτόν. 4 καὶ ἐδόθη αὐτῷ ἐξουσία καὶ τιμὴ βασιλική, καὶ πάντα

τὰ ἔθνη τῆς γῆς κατὰ γένη καὶ πᾶσα δόξα λατρεύουσα· καὶ ἡ ἐξουσία αὐτοῦ ἐξουσία αἰώνιος, ἥτις οὐ μὴ ἀρθῇ, καὶ ἡ βασιλεία αὐτοῦ οὐ μὴ φθαρῇ. καὶ ἔφριξε τὸ πνεῦμά μου ἐν τῇ ἕξει μου, καὶ αἱ ὁράσεις τῆς κεφαλῆς μου ἐτάρασσόν με. καὶ προσῆλθον πρὸς ἕνα τῶν ἑστώτων, καὶ τὴν ἀκρίβειαν ἐζήτουν παρ' αὐτοῦ ὑπὲρ πάντων τούτων. ἀποκριθεὶς δὲ λέγει μοι καὶ τὴν κρίσιν τῶν λόγων ἐδήλωσέ μοι· Ταῦτα τὰ θηρία τὰ μεγάλα εἰσὶ τέσσαρες βασιλεῖαι, αἳ ἀπολοῦνται ἀπὸ τῆς γῆς, καὶ οὐ παραλήψονται τὴν βασιλείαν ἕως αἰῶνος καὶ ἕως τοῦ αἰῶνος τῶν αἰώνων. 5 τότε ἤθελον ἐξακριβώσασθαι ὑπὲρ τοῦ τετάρτου θηρίου, τοῦ καταφθείροντος πάντα καὶ ὑπερφόβου, καὶ οἱ ὀδόντες αὐτοῦ σιδηροῖ καὶ οἱ ὄνυχες αὐτοῦ χαλκοῖ, ἐσθίον καὶ λεπτύνον καὶ τὰ ἐπίλοιπα αὐτοῦ τοῖς ποσὶ κατεπάτει· καὶ περὶ τῶν δέκα κεράτων αὐτοῦ ἐπὶ τῆς κεφαλῆς, καὶ ἐκ τοῦ ἑνὸς τοῦ προσφυέντος, καὶ ἐξέπεσον ἐκ τῶν προτέρων δι' αὐτοῦ τρία, καὶ τὸ κέρας ἐκεῖνο εἶχεν ὀφθαλμοὺς καὶ στόμα λαλοῦν μεγάλα, καὶ ἡ πρόσοψις αὐτοῦ ὑπερέφερε τὰ ἄλλα. καὶ κατενόουν τὸ κέρας ἐκεῖνο πόλεμον συνιστάμενον πρὸς τοὺς ἁγίους καὶ τροπούμενον αὐτούς, ἕως τοῦ ἐλθεῖν τὸν παλαιὸν ἡμερῶν, καὶ τὴν κρίσιν ἔδωκε τοῖς ἁγίοις τοῦ ὑψίστου, καὶ ὁ καιρὸς ἐνέστη, καὶ τὸ βασίλειον κατέσχον ἅγιοι ὑψίστου. 6 καὶ ἐρρέθη μοι περὶ τοῦ τετάρτου θηρίου· Βασιλεία τετάρτη ἔσται ἐπὶ τῆς γῆς ἥτις διοίσει παρὰ πάσας τὰς βασιλείας ταύτας, καὶ καταφάγεται πᾶσαν τὴν γῆν καὶ ἀναστατώσει αὐτὴν καὶ καταλεανεῖ αὐτήν. καὶ τὰ δέκα κέρατα, δέκα βασιλεῖς ἀναστήσονται, [καὶ ἕτερος] μετ' αὐτούς, καὶ οὗτος διοίσει κακοῖς ὑπὲρ τοὺς πρώτους, καὶ τρεῖς βασιλεῖς ταπεινώσει, καὶ ῥήματα πρὸς τὸν ὕψιστον λαλήσει, καὶ ἑτέρους ἁγίους τοῦ ὑψίστου καταστρέψει, καὶ προσδέξεται ἀλλοιῶσαι καιροὺς καὶ χρόνους· καὶ παραδοθήσεται εἰς χεῖρας ἕως καιροῦ αὐτοῦ καὶ καιρῶν καὶ ἥμισυ καιροῦ. 7 καὶ ἡ κρίσις ἐκάθισε, καὶ τὴν ἀρχὴν μεταστήσουσι τοῦ ἀφανίσαι καὶ τοῦ ἀπολέσαι ἕως τέλους. καὶ ἡ βασιλεία καὶ ἡ ἐξουσία καὶ ἡ μεγαλειότης τῶν τόπων τῶν ὑπὸ τὸν οὐρανὸν βασιλειῶν ἐδόθη λαῷ ἁγίῳ ὑψίστου βασιλεῦσαι βασιλείαν αἰώνιον· καὶ πᾶσαι ἐξουσίαι ὑποταγήσονται αὐτῷ καὶ πειθαρχήσουσιν αὐτῷ. ἕως ὧδε τὸ τέλος τοῦ λόγου. ἐγὼ Δανιὴλ ἐκστάσει περιειχόμην σφόδρα, καὶ ἡ ἕξις διήνεγκεν ἐμοί, καὶ τὸ ῥῆμα ἐν τῇ καρδίᾳ μου ἐτήρησα.[158]

---

158 Dan 7:9-28

XXXII

1 Καὶ ὁ Τρύφων παυσαμένου μου εἶπεν· Ὦ ἄνθρωπε, αὗται ἡμᾶς αἱ γραφαὶ καὶ τοιαῦται ἔνδοξον καὶ μέγαν ἀναμένειν τὸν παρὰ τοῦ παλαιοῦ τῶν ἡμερῶν ὡς υἱὸν ἀνθρώπου παραλαμβάνοντα τὴν αἰώνιον βασιλείαν ἀναγκάζουσιν· οὗτος δὲ ὁ ὑμέτερος λεγόμενος Χριστὸς ἄτιμος καὶ ἄδοξος γέγονεν, ὡς καὶ τῇ ἐσχάτῃ κατάρᾳ τῇ ἐν τῷ νόμῳ τοῦ θεοῦ περιπεσεῖν· ἐσταυρώθη γάρ.

2 Κἀγὼ πρὸς αὐτόν· Εἰ μέν, ὦ ἄνδρες, μὴ ἀπὸ τῶν γραφῶν, ὧν προανιστόρησα, τὸ εἶδος αὐτοῦ ἄδοξον καὶ τὸ γένος αὐτοῦ ἀδιήγητον, καὶ ἀντὶ τοῦ θανάτου αὐτοῦ τοὺς πλουσίους θανατωθήσεσθαι, καὶ τῷ μώλωπι αὐτοῦ ἡμεῖς ἰάθημεν, καὶ ὡς πρόβατον ἀχθήσεσθαι ἐλέγετο, καὶ δύο παρουσίας αὐτοῦ γενήσεσθαι ἐξηγησάμην, μίαν μὲν ἐν ᾗ ἐξεκεντήθη ὑφ' ὑμῶν, δευτέραν δὲ ὅτε ἐπιγνώσεσθε εἰς ὃν ἐξεκεντήσατε, καὶ κόψονται αἱ φυλαὶ ὑμῶν, φυλὴ πρὸς φυλήν, αἱ γυναῖκες κατ' ἰδίαν καὶ οἱ ἄνδρες κατ' ἰδίαν, ἀσαφῆ καὶ ἄπορα ἐδόκουν λέγειν· νῦν δὲ διὰ πάντων τῶν λόγων ἀπὸ τῶν παρ' ὑμῖν ἁγίων καὶ προφητικῶν γραφῶν τὰς πάσας ἀποδείξεις ποιοῦμαι ἐλπίζων τινὰ ἐξ ὑμῶν δύνασθαι εὑρεθῆναι ἐκ τοῦ κατὰ χάριν τὴν ἀπὸ τοῦ κυρίου Σαβαὼθ περιλειφθέντος εἰς τὴν αἰώνιον σωτηρίαν. **3** οὖν καὶ σαφέστερον ὑμῖν τὸ ζητούμενον νῦν γένηται, ἐρῶ ὑμῖν καὶ ἄλλους λόγους τοὺς εἰρημένους διὰ Δαυεὶδ τοῦ μακαρίου, ἐξ ὧν καὶ κύριον τὸν Χριστὸν ὑπὸ τοῦ ἁγίου προφητικοῦ πνεύματος λεγόμενον νοήσετε, καὶ τὸν κύριον πάντων πατέρα ἀνάγοντα αὐτὸν ἀπὸ τῆς γῆς καὶ καθίζοντα αὐτὸν ἐν δεξιᾷ αὐτοῦ, ἕως ἂν θῇ τοὺς ἐχθροὺς ὑποπόδιον τῶν ποδῶν αὐτοῦ· ὅπερ γίνεται ἐξ ὅτου εἰς τὸν οὐρανὸν ἀνελήφθη μετὰ τὸ ἐκ νεκρῶν ἀναστῆναι ὁ ἡμέτερος κύριος Ἰησοῦς Χριστός, τῶν χρόνων συμπληρουμένων καὶ τοῦ βλάσφημα καὶ τολμηρὰ εἰς τὸν ὕψιστον μέλλοντος λαλεῖν ἤδη ἐπὶ θύραις ὄντος, ὃν καιρὸν καὶ καιροὺς καὶ ἥμισυ καιροῦ διακαθέξειν Δανιὴλ μηνύει. **4** καὶ ὑμεῖς, ἀγνοοῦντες πόσον χρόνον διακατέχειν μέλλει, ἄλλο ἡγεῖσθε· τὸν γὰρ καιρὸν ἑκατὸν ἔτη ἐξηγεῖσθε λέγεσθαι. εἰ δὲ τοῦτό ἐστιν, εἰς τὸ ἐλάχιστον τὸν τῆς ἀνομίας ἄνθρωπον τριακόσια πεντήκοντα ἔτη βασιλεῦσαι δεῖ, ἵνα τὸ εἰρημένον ὑπὸ τοῦ ἁγίου Δανιήλ, καὶ καιρῶν, δύο μόνους καιροὺς λέγεσθαι ἀριθμήσωμεν. **5** καὶ ταῦτα δὲ πάντα ἃ ἔλεγον ἐν παρεκβάσει λέγω πρὸς ὑμᾶς, ἵνα ἤδη ποτὲ πεισθέντες τῷ εἰρημένῳ καθ' ὑμῶν ὑπὸ τοῦ θεοῦ, ὅτι Υἱοὶ ἀσύνετοί ἐστε, καὶ τῷ Διὰ τοῦτο ἰδοὺ προσθήσω τοῦ μεταθεῖναι τὸν λαὸν τοῦτον, καὶ μεταθήσω αὐτούς, καὶ ἀφελῶ τὴν σοφίαν τῶν σοφῶν καὶ τὴν σύνεσιν τῶν συνετῶν αὐτῶν κρύψω,[159] παύσησθε καὶ ἑαυτοὺς καὶ τοὺς ὑμῶν ἀκούοντας πλανῶντες, καὶ παρ' ἡμῶν μανθάνοντες τῶν σοφισθέντων ἀπὸ τῆς τοῦ Χριστοῦ χάριτος. 6 εἰσὶν οὖν καὶ οἱ λόγοι οἱ διὰ Δαυεὶδ λεχθέντες οὗτοι· Εἶπεν ὁ κύριος τῷ κυρίῳ μου· Κάθου ἐκ δεξιῶν μου, ἕως ἂν θῶ τοὺς ἐχθρούς σου ὑποπόδιον τῶν ποδῶν σου. ῥάβδον δυνάμεως ἐξαποστελεῖ σοι κύριος ἐκ Σιών· καὶ κατακυρίευε ἐν μέσῳ τῶν ἐχθρῶν σου. μετὰ σοῦ ἡ ἀρχὴ ἐν ἡμέρᾳ τῆς δυνάμεώς σου· ἐν ταῖς λαμπρότησι τῶν ἁγίων σου, ἐκ γαστρὸς πρὸ ἑωσφόρου ἐγέννησά σε. ὤμοσε κύριος καὶ οὐ μεταμεληθήσεται· Σὺ ἱερεὺς εἰς τὸν αἰῶνα κατὰ τὴν τάξιν Μελχισεδέκ. κύριος ἐκ δεξιῶν σου· συνέθλασεν ἐν ἡμέρᾳ ὀργῆς αὐτοῦ βασιλεῖς. κρινεῖ ἐν τοῖς ἔθνεσι, πληρώσει πτώματα. ἐκ χειμάρρου ἐν ὁδῷ πίεται· διὰ τοῦτο ὑψώσει κεφαλήν.[160]

XXXIII

1 Καὶ τοῦτον τὸν ψαλμὸν ὅτι εἰς τὸν Ἐζεκίαν τὸν βασιλέα εἰρῆσθαι ἐξηγεῖσθαι τολμᾶτε, οὐκ ἀγνοῶ, ἐπεῖπον· ὅτι δὲ πεπλάνησθε, ἐξ αὐτῶν τῶν λόγων αὐτίκα ὑμῖν ἀποδείξω. Ὤμοσε κύριος καὶ οὐ μεταμεληθήσεται, εἴρηται, καὶ Σὺ ἱερεὺς εἰς τὸν αἰῶνα κατὰ τὴν τάξιν Μελχισεδέκ, καὶ τὰ ἐπαγόμενα καὶ τὰ προάγοντα. ἱερεὺς δὲ ὅτι οὔτε γέγονεν Ἐζεκίας οὔτε ἐστὶν αἰώνιος ἱερεὺς τοῦ θεοῦ, οὐδὲ ὑμεῖς ἀντειπεῖν τολμήσετε· ὅτι δὲ περὶ τοῦ ἡμετέρου Ἰησοῦ εἴρηται, καὶ αὐταὶ αἱ φωναὶ σημαίνουσι. τὰ δὲ ὦτα ὑμῶν πέφρακται καὶ αἱ καρδίαι πεπώρωνται. 2 τὸ γὰρ Ὤμοσε κύριος καὶ οὐ μεταμεληθήσεται· Σὺ ἱερεὺς εἰς τὸν αἰῶνα κατὰ τὴν τάξιν Μελχισεδέκ· μεθ' ὅρκου ὁ θεὸς διὰ τὴν ἀπιστίαν ὑμῶν ἀρχιερέα αὐτὸν κατὰ τὴν τάξιν Μελχισεδὲκ εἶναι ἐδήλωσε, τοῦτ' ἔστιν, ὃν τρόπον ὁ Μελχισεδὲκ ἱερεὺς ὑψίστου ὑπὸ Μωυσέως ἀναγέγραπται γεγενῆσθαι, καὶ οὗτος τῶν ἐν ἀκροβυστίᾳ ἱερεὺς ἦν, καὶ τὸν ἐν περιτομῇ δεκάτας αὐτῷ προσενέγκαντα Ἀβραὰμ εὐλόγησεν, οὕτως τὸν αἰώνιον αὐτοῦ ἱερέα καὶ κύριον ὑπὸ τοῦ ἁγίου πνεύματος καλούμενον, ὁ θεὸς τῶν ἐν ἀκροβυστίᾳ γενήσεσθαι ἐδήλου· καὶ τοὺς ἐν περιτομῇ προσιόντας αὐτῷ τοῦτ' ἔστι πιστεύοντας αὐτῷ καὶ τὰς εὐλογίας παρ' αὐτοῦ ζητοῦντας, καὶ αὐτοὺς προσδέξεται καὶ εὐλογήσει. καὶ ὅτι

---

159 Isa 29:14
160 Ps 109

ταπεινὸς ἔσται πρῶτον ἄνθρωπος, εἶτα ὑψωθήσεται, τὰ ἐπὶ τέλει τοῦ ψαλμοῦ δηλοῖ. Ἐκ χειμάρρου γὰρ ἐν ὁδῷ πίεται, καὶ ἅμα· Διὰ τοῦτο ὑψώσει κεφαλήν.

XXXIV

1 Ἔτι δὲ καὶ πρὸς τὸ πεῖσαι ὑμᾶς ὅτι τῶν γραφῶν οὐδὲν συνήκατε, καὶ ἄλλου ψαλμοῦ τῷ Δαυεὶδ ὑπὸ τοῦ ἁγίου πνεύματος εἰρημένου ἀναμνήσομαι, ὃν εἰς Σολομῶνα, τὸν γενόμενον καὶ αὐτὸν βασιλέα ὑμῶν, εἰρῆσθαι λέγετε· εἰς δὲ τὸν Χριστὸν ἡμῶν καὶ αὐτὸς εἴρηται. ὑμεῖς δὲ ἀπὸ τῶν ὁμωνύμων λέξεων ἑαυτοὺς ἐξαπατᾶτε. ὅπου γὰρ ὁ νόμος τοῦ κυρίου ἄμωμος εἴρηται, οὐχὶ τὸν μετ' ἐκεῖνον μέλλοντα ἀλλὰ τὸν διὰ Μωυσέως ἐξηγεῖσθε, τοῦ θεοῦ βοῶντος καινὸν νόμον καὶ καινὴν διαθήκην διαθήσεσθαι. **2** καὶ ὅπου λέλεκται· Ὁ θεός, τὸ κρίμα σου τῷ βασιλεῖ δός, ἐπειδὴ βασιλεὺς Σολομὼν γέγονεν, εἰς αὐτὸν τὸν ψαλμὸν εἰρῆσθαί φατε, τῶν λόγων τοῦ ψαλμοῦ διαρρήδην κηρυσσόντων εἰς τὸν αἰώνιον βασιλέα, τοῦτ' ἔστιν εἰς τὸν Χριστόν, εἰρῆσθαι. ὁ γὰρ Χριστὸς βασιλεὺς καὶ ἱερεὺς καὶ θεὸς καὶ κύριος καὶ ἄγγελος καὶ ἄνθρωπος καὶ ἀρχιστράτηγος καὶ λίθος καὶ παιδίον γεννώμενον καὶ παθητὸς γενόμενος πρῶτον, εἶτα εἰς οὐρανὸν ἀνερχόμενος καὶ πάλιν παραγινόμενος μετὰ δόξης καὶ αἰώνιον τὴν βασιλείαν ἔχων κεκήρυκται, ὡς ἀπὸ πασῶν τῶν γραφῶν ἀποδείκνυμι. **3** ἵνα δὲ καὶ ὃ εἶπον νοήσητε, τοὺς τοῦ ψαλμοῦ λόγους λέγω. εἰσὶ δ' οὗτοι· Ὁ θεός, τὸ κρίμα σου τῷ βασιλεῖ δὸς καὶ τὴν δικαιοσύνην σου τῷ υἱῷ τοῦ βασιλέως, κρίνειν τὸν λαόν σου ἐν δικαιοσύνῃ καὶ τοὺς πτωχούς σου ἐν κρίσει. ἀναλαβέτω τὰ ὄρη εἰρήνην τῷ λαῷ καὶ οἱ βουνοὶ δικαιοσύνην. κρινεῖ τοὺς πτωχοὺς τοῦ λαοῦ, καὶ σώσει τοὺς υἱοὺς τῶν πενήτων, καὶ ταπεινώσει συκοφάντην· καὶ συμπαραμενεῖ τῷ ἡλίῳ καὶ πρὸ τῆς σελήνης εἰς γενεὰς γενεῶν. καταβήσεται ὡς ὑετὸς ἐπὶ πόκον καὶ ὡσεὶ σταγὼν ἡ στάζουσα ἐπὶ τὴν γῆν. **4** ἀνατελεῖ ἐν ταῖς ἡμέραις αὐτοῦ δικαιοσύνη, καὶ πλῆθος εἰρήνης ἕως οὗ ἀνταναιρεθῇ ἡ σελήνη. καὶ κατακυριεύσει ἀπὸ θαλάσσης ἕως θαλάσσης καὶ ἀπὸ ποταμῶν ἕως περάτων τῆς οἰκουμένης. ἐνώπιον αὐτοῦ προπεσοῦνται Αἰθίοπες, καὶ οἱ ἐχθροὶ αὐτοῦ χοῦν λείξουσι. βασιλεῖς Θαρσεῖς καὶ νῆσοι δῶρα προσάξουσι, βασιλεῖς Ἀρράβων καὶ Σαββᾶ δῶρα προσάξουσι, καὶ προσκυνήσουσιν αὐτῷ πάντες οἱ βασιλεῖς τῆς γῆς, καὶ πάντα τὰ ἔθνη δουλεύσουσιν αὐτῷ· ὅτι ἐρρύσατο πτωχὸν ἐκ δυνάστου, καὶ πένητα ᾧ οὐχ ὑπῆρχε βοηθός. **5** φείσεται πτωχοῦ καὶ πένητος, καὶ ψυχὰς πενήτων σώσει· ἐκ τόκου καὶ ἐξ ἀδικίας λυτρώσεται τὰς ψυχὰς αὐτῶν, καὶ ἔντιμον τὸ ὄνομα αὐτοῦ ἐνώπιον αὐτῶν. καὶ ζήσεται καὶ δοθήσεται αὐτῷ ἐκ τοῦ χρυσίου τῆς Ἀρραβίας, καὶ προσεύξονται διὰ παντὸς περὶ αὐτοῦ· ὅλην τὴν ἡμέραν εὐλογήσουσιν αὐτόν. καὶ ἔσται στήριγμα ἐν τῇ γῇ ἐπ' ἄκρων τῶν ὀρέων· ὑπεραρθήσεται ὑπὲρ τὸν Λίβανον ὁ καρπὸς αὐτοῦ, καὶ ἐξανθήσουσιν ἐκ πόλεως ὡσεὶ χόρτος τῆς γῆς. **6** ἔσται τὸ ὄνομα αὐτοῦ εὐλογημένον εἰς τοὺς αἰῶνας· πρὸ τοῦ ἡλίου διαμένει. καὶ ἐνευλογηθήσονται ἐν αὐτῷ πᾶσαι αἱ φυλαὶ τῆς γῆς· πάντα τὰ ἔθνη μακαριοῦσιν αὐτόν. εὐλογητὸς κύριος, ὁ θεὸς Ἰσραήλ, ὁ ποιῶν θαυμάσια μόνος, καὶ εὐλογημένον τὸ ὄνομα τῆς δόξης αὐτοῦ εἰς τὸν αἰῶνα καὶ εἰς τὸν αἰῶνα τοῦ αἰῶνος· καὶ πληρωθήσεται τῆς δόξης αὐτοῦ πᾶσα ἡ γῆ. γένοιτο, γένοιτο.[161] καὶ ἐπὶ τέλει τοῦ ψαλμοῦ τούτου, οὗ ἔφην, γέγραπται· Ἐξέλιπον οἱ ὕμνοι Δαυείδ, υἱοῦ Ἰεσσαί. **7** καὶ ὅτι μὲν βασιλεὺς ἐγένετο καὶ μέγας ὁ Σολομῶν, ἐφ' οὗ ὁ οἶκος Ἱερουσαλὴμ ἐπικληθεὶς ἀνῳκοδομήθη, ἐπίσταμαι. ὅτι δὲ οὐδὲν τῶν ἐν τῷ ψαλμῷ εἰρημένων συνέβη αὐτῷ, φαίνεται. οὔτε γὰρ πάντες οἱ βασιλεῖς προσεκύνησαν αὐτῷ, οὔτε μέχρι τῶν περάτων τῆς οἰκουμένης ἐβασίλευσεν, οὔτε οἱ ἐχθροὶ αὐτοῦ ἔμπροσθεν αὐτοῦ πεσόντες χοῦν ἔλειξαν. **8** ἀλλὰ καὶ τολμῶ λέγειν ἃ γέγραπται ἐν ταῖς Βασιλείαις ὑπ' αὐτοῦ πραχθέντα, ὅτι διὰ γυναῖκα ἐν Σιδῶνι εἰδωλολάτρει· ὅπερ οὐχ ὑπομένουσι πρᾶξαι οἱ ἀπὸ τῶν ἐθνῶν διὰ Ἰησοῦ τοῦ σταυρωθέντος ἐπιγνόντες τὸν ποιητὴν τῶν ὅλων θεόν, ἀλλὰ πᾶσαν αἰκίαν καὶ τιμωρίαν μέχρις ἐσχάτου θανάτου ὑπομένουσι περὶ τοῦ μήτε εἰδωλολατρῆσαι μήτε εἰδωλόθυτα φαγεῖν.

XXXV

1 Καὶ ὁ Τρύφων· Καὶ μὴν πολλοὺς τῶν τὸν Ἰησοῦν λεγόντων ὁμολογεῖν καὶ λεγομένων Χριστιανῶν πυνθάνομαι ἐσθίειν τὰ εἰδωλόθυτα καὶ μηδὲν ἐκ τούτου βλάπτεσθαι λέγειν.

2 Κἀγὼ ἀπεκρινάμην· Καὶ ἐκ τοῦ τοιούτους εἶναι ἄνδρας, ὁμολογοῦντας ἑαυτοὺς εἶναι Χριστιανοὺς καὶ τὸν σταυρωθέντα Ἰησοῦν ὁμολογεῖν καὶ κύριον καὶ Χριστόν, καὶ μὴ τὰ ἐκείνου διδάγματα διδάσκοντας ἀλλὰ τὰ ἀπὸ τῶν τῆς πλάνης πνευμάτων, ἡμεῖς, οἱ τῆς ἀληθινῆς Ἰησοῦ Χριστοῦ καὶ καθαρᾶς διδασκαλίας μαθηταί, πιστότεροι καὶ βεβαιότεροι γινόμεθα ἐν τῇ ἐλπίδι τῇ κατηγγελμένῃ ὑπ' αὐτοῦ. ἃ γὰρ προλαβὼν μέλλειν γίνεσθαι ἐν ὀνόματι

---
[161] Ps 71

Πρὸς Τρύφωνα Ἰουδαῖον Διάλογος

αὐτοῦ ἔφη, ταῦτα ὄψει καὶ ἐνεργείᾳ ὁρῶμεν τελούμενα. **3** εἶπε γάρ[162]· *Πολλοὶ ἐλεύσονται ἐπὶ τῷ ὀνόματί μου, ἔξωθεν ἐνδεδυμένοι δέρματα προβάτων, ἔσωθεν δέ εἰσι λύκοι ἅρπαγες.*[163] καί· *Ἔσονται σχίσματα καὶ αἱρέσεις.*[164] καί· *Προσέχετε ἀπὸ τῶν ψευδοπροφητῶν, οἵτινες ἐλεύσονται πρὸς ὑμᾶς, ἔξωθεν ἐνδεδυμένοι δέρματα προβάτων, ἔσωθεν δέ εἰσι λύκοι ἅρπαγες.*[165] καί· *Ἀναστήσονται πολλοὶ ψευδόχριστοι καὶ ψευδαπόστολοι, καὶ πολλοὺς τῶν πιστῶν πλανήσουσιν.*[166] **4** εἰσὶν οὖν καὶ ἐγένοντο, ὦ φίλοι ἄνδρες, πολλοὶ οἳ ἄθεα καὶ βλάσφημα λέγειν καὶ πράττειν ἐδίδαξαν, ἐν ὀνόματι τοῦ Ἰησοῦ προσελθόντες· καὶ <καλούμενοί> εἰσιν ὑφ' ἡμῶν ἀπὸ τῆς προσωνυμίας τῶν ἀνδρῶν, ἐξ οὗπερ ἑκάστη διδαχὴ καὶ γνώμη ἤρξατο. **5** ἄλλοι γὰρ κατ' ἄλλον τρόπον βλασφημεῖν τὸν ποιητὴν τῶν ὅλων καὶ τὸν ὑπ' αὐτοῦ προφητευόμενον ἐλεύσεσθαι Χριστὸν καὶ τὸν θεὸν Ἀβραὰμ καὶ Ἰσαὰκ καὶ Ἰακὼβ διδάσκουσιν· ὧν οὐδενὶ κοινωνοῦμεν, οἱ γνωρίζοντες ἀθέους καὶ ἀσεβεῖς καὶ ἀδίκους καὶ ἀνόμους αὐτοὺς ὑπάρχοντας, καὶ ἀντὶ τοῦ τὸν Ἰησοῦν σέβειν ὀνόματι μόνον ὁμολογεῖν. **6** καὶ Χριστιανοὺς ἑαυτοὺς λέγουσιν, ὃν τρόπον οἱ ἐν τοῖς ἔθνεσι τὸ ὄνομα τοῦ θεοῦ ἐπιγράφουσι τοῖς χειροποιήτοις, καὶ ἀνόμοις καὶ ἀθέοις τελεταῖς κοινωνοῦσι. καί εἰσιν αὐτῶν οἱ μέν τινες καλούμενοι Μαρκιανοί, οἱ δὲ Οὐαλεντινιανοί, οἱ δὲ Βασιλειδιανοί, οἱ δὲ Σατορνιλιανοί, καὶ ἄλλοι ἄλλῳ ὀνόματι, ἀπὸ τοῦ ἀρχηγέτου τῆς γνώμης ἕκαστος ὀνομαζόμενος, ὃν τρόπον καὶ ἕκαστος τῶν φιλοσοφεῖν νομιζόντων, ὡς ἐν ἀρχῇ προεῖπον, ἀπὸ τοῦ πατρὸς τοῦ λόγου τὸ ὄνομα ἧς φιλοσοφεῖ φιλοσοφίας ἡγεῖται φέρειν. **7** ὡς καὶ ἐκ τούτων ἡμεῖς, ὡς ἔφην, τὸν Ἰησοῦν καὶ τῶν μετ' αὐτὸν γενησομένων προγνώστην ἐπιστάμεθα, καὶ ἐξ ἄλλων δὲ πολλῶν ὧν προεῖπε γενήσεσθαι τοῖς πιστεύουσι καὶ ὁμολογοῦσιν αὐτὸν Χριστόν. καὶ γὰρ ἃ πάσχομεν πάντα, ἀναιρούμενοι ὑπὸ τῶν οἰκείων, προεῖπεν ἡμῖν μέλλειν γενέσθαι, ὡς κατὰ μηδένα τρόπον ἐπιλήψιμον αὐτοῦ λόγον ἢ πρᾶξιν φαίνεσθαι. **8** διὸ καὶ ὑπὲρ ὑμῶν καὶ

---

[162] See Matt. 7:15. 24:5, 11, 24; Mk 13:22; 1 Cor. 11:18, 19. Compare also Clement. Hom. XVI. 21.

[163] Matt. 7:15

[164] 'There will be factions and divisions'. This appears to be an allusion to 1 Cor 11:18, 19 where Paul says in part, '18 For, in the first place, when you come together as a church, I hear that there are divisions (σχίσματα) among you. And I believe it in part, 19 for there must be factions (αἱρέσεις) among you ...'

[165] Matt 7:15

[166] Matt 24:11

ὑπὲρ τῶν ἄλλων ἁπάντων ἀνθρώπων τῶν ἐχθραινόντων ἡμῖν εὐχόμεθα, ἵνα μεταγνόντες σὺν ἡμῖν μὴ βλασφημῆτε τὸν διά τε τῶν ἔργων καὶ τῶν ἀπὸ τοῦ ὀνόματος αὐτοῦ καὶ νῦν γινομένων δυνάμεων καὶ ἀπὸ τῶν τῆς διδαχῆς λόγων καὶ ἀπὸ τῶν προφητευθεισῶν εἰς αὐτὸν προφητειῶν ἄμωμον καὶ ἀνέγκλητον κατὰ πάντα Χριστὸν Ἰησοῦν, ἀλλὰ πιστεύσαντες εἰς αὐτὸν ἐν τῇ πάλιν γενησομένῃ ἐνδόξῳ αὐτοῦ παρουσίᾳ σωθῆτε καὶ μὴ καταδικασθῆτε εἰς τὸ πῦρ ὑπ' αὐτοῦ.

XXXVI

1 Κἀκεῖνος ἀπεκρίνατο· Ἔστω καὶ ταῦτα οὕτως ἔχοντα ὡς λέγεις, καὶ ὅτι παθητὸς Χριστὸς προεφητεύθη μέλλειν εἶναι, καὶ λίθος κέκληται, καὶ ἔνδοξος μετὰ τὴν πρώτην αὐτοῦ παρουσίαν, ἐν ᾗ παθητὸς φαίνεσθαι κεκήρυκτο, ἐλευσόμενος καὶ κριτὴς πάντων λοιπὸν καὶ αἰώνιος βασιλεὺς καὶ ἱερεὺς γενησόμενος· εἰ οὗτος δέ ἐστι περὶ οὗ ταῦτα προεφητεύθη, ἀπόδειξον.

2 Κἀγώ· Ὡς βούλει, ὦ Τρύφων, ἐλεύσομαι πρὸς ἃς βούλει ταύτας ἀποδείξεις ἐν τῷ ἁρμόζοντι τόπῳ, ἔφην· τὰ νῦν δὲ συγχωρήσεις μοι πρῶτον ἐπιμνησθῆναι ὧνπερ βούλομαι προφητειῶν, εἰς ἐπίδειξιν ὅτι καὶ θεὸς καὶ κύριος τῶν δυνάμεων ὁ Χριστὸς καὶ Ἰακὼβ καλεῖται ἐν παραβολῇ ὑπὸ τοῦ ἁγίου πνεύματος, καὶ οἱ παρ' ὑμῖν ἐξηγηταί, ὡς θεὸς βοᾷ, ἀνόητοί εἰσι, μὴ εἰς τὸν Χριστὸν εἰρῆσθαι λέγοντες ἀλλ' εἰς Σολομῶνα, ὅτε εἰσέφερε τὴν σκηνὴν τοῦ μαρτυρίου εἰς τὸν ναὸν ὃν ᾠκοδόμησεν. 3 ἔστι δὲ ψαλμὸς τοῦ Δαυεὶδ οὗτος· *Τοῦ κυρίου ἡ γῆ καὶ τὸ πλήρωμα αὐτῆς, ἡ οἰκουμένη καὶ πάντες οἱ κατοικοῦντες ἐν αὐτῇ. αὐτὸς ἐπὶ θαλασσῶν ἐθεμελίωσεν αὐτήν, καὶ ἐπὶ ποταμῶν ἡτοίμασεν αὐτήν. τίς. ἀναβήσεται εἰς τὸ ὄρος τοῦ κυρίου, ἢ τίς στήσεται ἐν τόπῳ ἁγίῳ αὐτοῦ; ἀθῷος χερσὶ καὶ καθαρὸς τῇ καρδίᾳ, ὃς οὐκ ἔλαβεν ἐπὶ ματαίῳ τὴν ψυχὴν αὐτοῦ καὶ οὐκ ὤμοσεν ἐπὶ δόλῳ τῷ πλησίον αὐτοῦ.* 4 *οὗτος λήψεται εὐλογίαν παρὰ κυρίου καὶ ἐλεημοσύνην παρὰ θεοῦ σωτῆρος αὐτοῦ. αὕτη ἡ γενεὰ ζητούντων τὸν κύριον, ζητούντων τὸ πρόσωπον τοῦ θεοῦ Ἰακώβ. ἄρατε πύλας, οἱ ἄρχοντες ὑμῶν, καὶ ἐπάρθητε, πύλαι αἰώνιοι, καὶ εἰσελεύσεται ὁ βασιλεὺς τῆς δόξης. τίς ἐστιν οὗτος ὁ βασιλεὺς τῆς δόξης; κύριος κραταιὸς καὶ δυνατὸς ἐν πολέμῳ. ἄρατε πύλας οἱ ἄρχοντες ὑμῶν, καὶ ἐπάρθητε, πύλαι αἰώνιοι, καὶ εἰσελεύσεται ὁ βασιλεὺς τῆς δόξης. τίς ἐστιν οὗτος ὁ βασιλεὺς τῆς δόξης; κύριος τῶν*

δυνάμεων, αὐτός ἐστιν ὁ βασιλεὺς τῆς δόξης.[167] 5 κύριος οὖν τῶν δυνάμεων ὅτι οὐκ ἔστιν ὁ Σολομὼν ἀποδέδεικται· ἀλλὰ ὁ ἡμέτερος Χριστὸς ὅτε ἐκ νεκρῶν ἀνέστη καὶ ἀνέβαινεν εἰς τὸν οὐρανόν, κελεύονται οἱ ἐν τοῖς οὐρανοῖς ταχθέντες ὑπὸ τοῦ θεοῦ ἄρχοντες ἀνοῖξαι τὰς πύλας τῶν οὐρανῶν, ἵνα εἰσέλθῃ οὗτος ὅς ἐστι βασιλεὺς τῆς δόξης, καὶ ἀναβὰς καθίσῃ ἐν δεξιᾷ τοῦ πατρός, ἕως ἂν θῇ τοὺς ἐχθροὺς ὑποπόδιον τῶν ποδῶν αὐτοῦ, ὡς διὰ τοῦ ἄλλου ψαλμοῦ δεδήλωται. 6 ἐπειδὴ γὰρ οἱ ἐν οὐρανῷ ἄρχοντες ἑώρων ἀειδῆ καὶ ἄτιμον τὸ εἶδος καὶ ἄδοξον ἔχοντα αὐτόν, οὐ γνωρίζοντες αὐτόν, ἐπυνθάνοντο· Τίς ἐστιν οὗτος ὁ βασιλεὺς τῆς δόξης; καὶ ἀποκρίνεται αὐτοῖς τὸ πνεῦμα τὸ ἅγιον ἢ ἀπὸ προσώπου τοῦ πατρὸς ἢ ἀπὸ τοῦ ἰδίου· Κύριος τῶν δυνάμεων, αὐτὸς οὗτός ἐστιν ὁ βασιλεὺς τῆς δόξης. ὅτι γὰρ οὔτε περὶ Σολομῶνος, ἐνδόξου οὕτω βασιλέως ὄντος, οὔτε περὶ τῆς σκηνῆς τοῦ μαρτυρίου τῶν ἐφεστώτων ταῖς πύλαις τοῦ ναοῦ τῶν Ἱεροσολύμων ἐτόλμησεν ἄν τις εἰπεῖν· Τίς ἐστιν οὗτος ὁ βασιλεὺς τῆς δόξης; πᾶς ὁστισοῦν ὁμολογήσει.

XXXVII

1 Καὶ ἐν διαψάλματι τεσσαρακοστοῦ ἕκτου ψαλμοῦ, ἔφην, εἰς τὸν Χριστὸν οὕτως εἴρηται· Ἀνέβη ὁ θεὸς ἐν ἀλαλαγμῷ, κύριος ἐν φωνῇ σάλπιγγος. ψάλατε τῷ θεῷ ἡμῶν, ψάλατε· ψάλατε τῷ βασιλεῖ ἡμῶν, ψάλατε. ὅτι βασιλεὺς πάσης τῆς γῆς ὁ θεός, ψάλατε συνετῶς. ἐβασίλευσεν ὁ θεὸς ἐπὶ τὰ ἔθνη, ὁ θεὸς κάθηται ἐπὶ θρόνου ἁγίου αὐτοῦ. ἄρχοντες λαῶν συνήχθησαν μετὰ τοῦ θεοῦ Ἀβραάμ, ὅτι τοῦ θεοῦ οἱ κραταιοὶ τῆς γῆς σφόδρα ἐπήρθησαν.[168] 2 καὶ ἐν ἐνενηκοστῷ ὀγδόῳ ψαλμῷ ὀνειδίζει ὑμᾶς τὸ πνεῦμα τὸ ἅγιον, καὶ τοῦτον, ὃν μὴ θέλετε βασιλέα εἶναι, βασιλέα καὶ κύριον καὶ τοῦ Σαμουὴλ καὶ τοῦ Ἀαρὼν καὶ Μωυσέως καὶ τῶν ἄλλων πάντων ἁπλῶς ὄντα μηνύει. 3 εἰσὶ δὲ οἱ λόγοι τοῦ ψαλμοῦ οὗτοι· Ὁ κύριος ἐβασίλευσεν, ὀργιζέσθωσαν λαοί· ὁ καθήμενος ἐπὶ τῶν χερουβίμ, σαλευθήτω ἡ γῆ. κύριος ἐκ Σιὼν μέγας καὶ ὑψηλός ἐστιν ἐπὶ πάντας τοὺς λαούς. ἐξομολογησάσθωσαν τῷ ὀνόματί σου τῷ μεγάλῳ, ὅτι φοβερὸν καὶ ἅγιόν ἐστι, καὶ τιμὴ βασιλέως κρίσιν ἀγαπᾷ. σὺ ἡτοίμασας εὐθύτητα, κρίσιν καὶ δικαιοσύνην ἐν Ἰακὼβ σὺ ἐποίησας. ὑψοῦτε κύριον τὸν θεὸν ἡμῶν καὶ προσκυνεῖτε τῷ ὑποποδίῳ τῶν ποδῶν αὐτοῦ, ὅτι ἅγιός ἐστι. 4 Μωυσῆς καὶ Ἀαρὼν ἐν τοῖς ἱερεῦσιν αὐτοῦ, καὶ

---

167 Ps 23
168 Ps 46:6-10

Σαμουὴλ ἐν τοῖς ἐπικαλουμένοις τὸ ὄνομα αὐτοῦ· ἐπεκαλοῦντο, φησὶν ἡ γραφή, τὸν κύριον, καὶ αὐτὸς εἰσήκουεν αὐτῶν. ἐν στύλῳ νεφέλης ἐλάλει πρὸς αὐτούς· ἐφύλασσον τὰ μαρτύρια αὐτοῦ, καὶ τὸ πρόσταγμα ὃ ἔδωκεν αὐτοῖς. κύριε ὁ θεὸς ἡμῶν, σὺ ἐπήκουες αὐτῶν· ὁ θεός, σὺ εὐίλατος ἐγένου αὐτοῖς καὶ ἐκδικῶν ἐπὶ πάντα τὰ ἐπιτηδεύματα αὐτῶν. ὑψοῦτε κύριον τὸν θεὸν ἡμῶν καὶ προσκυνεῖτε εἰς ὄρος ἅγιον αὐτοῦ, ὅτι ἅγιος κύριος ὁ θεὸς ἡμῶν.[169]

XXXVIII

1 Καὶ ὁ Τρύφων εἶπεν· Ὦ ἄνθρωπε, καλὸν ἦν πεισθέντας ἡμᾶς τοῖς διδασκάλοις, νομοθετήσασι μηδενὶ ἐξ ὑμῶν ὁμιλεῖν, μηδέ σοι τούτων κοινωνῆσαι τῶν λόγων· βλάσφημα γὰρ πολλὰ λέγεις, τὸν σταυρωθέντα τοῦτον ἀξιῶν πείθειν ἡμᾶς γεγενῆσθαι μετὰ Μωυσέως καὶ Ἀαρὼν καὶ λελαληκέναι αὐτοῖς ἐν στύλῳ νεφέλης, εἶτα ἄνθρωπον γενόμενον σταυρωθῆναι, καὶ ἀναβεβηκέναι εἰς τὸν οὐρανόν, καὶ πάλιν παραγίνεσθαι ἐπὶ τῆς γῆς, καὶ προσκυνητὸν εἶναι.

2 Κἀγὼ ἀπεκρινάμην· Οἶδα ὅτι, ὡς ὁ τοῦ θεοῦ λόγος ἔφη, κέκρυπται ἀφ' ὑμῶν ἡ σοφία ἡ μεγάλη αὕτη τοῦ ποιητοῦ τῶν ὅλων καὶ παντοκράτορος θεοῦ. διὸ συμπαθῶν ὑμῖν προσκάμνειν ἀγωνίζομαι, ὅπως τὰ παράδοξα ἡμῶν ταῦτα νοήσητε, εἰ δὲ μή, ἵνα κἂν αὐτὸς ἀθῷος ὦ ἐν ἡμέρᾳ κρίσεως. ἔτι γὰρ καὶ παραδοξοτέρους δοκοῦντας ἄλλους λόγους ἀκούσετε· μὴ ταράσσεσθε δέ, ἀλλὰ μᾶλλον προθυμότεροι γινόμενοι ἀκροαταὶ καὶ ἐξετασταὶ μένετε, καταφρονοῦντες τῆς παραδόσεως τῶν ὑμετέρων διδασκάλων, ἐπεὶ οὐ τὰ διὰ τοῦ θεοῦ ὑπὸ τοῦ προφητικοῦ πνεύματος ἐλέγχονται νοεῖν δυνάμενοι, ἀλλὰ τὰ ἴδια μᾶλλον διδάσκειν προαιρούμενοι. 3 ἐν τεσσαρακοστῷ οὖν τετάρτῳ ψαλμῷ ὁμοίως εἴρηται εἰς τὸν Χριστὸν ταῦτα· Ἐξηρεύξατο ἡ καρδία μου λόγον ἀγαθόν· λέγω ἐγὼ τὰ ἔργα μου τῷ βασιλεῖ. ἡ γλῶσσά μου κάλαμος γραμματέως ὀξυγράφου. ὡραῖος κάλλει παρὰ τοὺς υἱοὺς τῶν ἀνθρώπων, ἐξεχύθη χάρις ἐν χείλεσί σου· διὰ τοῦτο εὐλόγησέ σε ὁ θεὸς εἰς τὸν αἰῶνα. περίζωσαι τὴν ῥομφαίαν σου ἐπὶ τὸν μηρόν σου, δυνατέ· τῇ ὡραιότητί σου καὶ τῷ κάλλει σου, καὶ ἔντεινε καὶ κατευοδοῦ καὶ βασίλευε ἕνεκεν ἀληθείας καὶ πραότητος καὶ δικαιοσύνης· καὶ ὁδηγήσει σε θαυμαστῶς ἡ δεξιά σου. τὰ βέλη σου ἠκονημένα, δυνατέ, λαοὶ ὑποκάτω σου πεσοῦνται ἐν καρδίᾳ

---

169 Ps 98

Πρὸς Τρύφωνα Ἰουδαῖον Διάλογος

τῶν ἐχθρῶν τοῦ βασιλέως. 4 ὁ θρόνος σου, ὁ θεός, εἰς τὸν αἰῶνα τοῦ αἰῶνος, ῥάβδος εὐθύτητος ἡ ῥάβδος τῆς βασιλείας σου. ἠγάπησας δικαιοσύνην καὶ ἐμίσησας ἀνομίαν· διὰ τοῦτο ἔχρισέ σε ὁ θεός σου ἔλαιον ἀγαλλιάσεως παρὰ τοὺς μετόχους σου. σμύρναν καὶ στακτὴν καὶ κασίαν ἀπὸ τῶν ἱματίων σου, ἀπὸ βάρεων ἐλεφαντίνων, ἐξ ὧν εὔφρανάν σε. θυγατέρες βασιλέων ἐν τῇ τιμῇ σου· παρέστη ἡ βασίλισσα ἐκ δεξιῶν σου, ἐν ἱματισμῷ διαχρύσῳ περιβεβλημένη, πεποικιλμένη. ἄκουσον, θύγατερ, καὶ ἴδε καὶ κλῖνον τὸ οὖς σου, καὶ ἐπιλάθου τοῦ λαοῦ σου καὶ τοῦ οἴκου τοῦ πατρός σου· καὶ ἐπιθυμήσει ὁ βασιλεὺς τοῦ κάλλους σου, ὅτι αὐτός ἐστι κύριός σου, καὶ προσκυνήσουσιν αὐτῷ. 5 καὶ θυγάτηρ Τύρου ἐν δώροις· τὸ πρόσωπόν σου λιτανεύσουσιν οἱ πλούσιοι τοῦ λαοῦ. πᾶσα ἡ δόξα τῆς θυγατρὸς τοῦ βασιλέως ἔσωθεν, ἐν κροσωτοῖς χρυσοῖς περιβεβλημένη, πεποικιλμένη. ἀπενεχθήσονται τῷ βασιλεῖ παρθένοι ὀπίσω αὐτοῦ· αἱ πλησίον αὐτῆς ἀπενεχθήσονταί σοι. ἀπενεχθήσονται ἐν εὐφροσύνῃ καὶ ἀγαλλιάσει, ἀχθήσονται εἰς ναὸν βασιλέως. ἀντὶ τῶν πατέρων σου ἐγεννήθησαν οἱ υἱοί σου· καταστήσεις αὐτοὺς ἄρχοντας ἐπὶ πᾶσαν τὴν γῆν. μνησθήσομαι τοῦ ὀνόματός σου ἐν πάσῃ γενεᾷ καὶ γενεᾷ· διὰ τοῦτο λαοὶ ἐξομολογήσονταί σοι εἰς τὸν αἰῶνα καὶ εἰς τὸν αἰῶνα τοῦ αἰῶνος.[170]

XXXIX

1 Καὶ οὐδὲν θαυμαστόν, ἐπεῖπον, εἰ καὶ ἡμᾶς μισεῖτε, τοὺς ταῦτα νοοῦντας καὶ ἐλέγχοντας ὑμῶν τὴν ἀεὶ σκληροκάρδιον γνώμην. καὶ γὰρ Ἡλίας περὶ ὑμῶν πρὸς τὸν θεὸν ἐντυγχάνων οὕτως λέγει· Κύριε, τοὺς προφήτας σου ἀπέκτειναν καὶ τὰ θυσιαστήριά σου κατέσκαψαν· κἀγὼ ὑπελείφθην μόνος, καὶ ζητοῦσι τὴν ψυχήν μου. καὶ ἀποκρίνεται αὐτῷ· Ἔτι εἰσί μοι ἑπτακισχίλιοι ἄνδρες, οἳ οὐκ ἔκαμψαν γόνυ τῇ Βάαλ.[171] 2 ὃν οὖν τρόπον διὰ τοὺς ἑπτακισχιλίους ἐκείνους τὴν ὀργὴν οὐκ ἐπέφερε τότε ὁ θεός, τὸν αὐτὸν τρόπον καὶ νῦν οὐδέπω τὴν κρίσιν ἐπήνεγκεν ἢ ἐπάγει, γινώσκων ἔτι καθ' ἡμέραν τινὰς μαθητευομένους εἰς τὸ ὄνομα τοῦ Χριστοῦ αὐτοῦ καὶ ἀπολείποντας τὴν ὁδὸν τῆς πλάνης, οἳ καὶ λαμβάνουσι δόματα ἕκαστος ὡς ἄξιοί εἰσι, φωτιζόμενοι διὰ τοῦ ὀνόματος τοῦ Χριστοῦ τούτου· ὁ μὲν γὰρ λαμβάνει συνέσεως πνεῦμα, ὁ δὲ βουλῆς, ὁ δὲ ἰσχύος, ὁ δὲ ἰάσεως, ὁ δὲ προγνώσεως, ὁ δὲ διδασκαλίας, ὁ δὲ φόβου θεοῦ.

---

170 Ps 44
171 3 Ki 19:14, 18

3 Καὶ ὁ Τρύφων πρὸς ταῦτα εἶπέ μοι· Ὅτι παραφρονεῖς ταῦτα λέγων, ἐπίστασθαί σε βούλομαι.

4 Κἀγὼ πρὸς αὐτόν· Ἄκουσον, ὦ οὗτος, ἔλεγον, ὅτι οὐ μέμηνα οὐδὲ παραφρονῶ· ἀλλὰ μετὰ τὴν τοῦ Χριστοῦ εἰς τὸν οὐρανὸν ἀνέλευσιν προεφητεύθη αἰχμαλωτεῦσαι αὐτὸν ἡμᾶς ἀπὸ τῆς πλάνης καὶ δοῦναι ἡμῖν δόματα. εἰσὶ δὲ οἱ λόγοι οὗτοι· *Ἀνέβη εἰς ὕψος, ᾐχμαλώτευσεν αἰχμαλωσίαν, ἔδωκε δόματα τοῖς ἀνθρώποις.*[172] 5 οἱ λαβόντες οὖν ἡμεῖς δόματα παρὰ τοῦ εἰς ὕψος ἀναβάντος Χριστοῦ ὑμᾶς, *τοὺς σοφοὺς ἐν ἑαυτοῖς καὶ ἐνώπιον ἑαυτῶν ἐπιστήμονας,*[173] ἀπὸ τῶν προφητικῶν λόγων ἀποδείκνυμεν ἀνοήτους καὶ χείλεσι μόνον τιμῶντας τὸν θεὸν καὶ τὸν Χριστὸν αὐτοῦ· ἡμεῖς δὲ καὶ ἐν ἔργοις καὶ γνώσει καὶ καρδίᾳ μέχρι θανάτου, οἱ ἐκ πάσης τῆς ἀληθείας μεμαθητευμένοι τιμῶμεν. 6 ὑμεῖς δὲ ἴσως καὶ διὰ τοῦτο διστάζετε ὁμολογῆσαι ὅτι οὗτός ἐστιν ὁ Χριστός, ὡς αἱ γραφαὶ ἀποδεικνύουσι καὶ τὰ φαινόμενα καὶ τὰ γινόμενα ἐπὶ τῷ ὀνόματι αὐτοῦ, ἵνα μὴ διώκησθε ὑπὸ τῶν ἀρχόντων, οἳ οὐ παύσονται ἀπὸ τῆς τοῦ πονηροῦ καὶ πλάνου πνεύματος, τοῦ ὄφεως, ἐνεργείας θανατοῦντες καὶ διώκοντες τοὺς τὸ ὄνομα τοῦ Χριστοῦ ὁμολογοῦντας, ἕως πάλιν παρῇ καὶ καταλύσῃ πάντας καὶ τὸ κατ' ἀξίαν ἑκάστῳ προσνείμῃ.

7 Καὶ ὁ Τρύφων· Ἤδη οὖν τὸν λόγον ἀπόδος ἡμῖν, ὅτι οὗτος, ὃν φῂς ἐσταυρῶσθαι καὶ ἀνεληλυθέναι εἰς τὸν οὐρανόν, ἐστὶν ὁ Χριστὸς τοῦ θεοῦ. ὅτι γὰρ καὶ παθητὸς ὁ Χριστὸς διὰ τῶν γραφῶν κηρύσσεται, καὶ μετὰ δόξης πάλιν παραγίνεσθαι, καὶ αἰώνιον τὴν βασιλείαν πάντων τῶν ἐθνῶν λήψεσθαι, πάσης βασιλείας αὐτῷ ὑποτασσομένης, ἱκανῶς διὰ τῶν προανιστορημένων ὑπὸ σοῦ γραφῶν ἀποδέδεικται· ὅτι δὲ οὗτός ἐστιν, ἀπόδειξον ἡμῖν.

8 Κἀγώ· Ἀποδέδεικται μὲν ἤδη, ὦ ἄνδρες, τοῖς ὦτα ἔχουσι καὶ ἐκ τῶν ὁμολογουμένων ὑφ' ὑμῶν· ἀλλ' ὅπως μὴ νομίσητε ἀπορεῖν με καὶ μὴ δύνασθαι καὶ πρὸς ἃ ἀξιοῦτε ἀποδείξεις ποιεῖσθαι, ὡς ὑπεσχόμην, ἐν τῷ προσήκοντι τόπῳ ποιήσομαι, τὰ νῦν δὲ ἐπὶ τὴν συνάφειαν ὧν ἐποιούμην λόγων ἀποτρέχω.

---

172 Ps 67:19
173 Isa 5:21

XL

1 Τὸ μυστήριον οὖν τοῦ προβάτου, ὃ τὸ πάσχα θύειν ἐντέταλται ὁ θεός, τύπος ἦν τοῦ Χριστοῦ, οὗ τῷ αἵματι κατὰ τὸν λόγον τῆς εἰς αὐτὸν πίστεως χρίονται τοὺς οἴκους ἑαυτῶν, τοῦτ' ἔστιν ἑαυτούς, οἱ πιστεύοντες εἰς αὐτόν· ὅτι γὰρ τὸ πλάσμα, ὃ ἔπλασεν ὁ θεὸς τὸν Ἀδάμ, οἶκος ἐγένετο τοῦ ἐμφυσήματος τοῦ παρὰ τοῦ θεοῦ, καὶ πάντες νοεῖν δύνασθε. καὶ ὅτι πρόσκαιρος ἦν καὶ αὕτη ἡ ἐντολή, οὕτως ἀποδείκνυμι. **2** οὐδαμοῦ θύεσθαι τὸ πρόβατον τοῦ πάσχα ὁ θεὸς συγχωρεῖ, εἰ μὴ ἐπὶ τόπῳ ᾧ ἐπικέκληται τὸ ὄνομα αὐτοῦ, εἰδὼς ὅτι ἐλεύσονται ἡμέραι μετὰ τὸ παθεῖν τὸν Χριστόν, ὅτε καὶ ὁ τόπος τῆς Ἰερουσαλὴμ τοῖς ἐχθροῖς ὑμῶν παραδοθήσεται καὶ παύσονται ἅπασαι ἁπλῶς προσφοραὶ γινόμεναι. **3** καὶ τὸ κελευσθὲν πρόβατον ἐκεῖνο ὀπτὸν ὅλον γίνεσθαι τοῦ πάθους τοῦ σταυροῦ, δι' οὗ πάσχειν ἔμελλεν ὁ Χριστός, σύμβολον ἦν. τὸ γὰρ ὀπτώμενον πρόβατον σχηματιζόμενον ὁμοίως τῷ σχήματι τοῦ σταυροῦ ὀπτᾶται· εἷς γὰρ ὄρθιος ὀβελίσκος διαπερονᾶται ἀπὸ τῶν κατωτάτω μερῶν μέχρι τῆς κεφαλῆς, καὶ εἷς πάλιν κατὰ τὸ μετάφρενον, ᾧ προσαρτῶνται καὶ αἱ χεῖρες τοῦ προβάτου. **4** καὶ οἱ ἐν τῇ νηστείᾳ δὲ τράγοι δύο ὅμοιοι κελευσθέντες γίνεσθαι, ὧν ὁ εἷς ἀποπομπαῖος ἐγίνετο, ὁ δὲ ἕτερος εἰς προσφοράν, τῶν δύο παρουσιῶν τοῦ Χριστοῦ καταγγελία ἦσαν· μιᾶς μέν, ἐν ᾗ ὡς ἀποπομπαῖον αὐτὸν παρεπέμψαντο οἱ πρεσβύτεροι τοῦ λαοῦ ὑμῶν καὶ οἱ ἱερεῖς, ἐπιβαλόντες αὐτῷ τὰς χεῖρας καὶ θανατώσαντες αὐτόν, καὶ τῆς δευτέρας δὲ αὐτοῦ παρουσίας, ὅτι ἐν τῷ αὐτῷ τόπῳ τῶν Ἱεροσολύμων ἐπιγνωσθήσεσθε αὐτόν, τὸν ἀτιμωθέντα ὑφ' ὑμῶν, καὶ προσφορὰ ἦν ὑπὲρ πάντων τῶν μετανοεῖν βουλομένων ἁμαρτωλῶν καὶ νηστευόντων ἣν καταλέγει Ἡσαΐας νηστείαν, διασπῶντες στραγγαλιὰς βιαίων συναλλαγμάτων καὶ τὰ ἄλλα ὁμοίως τὰ κατηριθμημένα ὑπ' αὐτοῦ, ἃ καὶ αὐτὸς ἀνιστόρησα, φυλάσσοντες, ἃ ποιοῦσιν οἱ τῷ Ἰησοῦ πιστεύοντες.

5 καὶ ὅτι καὶ ἡ τῶν δύο τράγων τῶν νηστείᾳ κελευσθέντων προσφέρεσθαι προσφορὰ οὐδαμοῦ ὁμοίως συγκεχώρηται γίνεσθαι εἰ μὴ ἐν Ἰεροσολύμοις, ἐπίστασθε.

XLI

1 Καὶ ἡ τῆς σεμιδάλεως δὲ προσφορά, ὦ ἄνδρες, ἔλεγον, ἡ ὑπὲρ τῶν καθαριζομένων ἀπὸ τῆς λέπρας προσφέρεσθαι παραδοθεῖσα, τύπος ἦν τοῦ ἄρτου τῆς εὐχαριστίας, ὃν εἰς ἀνάμνησιν τοῦ πάθους, οὗ ἔπαθεν ὑπὲρ τῶν καθαιρομένων τὰς ψυχὰς ἀπὸ πάσης πονηρίας ἀνθρώπων, Ἰησοῦς Χριστὸς ὁ κύριος ἡμῶν παρέδωκε ποιεῖν, ἵνα ἅμα τε εὐχαριστῶμεν τῷ θεῷ ὑπέρ τε τοῦ τὸν κόσμον ἐκτικέναι σὺν πᾶσι τοῖς ἐν αὐτῷ διὰ τὸν ἄνθρωπον, καὶ ὑπὲρ τοῦ ἀπὸ τῆς κακίας, ἐν ᾗ γεγόναμεν, ἠλευθερωκέναι ἡμᾶς, καὶ τὰς ἀρχὰς καὶ τὰς ἐξουσίας καταλελυκέναι τελείαν κατάλυσιν διὰ τοῦ παθητοῦ γενομένου κατὰ τὴν βουλὴν αὐτοῦ. 2 ὅθεν περὶ μὲν τῶν ὑφ' ὑμῶν τότε προσφερομένων θυσιῶν λέγει ὁ θεός, ὡς προέφην, διὰ Μαλαχίου, ἑνὸς τῶν δώδεκα· *Οὐκ ἔστι θέλημά μου ἐν ὑμῖν, λέγει κύριος, καὶ τὰς θυσίας ὑμῶν οὐ προσδέξομαι ἐκ τῶν χειρῶν ὑμῶν· διότι ἀπὸ ἀνατολῆς ἡλίου ἕως δυσμῶν τὸ ὄνομά μου δεδόξασται ἐν τοῖς ἔθνεσι, καὶ ἐν παντὶ τόπῳ θυμίαμα προσφέρεται τῷ ὀνόματί μου καὶ θυσία καθαρά, ὅτι μέγα τὸ ὄνομά μου ἐν τοῖς ἔθνεσι, λέγει κύριος, ὑμεῖς δὲ βεβηλοῦτε αὐτό.*[174] 3 περὶ δὲ τῶν ἐν παντὶ τόπῳ ὑφ' ἡμῶν τῶν ἐθνῶν προσφερομένων αὐτῷ θυσιῶν, τοῦτ' ἔστι τοῦ ἄρτου τῆς εὐχαριστίας καὶ τοῦ ποτηρίου ὁμοίως τῆς εὐχαριστίας, προλέγει τότε, εἰπὼν καὶ τὸ ὄνομα αὐτοῦ δοξάζειν ἡμᾶς, ὑμᾶς δὲ βεβηλοῦν. 4 ἡ δὲ ἐντολὴ τῆς περιτομῆς, κελεύουσα τῇ ὀγδόῃ ἡμέρᾳ ἐκ παντὸς περιτέμνειν τὰ γεννώμενα, τύπος ἦν τῆς ἀληθινῆς περιτομῆς, ἣν περιετμήθημεν ἀπὸ τῆς πλάνης καὶ πονηρίας διὰ τοῦ ἀπὸ νεκρῶν ἀναστάντος τῇ μιᾷ τῶν σαββάτων ἡμέρᾳ Ἰησοῦ Χριστοῦ τοῦ κυρίου ἡμῶν· μία γὰρ τῶν σαββάτων, πρώτη μὲν οὖσα τῶν πασῶν ἡμερῶν, κατὰ τὸν ἀριθμὸν πάλιν τῶν πασῶν ἡμερῶν τῆς κυκλοφορίας ὀγδόη καλεῖται, καὶ πρώτη οὖσα μένει.

XLII

1 Ἀλλὰ καὶ τὸ δώδεκα κώδωνας[175] ἐξῆφθαι τοῦ ποδήρους τοῦ ἀρχιερέως παραδεδόσθαι τῶν δώδεκα ἀποστόλων τῶν ἐξαφθέντων ἀπὸ τῆς δυνάμεως τοῦ

---

174 Mal 1:10-12

175 Ex 28:33, 34 and 39:25, 26 are the verses Justin is referring to. Neither gives a specific number for the bells. Justin may have mistaken these for the 12 stones on the high priest's ephod.

αἰωνίου ἱερέως Χριστοῦ, δι' ὧν τῆς φωνῆς ἡ πᾶσα γῆ τῆς δόξης καὶ χάριτος τοῦ θεοῦ καὶ τοῦ Χριστοῦ αὐτοῦ ἐπληρώθη, σύμβολον ἦν. διὸ καὶ ὁ Δαυεὶδ λέγει· *Εἰς πᾶσαν τὴν γῆν ἐξῆλθεν ὁ φθόγγος αὐτῶν καὶ εἰς τὰ πέρατα τῆς οἰκουμένης τὰ ῥήματα αὐτῶν*.[176] 2 καὶ ὁ Ἡσαίας ὡς ἀπὸ προσώπου τῶν ἀποστόλων, λεγόντων τῷ Χριστῷ ὅτι οὐχὶ τῇ ἀκοῇ αὐτῶν πιστεύουσιν ἀλλὰ τῇ αὐτοῦ τοῦ πέμψαντος αὐτοὺς δυνάμει, διὸ λέγει οὕτως· *Κύριε, τίς ἐπίστευσε τῇ ἀκοῇ ἡμῶν; καὶ ὁ βραχίων κυρίου τίνι ἀπεκαλύφθη; ἀνηγγείλαμεν ἐνώπιον αὐτοῦ ὡς παιδίον, ὡς ῥίζα ἐν γῇ διψώσῃ*,[177] καὶ τὰ ἑξῆς τῆς προφητείας προλελεγμένα. 3 τὸ δὲ εἰπεῖν τὸν λόγον ὡς ἀπὸ προσώπου πολλῶν Ἀνηγγείλαμεν ἐνώπιον αὐτοῦ, καὶ ἐπαγαγεῖν Ὡς παιδίον, δηλωτικὸν τοῦ τοὺς πονηροὺς ὑπηκόους αὐτοῦ γενομένους ὑπηρετῆσαι τῇ κελεύσει αὐτοῦ καὶ πάντας ὡς ἓν παιδίον γεγενῆσθαι. ὁποῖον καὶ ἐπὶ τοῦ σώματος ἔστιν ἰδεῖν· πολλῶν ἀριθμουμένων μελῶν τὰ σύμπαντα ἓν καλεῖται καὶ ἔστι σῶμα· καὶ γὰρ δῆμος καὶ ἐκκλησία, πολλοὶ τὸν ἀριθμὸν ὄντες ἄνθρωποι, ὡς ἓν ὄντες πρᾶγμα τῇ μιᾷ κλήσει καλοῦνται καὶ προσαγορεύονται. 4 καὶ τὰ ἄλλα δὲ πάντα ἁπλῶς, ὦ ἄνδρες, ἔφην, τὰ ὑπὸ Μωυσέως διαταχθέντα δύναμαι καταριθμῶν ἀποδεικνύναι τύπους καὶ σύμβολα καὶ καταγγελίας τῶν τῷ Χριστῷ γίνεσθαι μελλόντων καὶ τῶν εἰς αὐτὸν πιστεύειν προεγνωσμένων καὶ τῶν ὑπ' αὐτοῦ Χριστοῦ ὁμοίως γίνεσθαι μελλόντων. ἀλλ' ἐπειδὴ καὶ ἃ κατηριθμησάμην τὰ νῦν ἱκανὰ δοκεῖ μοι εἶναι, ἐπὶ τὸν λόγον τῇ τάξει παριὼν ἔρχομαι.

XLIII

1 Ὡς οὖν ἀπὸ Ἀβραὰμ ἤρξατο περιτομὴ καὶ ἀπὸ Μωυσέως σάββατον καὶ θυσίαι καὶ προσφοραὶ καὶ ἑορταί, καὶ ἀπεδείχθη διὰ τὸ σκληροκάρδιον τοῦ λαοῦ ὑμῶν ταῦτα διατετάχθαι, οὕτως παύσασθαι ἔδει κατὰ τὴν τοῦ πατρὸς βουλὴν εἰς τὸν διὰ τῆς ἀπὸ τοῦ γένους τοῦ Ἀβραὰμ καὶ φυλῆς Ἰούδα καὶ Δαυεὶδ παρθένου γεννηθέντα υἱὸν τοῦ θεοῦ Χριστόν, ὅστις καὶ αἰώνιος νόμος καὶ καινὴ διαθήκη τῷ παντὶ κόσμῳ ἐκηρύσσετο προελευσόμενος, ὡς αἱ προλελεγμέναι προφητεῖαι σημαίνουσι. 2 καὶ ἡμεῖς, οἱ διὰ τούτου προσχωρήσαντες τῷ θεῷ, οὐ ταύτην τὴν κατὰ σάρκα παρελάβομεν περιτομήν, ἀλλὰ πνευματικήν, ἣν Ἐνὼχ καὶ οἱ ὅμοιοι ἐφύλαξαν· ἡμεῖς δὲ διὰ τοῦ

---

176 Ps 18:4
177 Isa 53:1, 2

βαπτίσματος αὐτήν, ἐπειδὴ ἁμαρτωλοὶ ἐγεγόνειμεν, διὰ τὸ ἔλεος τὸ παρὰ τοῦ θεοῦ ἐλάβομεν, καὶ πᾶσιν ἐφετὸν ὁμοίως λαμβάνειν. 3 περὶ δὲ τοῦ τῆς γενέσεως αὐτοῦ μυστηρίου ἤδη λέγειν κατεπείγοντος λέγω. Ἡσαΐας οὖν περὶ τοῦ γένους αὐτοῦ τοῦ Χριστοῦ, ὅτι ἀνεκδιήγητόν ἐστιν ἀνθρώποις, οὕτως ἔφη ὡς καὶ προγέγραπται· *Τὴν γενεὰν αὐτοῦ τίς διηγήσεται; ὅτι αἴρεται ἀπὸ τῆς γῆς ἡ ζωὴ αὐτοῦ, ἀπὸ τῶν ἀνομιῶν τοῦ λαοῦ μου ἤχθη εἰς θάνατον.*[178] ὡς ἀνεκδιηγήτου οὖν ὄντος τοῦ γένους τούτου ἀποθνήσκειν μέλλοντος ἵνα τῷ μώλωπι αὐτοῦ ἰαθῶμεν οἱ ἁμαρτωλοὶ ἄνθρωποι, τὸ προφητικὸν πνεῦμα ταῦτα εἶπεν. 4 ἔτι καὶ ἵνα ὃν τρόπον γέγονεν ἐν κόσμῳ γεννηθεὶς ἐπιγνῶναι ἔχωσιν οἱ πιστεύοντες αὐτῷ ἄνθρωποι, διὰ τοῦ αὐτοῦ Ἡσαΐου τὸ προφητικὸν πνεῦμα ὡς μέλλει γίνεσθαι προεφήτευσεν οὕτως· 5 *Καὶ προσέθετο κύριος λαλῆσαι τῷ Ἄχαζ, λέγων· Αἴτησον σεαυτῷ σημεῖον παρὰ κυρίου τοῦ θεοῦ σου εἰς βάθος ἢ εἰς ὕψος. καὶ εἶπεν Ἄχαζ· Οὐ μὴ αἰτήσω οὐδ' οὐ μὴ πειράσω κύριον. καὶ εἶπεν Ἡσαΐας· Ἀκούετε δή, οἶκος Δαυείδ. μὴ μικρὸν ὑμῖν ἀγῶνα παρέχειν ἀνθρώποις; καὶ πῶς κυρίῳ παρέχετε ἀγῶνα; διὰ τοῦτο δώσει κύριος αὐτὸς ὑμῖν σημεῖον· ἰδοὺ ἡ παρθένος ἐν γαστρὶ λήψεται καὶ τέξεται υἱόν, καὶ καλέσεται τὸ ὄνομα αὐτοῦ Ἐμμανουήλ. βούτυρον καὶ μέλι φάγεται. 6 πρὶν ἢ γνῶναι αὐτὸν ἢ προελέσθαι πονηρὰ ἐκλέξεται τὸ ἀγαθόν· διότι, πρὶν ἢ γνῶναι τὸ παιδίον ἀγαθὸν ἢ κακόν, ἀπειθεῖ πονηρὰ τοῦ ἐκλέξασθαι τὸ ἀγαθόν.* |*διότι, πρὶν ἢ γνῶναι τὸ παιδίον καλεῖν πατέρα ἢ μητέρα, λήψεται δύναμιν Δαμασκοῦ καὶ σκῦλα Σαμαρείας ἔναντι βασιλέως Ἀσσυρίων*|. *καὶ καταληφθήσεται ἡ γῆ ἣν σὺ σκληρῶς οἴσεις ἀπὸ προσώπου τῶν δύο βασιλέων. ἀλλ' ἐπάξει ὁ θεὸς ἐπὶ σὲ καὶ ἐπὶ τὸν λαόν σου καὶ ἐπὶ τὸν οἶκον τοῦ πατρός σου ἡμέρας, αἳ οὐδέπω ἥκασιν ἐπὶ σέ, ἀπὸ τῆς ἡμέρας ἧς ἀφεῖλεν Ἐφραΐμ ἀπὸ Ἰούδα, τὸν βασιλέα τῶν Ἀσσυρίων.*[179] 7 ὅτι μὲν οὖν ἐν τῷ γένει τῷ κατὰ σάρκα τοῦ Ἀβραὰμ οὐδεὶς οὐδέποτε ἀπὸ παρθένου γεγέννηται οὐδὲ λέλεκται γεγεννημένος ἀλλ' ἢ οὗτος ὁ ἡμέτερος Χριστός, πᾶσι φανερόν ἐστιν. 8 ἐπεὶ δὲ ὑμεῖς καὶ οἱ διδάσκαλοι ὑμῶν τολμᾶτε λέγειν μηδὲ εἰρῆσθαι ἐν τῇ προφητείᾳ τοῦ Ἡσαΐου *Ἰδοὺ ἡ παρθένος ἐν γαστρὶ ἕξει*, ἀλλ' *Ἰδοὺ ἡ νεᾶνις ἐν γαστρὶ λήψεται καὶ τέξεται υἱόν*, καὶ ἐξηγεῖσθε τὴν προφητείαν ὡς εἰς Ἐζεκίαν, τὸν γενόμενον ὑμῶν βασιλέα, πειράσομαι καὶ ἐν τούτῳ καθ' ὑμῶν βραχέα ἐξηγήσασθαι καὶ ἀποδεῖξαι εἰς τοῦτον εἰρῆσθαι τὸν ὁμολογούμενον ὑφ' ἡμῶν Χριστόν.

---

178 Isa 53:8
179 Isa 7:10-17 with 8:4 inserted (shown by pipes, i.e. |διότι ... Ἀσσυρίων|)

Πρὸς Τρύφωνα Ἰουδαῖον Διάλογος

XLIV

1 Οὕτω γὰρ κατὰ πάντα ἀθῷος ὑμῶν χάριν εὑρεθήσομαι, εἰ ἀποδείξεις ποιούμενος ἀγωνίζομαι ὑμᾶς πεισθῆναι· ἐὰν δὲ ὑμεῖς, σκληροκάρδιοι μένοντες ἢ ἀσθενεῖς τὴν γνώμην διὰ τὸν ἀφωρισμένον τοῖς Χριστιανοῖς θάνατον, τῷ ἀληθεῖ συντίθεσθαι μὴ βούλησθε, ἑαυτοῖς αἴτιοι φανήσεσθε. καὶ ἐξαπατᾶτε ἑαυτούς, ὑπονοοῦντες διὰ τὸ εἶναι τοῦ Ἀβραὰμ κατὰ σάρκα σπέρμα πάντως κληρονομήσειν τὰ κατηγγελμένα παρὰ τοῦ θεοῦ διὰ τοῦ Χριστοῦ δοθήσεσθαι ἀγαθά. 2 οὐδεὶς γὰρ οὐδὲν ἐκείνων οὐδαμόθεν λαβεῖν ἔχει πλὴν οἱ τῇ γνώμῃ ἐξομοιωθέντες τῇ πίστει τοῦ Ἀβραὰμ καὶ ἐπιγνόντες τὰ μυστήρια πάντα, λέγω δὲ ὅτι τὶς μὲν ἐντολὴ εἰς θεοσέβειαν καὶ δικαιοπραξίαν διετέτακτο, τὶς δὲ ἐντολὴ καὶ πρᾶξις ὁμοίως εἴρητο ἢ εἰς μυστήριον τοῦ Χριστοῦ ἢ διὰ τὸ σκληροκάρδιον τοῦ λαοῦ ὑμῶν. καὶ ὅτι τοῦτό ἐστιν ἐν τῷ Ἰεζεκιὴλ περὶ τούτου ἀποφαινόμενος ὁ θεὸς εἶπεν· Ἐὰν Νῶε καὶ Ἰακὼβ καὶ Δανιὴλ ἐξαιτήσωνται ἢ υἱοὺς ἢ θυγατέρας, οὐ μὴ δοθήσεται αὐτοῖς.[180] 3 καὶ ἐν τῷ Ἡσαΐᾳ εἰς τοῦτο αὐτὸ ἔφη οὕτως· Εἶπε κύριος ὁ θεός· Καὶ ἐξελεύσονται καὶ ὄψονται τὰ κῶλα τῶν παραβεβηκότων ἀνθρώπων· ὁ γὰρ σκώληξ αὐτῶν οὐ τελευτήσει, καὶ τὸ πῦρ αὐτῶν οὐ σβεσθήσεται, καὶ ἔσονται εἰς ὅρασιν πάσῃ σαρκί.[181] 4 ὡς τεμόντας ὑμᾶς ἀπὸ τῶν ψυχῶν ὑμῶν τὴν ἐλπίδα ταύτην σπουδάσαι δεῖ ἐπιγνῶναι, δι' ἧς ὁδοῦ ἄφεσις ὑμῖν τῶν ἁμαρτιῶν γενήσεται καὶ ἐλπὶς τῆς κληρονομίας τῶν κατηγγελμένων ἀγαθῶν· ἔστι δ' οὐκ ἄλλη ἢ αὕτη, ἵνα τοῦτον τὸν Χριστὸν ἐπιγνόντες καὶ λουσάμενοι τὸ ὑπὲρ ἀφέσεως ἁμαρτιῶν διὰ Ἡσαΐου κηρυχθὲν λουτρὸν ἀναμαρτήτως λοιπὸν ζήσητε.

XLV

1 Καὶ ὁ Τρύφων· Εἰ καὶ ἐγκόπτειν δοκῶ τοῖς λόγοις τούτοις οἷς λέγεις ἀναγκαίοις οὖσιν ἐξετασθῆναι, ἀλλ' οὖν κατεπείγοντος τοῦ ἐπερωτήματος, ὃ ἐξετάσαι βούλομαι, ἀνάσχου μου πρῶτον.

Κἀγώ· Ὅσα βούλει ἐξέταζε, ὥς σοι ἐπέρχεται· ἐγὼ γὰρ καὶ μετὰ τὰς ἐξετάσεις καὶ ἀποκρίσεις τοὺς λόγους ἀναλαμβάνειν πειράσομαι καὶ πληροῦν.

---

180 Ez 14:20
181 Isa 66:24

2 Κἀκεῖνος· Εἰπὲ οὖν μοι, ἔφη· Οἱ ζήσαντες κατὰ τὸν νόμον τὸν διαταχθέντα διὰ Μωυσέως ζήσονται ὁμοίως τῷ Ἰακὼβ καὶ τῷ Ἐνὼχ καὶ τῷ Νῶε ἐν τῇ τῶν νεκρῶν ἀναστάσει ἢ οὔ;

3 Κἀγὼ πρὸς αὐτόν· Εἰπόντος μου, ὦ ἄνθρωπε, τὰ λελεγμένα ὑπὸ τοῦ Ἰεζεκιήλ, ὅτι Κἂν Νῶε καὶ Δανιὴλ καὶ Ἰακὼβ ἐξαιτήσωνται υἱοὺς καὶ θυγατέρας, οὐ δοθήσεται αὐτοῖς, ἀλλ' ἕκαστος τῇ αὐτοῦ δικαιοσύνῃ δῆλον ὅτι σωθήσεται, ὅτι καὶ τοὺς κατὰ τὸν νόμον τὸν Μωυσέως πολιτευσαμένους ὁμοίως σωθήσεσθαι εἶπον. καὶ γὰρ ἐν τῷ Μωυσέως νόμῳ τὰ φύσει καλὰ καὶ εὐσεβῆ καὶ δίκαια νενομοθέτηται πράττειν τοὺς πειθομένους αὐτοῖς, καὶ πρὸς σκληροκαρδίαν δὲ τοῦ λαοῦ διαταχθέντα γίνεσθαι ὁμοίως ἀναγέγραπται, ἃ καὶ ἔπραττον οἱ ὑπὸ τὸν νόμον. 4 ἐπεὶ οἳ τὰ καθόλου καὶ φύσει καὶ αἰώνια καλὰ ἐποίουν εὐάρεστοί εἰσι τῷ θεῷ, καὶ διὰ τοῦ Χριστοῦ τούτου ἐν τῇ ἀναστάσει ὁμοίως τοῖς προγενομένοις αὐτῶν δικαίοις, Νῶε καὶ Ἐνὼχ καὶ Ἰακὼβ καὶ εἴ τινες ἄλλοι γεγόνασι, σωθήσονται σὺν τοῖς ἐπιγνοῦσι τὸν Χριστὸν τοῦτον τοῦ θεοῦ υἱόν, ὃς καὶ πρὸ ἑωσφόρου καὶ σελήνης ἦν, καὶ διὰ τῆς παρθένου ταύτης τῆς ἀπὸ τοῦ γένους τοῦ Δαυεὶδ γεννηθῆναι σαρκοποιηθεὶς ὑπέμεινεν, ἵνα διὰ τῆς οἰκονομίας ταύτης ὁ πονηρευσάμενος τὴν ἀρχὴν ὄφις καὶ οἱ ἐξομοιωθέντες αὐτῷ ἄγγελοι καταλυθῶσι, καὶ ὁ θάνατος καταφρονηθῇ καὶ ἐν τῇ δευτέρᾳ αὐτοῦ τοῦ Χριστοῦ παρουσίᾳ ἀπὸ τῶν πιστευόντων αὐτῷ καὶ εὐαρέστως ζώντων παύσηται τέλεον, ὕστερον μηκέτ' ὤν, ὅταν οἱ μὲν εἰς κρίσιν καὶ καταδίκην τοῦ πυρὸς ἀπαύστως κολάζεσθαι πεμφθῶσιν, οἱ δὲ ἐν ἀπαθείᾳ καὶ ἀφθαρσίᾳ καὶ ἀλυπίᾳ καὶ ἀθανασίᾳ συνῶσιν.

XLVI

1 Ἐὰν δέ τινες καὶ νῦν ζῆν βούλωνται φυλάσσοντες τὰ διὰ Μωυσέως διαταχθέντα καὶ πιστεύσωσιν ἐπὶ τοῦτον τὸν σταυρωθέντα Ἰησοῦν, ἐπιγνόντες ὅτι αὐτός ἐστιν ὁ Χριστὸς τοῦ θεοῦ καὶ αὐτῷ δέδοται τὸ κρῖναι πάντας ἁπλῶς καὶ αὐτοῦ ἐστιν ἡ αἰώνιος βασιλεία, δύνανται καὶ αὐτοὶ σωθῆναι; ἐπυνθάνετό μου.

2 Κἀγὼ πάλιν· Συσκεψώμεθα κἀκεῖνο, εἰ ἔνεστιν, ἔλεγον, φυλάσσειν τὰ διὰ Μωυσέως διαταχθέντα ἅπαντα νῦν.

Πρὸς Τρύφωνα Ἰουδαῖον Διάλογος

Κἀκεῖνος ἀπεκρίνατο· Οὔ· γνωρίζομεν γὰρ ὅτι, ὡς ἔφης, οὔτε πρόβατον τοῦ πάσχα ἀλλαχόσε θύειν δυνατὸν οὔτε τοὺς τῇ νηστείᾳ κελευσθέντας προσφέρεσθαι χιμάρους οὔτε τὰς ἄλλας ἁπλῶς ἁπάσας προσφοράς.

Κἀγώ· Τίνα οὖν ἃ δυνατόν ἐστι φυλάσσειν, παρακαλῶ, λέγε αὐτός· πεισθήσῃ γὰρ ὅτι μὴ φυλάσσων τὰ αἰώνια δικαιώματά τις ἢ πράξας σωθῆναι ἐκ παντὸς ἔχει.

Κἀκεῖνος· Τὸ σαββατίζειν λέγω καὶ τὸ περιτέμνεσθαι καὶ τὸ τὰ ἔμμηνα φυλάσσειν καὶ τὸ βαπτίζεσθαι ἁψάμενόν τινος ὧν ἀπηγόρευται ὑπὸ Μωυσέως ἢ ἐν συνουσίᾳ γενόμενον.

3 Κἀγὼ ἔφην· Ἀβραὰμ καὶ Ἰσαὰκ καὶ Ἰακὼβ καὶ Νῶε καὶ Ἰώβ, καὶ εἴ τινες ἄλλοι γεγόνασι πρὸ τούτων ἢ μετὰ τούτους ὁμοίως δίκαιοι, λέγω δὲ καὶ Σάρραν τὴν γυναῖκα τοῦ Ἀβραάμ, καὶ Ῥεβέκκαν τὴν τοῦ Ἰσαάκ, καὶ Ῥαχὴλ τὴν τοῦ Ἰακώβ, καὶ Λείαν, καὶ τὰς λοιπὰς ἄλλας τὰς τοιαύτας μέχρι τῆς Μωυσέως, τοῦ πιστοῦ θεράποντος, μητρός, μηδὲν τούτων φυλάξαντας, εἰ δοκοῦσιν ὑμῖν σωθήσεσθαι;

Καὶ ὁ Τρύφων ἀπεκρίνατο· Οὐ περιετέτμητο Ἀβραὰμ καὶ οἱ μετ' αὐτόν;

4 Κἀγώ· Ἐπίσταμαι, ἔφην, ὅτι περιετέτμητο Ἀβραὰμ καὶ οἱ μετ' αὐτόν· διὰ τί δὲ ἐδόθη αὐτοῖς ἡ περιτομή, ἐν πολλοῖς τοῖς προλελεγμένοις εἶπον, καὶ εἰ μὴ δυσωπεῖ ὑμᾶς τὰ λεγόμενα, πάλιν ἐξετάσωμεν τὸν λόγον. ὅτι δὲ μέχρι Μωυσέως οὐδεὶς ἁπλῶς δίκαιος οὐδὲν ὅλως τούτων περὶ ὧν ἐζητοῦμεν ἐφύλαξεν οὐδὲ ἐντολὴν ἔλαβε φυλάσσειν, πλὴν τὴν ἀρχὴν λαβούσης ἀπὸ Ἀβραὰμ τῆς περιτομῆς, ἐπίστασθε.

Κἀκεῖνος· Ἐπιστάμεθα, ἔφη, καὶ ὅτι σώζονται ὁμολογοῦμεν.

5 Κἀγὼ πάλιν· Διὰ τὸ σκληροκάρδιον τοῦ λαοῦ ὑμῶν πάντα τὰ τοιαῦτα ἐντάλματα νοεῖτε τὸν θεὸν διὰ Μωυσέως ἐντειλάμενον ὑμῖν, ἵνα διὰ πολλῶν τούτων ἐν πάσῃ πράξει πρὸ ὀφθαλμῶν ἀεὶ ἔχητε τὸν θεὸν καὶ μήτε ἀδικεῖν μήτε ἀσεβεῖν ἄρχησθε. καὶ γὰρ τὸ κόκκινον βάμμα περιτιθέναι αὐτοῖς ἐνετείλατο ὑμῖν[182], ἵνα διὰ τούτου μὴ

---

182 Nu 15:38

λήθη ὑμᾶς λαμβάνῃ τοῦ θεοῦ, καὶ φυλακτήριον[183] ἐν ὑμέσι λεπτοτάτοις γεγραμμένων χαρακτήρων τινῶν, ἃ πάντως ἅγια νοοῦμεν εἶναι, περικεῖσθαι ὑμᾶς ἐκέλευσε, καὶ διὰ τούτων δυσωπῶν ὑμᾶς ἀεὶ μνήμην ἔχειν τοῦ θεοῦ, ἅμα τε καὶ ἔλεγχον ἐν ταῖς καρδίαις ὑμῶν. 6 οὐ δὲ μικρὰν μνήμην ἔχετε τοῦ θεοσεβεῖν, καὶ οὐδ' οὕτως ἐπείσθητε μὴ εἰδωλολατρεῖν, ἀλλ' ἐπὶ Ἠλίου ὀνομάζων τὸν ἀριθμὸν τῶν μὴ καμψάντων γόνυ τῇ Βάαλ, ἑπτακισχιλίους τὸν ἀριθμὸν ὄντας εἶπε, καὶ ἐν τῷ Ἠσαΐᾳ καὶ τὰ τέκνα ὑμῶν θυσίαν πεποιηκέναι τοῖς εἰδώλοις ἐλέγχει ὑμᾶς. 7 ἡμεῖς δέ, ὑπὲρ τοῦ μὴ θυσιάζειν οἷς πάλαι ἐθύομεν, ὑπομένομεν τὰς ἐσχάτας τιμωρίας, καὶ θανατούμενοι χαίρομεν, πιστεύοντες ὅτι ἀναστήσει ἡμᾶς ὁ θεὸς διὰ τοῦ Χριστοῦ αὐτοῦ καὶ ἀφθάρτους καὶ ἀπαθεῖς καὶ ἀθανάτους ποιήσει· καὶ οὐδὲν συμβάλλεσθαι πρὸς δικαιοπραξίαν καὶ εὐσέβειαν τὰ διὰ τὴν σκληροκαρδίαν τοῦ λαοῦ ὑμῶν διαταχθέντα γινώσκομεν.

XLVII

1 Καὶ ὁ Τρύφων πάλιν· Ἐὰν δέ τις, εἰδὼς ὅτι ταῦτα οὕτως ἔχει, μετὰ τοῦ καὶ τοῦτον εἶναι τὸν Χριστὸν ἐπίστασθαι δῆλον ὅτι καὶ πεπιστευκέναι καὶ πείθεσθαι αὐτῷ, βούλεται καὶ ταῦτα φυλάσσειν, σωθήσεται; ἐπυνθάνετο.

Κἀγώ· Ὡς μὲν ἐμοὶ δοκεῖ, ὦ Τρύφων, λέγω ὅτι σωθήσεται ὁ τοιοῦτος, ἐὰν μὴ τοὺς ἄλλους ἀνθρώπους, λέγω δὴ τοὺς ἀπὸ τῶν ἐθνῶν διὰ τοῦ Χριστοῦ ἀπὸ τῆς πλάνης περιτμηθέντας, ἐκ παντὸς πείθειν ἀγωνίζηται ταὐτὰ αὐτῷ φυλάσσειν, λέγων οὐ σωθήσεσθαι αὐτοὺς ἐὰν μὴ ταῦτα φυλάξωσιν, ὁποῖον ἐν ἀρχῇ τῶν λόγων καὶ σὺ ἔπραττες, ἀποφαινόμενος οὐ σωθήσεσθαί με ἐὰν μὴ ταῦτα φυλάξω.

2 Κἀκεῖνος· Διὰ τί οὖν εἶπας· Ὡς μὲν ἐμοὶ δοκεῖ, σωθήσεται ὁ τοιοῦτος, εἰ μήτι εἰσὶν οἱ λέγοντες ὅτι οὐ σωθήσονται οἱ τοιοῦτοι;

Εἰσίν, ἀπεκρινάμην, ὦ Τρύφων, καὶ μηδὲ κοινωνεῖν ὁμιλίας ἢ ἑστίας τοῖς τοιούτοις τολμῶντες· οἷς ἐγὼ οὐ σύναινός εἰμι. ἀλλ' ἐὰν αὐτοὶ διὰ τὸ ἀσθενὲς τῆς γνώμης καὶ τὰ ὅσα δύνανται νῦν ἐκ τῶν Μωυσέως, ἃ διὰ τὸ

---
[183] De 6:6

σκληροκάρδιον τοῦ λαοῦ νοοῦμεν διατετάχθαι, μετὰ τοῦ ἐπὶ τοῦτον τὸν Χριστὸν ἐλπίζειν καὶ τὰς αἰωνίους καὶ φύσει δικαιοπραξίας καὶ εὐσεβείας φυλάσσειν βούλωνται καὶ αἱρῶνται συζῆν τοῖς Χριστιανοῖς καὶ πιστοῖς, ὡς προεῖπον, μὴ πείθοντες αὐτοὺς μήτε περιτέμνεσθαι ὁμοίως αὐτοῖς μήτε σαββατίζειν μήτε ἄλλα ὅσα τοιαῦτά ἐστι τηρεῖν, καὶ προσλαμβάνεσθαι καὶ κοινωνεῖν ἁπάντων, ὡς ὁμοσπλάγχνοις καὶ ἀδελφοῖς, δεῖν ἀποφαίνομαι. 3 ἐὰν δὲ οἱ ἀπὸ τοῦ γένους τοῦ ὑμετέρου πιστεύειν λέγοντες ἐπὶ τοῦτον τὸν Χριστόν, ὦ Τρύφων, ἔλεγον, ἐκ παντὸς κατὰ τὸν διὰ Μωυσέως διαταχθέντα νόμον ἀναγκάζουσι ζῆν τοὺς ἐξ ἐθνῶν πιστεύοντας ἐπὶ τοῦτον τὸν Χριστὸν ἢ μὴ κοινωνεῖν αὐτοῖς τῆς τοιαύτης συνδιαγωγῆς αἱροῦνται, ὁμοίως καὶ τούτους οὐκ ἀποδέχομαι. 4 τοὺς δὲ πειθομένους αὐτοῖς ἐπὶ τὴν ἔννομον πολιτείαν μετὰ τοῦ φυλάσσειν τὴν εἰς τὸν Χριστὸν τοῦ θεοῦ ὁμολογίαν καὶ σωθήσεσθαι ἴσως ὑπολαμβάνω. τοὺς δὲ ὁμολογήσαντας καὶ ἐπιγνόντας τοῦτον εἶναι τὸν Χριστὸν καὶ ᾑτινιοῦν αἰτίᾳ μεταβάντας ἐπὶ τὴν ἔννομον πολιτείαν, ἀρνησαμένους ὅτι οὗτός ἐστιν ὁ Χριστός, καὶ πρὶν τελευτῆς μὴ μεταγνόντας, οὐδ' ὅλως σωθήσεσθαι ἀποφαίνομαι. καὶ τοὺς ἀπὸ τοῦ σπέρματος τοῦ Ἀβραὰμ ζῶντας κατὰ τὸν νόμον καὶ ἐπὶ τοῦτον τὸν Χριστὸν μὴ πιστεύοντας πρὶν τελευτῆς τοῦ βίου οὐ σωθήσεσθαι ὁμοίως ἀποφαίνομαι, καὶ μάλιστα τοὺς ἐν ταῖς συναγωγαῖς καταθεματίσαντας καὶ καταθεματίζοντας τοὺς ἐπ' αὐτὸν τοῦτον τὸν Χριστὸν πιστεύοντας ὅπως τύχωσι τῆς σωτηρίας καὶ τῆς τιμωρίας τῆς ἐν τῷ πυρὶ ἀπαλλαγῶσιν. 5 ἡ γὰρ χρηστότης καὶ ἡ φιλανθρωπία τοῦ θεοῦ καὶ τὸ ἄμετρον τοῦ πλούτου αὐτοῦ τὸν μετανοοῦντα ἀπὸ τῶν ἁμαρτημάτων, ὡς δι' Ἰεζεκιὴλ μηνύει, ὡς δίκαιον καὶ ἀναμάρτητον ἔχει· καὶ τὸν ἀπὸ εὐσεβείας ἢ δικαιοπραξίας μετατιθέμενον ἐπὶ ἀδικίαν καὶ ἀθεότητα ὡς ἁμαρτωλὸν καὶ ἄδικον καὶ ἀσεβῆ ἐπίσταται. διὸ καὶ ὁ ἡμέτερος κύριος Ἰησοῦς Χριστὸς εἶπεν· Ἐν οἷς ἂν ὑμᾶς καταλάβω, ἐν τούτοις καὶ κρινῶ.[184]

XLVIII

1 Καὶ ὁ Τρύφων· Καὶ περὶ τούτων ὅσα φρονεῖς ἀκηκόαμεν, εἶπεν. ἀναλαβὼν οὖν τὸν λόγον, ὅθεν ἐπαύσω, πέραινε· παράδοξός τις γάρ ποτε καὶ μὴ δυνάμενος ὅλως ἀποδειχθῆναι δοκεῖ μοι εἶναι· τὸ γὰρ

---

[184] This quote is not found anywhere in the Scriptures. According to Johannes Grabe (Grabius) may have come from one of the now lost Gospels of the Hebrews.

λέγειν σε προϋπάρχειν θεὸν ὄντα πρὸ αἰώνων τοῦτον τὸν Χριστόν, εἶτα καὶ γεννηθῆναι ἄνθρωπον γενόμενον ὑπομεῖναι, καὶ ὅτι οὐκ ἄνθρωπος ἐξ ἀνθρώπου, οὐ μόνον παράδοξον δοκεῖ μοι εἶναι ἀλλὰ καὶ μωρόν.

2 Κἀγὼ πρὸς ταῦτα ἔφην· Οἶδ' ὅτι παράδοξος ὁ λόγος δοκεῖ εἶναι, καὶ μάλιστα τοῖς ἀπὸ τοῦ γένους ὑμῶν, οἵτινες τὰ τοῦ θεοῦ οὔτε νοῆσαι οὔτε ποιῆσαί ποτε βεβούλησθε, ἀλλὰ τὰ τῶν διδασκάλων ὑμῶν, ὡς αὐτὸς ὁ θεὸς βοᾷ. ἤδη μέντοι, ὦ Τρύφων, εἶπον, οὐκ ἀπόλλυται τὸ τοῦτον εἶναι Χριστὸν τοῦ θεοῦ, ἐὰν ἀποδεῖξαι μὴ δύνωμαι ὅτι καὶ προϋπῆρχεν υἱὸς τοῦ ποιητοῦ τῶν ὅλων, θεὸς ὤν, καὶ γεγένηται ἄνθρωπος διὰ τῆς παρθένου. 3 ἀλλὰ ἐκ παντὸς ἀποδεικνυμένου ὅτι οὗτός ἐστιν ὁ Χριστὸς ὁ τοῦ θεοῦ, ὅστις οὗτος ἔσται, ἐὰν δὲ μὴ ἀποδεικνύω ὅτι προϋπῆρχε καὶ γεννηθῆναι ἄνθρωπος ὁμοιοπαθὴς ἡμῖν, σάρκα ἔχων, κατὰ τὴν τοῦ πατρὸς βουλὴν ὑπέμεινεν, ἐν τούτῳ πεπλανῆσθαί με μόνον λέγειν δίκαιον, ἀλλὰ μὴ ἀρνεῖσθαι ὅτι οὗτός ἐστιν ὁ Χριστός, ἐὰν φαίνηται ὡς ἄνθρωπος ἐξ ἀνθρώπων γεννηθείς, καὶ ἐκλογῇ γενόμενος εἰς τὸν Χριστὸν εἶναι ἀποδεικνύηται. 4 καὶ γὰρ εἰσί τινες, ὦ φίλοι, ἔλεγον, ἀπὸ τοῦ ὑμετέρου γένους ὁμολογοῦντες αὐτὸν Χριστὸν εἶναι, ἄνθρωπον δὲ ἐξ ἀνθρώπων γενόμενον ἀποφαινόμενοι· οἷς οὐ συντίθεμαι, οὐδ' ἂν πλεῖστοι ταὐτά μοι δοξάσαντες εἴποιεν, ἐπειδὴ οὐκ ἀνθρωπείοις διδάγμασι κεκελεύσμεθα ὑπ' αὐτοῦ τοῦ Χριστοῦ πείθεσθαι, ἀλλὰ τοῖς διὰ τῶν μακαρίων προφητῶν κηρυχθεῖσι καὶ δι' αὐτοῦ διδαχθεῖσι.

XLIX

1 Καὶ ὁ Τρύφων· Ἐμοὶ μὲν δοκοῦσιν, εἶπεν, οἱ λέγοντες ἄνθρωπον γεγονέναι αὐτὸν καὶ κατ' ἐκλογὴν κεχρῖσθαι καὶ Χριστὸν γεγονέναι πιθανώτερον ὑμῶν λέγειν, τῶν ταῦτα ἅπερ φῂς λεγόντων· καὶ γὰρ πάντες ἡμεῖς τὸν Χριστὸν ἄνθρωπον ἐξ ἀνθρώπων προσδοκῶμεν γενήσεσθαι, καὶ τὸν Ἠλίαν χρῖσαι αὐτὸν ἐλθόντα. ἐὰν δὲ οὗτος φαίνηται ὢν ὁ Χριστός, ἄνθρωπον μὲν ἐξ ἀνθρώπων γενόμενον ἐκ παντὸς ἐπίστασθαι δεῖ. ἐκ δὲ τοῦ μηδὲ Ἠλίαν ἐληλυθέναι οὐδὲ τοῦτον ἀποφαίνομαι εἶναι.

2 Κἀγὼ πάλιν ἐπυθόμην αὐτοῦ· Οὐχὶ Ἠλίαν φησὶν ὁ λόγος διὰ Ζαχαρίου ἐλεύσεσθαι πρὸ τῆς ἡμέρας τῆς μεγάλης καὶ φοβερᾶς ταύτης τοῦ κυρίου;

Πρὸς Τρύφωνα Ἰουδαῖον Διάλογος

Κἀκεῖνος ἀπεκρίνατο· Μάλιστα.

Ἐὰν οὖν ὁ λόγος ἀναγκάζῃ ὁμολογεῖν ὅτι δύο παρουσίαι τοῦ Χριστοῦ προεφητεύοντο γενησόμεναι, μία μέν, ἐν ᾗ παθητὸς καὶ ἄτιμος καὶ ἀειδὴς φανήσεται, ἡ δὲ ἑτέρα, ἐν ᾗ καὶ ἔνδοξος καὶ κριτὴς ἁπάντων ἐλεύσεται, ὡς καὶ ἐν πολλοῖς τοῖς προλελεγμένοις ἀποδέδεικται, οὐχὶ τῆς φοβερᾶς καὶ μεγάλης ἡμέρας τοῦτ' ἔστι τῆς δευτέρας παρουσίας αὐτοῦ, πρόοδον γενήσεσθαι τὸν Ἡλίαν νοήσομεν τὸν λόγον τοῦ θεοῦ κεκηρυχέναι;

Μάλιστα, ἀπεκρίνατο.

3 Καὶ ὁ ἡμέτερος οὖν κύριος, ἔφην, τοῦτο αὐτὸ ἐν τοῖς διδάγμασιν αὐτοῦ παρέδωκε γενησόμενον, εἰπὼν καὶ Ἡλίαν ἐλεύσεσθαι· καὶ ἡμεῖς τοῦτο ἐπιστάμεθα γενησόμενον, ὅταν μέλλῃ ἐν δόξῃ ἐξ οὐρανῶν παραγίνεσθαι ὁ ἡμέτερος κύριος Ἰησοῦς Χριστός, οὗ καὶ τῆς πρώτης φανερώσεως κῆρυξ προῆλθε τὸ ἐν Ἡλίᾳ γενόμενον πνεῦμα τοῦ θεοῦ, ἐν Ἰωάννῃ, τῷ γενομένῳ ἐν τῷ γένει ὑμῶν προφήτῃ, μεθ' ὃν οὐδεὶς ἕτερος λοιπὸς παρ' ὑμῖν ἐφάνη προφήτης· ὅστις ἐπὶ τὸν Ἰορδάνην ποταμὸν καθεζόμενος ἐβόα· *Ἐγὼ μὲν ὑμᾶς βαπτίζω ἐν ὕδατι εἰς μετάνοιαν· ἥξει δὲ ὁ ἰσχυρότερός μου, οὗ οὐκ εἰμὶ ἱκανὸς τὰ ὑποδήματα βαστάσαι· αὐτὸς ὑμᾶς βαπτίσει ἐν πνεύματι ἁγίῳ καὶ πυρί. οὗ τὸ πτύον αὐτοῦ ἐν τῇ χειρὶ αὐτοῦ, καὶ διακαθαριεῖ τὴν ἅλωνα αὐτοῦ καὶ τὸν σῖτον συνάξει εἰς τὴν ἀποθήκην, τὸ δὲ ἄχυρον κατακαύσει πυρὶ ἀσβέστῳ.*[185] 4 καὶ τοῦτον αὐτὸν τὸν προφήτην συνεκεκλείκει ὁ βασιλεὺς ὑμῶν Ἡρώδης εἰς φυλακήν, καὶ γενεσίων ἡμέρας τελουμένης, ὀρχουμένης τῆς ἐξαδέλφης αὐτοῦ τοῦ Ἡρώδου εὐαρέστως αὐτῷ, εἶπεν αὐτῇ αἰτήσασθαι ὃ ἐὰν βούληται. καὶ ἡ μήτηρ τῆς παιδὸς ὑπέβαλεν αὐτῇ αἰτήσασθαι τὴν κεφαλὴν Ἰωάννου τοῦ ἐν τῇ φυλακῇ· καὶ αἰτησάσης ἔπεμψε καὶ ἐπὶ πίνακι ἐνεχθῆναι τὴν κεφαλὴν Ἰωάννου ἐκέλευσε. 5 διὸ καὶ ὁ ἡμέτερος Χριστὸς εἰρήκει ἐπὶ γῆς τότε τοῖς λέγουσι πρὸ τοῦ Χριστοῦ Ἡλίαν δεῖν ἐλθεῖν· *Ἡλίας μὲν ἐλεύσεται καὶ ἀποκαταστήσει πάντα· λέγω δὲ ὑμῖν ὅτι Ἡλίας ἤδη ἦλθε, καὶ οὐκ ἐπέγνωσαν αὐτόν, ἀλλ' ἐποίησαν αὐτῷ ὅσα ἠθέλησαν. καὶ γέγραπται ὅτι Τότε συνῆκαν οἱ μαθηταὶ ὅτι περὶ Ἰωάννου τοῦ βαπτιστοῦ εἶπεν αὐτοῖς.*[186]

---

[185] Mt 3:11, 12
[186] Mt 17:12

6 Καὶ ὁ Τρύφων· Καὶ τοῦτο παράδοξον λέγειν μοι δοκεῖς, ὅτι τὸ ἐν Ἠλίᾳ τοῦ θεοῦ γενόμενον προφητικὸν πνεῦμα καὶ ἐν Ἰωάννῃ γέγονε.

Κἀγὼ πρὸς ταῦτα· Οὐ δοκεῖ σοι ἐπὶ Ἰησοῦν, τὸν τοῦ Ναυῆ, τὸν διαδεξάμενον τὴν λαοηγησίαν μετὰ Μωυσέα, τὸ αὐτὸ γεγονέναι, ὅτε ἐρρέθη τῷ Μωυσεῖ ἐπιθεῖναι τῷ Ἰησοῦ τὰς χεῖρας, εἰπόντος αὐτοῦ τοῦ θεοῦ· *Κἀγὼ μεταθήσω ἀπὸ τοῦ πνεύματος τοῦ ἐν σοὶ ἐπ' αὐτόν;*[187]

7 Κἀκεῖνος· Μάλιστα.

Ὡς οὖν, φημί, ἔτι ὄντος τότε ἐν ἀνθρώποις τοῦ Μωυσέως, μετέθηκεν ἐπὶ τὸν Ἰησοῦν ὁ θεὸς ἀπὸ τοῦ ἐν Μωυσεῖ πνεύματος, οὕτως καὶ ἀπὸ τοῦ Ἠλίου ἐπὶ τὸν Ἰωάννην ἐλθεῖν ὁ θεὸς δυνατὸς ἦν ποιῆσαι, ἵνα, ὥσπερ ὁ Χριστὸς τῇ πρώτῃ παρουσίᾳ ἄδοξος ἐφάνη, οὕτως καὶ τοῦ πνεύματος τοῦ ἐν Ἠλίᾳ πάντοτε καθαρεύοντος, τοῦ Χριστοῦ, ἄδοξος ἡ πρώτη παρουσία νοηθῇ. 8 κρυφίᾳ γὰρ χειρὶ ὁ κύριος πολεμεῖν τὸν Ἀμαλὴκ εἴρηται, καὶ ὅτι ἔπεσεν ὁ Ἀμαλὴκ οὐκ ἀρνήσεσθε. εἰ δὲ ἐν τῇ ἐνδόξῳ παρουσίᾳ τοῦ Χριστοῦ πολεμηθήσεσθαι τὸν Ἀμαλὴκ μόνον λέγεται, ποῖος καρπὸς ἔσται τοῦ λόγου, ὅς φησι· Κρυφίᾳ χειρὶ ὁ θεὸς πολεμεῖ τὸν Ἀμαλήκ; νοῆσαι δύνασθε ὅτι κρυφία δύναμις τοῦ θεοῦ γέγονε τῷ σταυρωθέντι Χριστῷ, ὃν καὶ τὰ δαιμόνια φρίσσει καὶ πᾶσαι ἁπλῶς αἱ ἀρχαὶ καὶ ἐξουσίαι τῆς γῆς.

L

1 Καὶ ὁ Τρύφων· Ἔοικάς μοι ἐκ πολλῆς προστρίψεως τῆς πρὸς πολλοὺς περὶ πάντων τῶν ζητουμένων γεγονέναι καὶ διὰ τοῦτο ἑτοίμως ἔχειν ἀποκρίνεσθαι πρὸς πάντα ἃ ἂν ἐπερωτηθῇς. ἀπόκριναι οὖν μοι πρότερον, πῶς ἔχεις ἀποδεῖξαι ὅτι καὶ ἄλλος θεὸς παρὰ τὸν ποιητὴν τῶν ὅλων, καὶ τότε ἀποδείξεις ὅτι καὶ γεννηθῆναι διὰ τῆς παρθένου ὑπέμεινε.

2 Κἀγὼ ἔφην· Πρότερόν μοι συγχώρησον εἰπεῖν λόγους τινὰς ἐκ τῆς Ἡσαΐου προφητείας, τοὺς εἰρημένους περὶ τῆς προελεύσεως ἣν προελήλυθεν αὐτοῦ τοῦ κυρίου ἡμῶν

---

187 Num 11:17. This is spoken of the 70 Elders that were chosen to assist Moses. Justin appears to confuse this with Num 27:18 and Deu 34:9

Πρὸς Τρύφωνα Ἰουδαῖον Διάλογος

Ἰησοῦ Χριστοῦ τούτου Ἰωάννης ὁ βαπτιστὴς καὶ προφήτης γενόμενος.

Κἀκεῖνος· Συγχωρῶ.

3 Κἀγὼ εἶπον· Ἠσαίας οὖν περὶ τῆς Ἰωάννου προελεύσεως οὕτως προεῖπε· Καὶ εἶπεν Ἐζεκίας πρὸς Ἡσαΐαν· *Ἀγαθὸς ὁ λόγος κυρίου, ὃν ἐλάλησε· γενέσθω εἰρήνη καὶ δικαιοσύνη ἐν ταῖς ἡμέραις μου.*[188] *καί· Παρακαλεῖτε τὸν λαόν· ἱερεῖς, λαλήσατε εἰς τὴν καρδίαν Ἰερουσαλὴμ καὶ παρακαλέσατε αὐτήν, ὅτι ἐπλήσθη ἡ ταπείνωσις αὐτῆς· λέλυται αὐτῆς ἡ ἁμαρτία, ὅτι ἐδέξατο ἐκ χειρὸς κυρίου διπλᾶ τὰ ἁμαρτήματα αὐτῆς. φωνὴ βοῶντος ἐν τῇ ἐρήμῳ· ἑτοιμάσατε τὰς ὁδοὺς κυρίου, εὐθείας ποιεῖτε τὰς τρίβους τοῦ θεοῦ ἡμῶν. πᾶσα φάραγξ πληρωθήσεται, καὶ πᾶν ὄρος καὶ βουνὸς ταπεινωθήσεται· καὶ ἔσται πάντα τὰ σκολιὰ εἰς εὐθεῖαν, καὶ ἡ τραχεῖα εἰς ὁδοὺς λείας· καὶ ὀφθήσεται ἡ δόξα κυρίου, καὶ ὄψεται πᾶσα σὰρξ τὸ σωτήριον τοῦ θεοῦ, ὅτι κύριος ἐλάλησε.* 4 *φωνὴ λέγοντος· Βόησον. καὶ εἶπον· Τί βοήσω; Πᾶσα σὰρξ χόρτος, καὶ πᾶσα δόξα ἀνθρώπου ὡς ἄνθος χόρτου. ἐξηράνθη ὁ χόρτος, καὶ τὸ ἄνθος αὐτοῦ ἐξέπεσε, τὸ δὲ ῥῆμα κυρίου μένει εἰς τὸν αἰῶνα. Ἐπ' ὄρους ὑψηλοῦ ἀνάβηθι, ὁ εὐαγγελιζόμενος Σιών· ὕψωσον τῇ ἰσχύϊ τὴν φωνήν σου, ὁ εὐαγγελιζόμενος Ἰερουσαλήμ. ὑψώσατε, μὴ φοβεῖσθε. εἶπον ταῖς πόλεσιν Ἰούδα· Ἰδοὺ ὁ θεὸς ὑμῶν· κύριος ἰδοὺ μετ' ἰσχύος ἔρχεται, καὶ ὁ βραχίων μετὰ κυρίας ἔρχεται. ἰδοὺ ὁ μισθὸς μετ' αὐτοῦ, καὶ τὸ ἔργον ἐναντίον αὐτοῦ. ὡς ποιμὴν ποιμανεῖ τὸ ποίμνιον αὐτοῦ, καὶ τῷ βραχίονι συνάξει ἄρνας, καὶ τὴν ἐν γαστρὶ ἔχουσαν παρακαλέσει.*

5 *Τίς ἐμέτρησε τῇ χειρὶ τὸ ὕδωρ καὶ τὸν οὐρανὸν σπιθαμῇ καὶ πᾶσαν τὴν γῆν δρακί; τίς ἔστησε τὰ ὄρη σταθμῷ καὶ τὰς νάπας ζυγῷ; τίς ἔγνω νοῦν κυρίου, καὶ τίς αὐτοῦ σύμβουλος ἐγένετο, ὃς συμβιβάσει αὐτόν; ἢ πρὸς τίνα συνεβουλεύσατο, καὶ συνεβίβασεν αὐτόν; ἢ τίς ἔδειξεν αὐτῷ κρίσιν; ἢ ὁδὸν συνέσεως τίς ἐγνώρισεν αὐτῷ; πάντα τὰ ἔθνη ὡς σταγὼν ἀπὸ κάδου, καὶ ὡς ῥοπὴ ζυγοῦ ἐλογίσθησαν, καὶ ὡς πτύελος λογισθήσονται. ὁ δὲ Λίβανος οὐχ ἱκανὸς εἰς καῦσιν, καὶ τὰ τετράποδα οὐχ ἱκανὰ εἰς ὁλοκάρπωσιν, καὶ πάντα τὰ ἔθνη οὐθέν, καὶ εἰς οὐδὲν ἐλογίσθησαν.*[189]

---

188 Isa 38:8
189 Isa 40:1-17

LI

1 Καὶ παυσαμένου μου εἶπεν ὁ Τρύφων· Ἀμφίβολοι μὲν πάντες οἱ λόγοι τῆς προφητείας, ἣν φῂς σύ, ὦ ἄνθρωπε, καὶ οὐδὲν τμητικὸν εἰς ἀπόδειξιν οὗπερ βούλει ἀποδεῖξαι ἔχοντες.

Κἀγὼ ἀπεκρινάμην· Εἰ μὲν μὴ ἐπαύσαντο καὶ εἰσέτι ἐγένοντο οἱ προφῆται ἐν τῷ γένει ὑμῶν, ὦ Τρύφων, μετὰ τοῦτον τὸν Ἰωάννην, ἴσως ἀμφίβολα ἐνοεῖτε εἶναι τὰ λεγόμενα. 2 εἰ δὲ Ἰωάννης μὲν προελήλυθε βοῶν τοῖς ἀνθρώποις μετανοεῖν, καὶ Χριστὸς ἔτι αὐτοῦ καθεζομένου ἐπὶ τοῦ Ἰορδάνου ποταμοῦ ἐπελθὼν ἔπαυσέ τε αὐτὸν τοῦ προφητεύειν καὶ βαπτίζειν, καὶ εὐηγγελίζετο, καὶ αὐτὸς λέγων ὅτι ἐγγύς ἐστιν ἡ βασιλεία τῶν οὐρανῶν, καὶ ὅτι δεῖ αὐτὸν πολλὰ παθεῖν ἀπὸ τῶν γραμματέων καὶ Φαρισαίων, καὶ σταυρωθῆναι καὶ τῇ τρίτῃ ἡμέρᾳ ἀναστῆναι, καὶ πάλιν παραγενήσεσθαι ἐν Ἰερουσαλὴμ καὶ τότε τοῖς μαθηταῖς αὐτοῦ συμπιεῖν πάλιν καὶ συμφαγεῖν, καὶ ἐν τῷ μεταξὺ τῆς παρουσίας αὐτοῦ χρόνῳ, ὡς προέφην, γενήσεσθαι ἱερεῖς καὶ ψευδοπροφήτας ἐπὶ τῷ ὀνόματι αὐτοῦ προεμήνυσε, καὶ οὕτω φαίνεται ὄντα· πῶς ἔτι ἀμφιβάλλειν ἔστιν, ἔργῳ πεισθῆναι ὑμῶν ἐχόντων; 3 εἰρήκει δὲ περὶ τοῦ μηκέτι γενήσεσθαι ἐν τῷ γένει ὑμῶν προφήτην καὶ περὶ τοῦ ἐπιγνῶναι ὅτι ἡ πάλαι κηρυσσομένη ὑπὸ τοῦ θεοῦ καινὴ διαθήκη διαταχθήσεσθαι ἤδη τότε παρῆν, τοῦτ' ἔστιν αὐτὸς ὢν ὁ Χριστός, οὕτως· Ὁ νόμος καὶ οἱ προφῆται μέχρι Ἰωάννου τοῦ βαπτιστοῦ· ἐξ ὅτου ἡ βασιλεία τῶν οὐρανῶν βιάζεται, καὶ βιασταὶ ἁρπάζουσιν αὐτήν. καὶ εἰ θέλετε δέξασθαι, αὐτός ἐστιν Ἡλίας ὁ μέλλων ἔρχεσθαι. ὁ ἔχων ὦτα ἀκούειν ἀκουέτω.[190]

LII

1 Καὶ διὰ Ἰακὼβ δὲ τοῦ πατριάρχου προεφητεύθη ὅτι δύο τοῦ Χριστοῦ παρουσίαι ἔσονται, καὶ ὅτι ἐν τῇ πρώτῃ παθητὸς ἔσται, καὶ ὅτι μετὰ τὸ αὐτὸν ἐλθεῖν οὔτε προφήτης οὔτε βασιλεὺς ἐν τῷ γένει ὑμῶν, ἐπήνεγκα, καὶ ὅτι τὰ ἔθνη, πιστεύοντα ἐπὶ τὸν παθητὸν Χριστόν, πάλιν παραγενησόμενον προσδοκήσει. ἐν παραβολῇ δὲ καὶ παρακεκαλυμμένως τὸ πνεῦμα τὸ ἅγιον διὰ τοῦτο αὐτὰ ἐλελαλήκει, ἔφην. 2 οὕτως δὲ εἰρηκέναι ἐπήνεγκα· Ἰούδα, ᾔνεσάν σε οἱ ἀδελφοί σου, αἱ χεῖρές σου ἐπὶ νώτου τῶν ἐχθρῶν

---

[190] Mt 11:12-15

σου. προσκυνήσουσί σε οἱ υἱοὶ τοῦ πατρός σου. σκύμνος λέοντος Ἰούδα· ἐκ βλαστοῦ, υἱέ μου, ἀνέβης. ἀναπεσὼν ἐκοιμήθη ὡς λέων καὶ ὡς σκύμνος· τίς ἐγερεῖ αὐτόν; οὐκ ἐκλείψει ἄρχων ἐξ Ἰούδα καὶ ἡγούμενος ἐκ τῶν μηρῶν αὐτοῦ, ἕως ἂν ἔλθῃ τὰ ἀποκείμενα αὐτῷ· καὶ αὐτὸς ἔσται προσδοκία ἐθνῶν. δεσμεύων πρὸς ἄμπελον τὸν πῶλον αὐτοῦ καὶ τῇ ἕλικι τὸν πῶλον τῆς ὄνου αὐτοῦ. πλυνεῖ ἐν οἴνῳ τὴν στολὴν αὐτοῦ καὶ ἐν αἵματι σταφυλῆς τὴν περιβολὴν αὐτοῦ. χαροποὶ οἱ ὀφθαλμοὶ αὐτοῦ ἀπὸ οἴνου, καὶ λευκοὶ οἱ ὀδόντες αὐτοῦ ὡς γάλα.[191] 3 ὅτι οὖν οὐδέποτε ἐν τῷ γένει ὑμῶν ἐπαύσατο οὔτε προφήτης οὔτε ἄρχων, ἐξ ὅτου ἀρχὴν ἔλαβε, μέχρις οὗ οὗτος Ἰησοῦς Χριστὸς καὶ γέγονε καὶ ἔπαθεν, οὐδ' ἀναισχύντως τολμήσετε εἰπεῖν ἢ ἀποδεῖξαι ἔχετε. καὶ γὰρ Ἡρώδην, ἀφ' οὗ ἔπαθεν, Ἀσκαλωνίτην γεγονέναι λέγοντες, ὅμως ἐν τῷ γένει ὑμῶν ὄντα λέγετε ἀρχιερέα, ὥστε, καὶ τότε ὄντος ὑμῖν κατὰ τὸν νόμον τοῦ Μωυσέως καὶ προσφορὰς προσφέροντος καὶ τὰ ἄλλα νόμιμα φυλάσσοντος, καὶ προφητῶν κατὰ διαδοχὴν μέχρις Ἰωάννου γεγενημένων, ὡς καὶ ὅτε εἰς Βαβυλῶνα ἀπήχθη ὁ λαὸς ὑμῶν, πολεμηθείσης τῆς γῆς καὶ τῶν ἱερῶν σκευῶν ἀρθέντων, μὴ παύσασθαι ἐξ ὑμῶν προφήτην, ὃς κύριος καὶ ἡγούμενος καὶ ἄρχων τοῦ λαοῦ ὑμῶν ἦν. τὸ γὰρ ἐν τοῖς προφήταις πνεῦμα καὶ τοὺς βασιλεῖς ὑμῖν ἔχριε καὶ καθίστα. 4 μετὰ δὲ τὴν Ἰησοῦ τοῦ ἡμετέρου Χριστοῦ ἐν τῷ γένει ὑμῶν φανέρωσιν καὶ θάνατον οὐδαμοῦ προφήτης γέγονεν οὐδέ ἐστιν, ἀλλὰ καὶ τὸ εἶναι ὑμᾶς ὑπὸ ἴδιον βασιλέα ἐπαύσατο, καὶ προσέτι ἡ γῆ ὑμῶν ἠρημώθη καὶ ὡς ὀπωροφυλάκιον καταλέλειπται. τὸ δὲ εἰπεῖν τὸν λόγον διὰ τοῦ Ἰακώβ· Καὶ αὐτὸς ἔσται προσδοκία ἐθνῶν, συμβολικῶς δύο παρουσίας αὐτοῦ ἐσήμανε καὶ τὰ ἔθνη μέλλειν αὐτῷ πιστεύειν, ὅπερ ὀψέ ποτε πάρεστιν ἰδεῖν ὑμῖν· οἱ γὰρ ἀπὸ τῶν ἐθνῶν ἁπάντων διὰ τῆς πίστεως τῆς τοῦ Χριστοῦ θεοσεβεῖς καὶ δίκαιοι γενόμενοι, πάλιν παραγενησόμενον αὐτὸν προσδοκῶμεν.

LIII

1 Καὶ τὸ Δεσμεύων πρὸς ἄμπελον τὸν πῶλον αὐτοῦ καὶ τῇ ἕλικι τὸν πῶλον τῆς ὄνου καὶ τῶν ἔργων, τῶν ἐπὶ τῆς πρώτης αὐτοῦ παρουσίας γενομένων ὑπ' αὐτοῦ, καὶ τῶν ἐθνῶν ὁμοίως, τῶν μελλόντων πιστεύειν αὐτῷ, προδήλωσις ἦν. οὗτοι γὰρ ὡς πῶλος ἀσαγὴς καὶ ζυγὸν ἐπὶ αὐχένα μὴ ἔχων τὸν ἑαυτοῦ, μέχρις ὁ Χριστὸς οὗτος ἐλθὼν

---

[191] Gen 49:8-12

διὰ τῶν μαθητῶν αὐτοῦ πέμψας ἐμαθήτευσεν αὐτούς, καὶ τὸν ζυγὸν τοῦ λόγου αὐτοῦ βαστάσαντες τὸν νῶτον ὑπέθηκαν πρὸς τὸ πάντα ὑπομένειν διὰ τὰ προσδοκώμενα καὶ ὑπ' αὐτοῦ κατηγγελμένα ἀγαθά. 2 καὶ ὄνον δέ τινα ἀληθῶς σὺν πώλῳ αὐτῆς προσδεδεμένην ἔν τινι εἰσόδῳ κώμης Βηθσφαγῆς λεγομένης, ὅτε ἔμελλεν εἰσέρχεσθαι εἰς τὰ Ἰεροσόλυμα ὁ κύριος ἡμῶν Ἰησοῦς Χριστός, ἐκέλευσε τοὺς μαθητὰς αὐτοῦ ἀγαγεῖν αὐτῷ, καὶ ἐπικαθίσας ἐπεισελήλυθεν εἰς τὰ Ἰεροσόλυμα· ὅπερ ὡς ἐπεπροφήτευτο διαρρήδην γενήσεσθαι ὑπὸ τοῦ Χριστοῦ, γενόμενον ὑπ' αὐτοῦ καὶ γνωσθέν, τὸν Χριστὸν ὄντα αὐτὸν φανερὸν ἐποίει. καί, τούτων ἁπάντων γενομένων καὶ ἀπὸ τῶν γραφῶν ἀποδεικνυμένων, ὑμεῖς ἔτι σκληροκάρδιοί ἐστε. 3 προεφητεύθη δὲ ὑπὸ Ζαχαρίου, ἑνὸς τῶν δώδεκα, τοῦτο μέλλειν γίνεσθαι οὕτως· *Χαῖρε σφόδρα, θύγατερ Σιών, ἀλάλαξον, κήρυσσε, θύγατερ Ἰερουσαλήμ· ἰδοὺ ὁ βασιλεύς σου ἥξει σοι δίκαιος καὶ σώζων αὐτὸς καὶ πραΰς καὶ πτωχός, ἐπιβεβηκὼς ἐπὶ ὑποζύγιον καὶ πῶλον ὄνου.*[192] 4 τὸ δὲ καὶ ὄνον ὑποζύγιον ἤδη μετὰ τοῦ πώλου αὐτῆς ὀνομάζειν τὸ προφητικὸν πνεῦμα μετὰ τοῦ πατριάρχου Ἰακὼβ ἐν τῇ κτήσει αὐτὸν ἔχειν, ἀλλὰ καὶ αὐτὸν τοῖς μαθηταῖς αὐτοῦ, ὡς προέφην, ἀμφότερα τὰ ζῶα κελεῦσαι ἀγαγεῖν, προαγγελία ἦν καὶ τοῖς ἀπὸ τῆς συναγωγῆς ὑμῶν ἅμα τοῖς ἀπὸ τῶν ἐθνῶν πιστεύειν ἐπ' αὐτὸν μέλλουσιν. ὡς γὰρ τῶν ἀπὸ τῶν ἐθνῶν σύμβολον ἦν ὁ ἀσαγής πῶλος, οὕτως καὶ τῶν ἀπὸ τοῦ ὑμετέρου λαοῦ ἡ ὑποσαγὴς ὄνος· τὸν γὰρ διὰ τῶν προφητῶν νόμον ἐπικείμενον ἔχετε. 5 ἀλλὰ καὶ διὰ τοῦ προφήτου Ζαχαρίου, ὅτι παταχθήσεται αὐτὸς οὗτος ὁ Χριστὸς καὶ διασκορπισθήσονται οἱ μαθηταὶ αὐτοῦ, προεφητεύθη· ὅπερ καὶ γέγονε. μετὰ γὰρ τὸ σταυρωθῆναι αὐτὸν οἱ σὺν αὐτῷ ὄντες μαθηταὶ αὐτοῦ διεσκεδάσθησαν, μέχρις ὅτου ἀνέστη ἐκ νεκρῶν καὶ πέπεικεν αὐτοὺς ὅτι οὕτως προεπεφήτευτο περὶ αὐτοῦ παθεῖν αὐτόν· καὶ οὕτω πεισθέντες καὶ εἰς τὴν πᾶσαν οἰκουμένην ἐξελθόντες ταῦτα ἐδίδαξαν. 6 ὅθεν καὶ ἡμεῖς βέβαιοι ἐν τῇ πίστει καὶ μαθητείᾳ αὐτοῦ ἐσμεν, ἐπειδὴ καὶ ἀπὸ τῶν προφητῶν καὶ ἀπὸ τῶν κατὰ τὴν οἰκουμένην εἰς ὄνομα τοῦ ἐσταυρωμένου ἐκείνου ὁρωμένων καὶ γενομένων θεοσεβῶν τὴν πειθὼ ἔχομεν. ἔστι δὲ τὰ λεχθέντα ὑπὸ τοῦ Ζαχαρίου ταῦτα· *Ῥομφαία, ἐξεγέρθητι ἐπὶ τὸν ποιμένα μου καὶ ἐπ' ἄνδρα τοῦ λαοῦ μου, λέγει κύριος τῶν δυνάμεων·*

---

[192] Zech 9:9

πάταξον τὸν ποιμένα, καὶ διασκορπισθήσονται τὰ πρόβατα αὐτοῦ.[193]

LIV

1 Καὶ τὸ ὑπὸ Μωυσέως δὲ ἀνιστορημένον καὶ ὑπὸ τοῦ πατριάρχου Ἰακὼβ προπεφητευμένον, τὸ Πλυνεῖ ἐν οἴνῳ τὴν στολὴν αὐτοῦ καὶ ἐν αἵματι σταφυλῆς τὴν περιβολὴν αὐτοῦ, τὸ τῷ αἵματι αὐτοῦ ἀποπλύνειν μέλλειν τοὺς πιστεύοντας αὐτῷ ἐδήλου. στολὴν γὰρ αὐτοῦ ἐκάλεσε τὸ ἅγιον πνεῦμα τοὺς δι' αὐτοῦ ἄφεσιν ἁμαρτιῶν λαβόντας, ἐν οἷς ἀεὶ δυνάμει μὲν πάρεστι, καὶ ἐναργῶς δὲ παρέσται ἐν τῇ δευτέρᾳ αὐτοῦ παρουσίᾳ. 2 τὸ δὲ αἷμα τῆς σταφυλῆς εἰπεῖν τὸν λόγον, διὰ τῆς τέχνης δεδήλωκεν ὅτι αἷμα μὲν ἔχει ὁ Χριστός, οὐκ ἐξ ἀνθρώπου σπέρματος, ἀλλ' ἐκ τῆς τοῦ θεοῦ δυνάμεως. ὃν γὰρ τρόπον τὸ τῆς ἀμπέλου αἷμα οὐκ ἄνθρωπος ἐγέννησεν ἀλλὰ θεός, οὕτως καὶ τὸ τοῦ Χριστοῦ αἷμα οὐκ ἐξ ἀνθρωπείου γένους ἔσεσθαι, ἀλλ' ἐκ θεοῦ δυνάμεως προεμήνυσεν. ἡ δὲ προφητεία αὕτη, ὦ ἄνδρες, ἣν ἔλεγον, ἀποδεικνύει ὅτι οὐκ ἔστιν ὁ Χριστὸς ἄνθρωπος ἐξ ἀνθρώπων, κατὰ τὸ κοινὸν τῶν ἀνθρώπων γεννηθείς.

LV

1 Καὶ ὁ Τρύφων ἀπεκρίνατο· Μεμνησόμεθα καὶ ταύτης τῆς ἐξηγήσεώς σου, ἐὰν καὶ δι' ἄλλων κρατύνῃς καὶ τοῦτο τὸ ἀπόρημα. τὰ νῦν δὲ ἤδη ἀναλαβὼν τὸν λόγον ἀπόδειξον ἡμῖν ὅτι ἕτερος θεὸς παρὰ τὸν ποιητὴν τῶν ὅλων ὑπὸ τοῦ προφητικοῦ πνεύματος ὡμολόγηται εἶναι, φυλαξάμενος λέγειν τὸν ἥλιον καὶ τὴν σελήνην, ἃ γέγραπται[194] τοῖς ἔθνεσι συγκεχωρηκέναι τὸν θεὸν ὡς θεοὺς προσκυνεῖν· καὶ τούτῳ τῷ λόγῳ ὡς παραχρώμενοι προφῆται πολλάκις λέγουσιν ὅτι Ὁ θεός σου θεὸς τῶν θεῶν ἐστι καὶ κύριος τῶν κυρίων, προστιθέντες ὁ μέγας καὶ ἰσχυρὸς καὶ φοβερὸς πολλάκις. 2 οὐ γὰρ ὡς ὄντων θεῶν ταῦτα λέγεται, ἀλλ' ὡς τοῦ λόγου διδάσκοντος ἡμᾶς ὅτι τῶν νομιζομένων θεῶν καὶ κυρίων ὁ τῷ ὄντι θεός, ὁ τὰ πάντα ποιήσας, κύριος μόνος ἐστίν. ἵνα γὰρ καὶ τοῦτο ἐλέγξῃ τὸ ἅγιον πνεῦμα, διὰ τοῦ ἁγίου Δαυεὶδ εἶπεν· Οἱ θεοὶ τῶν ἐθνῶν,

νομιζόμενοι θεοί, εἴδωλα δαιμονίων εἰσίν, ἀλλ' οὐ θεοί.[195] καὶ ἐπάγει κατάραν τοῖς ποιοῦσιν αὐτὰ καὶ προσκυνοῦσι.

3 Κἀγώ· Οὐ ταύτας μὲν τὰς ἀποδείξεις ἔμελλον φέρειν, εἶπον, ὦ Τρύφων, δι' ὧν καταδικάζεσθαι τοὺς ταῦτα καὶ τὰ τοιαῦτα προσκυνοῦντας ἐπίσταμαι, ἀλλὰ τοιαύτας πρὸς ἃς ἀντειπεῖν μὲν οὐδεὶς δυνήσεται. ξέναι δέ σοι δόξουσιν εἶναι, καίπερ καθ' ἡμέραν ἀναγινωσκόμεναι ὑφ' ὑμῶν, ὡς καὶ ἐκ τούτου συνεῖναι ὑμᾶς ὅτι διὰ τὴν ὑμετέραν κακίαν ἀπέκρυψεν ὁ θεὸς ἀφ' ὑμῶν τὸ δύνασθαι νοεῖν τὴν σοφίαν τὴν ἐν τοῖς λόγοις αὐτοῦ, πλήν τινων, οἷς κατὰ χάριν τῆς πολυσπλαγχνίας αὐτοῦ, ὡς ἔφη Ἡσαΐας, ἐγκατέλιπε σπέρμα εἰς σωτηρίαν, ἵνα μὴ ὡς Σοδομιτῶν καὶ Γομορραίων τέλεον καὶ τὸ ὑμέτερον γένος ἀπόληται. προσέχετε τοιγαροῦν οἷσπερ μέλλω ἀναμιμνήσκειν ἀπὸ τῶν ἁγίων γραφῶν, οὐδὲ ἐξηγηθῆναι δεομένων ἀλλὰ μόνον ἀκουσθῆναι.

LVI

1 Μωυσῆς οὖν, ὁ μακάριος καὶ πιστὸς θεράπων θεοῦ, μηνύων ὅτι ὁ ὀφθεὶς τῷ Ἀβραὰμ πρὸς τῇ δρυΐ τῇ Μαμβρῇ θεὸς σὺν τοῖς ἅμα αὐτῷ ἐπὶ τὴν Σοδόμων κρίσιν πεμφθεῖσι δύο ἀγγέλοις ὑπὸ ἄλλου, τοῦ ἐν τοῖς ὑπερουρανίοις ἀεὶ μένοντος καὶ οὐδενὶ ὀφθέντος ἢ ὁμιλήσαντος δι' ἑαυτοῦ ποτε, ὃν ποιητὴν τῶν ὅλων καὶ πατέρα νοοῦμεν. 2 οὕτω γάρ φησιν· Ὤφθη δὲ αὐτῷ ὁ θεὸς πρὸς τῇ δρυΐ τῇ Μαμβρῇ, καθημένου αὐτοῦ ἐπὶ τῇ θύρᾳ τῆς σκηνῆς μεσημβρίας. ἀναβλέψας δὲ τοῖς ὀφθαλμοῖς εἶδε, καὶ ἰδοὺ τρεῖς ἄνδρες εἱστήκεισαν ἐπάνω αὐτοῦ. καὶ ἰδὼν συνέδραμεν εἰς συνάντησιν αὐτοῖς ἀπὸ τῆς θύρας τῆς σκηνῆς αὐτοῦ, καὶ προσεκύνησεν ἐπὶ τὴν γῆν, καὶ εἶπε·[196] καὶ τὰ λοιπὰ μέχρι τοῦ·[197] Ὤρθρισε δὲ Ἀβραὰμ τὸ πρωῒ εἰς τὸν τόπον οὗ εἱστήκει ἔναντι κυρίου, καὶ ἐπέβλεψεν ἐπὶ πρόσωπον Σοδόμων καὶ Γομόρρας καὶ ἐπὶ πρόσωπον τῆς γῆς τῆς περιχώρου, καὶ εἶδε, καὶ ἰδοὺ ἀνέβαινε φλὸξ ἐκ τῆς γῆς ὡσεὶ ἀτμὶς καμίνου.[198] καὶ παυσάμενος λοιπὸν τοῦ λέγειν, ἐπυθόμην αὐτῶν εἰ ἐνενοήκεισαν τὰ εἰρημένα.

---

195 Ps 96:5
196 Gen 18:1, 2
197 'and so on until' Dods et al stated this may have been inserted by a copyist based on the subsequent quote.
198 Gen 19:27, 28

Πρὸς Τρύφωνα Ἰουδαῖον Διάλογος

3 Οἱ δὲ ἔφασαν νενοηκέναι μέν, μηδὲν δὲ ἔχειν εἰς ἀπόδειξιν τοὺς λελεγμένους λόγους ὅτι θεὸς ἢ κύριος ἄλλος τίς ἐστιν ἢ λέλεκται ἀπὸ τοῦ ἁγίου πνεύματος παρὰ τὸν ποιητὴν τῶν ὅλων.

4 Κἀγὼ πάλιν· Ἃ λέγω πειράσομαι ὑμᾶς πεῖσαι, νοήσαντας τὰς γραφάς, ὅτι ἐστὶ καὶ λέγεται θεὸς καὶ κύριος ἕτερος ὑπὸ τὸν ποιητὴν τῶν ὅλων, ὃς καὶ ἄγγελος καλεῖται, διὰ τὸ ἀγγέλλειν τοῖς ἀνθρώποις ὅσαπερ βούλεται αὐτοῖς ἀγγεῖλαι ὁ τῶν ὅλων ποιητής, ὑπὲρ ὃν ἄλλος θεὸς οὐκ ἔστι. καὶ ἀνιστορῶν πάλιν τὰ προλεχθέντα ἐπυθόμην τοῦ Τρύφωνος· Δοκεῖ σοι ὀφθῆναι ὑπὸ τὴν δρῦν τὴν Μαμβρῆ ὁ θεὸς τῷ Ἀβραάμ, ὡς ὁ λόγος λέγει;

Κἀκεῖνος· Μάλιστα.

5 Καὶ εἷς, ἔφην, ἐκείνων ἦν τῶν τριῶν, οὓς ἄνδρας ἑωρᾶσθαι τῷ Ἀβραὰμ τὸ ἅγιον προφητικὸν πνεῦμα λέγει;

Κἀκεῖνος· Οὔ· ἀλλὰ ὦπτο μὲν αὐτῷ ὁ θεὸς πρὸ τῆς τῶν τριῶν ὀπτασίας· εἶτα οἱ τρεῖς ἐκεῖνοι, οὓς ἄνδρας ὁ λόγος ὀνομάζει, ἄγγελοι ἦσαν, δύο μὲν αὐτῶν πεμφθέντες ἐπὶ τὴν Σοδόμων ἀπώλειαν, εἷς δὲ εὐαγγελιζόμενος τῇ Σάρρᾳ ὅτι τέκνον ἕξει, ἐφ' ᾧ ἐπέπεμπτο, καὶ ἀπαρτίσας ἀπήλλακτο.

6 Πῶς οὖν, εἶπον, ὁ εἷς τῶν τριῶν γενόμενος ἐν τῇ σκηνῇ, ὁ καὶ εἰπών· Εἰς ὥρας ἀνακάμψω πρός σε, καὶ τῇ Σάρρᾳ υἱὸς γενήσεται, φαίνεται ἐπανελθὼν γενομένου τῇ Σάρρᾳ υἱοῦ,[199] καὶ θεὸν αὐτὸν ὄντα ὁ προφητικὸς λόγος κἀκεῖ σημαίνει; ἵνα δὲ φανερὸν ὑμῖν γένηται ὃ λέγω, ἀκούσατε τῶν ὑπὸ Μωυσέως διαρρήδην εἰρημένων. 7 ἔστι δὲ ταῦτα· Ἰδοῦσα δὲ Σάρρα τὸν υἱὸν Ἄγαρ, τῆς παιδίσκης τῆς Αἰγυπτίας, ὃς ἐγένετο τῷ Ἀβραάμ, παίζοντα μετὰ Ἰσαὰκ τοῦ υἱοῦ αὐτῆς, εἶπε τῷ Ἀβραάμ· Ἔκβαλε τὴν παιδίσκην ταύτην καὶ τὸν υἱὸν αὐτῆς· οὐ γὰρ κληρονομήσει ὁ υἱὸς τῆς παιδίσκης ταύτης μετὰ τοῦ υἱοῦ μου Ἰσαάκ. σκληρὸν δὲ ἐφάνη τὸ ῥῆμα σφόδρα ἐναντίον Ἀβραὰμ περὶ τοῦ υἱοῦ αὐτοῦ. εἶπε δὲ ὁ θεὸς τῷ Ἀβραάμ· Μὴ σκληρὸν ἔστω ἐναντίον σου περὶ τοῦ παιδίου καὶ περὶ τῆς παιδίσκης· πάντα ὅσα ἂν εἴπῃ σοι Σάρρα, ἄκουε τῆς φωνῆς αὐτῆς, ὅτι ἐν Ἰσαὰκ κληθήσεταί σοι σπέρμα.[200] 8 νενοήκατε οὖν ὅτι ὁ εἰπὼν τότε ὑπὸ τὴν δρῦν ἐπαναστρέψαι, ὡς προηπίστατο ἀναγκαῖον εἶναι τῷ

---

199 Gen 18:10
200 Gen 21:9-12

Ἀβραὰμ συμβουλεῦσαι ἅπερ ἐβούλετο αὐτὸν Σάρρα, ἐπανελήλυθεν, ὡς γέγραπται, καὶ θεός ἐστιν, ὡς οἱ λόγοι σημαίνουσιν οὕτως εἰρημένοι· Εἶπε δὲ ὁ θεὸς τῷ Ἀβραάμ· Μὴ σκληρὸν ἔστω ἐναντίον σου περὶ τοῦ παιδίου καὶ περὶ τῆς παιδίσκης; ἐπυνθανόμην.

9 Καὶ ὁ Τρύφων ἔφη· Μάλιστα· οὐκ ἐκ τούτου δὲ ἀπέδειξας ὅτι ἄλλος ἐστὶν ὁ θεὸς παρὰ τοῦτον τὸν ὀφθέντα τῷ Ἀβραάμ, ὃς καὶ τοῖς ἄλλοις πατριάρχαις καὶ προφήταις ὦπτο, ἀλλ' ἡμᾶς ἀπέδειξας οὐκ ὀρθῶς νενοηκότας ὅτι οἱ τρεῖς, οἱ ἐν τῇ σκηνῇ παρὰ τῷ Ἀβραὰμ γενόμενοι, ὅλοι ἄγγελοι ἦσαν.

10 Καὶ πάλιν ἐγώ· Εἰ οὖν καὶ ἀπὸ τῶν γραφῶν μὴ εἶχον ἀποδεῖξαι ὑμῖν ὅτι εἷς τῶν τριῶν ἐκείνων καὶ ὁ θεός ἐστι καὶ ἄγγελος καλεῖται, ἐκ τοῦ ἀγγέλλειν, ὡς προέφην, οἷσπερ βούλεται τὰ παρ' αὐτοῦ ὁ τῶν ὅλων ποιητὴς θεός, τοῦτον τὸν ἐπὶ τῆς γῆς ἐν ἰδέᾳ ἀνδρὸς ὁμοίως τοῖς σὺν αὐτῷ παραγενομένοις δυσὶν ἀγγέλοις φαινόμενον τῷ Ἀβραάμ, τὸν καὶ πρὸ ποιήσεως κόσμου ὄντα θεόν, τοῦτον νοεῖν ὑμᾶς εὔλογον ἦν, ὅπερ τὸ πᾶν ἔθνος ὑμῶν νοεῖ.

Καὶ πάνυ, ἔφη· οὕτως γὰρ καὶ μέχρι τοῦ δεῦρο εἴχομεν.

11 Κἀγὼ πάλιν εἶπον· Ἐπὶ τὰς γραφὰς ἐπανελθὼν πειράσομαι πεῖσαι ὑμᾶς ὅτι οὗτος ὅ τε τῷ Ἀβραὰμ καὶ τῷ Ἰακὼβ καὶ τῷ Μωυσεῖ ὦφθαι λεγόμενος καὶ γεγραμμένος θεὸς ἕτερός ἐστι τοῦ τὰ πάντα ποιήσαντος θεοῦ, ἀριθμῷ λέγω ἀλλὰ οὐ γνώμῃ· οὐδὲν γάρ φημι αὐτὸν πεπραχέναι ποτὲ ἢ ἅπερ αὐτὸς ὁ τὸν κόσμον ποιήσας, ὑπὲρ ὃν ἄλλος οὐκ ἔστι θεός, βεβούληται καὶ πρᾶξαι καὶ ὁμιλῆσαι.

12 Καὶ ὁ Τρύφων· Ὅτι οὖν καὶ ἔστιν ἀπόδειξον ἤδη, ἵνα καὶ τούτῳ συνθώμεθα· οὐ γὰρ παρὰ γνώμην τοῦ ποιητοῦ τῶν ὅλων φάσκειν τι ἢ πεποιηκέναι αὐτὸν ἢ λελαληκέναι λέγειν σε ὑπολαμβάνομεν.

Κἀγὼ εἶπον· Ἡ γραφὴ οὖν ἡ προλελεγμένη παρ' ἐμοῦ τοῦτο φανερὸν ὑμῖν ποιήσει. ἔστι δὲ ταῦτα· *Ὁ ἥλιος ἐξῆλθεν ἐπὶ τὴν γῆν, καὶ Λὼτ εἰσῆλθεν εἰς Σηγώρ. καὶ ὁ κύριος ἔβρεξεν ἐπὶ Σόδομα θεῖον καὶ πῦρ παρὰ κυρίου ἐκ τοῦ οὐρανοῦ, καὶ κατέστρεψε τὰς πόλεις ταύτας καὶ πᾶσαν τὴν περίοικον.*[201]

---

201 Gen 19:23

13 Καὶ ὁ τέταρτος τῶν σὺν Τρύφωνι παραμεινάντων ἔφη· Ὃν οὖν ὁ λόγος διὰ Μωυσέως τῶν δύο ἀγγέλων κατελθόντων εἰς Σόδομα καὶ κύριον ἕνα ὠνόμασε, παρὰ τοῦτον καὶ τὸν θεὸν αὐτὸν τὸν ὀφθέντα τῷ Ἀβραὰμ λέγειν ἀνάγκη.

14 Οὐ διὰ τοῦτο, ἔφην, μόνον, ὅπερ ἦν, ἐκ παντὸς τρόπου ὁμολογεῖν ἔδει ὅτι καὶ παρὰ τὸν νοούμενον ποιητὴν τῶν ὅλων ἄλλος τις κυριολογεῖται ὑπὸ τοῦ ἁγίου πνεύματος· οὐ μόνον δὲ διὰ Μωυσέως, ἀλλὰ καὶ διὰ Δαυείδ. καὶ γὰρ καὶ δι' ἐκείνου εἴρηται· *Λέγει ὁ κύριος τῷ κυρίῳ μου· Κάθου ἐκ δεξιῶν μου, ἕως ἂν θῶ τοὺς ἐχθρούς σου ὑποπόδιον τῶν ποδῶν σου*, ὡς προείρηκα.[202] καὶ πάλιν ἐν ἄλλοις λόγοις· *Ὁ θρόνος σου, ὁ θεός, εἰς τὸν αἰῶνα τοῦ αἰῶνος· ῥάβδος εὐθύτητος ἡ ῥάβδος τῆς βασιλείας σου. ἠγάπησας δικαιοσύνην καὶ ἐμίσησας ἀνομίαν· διὰ τοῦτο ἔχρισέ σε ὁ θεός, ὁ θεός σου, ἔλαιον ἀγαλλιάσεως παρὰ τοὺς μετόχους σου.*[203] 15 εἰ οὖν καὶ ἄλλον τινὰ θεολογεῖν καὶ κυριολογεῖν τὸ πνεῦμα τὸ ἅγιόν φατε ὑμεῖς παρὰ τὸν πατέρα τῶν ὅλων καὶ τὸν Χριστὸν αὐτοῦ, ἀποκρίνασθέ μοι, ἐμοῦ ἀποδεῖξαι ὑμῖν ὑπισχνουμένου ἀπ' αὐτῶν τῶν γραφῶν ὅτι οὐχ εἷς τῶν δύο ἀγγέλων τῶν κατελθόντων εἰς Σόδομά ἐστιν ὃν ἔφη ἡ γραφὴ κύριον, ἀλλ' ἐκεῖνον τὸν σὺν αὐτοῖς καὶ θεὸν λεγόμενον ὀφθέντα τῷ Ἀβραάμ.

16 Καὶ ὁ Τρύφων· Ἀποδείκνυε· καὶ γάρ, ὡς ὁρᾷς, ἥ τε ἡμέρα προκόπτει, καὶ ἡμεῖς πρὸς τὰς οὕτως ἐπικινδύνους ἀποκρίσεις οὐκ ἐσμὲν ἕτοιμοι, ἐπειδὴ οὐδενὸς οὐδέποτε ταῦτα ἐρευνῶντος ἢ ζητοῦντος ἢ ἀποδεικνύντος ἀκηκόαμεν. καὶ σοῦ λέγοντος οὐκ ἠνειχόμεθα, εἰ μὴ πάντα ἐπὶ τὰς γραφὰς ἀνῆγες· ἐξ αὐτῶν γὰρ τὰς ἀποδείξεις ποιεῖσθαι σπουδάζεις, καὶ μηδένα ὑπὲρ τὸν ποιητὴν τῶν ὅλων εἶναι θεὸν ἀποφαίνῃ.

17 Κἀγώ· Ἐπίστασθε οὖν, ἔφην, ὅτι ἡ γραφὴ λέγει· *Καὶ εἶπε κύριος πρὸς Ἀβραάμ· Τί ὅτι ἐγέλασε Σάρρα λέγουσα· Ἆρά γε ἀληθῶς τέξομαι; ἐγὼ δὲ γεγήρακα. μὴ ἀδυνατεῖ παρὰ τῷ θεῷ ῥῆμα; εἰς τὸν καιρὸν τοῦτον ἀναστρέφω πρός σε εἰς ὥρας, καὶ τῇ Σάρρᾳ υἱὸς ἔσται.*[204] καὶ μετὰ μικρόν· *Ἐξαναστάντες δὲ ἐκεῖθεν οἱ ἄνδρες κατέβλεψαν ἐπὶ πρόσωπον Σοδόμων καὶ Γομόρρας· Ἀβραὰμ δὲ συνεπορεύετο μετ' αὐτῶν, συμπέμπων*

---

202 Ps 109:1
203 Ps 44:6, 7
204 Gen 18:13, 14

αὐτούς. ὁ δὲ κύριος εἶπεν· Οὐ μὴ κρύψω ἐγὼ ἀπὸ Ἀβραὰμ τοῦ παιδός μου ἃ ἐγὼ ποιῶ.²⁰⁵ **18** καὶ μετ' ὀλίγον πάλιν οὕτως φησίν· Εἶπε κύριος· Κραυγὴ Σοδόμων καὶ Γομόρρας πεπλήθυνται, καὶ αἱ ἁμαρτίαι αὐτῶν μεγάλαι σφόδρα. καταβὰς οὖν ὄψομαι εἰ κατὰ τὴν κραυγὴν αὐτῶν τὴν ἐρχομένην πρός με συντελοῦνται, εἰ δὲ μή, ἵνα γνῶ. καὶ ἀποστρέψαντες οἱ ἄνδρες ἐκεῖθεν ἦλθον εἰς Σόδομα. Ἀβραὰμ δὲ ἦν ἑστηκὼς ἔναντι κυρίου, καὶ ἐγγίσας Ἀβραὰμ εἶπεν· Μὴ συναπολέσῃς δίκαιον μετὰ ἀσεβοῦς,²⁰⁶ καὶ τὰ ἑξῆς· οὐ γὰρ γράφειν πάλιν τὰ αὐτά, τῶν πάντων προγεγραμμένων, δοκεῖ μοι, ἀλλ' ἐκεῖνα, δι' ὧν καὶ τὴν ἀπόδειξιν τῷ Τρύφωνι καὶ τοῖς σὺν αὐτῷ πεποίημαι, λέγειν ἀναγκαῖον. **19** Τότε οὖν ἦλθον ἐπὶ τὰ ἑξῆς, ἐν οἷς λέλεκται ταῦτα· Ἀπῆλθε δὲ κύριος, ὡς ἐπαύσατο λέγων τῷ Ἀβραάμ, καὶ ἀπῆλθεν εἰς τὸν τόπον αὐτοῦ. ἦλθον δὲ οἱ δύο ἄγγελοι εἰς Σόδομα ἑσπέρας· Λὼτ δὲ ἐκάθητο παρὰ τὴν πύλην Σοδόμων²⁰⁷·καὶ τὰ ἑξῆς ὁμοίως μέχρι τοῦ· Ἐκτείναντες δὲ οἱ ἄνδρες τὰς χεῖρας ἐπίασαν τὸν Λὼτ πρὸς ἑαυτοὺς εἰς τὸν οἶκον, καὶ τὴν θύραν τοῦ οἴκου προσέκλεισαν·²⁰⁸ καὶ τὰ ἑπόμενα μέχρι τοῦ· Καὶ ἐκράτησαν οἱ ἄγγελοι τῆς χειρὸς αὐτοῦ καὶ τῆς χειρὸς τῆς γυναικὸς αὐτοῦ καὶ τῶν χειρῶν τῶν θυγατέρων αὐτοῦ, ἐν τῷ φείσασθαι κύριον αὐτοῦ. **20** καὶ ἐγένετο ἡνίκα ἐξήγαγον αὐτοὺς ἔξω, καὶ εἶπον· Σῷζε, σῷζε τὴν σεαυτοῦ ψυχήν. μὴ περιβλέψῃ εἰς τὰ ὀπίσω, μηδὲ στῇς ἐν πάσῃ τῇ περιχώρῳ· εἰς τὸ ὄρος σώζου, μήποτε συμπαραληφθῇς. εἶπε δὲ Λὼτ πρὸς αὐτούς· Δέομαι, κύριε, ἐπειδὴ εὗρεν ὁ παῖς σου ἔλεος ἐναντίον σου, καὶ ἐμεγάλυνας τὴν δικαιοσύνην σου, ὃ ποιεῖς ἐπ' ἐμὲ τοῦ ζῆν τὴν ψυχήν μου· ἐγὼ δὲ οὐ δύναμαι διασωθῆναι εἰς τὸ ὄρος, μὴ καταλάβῃ με τὰ κακὰ καὶ ἀποθάνω. **21** ἰδοὺ ἡ πόλις αὕτη ἐγγὺς τοῦ καταφυγεῖν ἐστιν ἐκεῖ μικρά· ἐκεῖ σωθήσομαι, ὡς μικρά ἐστι, καὶ ζήσεται ἡ ψυχή μου. καὶ εἶπεν αὐτῷ· Ἰδοὺ ἐθαύμασά σου τὸ πρόσωπον καὶ ἐπὶ τῷ ῥήματι τούτῳ τοῦ μὴ καταστρέψαι τὴν πόλιν περὶ ἧς ἐλάλησας. σπεῦσον τοῦ σωθῆναι ἐκεῖ· οὐ γὰρ δυνήσομαι ποιῆσαι πρᾶγμα ἕως τοῦ εἰσελθεῖν σε ἐκεῖ. διὰ τοῦτο ἐκάλεσε τὸ ὄνομα τῆς πόλεως Σηγώρ. ὁ ἥλιος ἐξῆλθεν ἐπὶ τὴν γῆν, καὶ Λὼτ εἰσῆλθεν εἰς Σηγώρ. καὶ ὁ κύριος ἔβρεξεν εἰς Σόδομα καὶ Γόμορρα θεῖον καὶ πῦρ παρὰ κυρίου ἐκ τοῦ οὐρανοῦ, καὶ κατέστρεψε τὰς πόλεις ταύτας καὶ πᾶσαν τὴν περίοικον.²⁰⁹

---

205 Gen 18:16, 17
206 Gen 18:20-23
207 Gen 18:33, 19:1
208 Gen 19:10
209 Gen 19:16-25

22 Καὶ πάλιν παυσάμενος ἐπέφερον· Καὶ νῦν οὐ νενοήκατε, φίλοι, ὅτι ὁ εἷς τῶν τριῶν, ὁ καὶ θεὸς καὶ κύριος τῷ ἐν τοῖς οὐρανοῖς ὑπηρετῶν, κύριος τῶν δύο ἀγγέλων; προσελθόντων γὰρ αὐτῶν εἰς Σόδομα, αὐτὸς ὑπολειφθεὶς προσωμίλει τῷ Ἀβραὰμ τὰ ἀναγεγραμμένα ὑπὸ Μωυσέως· οὗ καὶ αὐτοῦ ἀπελθόντος μετὰ τὰς ὁμιλίας, ὁ Ἀβραὰμ ὑπέστρεψεν εἰς τὸν τόπον αὐτοῦ. **23** οὗ ἐλθόντος, οὐκέτι δύο ἄγγελοι ὁμιλοῦσι τῷ Λὼτ ἀλλ' αὐτός, ὡς ὁ λόγος δηλοῖ, καὶ κύριός ἐστι, παρὰ κυρίου τοῦ ἐν τῷ οὐρανῷ, τοῦτ' ἔστι τοῦ ποιητοῦ τῶν ὅλων, λαβὼν τὸ ταῦτα ἐπενεγκεῖν Σοδόμοις καὶ Γομόρροις ἅπερ ὁ λόγος καταριθμεῖ, οὕτως εἰπών· Κύριος ἔβρεξεν ἐπὶ Σόδομα καὶ Γόμορρα θεῖον καὶ πῦρ παρὰ κυρίου ἐκ τοῦ οὐρανοῦ.

LVII

1 Καὶ ὁ Τρύφων σιγήσαντός μου εἶπεν· Ὅτι μὲν ἡ γραφὴ τοῦτο ἀναγκάζει ὁμολογεῖν ἡμᾶς, φαίνεται, ὅτι δὲ ἀπορῆσαι ἄξιόν ἐστι περὶ τοῦ λεγομένου, ὅτι ἔφαγε τὰ ὑπὸ τοῦ Ἀβραὰμ κατασκευασθέντα καὶ παρατεθέντα, καὶ σὺ ἂν ὁμολογήσειας.

2 Κἀγὼ ἀπεκρινάμην· Ὅτι μὲν βεβρώκασι, γέγραπται· εἰ δὲ τοὺς τρεῖς ἀκούσαιμεν λελέχθαι βεβρωκέναι, καὶ μὴ τοὺς δύο μόνους, οἵτινες ἄγγελοι τῷ ὄντι ἦσαν καὶ ἐν τοῖς οὐρανοῖς, δῆλόν ἐστιν ἡμῖν, τρεφόμενοι, κἂν μὴ ὁμοίαν τροφὴν ᾗπερ οἱ ἄνθρωποι χρώμεθα τρέφονται (περὶ γὰρ τῆς τροφῆς τοῦ μάννα, ἣν ἐτράφησαν οἱ πατέρες ὑμῶν ἐν τῇ ἐρήμῳ, ἡ γραφὴ οὕτω λέγει, ὅτι ἄρτον ἀγγέλων ἔφαγον), εἴποιμ' ἂν ὅτι ὁ λόγος, ὁ λέγων βεβρωκέναι, οὕτως ἂν λέγοι ὡς ἂν καὶ αὐτοὶ εἴποιμεν ἐπὶ πυρὸς ὅτι πάντα κατέφαγεν, ἀλλὰ μὴ πάντως τοῦτο ἐξακούειν ὅτι ὀδοῦσι καὶ γνάθοις μασώμενοι βεβρώκασιν. ὥστε οὐδὲ ἐνταῦθα ἀπορήσαιμεν ἂν περὶ οὐδενός, εἰ τροπολογίας ἔμπειροι κἂν μικρὸν ὑπάρχωμεν.

3 Καὶ ὁ Τρύφων· Δυνατὸν καὶ ταῦτα οὕτω θεραπευθῆναι περὶ τρόπου βρώσεως, παρ' ὃν ἀναλώσαντας τὰ παρασκευασθέντα ὑπὸ τοῦ Ἀβραὰμ βεβρωκέναι γεγραμμένον ἐστίν. ὥστε ἔρχου ἤδη ἀποδώσων ἡμῖν τὸν λόγον, πῶς οὗτος ὁ τῷ Ἀβραὰμ ὀφθεὶς θεός, καὶ ὑπηρέτης ὢν τοῦ ποιητοῦ τῶν ὅλων θεοῦ, διὰ τῆς παρθένου γεννηθείς, ἄνθρωπος ὁμοιοπαθὴς πᾶσιν, ὡς προέφης, γέγονεν.

4 Κἀγώ· Συγχώρει, ὦ Τρύφων, πρότερον, εἶπον, καὶ ἄλλας τινὰς ἀποδείξεις τῷ κεφαλαίῳ τούτῳ συναγαγεῖν διὰ πολλῶν, ἵνα καὶ ὑμεῖς πεπεισμένοι καὶ περὶ τούτου ἦτε, καὶ μετὰ τοῦτο ὃν ἀπαιτεῖς λόγον ἀποδώσω.

Κἀκεῖνος· Ὡς σοὶ δοκεῖ, ἔφη, πρᾶττε· καὶ ἐμοὶ γὰρ πάνυ ποθητὸν πρᾶγμα πράξεις.

LVIII

1 Κἀγὼ εἶπον· Γραφὰς ὑμῖν ἀνιστορεῖν μέλλω, οὐ κατασκευὴν λόγων ἐν μόνῃ τέχνῃ ἐπιδείκνυσθαι σπεύδω· οὐδὲ γὰρ δύναμις ἐμοὶ τοιαύτη τίς ἐστιν, ἀλλὰ χάρις παρὰ θεοῦ μόνη εἰς τὸ συνιέναι τὰς γραφὰς αὐτοῦ ἐδόθη μοι, ἧς χάριτος καὶ πάντας κοινωνοὺς ἀμισθωτὶ καὶ ἀφθόνως παρακαλῶ γίνεσθαι, ὅπως μὴ καὶ τούτου χάριν κρίσιν ὀφλήσω ἐν ᾗπερ μέλλει κρίσει διὰ τοῦ κυρίου μου Ἰησοῦ Χριστοῦ ὁ ποιητὴς τῶν ὅλων θεὸς ποιεῖσθαι.

2 Καὶ ὁ Τρύφων· Ἀξίως μὲν θεοσεβείας καὶ τοῦτο πράττεις· εἰρωνεύεσθαι δέ μοι δοκεῖς, λέγων δύναμιν λόγων τεχνικῶν μὴ κεκτῆσθαι.

Κἀγὼ πάλιν ἀπεκρινάμην· Ἐπεί σοι δοκεῖ ταῦτα οὕτως ἔχειν, ἐχέτω· ἐγὼ δὲ πέπεισμαι ἀληθῶς εἶναι. ἀλλ' ἵνα μᾶλλον τὰς ἀποδείξεις τὰς λοιπὰς ἤδη ποιήσωμαι, πρόσεχε τὸν νοῦν.

Κἀκεῖνος· Λέγε.

3 Κἀγώ· Ὑπὸ Μωυσέως, ὦ ἀδελφοί, πάλιν γέγραπται, ἔλεγον, ὅτι οὗτος ὁ ὀφθεὶς τοῖς πατριάρχαις λεγόμενος θεὸς καὶ ἄγγελος καὶ κύριος λέγεται, ἵνα καὶ ἐκ τούτων ἐπιγνῶτε αὐτὸν ὑπηρετοῦντα τῷ τῶν ὅλων πατρί, ὡς ἤδη συνέθεσθε, καὶ διὰ πλειόνων πεπεισμένοι βεβαίως μενεῖτε. 4 ἐξηγούμενος οὖν διὰ Μωυσέως ὁ λόγος τοῦ θεοῦ τὰ περὶ Ἰακώβ, τοῦ υἱωνοῦ τοῦ Ἀβραάμ, οὕτως φησί· *Καὶ ἐγένετο ἡνίκα ἐκίσσων τὰ πρόβατα ἐν γαστρὶ λαμβάνοντα, καὶ εἶδον τοῖς ὀφθαλμοῖς αὐτὰ ἐν τῷ ὕπνῳ· καὶ ἰδοὺ οἱ τράγοι καὶ οἱ κριοί, ἀναβαίνοντες ἐπὶ τὰ πρόβατα καὶ τὰς αἶγας, διάλευκοι καὶ ποικίλοι καὶ σποδοειδεῖς ῥαντοί. καὶ εἶπέ μοι ὁ ἄγγελος τοῦ θεοῦ καθ' ὕπνους· Ἰακώβ, Ἰακώβ. 5 ἐγὼ δὲ εἶπον· Τί ἐστι, κύριε; καὶ εἶπεν· Ἀνάβλεψον τοῖς ὀφθαλμοῖς σου καὶ ἴδε τοὺς τράγους καὶ τοὺς κριοὺς ἀναβαίνοντας ἐπὶ τὰ πρόβατα καὶ τὰς αἶγας, διαλεύκους καὶ ποικίλους καὶ σποδοειδεῖς*

Πρὸς Τρύφωνα Ἰουδαῖον Διάλογος

ῥαντούς· ἑώρακα γὰρ ὅσα σοι Λάβαν ποιεῖ. ἐγώ εἰμι ὁ θεὸς ὁ ὀφθείς σοι ἐν τόπῳ θεοῦ, οὗ ἤλειψάς μοι ἐκεῖ στήλην καὶ ηὔξω ἐκεῖ εὐχήν. νῦν οὖν ἔξελθε καὶ ἀνάστηθι ἐκ τῆς γῆς ταύτης καὶ ἄπελθε εἰς τὴν γῆν τῆς γενέσεώς σου, καὶ ἔσομαι μετὰ σοῦ.[210] 6 καὶ πάλιν ἐν ἄλλοις λόγοις περὶ αὐτοῦ τοῦ Ἰακὼβ λέγων οὕτως φησίν· Ἀναστὰς δὲ τὴν νύκτα ἐκείνην ἔλαβε τὰς δύο γυναῖκας καὶ τὰς δύο παιδίσκας καὶ τὰ ἕνδεκα παιδία αὐτοῦ καὶ διέβη τὴν διάβασιν τοῦ Ἰαβώχ, καὶ ἔλαβεν αὐτοὺς καὶ διέβη τὸν χειμάρρουν καὶ διεβίβασε πάντα τὰ αὐτοῦ. ὑπελείφθη δὲ Ἰακὼβ μόνος· καὶ ἐπάλαιεν ἄγγελος μετ' αὐτοῦ ἕως πρωΐ. εἶδε δὲ ὅτι δύναται πρὸς αὐτόν, καὶ ἥψατο τοῦ πλάτους τοῦ μηροῦ αὐτοῦ, καὶ ἐνάρκησε τὸ πλάτος τοῦ μηροῦ Ἰακὼβ ἐν τῷ παλαίειν αὐτὸν μετ' αὐτοῦ. καὶ εἶπεν αὐτῷ· Ἀπόστειλόν με· ἀνέβη γὰρ ὁ ὄρθρος. 7 ὁ δὲ εἶπεν· Οὐ μή σε ἀποστείλω, ἂν μή με εὐλογήσῃς. εἶπε δὲ αὐτῷ· Τί τὸ ὄνομά σου ἐστίν; ὁ δὲ εἶπεν· Ἰακώβ. εἶπε δὲ αὐτῷ· Οὐ κληθήσεται τὸ ὄνομά σου Ἰακώβ, ἀλλὰ Ἰσραὴλ ἔσται τὸ ὄνομά σου· ὅτι ἐνίσχυσας μετὰ τοῦ θεοῦ, καὶ μετὰ ἀνθρώπων δυνατὸς ἔσῃ. ἠρώτησε δὲ Ἰακὼβ καὶ εἶπεν· Ἀνάγγειλόν μοι τὸ ὄνομά σου. καὶ εἶπεν· Ἵνα τί τοῦτο ἐρωτᾷς τὸ ὄνομά μου; καὶ εὐλόγησεν αὐτὸν ἐκεῖ. καὶ ἐκάλεσεν Ἰακὼβ τὸ ὄνομα τοῦ τόπου ἐκείνου Εἶδος θεοῦ· εἶδον γὰρ θεὸν πρόσωπον πρὸς πρόσωπον, καὶ ἐχάρη ἡ ψυχή μου.[211] 8 καὶ πάλιν ἐν ἑτέροις περὶ τοῦ αὐτοῦ Ἰακὼβ ἐξαγγέλλων ταῦτά φησιν· Ἦλθε δὲ Ἰακὼβ εἰς Λουζᾶ, ἥ ἐστιν εἰς γῆν Χαναάν, ἥ ἐστι Βαιθήλ, αὐτὸς καὶ πᾶς ὁ λαός, ὃς ἦν μετ' αὐτοῦ. καὶ ᾠκοδόμησεν ἐκεῖ θυσιαστήριον, καὶ ἐκάλεσε τὸ ὄνομα τοῦ τόπου ἐκείνου Βαιθήλ· ἐκεῖ γὰρ ἐφάνη αὐτῷ ὁ θεὸς ἐν τῷ ἀποδιδράσκειν ἀπὸ προσώπου τοῦ ἀδελφοῦ αὐτοῦ Ἠσαῦ. ἀπέθανε δὲ Δεβόρρα, ἡ τροφὸς Ῥεβέκκας, κατωτέρω Βαιθὴλ ὑπὸ τὴν βάλανον, καὶ ἐκάλεσεν Ἰακὼβ τὸ ὄνομα αὐτῆς Βάλανον πένθους. ὤφθη δὲ ὁ θεὸς Ἰακὼβ ἔτι ἐν Λουζᾶ, ὅτε παρεγένετο ἐν Μεσοποταμίᾳ τῆς Συρίας, καὶ εὐλόγησεν αὐτόν. καὶ εἶπεν αὐτῷ ὁ θεός· Τὸ ὄνομά σου Ἰακὼβ οὐ κληθήσεται ἔτι, ἀλλὰ Ἰσραὴλ ἔσται τὸ ὄνομά σου.[212] 9 θεὸς καλεῖται καὶ θεός ἐστι καὶ ἔσται.

10 Καὶ συννευσάντων ταῖς κεφαλαῖς ἁπάντων ἔφην ἐγώ· Καὶ τοὺς λόγους, οἳ ἀγγέλλουσι πῶς ὤφθη αὐτῷ, φεύγοντι τὸν ἀδελφὸν Ἠσαῦ, οὗτος καὶ ἄγγελος καὶ θεὸς καὶ κύριος, καὶ ἐν ἰδέᾳ ἀνδρὸς τῷ Ἀβραὰμ φανεὶς καὶ ἐν ἰδέᾳ ἀνθρώπου αὐτῷ τῷ Ἰακὼβ παλαίσας, ἀναγκαῖον

---

[210] Gen 31:10-13
[211] Gen 32:22-30
[212] Gen 35:6-10

εἶναι εἰπεῖν ὑμῖν λογιζόμενος, λέγω. 11 εἰσὶ δὲ οὗτοι· Καὶ ἐξῆλθεν Ἰακὼβ ἀπὸ τοῦ φρέατος τοῦ ὅρκου καὶ ἐπορεύθη εἰς Χαράν. καὶ ἀπήντησε τόπῳ καὶ ἐκοιμήθη ἐκεῖ· ἔδυ γὰρ ὁ ἥλιος. καὶ ἔλαβεν ἀπὸ τῶν λίθων τοῦ τόπου καὶ ἔθηκε πρὸς κεφαλῆς αὐτοῦ, καὶ ἐκοιμήθη ἐν τῷ τόπῳ ἐκείνῳ καὶ ἐνυπνιάσθη· καὶ ἰδοὺ κλῖμαξ ἐστηριγμένη ἐν τῇ γῇ, ἧς ἡ κεφαλὴ ἀφικνεῖτο εἰς τὸν οὐρανόν, καὶ οἱ ἄγγελοι τοῦ θεοῦ ἀνέβαινον καὶ κατέβαινον ἐπ' αὐτῆς, ὁ δὲ κύριος ἐστήρικτο ἐπ' αὐτήν. 12 ὁ δὲ εἶπεν· Ἐγώ εἰμι κύριος, ὁ θεὸς Ἀβραάμ, τοῦ πατρός σου, καὶ Ἰσαάκ. μὴ φοβοῦ· ἡ γῆ, ἐφ' ἧς σὺ καθεύδεις ἐπ' αὐτῆς, σοὶ δώσω αὐτὴν καὶ τῷ σπέρματί σου· καὶ ἔσται τὸ σπέρμα σου ὡς ἡ ἄμμος τῆς γῆς, καὶ πλατυνθήσεται εἰς θάλασσαν καὶ νότον καὶ βορρᾶν καὶ ἀνατολάς, καὶ ἐνευλογηθήσονται ἐν σοὶ πᾶσαι αἱ φυλαὶ τῆς γῆς καὶ ἐν τῷ σπέρματί σου. καὶ ἰδοὺ ἐγὼ μετὰ σοῦ, διαφυλάσσων σε ἐν ὁδῷ πάσῃ ᾗ ἂν πορευθῇς, καὶ ἀποστρέψω σε εἰς τὴν γῆν ταύτην, ὅτι οὐ μή σε ἐγκαταλίπω ἕως τοῦ ποιῆσαί με πάντα ὅσα ἐλάλησά σοι. 13 καὶ ἐξηγέρθη Ἰακὼβ ἐκ τοῦ ὕπνου αὐτοῦ, καὶ εἶπεν ὅτι Ἔστι κύριος ἐν τῷ τόπῳ τούτῳ, ἐγὼ δὲ οὐκ ᾔδειν. καὶ ἐφοβήθη, καὶ εἶπεν· Ὡς φοβερὸς ὁ τόπος οὗτος. οὐκ ἔστι τοῦτο ἀλλ' ἢ οἶκος τοῦ θεοῦ, καὶ αὕτη ἡ πύλη τοῦ οὐρανοῦ. καὶ ἀνέστη Ἰακὼβ τῷ πρωΐ, καὶ ἔλαβε τὸν λίθον ὃν ὑπέθηκεν ἐκεῖ πρὸς κεφαλῆς αὐτοῦ, καὶ ἔστησεν αὐτὸν στήλην καὶ ἐπέχεε τὸ ἔλαιον ἐπὶ τὸ ἄκρον αὐτοῦ. καὶ ἐκάλεσεν Ἰακὼβ τὸ ὄνομα τοῦ τόπου Οἶκος θεοῦ· καὶ Οὐλαμμάους ἦν τὸ ὄνομα τῇ πόλει τὸ πρότερον.²¹³

LIX

1 Καὶ ταῦτα εἰπών· Ἀνάσχεσθέ μου, ἔλεγον, καὶ ἀπὸ τῆς βίβλου τῆς Ἐξόδου ἀποδεικνύοντος ὑμῖν, πῶς ὁ αὐτὸς οὗτος καὶ ἄγγελος καὶ θεὸς καὶ κύριος καὶ ἀνὴρ καὶ ἄνθρωπος, Ἀβραὰμ καὶ Ἰσαὰκ φανείς, ἐν πυρὶ φλογὸς ἐκ βάτου πέφανται καὶ ὡμίλησε τῷ Μωυσεῖ. κἀκείνων ἡδέως καὶ ἀκαμάτως καὶ προθύμως ἀκούειν λεγόντων, ἐπέφερον· 2 Ταῦτα δέ ἐστιν ἐν τῇ βίβλῳ ᾗ ἐπιγράφεται Ἔξοδος. Μετὰ δὲ τὰς ἡμέρας τὰς πολλὰς ἐκείνας ἐτελεύτησεν ὁ βασιλεὺς Αἰγύπτου, καὶ κατεστέναξαν οἱ υἱοὶ Ἰσραὴλ ἀπὸ τῶν ἔργων·²¹⁴ καὶ τὰ λοιπὰ μέχρι τοῦ· Ἐλθὼν συνάγαγε τὴν γερουσίαν Ἰσραήλ, καὶ ἐρεῖς πρὸς αὐτούς· Κύριος, ὁ θεὸς τῶν πατέρων ὑμῶν, ὤφθη μοι, ὁ θεὸς Ἀβραὰμ καὶ ὁ θεὸς Ἰσαὰκ καὶ ὁ θεὸς

---

213 Gen 28:10-19
214 Ex 2:23

Πρὸς Τρύφωνα Ἰουδαῖον Διάλογος

Ἰακώβ, λέγων· Ἐπισκοπῇ ἐπισκέπτομαι ὑμᾶς καὶ ὅσα συμβέβηκεν ὑμῖν ἐν Αἰγύπτῳ.[215]

3 Καὶ ἐπὶ τούτοις ἐπέφερον· Ὦ ἄνδρες, νενοήκατε, λέγων, ὅτι ὃν λέγει Μωυσῆς ἄγγελον ἐν πυρὶ φλογὸς λελαληκέναι αὐτῷ οὗτος αὐτός, θεὸς ὤν, σημαίνει τῷ Μωυσεῖ ὅτι αὐτός ἐστιν ὁ θεὸς Ἀβραὰμ καὶ Ἰσαὰκ καὶ Ἰακώβ;

LX

1 Καὶ ὁ Τρύφων· Οὐ τοῦτο νοοῦμεν ἀπὸ τῶν λόγων τῶν προλελεγμένων, ἔλεγεν, ἀλλ' ὅτι ἄγγελος μὲν ἦν ὁ ὀφθεὶς ἐν φλογὶ πυρός, θεὸς δὲ ὁ ὁμιλῶν τῷ Μωυσεῖ, ὥστε καὶ ἄγγελον καὶ θεόν, δύο ὁμοῦ ὄντας, ἐν τῇ τότε ὀπτασίᾳ γεγενῆσθαι.

2 Κἀγὼ πάλιν ἀπεκρινάμην· Εἰ καὶ τοῦτο γέγονε τότε, ὦ φίλοι, ὡς καὶ ἄγγελον καὶ θεὸν ὁμοῦ ἐν τῇ ὀπτασίᾳ τῇ τῷ Μωυσεῖ γενομένῃ ὑπάρξαι, ὡς καὶ ἀποδέδεικται ὑμῖν διὰ τῶν προγεγραμμένων λόγων, οὐχ ὁ ποιητὴς τῶν ὅλων ἔσται θεὸς ὁ τῷ Μωυσεῖ εἰπὼν αὐτὸν εἶναι θεὸν Ἀβραὰμ καὶ θεὸν Ἰσαὰκ καὶ θεὸν Ἰακώβ, ἀλλ' ὁ ἀποδειχθεὶς ὑμῖν ὦφθαι τῷ Ἀβραὰμ καὶ τῷ Ἰακώβ, τῇ τοῦ ποιητοῦ τῶν ὅλων θελήσει ὑπηρετῶν καὶ ἐν τῇ κρίσει τῶν Σοδόμων τῇ βουλῇ αὐτοῦ ὁμοίως ὑπηρετήσας· ὥστε, κἂν ὡς φατε ἔχῃ, ὅτι δύο ἦσαν, καὶ ἄγγελος καὶ θεός, οὐ τὸν ποιητὴν τῶν ὅλων καὶ πατέρα, καταλιπόντα τὰ ὑπὲρ οὐρανὸν ἅπαντα, ἐν ὀλίγῳ γῆς μορίῳ πεφάνθαι πᾶς ὁστισοῦν, κἂν μικρὸν νοῦν ἔχων, τολμήσει εἰπεῖν.

3 Καὶ ὁ Τρύφων· Ἐπειδὴ ἤδη προαποδέδεικται ὅτι ὁ ὀφθεὶς τῷ Ἀβραὰμ θεὸς καὶ κύριος ὠνομασμένος ὑπὸ κυρίου τοῦ ἐν οὐρανοῖς λαβὼν τὰ ἐπαχθέντα τῇ Σοδόμων γῇ ἐπήγαγε, καὶ νῦν, κἂν ἄγγελος ἦν σὺν τῷ φανέντι τῷ Μωυσεῖ θεῷ γεγενημένος, θεόν, τὸν ἀπὸ τῆς βάτου ὁμιλήσαντα τῷ Μωυσεῖ, οὐ τὸν ποιητὴν τῶν ὅλων θεὸν νοήσομεν γεγονέναι, ἀλλ' ἐκεῖνον τὸν καὶ τῷ Ἀβραὰμ καὶ τῷ Ἰσαὰκ καὶ τῷ Ἰακὼβ ἀποδειχθέντα πεφανερῶσθαι, ὃς καὶ ἄγγελος τοῦ τῶν ὅλων ποιητοῦ θεοῦ καλεῖται καὶ νοεῖται εἶναι ἐκ τοῦ διαγγέλλειν τοῖς ἀνθρώποις τὰ παρὰ τοῦ πατρὸς καὶ ποιητοῦ τῶν ἁπάντων.

---

215 Ex 3:16

4 Κἀγὼ πάλιν· Ἤδη μέντοι, ὦ Τρύφων, ἀποδείξω ὅτι πρὸς τῇ Μωυσέως ὀπτασίᾳ αὐτὸς οὗτος μόνος, καὶ ἄγγελος καλούμενος καὶ θεὸς ὑπάρχων, ὤφθη καὶ προσωμίλησε τῷ Μωυσεῖ. οὕτως γὰρ ἔφη ὁ λόγος· Ὤφθη δὲ αὐτῷ ἄγγελος κυρίου ἐν πυρὶ φλογὸς ἐκ βάτου· καὶ ὁρᾷ ὅτι ὁ βάτος καίεται πυρί, ὁ δὲ βάτος οὐ κατεκαίετο. ὁ δὲ Μωυσῆς εἶπε· Παρελθὼν ὄψομαι τὸ ὅραμα τοῦτο τὸ μέγα, ὅτι οὐ κατακαίεται ὁ βάτος. ὡς δ' εἶδε κύριος ὅτι προσάγει ἰδεῖν, ἐκάλεσεν αὐτὸν κύριος ἐκ τῆς βάτου.²¹⁶ 5 ὃν οὖν τρόπον τὸν τῷ Ἰακὼβ ὀφθέντα κατὰ τοὺς ὕπνους ἄγγελον ὁ λόγος λέγει, εἶτα αὐτὸν τὸν ὀφθέντα κατὰ τοὺς ὕπνους ἄγγελον εἰρηκέναι αὐτῷ, ὅτι Ἐγώ εἰμι ὁ θεὸς ὁ ὀφθείς σοι ὅτε ἀπεδίδρασκες ἀπὸ προσώπου Ἡσαῦ τοῦ ἀδελφοῦ σου,²¹⁷ καὶ ἐπὶ τοῦ Ἀβραὰμ ἐν τῇ κρίσει τῶν Σοδόμων κύριον παρὰ κυρίου τοῦ ἐν τοῖς οὐρανοῖς τὴν κρίσιν ἐπενηνοχέναι ἔφη, οὕτως καὶ ἐνταῦθα ὁ λόγος, λέγων ἄγγελον κυρίου ὦφθαι τῷ Μωυσεῖ καὶ μετέπειτα κύριον αὐτὸν ὄντα καὶ θεὸν σημαίνων, τὸν αὐτὸν λέγει ὃν καὶ διὰ πολλῶν τῶν λελεγμένων ὑπηρετοῦντα τῷ ὑπὲρ κόσμον θεῷ, ὑπὲρ ὃν ἄλλος οὐκ ἔστι, σημαίνει.

LXI

1 Μαρτύριον δὲ καὶ ἄλλο ὑμῖν, ὦ φίλοι, ἔφην, ἀπὸ τῶν γραφῶν δώσω, ὅτι ἀρχὴν πρὸ πάντων τῶν κτισμάτων ὁ θεὸς γεγέννηκε δύναμίν τινα ἐξ ἑαυτοῦ λογικήν, ἥτις καὶ δόξα κυρίου ὑπὸ τοῦ πνεύματος τοῦ ἁγίου καλεῖται, ποτὲ δὲ υἱός, ποτὲ δὲ σοφία, ποτὲ δὲ ἄγγελος, ποτὲ δὲ θεός, ποτὲ δὲ κύριος καὶ λόγος, ποτὲ δὲ ἀρχιστράτηγον ἑαυτὸν λέγει, ἐν ἀνθρώπου μορφῇ φανέντα τῷ τοῦ Ναυῆ Ἰησοῦ· ἔχει γὰρ πάντα προσονομάζεσθαι ἔκ τε τοῦ ὑπηρετεῖν τῷ πατρικῷ βουλήματι καὶ ἐκ τοῦ ἀπὸ τοῦ πατρὸς θελήσει γεγεννῆσθαι. 2 ἀλλ' οὐ τοιοῦτον ὁποῖον καὶ ἐφ' ἡμῶν γινόμενον ὁρῶμεν; λόγον γάρ τινα προβάλλοντες, λόγον γεννῶμεν, οὐ κατὰ ἀποτομήν, ὡς ἐλαττωθῆναι τὸν ἐν ἡμῖν λόγον, προβαλλόμενοι. καὶ ὁποῖον ἐπὶ πυρὸς ὁρῶμεν ἄλλο γινόμενον, οὐκ ἐλαττουμένου ἐκείνου ἐξ οὗ ἡ ἄναψις γέγονεν, ἀλλὰ τοῦ αὐτοῦ μένοντος, καὶ τὸ ἐξ αὐτοῦ ἀναφθὲν καὶ αὐτὸ ὂν φαίνεται, οὐκ ἐλαττῶσαν ἐκεῖνο ἐξ οὗ ἀνήφθη. 3 μαρτυρήσει δέ μοι ὁ λόγος τῆς σοφίας, αὐτὸς ὢν οὗτος ὁ θεὸς ἀπὸ τοῦ πατρὸς τῶν ὅλων γεννηθείς, καὶ λόγος καὶ σοφία καὶ δύναμις καὶ δόξα τοῦ γεννήσαντος ὑπάρχων, καὶ διὰ Σολομῶνος φήσαντος ταῦτα· Ἐὰν

---

216 Ex 3:2-4
217 Gen 35:7

Πρὸς Τρύφωνα Ἰουδαῖον Διάλογος

ἀναγγείλω ὑμῖν τὰ καθ' ἡμέραν γινόμενα, μνημονεύσω τὰ ἐξ αἰῶνος ἀριθμῆσαι. κύριος ἔκτισέ με ἀρχὴν ὁδῶν αὐτοῦ εἰς ἔργα αὐτοῦ. πρὸ τοῦ αἰῶνος ἐθεμελίωσέ με ἐν ἀρχῇ, πρὸ τοῦ τὴν γῆν ποιῆσαι καὶ πρὸ τοῦ τὰς ἀβύσσους ποιῆσαι, πρὸ τοῦ τὰς πηγὰς προελθεῖν τῶν ὑδάτων, πρὸ τοῦ τὰ ὄρη ἑδρασθῆναι· πρὸ δὲ πάντων τῶν βουνῶν γεννᾷ με. 4 ὁ θεὸς ἐποίησε χώραν καὶ ἀοίκητον καὶ ἄκρα οἰκούμενα ὑπ' οὐρανόν. ἡνίκα ἡτοίμαζε τὸν οὐρανόν, συμπαρήμην αὐτῷ· καὶ ὅτε ἀφώριζε τὸν αὐτοῦ θρόνον ἐπ' ἀνέμων, ἡνίκα ἰσχυρὰ ἐποίει τὰ ἄνω νέφη καὶ ὡς ἀσφαλεῖς ἐποίει πηγὰς ἀβύσσου, ἡνίκα ἰσχυρὰ ἐποίει τὰ θεμέλια τῆς γῆς, ἤμην παρ' αὐτῷ ἁρμόζουσα. ἐγὼ ἤμην ᾗ προσέχαιρε· καθ' ἡμέραν δὲ εὐφραινόμην ἐν προσώπῳ αὐτοῦ ἐν παντὶ καιρῷ, ὅτι εὐφραίνετο τὴν οἰκουμένην συντελέσας καὶ εὐφραίνετο ἐν υἱοῖς ἀνθρώπων. 5 νῦν οὖν, υἱέ, ἄκουέ μου. μακάριος ἀνὴρ ὃς εἰσακούσεταί μου, καὶ ἄνθρωπος ὃς τὰς ὁδούς μου φυλάξει, ὑπνῶν ἐπ' ἐμαῖς θύραις καθ' ἡμέραν, τηρῶν σταθμοὺς ἐμῶν εἰσόδων· αἱ γὰρ ἔξοδοί μου ἔξοδοι ζωῆς, καὶ ἡτοίμασται θέλησις παρὰ κυρίου. οἱ δὲ εἰς ἐμὲ ἁμαρτάνοντες ἀσεβοῦσιν εἰς τὰς ἑαυτῶν ψυχάς, καὶ οἱ μισοῦντές με ἀγαπῶσι θάνατον.[218]

LXII

1 Καὶ τοῦτο αὐτό, ὦ φίλοι, εἶπε καὶ διὰ Μωυσέως ὁ τοῦ θεοῦ λόγος, μηνύων ἡμῖν ὃν ἐδήλωσε τὸν θεὸν λέγειν τούτῳ αὐτῷ τῷ νοήματι ἐπὶ τῆς ποιήσεως τοῦ ἀνθρώπου, λέγων ταῦτα· Ποιήσωμεν ἄνθρωπον κατ' εἰκόνα ἡμετέραν καὶ καθ' ὁμοίωσιν· καὶ ἀρχέτωσαν τῶν ἰχθύων τῆς θαλάσσης καὶ τῶν πετεινῶν τοῦ οὐρανοῦ καὶ τῶν κτηνῶν καὶ πάσης τῆς γῆς καὶ πάντων τῶν ἑρπετῶν τῶν ἑρπόντων ἐπὶ τῆς γῆς. καὶ ἐποίησεν ὁ θεὸς τὸν ἄνθρωπον, κατ' εἰκόνα θεοῦ ἐποίησεν αὐτόν· ἄρσεν καὶ θῆλυ ἐποίησεν αὐτούς. καὶ εὐλόγησεν ὁ θεὸς αὐτοὺς λέγων· Αὐξάνεσθε καὶ πληθύνεσθε καὶ πληρώσατε τὴν γῆν καὶ κατακυριεύσατε αὐτῆς.[219]

2 Καὶ ὅπως μή, ἀλλάσσοντες τοὺς προλελεγμένους λόγους, ἐκεῖνα λέγητε ἃ οἱ διδάσκαλοι ὑμῶν λέγουσιν, ἢ ὅτι πρὸς ἑαυτὸν ἔλεγεν ὁ θεὸς Ποιήσωμεν, ὁποῖον καὶ ἡμεῖς μέλλοντές τι ποιεῖν πολλάκις πρὸς ἑαυτοὺς λέγομεν Ποιήσωμεν, ἢ ὅτι πρὸς τὰ στοιχεῖα, τοῦτ' ἔστι τὴν γῆν καὶ τὰ ἄλλα ὁμοίως, ἐξ ὧν νοοῦμεν τὸν ἄνθρωπον γεγονέναι, θεὸν εἰρηκέναι Ποιήσωμεν, λόγους τοὺς εἰρημένους ὑπ'

---
218 Prov 8:21-36
219 Gen 1:26, 28

αὐτοῦ τοῦ Μωυσέως πάλιν ἱστορήσω, ἐξ ὧν ἀναμφιλέκτως πρός τινα, καὶ ἀριθμῷ ὄντα ἕτερον καὶ λογικὸν ὑπάρχοντα, ὡμιληκέναι αὐτὸν ἐπιγνῶναι ἔχομεν. 3 εἰσὶ δὲ οἱ λόγοι οὗτοι· Καὶ εἶπεν ὁ θεός· Ἰδοὺ Ἀδὰμ γέγονεν ὡς εἷς ἐξ ἡμῶν τοῦ γινώσκειν καλὸν καὶ πονηρόν.²²⁰ οὐκοῦν εἰπὼν Ὡς εἷς ἐξ ἡμῶν, καὶ ἀριθμὸν τῶν ἀλλήλοις συνόντων, καὶ τὸ ἐλάχιστον δύο μεμήνυκεν. οὐ γὰρ ὅπερ ἡ παρ' ὑμῖν λεγομένη αἵρεσις δογματίζει φαίην ἂν ἐγὼ ἀληθὲς εἶναι, ἢ οἱ ἐκείνης διδάσκαλοι ἀποδεῖξαι δύνανται ὅτι ἀγγέλοις ἔλεγεν ἢ ὅτι ἀγγέλων ποίημα ἦν τὸ σῶμα τὸ ἀνθρώπειον. 4 ἀλλὰ τοῦτο τὸ τῷ ὄντι ἀπὸ τοῦ πατρὸς προβληθὲν γέννημα πρὸ πάντων τῶν ποιημάτων συνῆν τῷ πατρί, καὶ τούτῳ ὁ πατὴρ προσομιλεῖ, ὡς ὁ λόγος διὰ τοῦ Σολομῶνος ἐδήλωσεν, ὅτι καὶ ἀρχὴ πρὸ πάντων τῶν ποιημάτων τοῦτ' αὐτὸ καὶ γέννημα ὑπὸ τοῦ θεοῦ ἐγεγέννητο, ὃ σοφία διὰ Σολομῶνος καλεῖται, καὶ δι' ἀποκαλύψεως τῆς γεγενημένης Ἰησοῦ τῷ τοῦ Ναυῆ τοῦτο αὐτὸ εἰπόντος. ἵνα δὲ καὶ ἐκ τούτων φανερὸν ὑμῖν γένηται ὃ λέγω, ἀκούσατε καὶ τῶν ἀπὸ τοῦ βιβλίου Ἰησοῦ. 5 ἔστι δὲ ταῦτα· *Καὶ ἐγένετο ὡς ἦν Ἰησοῦς ἐν Ἰεριχώ, ἀναβλέψας τοῖς ὀφθαλμοῖς ὁρᾷ ἄνθρωπον ἑστηκότα κατέναντι αὐτοῦ. καὶ προσελθὼν ὁ Ἰησοῦς εἶπεν αὐτῷ· Ἡμέτερος εἶ ἢ τῶν ὑπεναντίων; καὶ εἶπεν αὐτῷ· Ἐγὼ ἀρχιστράτηγος δυνάμεως κυρίου, νῦν παραγέγονα. καὶ Ἰησοῦς ἔπεσεν ἐπὶ πρόσωπον ἐπὶ τὴν γῆν, καὶ εἶπεν αὐτῷ· Δέσποτα, τί προστάσσεις τῷ σῷ οἰκέτῃ; καὶ λέγει ὁ ἀρχιστράτηγος κυρίου πρὸς Ἰησοῦν· Λῦσαι τὰ ὑποδήματα τῶν ποδῶν σου· ὁ γὰρ τόπος, ἐφ' οὗ ἕστηκας, γῆ ἁγία ἐστί. καὶ ἡ Ἰεριχὼ συγκεκλεισμένη ἦν καὶ ὠχυρωμένη, καὶ οὐδεὶς ἐξ αὐτῆς ἐξεπορεύετο. καὶ εἶπε κύριος πρὸς Ἰησοῦν· Ἰδοὺ παραδίδωμί σοι τὴν Ἰεριχὼ ὑποχείριον καὶ τὸν βασιλέα αὐτῆς τὸν ἐν αὐτῇ, δυνατοὺς ὄντας ἰσχύϊ.*²²¹

LXIII

1 Καὶ ὁ Τρύφων· Ἰσχυρῶς καὶ διὰ πολλῶν δείκνυταί σοι τοῦτο, φίλε, ἔφη. λοιπὸν οὖν καὶ ὅτι οὗτος διὰ τῆς παρθένου ἄνθρωπος γεννηθῆναι κατὰ τὴν τοῦ πατρὸς αὐτοῦ βούλησιν ὑπέμεινεν ἀπόδειξον καὶ σταυρωθῆναι καὶ ἀποθανεῖν· δῆλον δὲ καὶ ὅτι μετὰ ταῦτα ἀναστὰς ἀνελήλυθεν εἰς τὸν οὐρανόν, ἀπόδειξον.

---

220 Gen 3:22
221 Josh 5:13-6:2

Πρὸς Τρύφωνα Ἰουδαῖον Διάλογος

2 Κἀγὼ ἀπεκρινάμην· Ἤδη καὶ τοῦτο ἀποδέδεικταί μοι, ὦ ἄνδρες, ἐν τοῖς προανιστορημένοις λόγοις τῶν προφητειῶν, οὓς δι' ὑμᾶς πάλιν ἀναμιμνησκόμενος καὶ ἐξηγούμενος πειράσομαι καὶ εἰς τὴν περὶ τούτου συγκατάθεσιν ἀγαγεῖν ὑμᾶς. ὁ γοῦν λόγος ὃν ἔφη Ἠσαΐας· *Τὴν γενεὰν αὐτοῦ τίς διηγήσεται; ὅτι αἴρεται ἀπὸ τῆς γῆς ἡ ζωὴ αὐτοῦ.*[222] οὐ δοκεῖ σοι λελέχθαι ὡς οὐκ ἐξ ἀνθρώπων ἔχοντος τὸ γένος τοῦ διὰ τὰς ἀνομίας τοῦ λαοῦ εἰς θάνατον παραδεδόσθαι εἰρημένου ὑπὸ τοῦ θεοῦ; περὶ οὗ καὶ Μωυσῆς τοῦ αἵματος, ὡς προέφην, αἵματι σταφυλῆς, ἐν παραβολῇ εἰπών, τὴν στολὴν αὐτοῦ πλύνειν ἔφη, ὡς τοῦ αἵματος αὐτοῦ οὐκ ἐξ ἀνθρωπείου σπέρματος γεγεννημένου ἀλλ' ἐκ θελήματος θεοῦ. 3 καὶ τὰ ὑπὸ Δαυεὶδ εἰρημένα· *Ἐν ταῖς λαμπρότησι τῶν ἁγίων σου, ἐκ γαστρὸς πρὸ ἑωσφόρου ἐγέννησά σε. ὤμοσε κύριος καὶ οὐ μεταμεληθήσεται· Σὺ ἱερεὺς εἰς τὸν αἰῶνα κατὰ τὴν τάξιν Μελχισεδέκ.*[223] οὐ σημαίνει ὑμῖν ὅτι ἄνωθεν καὶ διὰ γαστρὸς ἀνθρωπείας ὁ θεὸς καὶ πατὴρ τῶν ὅλων γεννᾶσθαι αὐτὸν ἔμελλε; 4 καὶ ἐν ἑτέροις εἰπών, τοῖς καὶ αὐτοῖς προλελεγμένοις· *Ὁ θρόνος σου, ὁ θεός, εἰς τὸν αἰῶνα τοῦ αἰῶνος· ῥάβδος εὐθύτητος ἡ ῥάβδος τῆς βασιλείας σου. ἠγάπησας δικαιοσύνην καὶ ἐμίσησας ἀνομίαν· διὰ τοῦτο ἔχρισέ σε ὁ θεός, ὁ θεός σου, ἔλαιον ἀγαλλιάσεως παρὰ τοὺς μετόχους σου. σμύρναν καὶ στακτὴν καὶ κασσίαν ἀπὸ τῶν ἱματίων σου, ἀπὸ βάρεων ἐλεφαντίνων, ἐξ ὧν εὔφρανάν σε. θυγατέρες βασιλέων ἐν τῇ τιμῇ σου· παρέστη ἡ βασίλισσα ἐκ δεξιῶν σου, ἐν ἱματισμῷ διαχρύσῳ περιβεβλημένη, πεποικιλμένη. ἄκουσον, θύγατερ, καὶ ἴδε καὶ κλῖνον τὸ οὖς σου, καὶ ἐπιλάθου τοῦ λαοῦ σου καὶ τοῦ οἴκου τοῦ πατρός σου· καὶ ἐπιθυμήσει ὁ βασιλεὺς τοῦ κάλλους σου, ὅτι αὐτός ἐστι κύριός σου, καὶ προσκυνήσεις αὐτῷ.*[224] 5 ὅτι γοῦν καὶ προσκυνητός ἐστι καὶ θεὸς καὶ Χριστὸς ὑπὸ τοῦ ταῦτα ποιήσαντος μαρτυρούμενος, καὶ οἱ λόγοι οὗτοι διαρρήδην σημαίνουσι. καὶ ὅτι τοῖς εἰς αὐτὸν πιστεύουσιν, ὡς οὖσι μιᾷ ψυχῇ καὶ μιᾷ συναγωγῇ καὶ μιᾷ ἐκκλησίᾳ, ὁ λόγος τοῦ θεοῦ λέγει ὡς θυγατρί, τῇ ἐκκλησίᾳ τῇ ἐξ ὀνόματος αὐτοῦ γενομένῃ καὶ μετασχούσῃ τοῦ ὀνόματος αὐτοῦ (Χριστιανοὶ γὰρ πάντες καλούμεθα), ὁμοίως φανερῶς οἱ λόγοι κηρύσσουσι, διδάσκοντες ἡμᾶς καὶ τῶν παλαιῶν πατρῴων ἐθῶν ἐπιλαθέσθαι, οὕτως ἔχοντες· *Ἄκουσον, θύγατερ, καὶ ἴδε καὶ κλῖνον τὸ οὖς σου, καὶ ἐπιλάθου τοῦ λαοῦ σου καὶ τοῦ*

---

[222] Isa 53:8
[223] Ps 109:3, 4
[224] Ps 44:6-11

οἴκου τοῦ πατρός σου· καὶ ἐπιθυμήσει ὁ βασιλεὺς τοῦ κάλλους σου, ὅτι αὐτός ἐστι κύριός σου, καὶ προσκυνήσεις αὐτῷ.

LXIV

1 Καὶ ὁ Τρύφων· Ἔστω ὑμῶν, τῶν ἐξ ἐθνῶν, κύριος καὶ Χριστὸς καὶ θεὸς γνωριζόμενος, ὡς αἱ γραφαὶ σημαίνουσιν, οἵτινες καὶ ἀπὸ τοῦ ὀνόματος αὐτοῦ Χριστιανοὶ καλεῖσθαι πάντες ἐσχήκατε· ἡμεῖς δέ, τοῦ θεοῦ τοῦ καὶ αὐτὸν τοῦτον ποιήσαντος λατρευταὶ ὄντες, οὐ δεόμεθα τῆς ὁμολογίας αὐτοῦ οὐδὲ τῆς προσκυνήσεως.

2 Κἀγὼ πρὸς ταῦτα εἶπον· Ὦ Τρύφων, εἰ ὁμοίως ὑμῖν φιλέριστος καὶ κενὸς ὑπῆρχον, οὐκ ἂν ἔτι προσέμενον κοινωνῶν ὑμῖν τῶν λόγων, οὐ συνιέναι τὰ λεγόμενα παρασκευαζομένοις, ἀλλά τι λέγειν μόνον θήγουσιν ἑαυτούς· νῦν δέ, ἐπεὶ κρίσιν θεοῦ δέδοικα, οὐ φθάνω ἀποφαίνεσθαι περὶ οὐδενὸς τῶν ἀπὸ τοῦ γένους ὑμῶν, εἰ μήτι ἐστὶν ἀπὸ τῶν κατὰ χάριν τὴν ἀπὸ κυρίου Σαβαὼθ σωθῆναι δυναμένων. διὸ κἂν ὑμεῖς πονηρεύησθε, προσμενῶ πρὸς ὁτιοῦν προβαλεῖσθε καὶ ἀντιλέγετε ἀποκρινόμενος· καὶ τὸ αὐτὸ καὶ πρὸς πάντας ἁπλῶς τοὺς ἐκ παντὸς γένους ἀνθρώπων, συζητεῖν ἢ πυνθάνεσθαί μου περὶ τούτων βουλομένους πράττω. 3 ὅτι οὖν καὶ οἱ σωζόμενοι ἀπὸ τοῦ γένους τοῦ ὑμετέρου διὰ τούτου σῴζονται καὶ ἐν τῇ τούτου μερίδι εἰσί, τοῖς προλελεγμένοις ὑπ' ἐμοῦ ἀπὸ τῶν γραφῶν εἰ προσεσχήκειτε, ἐνενοήκειτε ἂν ἤδη, κἀμὲ δῆλον ὅτι περὶ τούτου οὐκ ἂν ἠρωτήσατε. πάλιν δὲ ἐρῶ τὰ προλελεγμένα μοι ἀπὸ τοῦ Δαυείδ, καὶ ἀξιῶ ὑμᾶς πρὸς τὸ συνιέναι, μὴ πρὸς τὸ πονηρεύεσθαι καὶ ἀντιλέγειν μόνον ἑαυτοὺς ὀτρῦναι.

4 Εἰσὶν οὖν οἱ λόγοι, οὕς φησιν ὁ Δαυείδ, οὗτοι· Ὁ κύριος ἐβασίλευσεν, ὀργιζέσθωσαν λαοί· ὁ καθήμενος ἐπὶ τῶν χερουβίμ, σαλευθήτω ἡ γῆ. κύριος ἐν Σιὼν μέγας καὶ ὑψηλός ἐστιν ἐπὶ πάντας τοὺς λαούς. ἐξομολογησάσθωσαν τῷ ὀνόματί σου τῷ μεγάλῳ, ὅτι φοβερὸν καὶ ἅγιόν ἐστι, καὶ τιμὴ βασιλέως κρίσιν ἀγαπᾷ. σὺ ἡτοίμασας εὐθύτητας, κρίσιν καὶ δικαιοσύνην ἐν Ἰακὼβ σὺ ἐποίησας. ὑψοῦτε κύριον τὸν θεὸν ἡμῶν καὶ προσκυνεῖτε τῷ ὑποποδίῳ τῶν ποδῶν αὐτοῦ, ὅτι ἅγιός ἐστι. Μωυσῆς καὶ Ἀαρὼν ἐν τοῖς ἱερεῦσιν αὐτοῦ, καὶ Σαμουὴλ ἐν τοῖς ἐπικαλουμένοις τὸ ὄνομα αὐτοῦ· ἐπεκαλοῦντο τὸν κύριον, καὶ αὐτὸς εἰσήκουεν αὐτῶν. ἐν στύλῳ νεφέλης ἐλάλει πρὸς αὐτούς, ὅτι ἐφύλασσον τὰ μαρτύρια αὐτοῦ, καὶ τὰ

Πρὸς Τρύφωνα Ἰουδαῖον Διάλογος

προστάγματα αὐτοῦ ἃ ἔδωκεν αὐτοῖς.²²⁵ 5 καὶ ἐν ἄλλοις, τοῖς καὶ αὐτοῖς προανιστορημένοις, διὰ τοῦ Δαυεὶδ λεχθεῖσι λόγοις, οὓς εἰς Σολομῶνα ἀνοήτως φάσκετε εἰρῆσθαι, ἐπιγεγραμμένους εἰς Σολομῶνα, ἐξ ὧν καὶ τὸ ὅτι εἰς Σολομῶνα οὐκ εἴρηνται ἀποδείκνυται, καὶ ὅτι οὗτος καὶ πρὸ τοῦ ἡλίου ἦν, καὶ οἱ ἀπὸ τοῦ λαοῦ ὑμῶν σωζόμενοι δι' αὐτοῦ σωθήσονται. 6 εἰσὶ δὲ οὗτοι· Ὁ θεός, τὸ κρίμα σου τῷ βασιλεῖ δὸς καὶ τὴν δικαιοσύνην σου τῷ υἱῷ τοῦ βασιλέως· κρινεῖ τὸν λαόν σου ἐν δικαιοσύνῃ καὶ τοὺς πτωχούς σου ἐν κρίσει. ἀναλαβέτωσαν τὰ ὄρη τῷ λαῷ εἰρήνην καὶ οἱ βουνοὶ δικαιοσύνην. κρινεῖ τοὺς πτωχοὺς τοῦ λαοῦ, καὶ σώσει τοὺς υἱοὺς τῶν πενήτων, καὶ ταπεινώσει συκοφάντην· καὶ συμπαραμενεῖ τῷ ἡλίῳ καὶ πρὸ τῆς σελήνης γενεὰς γενεῶν· καὶ τὰ λοιπὰ ἄχρι τοῦ· Πρὸ τοῦ ἡλίου διαμένει τὸ ὄνομα αὐτοῦ. καὶ ἐνευλογηθήσονται ἐν αὐτῷ πᾶσαι αἱ φυλαὶ τῆς γῆς· πάντα τὰ ἔθνη μακαριοῦσιν αὐτόν. εὐλογητὸς κύριος, ὁ θεὸς Ἰσραήλ, ὁ ποιῶν θαυμάσια μόνος, καὶ εὐλογητὸν τὸ ὄνομα τῆς δόξης αὐτοῦ εἰς τὸν αἰῶνα τοῦ αἰῶνος· καὶ πληρωθήσεται τῆς δόξης αὐτοῦ πᾶσα ἡ γῆ. γένοιτο, γένοιτο.²²⁶ 7 καὶ ἐκ τῶν ἄλλων ὧν προεῖπον ὁμοίως διὰ Δαυεὶδ λελέχθαι λόγων, ὅτι ἀπ' ἄκρων τῶν οὐρανῶν προέρχεσθαι ἔμελλεν καὶ πάλιν εἰς τοὺς αὐτοὺς τόπους ἀνιέναι ἐμηνύετο, ἀναμνήσθητε, ἵνα καὶ θεὸν ἄνωθεν προελθόντα καὶ ἄνθρωπον ἐν ἀνθρώποις γενόμενον γνωρίσητε, καὶ πάλιν ἐκεῖνον παραγενησόμενον, ὃν ὁρᾶν μέλλουσι καὶ κόπτεσθαι οἱ ἐκκεντήσαντες αὐτόν. 8 εἰσὶ δὲ οὗτοι· Οἱ οὐρανοὶ διηγοῦνται δόξαν θεοῦ, ποίησιν δὲ χειρῶν αὐτοῦ ἀναγγέλλει τὸ στερέωμα. ἡμέρα τῇ ἡμέρᾳ ἐρεύγεται ῥῆμα, καὶ νὺξ τῇ νυκτὶ ἀναγγέλλει γνῶσιν. οὐκ εἰσὶ λαλιαὶ οὐδὲ λόγοι, ὧν οὐχὶ ἀκούονται αἱ φωναὶ αὐτῶν. εἰς πᾶσαν τὴν γῆν ἐξῆλθεν ὁ φθόγγος αὐτῶν καὶ εἰς τὰ πέρατα τῆς οἰκουμένης τὰ ῥήματα αὐτῶν. ἐν τῷ ἡλίῳ ἔθετο τὸ σκήνωμα αὐτοῦ, καὶ αὐτὸς ὡς νυμφίος ἐκπορευόμενος ἐκ παστοῦ αὐτοῦ, ἀγαλλιάσεται ὡς γίγας δραμεῖν ὁδόν. ἀπ' ἄκρου τοῦ οὐρανοῦ ἡ ἔξοδος αὐτοῦ, καὶ τὸ κατάντημα αὐτοῦ ἕως ἄκρου τοῦ οὐρανοῦ, καὶ οὐκ ἔστιν ὃς ἀποκρυβήσεται τῆς θέρμης αὐτοῦ.²²⁷

LXV

1 Καὶ ὁ Τρύφων ἔφη· Ὑπὸ τῶν τοσούτων γραφῶν δυσωπούμενος οὐκ οἶδα τί φῶ περὶ τῆς γραφῆς ἣν ἔφη

---
225 Ps 98:1-7
226 Ps 71:1-19
227 Ps 18:1-6

Ἡσαΐας, καθ' ἣν ὁ θεὸς οὐδενὶ ἑτέρῳ δοῦναι τὴν δόξαν αὐτοῦ λέγει, οὕτως εἰπών· Ἐγὼ κύριος ὁ θεός, τοῦτό μου ὄνομα, τὴν δόξαν μου ἑτέρῳ οὐ μὴ δώσω οὐδὲ τὰς ἀρετάς μου.[228]

2 Κἀγώ· Εἰ μὲν ἁπλῶς καὶ μὴ μετὰ κακίας τούτους τοὺς λόγους εἰπὼν ἐσίγησας, ὦ Τρύφων, μήτε τοὺς πρὸ αὐτῶν προειπὼν μήτε τοὺς ἐπακολουθοῦντας συνάψας, συγγνωστὸς εἶ, εἰ δὲ χάριν τοῦ νομίζειν δύνασθαι εἰς ἀπορίαν ἐμβάλλειν τὸν λόγον, ἵν' εἴπω ἐναντίας εἶναι τὰς γραφὰς ἀλλήλαις, πεπλάνησαι· οὐ γὰρ τολμήσω τοῦτό ποτε ἢ ἐνθυμηθῆναι ἢ εἰπεῖν, ἀλλ' ἐὰν τοιαύτη τις δοκοῦσα εἶναι γραφὴ προβληθῇ, καὶ πρόφασιν ἔχῃ ὡς ἐναντία οὖσα, ἐκ παντὸς πεπεισμένος ὅτι οὐδεμία γραφὴ τῇ ἑτέρᾳ ἐναντία ἐστίν, αὐτὸς μὴ νοεῖν μᾶλλον ὁμολογήσω τὰ εἰρημένα, καὶ τοὺς ἐναντίας τὰς γραφὰς ὑπολαμβάνοντας τὸ αὐτὸ φρονεῖν μᾶλλον ἐμοὶ πεῖσαι ἀγωνίσομαι. 3 ὅπως δ' ἂν ᾖς προτεθεικὼς τὸ πρόβλημα, θεὸς ἐπίσταται. ἐγὼ δὲ ὡς εἴρηται ὁ λόγος ἀναμνήσω ὑμᾶς, ὅπως καὶ ἐξ αὐτοῦ τούτου γνωρίσητε ὅτι ὁ θεὸς τῷ Χριστῷ αὐτοῦ μόνῳ τὴν δόξαν δίδωσιν. ἀναλήψομαι δὲ βραχεῖς τινας λόγους, ὦ ἄνδρες, τοὺς ἐν συναφείᾳ τῶν εἰρημένων ὑπὸ τοῦ Τρύφωνος καὶ τοὺς ὁμοίως συνημμένους κατ' ἐπακολούθησιν· οὐ γὰρ ἐξ ἑτέρας περικοπῆς αὐτοὺς ἐρῶ, ἀλλ' ὑφ' ἓν ὥς εἰσι συνημμένοι· καὶ ὑμεῖς τὸν νοῦν χρήσατέ μοι. 4 εἰσὶ δὲ οὗτοι· *Οὕτως λέγει κύριος ὁ θεός, ὁ ποιήσας τὸν οὐρανὸν καὶ πήξας αὐτόν, ὁ στερεώσας τὴν γῆν καὶ τὰ ἐν αὐτῇ, καὶ διδοὺς πνοὴν τῷ λαῷ τῷ ἐπ' αὐτῆς καὶ πνεῦμα τοῖς πατοῦσιν αὐτήν· Ἐγὼ κύριος ὁ θεὸς ἐκάλεσά σε ἐν δικαιοσύνῃ, καὶ κρατήσω τῆς χειρός σου καὶ ἰσχύσω σε, καὶ ἔδωκά σε εἰς διαθήκην γένους, εἰς φῶς ἐθνῶν, ἀνοῖξαι ὀφθαλμοὺς τυφλῶν, ἐξαγαγεῖν ἐκ δεσμῶν πεπεδημένους καὶ ἐξ οἴκου φυλακῆς καθημένους ἐν σκότει. 5 ἐγὼ κύριος ὁ θεός, τοῦτό μου ὄνομα, τὴν δόξαν μου ἑτέρῳ οὐ μὴ δώσω οὐδὲ τὰς ἀρετάς μου τοῖς γλυπτοῖς. τὰ ἀπ' ἀρχῆς ἰδοὺ ἥκει, καινὰ ἃ ἐγὼ ἀναγγέλλω, καὶ πρὸ τοῦ ἀναγγεῖλαι ἐδηλώθη ὑμῖν.*

Ὑμνήσατε τῷ θεῷ ὕμνον καινόν· ἀρχὴ αὐτοῦ ἀπ' ἄκρου τῆς γῆς· οἱ καταβαίνοντες τὴν θάλασσαν καὶ πλέοντες ἀεί, νῆσοι καὶ οἱ κατοικοῦντες αὐτάς. 6 *εὐφράνθητι ἔρημος καὶ αἱ κῶμαι αὐτῶν καὶ αἱ ἐπαύλεις, καὶ οἱ κατοικοῦντες Κηδὰρ εὐφρανθήσονται, καὶ οἱ κατοικοῦντες πέτραν ἀπ' ἄκρου τῶν ὀρέων βοήσονται. δώσουσι τῷ θεῷ δόξαν, τὰς ἀρετὰς αὐτοῦ ἐν*

---

228 Isa 42:8

Πρὸς Τρύφωνα Ἰουδαῖον Διάλογος

ταῖς νήσοις ἀναγγελοῦσι. Κύριος ὁ θεὸς τῶν δυνάμεων ἐξελεύσεται, συντρίψει πόλεμον, ἐπεγερεῖ ζῆλον καὶ βοήσεται ἐπὶ τοὺς ἐχθροὺς μετ' ἰσχύος.[229] 7 καὶ ταῦτα εἰπὼν ἔφην πρὸς αὐτούς· Νενοήκατε, ὦ φίλοι, ὅτι ὁ θεὸς λέγει δώσειν τούτῳ, ὃν εἰς φῶς ἐθνῶν κατέστησε, δόξαν καὶ οὐκ ἄλλῳ τινί, ἀλλ' οὐχ, ὡς ἔφη Τρύφων, ὡς ἑαυτῷ κατέχοντος τοῦ θεοῦ τὴν δόξαν;

Καὶ ὁ Τρύφων ἀπεκρίνατο· Νενοήκαμεν καὶ τοῦτο· πέραινε τοιγαροῦν καὶ τὰ ἐπίλοιπα τοῦ λόγου.

LXVI

1 Κἀγὼ πάλιν ἀναλαβὼν τὸν λόγον, ὁπόθεν τὴν ἀρχὴν ἐπεπαύμην ἀποδεικνύων ὅτι ἐκ παρθένου γεννητὸς καὶ διὰ παρθένου γεννηθῆναι αὐτὸν διὰ Ἡσαίου ἐπεπροφήτευτο, καὶ αὐτὴν τὴν προφητείαν πάλιν ἔλεγον. 2 ἔστι δὲ αὕτη· Καὶ προσέθετο κύριος λαλῆσαι τῷ Ἄχαζ, λέγων· Αἴτησαι σεαυτῷ σημεῖον παρὰ κυρίου τοῦ θεοῦ σου εἰς βάθος ἢ εἰς ὕψος. καὶ εἶπεν Ἄχαζ· Οὐ μὴ αἰτήσω οὐδὲ μὴ πειράσω κύριον. καὶ εἶπεν Ἡσαίας· Ἀκούσατε δή, οἶκος Δαυείδ. μὴ μικρὸν ὑμῖν ἀγῶνα παρέχειν ἀνθρώποις; καὶ πῶς κυρίῳ παρέχετε ἀγῶνα; διὰ τοῦτο δώσει κύριος αὐτὸς ὑμῖν σημεῖον· ἰδοὺ ἡ παρθένος ἐν γαστρὶ λήψεται καὶ τέξεται υἱόν, καὶ καλέσουσι τὸ ὄνομα αὐτοῦ Ἐμμανουήλ. βούτυρον καὶ μέλι φάγεται. 3 πρὶν ἢ γνῶναι αὐτὸν ἢ προελέσθαι πονηρά ἐκλέξεται τὸ ἀγαθόν· διότι, πρὶν ἢ γνῶναι τὸ παιδίον κακὸν ἢ ἀγαθόν, ἀπειθεῖ πονηρὰ τοῦ ἐκλέξασθαι τὸ ἀγαθόν. |διότι, πρὶν ἢ γνῶναι τὸ παιδίον καλεῖν πατέρα ἢ μητέρα, λήψεται δύναμιν Δαμασκοῦ καὶ τὰ σκῦλα Σαμαρείας ἔναντι βασιλέως Ἀσσυρίων.| καὶ καταληφθήσεται ἡ γῆ. σκληρῶς οἴσεις ἀπὸ προσώπου τῶν δύο βασιλέων. ἀλλ' ἐπάξει ὁ θεὸς ἐπὶ σὲ καὶ ἐπὶ τὸν λαόν σου καὶ ἐπὶ τὸν οἶκον τοῦ πατρός σου ἡμέρας, αἳ οὐδέπω ἥκασιν, ἀπὸ τῆς ἡμέρας ἧς ἀφεῖλεν Ἐφραῒμ ἀπὸ Ἰούδα τὸν βασιλέα Ἀσσυρίων.[230] 4 καὶ ἐπέφερον· Ὅτι μὲν οὖν ἐν τῷ γένει τῷ κατὰ σάρκα Ἀβραὰμ οὐδεὶς οὐδέποτε ἀπὸ παρθένου γεγέννηται οὐδὲ λέλεκται γεγεννημένος ἀλλ' ἢ οὗτος ὁ ἡμέτερος Χριστός, πᾶσι φανερόν ἐστι.

---

229 Isa 42:5-13
230 Isa 7:10-17 with 8:4 inserted (shown by pipes, i.e. |διότι ... Ἀσσυρίων|). A repeat of the quote in Dialogue 43.5-6

LXVII

1 Καὶ ὁ Τρύφων ἀπεκρίνατο· Ἡ γραφὴ οὐκ ἔχει· Ἰδοὺ ἡ παρθένος ἐν γαστρὶ λήψεται καὶ τέξεται υἱόν, ἀλλ' Ἰδοὺ ἡ νεᾶνις ἐν γαστρὶ λήψεται καὶ τέξεται υἱόν, καὶ τὰ ἑξῆς λοιπὰ ὡς ἔφης. ἔστι δὲ ἡ πᾶσα προφητεία λελεγμένη εἰς Ἐζεκίαν, εἰς ὃν καὶ ἀποδείκνυται ἀποβάντα κατὰ τὴν προφητείαν ταύτην. 2 ἐν δὲ τοῖς τῶν λεγομένων Ἑλλήνων μύθοις λέλεκται ὅτι Περσεὺς ἐκ Δανάης, παρθένου οὔσης, ἐν χρυσοῦ μορφῇ ῥεύσαντος ἐπ' αὐτὴν τοῦ παρ' αὐτοῖς Διὸς καλουμένου, γεγέννηται· καὶ ὑμεῖς τὰ αὐτὰ ἐκείνοις λέγοντες, αἰδεῖσθαι ὀφείλετε, καὶ μᾶλλον ἄνθρωπον ἐξ ἀνθρώπων γενόμενον λέγειν τὸν Ἰησοῦν τοῦτον, καί, ἐὰν ἀποδείκνυτε ἀπὸ τῶν γραφῶν ὅτι αὐτός ἐστιν ὁ Χριστός, διὰ τὸ ἐννόμως καὶ τελέως πολιτεύεσθαι αὐτὸν κατηξιῶσθαι τοῦ ἐκλεγῆναι εἰς Χριστόν, ἀλλὰ μὴ τερατολογεῖν τολμᾶτε, ὅπως μήτε ὁμοίως τοῖς Ἕλλησι μωραίνειν ἐλέγχησθε.

3 Καὶ ἐγὼ πρὸς ταῦτα ἔφην· Ὦ Τρύφων, ἐκεῖνό σε πεπεῖσθαι βούλομαι καὶ πάντας ἁπλῶς ἀνθρώπους, ὅτι κἂν γελοιάζοντες ἢ ἐπιτωθάζοντες χείρονα λέγητε, οὐκ ἐκστήσετέ με τῶν προκειμένων, ἀλλ' ἐξ ὧν εἰς ἔλεγχον νομίζετε προβάλλειν λόγων τε ἢ πραγμάτων, ἐξ αὐτῶν τὰς ἀποδείξεις τῶν ὑπ' ἐμοῦ λεγομένων μετὰ μαρτυρίας τῶν γραφῶν ἀεὶ ποιήσομαι. 4 οὐκ ὀρθῶς μέντοι οὐδὲ φιλαλήθως ποιεῖς, κἀκεῖνα περὶ ὧν ἀεὶ συγκατατίθεσαι ἡμῖν γεγένηνται, ὅτι διὰ τὸ σκληροκάρδιον τοῦ λαοῦ ὑμῶν διὰ Μωυσέως τινὲς τῶν ἐντολῶν τεθειμέναι εἰσίν, ἀναλύειν πειρώμενος. ἔφης γὰρ διὰ τὸ ἐννόμως πολιτεύεσθαι ἐκλελέχθαι αὐτὸν καὶ Χριστὸν γεγενῆσθαι, εἰ ἄρα οὗτος ἀποδειχθείη ὤν.

5 Καὶ ὁ Τρύφων· Σὺ γὰρ ὡμολόγησας ἡμῖν, ἔφη, ὅτι καὶ περιετμήθη καὶ τὰ ἄλλα τὰ νόμιμα τὰ διὰ Μωυσέως διαταχθέντα ἐφύλαξε.

6 Κἀγὼ ἀπεκρινάμην· Ὡμολόγησά τε καὶ ὁμολογῶ· ἀλλ' οὐχ ὡς δικαιούμενον αὐτὸν διὰ τούτων ὡμολόγησα ὑπομεμενηκέναι πάντα, ἀλλὰ τὴν οἰκονομίαν ἀπαρτίζοντα, ἣν ἤθελεν ὁ πατὴρ αὐτοῦ καὶ τῶν ὅλων ποιητὴς καὶ κύριος καὶ θεός. καὶ γὰρ τὸ ἀποθανεῖν σταυρωθέντα ὁμολογῶ ὑπομεῖναι αὐτὸν καὶ τὸ ἄνθρωπον γενέσθαι καὶ τοσαῦτα παθεῖν ὅσα διέθεσαν αὐτὸν οἱ ἀπὸ τοῦ γένους ὑμῶν. 7 ἐπεὶ πάλιν, ὦ Τρύφων, μὴ συντίθεσαι

οἷς φθάνεις συντεθειμένος, ἀπόκριναί μοι· οἱ πρὸ Μωυσέως γενόμενοι δίκαιοι καὶ πατριάρχαι, μηδὲν φυλάξαντες τῶν ὅσα ἀποδείκνυσιν ὁ λόγος ἀρχὴν διαταγῆς εἰληφέναι διὰ Μωυσέως, σώζονται ἐν τῇ τῶν μακαρίων κληρονομίᾳ ἢ οὔ;

8 Καὶ ὁ Τρύφων ἔφη· Αἱ γραφαὶ ἀναγκάζουσί με ὁμολογεῖν.

Ὁμοίως δὲ ἀνερωτῶ σε πάλιν, ἔφην· Τὰς προσφορὰς καὶ τὰς θυσίας δι' ἔνδειαν ὁ θεὸς ἐνετείλατο ποιεῖν τοὺς πατέρας ὑμῶν, ἢ διὰ τὸ σκληροκάρδιον αὐτῶν καὶ εὐχερὲς πρὸς εἰδωλολατρείαν;

Καὶ τοῦτο, ἔφη, αἱ γραφαὶ ὁμοίως ἀναγκάζουσιν ὁμολογεῖν ἡμᾶς.

9 Καὶ ὅτι, φημί, καινὴν διαθήκην διαθήσεσθαι ὁ θεὸς ἐπήγγελται παρὰ τὴν ἐν ὄρει Χωρήβ, ὁμοίως αἱ γραφαὶ προεῖπον;

Καὶ τοῦτο ἀπεκρίνατο προειρῆσθαι.

Κἀγὼ πάλιν· Ἡ δὲ παλαιὰ διαθήκη, ἔφην, μετὰ φόβου καὶ τρόμου διετάγη τοῖς πατράσιν ὑμῶν, ὡς μηδὲ δύνασθαι αὐτοὺς ἐπαΐειν τοῦ θεοῦ;

Κἀκεῖνος ὡμολόγησε.

10 Τί οὖν; ἔφην. Ἑτέραν διαθήκην ἔσεσθαι ὁ θεὸς ὑπέσχετο, οὐχ ὡς ἐκείνη διετάγη, καὶ ἄνευ φόβου καὶ τρόμου καὶ ἀστραπῶν διαταγῆναι αὐτοῖς ἔφη, καὶ δεικνύουσαν τί μὲν ὡς αἰώνιον καὶ παντὶ γένει ἁρμόζον καὶ ἔνταλμα καὶ ἔργον ὁ θεὸς ἐπίσταται, τί δὲ πρὸς τὸ σκληροκάρδιον τοῦ λαοῦ ὑμῶν ἁρμοσάμενος, ὡς καὶ διὰ τῶν προφητῶν βοᾷ, ἐνετέταλτο.

11 Καὶ τούτῳ συνθέσθαι, ἔφη, ἐκ παντὸς τοὺς φιλαλήθεις, ἀλλὰ μὴ φιλέριδας, ἀναγκαῖον.

Κἀγώ· Οὐκ οἶδ' ὅπως, ἔφην, φιλερίστους τινὰς ἀποκαλῶν, αὐτὸς πολλάκις ἐν τούτῳ ἐφάνης τῷ ἔργῳ ὤν, ἀντειπὼν πολλάκις οἷς συνετέθης.

LXVIII

1 Καὶ ὁ Τρύφων· Ἄπιστον γὰρ καὶ ἀδύνατον σχεδὸν πρᾶγμα ἐπιχειρεῖς ἀποδεικνύναι, ὅτι θεὸς ὑπέμεινε γεννηθῆναι καὶ ἄνθρωπος γενέσθαι.

Εἰ τοῦτο, ἔφην, ἐπ' ἀνθρωπείοις διδάγμασιν ἢ ἐπιχειρήμασιν ἐπεβαλόμην ἀποδεικνύναι, ἀνασχέσθαι μου οὐκ ἂν ἔδει ὑμᾶς· εἰ δὲ γραφὰς καὶ εἰς τοῦτο εἰρημένας τοσαύτας, πλειστάκις αὐτὰς λέγων, ἀξιῶ ὑμᾶς ἐπιγνῶναι αὐτάς, σκληροκάρδιοι πρὸς τὸ γνῶναι νοῦν καὶ θέλημα τοῦ θεοῦ γίνεσθε. εἰ δὲ βούλεσθε τοιοῦτοι ἀεὶ μένειν, ἐγὼ μὲν οὐδὲν ἂν βλαβείην· τὰ δὲ αὐτὰ ἀεὶ ἔχων, ἃ καὶ πρὸ τοῦ συμβαλεῖν ὑμῖν εἶχον, ἀπαλλάξομαι ὑμῶν.

2 Καὶ ὁ Τρύφων· Ὅρα, ὦ φίλε, ἔφη, ὅτι μετὰ πολλοῦ κόπου καὶ καμάτου γέγονέ σοι τὸ κτήσασθαι αὐτά· καὶ ἡμᾶς οὖν, βασανίσαντας πάντα τὰ ἐπιτρέχοντα, συνθέσθαι δεῖ οἷς ἀναγκάζουσιν ἡμᾶς αἱ γραφαί.

Κἀγὼ πρὸς ταῦτα· Οὐκ ἀξιῶ, εἶπον, ὑμᾶς μὴ παντὶ τρόπῳ ἀγωνιζομένους τὴν ἐξέτασιν τῶν ζητουμένων ποιεῖσθαι, ἀλλ' ἐκείνοις μὴ πάλιν ἀντιλέγειν, μηδὲν ἔχοντας λέγειν, οἷς ἔφητε συνθέσθαι.

3 Καὶ ὁ Τρύφων ἔφη· Τοῦτο πειρασόμεθα πράξειν.

Πάλιν ἐγὼ ἔφην· Πρὸς τοῖς ἀνηρωτημένοις καὶ νῦν ὑπ' ἐμοῦ πάλιν ἀνερωτήσασθαι ὑμᾶς βούλομαι· διὰ γὰρ τῶν ἀνερωτήσεων τούτων καὶ περαιωθῆναι σὺν τάχει τὸν λόγον ἀγωνιοῦμαι.

Καὶ ὁ Τρύφων ἔφη· Ἀνερώτα.

Κἀγὼ εἶπον· Μήτι ἄλλον τινὰ προσκυνητὸν καὶ κύριον καὶ θεὸν λεγόμενον ἐν ταῖς γραφαῖς νοεῖτε εἶναι πλὴν τοῦ τοῦτο ποιήσαντος τὸ πᾶν καὶ τοῦ Χριστοῦ, ὃς διὰ τῶν τοσούτων γραφῶν ἀπεδείχθη ὑμῖν ἄνθρωπος γενόμενος;

4 Καὶ ὁ Τρύφων· Πῶς τοῦτο δυνάμεθα εἶναι ὁμολογῆσαι, ὁπότε, εἰ καὶ ἄλλος τίς ἐστι πλὴν τοῦ πατρὸς μόνου, τὴν τοσαύτην ζήτησιν ἐποιησάμεθα;

Κἀγὼ πάλιν· Ἀναγκαῖόν ἐστι καὶ ταῦτα ὑμᾶς ἐρωτῆσαι, ὅπως γνῶ· μήτι ἄλλο φρονεῖτε παρὰ θεῷ; ὁμολογήσατε.

Πρὸς Τρύφωνα Ἰουδαῖον Διάλογος

Κἀκεῖνος· Οὔ, ἄνθρωπε, ἔφη.

Κἀγὼ πάλιν· Ὑμῶν οὖν ταῦτα ἀληθῶς συντιθεμένων καὶ τοῦ λόγου λέγοντος· Τὴν γενεὰν αὐτοῦ τίς διηγήσεται; οὐκ ἤδη καὶ νοεῖν ὀφείλετε ὅτι οὐκ ἔστι γένους ἀνθρώπου σπέρμα;

5 Καὶ ὁ Τρύφων· Πῶς οὖν ὁ λόγος λέγει τῷ Δαυεὶδ ὅτι ἀπὸ τῆς ὀσφύος αὐτοῦ λήψεται ἑαυτῷ υἱὸν ὁ θεὸς καὶ κατορθώσει αὐτῷ τὴν βασιλείαν καὶ καθίσει αὐτὸν ἐπὶ θρόνου τῆς δόξης αὐτοῦ;

6 Κἀγὼ ἔφην· Ὦ Τρύφων, εἰ μὲν καὶ τὴν προφητείαν, ἣν ἔφη Ἡσαΐας, οὔ φησι πρὸς τὸν οἶκον τοῦ Δαυεὶδ· Ἰδοὺ ἡ παρθένος ἐν γαστρὶ λήψεται· ἀλλὰ πρὸς ἕτερον οἶκον τῶν δώδεκα φυλῶν, ἴσως ἂν ἀπορίαν εἶχε τὸ πρᾶγμα· ἐπειδὴ δὲ καὶ αὐτὴ ἡ προφητεία πρὸς τὸν οἶκον Δαυεὶδ εἴρηται, τὸ εἰρημένον πρὸς Δαυεὶδ ὑπὸ θεοῦ ἐν μυστηρίῳ διὰ Ἡσαΐου ὡς ἔμελλε γίνεσθαι ἐξηγήθη· εἰ μήτι τοῦτο οὐκ ἐπίστασθε, ὦ φίλοι, ἔφην, ὅτι πολλοὺς λόγους, τοὺς ἐπικεκαλυμμένως καὶ ἐν παραβολαῖς ἢ μυστηρίοις ἢ ἐν συμβόλοις ἔργων λελεγμένους, οἱ μετ' ἐκείνους τοὺς εἰπόντας ἢ πράξαντας γενόμενοι προφῆται ἐξηγήσαντο.

7 Καὶ μάλα, ἔφη ὁ Τρύφων.

Ἐὰν οὖν ἀποδείξω τὴν προφητείαν ταύτην τοῦ Ἡσαΐου εἰς τοῦτον τὸν ἡμέτερον Χριστὸν εἰρημένην, ἀλλ' οὐκ εἰς τὸν Ἐζεκίαν, ὥς φατε ὑμεῖς, οὐχὶ καὶ ἐν τούτῳ δυσωπήσω ὑμᾶς μὴ πείθεσθαι τοῖς διδασκάλοις ὑμῶν, οἵτινες τολμῶσι λέγειν τὴν ἐξήγησιν, ἣν ἐξηγήσαντο οἱ ἑβδομήκοντα ὑμῶν πρεσβύτεροι παρὰ Πτολεμαίῳ τῷ τῶν Αἰγυπτίων βασιλεῖ γενόμενοι, μὴ εἶναι ἔν τισιν ἀληθῆ; **8** ἃ γὰρ ἂν διαρρήδην ἐν ταῖς γραφαῖς φαίνονται ἐλέγχοντα αὐτῶν τὴν ἀνόητον καὶ φίλαυτον γνώμην, ταῦτα τολμῶσι λέγειν μὴ οὕτω γεγράφθαι· ἃ δὲ ἂν καὶ ἕλκειν πρὸς ἃ νομίζουσι δύνασθαι ἁρμόζειν πράξεις ἀνθρωπείους, ταῦτα οὐκ εἰς τοῦτον τὸν ἡμέτερον Ἰησοῦν Χριστὸν εἰρῆσθαι λέγουσιν, ἀλλ' εἰς ὃν αὐτοὶ ἐξηγεῖσθαι ἐπιχειροῦσιν. ὁποῖον καὶ τὴν γραφὴν ταύτην, περὶ ἧς ἡ νῦν ὁμιλία ἐστίν, ἐδίδαξαν ὑμᾶς λέγοντες εἰς Ἐζεκίαν αὐτὴν εἰρῆσθαι, ὅπερ, ὡς ὑπεσχόμην, ἀποδείξω ψεύδεσθαι αὐτούς. **9** ἃς δ' ἂν λέγωμεν αὐτοῖς γραφάς, αἳ διαρρήδην τὸν Χριστὸν καὶ παθητὸν καὶ προσκυνητὸν καὶ θεὸν ἀποδεικνύουσιν, ἃς καὶ προανιστόρησα ὑμῖν, ταύτας εἰς Χριστὸν μὲν εἰρῆσθαι ἀναγκαζόμενοι συντίθενται, τοῦτον δὲ μὴ εἶναι τὸν Χριστὸν τολμῶσι λέγειν, ἐλεύσεσθαι δὲ καὶ παθεῖν καὶ βασιλεῦσαι καὶ προσκυνητὸν γενέσθαι θεὸν ὁμολογοῦσιν· ὅπερ γελοῖον καὶ ἀνόητον ὂν ὁμοίως ἀποδείξω. ἀλλ' ἐπεὶ κατεπείγει με πρότερον πρὸς τὰ ὑπὸ σοῦ ἐν γελοίῳ τρόπῳ εἰρημένα ἀποκρίνασθαι, πρὸς ταῦτα τὰς ἀποκρίσεις ποιήσομαι, καὶ πρὸς τὰ ἐπίλοιπα εἰς ὕστερον τὰς ἀποδείξεις δώσω.

LXIX

1 Εὖ ἴσθι οὖν, ὦ Τρύφων, λέγων ἐπέφερον, ὅτι ἃ παραποιήσας ὁ λεγόμενος διάβολος ἐν τοῖς Ἕλλησι λεχθῆναι ἐποίησεν, ὡς καὶ διὰ τῶν ἐν Αἰγύπτῳ μάγων ἐνήργησε καὶ διὰ τῶν ἐπὶ Ἠλία ψευδοπροφητῶν, καὶ ταῦτα βεβαίαν μου τὴν ἐν ταῖς γραφαῖς γνῶσιν καὶ πίστιν κατέστησεν. 2 ὅταν γὰρ Διόνυσον μὲν υἱὸν τοῦ Διὸς ἐκ μίξεως ἣν μεμῖχθαι αὐτὸν τῇ Σεμέλῃ, γεγενῆσθαι λέγωσι, καὶ τοῦτον εὑρετὴν ἀμπέλου γενόμενον, καὶ διασπαραχθέντα καὶ ἀποθανόντα ἀναστῆναι, εἰς οὐρανόν τε ἀνεληλυθέναι ἱστορῶσι, καὶ ὄνον ἐν τοῖς μυστηρίοις αὐτοῦ παραφέρωσιν, οὐχὶ τὴν προλελεγμένην ὑπὸ Μωυσέως ἀναγραφεῖσαν Ἰακὼβ τοῦ πατριάρχου προφητείαν μεμιμῆσθαι αὐτὸν νοῶ; 3 ἐπὰν δὲ τὸν Ἡρακλέα ἰσχυρὸν καὶ περινοστήσαντα πᾶσαν τὴν γῆν, καὶ αὐτὸν τῷ Διῒ ἐξ Ἀλκμήνης γενόμενον, καὶ ἀποθανόντα εἰς οὐρανὸν ἀνεληλυθέναι λέγωσιν, οὐχὶ τὴν Ἰσχυρὸν ὡς γίγας δραμεῖν[231] ὁδὸν αὐτοῦ, περὶ Χριστοῦ λελεγμένην γραφὴν ὁμοίως μεμιμῆσθαι νοῶ; ὅταν δὲ τὸν Ἀσκληπιὸν νεκροὺς ἀνεγείραντα καὶ τὰ ἄλλα πάθη θεραπεύσαντα παραφέρῃ, οὐχὶ τὰς περὶ Χριστοῦ ὁμοίως προφητείας μεμιμῆσθαι τοῦτον καὶ ἐπὶ τούτῳ φημί; 4 ἐπεὶ δὲ οὐκ ἀνιστόρησα πρὸς ὑμᾶς τοιαύτην γραφήν, ἣ σημαίνει τὸν Χριστὸν ταῦτα ποιήσειν, καὶ μιᾶς τινος ἀναγκαίως ἐπιμνησθήσομαι, ἐξ ἧς καὶ συνεῖναι ὑμῖν δυνατόν, πῶς καὶ τοῖς ἐρήμοις γνώσεως θεοῦ, λέγω δὲ τοῖς ἔθνεσιν, οἳ καὶ ὀφθαλμοὺς ἔχοντες οὐχ ἑώρων οὐδὲ καρδίαν ἔχοντες συνίεσαν, τὰ ἐξ ὕλης κατασκευάσματα προσκυνοῦντες, ὁ λόγος προέλεγεν ἀρνηθῆναι αὐτὰ καὶ ἐλπίζειν ἐπὶ τοῦτον τὸν Χριστόν. 5 εἴρηται δὲ οὕτως· *Εὐφράνθητι ἔρημος ἡ διψῶσα, ἀγαλλιάσθω ἔρημος καὶ ἐξανθείτω ὡς κρίνον, καὶ ἐξανθήσει καὶ ἀγαλλιάσεται τὰ ἔρημα τοῦ Ἰορδάνου, καὶ ἡ δόξα τοῦ Λιβάνου ἐδόθη αὐτῇ καὶ ἡ τιμὴ τοῦ Καρμήλου, καὶ ὁ*

---

231 Ps 18:6

Πρὸς Τρύφωνα Ἰουδαῖον Διάλογος

λαός μου ὄψεται τὸ ὕψος κυρίου καὶ τὴν δόξαν τοῦ θεοῦ. ἰσχύσατε χεῖρες ἀνειμέναι καὶ γόνατα παραλελυμένα. παρακαλεῖσθε οἱ ὀλιγόψυχοι τῇ καρδίᾳ, ἰσχύσατε, μὴ φοβεῖσθε. ἰδοὺ ὁ θεὸς ἡμῶν κρίσιν ἀνταποδίδωσι καὶ ἀνταποδώσει· αὐτὸς ἥξει καὶ σώσει ἡμᾶς. τότε ἀνοιχθήσονται ὀφθαλμοὶ τυφλῶν, καὶ ὦτα κωφῶν ἀκούσονται· τότε ἁλεῖται ὡς ἔλαφος χωλός, καὶ τρανὴ ἔσται γλῶσσα μογιλάλων, ὅτι ἐρράγη ἐν ἐρήμῳ ὕδωρ καὶ φάραγξ ἐν γῇ διψώσῃ, καὶ ἡ ἄνυδρος ἔσται εἰς ἕλη, καὶ εἰς διψῶσαν γῆν πηγὴ ὕδατος ἔσται.[232] 6 πηγὴ ὕδατος ζῶντος παρὰ θεοῦ ἐν τῇ ἐρήμῳ γνώσεως θεοῦ τῇ τῶν ἐθνῶν γῇ ἀνέβλυσεν οὗτος ὁ Χριστός, ὃς καὶ ἐν τῷ γένει ὑμῶν πέφανται, καὶ τοὺς ἐκ γενετῆς καὶ κατὰ τὴν σάρκα πηροὺς καὶ κωφοὺς καὶ χωλοὺς ἰάσατο, τὸν μὲν ἄλλεσθαι, τὸν δὲ καὶ ἀκούειν, τὸν δὲ καὶ ὁρᾶν τῷ λόγῳ αὐτοῦ ποιήσας· καὶ νεκροὺς δὲ ἀναστήσας καὶ ζῆν ποιήσας, καὶ διὰ τῶν ἔργων ἐδυσώπει τοὺς τότε ὄντας ἀνθρώπους ἐπιγνῶναι αὐτόν. 7 οἱ δὲ καὶ ταῦτα ὁρῶντες γινόμενα φαντασίαν μαγικὴν γίνεσθαι ἔλεγον· καὶ γὰρ μάγον εἶναι αὐτὸν ἐτόλμων λέγειν καὶ λαοπλάνον. αὐτὸς δὲ καὶ ταῦτα ἐποίει πείθων καὶ τοὺς ἐπ' αὐτὸν πιστεύειν μέλλοντας, ὅτι, κἄν τις, ἐν λώβῃ τινὶ σώματος ὑπάρχων, φύλαξ τῶν παραδεδομένων ὑπ' αὐτοῦ διδαγμάτων ὑπάρξῃ, ὁλόκληρον αὐτὸν ἐν τῇ δευτέρᾳ αὐτοῦ παρουσίᾳ μετὰ τοῦ καὶ ἀθάνατον καὶ ἄφθαρτον καὶ ἀλύπητον ποιῆσαι ἀναστήσει.

LXX

1 Ὅταν δὲ οἱ τὰ τοῦ Μίθρου μυστήρια παραδιδόντες λέγωσιν ἐκ πέτρας γεγενῆσθαι αὐτόν, καὶ σπήλαιον καλῶσι τὸν τόπον ἔνθα μυεῖν τοὺς πειθομένους αὐτῷ παραδιδοῦσιν, ἐνταῦθα οὐχὶ τὸ εἰρημένον ὑπὸ Δανιήλ, ὅτι Λίθος ἄνευ χειρῶν ἐτμήθη ἐξ ὄρους μεγάλου, μεμιμῆσθαι αὐτοὺς ἐπίσταμαι, καὶ τὰ ὑπὸ Ἠσαΐου ὁμοίως, οὗ καὶ τοὺς λόγους πάντας μιμήσασθαι ἐπεχείρησαν; δικαιοπραξίας γὰρ λόγους καὶ παρ' ἐκείνοις λέγεσθαι ἐτεχνάσαντο. 2 τοὺς δὲ εἰρημένους λόγους τοῦ Ἠσαΐου ἀναγκαίως ἀνιστορήσω ὑμῖν, ὅπως ἐξ αὐτῶν γνῶτε ταῦθ' οὕτως ἔχειν. εἰσὶ δὲ οὗτοι· Ἀκούσατε, οἱ πόρρωθεν, ἃ ἐποίησα· γνώσονται οἱ ἐγγίζοντες τὴν ἰσχύν μου. ἀπέστησαν οἱ ἐν Σιὼν ἄνομοι· ἄνομοι, λήψεται τρόμος τοὺς ἀσεβεῖς. τίς ἀναγγελεῖ ὑμῖν τὸν τόπον τὸν αἰώνιον; πορευόμενος ἐν δικαιοσύνῃ, λαλῶν εὐθεῖαν ὁδόν, μισῶν ἀνομίαν καὶ ἀδικίαν, καὶ τὰς

---

[232] Isa 35:1-7

χεῖρας ἀφωσιωμένος ἀπὸ δώρων, βαρύνων ὦτα ἵνα μὴ ἀκούσῃ κρίσιν ἄδικον αἵματος, καμμύων τοὺς ὀφθαλμοὺς ἵνα μὴ ἴδῃ ἀδικίαν· οὗτος οἰκήσει ἐν ὑψηλῷ σπηλαίῳ πέτρας ἰσχυρᾶς. 3 ἄρτος δοθήσεται αὐτῷ, καὶ τὸ ὕδωρ αὐτοῦ πιστόν. βασιλέα μετὰ δόξης ὄψεσθε, καὶ οἱ ὀφθαλμοὶ ὑμῶν ὄψονται πόρρωθεν. ἡ ψυχὴ ὑμῶν μελετήσει φόβον κυρίου. ποῦ ἐστιν ὁ γραμματικός; ποῦ εἰσιν οἱ βουλεύοντες; ποῦ ἐστιν ὁ ἀριθμῶν τοὺς τρεφομένους, μικρὸν καὶ μέγαν λαόν; ᾧ οὐ συνεβουλεύσαντο, οὐδὲ ᾔδεισαν βάθη φωνῶν, ὥστε μὴ ἀκοῦσαι· λαὸς πεφαυλισμένος, καὶ οὐκ ἔστι τῷ ἀκούοντι σύνεσις.[233] 4 ὅτι μὲν οὖν καὶ ἐν ταύτῃ τῇ προφητείᾳ περὶ τοῦ ἄρτου, ὃν παρέδωκεν ἡμῖν ὁ ἡμέτερος Χριστὸς ποιεῖν εἰς ἀνάμνησιν τοῦ τε σωματοποιήσασθαι αὐτὸν διὰ τοὺς πιστεύοντας εἰς αὐτόν, δι' οὓς καὶ παθητὸς γέγονε, καὶ περὶ τοῦ ποτηρίου, ὃ εἰς ἀνάμνησιν τοῦ αἵματος αὐτοῦ παρέδωκεν εὐχαριστοῦντας ποιεῖν, φαίνεται. καὶ ὅτι βασιλέα τοῦτον αὐτὸν μετὰ δόξης ὀψόμεθα, αὕτη ἡ προφητεία δηλοῖ. 5 καὶ ὅτι λαός, ὁ εἰς αὐτὸν πιστεύειν προεγνωσμένος, μελετήσειν φόβον κυρίου προέγνωστο, αὗται αἱ λέξεις τῆς προφητείας βοῶσι. καὶ ὅτι οἱ τὰ γράμματα τῶν γραφῶν ἐπίστασθαι λογιζόμενοι, καὶ ἀκούοντες τῶν προφητειῶν, οὐκ ἔχουσι σύνεσιν, ὁμοίως αὗται αἱ γραφαὶ κεκράγασιν. ὅταν δέ, ὦ Τρύφων, ἔφην, ἐκ παρθένου γεγεννῆσθαι τὸν Περσέα ἀκούσω, καὶ τοῦτο μιμήσασθαι τὸν πλάνον ὄφιν συνίημι.

LXXI

1 Ἀλλ' οὐχὶ τοῖς διδασκάλοις ὑμῶν πείθομαι, μὴ συντεθειμένοις καλῶς ἐξηγεῖσθαι τὰ ὑπὸ τῶν παρὰ Πτολεμαίῳ τῷ Αἰγυπτίων γενομένῳ βασιλεῖ ἑβδομήκοντα πρεσβυτέρων, ἀλλ' αὐτοὶ ἐξηγεῖσθαι πειρῶνται. 2 καὶ ὅτι πολλὰς γραφὰς τέλεον περιεῖλον ἀπὸ τῶν ἐξηγήσεων τῶν γεγενημένων ὑπὸ τῶν παρὰ Πτολεμαίῳ γεγενημένων πρεσβυτέρων, ἐξ ὧν διαρρήδην οὗτος αὐτὸς ὁ σταυρωθεὶς ὅτι θεὸς καὶ ἄνθρωπος καὶ σταυρούμενος καὶ ἀποθνήσκων κεκηρυγμένος ἀποδείκνυται, εἰδέναι ὑμᾶς βούλομαι· ἅς, ἐπειδὴ ἀρνεῖσθαι πάντας τοὺς ἀπὸ τοῦ γένους ὑμῶν ἐπίσταμαι, ταῖς τοιαύταις ζητήσεσιν οὐ προσβάλλω, ἀλλ' ἐπὶ τὰς ἐκ τῶν ὁμολογουμένων ἔτι παρ' ὑμῖν τὰς ζητήσεις ποιεῖν ἔρχομαι. 3 καὶ γὰρ ὅσας ὑμῖν ἀνήνεγκα ταύτας γνωρίζετε, πλὴν ὅτι περὶ τῆς λέξεως, τῆς Ἰδοὺ ἡ παρθένος ἐν γαστρὶ λήψεται, ἀντείπατε, λέγοντες εἰρῆσθαι· Ἰδοὺ ἡ

---

[233] Isa 33:13-19

νεᾶνις ἐν γαστρὶ λήψεται. καὶ ὑπεσχόμην ἀπόδειξιν ποιήσασθαι οὐκ εἰς Ἐζεκίαν, ὡς ἐδιδάχθητε, τὴν προφητείαν εἰρῆσθαι ἀλλ' εἰς τοῦτον τὸν ἐμὸν Χριστόν· καὶ δὴ τὴν ἀπόδειξιν ποιήσομαι.

4 Καὶ ὁ Τρύφων εἶπε· Πρῶτον ἀξιοῦμεν εἰπεῖν σε ἡμῖν καί τινας ὧν λέγεις τέλεον παραγεγράφθαι γραφῶν.

LXXII

1 Κἀγὼ εἶπον· Ὡς ὑμῖν φίλον, πράξω. ἀπὸ μὲν οὖν τῶν ἐξηγήσεων, ὧν ἐξηγήσατο Ἔσδρας εἰς τὸν νόμον τὸν περὶ τοῦ πάσχα, τὴν ἐξήγησιν ταύτην ἀφείλοντο· *Καὶ εἶπεν Ἔσδρας τῷ λαῷ· Τοῦτο τὸ πάσχα ὁ σωτὴρ ἡμῶν καὶ ἡ καταφυγὴ ἡμῶν. καὶ ἐὰν διανοηθῆτε καὶ ἀναβῇ ὑμῶν ἐπὶ τὴν καρδίαν, ὅτι μέλλομεν αὐτὸν ταπεινοῦν ἐν σημείῳ, καὶ μετὰ ταῦτα ἐλπίσωμεν ἐπ' αὐτόν, οὐ μὴ ἐρημωθῇ ὁ τόπος οὗτος εἰς τὸν ἅπαντα χρόνον, λέγει ὁ θεὸς τῶν δυνάμεων· ἂν δὲ μὴ πιστεύσητε αὐτῷ μηδὲ εἰσακούσητε τοῦ κηρύγματος αὐτοῦ, ἔσεσθε ἐπίχαρμα τοῖς ἔθνεσι.*[234] 2 καὶ ἀπὸ τῶν διὰ Ἰερεμίου λεχθέντων ταῦτα περιέκοψαν· *Ἐγὼ ὡς ἀρνίον φερόμενον τοῦ θύεσθαι. ἐπ' ἐμὲ ἐλογίζοντο λογισμόν, λέγοντες· Δεῦτε, ἐμβάλωμεν ξύλον εἰς τὸν ἄρτον αὐτοῦ καὶ ἐκτρίψωμεν αὐτὸν ἐκ γῆς ζώντων, καὶ τὸ ὄνομα αὐτοῦ οὐ μὴ μνησθῇ οὐκέτι.*[235] 3 καὶ ἐπειδὴ αὕτη ἡ περικοπή, ἡ ἐκ τῶν λόγων τοῦ Ἰερεμίου, ἔτι ἐστὶν ἐγγεγραμμένη ἔν τισιν ἀντιγράφοις τῶν ἐν συναγωγαῖς Ἰουδαίων (πρὸ γὰρ ὀλίγου χρόνου ταῦτα ἐξέκοψαν), ἐπειδὰν καὶ ἐκ τούτων τῶν λόγων ἀποδεικνύηται ὅτι ἐβουλεύσαντο Ἰουδαῖοι περὶ αὐτοῦ τοῦ Χριστοῦ, ἀναιρεῖν αὐτὸν σταυρώσαντες βουλευσάμενοι, καὶ αὐτὸς μηνύεται, ὡς καὶ διὰ τοῦ Ἠσαίου προεφητεύθη, ὡς πρόβατον ἐπὶ σφαγὴν ἀγόμενος, καὶ ἐνθάδε ὡς ἀρνίον ἄκακον δηλοῦται· ὧν ἀπορούμενοι ἐπὶ τὸ βλασφημεῖν χωροῦσι. 4 καὶ ἀπὸ τῶν λόγων τοῦ αὐτοῦ Ἰερεμίου ὁμοίως ταῦτα περιέκοψαν· *Ἐμνήσθη δὲ κύριος ὁ θεὸς ἀπὸ Ἰσραὴλ τῶν νεκρῶν αὐτοῦ, τῶν κεκοιμημένων εἰς γῆν χώματος, καὶ*

---

234 The source of this quote is unknown. It appears to be vaguely similar to 2 Esdras 6 at around verse 21. H.B. Swete speaks of it in his Introduction to the Old Testament in Greek. Additional Notes, Chapter 3 pg 424 where he says, 'These passages appear to be of Christian origin, yet Justin is so sure of their genuineness that he accuses the Jews of having removed them from their copies.'
235 Jer 11:19

κατέβη πρὸς αὐτοὺς εὐαγγελίσασθαι αὐτοῖς τὸ σωτήριον αὐτοῦ.[236]

LXXIII

1 Καὶ ἀπὸ τοῦ ἐνενηκοστοῦ πέμπτου ψαλμοῦ τῶν διὰ Δαυεὶδ λεχθέντων λόγων λέξεις βραχείας ἀφείλοντο ταύτας· ἀπὸ τοῦ ξύλου.[237] εἰρημένου γὰρ τοῦ λόγου· Εἴπατε τοῖς ἔθνεσιν· Ὁ κύριος ἐβασίλευσεν ἀπὸ τοῦ ξύλου, ἀφῆκαν·Εἴπατε ἐν τοῖς ἔθνεσιν· Ὁ κύριος ἐβασίλευσεν. 2 ἐν δὲ τοῖς ἔθνεσι περὶ οὐδενὸς ὡς θεοῦ καὶ κυρίου ἐλέχθη ποτὲ ἀπὸ τῶν τοῦ γένους ὑμῶν ἀνθρώπων ὅτι ἐβασίλευσεν, ἀλλ' ἢ περὶ τούτου μόνου τοῦ σταυρωθέντος, ὃν καὶ σεσῶσθαι ἀναστάντα ἐν τῷ αὐτῷ ψαλμῷ τὸ πνεῦμα τὸ ἅγιον λέγει, μηνύον ὅτι οὐκ ἔστιν ὅμοιος τοῖς τῶν ἐθνῶν θεοῖς· ἐκεῖνα γὰρ εἴδωλά ἐστι δαιμονίων. 3 ἀλλ' ὅπως τὸ λεγόμενον νοήσητε, τὸν πάντα ψαλμὸν ἀπαγγελῶ ὑμῖν. ἔστι δὲ οὗτος· Ἄισατε τῷ κυρίῳ ᾆσμα καινόν, ᾄσατε τῷ κυρίῳ πᾶσα ἡ γῆ. ᾄσατε τῷ κυρίῳ καὶ εὐλογήσατε τὸ ὄνομα αὐτοῦ· εὐαγγελίζεσθε ἡμέραν ἐξ ἡμέρας τὸ σωτήριον αὐτοῦ. ἀναγγείλατε ἐν τοῖς ἔθνεσι τὴν δόξαν αὐτοῦ, ἐν πᾶσι τοῖς λαοῖς τὰ θαυμάσια αὐτοῦ· ὅτι μέγας κύριος καὶ αἰνετὸς σφόδρα, φοβερός ἐστιν ὑπὲρ πάντας τοὺς θεούς· ὅτι πάντες οἱ θεοὶ τῶν ἐθνῶν δαιμόνια, ὁ δὲ κύριος τοὺς οὐρανοὺς ἐποίησεν. ἐξομολόγησις καὶ ὡραιότης ἐνώπιον αὐτοῦ, ἁγιωσύνη καὶ μεγαλοπρέπεια ἐν τῷ ἁγιάσματι αὐτοῦ. ἐνέγκατε τῷ κυρίῳ, αἱ πατριαὶ τῶν ἐθνῶν, ἐνέγκατε τῷ κυρίῳ δόξαν καὶ τιμήν, ἐνέγκατε τῷ κυρίῳ δόξαν ἐν ὀνόματι αὐτοῦ. 4 αἴρετε θυσίας καὶ εἰσπορεύεσθε εἰς τὰς αὐλὰς αὐτοῦ. προσκυνήσατε τῷ κυρίῳ ἐν αὐλῇ ἁγίᾳ αὐτοῦ. σαλευθήτω ἀπὸ προσώπου αὐτοῦ πᾶσα ἡ γῆ. εἴπατε ἐν τοῖς ἔθνεσιν· Ὁ κύριος ἐβασίλευσε.[238] καὶ γὰρ κατώρθωσε τὴν οἰκουμένην, ἥτις οὐ σαλευθήσεται· κρινεῖ λαοὺς ἐν εὐθύτητι. εὐφραινέσθωσαν οἱ οὐρανοὶ καὶ ἀγαλλιάσθω ἡ γῆ, σαλευθήσεται ἡ θάλασσα καὶ τὸ πλήρωμα αὐτῆς. χαρήσεται τὰ πεδία καὶ πάντα τὰ ἐν αὐτοῖς, ἀγαλλιάσονται πάντα τὰ ξύλα τοῦ δρυμοῦ ἀπὸ προσώπου

---

236 As with the first of the three quotes in this chapter, this passage is not found in any copy we possess today. Justin attributes it to the 'Sayings of Jeremiah' (the canonical book of Jeremiah) while Irenaeus attributes it to Isaiah in his Against Heresies 3:20 and to Jeremiah in Against Heresies 4:22.

237 As with the previous quotes, there is no version of the 94th (95th) Psalm containing these words.

238 Note that the words ἀπὸ τοῦ ξύλου are omitted in this quote.

κυρίου, ὅτι ἔρχεται, ὅτι ἔρχεται κρῖναι τὴν γῆν. κρινεῖ τὴν οἰκουμένην ἐν δικαιοσύνῃ καὶ λαοὺς ἐν τῇ ἀληθείᾳ αὐτοῦ.[239]

5 Καὶ ὁ Τρύφων· Εἰ μέν, ὡς ἔφης, εἶπε, παρέγραψάν τι ἀπὸ τῶν γραφῶν οἱ ἄρχοντες τοῦ λαοῦ, θεὸς δύναται ἐπίστασθαι· ἀπίστῳ δὲ ἔοικε τὸ τοιοῦτον.

6 Ναί, ἔφην, ἀπίστῳ ἔοικε· φοβερώτερον γάρ ἐστι τῆς μοσχοποιΐας, ἣν ἐποίησαν ἐπὶ γῆς μάννα πεπλησμένοι, καὶ τοῦ τὰ τέκνα θύειν τοῖς δαιμονίοις, ἢ τοῦ αὐτοὺς τοὺς προφήτας ἀνῃρηκέναι. ἀλλὰ δή, ἔφην, μοι νομίζεσθε μηδὲ ἀκηκοέναι ἃς εἶπον περικεκοφέναι αὐτοὺς γραφάς. ὑπὲρ αὐταρκείας γὰρ αἱ τοσαῦται προανιστορημέναι εἰσὶν εἰς ἀπόδειξιν τῶν ζητηθέντων μετὰ τῶν λεχθήσεσθαι μελλόντων παρ' ὑμῖν παραπεφυλαγμένων.

LXXIV

1 Καὶ ὁ Τρύφων ἔφη· Ὅτι δι' ἡμᾶς ἀξιώσαντας ἀνιστόρησας αὐτάς, ἐπιστάμεθα. περὶ δὲ τοῦ ψαλμοῦ τούτου, ὃν τελευταῖον ἔφης ἀπὸ τῶν Δαυεὶδ λόγων, οὐ δοκεῖ μοι εἰς ἄλλον τινὰ εἰρῆσθαι ἀλλ' εἰς τὸν πατέρα, τὸν καὶ τοὺς οὐρανοὺς καὶ τὴν γῆν ποιήσαντα· σὺ δ' αὐτὸν φῂς εἰς τὸν παθητὸν τοῦτον, ὃν καὶ Χριστὸν εἶναι σπουδάζεις ἀποδεικνύναι, εἰρῆσθαι.

2 Καὶ ἀπεκρινάμην· Διὰ λέξεως, ἣν τὸ ἅγιον πνεῦμα ἐν τούτῳ τῷ ψαλμῷ ἀνεφθέγξατο, νοήσατε λέγοντός μου, παρακαλῶ, καὶ γνώσεσθε οὔτε κακῶς με λέγειν οὔθ' ὑμᾶς ὄντως κεκλῆσθαι· οὕτως γὰρ ἂν καὶ πολλὰ ἄλλα νοῆσαι τῶν ὑπὸ τοῦ ἁγίου πνεύματος εἰρημένων καθ' ἑαυτοὺς γενόμενοι δυνήσεσθε. Ἄισατε τῷ κυρίῳ ᾆσμα καινόν, ᾄσατε τῷ κυρίῳ πᾶσα ἡ γῆ. ᾄσατε τῷ κυρίῳ καὶ εὐλογήσατε τὸ ὄνομα αὐτοῦ· εὐαγγελίζεσθε ἡμέραν ἐξ ἡμέρας τὸ σωτήριον αὐτοῦ, ἐν πᾶσι τοῖς λαοῖς τὰ θαυμάσια αὐτοῦ. 3 ὡς τῷ θεῷ καὶ πατρὶ τῶν ὅλων ᾄδοντας καὶ ψάλλοντας τοὺς ἀπὸ πάσης τῆς γῆς γνόντας τὸ σωτήριον τοῦτο μυστήριον, τοῦτ' ἔστι τὸ πάθος τοῦ Χριστοῦ, δι' οὗ τούτους ἔσωσεν, ἐνδιάγοντας κελεύει, ἐπιγνόντας ὅτι καὶ αἰνετὸς καὶ φοβερὸς καὶ ποιητὴς τοῦ τε οὐρανοῦ καὶ τῆς γῆς ὁ τοῦτο τὸ σωτήριον ὑπὲρ τοῦ ἀνθρωπείου γένους ποιήσας, τὸν καὶ μετὰ τὸ σταυρωθῆναι ἀποθνήσκοντα καὶ

---

[239] Ps 95:1-13

βασιλεύειν πάσης τῆς γῆς κατηξιωμένον ὑπ' αὐτοῦ, ὡς καὶ διὰ ...²⁴⁰

4 ... τῆς γῆς, εἰς ἣν οὗτος εἰσπορεύεται εἰς αὐτήν, καὶ ἐγκαταλείψουσί με, καὶ διασκεδάσουσι τὴν διαθήκην μου, ἣν διεθέμην αὐτοῖς ...²⁴¹ ἐν τῇ ἡμέρᾳ ἐκείνῃ. καὶ καταλείψω αὐτοὺς καὶ ἀποστρέψω τὸ πρόσωπόν μου ἀπ' αὐτῶν· καὶ ἔσται κατάβρωμα, καὶ εὑρήσουσιν αὐτὸν κακὰ πολλὰ καὶ θλίψεις. καὶ ἐρεῖ τῇ ἡμέρᾳ ἐκείνῃ· διότι οὐκ ἔστι κύριος ὁ θεός μου ἐν ἡμῖν, εὕροσάν με τὰ κακὰ ταῦτα. ἐγὼ δὲ ἀποστροφῇ ἀποστρέψω τὸ πρόσωπόν μου ἀπ' αὐτῶν τῇ ἡμέρᾳ ἐκείνῃ, διὰ πάσας τὰς κακίας ἃς ἐποίησαν, ὅτι ἐπέστρεψαν ἐπὶ θεοὺς ἀλλοτρίους.²⁴²

LXXV

1 Ἐν δὲ τῷ βιβλίῳ τῆς Ἐξόδου, ὅτι αὐτοῦ τὸ ὄνομα τοῦ θεοῦ καὶ Ἰησοῦς ἦν, ὃ λέγει τῷ Ἀβραὰμ μὴ δεδηλῶσθαι μηδὲ τῷ Ἰακώβ, διὰ Μωυσέως ἐν μυστηρίῳ ὁμοίως ἐξηγγέλθη, καὶ ἡμεῖς νενοήκαμεν. οὕτως δὲ εἴρηται· Καὶ εἶπε κύριος τῷ Μωυσεῖ· Εἰπὲ τῷ λαῷ τούτῳ· ἰδοὺ ἐγὼ ἀποστέλλω τὸν ἄγγελόν μου πρὸ προσώπου σου, ἵνα φυλάσσῃ σε ἐν τῇ ὁδῷ, ὅπως εἰσαγάγῃ σε εἰς τὴν γῆν ἣν ἡτοίμασά σοι. πρόσεχε αὐτῷ καὶ εἰσάκουε αὐτοῦ, μὴ ἀπείθει αὐτῷ. οὐ γὰρ μὴ ὑποστείληταί σε· τὸ γὰρ ὄνομά μου ἐστὶν ἐπ' αὐτῷ.²⁴³ 2 τίς οὖν εἰς τὴν γῆν εἰσήγαγε τοὺς πατέρας ὑμῶν; ἤδη ποτὲ

---

240 Trollope and others note that there appears to be a hiatus of unknown length at this point. The preceding text appears to have no connection with the remainder of Chapter 74. According to Trollope 'There are also several references in the latter part of the Dialogue to remarks and quotations, which had been made in the earlier portion of it, but of which no vestige remains. It should seem therefore that the end of the first, and the beginning of the second day's conversation, are lost; and there is a manifest hiatus in the 74th chapter, which has doubtless engulfed the portion of the debate, in which the missing arguments would have been found . The Benedictine editor (Migne) affirms indeed, that, with the exception perhaps of a word or two, nothing has been lost; but that, Justin, in committing the conversation to writing, has referred to observations, which he had forgotten to insert. It is far more probable, however, that a considerable part of the dialogue is wanting.'.

241 Much of De 31:17 is omitted from the quote: 'καὶ ὀργισθήσομαι θυμῷ εἰς αὐτοὺς ἐν τῇ ἡμέρᾳ ἐκείνῃ καὶ καταλείψω αὐτοὺς καὶ ἀποστρέψω τὸ πρόσωπόν μου ἀπ' αὐτῶν, καὶ ἔσται κατάβρωμα, καὶ εὑρήσουσιν αὐτὸν κακὰ πολλὰ καὶ θλίψεις ...'

242 De 31:16-18

243 Ex 23:20, 21

Πρὸς Τρύφωνα Ἰουδαῖον Διάλογος

νοήσατε ὅτι ὁ ἐν τῷ ὀνόματι τούτῳ ἐπονομασθεὶς Ἰησοῦς, πρότερον Αὐσῆς καλούμενος. εἰ γὰρ τοῦτο νοήσετε, καὶ ὅτι τὸ ὄνομα αὐτοῦ τοῦ εἰπόντος τῷ Μωυσεῖ· τὸ γὰρ ὄνομά μου ἐστὶν ἐπ' αὐτῷ. Ἰησοῦς ἦν, ἐπιγνώσεσθε. καὶ γὰρ καὶ Ἰσραὴλ αὐτὸς ἦν καλούμενος, καὶ τὸν Ἰακὼβ τούτῳ τῷ ὀνόματι ὁμοίως μετωνομάκει. 3 ὅτι δὲ καὶ ἄγγελοι καὶ ἀπόστολοι τοῦ θεοῦ λέγονται οἱ ἀγγέλλειν τὰ παρ' αὐτοῦ ἀποστελλόμενοι προφῆται, ἐν τῷ Ἡσαΐᾳ δεδήλωται. λέγει γὰρ ἐκεῖ ὁ Ἡσαΐας· Ἀπόστειλόν με.[244] καὶ ὅτι προφήτης ἰσχυρὸς καὶ μέγας γέγονεν ὁ ἐπονομασθεὶς τῷ Ἰησοῦ ὀνόματι, φανερὸν πᾶσίν ἐστιν. 4 εἰ οὖν ἐν τοσαύταις μορφαῖς οἴδαμεν πεφανερῶσθαι τὸν θεὸν ἐκεῖνον τῷ Ἀβραὰμ καὶ τῷ Ἰακὼβ καὶ τῷ Μωυσεῖ, πῶς ἀποροῦμεν καὶ ἀπιστοῦμεν κατὰ τὴν τοῦ πατρὸς τῶν ὅλων βουλὴν καὶ ἄνθρωπον αὐτὸν διὰ παρθένου γεννηθῆναι μὴ δεδυνῆσθαι, καὶ ταῦτα ἔχοντες γραφὰς τοιαύτας, ἐξ ὧν συννοῆσαι ἔστι διαρρήδην ὅτι κατὰ τὴν τοῦ πατρὸς βουλὴν καὶ τοῦτο γέγονεν.

LXXVI

1 Ὅταν γὰρ ὡς υἱὸν ἀνθρώπου λέγῃ Δανιὴλ τὸν παραλαμβάνοντα τὴν αἰώνιον βασιλείαν, οὐκ αὐτὸ τοῦτο αἰνίσσεται; τὸ γὰρ ὡς υἱὸν ἀνθρώπου εἰπεῖν, φαινόμενον μὲν καὶ γενόμενον ἄνθρωπον μηνύει, οὐκ ἐξ ἀνθρωπίνου δὲ σπέρματος ὑπάρχοντα δηλοῖ. καὶ τὸ λίθον τοῦτον εἰπεῖν ἄνευ χειρῶν τμηθέντα, ἐν μυστηρίῳ τὸ αὐτὸ κέκραγε· τὸ γὰρ ἄνευ χειρῶν εἰπεῖν αὐτὸν ἐκτετμῆσθαι, ὅτι οὐκ ἔστιν ἀνθρώπινον ἔργον, ἀλλὰ τῆς βουλῆς τοῦ προβάλλοντος αὐτὸν πατρὸς τῶν ὅλων θεοῦ. 2 καὶ τὸ Ἡσαΐαν φάναι· Τὴν γενεὰν αὐτοῦ τίς διηγήσεται; ἀνεκδιήγητον ἔχοντα τὸ γένος αὐτὸν ἐδήλου· οὐδεὶς γάρ, ἄνθρωπος ὢν ἐξ ἀνθρώπων, ἀνεκδιήγητον ἔχει τὸ γένος. καὶ τὸ τὸν Μωυσέα εἰπεῖν πλύνειν αὐτὸν τὴν στολὴν αὐτοῦ ἐν αἵματι σταφυλῆς, οὐχ ὃ καὶ ἤδη πολλάκις πρὸς ὑμᾶς παρακεκαλυμμένως προπεφητευκέναι αὐτὸν εἶπόν ἐστιν, ὅτι αἷμα μὲν ἔχειν αὐτὸν προεμήνυεν, ἀλλ' οὐκ ἐξ ἀνθρώπων, ὃν τρόπον τὸ τῆς ἀμπέλου αἷμα οὐκ ἄνθρωπος ἐγέννησεν ἀλλ' ὁ θεός; 3 καὶ Ἡσαΐας δὲ μεγάλης βουλῆς ἄγγελον αὐτὸν εἰπών, οὐχὶ τούτων ὦνπερ ἐδίδαξεν ἐλθὼν διδάσκαλον αὐτὸν γεγενῆσθαι προεκήρυσσεν; ἃ γὰρ μεγάλα ἐβεβούλευτο ὁ πατὴρ εἴς τε πάντας τοὺς εὐαρέστους γενομένους αὐτῷ καὶ γενησομένους

---
244 Isa 6:8

ἀνθρώπους, καὶ τοὺς ἀποστάντας τῆς βουλῆς αὐτοῦ ὁμοίως ἀνθρώπους ἢ ἀγγέλους, οὗτος μόνος ἀπαρακαλύπτως ἐδίδαξεν, εἰπών· 4 Ἥξουσιν ἀπὸ ἀνατολῶν καὶ δυσμῶν, καὶ ἀνακλιθήσονται μετὰ Ἀβραὰμ καὶ Ἰσαὰκ καὶ Ἰακὼβ ἐν τῇ βασιλείᾳ τῶν οὐρανῶν· οἱ δὲ υἱοὶ τῆς βασιλείας ἐκβληθήσονται εἰς τὸ σκότος τὸ ἐξώτερον.[245] 5 καί· Πολλοὶ ἐροῦσί μοι τῇ ἡμέρᾳ ἐκείνῃ· Κύριε, κύριε, οὐ τῷ σῷ ὀνόματι ἐφάγομεν καὶ ἐπίομεν καὶ προεφητεύσαμεν καὶ δαιμόνια ἐξεβάλομεν; καὶ ἐρῶ αὐτοῖς· Ἀναχωρεῖτε ἀπ' ἐμοῦ.[246] καὶ ἐν ἄλλοις λόγοις, οἷς καταδικάζειν τοὺς ἀναξίους μὴ σώζεσθαι μέλλει, ἔφη ἐρεῖν· Ὑπάγετε εἰς τὸ σκότος τὸ ἐξώτερον, ὃ ἡτοίμασεν ὁ πατὴρ τῷ σατανᾷ καὶ τοῖς ἀγγέλοις αὐτοῦ.[247] 6 καὶ πάλιν ἐν ἑτέροις λόγοις ἔφη· Δίδωμι ὑμῖν ἐξουσίαν καταπατεῖν ἐπάνω ὄφεων καὶ σκορπίων καὶ σκολοπενδρῶν καὶ ἐπάνω πάσης δυνάμεως τοῦ ἐχθροῦ.[248] καὶ νῦν ἡμεῖς, οἱ πιστεύοντες ἐπὶ τὸν σταυρωθέντα ἐπὶ Ποντίου Πιλάτου Ἰησοῦν κύριον ἡμῶν, τὰ δαιμόνια πάντα καὶ πνεύματα πονηρὰ ἐξορκίζοντες ὑποτασσόμενα ἡμῖν ἔχομεν. Εἰ γὰρ διὰ τῶν προφητῶν παρακεκαλυμμένως κεκήρυκτο παθητὸς γενησόμενος ὁ Χριστὸς καὶ μετὰ ταῦτα πάντων κυριεύσων, ἀλλ' οὖν γε ὑπ' οὐδενὸς νοεῖσθαι ἐδύνατο, μέχρις αὐτὸς ἔπεισε τοὺς ἀποστόλους ἐν ταῖς γραφαῖς ταῦτα κεκηρύχθαι διαρρήδην. 7 ἐβόα γὰρ πρὸ τοῦ σταυρωθῆναι· Δεῖ τὸν υἱὸν τοῦ ἀνθρώπου πολλὰ παθεῖν καὶ ἀποδοκιμασθῆναι ὑπὸ τῶν γραμματέων καὶ Φαρισαίων, καὶ σταυρωθῆναι καὶ τῇ τρίτῃ ἡμέρᾳ ἀναστῆναι.[249] καὶ Δαυεὶδ δὲ πρὸ ἡλίου καὶ σελήνης ἐκ γαστρὸς γεννηθήσεσθαι αὐτὸν κατὰ τὴν τοῦ πατρὸς βουλὴν ἐκήρυξε, καὶ θεὸν ἰσχυρὸν καὶ προσκυνητόν, Χριστὸν ὄντα, ἐδήλωσε.

LXXVII

1 Καὶ ὁ Τρύφων εἶπεν· Ὅτι μὲν οὖν καὶ τοιαῦτα καὶ τοσαῦτα ἱκανὰ δυσωπῆσαί ἐστι, σύμφημί σοι· ὅτι δὲ ἀπαιτῶ σε τὸν λόγον, ὃν πολλάκις προεβάλλου, ἀποδεῖξαι, εἰδέναι σε βούλομαι. περαίωσον οὖν καὶ αὐτὸν ἡμῖν, ἵνα ἴδωμεν καὶ ὡς ἐκεῖνον εἰς Χριστὸν τοῦτον τὸν ὑμέτερον ἀποδεικνύεις εἰρῆσθαι· ἡμεῖς γὰρ εἰς Ἐζεκίαν αὐτὸν λέγομεν πεπροφητεῦσθαι.

---

245 Matt 7:11
246 Matt 7:22
247 Matt 25:41
248 Lk 10:19
249 Lk 9:22

2 Κἀγὼ ἔφην· Ὡς βούλεσθε, καὶ τοῦτο πράξω· ἀποδείξατε δέ μοι ὑμεῖς πρῶτον ὅτι εἰς τὸν Ἐζεκίαν εἴρηται, ὅτι, πρὶν ἢ γνῶναι αὐτὸν καλεῖν πατέρα ἢ μητέρα, ἔλαβε δύναμιν Δαμασκοῦ καὶ τὰ σκῦλα Σαμαρείας ἔναντι βασιλέως Ἀσσυρίων. Οὐ γὰρ ὡς βούλεσθε ἐξηγεῖσθαι συγχωρηθήσεται ὑμῖν, ὅτι Ἐζεκίας ἐπολέμησε τοῖς ἐν Δαμασκῷ ἢ ἐν Σαμαρείᾳ ἔναντι βασιλέως Ἀσσυρίων. Πρὶν ἢ γὰρ γνῶναι τὸ παιδίον καλεῖν πατέρα ἢ μητέρα, ὁ προφητικὸς λόγος ἔφη, λήψεται δύναμιν Δαμασκοῦ καὶ σκῦλα Σαμαρείας ἔναντι βασιλέως Ἀσσυρίων. 3 εἰ γὰρ μὴ μετὰ προσθήκης ταῦτα εἶπε τὸ προφητικὸν πνεῦμα· Πρὶν ἢ γνῶναι τὸ παιδίον καλεῖν πατέρα ἢ μητέρα λήψεται δύναμιν Δαμασκοῦ καὶ σκῦλα Σαμαρείας, ἀλλὰ μόνον εἰρήκει· καὶ τέξεται υἱὸν καὶ λήψεται δύναμιν Δαμασκοῦ καὶ σκῦλα Σαμαρείας, ἐδύνασθε λέγειν· Ἐπειδὴ προεγίνωσκεν ὁ θεὸς μέλλειν αὐτὸν λήψεσθαι ταῦτα, προειρήκει. νῦν δὲ μετὰ τῆς προσθήκης ταύτης εἴρηκεν ἡ προφητεία· Πρὶν ἢ γνῶναι τὸ παιδίον καλεῖν πατέρα ἢ μητέρα λήψεται δύναμιν Δαμασκοῦ καὶ σκῦλα Σαμαρείας. καὶ οὐδενὶ τῶν ἐν Ἰουδαίοις ποτὲ συμβεβηκέναι τοῦτο ἀποδεῖξαι ἔχετε, ἡμεῖς δὲ ἔχομεν ἀποδεῖξαι τοῦτο γενόμενον ἐν τῷ ἡμετέρῳ Χριστῷ. 4 ἅμα γὰρ τῷ γεννηθῆναι αὐτὸν μάγοι ἀπὸ Ἀρραβίας παραγενόμενοι προσεκύνησαν αὐτῷ, πρότερον ἐλθόντες πρὸς Ἡρώδην τὸν ἐν τῇ γῇ ὑμῶν τότε βασιλεύοντα, ὃν ὁ λόγος καλεῖ βασιλέα Ἀσσυρίων διὰ τὴν ἄθεον καὶ ἄνομον αὐτοῦ γνώμην. ἐπίστασθε γὰρ τοιαῦτα, ἔφην, ἐν παραβολαῖς καὶ ὁμοιώσεσι πολλάκις λαλοῦν τὸ ἅγιον πνεῦμα· οἷον πεποίηκε καὶ πρὸς τὸν λαὸν ἅπαντα τὸν ἐν Ἱεροσολύμοις, πολλάκις φῆσαν πρὸς αὐτούς· Ὁ πατήρ σου Ἀμορραῖος καὶ ἡ μήτηρ σου Χετταία.[250]

LXXVIII

1 Καὶ γὰρ οὗτος ὁ βασιλεὺς Ἡρώδης, μαθὼν παρὰ τῶν πρεσβυτέρων τοῦ λαοῦ ὑμῶν, τότε ἐλθόντων πρὸς αὐτὸν τῶν ἀπὸ Ἀρραβίας μάγων, καὶ εἰπόντων ἐξ ἀστέρος τοῦ ἐν τῷ οὐρανῷ φανέντος ἐγνωκέναι ὅτι βασιλεὺς γεγένηται ἐν τῇ χώρᾳ ὑμῶν, καὶ ἤλθομεν προσκυνῆσαι αὐτόν, καὶ ἐν Βηθλεὲμ τῶν πρεσβυτέρων εἰπόντων, ὅτι γέγραπται ἐν τῷ προφήτῃ οὕτως· Καὶ σὺ Βηθλεέμ, γῆ Ἰούδα, οὐδαμῶς ἐλαχίστη εἶ ἐν τοῖς ἡγεμόσιν Ἰούδα· ἐκ σοῦ γὰρ ἐξελεύσεται

---

250 Ez 16:3

ἡγούμενος, ὅστις ποιμανεῖ τὸν λαόν μου.²⁵¹ **2** τῶν ἀπὸ Ἀρραβίας οὖν μάγων ἐλθόντων εἰς Βηθλεὲμ καὶ προσκυνησάντων τὸ παιδίον καὶ προσενεγκάντων αὐτῷ δῶρα, χρυσὸν καὶ λίβανον καὶ σμύρναν, ἔπειτα κατὰ ἀποκάλυψιν, μετὰ τὸ προσκυνῆσαι τὸν παῖδα ἐν Βηθλεέμ, ἐκελεύσθησαν μὴ ἐπανελθεῖν πρὸς τὸν Ἡρώδην. **3** καὶ Ἰωσὴφ δέ, ὁ τὴν Μαρίαν μεμνηστευμένος, βουληθεὶς πρότερον ἐκβαλεῖν τὴν μνηστὴν αὐτῷ Μαριάμ, νομίζων ἐγκυμονεῖν αὐτὴν ἀπὸ συνουσίας ἀνδρός, τοῦτ' ἔστιν ἀπὸ πορνείας, δι' ὁράματος κεκέλευστο μὴ ἐκβαλεῖν τὴν γυναῖκα αὐτοῦ, εἰπόντος αὐτῷ τοῦ φανέντος ἀγγέλου ὅτι ἐκ πνεύματος ἁγίου ὃ ἔχει κατὰ γαστρός ἐστι. **4** φοβηθεὶς οὖν οὐκ ἐκβέβληκεν αὐτήν, ἀλλά, ἀπογραφῆς οὔσης ἐν τῇ Ἰουδαίᾳ τότε πρώτης ἐπὶ Κυρηνίου, ἀνεληλύθει ἀπὸ Ναζαρέτ, ἔνθα ᾤκει, εἰς Βηθλεέμ, ὅθεν ἦν, ἀπογράψασθαι· ἀπὸ γὰρ τῆς κατοικούσης τὴν γῆν ἐκείνην φυλῆς Ἰούδα τὸ γένος ἦν. καὶ αὐτὸς ἅμα τῇ Μαρίᾳ κελεύεται ἐξελθεῖν εἰς Αἴγυπτον καὶ εἶναι ἐκεῖ ἅμα τῷ παιδίῳ, ἄχρις ἂν αὐτοῖς πάλιν ἀποκαλυφθῇ ἐπανελθεῖν εἰς τὴν Ἰουδαίαν. **5** γεννηθέντος δὲ τότε τοῦ παιδίου ἐν Βηθλεέμ, ἐπειδὴ Ἰωσὴφ οὐκ εἶχεν ἐν τῇ κώμῃ ἐκείνῃ ποῦ καταλῦσαι, ἐν σπηλαίῳ τινὶ σύνεγγυς τῆς κώμης κατέλυσε· καὶ τότε, αὐτῶν ὄντων ἐκεῖ, ἐτετόκει ἡ Μαρία τὸν Χριστὸν καὶ ἐν φάτνῃ αὐτὸν ἐτεθείκει, ὅπου ἐλθόντες οἱ ἀπὸ Ἀρραβίας μάγοι εὗρον αὐτόν. **6** ὅτι δὲ Ἡσαΐας καὶ περὶ τοῦ συμβόλου τοῦ κατὰ τὸ σπήλαιον προεκεκηρύχει, ἀνιστόρησα ὑμῖν, ἔφην, καὶ δι' αὐτοὺς δὲ τοὺς σήμερον σὺν ὑμῖν ἐλθόντας πάλιν τῆς περικοπῆς ἐπιμνησθήσομαι, εἶπον· καὶ ἀνιστόρησα ἣν καὶ προέγραψα ἀπὸ τοῦ Ἡσαΐου περικοπήν, εἰπὼν διὰ τοὺς λόγους ἐκείνους τοὺς τὰ Μίθρα μυστήρια παραδιδόντας, ἐν τόπῳ ἐπικαλουμένῳ παρ' αὐτοῖς σπηλαίῳ μυεῖσθαι ὑπ' αὐτῶν, ὑπὸ τοῦ διαβόλου ἐνεργηθῆναι εἰπεῖν.

7 Καὶ ὁ Ἡρώδης, μὴ ἐπανελθόντων πρὸς αὐτὸν τῶν ἀπὸ Ἀρραβίας μάγων, ὡς ἠξίωσεν αὐτοὺς ποιῆσαι, ἀλλὰ κατὰ τὰ κελευσθέντα αὐτοῖς δι' ἄλλης ὁδοῦ εἰς τὴν χώραν αὐτῶν ἀπαλλαγέντων, καὶ τοῦ Ἰωσὴφ ἅμα τῇ Μαρίᾳ καὶ τῷ παιδίῳ, ὡς καὶ αὐτοῖς ἀποκεκάλυπτο, ἤδη ἐξελθόντων εἰς Αἴγυπτον, οὐ γινώσκων τὸν παῖδα, ὃν ἐληλύθεισαν προσκυνῆσαι οἱ μάγοι, πάντας ἁπλῶς τοὺς παῖδας τοὺς ἐν Βηθλεὲμ ἐκέλευσεν ἀναιρεθῆναι. **8** καὶ τοῦτο ἐπεπροφήτευτο μέλλειν γίνεσθαι διὰ Ἰερεμίου, εἰπόντος

---

251 Mic 5:2

δι' αὐτοῦ τοῦ ἁγίου πνεύματος οὕτως· *Φωνὴ ἐν Ῥαμᾶ ἠκούσθη, κλαυθμὸς καὶ ὀδυρμὸς πολύς· Ῥαχὴλ κλαίουσα τὰ τέκνα αὐτῆς, καὶ οὐκ ἤθελε παρακληθῆναι, ὅτι οὐκ εἰσί.*²⁵² διὰ οὖν τὴν φωνήν, ἣ ἔμελλεν ἀκούεσθαι ἀπὸ Ῥαμᾶ, τοῦτ' ἔστιν ἀπὸ τῆς Ἀρραβίας (ἔστι γὰρ καὶ μέχρι τοῦ νῦν τόπος καλούμενος ἐν Ἀρραβίᾳ Ῥαμᾶ), κλαυθμὸς ἔμελλεν τὸν τόπον καταλαμβάνειν, ὅπου Ῥαχήλ, ἡ γυνὴ Ἰακώβ, τοῦ ἐπικληθέντος Ἰσραήλ, τοῦ ἁγίου πατριάρχου, τέθαπται, τοῦτ' ἔστι τὴν Βηθλεέμ, κλαιουσῶν τῶν γυναικῶν τὰ τέκνα τὰ ἴδια τὰ ἀνῃρημένα καὶ μὴ παράκλησιν ἐχουσῶν ἐπὶ τῷ συμβεβηκότι αὐταῖς. 9 καὶ γὰρ τὸ εἰπεῖν τὸν Ἡσαΐαν· *Λήψεται δύναμιν Δαμασκοῦ καὶ σκῦλα Σαμαρείας*, τὴν τοῦ πονηροῦ δαίμονος, τοῦ ἐν Δαμασκῷ οἰκοῦντος, δύναμιν ἐσήμαινε νικηθήσεσθαι τῷ Χριστῷ ἅμα τῷ γεννηθῆναι· ὅπερ δείκνυται γεγενημένον. οἱ γὰρ μάγοι, οἵτινες ἐσκυλευμένοι ἦσαν πρὸς πάσας κακὰς πράξεις, τὰς ἐνεργουμένας ὑπὸ τοῦ δαιμονίου ἐκείνου, ἐλθόντες καὶ προσκυνήσαντες τῷ Χριστῷ φαίνονται ἀποστάντες τῆς σκυλευσάσης αὐτοὺς δυνάμεως ἐκείνης, ἣν ἐν μυστηρίῳ ἐσήμαινεν ἡμῖν ὁ λόγος οἰκεῖν ἐν Δαμασκῷ. 10 ἁμαρτωλὸν δὲ καὶ ἄδικον οὖσαν ἐν παραβολῇ τὴν δύναμιν ἐκείνην καλῶς Σαμαρείαν καλεῖ. ὅτι δὲ Δαμασκὸς τῆς Ἀρραβικῆς γῆς ἦν καὶ ἔστιν, εἰ καὶ νῦν προσνενέμηται τῇ Συροφοινίκῃ λεγομένῃ, οὐδ' ὑμῶν τινες ἀρνήσασθαι δύνανται. ὥστε καλὸν ἂν εἴη ὑμᾶς, ὦ ἄνδρες, ἃ μὴ νενοήκατε, παρὰ τῶν λαβόντων χάριν ἀπὸ τοῦ θεοῦ ἡμῶν τῶν Χριστιανῶν μανθάνειν, ἀλλὰ μὴ κατὰ πάντα ἀγωνίζεσθαι τὰ ὑμέτερα διδάγματα κρατύνειν, ἀτιμάζοντας τὰ τοῦ θεοῦ. 11 διὸ καὶ εἰς ἡμᾶς μετετέθη ἡ χάρις αὕτη, ὡς Ἡσαΐας φησὶν εἰπὼν οὕτως· *Ἐγγίζει μοι ὁ λαὸς οὗτος· τοῖς χείλεσιν αὐτῶν τιμῶσί με, ἡ δὲ καρδία αὐτῶν πόρρω ἀπέχει ἀπ' ἐμοῦ· μάτην δὲ σέβονταί με, ἐντάλματα ἀνθρώπων καὶ διδασκαλίας διδάσκοντες. διὰ τοῦτο ἰδοὺ ἐγὼ προσθήσω τοῦ μεταθεῖναι τὸν λαὸν τοῦτον, καὶ μεταθήσω αὐτούς, καὶ ἀφελῶ τὴν σοφίαν τῶν σοφῶν αὐτῶν, τὴν δὲ σύνεσιν τῶν συνετῶν ἀθετήσω.*²⁵³

LXXIX

1 Καὶ ὁ Τρύφων, ὑπαγανακτῶν μέν, αἰδούμενος δὲ τὰς γραφάς, ὡς ἐδηλοῦτο ἀπὸ τοῦ προσώπου αὐτοῦ, εἶπε πρός με· Τὰ μὲν τοῦ θεοῦ ἅγιά ἐστιν, αἱ δὲ ὑμέτεραι ἐξηγήσεις

---

252 Jer 31:15
253 Isa 29:13, 14

τετεχνασμέναι εἰσίν, ὡς φαίνεται καὶ ἐκ τῶν ἐξηγημένων ὑπὸ σοῦ, μᾶλλον δὲ καὶ βλάσφημοι· ἀγγέλους γὰρ πονηρευσαμένους καὶ ἀποστάντας τοῦ θεοῦ λέγεις.

2 Κἀγὼ ἐνδοτικώτερον τῇ φωνῇ, παρασκευάσαι αὐτὸν βουλόμενος πρὸς τὸ ἀκούειν μου, ἀπεκρινάμην λέγων· Ἄγαμαί σου, ἄνθρωπε, τὸ εὐλαβὲς τοῦτο, καὶ εὔχομαι τὴν αὐτὴν διάθεσίν σε ἔχειν καὶ περὶ ὃν διακονεῖν γεγραμμένοι εἰσὶν οἱ ἄγγελοι, ὡς Δανιὴλ φησιν, ὅτι ὡς υἱὸς ἀνθρώπου πρὸς τὸν παλαιὸν τῶν ἡμερῶν προσάγεται, καὶ αὐτῷ δίδοται πᾶσα βασιλεία εἰς τὸν αἰῶνα τοῦ αἰῶνος. ἵνα δὲ γνωρίζῃς, εἶπον, ὦ ἄνθρωπε, μὴ ἡμετέρᾳ τόλμῃ χρησαμένους τὴν ἐξήγησιν ταύτην, ἣν μέμφῃ, πεποιῆσθαι ἡμᾶς, μαρτυρίαν σοι ἀπ' αὐτοῦ τοῦ Ἡσαΐου δώσω, ὅτι πονηροὺς ἀγγέλους κατῳκηκέναι καὶ κατοικεῖν λέγει καὶ ἐν Τάνει, τῇ Αἰγυπτίᾳ χώρᾳ. 3 εἰσὶ δὲ οἱ λόγοι οὗτοι· *Οὐαὶ τέκνα ἀποστάται, τάδε λέγει κύριος· ἐποιήσατε βουλὴν οὐ δι' ἐμοῦ καὶ συνθήκας οὐ διὰ τοῦ πνεύματός μου, προσθεῖναι ἁμαρτίας ἐφ' ἁμαρτίαις· οἱ πονηρευόμενοι καταβῆναι εἰς Αἴγυπτον, ἐμὲ δὲ οὐκ ἠρώτησαν, τοῦ βοηθηθῆναι ὑπὸ Φαραὼ καὶ σκεπασθῆναι σκέπην Αἰγυπτίων. ἔσται γὰρ ὑμῖν ἡ σκέπη Φαραὼ εἰς αἰσχύνην, καὶ τοῖς πεποιθόσιν ἐπ' Αἰγυπτίους ὄνειδος, ὅτι εἰσὶν ἐν Τάνει ἀρχηγοὶ ἄγγελοι πονηροί. μάτην κοπιάσουσι πρὸς λαόν, ὃς οὐκ ὠφελήσει αὐτοὺς εἰς βοήθειαν, ἀλλ' εἰς αἰσχύνην καὶ ὄνειδος.*[254] 4 ἀλλὰ καὶ Ζαχαρίας φησίν, ὡς καὶ αὐτὸς ἐμνημόνευσας, ὅτι ὁ διάβολος εἱστήκει ἐκ δεξιῶν Ἰησοῦ τοῦ ἱερέως, ἀντικεῖσθαι αὐτῷ, καὶ εἰπεῖν· Ἐπιτιμήσαι σοι κύριος, ὁ ἐκδεξάμενος Ἱερουσαλήμ.[255] καὶ πάλιν ἐν τῷ Ἰὼβ[256] γέγραπται, ὡς καὶ αὐτὸς ἔφης, ὅτι οἱ ἄγγελοι ἦλθον στῆναι ἔμπροσθεν κυρίου, καὶ ὁ διάβολος ἅμα αὐτοῖς ἐληλύθει. καὶ ὑπὸ Μωυσέως ἐν ἀρχῇ τῆς Γενέσεως ὄφιν πλανήσαντα τὴν Εὔαν γεγραμμένον ἔχομεν καὶ κεκατηραμένον. καὶ ἐν Αἰγύπτῳ ὅτι μάγοι ἦσαν ἐξισοῦσθαι τῇ δυνάμει τῇ ἐνεργουμένῃ διὰ τοῦ πιστοῦ θεράποντος Μωυσέως ὑπὸ τοῦ θεοῦ, ἔγνωμεν. καὶ Δαυεὶδ ὅτι *Οἱ θεοὶ τῶν ἐθνῶν δαιμόνιά εἰσιν* εἶπεν, ἐπίστασθε.[257]

---

254 Isa 30:1-5
255 Zech 3:1, 2
256 Job 1:6
257 Ps 95:5

LXXX

1 Καὶ ὁ Τρύφων πρὸς ταῦτα ἔφη· Εἶπον πρός σε, ὦ ἄνθρωπε, ὅτι ἀσφαλὴς ἐν πᾶσι σπουδάζεις εἶναι ταῖς γραφαῖς προσπλεκόμενος. εἰπὲ δέ μοι, ἀληθῶς ὑμεῖς ἀνοικοδομηθῆναι τὸν τόπον Ἰερουσαλὴμ τοῦτον ὁμολογεῖτε, καὶ συναχθήσεσθαι τὸν λαὸν ὑμῶν καὶ εὐφρανθῆναι σὺν τῷ Χριστῷ, ἅμα τοῖς πατριάρχαις καὶ τοῖς προφήταις καὶ τοῖς ἀπὸ τοῦ ἡμετέρου γένους ἢ καὶ τῶν προσηλύτων γενομένων πρὶν ἐλθεῖν ὑμῶν τὸν Χριστόν, προσδοκᾶτε, ἤ, ἵνα δόξῃς περικρατεῖν ἡμῶν ἐν ταῖς ζητήσεσι, πρὸς τὸ ταῦτα ὁμολογεῖν ἐχώρησας;

2 Κἀγὼ εἶπον· Οὐχ οὕτω τάλας ἐγώ, ὦ Τρύφων, ὡς ἕτερα λέγειν παρ' ἃ φρονῶ. ὡμολόγησα οὖν σοι καὶ πρότερον ὅτι ἐγὼ μὲν καὶ ἄλλοι πολλοὶ ταῦτα φρονοῦμεν, ὡς καὶ πάντως ἐπίστασθε τοῦτο γενησόμενον· πολλοὺς δ' αὖ καὶ τῶν τῆς καθαρᾶς καὶ εὐσεβοῦς ὄντων Χριστιανῶν γνώμης τοῦτο μὴ γνωρίζειν ἐσήμανά σοι. 3 τοὺς γὰρ λεγομένους μὲν Χριστιανούς, ὄντας δὲ ἀθέους καὶ ἀσεβεῖς αἱρεσιώτας, ὅτι κατὰ πάντα βλάσφημα καὶ ἄθεα καὶ ἀνόητα διδάσκουσιν, ἐδήλωσά σοι. ὅτι δ' οὐκ ἐφ' ὑμῶν μόνων τοῦτο λέγειν με ἐπίστασθε, τῶν γεγενημένων ἡμῖν λόγων ἁπάντων, ὡς δύναμίς μου, σύνταξιν ποιήσομαι, ἐν οἷς καὶ τοῦτο ὁμολογοῦντά με, ὃ καὶ πρὸς ὑμᾶς ὁμολογῶ, ἐγγράψω. οὐ γὰρ ἀνθρώποις μᾶλλον ἢ ἀνθρωπίνοις διδάγμασιν αἱροῦμαι ἀκολουθεῖν, ἀλλὰ θεῷ καὶ τοῖς παρ' ἐκείνου διδάγμασιν. 4 εἰ γὰρ καὶ συνεβάλετε ὑμεῖς τισι λεγομένοις Χριστιανοῖς, καὶ τοῦτο μὴ ὁμολογοῦσιν, ἀλλὰ καὶ βλασφημεῖν τολμῶσι τὸν θεὸν Ἀβραὰμ καὶ τὸν θεὸν Ἰσαὰκ καὶ τὸν θεὸν Ἰακώβ, οἳ καὶ λέγουσι μὴ εἶναι νεκρῶν ἀνάστασιν, ἀλλὰ ἅμα τῷ ἀποθνήσκειν τὰς ψυχὰς αὐτῶν ἀναλαμβάνεσθαι εἰς τὸν οὐρανόν, μὴ ὑπολάβητε αὐτοὺς Χριστιανούς, ὥσπερ οὐδὲ Ἰουδαίους, ἄν τις ὀρθῶς ἐξετάσῃ, ὁμολογήσειεν εἶναι τοὺς Σαδδουκαίους ἢ τὰς ὁμοίας αἱρέσεις Γενιστῶν καὶ Μεριστῶν καὶ Γαλιλαίων καὶ Ἑλληνιανῶν καὶ Φαρισαίων καὶ Βαπτιστῶν (καὶ μὴ ἀηδῶς ἀκούσητέ μου πάντα ἃ φρονῶ λέγοντος), ἀλλὰ λεγομένους μὲν Ἰουδαίους καὶ τέκνα Ἀβραάμ, καὶ χείλεσιν ὁμολογοῦντας τὸν θεόν, ὡς αὐτὸς κέκραγεν ὁ θεός, τὴν δὲ καρδίαν πόρρω ἔχειν ἀπ' αὐτοῦ. 5 ἐγὼ δέ, καὶ εἴ τινές εἰσιν ὀρθογνώμονες κατὰ πάντα Χριστιανοί, καὶ σαρκὸς ἀνάστασιν γενήσεσθαι ἐπιστάμεθα καὶ χίλια ἔτη ἐν Ἰερουσαλὴμ οἰκοδομηθείσῃ καὶ κοσμηθείσῃ καὶ

πλατυνθείση, ὡς οἱ προφῆται Ἰεζεκιὴλ καὶ Ἡσαίας καὶ οἱ ἄλλοι ὁμολογοῦσιν.

LXXXI

1 Οὕτως γὰρ Ἡσαίας περὶ τῆς χιλιονταετηρίδος ταύτης εἶπεν· Ἔσται γὰρ ὁ οὐρανὸς καινὸς καὶ ἡ γῆ καινή, καὶ οὐ μὴ μνησθῶσι τῶν προτέρων οὐδὲ μὴ ἐπέλθῃ αὐτῶν ἐπὶ τὴν καρδίαν, ἀλλ' εὐφροσύνην καὶ ἀγαλλίαμα εὑρήσουσιν ἐν αὐτῇ, ὅσα ἐγὼ κτίζω· ὅτι ἰδοὺ ἐγὼ ποιῶ τὴν Ἰερουσαλὴμ ἀγαλλίαμα καὶ τὸν λαόν μου εὐφροσύνην, καὶ ἀγαλλιάσομαι ἐπὶ Ἰερουσαλὴμ καὶ εὐφρανθήσομαι ἐπὶ τῷ λαῷ μου. καὶ οὐκέτι οὐ μὴ ἀκουσθῇ ἐν αὐτῇ φωνὴ κλαυθμοῦ οὐδὲ φωνὴ κραυγῆς, καὶ οὐ μὴ γένηται ἔτι ἐκεῖ ἄωρος ἡμέραις καὶ πρεσβύτης ὃς οὐκ ἐμπλήσει τὸν χρόνον αὐτοῦ· ἔσται γὰρ ὁ νέος υἱὸς ἑκατὸν ἐτῶν, ὁ δὲ ἀποθνήσκων ἁμαρτωλὸς υἱὸς ἑκατὸν ἐτῶν καὶ ἐπικατάρατος ἔσται. 2 καὶ οἰκοδομήσουσιν οἰκίας καὶ αὐτοὶ ἐνοικήσουσι, καὶ καταφυτεύσουσιν ἀμπελῶνας καὶ αὐτοὶ φάγονται τὰ γενήματα αὐτῶν. οὐ μὴ οἰκοδομήσωσι καὶ ἄλλοι κατοικήσουσι, καὶ οὐ μὴ φυτεύσωσι καὶ ἄλλοι φάγονται· κατὰ γὰρ τὰς ἡμέρας τοῦ ξύλου τῆς ζωῆς αἱ ἡμέραι τοῦ λαοῦ μου ἔσονται, τὰ ἔργα τῶν πόνων αὐτῶν πλεονάσουσιν. οἱ ἐκλεκτοί μου οὐ μὴ πονέσουσιν εἰς κενὸν οὐδὲ τεκνοποιήσουσιν εἰς κατάραν· ὅτι σπέρμα δίκαιον καὶ εὐλογημένον ὑπὸ κυρίου ἔσονται, καὶ ἔγγονα αὐτῶν μετ' αὐτῶν. καὶ ἔσται πρὶν ἢ κεκράξαι αὐτοὺς ἐγὼ ἐπακούσομαι αὐτῶν· ἔτι λαλούντων αὐτῶν ἐρῶ· Τί ἐστι; τότε λύκοι καὶ ἄρνες ἅμα βοσκηθήσονται, καὶ λέων ὡς βοῦς φάγεται ἄχυρα, ὄφις δὲ γῆν ὡς ἄρτον. οὐκ ἀδικήσουσιν οὐδὲ λυμανοῦνται ἐπὶ τῷ ὄρει τῷ ἁγίῳ, λέγει κύριος.[258] 3 τὸ οὖν εἰρημένον ἐν τοῖς λόγοις τούτοις, ἔφην· Κατὰ γὰρ τὰς ἡμέρας τοῦ ξύλου αἱ ἡμέραι τοῦ λαοῦ μου ἔσονται, τὰ ἔργα τῶν πόνων αὐτῶν <παλαιώσουσι>, νενοήκαμεν ὅτι χίλια ἔτη ἐν μυστηρίῳ μηνύει. ὡς γὰρ τῷ Ἀδὰμ εἴρητο, ὅτι ᾗ δ' ἂν ἡμέρᾳ φάγῃ ἀπὸ τοῦ ξύλου, ἐν ἐκείνῃ ἀποθανεῖται, ἔγνωμεν αὐτὸν μὴ ἀναπληρώσαντα χίλια ἔτη. συνήκαμεν καὶ τὸ εἰρημένον, ὅτι Ἡμέρα κυρίου ὡς χίλια ἔτη,[259] εἰς τοῦτο συνάγειν. 4 καὶ ἔπειτα καὶ παρ' ἡμῖν ἀνήρ τις, ᾧ ὄνομα Ἰωάννης, εἷς τῶν ἀποστόλων τοῦ Χριστοῦ, ἐν ἀποκαλύψει γενομένῃ αὐτῷ χίλια ἔτη ποιήσειν ἐν Ἰερουσαλὴμ τοὺς τῷ ἡμετέρῳ Χριστῷ πιστεύσαντας προεφήτευσε, καὶ μετὰ ταῦτα τὴν καθολικὴν καί, συνελόντι φάναι, αἰωνίαν ὁμοθυμαδὸν

---

258 Isa 65:17-25
259 Ps 89:4; 2 Pe 3:8

ἅμα πάντων ἀνάστασιν γενήσεσθαι καὶ κρίσιν. ὅπερ καὶ ὁ κύριος ἡμῶν εἶπεν, ὅτι Οὔτε γαμήσουσιν οὔτε γαμηθήσονται, ἀλλὰ ἰσάγγελοι ἔσονται, τέκνα τοῦ θεοῦ τῆς ἀναστάσεως ὄντες.²⁶⁰

LXXXII

1 Παρὰ γὰρ ἡμῖν καὶ μέχρι νῦν προφητικὰ χαρίσματά ἐστιν, ἐξ οὗ καὶ αὐτοὶ συνιέναι ὀφείλετε, ὅτι τὰ πάλαι ἐν τῷ γένει ὑμῶν ὄντα εἰς ἡμᾶς μετετέθη. ὅνπερ δὲ τρόπον καὶ ψευδοπροφῆται ἐπὶ τῶν παρ' ὑμῖν γενομένων ἁγίων προφητῶν ἦσαν, καὶ παρ' ἡμῖν νῦν πολλοί εἰσι καὶ ψευδοδιδάσκαλοι, οὓς φυλάσσεσθαι προεῖπεν ἡμῖν ὁ ἡμέτερος κύριος, ὡς ἐν μηδενὶ ὑστερεῖσθαι ἡμᾶς, ἐπισταμένους ὅτι προγνώστης ἦν τῶν μετὰ τὴν ἀνάστασιν αὐτοῦ τὴν ἀπὸ τῶν νεκρῶν καὶ ἄνοδον τὴν εἰς οὐρανὸν μελλόντων γίνεσθαι ἡμῖν. 2 εἶπε γὰρ ὅτι φονεύεσθαι καὶ μισεῖσθαι διὰ τὸ ὄνομα αὐτοῦ μέλλομεν, καὶ ὅτι ψευδοπροφῆται καὶ ψευδόχριστοι πολλοὶ ἐπὶ τῷ ὀνόματι αὐτοῦ παρελεύσονται καὶ πολλοὺς πλανήσουσιν· ὅπερ καὶ ἔστι. 3 πολλοὶ γὰρ ἄθεα καὶ βλάσφημα καὶ ἄδικα ἐν ὀνόματι αὐτοῦ παραχαράσσοντες ἐδίδαξαν, καὶ τὰ ἀπὸ τοῦ ἀκαθάρτου πνεύματος διαβόλου ἐμβαλλόμενα ταῖς διανοίαις αὐτῶν ἐδίδαξαν καὶ διδάσκουσι μέχρι νῦν· οὓς ὁμοίως ὑμῖν μεταπείθειν μὴ πλανᾶσθαι ἀγωνιζόμεθα, εἰδότες ὅτι πᾶς ὁ δυνάμενος λέγειν τὸ ἀληθὲς καὶ μὴ λέγων κριθήσεται ὑπὸ τοῦ θεοῦ, ὡς διὰ τοῦ Ἰεζεκιὴλ διεμαρτύρατο ὁ θεός, εἰπὼν ὅτι Σκοπὸν τέθεικά σε τῷ οἴκῳ Ἰούδα. ἐὰν ἁμάρτῃ ὁ ἁμαρτωλὸς καὶ μὴ διαμαρτύρῃ αὐτῷ, αὐτὸς μὲν τῇ ἁμαρτίᾳ αὐτοῦ ἀπολεῖται, παρὰ σοῦ δὲ τὸ αἷμα αὐτοῦ ἐκζητήσω· ἐὰν δὲ διαμαρτύρῃ αὐτῷ, ἀθῷος ἔσῃ.²⁶¹ 4 διὰ δέος οὖν καὶ ἡμεῖς σπουδάζομεν ὁμιλεῖν κατὰ τὰς γραφάς, ἀλλ' οὐ διὰ φιλοχρηματίαν ἢ φιλοδοξίαν ἢ φιληδονίαν· ἐν οὐδενὶ γὰρ τούτων ἐλέγξαι ἡμᾶς ὄντας δύναταί τις. οὐδὲ γὰρ ὁμοίως τοῖς ἄρχουσι τοῦ λαοῦ τοῦ ὑμετέρου θέλομεν ζῆν, οὓς ὀνειδίζει ὁ θεὸς λέγων· Οἱ ἄρχοντες ὑμῶν κοινωνοὶ κλεπτῶν, φιλοῦντες δῶρα, διώκοντες ἀνταπόδομα.²⁶² εἰ δέ τινας καὶ ἐν ἡμῖν τοιούτους γνωρίζετε, ἀλλ' οὖν γε τὰς γραφὰς καὶ τὸν Χριστὸν διὰ τοὺς τοιούτους μὴ βλασφημῆτε καὶ παρεξηγεῖσθαι σπουδάζητε.

---

260 Parts of Lk 20:35 and 36 somewhat paraphrased.
261 Ez 3:17-19
262 Isa 1:23

LXXXIII

1 Καὶ γὰρ τὸ Λέγει κύριος τῷ κυρίῳ μου· Κάθου ἐκ δεξιῶν μου, ἕως ἂν θῶ τοὺς ἐχθρούς σου ὑποπόδιον τῶν ποδῶν σου, εἰς Ἐζεκίαν εἰρῆσθαι ἐτόλμησαν ὑμῶν οἱ διδάσκαλοι ἐξηγήσασθαι, ὡς κελευσθέντος αὐτοῦ ἐν δεξιᾷ τοῦ ναοῦ καθεσθῆναι, ὅτε προσέπεμψεν αὐτῷ ὁ βασιλεὺς Ἀσσυρίων ἀπειλῶν, καὶ ἐσημάνθη αὐτῷ διὰ τοῦ Ἡσαίου μὴ φοβεῖσθαι αὐτόν. καὶ ὅτι μὲν γέγονε τὰ λεχθέντα ὑπὸ Ἡσαίου οὕτως, καὶ ἀπεστράφη ὁ βασιλεὺς Ἀσσυρίων τοῦ μὴ πολεμῆσαι τὴν Ἰερουσαλὴμ ἐν ἡμέραις τοῦ Ἐζεκίου, καὶ ἄγγελος κυρίου ἀνεῖλεν ἐκ τῆς παρεμβολῆς τῶν Ἀσσυρίων εἰς ἑκατὸν ὀγδοήκοντα πέντε χιλιάδας, καὶ ἐπιστάμεθα καὶ ὁμολογοῦμεν. 2 ὅτι δὲ εἰς αὐτὸν οὐκ εἴρηται ὁ ψαλμός, δῆλον. ἔχει γὰρ οὕτως· Λέγει κύριος τῷ κυρίῳ μου· Κάθου ἐκ δεξιῶν μου, ἕως ἂν θῶ τοὺς ἐχθρούς σου ὑποπόδιον τῶν ποδῶν σου. ῥάβδον δυνάμεως ἐξαποστελεῖ ἐπὶ Ἰερουσαλήμ, καὶ κατακυριεύσει ἐν μέσῳ τῶν ἐχθρῶν σου. ἐν λαμπρότητι τῶν ἁγίων, πρὸ ἑωσφόρου ἐγέννησά σε. ὤμοσε κύριος καὶ οὐ μεταμεληθήσεται· Σὺ ἱερεὺς εἰς τὸν αἰῶνα κατὰ τὴν τάξιν Μελχισεδέκ.²⁶³ 3 ὅτι οὖν Ἐζεκίας οὐκ ἔστιν ἱερεὺς εἰς τὸν αἰῶνα κατὰ τὴν τάξιν Μελχισεδέκ, τίς οὐχ ὁμολογεῖ; καὶ ὅτι οὐκ ἔστιν ὁ λυτρούμενος τὴν Ἰερουσαλήμ, τίς οὐκ ἐπίσταται; καὶ ὅτι ῥάβδον δυνάμεως αὐτὸς οὐκ ἀπέστειλεν εἰς Ἰερουσαλὴμ καὶ κατεκυρίευσεν ἐν μέσῳ τῶν ἐχθρῶν αὐτοῦ, ἀλλ' ὁ θεὸς ἦν ὁ ἀποστρέψας ἀπ' αὐτοῦ κλαίοντος καὶ ὀδυρομένου τοὺς πολεμίους, τίς οὐ γινώσκει; 4 ὁ δὲ ἡμέτερος Ἰησοῦς, οὐδέπω ἐνδόξως ἐλθών, ῥάβδον δυνάμεως εἰς Ἰερουσαλὴμ ἐξαπέστειλε, τὸν λόγον τῆς κλήσεως καὶ τῆς μετανοίας πρὸς τὰ ἔθνη ἅπαντα, ὅπου τὰ δαιμόνια ἀπεκυρίευεν αὐτῶν, ὥς φησι Δαυείδ· Οἱ θεοὶ τῶν ἐθνῶν δαιμόνια. καὶ ἰσχυρὸς ὁ λόγος αὐτοῦ πέπεικε πολλοὺς καταλιπεῖν δαιμόνια, οἷς ἐδούλευον, καὶ ἐπὶ τὸν παντοκράτορα θεὸν δι' αὐτοῦ πιστεύειν, ὅτι δαιμόνιά εἰσιν οἱ θεοὶ τῶν ἐθνῶν. καὶ τὸ Ἐν τῇ λαμπρότητι τῶν ἁγίων, ἐκ γαστρὸς πρὸ ἑωσφόρου ἐγέννησά σε, τῷ Χριστῷ εἴρηται, ὡς προέφημεν.

LXXXIV

1 Καὶ τὸ Ἰδοὺ ἡ παρθένος ἐν γαστρὶ λήψεται καὶ τέξεται υἱὸν εἰς τοῦτον προείρητο. εἰ γὰρ μὴ ἐκ παρθένου

---

263 This quote from Ps 109 is very different from the quote of the same passage in Chapter 32.

Πρὸς Τρύφωνα Ἰουδαῖον Διάλογος

οὗτος, περὶ οὗ Ἡσαίας ἔλεγεν, ἔμελλε γεννᾶσθαι, εἰς ὃν τὸ ἅγιον πνεῦμα ἐβόα· Ἰδοὺ κύριος αὐτὸς ἡμῖν δώσει σημεῖον· ἰδοὺ ἡ παρθένος ἐν γαστρὶ λήψεται καὶ τέξεται υἱόν; εἰ γὰρ ὁμοίως τοῖς ἄλλοις ἅπασι πρωτοτόκοις καὶ οὗτος γεννᾶσθαι ἐκ συνουσίας ἔμελλε, τί καὶ ὁ θεὸς σημεῖον, ὃ μὴ πᾶσι τοῖς πρωτοτόκοις κοινόν ἐστιν, ἔλεγε ποιεῖν; 2 ἀλλ' ὅπερ ἐστὶν ἀληθῶς σημεῖον καὶ πιστὸν τῷ γένει τῶν ἀνθρώπων ἔμελλε γίνεσθαι, τοῦτ' ἔστι διὰ παρθενικῆς μήτρας τὸν πρωτότοκον τῶν πάντων ποιημάτων σαρκοποιηθέντα ἀληθῶς παιδίον γενέσθαι, προλαβὼν αὐτὸ διὰ τοῦ προφητικοῦ πνεύματος κατὰ ἄλλον καὶ ἄλλον τρόπον, ἀνιστόρησα ὑμῖν, προεκήρυξεν, ἵνα ὅταν γένηται δυνάμει καὶ βουλῇ τοῦ τῶν ὅλων ποιητοῦ γενόμενον γνωσθῇ· ὡς καὶ ἀπὸ πλευρᾶς μιᾶς τοῦ Ἀδὰμ ἡ Εὔα γέγονε, καὶ ὥσπερ τἆλλα πάντα ζῶα λόγῳ θεοῦ τὴν ἀρχὴν ἐγεννήθη. 3 ὑμεῖς δὲ καὶ ἐν τούτοις παραγράφειν τὰς ἐξηγήσεις, ἃς ἐξηγήσαντο οἱ πρεσβύτεροι ὑμῶν παρὰ Πτολεμαίῳ τῷ τῶν Αἰγυπτίων βασιλεῖ γενομένῳ, τολμᾶτε, λέγοντες μὴ ἔχειν τὴν γραφὴν ὡς ἐκεῖνοι ἐξηγήσαντο, ἀλλ' Ἰδού, φησίν, ἡ νεᾶνις ἐν γαστρὶ ἕξει, ὡς μεγάλων πραγμάτων σημαινομένων, εἰ γυνὴ ἀπὸ συνουσίας τίκτειν ἔμελλεν, ὅπερ πᾶσαι αἱ νεάνιδες γυναῖκες ποιοῦσι πλὴν τῶν στειρῶν, ἃς καὶ αὐτὰς βουληθεὶς ὁ θεὸς γεννᾶν ποιῆσαι δυνατός. 4 ἡ μήτηρ γὰρ τοῦ Σαμουὴλ μὴ τίκτουσα διὰ βουλὴν θεοῦ τέτοκε, καὶ ἡ γυνὴ τοῦ ἁγίου πατριάρχου Ἀβραάμ, καὶ Ἐλισάβετ ἡ τὸν βαπτιστὴν Ἰωάννην τεκοῦσα, καὶ ἄλλαι τινὲς ὁμοίως. ὥστε οὐκ ἀδύνατον ὑπολαμβάνειν δεῖ ὑμᾶς πάντα δύνασθαι τὸν θεὸν ὅσα βούλεται. καὶ μάλιστα, ἐπειδὴ ἐπεπροφήτευτο μέλλειν γίνεσθαι, μὴ παραγράφειν ἢ παρεξηγεῖσθαι τολμᾶτε τὰς προφητείας, ἐπεὶ ἑαυτοὺς μόνους ἀδικήσετε, τὸν δὲ θεὸν οὐ βλάψετε.

LXXXV

1 Καὶ γὰρ τὴν προφητείαν τὴν λέγουσαν· Ἄρατε πύλας, οἱ ἄρχοντες ὑμῶν, καὶ ἐπάρθητε, πύλαι αἰώνιοι, ἵνα εἰσέλθῃ ὁ βασιλεὺς τῆς δόξης,[264] ὁμοίως εἰς τὸν Ἐζεκίαν τολμῶσί τινες ἐξ ὑμῶν ἐξηγεῖσθαι εἰρῆσθαι, ἄλλοι δὲ εἰς Σολομῶνα. οὐ δὲ εἰς τοῦτον οὐδὲ εἰς ἐκεῖνον οὔτε εἰς ἄλλον ἁπλῶς λεγόμενον ὑμῶν βασιλέα δυνατὸν ἀποδειχθῆναι εἰρῆσθαι, εἰς δὲ μόνον τοῦτον τὸν ἡμέτερον Χριστόν, τὸν ἀειδῆ καὶ ἄτιμον φανέντα, ὡς Ἡσαίας ἔφη καὶ Δαυεὶδ καὶ πᾶσαι αἱ γραφαί, ὅς ἐστι κύριος τῶν δυνάμεων διὰ τὸ θέλημα τοῦ

---

264 Ps 23:7

δόντος αὐτῷ πατρός, ὃς καὶ ἀνέστη ἐκ νεκρῶν καὶ ἀνῆλθεν εἰς τὸν οὐρανόν, ὡς καὶ ὁ ψαλμὸς καὶ αἱ ἄλλαι γραφαὶ ἐδήλουν, καὶ κύριον αὐτὸν τῶν δυνάμεων κατήγγελλον, ὡς καὶ νῦν ἐκ τῶν ὑπ' ὄψιν γινομένων ῥᾷον ὑμᾶς πεισθῆναι, ἐὰν θέλητε. 2 κατὰ γὰρ τοῦ ὀνόματος αὐτοῦ τούτου τοῦ υἱοῦ τοῦ θεοῦ καὶ πρωτοτόκου πάσης κτίσεως, καὶ διὰ παρθένου γεννηθέντος καὶ παθητοῦ γενομένου ἀνθρώπου, καὶ σταυρωθέντος ἐπὶ Ποντίου Πιλάτου ὑπὸ τοῦ λαοῦ ὑμῶν καὶ ἀποθανόντος, καὶ ἀναστάντος ἐκ νεκρῶν καὶ ἀναβάντος εἰς τὸν οὐρανόν, πᾶν δαιμόνιον ἐξορκιζόμενον νικᾶται καὶ ὑποτάσσεται. 3 ἐὰν δὲ κατὰ παντὸς ὀνόματος τῶν παρ' ὑμῖν γεγενημένων ἢ βασιλέων ἢ δικαίων ἢ προφητῶν ἢ πατριαρχῶν ἐξορκίζητε ὑμεῖς, οὐχ ὑποταγήσεται οὐδὲν τῶν δαιμονίων· ἀλλ' εἰ ἄρα ἐξορκίζοι τις ὑμῶν κατὰ τοῦ θεοῦ Ἀβραὰμ καὶ θεοῦ Ἰσαὰκ καὶ θεοῦ Ἰακώβ, ἴσως ὑποταγήσεται. ἤδη μέντοι οἱ ἐξ ὑμῶν ἐπορκισταὶ τῇ τέχνῃ, ὥσπερ καὶ τὰ ἔθνη, χρώμενοι ἐξορκίζουσι καὶ θυμιάμασι καὶ καταδέσμοις χρῶνται, εἶπον. 4 ὅτι δὲ καὶ ἄγγελοι καὶ δυνάμεις εἰσίν, οἷς ὁ λόγος ὁ τῆς προφητείας τῆς διὰ Δαυεὶδ ἐπᾶραι τὰς πύλας, ἵνα εἰσέλθῃ οὗτος ὁ ἐκ νεκρῶν ἀναστὰς κύριος τῶν δυνάμεων κατὰ τὸ θέλημα τοῦ πατρός, Ἰησοῦς Χριστός, ὁ λόγος τοῦ Δαυεὶδ ὁμοίως ἀπέδειξεν, οὗ καὶ πάλιν ἐπιμνησθήσομαι διὰ τούτους τοὺς μὴ καὶ χθὲς συνόντας ἡμῖν, δι' οὓς καὶ πολλὰ τῶν χθὲς εἰρημένων ἐπὶ κεφαλαίων λέγω. 5 καὶ νῦν πρὸς ὑμᾶς ἐὰν τοῦτο λέγω, εἰ καὶ ἐταυτολόγησα πολλάκις, οὐκ ἄτοπον εἰπεῖν ἐπίσταμαι· γελοῖον μὲν γὰρ πρᾶγμά ἐστιν, ὁρᾶν τὸν ἥλιον καὶ τὴν σελήνην καὶ τὰ ἄλλα ἄστρα τὴν αὐτὴν ὁδὸν ἀεὶ καὶ τὰς τροπὰς τῶν ὡρῶν ποιεῖσθαι, καὶ τὸν ψηφιστικὸν ἄνδρα, εἰ ἐξετάζοιτο τὰ δὶς δύο πόσα ἐστί, διὰ τὸ πολλάκις εἰρηκέναι ὅτι τέσσαρα, οὐ παύσεσθαι τοῦ πάλιν λέγειν ὅτι τέσσαρα, καὶ τὰ ἄλλα ὁμοίως ὅσα παγίως ὁμολογεῖται ἀεὶ ὡσαύτως λέγεσθαι καὶ ὁμολογεῖσθαι, τὸν δὲ ἀπὸ τῶν γραφῶν τῶν προφητικῶν ὁμιλίας ποιούμενον ἐᾶν καὶ μὴ τὰς αὐτὰς ἀεὶ λέγειν γραφάς, ἀλλ' ἡγεῖσθαι ἑαυτὸν βέλτιον τῆς γραφῆς γεννήσαντα εἰπεῖν. 6 ἔστιν οὖν ὁ λόγος, δι' οὗ ἐσήμανα τὸν θεὸν δηλοῦν ὅτι καὶ ἄγγελοί εἰσιν ἐν οὐρανῷ καὶ δυνάμεις, οὗτος· Αἰνεῖτε τὸν κύριον ἐκ τῶν οὐρανῶν, αἰνεῖτε αὐτὸν ἐν τοῖς ὑψίστοις· αἰνεῖτε αὐτὸν πάντες οἱ ἄγγελοι αὐτοῦ, αἰνεῖτε αὐτὸν πᾶσαι αἱ δυνάμεις αὐτοῦ.[265]

---

265 Ps 148:1, 2

Πρὸς Τρύφωνα Ἰουδαῖον Διάλογος

Καὶ Μνασέας δέ τις ὀνόματι τῶν συνελθόντων αὐτοῖς τῇ δευτέρᾳ ἡμέρᾳ εἶπε· Καὶ ἡμεῖς χαίρομεν πάλιν πειρωμένου σου τὰ αὐτὰ λέγειν δι' ἡμᾶς.

7 Κἀγὼ εἶπον· Ἀκούσατε, φίλοι, τίνι γραφῇ πειθόμενος ταῦτα πράττω. Ἰησοῦς ἐκέλευσεν ἀγαπᾶν καὶ τοὺς ἐχθρούς, ὅπερ καὶ διὰ Ἡσαΐου ἐκεκήρυκτο διὰ πλειόνων, ἐν οἷς καὶ τὸ μυστήριον πάλιν τῆς γενέσεως ἡμῶν, καὶ ἁπλῶς πάντων τῶν τὸν Χριστὸν ἐν Ἰερουσαλὴμ φανήσεσθαι προσδοκώντων καὶ δι' ἔργων εὐαρεστεῖν αὐτῷ σπουδαζόντων.

8 Εἰσὶ δὲ οἱ διὰ Ἡσαΐου λόγοι οὗτοι· Ἀκούσατε τὸ ῥῆμα κυρίου, οἱ τρέμοντες τὸ ῥῆμα αὐτοῦ. εἴπατε· ἀδελφοὶ ἡμῶν, τοῖς μισοῦσιν ὑμᾶς καὶ βδελυσσομένοις τὸ ὄνομα κυρίου δοξασθῆναι. ὤφθη ἐν τῇ εὐφροσύνῃ αὐτῶν, κἀκεῖνοι αἰσχυνθήσονται. φωνὴ κραυγῆς ἐκ πόλεως, φωνὴ λαοῦ, φωνὴ κυρίου ἀποδιδόντος ἀνταπόδοσιν τοῖς ὑπερηφάνοις. πρὶν ἢ τὴν ὠδίνουσαν τεκεῖν, καὶ πρὶν ἐλθεῖν τὸν πόνον τῶν ὠδίνων, ἐξέτεκεν ἄρσεν. **9** τίς ἤκουσε τοιοῦτον, καὶ τίς ἑώρακεν οὕτως, εἰ ὤδινεν ἡ γῆ ἐν μιᾷ ἡμέρᾳ, εἰ δὲ καὶ τέκοι ἔθνος εἰς ἅπαξ, ὅτι ὤδινε καὶ ἔτεκε Σιὼν τὰ παιδία αὐτῆς; ἐγὼ ἔδωκα τὴν προσδοκίαν ταύτην καὶ οὐ γεννώσῃ, εἶπε κύριος. ἰδοὺ ἐγὼ γεννῶσαν καὶ στεῖραν ἐποίησα, λέγει κύριος. Εὐφράνθητι Ἰερουσαλήμ, καὶ πανηγυρίσατε πάντες οἱ ἀγαπῶντες αὐτήν· χαίρετε πάντες ὅσοι πενθεῖτε ἐπ' αὐτήν, ἵνα θηλάσητε καὶ ἐμπλησθῆτε ἀπὸ μασθοῦ παρακλήσεως αὐτῆς, ἵνα ἐκθηλάσαντες τρυφήσητε ἀπὸ εἰσόδου δόξης αὐτοῦ.[266]

LXXXVI

1 Καὶ ταῦτα εἰπὼν προσέθηκα· Ὅτι δέ, μετὰ τὸ σταυρωθῆναι τοῦτον ὃν ἔνδοξον πάλιν παραγενήσεσθαι ἀποδεικνύουσιν αἱ γραφαί, σύμβολον εἶχε τοῦ ξύλου τῆς ζωῆς, ὃ ἐν τῷ παραδείσῳ πεφυτεῦσθαι ἐλέλεκτο, καὶ τῶν γενησομένων πᾶσι τοῖς δικαίοις, ἀκούσατε. Μωυσῆς μετὰ ῥάβδου ἐπὶ τὴν τοῦ λαοῦ ἀπολύτρωσιν ἐπέμφθη, καὶ ταύτην ἔχων μετὰ χεῖρας ἐν ἀρχῇ τοῦ λαοῦ διέτεμε τὴν θάλασσαν, διὰ ταύτης ἀπὸ τῆς πέτρας ὕδωρ ἀναβλύσαν ἑώρα· καὶ ξύλον βαλὼν εἰς τὸ ἐν Μερρᾷ ὕδωρ, πικρὸν ὄν, γλυκὺ ἐποίησε. **2** ῥάβδους βαλὼν Ἰακὼβ εἰς τὰς ληνοὺς τῶν ὑδάτων ἐγκισσῆσαι τὰ πρόβατα τοῦ μητραδέλφου, ἵνα τὰ γεννώμενα ἐξ αὐτῶν κτήσηται, ἐπέτυχεν· ἐν ῥάβδῳ

---
266 Isa 66:5-11

αὐτοῦ διεληλυθέναι τὸν ποταμὸν ὁ αὐτὸς Ἰακὼβ καυχᾶται. κλίμακα ἔφη ἑωρᾶσθαι αὐτῷ, καὶ τὸν θεὸν ἐπ' αὐτῆς ἐστηρίχθαι ἡ γραφὴ δεδήλωκε· καὶ ὅτι οὐχ ὁ πατὴρ ἦν, ἀπὸ τῶν γραφῶν ἀπεδείξαμεν. καὶ ἐπὶ λίθου καταχέας ἔλαιον ἐν τῷ αὐτῷ τόπῳ Ἰακὼβ στήλην τῷ ὀφθέντι αὐτῷ θεῷ ἀληλιφέναι ὑπ' αὐτοῦ τοῦ ὀφθέντος αὐτῷ θεοῦ μαρτυρεῖται. 3 καὶ ὅτι λίθος Χριστὸς διὰ πολλῶν γραφῶν συμβολικῶς ἐκηρύσσετο, ὁμοίως ἀπεδείξαμεν· καὶ ὅτι τὸ χρίσμα πᾶν, εἴτε ἐλαίου εἴτε στακτῆς εἴτε τῶν ἄλλων τῶν τῆς συνθέσεως τοῦ μύρου χρισμάτων, τούτου ἦν, ὁμοίως ἀπεδείξαμεν, τοῦ λόγου λέγοντος· *Διὰ τοῦτο ἔχρισέ σε ὁ θεός, ὁ θεός σου, ἔλαιον ἀγαλλιάσεως παρὰ τοὺς μετόχους σου.*[267] καὶ γὰρ οἱ βασιλεῖς πάντες καὶ οἱ χριστοὶ ἀπὸ τούτου μετέσχον καὶ βασιλεῖς καλεῖσθαι καὶ χριστοί· ὃν τρόπον καὶ αὐτὸς ἀπὸ τοῦ πατρὸς ἔλαβε τὸ βασιλεὺς καὶ Χριστὸς καὶ ἱερεὺς καὶ ἄγγελος, καὶ ὅσα ἄλλα τοιαῦτα ἔχει ἢ ἔσχε. 4 ῥάβδος ἡ Ἀαρὼν βλαστὸν κομίσασα ἀρχιερέα αὐτὸν ἀπέδειξε. ῥάβδον ἐκ ῥίζης Ἰεσσαὶ γενήσεσθαι τὸν Χριστὸν Ἡσαίας προεφήτευσε. καὶ Δαυεὶδ *ὡς τὸ ξύλον τὸ πεφυτευμένον παρὰ τὰς διεξόδους τῶν ὑδάτων, ὃ τὸν καρπὸν αὐτοῦ δώσει ἐν καιρῷ αὐτοῦ,*[268] *καὶ τὸ φύλλον αὐτοῦ οὐκ ἀπορρυήσεσθαι,* φησὶν εἶναι τὸν δίκαιον. καὶ ὡς φοῖνιξ ἀνθήσειν ὁ δίκαιος εἴρηται. 5 ἀπὸ ξύλου τῷ Ἀβραὰμ ὤφθη ὁ θεός, ὡς γέγραπται, πρὸς τῇ δρυΐ τῇ Μαμβρῇ. ἑβδομήκοντα ἰτέας καὶ δώδεκα πηγὰς εὗρεν ὁ λαὸς διαβὰς τὸν Ἰορδάνην. ἐν ῥάβδῳ καὶ βακτηρίᾳ παρακεκλῆσθαι ὑπὸ τοῦ θεοῦ Δαυεὶδ λέγει. 6 ξύλον Ἐλισσαῖος βαλὼν εἰς τὸν Ἰορδάνην ποταμὸν ἀνήνεγκε τὸν σίδηρον τῆς ἀξίνης, ἐν ᾗ πεπορευμένοι ἦσαν οἱ υἱοὶ τῶν προφητῶν κόψαι ξύλα εἰς οἰκοδομὴν τοῦ οἴκου, ἐν ᾧ τὸν νόμον καὶ τὰ προστάγματα τοῦ θεοῦ λέγειν καὶ μελετᾶν ἐβούλοντο· ὡς καὶ ἡμᾶς βεβαπτισμένους ταῖς βαρυτάταις ἁμαρτίαις, ἃς ἐπράξαμεν, διὰ τοῦ σταυρωθῆναι ἐπὶ τοῦ ξύλου καὶ δι' ὕδατος ἁγνίσαι ὁ Χριστὸς ἡμῶν ἐλυτρώσατο καὶ οἶκον εὐχῆς καὶ προσκυνήσεως ἐποίησε. καὶ ῥάβδος ἦν ἡ δείξασα Ἰούδαν πατέρα τῶν ἀπὸ Θάμαρ διὰ μέγα μυστήριον γεννηθέντων.

LXXXVII

1 Καὶ ὁ Τρύφων, εἰπόντος μου ταῦτα, ἔφη· Μή με λοιπὸν ὑπολάμβανε, ἀνατρέπειν πειρώμενον τὰ ὑπὸ σοῦ λεγόμενα, πυνθάνεσθαι ὅσα ἂν πυνθάνωμαι, ἀλλὰ

---

267 Ps 44:7
268 Ps 1:3

Πρὸς Τρύφωνα Ἰουδαῖον Διάλογος

βούλεσθαι μανθάνειν περὶ τούτων αὐτῶν ὧν ἂν ἐρωτῶ. 2 εἰπὲ οὖν μοι, διὰ τοῦ Ἡσαίου εἰπόντος τοῦ λόγου· Ἐξελεύσεται ῥάβδος ἐκ τῆς ῥίζης Ἰεσσαί, καὶ ἄνθος ἀναβήσεται ἐκ τῆς ῥίζης Ἰεσσαί, καὶ ἀναπαύσεται ἐπ' αὐτὸν πνεῦμα θεοῦ, πνεῦμα σοφίας καὶ συνέσεως, πνεῦμα βουλῆς καὶ ἰσχύος, πνεῦμα γνώσεως καὶ εὐσεβείας, καὶ ἐμπλήσει αὐτὸν πνεῦμα φόβου θεοῦ,[269] καὶ ὁμολογήσας ταῦτα πρός με, ἔλεγεν, εἰς Χριστὸν εἰρῆσθαι, καὶ θεὸν αὐτὸν προϋπάρχοντα λέγεις, καὶ κατὰ τὴν βουλὴν τοῦ θεοῦ σαρκοποιηθέντα αὐτὸν λέγεις διὰ τῆς παρθένου γεγεννῆσθαι ἄνθρωπον, πῶς δύναται ἀποδειχθῆναι προϋπάρχων, ὅστις διὰ τῶν δυνάμεων τοῦ πνεύματος τοῦ ἁγίου, ἃς καταριθμεῖ ὁ λόγος διὰ Ἡσαίου, πληροῦται ὡς ἐνδεὴς τούτων ὑπάρχων;

3 Κἀγὼ ἀπεκρινάμην· Νουνεχέστατα μὲν καὶ συνετώτατα ἠρώτησας· ἀληθῶς γὰρ ἀπόρημα δοκεῖ εἶναι· ἀλλ' ἵνα εἰδῇς καὶ τὸν περὶ τούτων λόγον, ἄκουε ὧν λέγω. ταύτας τὰς κατηριθμημένας τοῦ πνεύματος δυνάμεις οὐχ ὡς ἐνδεοῦς αὐτοῦ τούτων ὄντος φησὶν ὁ λόγος ἐπεληλυθέναι ἐπ' αὐτόν, ἀλλ' ὡς ἐπ' ἐκεῖνον ἀνάπαυσιν μελλουσῶν ποιεῖσθαι, τοῦτ' ἔστιν ἐπ' αὐτοῦ πέρας ποιεῖσθαι, τοῦ μηκέτι ἐν τῷ γένει ὑμῶν κατὰ τὸ παλαιὸν ἔθος προφήτας γενήσεσθαι, ὅπερ καὶ ὄψει ὑμῖν ἰδεῖν ἔστι· μετ' ἐκεῖνον γὰρ οὐδεὶς ὅλως προφήτης παρ' ὑμῖν γεγένηται. 4 καὶ ὅτι οἱ παρ' ὑμῖν προφῆται, ἕκαστος μίαν τινὰ ἢ καὶ δευτέραν δύναμιν παρὰ τοῦ θεοῦ λαμβάνοντες, ταῦτα ἐποίουν καὶ ἐλάλουν ἃ καὶ ἡμεῖς ἀπὸ τῶν γραφῶν ἐμάθομεν, κατανοήσατε καὶ τὰ ὑπ' ἐμοῦ λεγόμενα. σοφίας μὲν γὰρ πνεῦμα Σολομῶν ἔσχε, συνέσεως δὲ καὶ βουλῆς Δανιήλ, ἰσχύος δὲ καὶ εὐσεβείας Μωυσῆς, καὶ Ἠλίας φόβου, καὶ γνώσεως Ἡσαίας· καὶ οἱ ἄλλοι αὖ ὁμοίως ἢ μίαν ἕκαστος ἢ ἐναλλὰξ ἄλλην τινὰ μετ' ἄλλης δυνάμεως ἔσχον, οἷον καὶ Ἰερεμίας καὶ οἱ δώδεκα καὶ Δαυεὶδ καὶ οἱ ἄλλοι ἁπλῶς ὅσοι γεγόνασι παρ' ὑμῖν προφῆται. 5 ἀνεπαύσατο οὖν, τοῦτ' ἔστιν ἐπαύσατο, ἐλθόντος ἐκείνου, μεθ' ὅν, τῆς οἰκονομίας ταύτης τῆς ἐν ἀνθρώποις αὐτοῦ γενομένης χρόνοις, παύσασθαι ἔδει αὐτὰ ἀφ' ὑμῶν, καὶ ἐν τούτῳ ἀνάπαυσιν λαβόντα πάλιν, ὡς ἐπεπροφήτευτο γενήσεσθαι δόματα, ἃ ἀπὸ τῆς χάριτος τῆς δυνάμεως τοῦ πνεύματος ἐκείνου τοῖς ἐπ' αὐτὸν πιστεύουσι δίδωσιν, ὡς ἄξιον ἕκαστον ἐπίσταται. 6 ὅτι ἐπεπροφήτευτο τοῦτο μέλλειν γίνεσθαι ὑπ' αὐτοῦ μετὰ τὴν εἰς οὐρανὸν ἀνέλευσιν αὐτοῦ, εἶπον μὲν ἤδη καὶ πάλιν λέγω. εἶπεν οὖν·

---

[269] Isa 11:1-3

Ἀνέβη εἰς ὕψος, ᾐχμαλώτευσεν αἰχμαλωσίαν, ἔδωκε δόματα τοῖς υἱοῖς τῶν ἀνθρώπων.²⁷⁰ καὶ πάλιν ἐν ἑτέρᾳ προφητείᾳ εἴρηται· Καὶ ἔσται μετὰ ταῦτα, ἐκχεῶ τὸ πνεῦμά μου ἐπὶ πᾶσαν σάρκα καὶ ἐπὶ τοὺς δούλους μου καὶ ἐπὶ τὰς δούλας μου, καὶ προφητεύσουσι.²⁷¹

LXXXVIII

1 Καὶ παρ' ἡμῖν ἔστιν ἰδεῖν καὶ θηλείας καὶ ἄρσενας, χαρίσματα ἀπὸ τοῦ πνεύματος τοῦ θεοῦ ἔχοντας. ὥστε οὐ διὰ τὸ εἶναι αὐτὸν ἐνδεῆ δυνάμεως ἐπεπροφήτευτο ἐλεύσεσθαι ἐπ' αὐτὸν τὰς δυνάμεις τὰς κατηριθμημένας ὑπὸ Ἡσαΐου, ἀλλὰ διὰ τὸ ἐπέκεινα μὴ μέλλειν ἔσεσθαι. μαρτύριον δὲ καὶ τοῦτο ἔστω ὑμῖν, ὃ ἔφην πρὸς ὑμᾶς γεγονέναι ὑπὸ τῶν Ἀρραβίας μάγων, οἵτινες ἅμα τῷ γεννηθῆναι τὸ παιδίον ἐλθόντες προσεκύνησαν αὐτῷ. 2 καὶ γὰρ γεννηθεὶς δύναμιν τὴν αὐτοῦ ἔσχε· καὶ αὐξάνων κατὰ τὸ κοινὸν τῶν ἄλλων ἁπάντων ἀνθρώπων, χρώμενος τοῖς ἁρμόζουσιν, ἑκάστῃ αὐξήσει τὸ οἰκεῖον ἀπένειμε, τρεφόμενος τὰς πάσας τροφάς, καὶ τριάκοντα ἔτη ἢ πλείονα ἢ καὶ ἐλάσσονα μείνας, μέχρις οὗ προελήλυθεν Ἰωάννης κῆρυξ αὐτοῦ τῆς παρουσίας καὶ τὴν τοῦ βαπτίσματος ὁδὸν προϊών, ὡς καὶ προαπέδειξα. 3 καὶ τότε ἐλθόντος τοῦ Ἰησοῦ ἐπὶ τὸν Ἰορδάνην ποταμόν, ἔνθα ὁ Ἰωάννης ἐβάπτιζε, κατελθόντος τοῦ Ἰησοῦ ἐπὶ τὸ ὕδωρ καὶ πῦρ ἀνήφθη ἐν τῷ Ἰορδάνῃ, καὶ ἀναδύντος αὐτοῦ ἀπὸ τοῦ ὕδατος ὡς περιστερὰν τὸ ἅγιον πνεῦμα ἐπιπτῆναι ἐπ' αὐτὸν ἔγραψαν οἱ ἀπόστολοι αὐτοῦ τούτου τοῦ Χριστοῦ ἡμῶν. 4 καὶ οὐχ ὡς ἐνδεᾶ αὐτὸν τοῦ βαπτισθῆναι ἢ τοῦ ἐπελθόντος ἐν εἴδει περιστερᾶς πνεύματος οἴδαμεν αὐτὸν ἐληλυθέναι ἐπὶ τὸν ποταμόν, ὥσπερ οὐδὲ τὸ γεννηθῆναι αὐτὸν καὶ σταυρωθῆναι ὡς ἐνδεὴς τούτων ὑπέμεινεν, ἀλλ' ὑπὲρ τοῦ γένους τοῦ τῶν ἀνθρώπων, ὃ ἀπὸ τοῦ Ἀδὰμ ὑπὸ θάνατον καὶ πλάνην τὴν τοῦ ὄφεως ἐπεπτώκει, παρὰ τὴν ἰδίαν αἰτίαν ἑκάστου αὐτῶν πονηρευσαμένου. 5 βουλόμενος γὰρ τούτους ἐν ἐλευθέρᾳ προαιρέσει καὶ αὐτεξουσίους γενομένους, τούς τε ἀγγέλους καὶ τοὺς ἀνθρώπους, ὁ θεὸς πράττειν ὅσα ἕκαστον ἐνεδυνάμωσε δύνασθαι ποιεῖν, ἐποίησεν, εἰ μὲν τὰ εὐάρεστα αὐτῷ αἱροῖντο, καὶ ἀφθάρτους καὶ ἀτιμωρήτους αὐτοὺς τηρῆσαι, ἐὰν δὲ πονηρεύσωνται, ὡς αὐτῷ δοκεῖ, ἕκαστον κολάζειν. 6 καὶ γὰρ οὐδὲ τὸ

---
270 Ps 67:19
271 Joel 3:1

καθεσθέντα αὐτὸν ὄνῳ εἰσελθεῖν εἰς Ἱεροσόλυμα, ὡς ἀπεδείξαμεν πεπροφητεῦσθαι, δύναμιν αὐτῷ ἐνεποίει εἰς τὸ Χριστὸν εἶναι, ἀλλὰ τοῖς ἀνθρώποις γνώρισμα ἔφερεν ὅτι αὐτός ἐστιν ὁ Χριστός, ὅνπερ τρόπον καὶ ἐπὶ τοῦ Ἰωάννου ἔδει γνώρισμα τοῖς ἀνθρώποις εἶναι, ὅπως ἐπιγνῶσι τίς ἐστιν ὁ Χριστός. 7 Ἰωάννου γὰρ καθεζομένου ἐπὶ τοῦ Ἰορδάνου καὶ κηρύσσοντος βάπτισμα μετανοίας, καὶ ζώνην δερματίνην καὶ ἔνδυμα ἀπὸ τριχῶν καμήλου μόνον φοροῦντος καὶ μηδὲν ἐσθίοντος πλὴν ἀκρίδας καὶ μέλι ἄγριον, οἱ ἄνθρωποι ὑπελάμβανον αὐτὸν εἶναι τὸν Χριστόν· πρὸς οὓς καὶ αὐτὸς ἐβόα· Οὐκ εἰμὶ ὁ Χριστός, ἀλλὰ φωνὴ βοῶντος· ἥξει γὰρ ὁ ἰσχυρότερός μου, οὗ οὐκ εἰμὶ ἱκανὸς τὰ ὑποδήματα βαστάσαι.[272]

8 καὶ ἐλθόντος τοῦ Ἰησοῦ ἐπὶ τὸν Ἰορδάνην, καὶ νομιζομένου Ἰωσὴφ τοῦ τέκτονος υἱοῦ ὑπάρχειν, καὶ ἀειδοῦς, ὡς αἱ γραφαὶ ἐκήρυσσον, φαινομένου, καὶ τέκτονος νομιζομένου (ταῦτα γὰρ τὰ τεκτονικὰ ἔργα εἰργάζετο), ἐν ἀνθρώποις ὤν, ἄροτρα καὶ ζυγά, διὰ τούτων καὶ τὰ τῆς δικαιοσύνης σύμβολα διδάσκων καὶ ἐνεργῆ βίον, τὸ πνεῦμα οὖν τὸ ἅγιον καὶ διὰ τοὺς ἀνθρώπους, ὡς προέφην, ἐν εἴδει περιστερᾶς ἐπέπτη αὐτῷ, καὶ φωνὴ ἐκ τῶν οὐρανῶν ἅμα ἐληλύθει, ἥτις καὶ διὰ Δαυεὶδ λεγομένη, ὡς ἀπὸ προσώπου αὐτοῦ λέγοντος ὅπερ αὐτῷ ἀπὸ τοῦ πατρὸς ἔμελλε λέγεσθαι· Υἱός μου εἶ σύ, ἐγὼ σήμερον γεγέννηκά σε.[273] τότε γένεσιν αὐτοῦ λέγων γίνεσθαι τοῖς ἀνθρώποις, ἐξ ὅτου ἡ γνῶσις αὐτοῦ ἔμελλε γίνεσθαι· υἱός μου εἶ σύ· ἐγὼ σήμερον γεγέννηκά σε.

LXXXIX

1 Καὶ ὁ Τρύφων· Εὖ ἴσθι, ἔφη, ὅτι καὶ πᾶν τὸ γένος ἡμῶν τὸν Χριστὸν ἐκδέχεται, καὶ ὅτι πᾶσαι αἱ γραφαί, ἃς ἔφης, εἰς αὐτὸν εἴρηνται, ὁμολογοῦμεν· καὶ ὅτι τὸ Ἰησοῦς ὄνομα δεδυσώπηκέ με, τῷ τοῦ Ναυῆ υἱῷ ἐπικληθέν, ἐκδότως ἔχειν καὶ πρὸς τοῦτο, καὶ τοῦτό φημι. 2 εἰ δὲ καὶ ἀτίμως οὕτως σταυρωθῆναι τὸν Χριστόν, ἀποροῦμεν· ἐπικατάρατος γὰρ ὁ σταυρούμενος ἐν τῷ νόμῳ λέγεται εἶναι· ὥστε πρὸς τοῦτο ἀκμὴν δυσπείστως ἔχω. παθητὸν μὲν τὸν Χριστὸν ὅτι αἱ γραφαὶ κηρύσσουσι, φανερόν ἐστιν· εἰ δὲ διὰ τοῦ ἐν τῷ νόμῳ κεκατηραμένου πάθους, βουλόμεθα μαθεῖν, εἰ ἔχεις καὶ περὶ τούτου ἀποδεῖξαι.

---

272 See Jn 1:20-23. John the Baptist is quoting Isa 1:27
273 See Matt 3:17; Mk 1:10, 11; Lk 3:21, 22 quoting Ps 2:7

3 Εἰ μὲν μὴ ἔμελλε πάσχειν ὁ Χριστός, φημὶ αὐτῷ ἐγώ, μηδὲ προεῖπον οἱ προφῆται ὅτι ἀπὸ τῶν ἀνομιῶν τοῦ λαοῦ ἀχθήσεται εἰς θάνατον καὶ ἀτιμωθήσεται καὶ μαστιχθήσεται καὶ ἐν τοῖς ἀνόμοις λογισθήσεται καὶ ὡς πρόβατον ἐπὶ σφαγὴν ἀχθήσεται, οὗ τὸ γένος ἐξηγήσασθαι ἔχειν οὐδένα φησὶν ὁ προφήτης, καλῶς εἶχε θαυμάζειν. εἰ δὲ τοῦτό ἐστι τὸ χαρακτηρίζον αὐτὸν καὶ πᾶσι μηνύον, πῶς οὐχὶ καὶ ἡμεῖς θαρροῦντες πεπιστεύκαμεν εἰς αὐτόν; καὶ ὅσοι νενοήκασι τὰ τῶν προφητῶν, τοῦτον φήσουσιν, οὐκ ἄλλον, εἰ μόνον ἀκούσειαν ὅτι οὗτος ἐσταυρωμένος.

XC

1 Καὶ ἡμᾶς οὖν, ἔφη, προβίβασον ἐκ τῶν γραφῶν, ἵνα σοι πεισθῶμεν καὶ ἡμεῖς. παθεῖν μὲν γὰρ καὶ ὡς πρόβατον ἀχθήσεσθαι οἴδαμεν· εἰ δὲ καὶ σταυρωθῆναι καὶ οὕτως αἰσχρῶς καὶ ἀτίμως ἀποθανεῖν διὰ τοῦ κεκατηραμένου ἐν τῷ νόμῳ θανάτου, ἀπόδειξον ἡμῖν· ἡμεῖς γὰρ οὐδ' εἰς ἔννοιαν τούτου ἐλθεῖν δυνάμεθα.

2 Οἶσθα, ἔφην, ὅτι ὅσα εἶπον καὶ ἐποίησαν οἱ προφῆται, ὡς καὶ ὡμολογήθη ὑμῖν, παραβολαῖς καὶ τύποις ἀπεκάλυψαν, ὡς μὴ ῥᾳδίως τὰ πλεῖστα ὑπὸ πάντων νοηθῆναι, κρύπτοντες τὴν ἐν αὐτοῖς ἀλήθειαν, ὡς καὶ πονέσαι τοὺς ζητοῦντας εὑρεῖν καὶ μαθεῖν.

Οἱ δὲ ἔφησαν· Καὶ ὡμολογήθη ἡμῖν.

3 Ἀκούοις ἂν οὖν, φημί, τὸ μετὰ τοῦτο. Μωυσῆς γὰρ πρῶτος ἐξέφανεν αὐτοῦ ταύτην τὴν δοκοῦσαν κατάραν δι' ὧν ἐποίησε σημείων.

Τίνων τούτων, ἔφη, λέγεις;

4 Ὅτε ὁ λαός, φημί, ἐπολέμει τῷ Ἀμαλὴκ καὶ ὁ τοῦ Ναυῆ υἱός, ὁ ἐπονομασθεὶς τῷ Ἰησοῦ ὀνόματι, τῆς μάχης ἦρχεν, αὐτὸς Μωυσῆς ηὔχετο τῷ θεῷ τὰς χεῖρας ἑκατέρως ἐκπετάσας, Ὢρ δὲ καὶ Ἀαρὼν ὑπεβάσταζον αὐτὰς πανῆμαρ, ἵνα μὴ κοπωθέντος αὐτοῦ χαλασθῶσιν. εἰ γὰρ ἐνεδεδώκει τι τοῦ σχήματος τούτου τοῦ τὸν σταυρὸν μιμουμένου, ὡς γέγραπται ἐν ταῖς Μωυσέως γραφαῖς· ὁ λαὸς ἡττᾶτο· εἰ δὲ ἐν τῇ τάξει ἔμενε ταύτῃ, Ἀμαλὴκ ἐνικᾶτο τοσοῦτον, καὶ ἰσχύων διὰ τοῦ σταυροῦ ἴσχυεν. 5 οὐ γάρ, ὅτι οὕτως ηὔχετο Μωυσῆς, διὰ τοῦτο κρείσσων ὁ λαὸς ἐγίνετο, ἀλλ' ὅτι, ἐν ἀρχῇ τῆς μάχης τοῦ ὀνόματος

τοῦ Ἰησοῦ ὄντος, αὐτὸς τὸ σημεῖον τοῦ σταυροῦ ἐποίει. τίς γὰρ οὐκ ἐπίσταται ὑμῶν, ὅτι μάλιστα μὲν ἡ μετὰ οἴκτου καὶ δακρύων εὐχὴ μειλίσσεται τὸν θεὸν καὶ ἡ ἐν πρηνεῖ κατακλίσει καὶ ἐν γόνασιν ὀκλάσαντός τινος; τοῦτον δὲ τὸν τρόπον ἐπὶ λίθου καθεζόμενος οὔτε αὐτὸς ηὔξατο οὔτε ἄλλος ὕστερον. ἔχει δὲ καὶ ὁ λίθος σύμβολον, ὡς ἀπέδειξα, πρὸς τὸν Χριστόν.

XCI

1 Καὶ γὰρ δι' ἄλλου μηνύων τὴν ἰσχὺν τοῦ μυστηρίου τοῦ σταυροῦ ὁ θεὸς διὰ Μωυσέως εἶπεν ἐν εὐλογίᾳ, ἣν εὐλόγει τὸν Ἰωσήφ· Ἀπὸ εὐλογίας κυρίου ἡ γῆ αὐτοῦ, ἀπὸ ὡρῶν οὐρανοῦ καὶ δρόσων, καὶ ἀπὸ ἀβύσσου πηγῶν κάτωθεν, καὶ καθ' ὥραν γεννημάτων ἡλίου τροπῶν, καὶ ἀπὸ συνόδων μηνῶν, καὶ ἀπὸ κορυφῆς ὀρέων ἀρχῆς, καὶ ἀπὸ κορυφῆς βουνῶν, καὶ ποταμῶν ἀεννάων, καὶ καρπῶν γῆς πληρώσεως. καὶ τὰ δεκτὰ τῷ ὀφθέντι ἐν τῇ βάτῳ ἔλθοισαν ἐπὶ κεφαλὴν Ἰωσὴφ καὶ ἐπὶ κορυφῆς. Δοξασθεὶς ἐν ἀδελφοῖς πρωτότοκος, ταύρου τὸ κάλλος αὐτοῦ, κέρατα μονοκέρωτος τὰ κέρατα αὐτοῦ, ἐν αὐτοῖς ἔθνη κερατιεῖ ἅμα ἕως ἀπὸ ἄκρου τῆς γῆς.[274] 2 μονοκέρωτος γὰρ κέρατα οὐδενὸς ἄλλου πράγματος ἢ σχήματος ἔχοι ἄν τις εἰπεῖν καὶ ἀποδεῖξαι, εἰ μὴ τοῦ τύπου ὃς τὸν σταυρὸν δείκνυσιν. ὄρθιον γὰρ τὸ ἕν ἐστι ξύλον, ἀφ' οὗ ἐστι τὸ ἀνώτατον μέρος εἰς κέρας ὑπερηρμένον, ὅταν τὸ ἄλλο ξύλον προσαρμοσθῇ, καὶ ἑκατέρωθεν ὡς κέρατα τῷ ἑνὶ κέρατι παρεζευγμένα τὰ ἄκρα φαίνηται· καὶ τὸ ἐν τῷ μέσῳ πηγνύμενον ὡς κέρας καὶ αὐτὸ ἐξέχον ἐστίν, ἐφ' ᾧ ἐποχοῦνται οἱ σταυρούμενοι, καὶ βλέπεται ὡς κέρας καὶ αὐτὸ σὺν τοῖς ἄλλοις κέρασι συνεσχηματισμένον καὶ πεπηγμένον. 3 καὶ τὸ Ἐν αὐτοῖς ἔθνη κερατιεῖ ἅμα ἕως ἀπ' ἄκρου τῆς γῆς δηλωτικόν ἐστι τοῦ νῦν γεγενημένου πράγματος ἐν πᾶσι τοῖς ἔθνεσι. Κερατισθέντες γάρ, τοῦτ' ἔστι κατανυγέντες, οἱ ἐκ πάντων τῶν ἐθνῶν διὰ τούτου τοῦ μυστηρίου εἰς τὴν θεοσέβειαν ἐτράπησαν ἀπὸ τῶν ματαίων εἰδώλων καὶ δαιμόνων, τοῖς δὲ ἀπίστοις τὸ αὐτὸ σχῆμα εἰς κατάλυσιν καὶ καταδίκην δηλοῦται· ὃν τρόπον ἐν τῷ ἀπ' Αἰγύπτου ἐξελθόντι λαῷ διά τε τοῦ τύπου τῆς ἐκτάσεως τῶν χειρῶν τοῦ Μωυσέως καὶ τῆς τοῦ Ναυῆ υἱοῦ ἐπικλήσεως τοῦ ὀνόματος Ἰησοῦ ὁ Ἀμαλὴκ μὲν ἡττᾶτο, Ἰσραὴλ δὲ ἐνίκα. 4 καὶ διὰ τοῦ τύπου δὲ καὶ σημείου τοῦ κατὰ τῶν δακόντων τὸν Ἰσραὴλ ὄφεων ἡ ἀνάθεσις φαίνεται γεγενημένη ἐπὶ σωτηρίᾳ τῶν πιστευόντων ὅτι

---

[274] De 33:13-17

διὰ τοῦ σταυροῦσθαι μέλλοντος θάνατος γενήσεσθαι ἔκτοτε προεκηρύσσετο τῷ ὄφει, σωτηρία δὲ τοῖς καταδακνομένοις ὑπ' αὐτοῦ καὶ προσφεύγουσι τῷ τὸν ἐσταυρωμένον υἱὸν αὐτοῦ πέμψαντι εἰς τὸν κόσμον· οὐ γὰρ ἐπὶ ὄφιν ἡμᾶς πιστεύειν τὸ προφητικὸν πνεῦμα διὰ Μωυσέως ἐδίδασκεν, ὁπότε καὶ κατηρᾶσθαι αὐτὸν τὴν ἀρχὴν ὑπὸ τοῦ θεοῦ δηλοῖ, καὶ ἐν τῷ Ἡσαΐᾳ ἀναιρεθήσεσθαι ὡς πολέμιον διὰ τῆς μεγάλης μαχαίρας, ἥτις ἐστὶν ὁ Χριστός, σημαίνει.

XCII

1 Εἰ οὖν τις μὴ μετὰ μεγάλης χάριτος τῆς παρὰ θεοῦ λάβοι νοῆσαι τὰ εἰρημένα καὶ γεγενημένα ὑπὸ τῶν προφητῶν, οὐδὲν αὐτὸν ὀνήσει τὸ τὰς ῥήσεις δοκεῖν λέγειν ἢ τὰ γεγενημένα, εἰ μὴ λόγον ἔχει καὶ περὶ αὐτῶν ἀποδιδόναι. ἀλλὰ μήτι γε καὶ εὐκαταφρόνητα δόξει τοῖς πολλοῖς ὑπὸ τῶν μὴ νοούντων αὐτὰ λεγόμενα; 2 εἰ γάρ τις ἐξετάζειν βούλοιτο ὑμᾶς, ὅτι Ἐνὼχ καὶ Νῶε ἅμα τοῖς τέκνοις, καὶ εἴ τινες ἄλλοι τοιοῦτοι γεγόνασι, μήτε ἐν περιτομῇ γενόμενοι μήτε σαββατίσαντες εὐηρέστησαν τῷ θεῷ, τίς ἡ αἰτία τοῦ δι' ἄλλων προστατῶν καὶ νομοθεσίας μετὰ τοσαύτας γενεὰς ἀξιοῦν τὸν θεὸν δικαιοῦσθαι τοὺς μὲν ἀπὸ Ἀβραὰμ μέχρι Μωυσέως διὰ περιτομῆς, τοὺς δὲ ἀπὸ Μωυσέως καὶ διὰ περιτομῆς καὶ τῶν ἄλλων ἐντολῶν, τοῦτ' ἔστι σαββάτου καὶ θυσιῶν καὶ σπονδῶν καὶ προσφορῶν, εἰ μή, ὡς προείρηται ὑπ' ἐμοῦ, ἀποδείξετε ὅτι διὰ τὸ τὸν θεόν, προγνώστην ὄντα, ἐγνωκέναι ἄξιον γενησόμενον τὸν λαὸν ὑμῶν ἐκβληθῆναι ἀπὸ τῆς Ἰερουσαλὴμ καὶ μηδένα ἐπιτρέπεσθαι εἰσελθεῖν ἐκεῖ; 3 οὐδαμόθεν γὰρ ἀλλαχόθεν ἐστὲ γνωριζόμενοι, ὡς προέφην, εἰ μὴ ἀπὸ τῆς περὶ τὴν σάρκα περιτομῆς. οὐδὲ γὰρ Ἀβραὰμ διὰ τὴν περιτομὴν δίκαιος εἶναι ὑπὸ τοῦ θεοῦ ἐμαρτυρήθη, ἀλλὰ διὰ τὴν πίστιν· πρὸ τοῦ γὰρ περιτμηθῆναι αὐτὸν εἴρηται περὶ αὐτοῦ οὕτως· *Ἐπίστευσε δὲ Ἀβραὰμ τῷ θεῷ, καὶ ἐλογίσθη αὐτῷ εἰς δικαιοσύνην*.[275]

4 Καὶ ἡμεῖς οὖν, ἐν ἀκροβυστίᾳ τῆς σαρκὸς ἡμῶν πιστεύοντες τῷ θεῷ διὰ τοῦ Χριστοῦ καὶ περιτομὴν ἔχοντες τὴν ὠφελοῦσαν ἡμᾶς τοὺς κεκτημένους, τοῦτ' ἔστι τῆς καρδίας, δίκαιοι καὶ εὐάρεστοι τῷ θεῷ ἐλπίζομεν φανῆναι, ἐπειδὴ καὶ ἤδη μεμαρτυρήμεθα διὰ τῶν προφητικῶν λόγων ὑπ' αὐτοῦ. τὸ δὲ σαββατίζειν καὶ τὰς

---

275 Gen 15:6

προσφορὰς φέρειν κελευσθῆναι ὑμᾶς, καὶ τόπον εἰς ὄνομα τοῦ θεοῦ ἐπικληθῆναι ἀνασχέσθαι τὸν κύριον, ἵνα, ὡς εἴρηται, μὴ εἰδωλολατροῦντες καὶ ἀμνημονοῦντες τοῦ θεοῦ ἀσεβεῖς καὶ ἄθεοι γένησθε, ὡς ἀεὶ φαίνεσθε γεγενημένοι. 5 καὶ ὅτι διὰ ταῦτα ἐνετέταλτο ὁ θεὸς τὰς περὶ σαββάτων καὶ προσφορῶν ἐντολάς, προαποδέδεικταί μοι διὰ τῶν προειρημένων· διὰ δὲ τοὺς σήμερον ἐλθόντας καὶ τὰ αὐτὰ σχεδὸν πάντα βούλομαι ἀναλαμβάνειν. ἐπεί, εἰ μὴ τοῦτό ἐστι, συκοφαντηθήσεται ὁ θεός, ὡς μήτε πρόγνωσιν ἔχων μήτε τὰ αὐτὰ δίκαια πάντας διδάσκων καὶ εἰδέναι καὶ πράττειν (πολλαὶ γὰρ γενεαὶ ἀνθρώπων πρὸ Μωυσέως φαίνονται γεγενημέναι), καὶ οὐκ ἔστι λόγος ὁ λέγων ὡς ἀληθὴς ὁ θεὸς καὶ δίκαιος καὶ πᾶσαι αἱ ὁδοὶ αὐτοῦ κρίσεις, καὶ οὐκ ἔστιν ἀδικία ἐν αὐτῷ. 6 ἐπειδὴ δὲ ἀληθὴς ὁ λόγος, καὶ θεὸς ὑμᾶς τοιούτους μὴ εἶναι ἀσυνέτους καὶ φιλαύτους ἀεὶ βούλεται, ὅπως σωθῆτε μετὰ τοῦ Χριστοῦ, τοῦ εὐαρεστοῦντος τῷ θεῷ καὶ μεμαρτυρημένου, ὡς προέφην διὰ τῶν ἁγίων προφητικῶν λόγων τὴν ἀπόδειξιν ποιήσας.

XCIII

1 Τὰ γὰρ ἀεὶ καὶ δι' ὅλου δίκαια καὶ πᾶσαν δικαιοσύνην παρέχει ἐν παντὶ γένει ἀνθρώπων, καὶ ἔστι πᾶν γένος γνωρίζον ὅτι μοιχεία κακὸν καὶ πορνεία καὶ ἀνδροφονία καὶ ὅσα ἄλλα τοιαῦτα. κἂν πάντες πράττωσιν αὐτά, ἀλλ' οὖν γε τοῦ ἐπίστασθαι ἀδικοῦντες, ὅταν πράττωσι ταῦτα, οὐκ ἀπηλλαγμένοι εἰσί, πλὴν ὅσοι ὑπὸ ἀκαθάρτου πνεύματος ἐμπεφορημένοι καὶ ἀνατροφῆς καὶ ἐθῶν φαύλων καὶ νόμων πονηρῶν διαφθαρέντες τὰς φυσικὰς ἐννοίας ἀπώλεσαν, μᾶλλον δὲ ἔσβεσαν ἢ ἐπεσχημένας ἔχουσιν. 2 ἰδεῖν γὰρ ἔστι καὶ τοὺς τοιούτους μὴ τὰ αὐτὰ παθεῖν βουλομένους ἅπερ αὐτοὶ τοὺς ἄλλους διατιθέασι, καὶ ἐν συνειδήσεσιν ἐχθραῖς ταῦτα ὀνειδίζοντας ἀλλήλοις ἅπερ ἐργάζονται. ὅθεν μοι δοκεῖ καλῶς εἰρῆσθαι ὑπὸ τοῦ ἡμετέρου κυρίου καὶ σωτῆρος Ἰησοῦ Χριστοῦ, ἐν δυσὶν ἐντολαῖς πᾶσαν δικαιοσύνην καὶ εὐσέβειαν πληροῦσθαι· εἰσὶ δὲ αὗται· *Ἀγαπήσεις κύριον τὸν θεόν σου ἐξ ὅλης τῆς καρδίας σου καὶ ἐξ ὅλης τῆς ἰσχύος σου, καὶ τὸν πλησίον σου ὡς σεαυτόν.*[276] ὁ γὰρ ἐξ ὅλης τῆς καρδίας καὶ ἐξ ὅλης τῆς ἰσχύος ἀγαπῶν τὸν θεόν, πλήρης θεοσεβοῦς γνώμης ὑπάρχων, οὐδένα ἄλλον τιμήσει θεόν· καὶ ἄγγελον ἐκεῖνον ἂν τιμήσῃ θεοῦ βουλομένου, τὸν ἀγαπώμενον ὑπ' αὐτοῦ

---
276 Matt 22:37

τοῦ κυρίου καὶ θεοῦ. καὶ ὁ τὸν πλησίον ὡς ἑαυτὸν ἀγαπῶν, ἅπερ ἑαυτῷ βούλεται ἀγαθά, κἀκείνῳ βουλήσεται· οὐδεὶς δὲ ἑαυτῷ κακὰ βουλήσεται. 3 ταῦτ' οὖν τῷ πλησίον καὶ εὔξαιτ' ἂν καὶ ἐργάσαιτο γενέσθαι, ἅπερ καὶ ἑαυτῷ, ὁ τὸν πλησίον ἀγαπῶν· πλησίον δὲ ἀνθρώπου οὐδὲν ἄλλο ἐστὶν ἢ τὸ ὁμοιοπαθὲς καὶ λογικὸν ζῶον, ὁ ἄνθρωπος. διχῇ οὖν τῆς πάσης δικαιοσύνης τετμημένης, πρός τε θεὸν καὶ ἀνθρώπους, ὅστις, φησὶν ὁ λόγος, ἀγαπᾷ κύριον τὸν θεὸν ἐξ ὅλης τῆς καρδίας καὶ ἐξ ὅλης τῆς ἰσχύος, καὶ τὸν πλησίον ὡς ἑαυτόν, δίκαιος ἀληθῶς ἂν εἴη. 4 ὑμεῖς δὲ οὔτε πρὸς θεὸν οὔτε πρὸς τοὺς προφήτας οὔτε πρὸς ἑαυτοὺς φιλίαν ἢ ἀγάπην ἔχοντες οὐδέποτε ἐδείχθητε, ἀλλ', ὡς δείκνυται, καὶ εἰδωλολάτραι πάντοτε καὶ φονεῖς τῶν δικαίων εὑρίσκεσθε, ὡς καὶ μέχρις αὐτοῦ τοῦ Χριστοῦ τὰς χεῖρας ἐπιβαλεῖν ὑμᾶς καὶ μέχρι νῦν ἐπιμένειν τῇ κακίᾳ ὑμῶν, καταρωμένους καὶ τῶν τοῦτον τὸν ἐσταυρωμένον ὑφ' ὑμῶν ἀποδεικνύντων εἶναι τὸν Χριστόν· καὶ πρὸς τούτοις ἐκεῖνον μὲν ὡς ἐχθρὸν θεοῦ καὶ κατηραμένον ἀξιοῦτε ἀποδεικνύναι ἐσταυρῶσθαι, ὅπερ τῆς ἀλογίστου ὑμῶν γνώμης ἔργον ἐστίν. 5 ἔχοντες γὰρ ἀφορμὰς ἀπὸ τῶν γενομένων σημείων διὰ Μωυσέως συνιέναι ὅτι οὗτός ἐστιν, οὐ βούλεσθε, ἀλλὰ καὶ πρὸς τούτοις, ἡμᾶς ἀλογεῖν δύνασθαι ὑπολαμβάνοντες, συζητεῖτε ὅπερ ὑμῖν συμβαίνει, καὶ ὑμεῖς ἀπορεῖτε λόγων, ὅταν εὐτόνῳ τινὶ Χριστιανῷ συμβάλητε.

XCIV

1 Εἴπατε γάρ μοι, οὐχὶ θεὸς ἦν ὁ ἐντειλάμενος διὰ Μωυσέως μήτε εἰκόνα μήτε ὁμοίωμα μήτε τῶν ἐν οὐρανῷ ἄνω μήτε τῶν ἐπὶ γῆς ὅλως ποιῆσαι, καὶ αὐτὸς ἐν τῇ ἐρήμῳ διὰ τοῦ Μωυσέως τὸν χαλκοῦν ὄφιν ἐνήργησε γενέσθαι, καὶ ἐπὶ σημεῖον ἔστησε, δι' οὗ σημείου ἐσώζοντο οἱ ὀφιόδηκτοι, καὶ ἀναίτιός ἐστιν ἀδικίας; 2 μυστήριον γὰρ διὰ τούτου, ὡς προέφην, ἐκήρυσσε, δι' οὗ καταλύειν μὲν τὴν δύναμιν τοῦ ὄφεως, τοῦ καὶ τὴν παράβασιν ὑπὸ τοῦ Ἀδὰμ γενέσθαι ἐργασαμένου, ἐκήρυσσε, σωτηρίαν δὲ τοῖς πιστεύουσιν ἐπὶ τοῦτον τὸν διὰ τοῦ σημείου τούτου, τοῦτ' ἔστι τοῦ σταυροῦ θανατοῦσθαι μέλλοντα ἀπὸ τῶν δηγμάτων τοῦ ὄφεως, ἅπερ εἰσὶν αἱ κακαὶ πράξεις, εἰδωλολατρεῖαι καὶ ἄλλαι ἀδικίαι. 3 ἐπεὶ εἰ μὴ τοῦτο νοηθήσεται, δότε μοι λόγον ὅτου χάριν τὸν χαλκοῦν ὄφιν Μωυσῆς ἐπὶ σημείου ἔστησε, καὶ προβλέπειν αὐτὸν τοὺς

δακνομένους ἐκέλευσε, καὶ ἐθεραπεύοντο οἱ δακνόμενοι, καὶ ταῦτα αὐτὸς κελεύσας μηδενὸς ὅλως ὁμοίωμα ποιεῖν.

4 Καὶ ὁ ἕτερος τῶν τῇ δευτέρᾳ ἀφιγμένων εἶπεν· Ἀληθῶς εἶπας· οὐκ ἔχομεν λόγον διδόναι· καὶ γὰρ ἐγὼ περὶ τούτου πολλάκις τοὺς διδασκάλους ἠρώτησα, καὶ οὐδείς μοι λόγον ἀπέδωκεν. ὥστε λέγε σὺ ἃ λέγεις· προσέχομεν γάρ σοι μυστήριον ἀποκαλύπτοντι, δι' ὧν καὶ τὰ τῶν προφητῶν διδάγματα συκοφαντητά ἐστι.

5 Κἀγώ· Ὅνπερ οὖν τρόπον τὸ σημεῖον διὰ τοῦ χαλκοῦ ὄφεως γενέσθαι ὁ θεὸς ἐκέλευσε καὶ ἀναίτιός ἐστιν, οὕτω δὴ καὶ ἐν τῷ νόμῳ κατάρα κεῖται κατὰ τῶν σταυρουμένων ἀνθρώπων· οὐκ ἔτι δὲ καὶ κατὰ τοῦ Χριστοῦ τοῦ θεοῦ κατάρα κεῖται, δι' οὗ σῴζει πάντας τοὺς κατάρας ἄξια πράξαντας.

XCV

1 Καὶ γὰρ πᾶν γένος ἀνθρώπων εὑρεθήσεται ὑπὸ κατάραν ὂν κατὰ τὸν νόμον Μωυσέως· *Ἐπικατάρατος γὰρ εἴρηται πᾶς ὃς οὐκ ἐμμένει ἐν τοῖς γεγραμμένοις ἐν τῷ βιβλίῳ τοῦ νόμου τοῦ ποιῆσαι αὐτά.*[277] καὶ οὐδεὶς ἀκριβῶς πάντα ἐποίησεν, οὐδ' ὑμεῖς τολμήσετε ἀντειπεῖν· ἀλλ' εἰσὶν οἳ μᾶλλον καὶ ἧττον ἀλλήλων τὰ ἐντεταλμένα ἐφύλαξαν. εἰ δὲ οἱ ὑπὸ τὸν νόμον τοῦτον ὑπὸ κατάραν φαίνονται εἶναι, διὰ τὸ μὴ πάντα φυλάξαι, οὐχὶ πολὺ μᾶλλον πάντα τὰ ἔθνη φανήσονται ὑπὸ κατάραν ὄντα, καὶ εἰδωλολατροῦντα καὶ παιδοφθοροῦντα καὶ τὰ ἄλλα κακὰ ἐργαζόμενα; 2 εἰ οὖν καὶ τὸν ἑαυτοῦ Χριστὸν ὑπὲρ τῶν ἐκ παντὸς γένους ἀνθρώπων ὁ πατὴρ τῶν ὅλων τὰς πάντων κατάρας ἀναδέξασθαι ἐβουλήθη, εἰδὼς ὅτι ἀναστήσει αὐτὸν σταυρωθέντα καὶ ἀποθανόντα, διὰ τί ὡς κεκατηραμένου τοῦ ὑπομείναντος κατὰ τὴν τοῦ πατρὸς βουλὴν ταῦτα παθεῖν τὸν λόγον ποιεῖτε, καὶ οὐχὶ μᾶλλον ἑαυτοὺς θρηνεῖτε; εἰ γὰρ καὶ ὁ πατὴρ αὐτοῦ καὶ αὐτὸς παθεῖν ταῦτα αὐτὸν ὑπὲρ τοῦ ἀνθρωπείου γένους ἐνήργησεν, ὑμεῖς οὐχ ὡς γνώμῃ θεοῦ ὑπηρετοῦντες τοῦτο ἐπράξατε· οὐδὲ γὰρ τοὺς προφήτας ἀναιροῦντες εὐσέβειαν εἰργάσασθε. 3 καὶ μή τις ὑμῶν λεγέτω· Εἰ ὁ πατὴρ αὐτὸν ἠθέλησε ταῦτα παθεῖν, ἵνα τῷ μώλωπι αὐτοῦ ἴασις γένηται τῷ γένει τῶν ἀνθρώπων, ἡμεῖς οὐδὲν ἠδικήσαμεν. εἰ μὲν οὖν μετανοοῦντες ἐπὶ τοῖς ἡμαρτημένοις καὶ ἐπιγνόντες

---

277 De 27:26

τοῦτον εἶναι τὸν Χριστὸν καὶ φυλάσσοντες αὐτοῦ τὰς ἐντολὰς ταῦτα φήσετε, ἄφεσις ὑμῖν τῶν ἁμαρτιῶν ὅτι ἔσται προεῖπον. **4** εἰ δὲ αὐτοῦ τε ἐκείνου καὶ τῶν εἰς ἐκεῖνον πιστευόντων καταρᾶσθε καί, ὁπόταν ἐξουσίαν ἔχητε, ἀναιρεῖτε, πῶς οὐχὶ καὶ τὸ ἐκείνῳ ἐπιβεβληκέναι τὰς χεῖρας ὑμῶν, ὡς παρὰ ἀδίκων καὶ ἁμαρτωλῶν καὶ μέχρις ὅλου σκληροκαρδίων καὶ ἀσυνέτων, ἐκζητηθήσεται;

XCVI

1 Καὶ γὰρ τὸ εἰρημένον ἐν τῷ νόμῳ, ὅτι *Ἐπικατάρατος πᾶς ὁ κρεμάμενος ἐπὶ ξύλου,*[278] οὐχ ὡς τοῦ θεοῦ καταρωμένου τούτου τοῦ ἐσταυρωμένου ἡμῶν τονοῖ τὴν ἐλπίδα ἐκκρεμαμένην ἀπὸ τοῦ σταυρωθέντος Χριστοῦ, ἀλλ' ὡς προειπόντος τοῦ θεοῦ τὰ ὑφ' ὑμῶν πάντων καὶ τῶν ὁμοίων ὑμῖν, μὴ ἐπισταμένων τοῦτον εἶναι τὸν πρὸ πάντων ὄντα καὶ αἰώνιον τοῦ θεοῦ ἱερέα καὶ βασιλέα καὶ Χριστὸν μέλλοντα γίνεσθαι. **2** ὅπερ καὶ ὄψει ἰδεῖν ὑμῖν ἔστι γινόμενον· ὑμεῖς γὰρ ἐν ταῖς συναγωγαῖς ὑμῶν καταρᾶσθε πάντων τῶν ἀπ' ἐκείνου γενομένων Χριστιανῶν, καὶ τὰ ἄλλα ἔθνη, ἃ καὶ ἐνεργῆ τὴν κατάραν ἐργάζονται, ἀναιροῦντα τοὺς μόνον ὁμολογοῦντας ἑαυτοὺς εἶναι Χριστιανούς· οἷς ἡμεῖς ἅπασι λέγομεν ὅτι Ἀδελφοὶ ἡμῶν ἐστε, ἐπίγνωτε μᾶλλον τὴν ἀλήθειαν τοῦ θεοῦ. καὶ μὴ πειθομένων ἡμῖν μήτε ἐκείνων μήτε ὑμῶν, ἀλλὰ ἀρνεῖσθαι ἡμᾶς τὸ ὄνομα τοῦ Χριστοῦ ἀγωνιζομένων, θανατοῦσθαι μᾶλλον αἱρούμεθα καὶ ὑπομένομεν, πεπεισμένοι ὅτι πανθ' ὅσα ὑπέσχηται ὁ θεὸς διὰ τοῦ Χριστοῦ ἀγαθὰ ἀποδώσει ἡμῖν. **3** καὶ πρὸς τούτοις πᾶσιν εὐχόμεθα ὑπὲρ ὑμῶν, ἵνα ἐλεηθῆτε ὑπὸ τοῦ Χριστοῦ. οὗτος γὰρ ἐδίδαξεν ἡμᾶς καὶ ὑπὲρ τῶν ἐχθρῶν εὔχεσθαι, εἰπών· *Γίνεσθε χρηστοὶ καὶ οἰκτίρμονες, ὡς καὶ ὁ πατὴρ ὑμῶν ὁ οὐράνιος.*[279] καὶ γὰρ τὸν παντοκράτορα θεὸν χρηστὸν καὶ οἰκτίρμονα ὁρῶμεν, τὸν ἥλιον αὐτοῦ ἀνατέλλοντα ἐπὶ ἀχαρίστους καὶ δικαίους, καὶ βρέχοντα ἐπὶ ὁσίους καὶ πονηρούς, οὓς πάντας ὅτι καὶ κρίνειν μέλλει ἐδίδαξε.

XCVII

1 Καὶ γὰρ οὐδὲ τὸ μέχρις ἑσπέρας μεῖναι τὸν προφήτην Μωυσῆν, ὅτε τὰς χεῖρας αὐτοῦ ὑπεβάσταζον Ὢρ καὶ

---

278 De 21:23
279 Lk 6:35

Πρὸς Τρύφωνα Ἰουδαῖον Διάλογος

Ἀαρών, ἐπὶ τοῦ σχήματος τούτου εἰκῆ γέγονε. καὶ γὰρ ὁ κύριος σχεδὸν μέχρις ἑσπέρας ἔμεινεν ἐπὶ τοῦ ξύλου, καὶ πρὸς ἑσπέραν ἔθαψαν αὐτόν· εἶτα ἀνέστη τῇ τρίτῃ ἡμέρᾳ. τοῦτο διὰ Δαυεὶδ οὕτως ἐκπεφώνητο· *Φωνῇ μου πρὸς κύριον ἐκέκραξα, καὶ ἐπήκουσέ μου ἐξ ὄρους ἁγίου αὐτοῦ. ἐγὼ ἐκοιμήθην καὶ ὕπνωσα· ἐξηγέρθην, ὅτι κύριος ἀντελάβετό μου.*[280] 2 καὶ διὰ Ἡσαΐου ὁμοίως εἴρητο περὶ τούτου, δι' οὗ τρόπου ἀποθνήσκειν ἔμελλεν, οὕτως· *Ἐξεπέτασά μου τὰς χεῖρας ἐπὶ λαὸν ἀπειθοῦντα καὶ ἀντιλέγοντα, τοῖς πορευομένοις ἐν ὁδῷ οὐ καλῇ.*[281] καὶ ὅτι ἔμελλεν ἀνίστασθαι, αὐτὸς Ἡσαΐας ἔφη *Ἡ ταφὴ αὐτοῦ ἦρται ἐκ τοῦ μέσου, καὶ Δώσω τοὺς πλουσίους ἀντὶ τοῦ θανάτου αὐτοῦ.*[282] 3 καὶ ἐν ἄλλοις πάλιν λόγοις Δαυεὶδ εἰς τὸ πάθος καὶ τὸν σταυρὸν ἐν παραβολῇ μυστηριώδει οὕτως εἶπεν ἐν εἰκοστῷ πρώτῳ ψαλμῷ *Ὤρυξαν χεῖράς μου καὶ πόδας μου, ἐξηρίθμησαν πάντα τὰ ὀστᾶ μου· αὐτοὶ δὲ κατενόησαν καὶ ἐπεῖδόν με. διεμερίσαντο τὰ ἱμάτιά μου ἑαυτοῖς, καὶ ἐπὶ τὸν ἱματισμόν μου ἔβαλον κλῆρον.*[283] ὅτε γὰρ ἐσταύρωσαν αὐτόν, ἐμπήσσοντες τοὺς ἥλους τὰς χεῖρας καὶ τοὺς πόδας αὐτοῦ ὤρυξαν, καὶ οἱ σταυρώσαντες αὐτὸν ἐμέρισαν τὰ ἱμάτια αὐτοῦ ἑαυτοῖς, λαχμὸν βάλλοντες ἕκαστος κατὰ τὴν τοῦ κλήρου ἐπιβολὴν ὃ ἐκλέξασθαι ἐβεβούλητο. 4 καὶ τοῦτον αὐτὸν τὸν ψαλμὸν οὐκ εἰς τὸν Χριστὸν εἰρῆσθαι λέγετε, κατὰ πάντα τυφλώττοντες, καὶ μὴ συνιέντες ὅτι οὐδεὶς ἐν τῷ γένει ὑμῶν λεχθείς ποτε βασιλεὺς χριστὸς πόδας καὶ χεῖρας ὠρύγη ζῶν καὶ διὰ τούτου τοῦ μυστηρίου ἀποθανών, τοῦτ' ἔστι τοῦ σταυρωθῆναι, εἰ μὴ μόνος οὗτος ὁ Ἰησοῦς.

XCVIII

1 Καὶ τὸν πάντα δὲ ψαλμὸν εἴποιμι ἄν, ὅπως καὶ τὸ πρὸς τὸν πατέρα εὐσεβὲς αὐτοῦ ἀκούσητε, καὶ ὡς εἰς ἐκεῖνον πάντα ἀναφέρει, ὡς αὐτὸς δι' ἐκείνου καὶ σωθῆναι ἀπὸ τοῦ θανάτου τούτου αἰτῶν, ἅμα τε δηλῶν ἐν τῷ ψαλμῷ ὁποῖοι ἦσαν οἱ ἐπισυνιστάμενοι κατ' αὐτοῦ, καὶ ἀποδεικνύων ὅτι ἀληθῶς γέγονεν ἄνθρωπος ἀντιληπτικὸς παθῶν. 2 ἔστι δὲ οὗτος· *Ὁ θεός, ὁ θεός μου, πρόσχες μοι. ἵνα τί ἐγκατέλιπές με; μακρὰν ἀπὸ τῆς σωτηρίας μου οἱ λόγοι τῶν παραπτωμάτων μου. ὁ θεός μου, κεκράξομαι ἡμέρας πρὸς σὲ καὶ οὐκ εἰσακούσῃ, καὶ νυκτὸς καὶ οὐκ εἰς*

---

280 Ps 3:4, 5
281 Isa 65:2 – see also Rom 10:21
282 Isa 53:9
283 Ps 21:16-18

ἄνοιαν ἐμοί. σὺ δὲ ἐν ἁγίῳ κατοικεῖς, ὁ ἔπαινος τοῦ Ἰσραήλ. ἐπὶ σοὶ ἤλπισαν οἱ πατέρες ἡμῶν, ἤλπισαν καὶ ἐρύσω αὐτούς· πρὸς σὲ ἐκέκραξαν καὶ ἐσώθησαν, ἐπὶ σοὶ ἤλπισαν καὶ οὐ κατῃσχύνθησαν. 3 ἐγὼ δέ εἰμι σκώληξ καὶ οὐκ ἄνθρωπος, ὄνειδος ἀνθρώπων καὶ ἐξουθένημα λαοῦ. πάντες οἱ θεωροῦντές με ἐξεμυκτήρισάν με, καὶ ἐλάλησαν χείλεσιν, ἐκίνησαν κεφαλήν· Ἤλπισεν ἐπὶ κύριον, ῥυσάσθω αὐτόν, σωσάτω αὐτόν, ὅτι θέλει αὐτόν. ὅτι σὺ εἶ ὁ ἐκσπάσας με ἐκ γαστρός, ἡ ἐλπίς μου ἀπὸ μασθῶν τῆς μητρός μου· ἐπὶ σὲ ἐπερρίφην ἐκ μήτρας, ἀπὸ γαστρὸς μητρός μου θεός μου εἶ σύ. μὴ ἀποστῇς ἀπ' ἐμοῦ, ὅτι θλίψις ἐγγύς, ὅτι οὐκ ἔστιν ὁ βοηθῶν μοι. 4 περιεκύκλωσάν με μόσχοι πολλοί, ταῦροι πίονες περιέσχον με· ἤνοιξαν ἐπ' ἐμὲ τὸ στόμα αὐτῶν ὡς λέων ἁρπάζων καὶ ὠρυόμενος· ὡσεὶ ὕδωρ ἐξεχύθη καὶ διεσκορπίσθη πάντα τὰ ὀστᾶ μου. ἐγενήθη ἡ καρδία μου ὡσεὶ κηρὸς τηκόμενος ἐν μέσῳ τῆς κοιλίας μου· ἐξηράνθη ὡς ὄστρακον ἡ ἰσχύς μου, καὶ ἡ γλῶσσά μου κεκόλληται τῷ λάρυγγί μου, καὶ εἰς χοῦν θανάτου κατήγαγές με· ὅτι ἐκύκλωσάν με κύνες πολλοί, συναγωγὴ πονηρευομένων περιέσχον με. ὤρυξαν χεῖράς μου καὶ πόδας μου, ἐξηρίθμησαν πάντα τὰ ὀστᾶ μου· αὐτοὶ δὲ κατενόησαν καὶ ἐπεῖδόν με. 5 διεμερίσαντο τὰ ἱμάτιά μου ἑαυτοῖς, καὶ ἐπὶ τὸν ἱματισμόν μου ἔβαλον κλῆρον. σὺ δέ, κύριε, μὴ μακρύνῃς τὴν βοήθειάν σου ἀπ' ἐμοῦ· εἰς τὴν ἀντίληψίν μου πρόσχες. ῥῦσαι ἀπὸ ῥομφαίας τὴν ψυχήν μου καὶ ἐκ χειρὸς κυνὸς τὴν μονογενῆ μου· σῶσόν με ἐκ στόματος λέοντος καὶ ἀπὸ κεράτων μονοκερώτων τὴν ταπείνωσίν μου. διηγήσομαι τὸ ὄνομά σου τοῖς ἀδελφοῖς μου, ἐν μέσῳ ἐκκλησίας ὑμνήσω σε. οἱ φοβούμενοι τὸν κύριον αἰνέσατε αὐτόν, ἅπαν τὸ σπέρμα Ἰακὼβ δοξάσατε αὐτόν, φοβηθήτωσαν ἀπ' αὐτοῦ ἅπαν τὸ σπέρμα Ἰσραήλ.[284]

XCIX

1 Καὶ εἰπὼν ταῦτα ἐπήνεγκα· Ὅλον οὖν τὸν ψαλμὸν οὕτως ἀποδείξω ὑμῖν εἰς τὸν Χριστὸν εἰρημένον, δι' ὧν πάλιν αὐτὸν ἐξηγοῦμαι. ὁ οὖν εὐθὺς λέγει· ὁ θεός, ὁ θεός μου, πρόσχες μοι· ἵνα τί ἐγκατέλιπές με; τοῦτο ἄνωθεν προεῖπεν ὅπερ ἐπὶ Χριστοῦ ἔμελλε λέγεσθαι. σταυρωθεὶς γὰρ εἶπεν· Ὁ θεός, ὁ θεός, ἵνα τί ἐγκατέλιπές με; 2 καὶ τὰ ἑξῆς· Μακρὰν ἀπὸ τῆς σωτηρίας μου οἱ λόγοι τῶν παραπτωμάτων μου· ὁ θεός μου, κεκράξομαι ἡμέρας πρὸς σὲ καὶ οὐκ εἰσακούσῃ, καὶ νυκτὸς καὶ οὐκ εἰς ἄνοιαν ἐμοί, ὥσπερ καὶ αὐτὰ ἃ ποιεῖν ἔμελλε, ἐλέλεκτο. τῇ γὰρ ἡμέρᾳ,

---

[284] Ps 21:1-24

ᾗπερ ἔμελλε σταυροῦσθαι, τρεῖς τῶν μαθητῶν αὐτοῦ παραλαβὼν εἰς τὸ ὄρος τὸ λεγόμενον Ἐλαιῶν, παρακείμενον εὐθὺς τῷ ναῷ τῷ ἐν Ἰερουσαλήμ, ηὔχετο λέγων· *Πάτερ, εἰ δυνατόν ἐστι, παρελθέτω τὸ ποτήριον τοῦτο ἀπ᾽ ἐμοῦ*. καὶ μετὰ τοῦτο εὐχόμενος λέγει· *Μὴ ὡς ἐγὼ βούλομαι, ἀλλ᾽ ὡς σὺ θέλεις*.[285] δηλῶν διὰ τούτων ὅτι ἀληθῶς παθητὸς ἄνθρωπος γεγένηται. 3 ἀλλ᾽ ἵνα μή τις λέγῃ· Ἠγνόει οὖν ὅτι μέλλει πάσχειν· ἐπάγει ἐν τῷ ψαλμῷ εὐθύς· *Καὶ οὐκ εἰς ἄνοιαν ἐμοί*. ὅνπερ τρόπον οὐδὲ τῷ θεῷ εἰς ἄνοιαν ἦν τὸ ἐρωτᾶν τὸν Ἀδὰμ ποῦ ἐστιν, οὐδὲ τὸν Κάϊν ποῦ Ἄβελ, ἀλλ᾽ εἰς τὸ ἕκαστον ἐλέγξαι ὁποῖός ἐστι, καὶ εἰς ἡμᾶς τὴν γνῶσιν πάντων διὰ τοῦ ἀναγραφῆναι ἐλθεῖν, καὶ οὕτως ἐσήμαινεν οὐκ εἰς ἄνοιαν τὴν ἑαυτοῦ ἀλλὰ τῶν νομιζόντων μὴ εἶναι αὐτὸν Χριστόν, ἀλλ᾽ ἡγουμένων θανατώσειν αὐτὸν καὶ ὡς κοινὸν ἄνθρωπον ἐν ᾅδου μένειν.

C

1 Τὸ δὲ ἀκόλουθον· *Σὺ δὲ ἐν ἁγίῳ κατοικεῖς, ὁ ἔπαινος τοῦ Ἰσραήλ·* ἐσήμαινεν ὅτι ἐπαίνου ἄξιον καὶ θαυμασμοῦ μέλλει ποιεῖν, μετὰ τὸ σταυρωθῆναι ἀνίστασθαι μέλλων τῇ τρίτῃ ἡμέρᾳ ἐκ νεκρῶν, ὃ ἀπὸ τοῦ πατρὸς αὐτοῦ λαβὼν ἔχει. ὅτι γὰρ καὶ Ἰακὼβ καὶ Ἰσραὴλ καλεῖται ὁ Χριστός, ἀπέδειξα· καὶ οὐ μόνον ἐν τῇ εὐλογίᾳ καὶ Ἰωσὴφ καὶ Ἰούδα τὰ περὶ αὐτοῦ κεκηρύχθαι ἐν μυστηρίῳ ἀπέδειξα, καὶ ἐν τῷ εὐαγγελίῳ δὲ γέγραπται εἰπών· *Πάντα μοι παραδέδοται ὑπὸ τοῦ πατρός, καὶ οὐδεὶς γινώσκει τὸν πατέρα εἰ μὴ ὁ υἱός, οὐδὲ τὸν υἱὸν εἰ μὴ ὁ πατὴρ καὶ οἷς ἂν ὁ υἱὸς ἀποκαλύψῃ*.[286]

2 Ἀπεκάλυψεν οὖν ἡμῖν πάντα ὅσα καὶ ἀπὸ τῶν γραφῶν διὰ τῆς χάριτος αὐτοῦ νενοήκαμεν, γνόντες αὐτὸν πρωτότοκον μὲν τοῦ θεοῦ καὶ πρὸ πάντων τῶν κτισμάτων, καὶ τῶν πατριαρχῶν υἱόν, ἐπειδή, διὰ τῆς ἀπὸ γένους αὐτῶν παρθένου σαρκοποιηθείς, καὶ ἄνθρωπος ἀειδής, ἄτιμος καὶ παθητὸς ὑπέμεινε γενέσθαι. 3 ὅθεν καὶ ἐν τοῖς λόγοις αὐτοῦ ἔφη, ὅτε περὶ τοῦ πάσχειν αὐτὸν μέλλειν διελέγετο, ὅτι *Δεῖ τὸν υἱὸν τοῦ ἀνθρώπου πολλὰ παθεῖν καὶ ἀποδοκιμασθῆναι ὑπὸ τῶν Φαρισαίων καὶ γραμματέων, καὶ σταυρωθῆναι καὶ τῇ τρίτῃ ἡμέρᾳ ἀναστῆναι*.[287] υἱὸν οὖν ἀνθρώπου ἑαυτὸν ἔλεγεν, ἤτοι ἀπὸ τῆς γεννήσεως τῆς διὰ

---

285 Matt 26:39
286 Matt 11:27
287 Matt 16:21

παρθένου, ἥτις ἦν, ὡς ἔφην, ἀπὸ τοῦ Δαυεὶδ καὶ Ἰακὼβ καὶ Ἰσαὰκ καὶ Ἀβραὰμ γένους, ᾗ διὰ τὸ εἶναι αὐτὸν τὸν Ἀβραὰμ πατέρα καὶ τούτων τῶν κατηριθμημένων, ἐξ ὧν κατάγει ἡ Μαρία τὸ γένος· καὶ γὰρ πατέρας τῶν γεννωμένων ταῖς θυγατράσιν αὐτῶν τέκνων τοὺς τῶν θηλειῶν γεννήτορας ἐπιστάμεθα. 4 καὶ γὰρ υἱὸν θεοῦ, Χριστόν, κατὰ τὴν τοῦ πατρὸς αὐτοῦ ἀποκάλυψιν ἐπιγνόντα αὐτὸν ἕνα τῶν μαθητῶν αὐτοῦ, Σίμωνα πρότερον καλούμενον, ἐπωνόμασε Πέτρον. καὶ υἱὸν θεοῦ γεγραμμένον αὐτὸν ἐν τοῖς ἀπομνημονεύμασι τῶν ἀποστόλων αὐτοῦ ἔχοντες καὶ υἱὸν αὐτὸν λέγοντες νενοήκαμεν ὄντα καὶ πρὸ πάντων ποιημάτων ἀπὸ τοῦ πατρὸς δυνάμει αὐτοῦ καὶ βουλῇ προελθόντα, ὃς καὶ σοφία καὶ ἡμέρα καὶ ἀνατολὴ καὶ μάχαιρα καὶ λίθος καὶ ῥάβδος καὶ Ἰακὼβ καὶ Ἰσραὴλ κατ' ἄλλον καὶ ἄλλον τρόπον ἐν τοῖς τῶν προφητῶν λόγοις προσηγόρευται, καὶ διὰ τῆς παρθένου ἄνθρωπος γεγονέναι, ἵνα καὶ δι' ἧς ὁδοῦ ἡ ἀπὸ τοῦ ὄφεως παρακοὴ τὴν ἀρχὴν ἔλαβε, διὰ ταύτης τῆς ὁδοῦ καὶ κατάλυσιν λάβῃ. 5 παρθένος γὰρ οὖσα Εὔα καὶ ἄφθορος, τὸν λόγον τὸν ἀπὸ τοῦ ὄφεως συλλαβοῦσα, παρακοὴν καὶ θάνατον ἔτεκε· πίστιν δὲ καὶ χαρὰν λαβοῦσα Μαρία ἡ παρθένος, εὐαγγελιζομένου αὐτῇ Γαβριὴλ ἀγγέλου ὅτι πνεῦμα κυρίου ἐπ' αὐτὴν ἐπελεύσεται καὶ δύναμις ὑψίστου ἐπισκιάσει αὐτήν, διὸ καὶ τὸ γεννώμενον ἐξ αὐτῆς ἅγιόν ἐστιν υἱὸς θεοῦ[288], ἀπεκρίνατο· *Γένοιτό μοι κατὰ τὸ ῥῆμά σου.*[289] 6 καὶ διὰ ταύτης γεγέννηται οὗτος, περὶ οὗ τὰς τοσαύτας γραφὰς ἀπεδείξαμεν εἰρῆσθαι, δι' οὗ ὁ θεὸς τόν τε ὄφιν καὶ τοὺς ὁμοιωθέντας ἀγγέλους καὶ ἀνθρώπους καταλύει, ἀπαλλαγὴν δὲ τοῦ θανάτου τοῖς μεταγινώσκουσιν ἀπὸ τῶν φαύλων καὶ πιστεύουσιν εἰς αὐτὸν ἐργάζεται.

CI

1 Τὰ δὲ ἀκόλουθα τοῦ ψαλμοῦ ταῦτα ἐν οἷς λέγει· Ἐπὶ σοὶ ἤλπισαν οἱ πατέρες ἡμῶν, ἤλπισαν καὶ ἐρρύσω αὐτούς· πρὸς σὲ ἐκέκραξαν, καὶ οὐ κατῃσχύνθησαν· ἐγὼ δέ εἰμι σκώληξ καὶ οὐκ ἄνθρωπος, ὄνειδος ἀνθρώπων καὶ ἐξουδένωμα λαοῦ· δηλωτικά ἐστι τοῦ καὶ πατέρας αὐτὸν ὁμολογεῖν τοὺς ἐλπίσαντας ἐπὶ τὸν θεὸν καὶ σωθέντας ὑπ' αὐτοῦ, οἵτινες καὶ πατέρες ἦσαν τῆς παρθένου, δι' ἧς ἐγεννήθη ἄνθρωπος γενόμενος, καὶ αὐτὸς σωθήσεσθαι

---
288 Lk 1:35
289 Lk 1:38

ὑπὸ τοῦ αὐτοῦ θεοῦ μηνύων, ἀλλ' οὐ τῇ αὐτοῦ βουλῇ ἢ ἰσχύϊ πράττειν τι καυχώμενος. **2** καὶ γὰρ ἐπὶ γῆς τὸ αὐτὸ ἔπραξε· λέγοντος αὐτῷ τινος· Διδάσκαλε ἀγαθέ, ἀπεκρίνατο· Τί με λέγεις ἀγαθόν; εἷς ἐστιν ἀγαθός, ὁ πατήρ μου ὁ ἐν τοῖς οὐρανοῖς.[290] τὸ δὲ εἰπεῖν Ἐγώ εἰμι σκώληξ καὶ οὐκ ἄνθρωπος, ὄνειδος ἀνθρώπων καὶ ἐξουθένημα λαοῦ, ἅπερ φαίνεται καὶ ὄντα καὶ γινόμενα αὐτῷ προέλεγεν. ὄνειδος μὲν γὰρ ἡμῖν, τοῖς εἰς αὐτὸν πιστεύουσιν ἀνθρώποις, πανταχοῦ ἐστιν· ἐξουθένημα δὲ τοῦ λαοῦ, ὅτι ὑπὸ τοῦ λαοῦ ὑμῶν ἐξουδενωθεὶς καὶ ἀτιμωθεὶς ταῦτα ἔπαθεν ἅπερ διεθήκατε αὐτόν. **3** καὶ τὰ ἀκόλουθα· Πάντες οἱ θεωροῦντές με ἐξεμυκτήρισάν με, καὶ ἐλάλησαν ἐν χείλεσιν, ἐκίνησαν κεφαλήν· Ἤλπισεν ἐπὶ κύριον, ῥυσάσθω αὐτόν, ὅτι θέλει αὐτόν· τὰ αὐτὰ ὁμοίως ἐγγίνεσθαι αὐτῷ προεῖπεν. οἱ γὰρ θεωροῦντες αὐτὸν ἐσταυρωμένον τὰς κεφαλὰς ἕκαστος ἐκίνουν καὶ τὰ χείλη διέστρεφον, καὶ τοῖς μυξωτῆρσιν ἐν ἀλλήλοις διαρρινοῦντες ἔλεγον εἰρωνευόμενοι ταῦτα ἃ καὶ ἐν τοῖς ἀπομνημονεύμασι τῶν ἀποστόλων αὐτοῦ γέγραπται· Υἱὸν θεοῦ ἑαυτὸν ἔλεγε, καταβὰς περιπατείτω· σωσάτω αὐτὸν ὁ θεός.

CII

1 Καὶ τὰ ἑξῆς· Ἡ ἐλπίς μου ἀπὸ μασθῶν τῆς μητρός μου· ἐπὶ σὲ ἐπερρίφην ἐκ μήτρας, ἀπὸ γαστρὸς μητρός μου θεός μου εἶ σύ, ὅτι οὐκ ἔστιν ὁ βοηθῶν μοι. περιεκύκλωσάν με μόσχοι πολλοί, ταῦροι πίονες περιέσχον με· ἤνοιξαν ἐπ' ἐμὲ τὸ στόμα αὐτῶν, ὡς λέων ἁρπάζων καὶ ὠρυόμενος. ὡσεὶ ὕδωρ ἐξεχύθη καὶ διεσκορπίσθη πάντα τὰ ὀστᾶ μου. ἐγενήθη ἡ καρδία μου ὡσεὶ κηρὸς τηκόμενος ἐν μέσῳ τῆς κοιλίας μου· ἐξηράνθη ὡς ὄστρακον ἡ ἰσχύς μου, καὶ ἡ γλῶσσά μου κεκόλληται τῷ λάρυγγί μου· τῶν γεγενημένων τὴν προαγγελίαν ἐποιεῖτο. **2** τὸ γὰρ Ἡ ἐλπίς μου ἀπὸ μασθῶν τῆς μητρός μου. ἅμα γὰρ τῷ γεννηθῆναι αὐτὸν ἐν Βηθλεέμ, ὡς προέφην, παρὰ τῶν ἀπὸ Ἀρραβίας μάγων μαθὼν Ἡρώδης ὁ βασιλεὺς τὰ κατ' αὐτὸν ἐπεβούλευσεν ἀνελεῖν αὐτόν, καὶ κατὰ τὴν τοῦ θεοῦ κέλευσιν Ἰωσὴφ λαβὼν αὐτὸν ἅμα τῇ Μαρίᾳ ἀπῆλθεν εἰς Αἴγυπτον· μετὰ γὰρ τὸ κηρύξαι αὐτὸν τὸν παρ' αὐτοῦ λόγον ἀνδρωθέντα ὁ πατὴρ θανατωθήσεσθαι αὐτὸν ἐκεκρίκει ὃν ἐγεγεννήκει. **3** ἐὰν δέ τις ἡμῖν λέγῃ· Μὴ γὰρ οὐκ ἠδύνατο ὁ θεὸς μᾶλλον τὸν Ἡρώδην ἀποκτεῖναι;

---

[290] Lk 18:18

προλαβὼν λέγω· Μὴ γὰρ οὐκ ἠδύνατο ὁ θεὸς τὴν ἀρχὴν καὶ τὸν ὄφιν ἐξᾶραι τοῦ μὴ εἶναι, καὶ μὴ εἰπεῖν ὅτι *Καὶ ἔχθραν θήσω ἀνὰ μέσον αὐτοῦ καὶ τῆς γυναικός, καὶ τοῦ σπέρματος αὐτοῦ καὶ τοῦ σπέρματος αὐτῆς;*[291] μὴ γὰρ οὐκ ἠδύνατο εὐθὺς πλῆθος ἀνθρώπων ποιῆσαι; 4 ἀλλ', ὡς ἐγίνωσκε καλὸν εἶναι γενέσθαι, ἐποίησεν αὐτεξουσίους πρὸς δικαιοπραξίαν καὶ ἀγγέλους καὶ ἀνθρώπους, καὶ χρόνους ὥρισε μέχρις οὗ ἐγίνωσκε καλὸν εἶναι τὸ αὐτεξούσιον ἔχειν αὐτούς· καὶ ὅτι καλὸν εἶναι ὁμοίως ἐγνώριζε, καὶ καθολικὰς καὶ μερικὰς κρίσεις ἐποίει, πεφυλαγμένου μέντοι τοῦ αὐτεξουσίου. ὅθεν φησὶν ὁ λόγος καὶ ἐν τῇ ἐπὶ τοῦ πύργου καταβολῇ καὶ τῇ τῶν γλωσσῶν πολυφθογγίᾳ καὶ ἐξαλλοιώσει ταῦτα· *Καὶ εἶπε κύριος· Ἰδοὺ γένος ἓν καὶ χεῖλος ἓν πάντων, καὶ τοῦτο ἤρξαντο ποιῆσαι· καὶ νῦν οὐκ ἐκλείψει ἐξ αὐτῶν πάντα ὅσα ἂν ἐπιθῶνται ποιεῖν.*[292] 5 καὶ τό τε *Ἐξηράνθη ὡς ὄστρακον ἡ ἰσχύς μου, καὶ ἡ γλῶσσά μου κεκόλληται τῷ λάρυγγί μου*, ὁμοίως τῶν ὑπ' αὐτοῦ μελλόντων γίνεσθαι κατὰ τὸ τοῦ πατρὸς θέλημα προαγγελία ἦν. ἡ γὰρ τοῦ ἰσχυροῦ αὐτοῦ λόγου δύναμις, δι' ἧς ἀεὶ ἤλεγχε τοὺς συζητοῦντας αὐτῷ Φαρισαίους καὶ γραμματεῖς καὶ ἁπλῶς τοὺς ἐν τῷ γένει ὑμῶν διδασκάλους, ἐποχὴν ἔσχε δίκην πολυΰδρου καὶ ἰσχυρᾶς πηγῆς, ἧς τὸ ὕδωρ ἀπεστράφη, σιγήσαντος αὐτοῦ καὶ μηκέτι ἐπὶ Πιλάτου ἀποκρίνασθαι μηδὲν μηδενὶ βουλομένου, ὡς ἐν τοῖς ἀπομνημονεύμασι τῶν ἀποστόλων αὐτοῦ δεδήλωται, ὅπως καὶ τὸ διὰ Ἡσαΐου εἰρημένον καρπὸν ἐνεργῆ ἔχῃ, ὅπου εἴρηται· *Κύριος δίδωσί μοι γλῶσσαν τοῦ γνῶναι ἡνίκα με δεῖ εἰπεῖν λόγον.*[293] 6 τὸ δὲ καὶ εἰπεῖν αὐτόν· Θεός μου εἶ σύ, μὴ ἀποστῇς ἀπ' ἐμοῦ, διδάσκοντος ἅμα ὅτι ἐπὶ θεὸν τὸν πάντα ποιήσαντα ἐλπίζειν δεῖ πάντας καὶ παρ' ἐκείνου μόνου σωτηρίαν καὶ βοήθειαν ζητεῖν, ἀλλὰ μή, ὡς τοὺς λοιποὺς τῶν ἀνθρώπων, διὰ γένος ἢ πλοῦτον ἢ ἰσχὺν ἢ σοφίαν νομίζειν δύνασθαι σώζεσθαι· ὁποῖον καὶ ὑμεῖς ἀεὶ ἐπράξατε, ποτὲ μὲν μοσχοποιήσαντες, ἀεὶ δὲ ἀχάριστοι καὶ φονεῖς τῶν δικαίων καὶ τετυφωμένοι διὰ τὸ γένος φαινόμενοι. 7 εἰ γὰρ ὁ υἱὸς τοῦ θεοῦ φαίνεται μήτε διὰ τὸ εἶναι υἱὸς μήτε κατὰ τὸ εἶναι ἰσχυρὸς μήτε διὰ τὸ σοφὸς λέγων δύνασθαι σώζεσθαι, ἀλλὰ πρὸς τὸ ἀναμάρτητος εἶναι, ὡς Ἡσαΐας φησίν, μηδὲ μέχρι φωνῆς ἡμαρτηκέναι αὐτόν, ἀνομίαν γὰρ οὐκ ἐποίησεν οὐδὲ δόλον τῷ στόματι, ἄνευ τοῦ θεοῦ

---

291 Gen 3:15
292 Gen 11:6
293 Isa 50:4

Πρὸς Τρύφωνα Ἰουδαῖον Διάλογος

σωθήσεσθαι μὴ δύνασθαι, πῶς ὑμεῖς ἢ καὶ οἱ ἄλλοι οἱ ἄνευ τῆς ἐλπίδος ταύτης σωθήσεσθαι προσδοκῶντες οὐχ ἑαυτοὺς ἀπατᾶν λογίζεσθε;

CIII

1 Τὰ δὲ ἑξῆς εἰρημένα ἐν τῷ ψαλμῷ· Ὅτι θλίψις ἐγγύς, ὅτι οὐκ ἔστιν ὁ βοηθῶν μοι· περιεκύκλωσάν με μόσχοι πολλοί, ταῦροι πίονες περιέσχον με· ἤνοιξαν ἐπ' ἐμὲ τὸ στόμα αὐτῶν ὡς λέων ἁρπάζων καὶ ὠρυόμενος· ὡσεὶ ὕδωρ ἐξεχύθη καὶ διεσκορπίσθη πάντα τὰ ὀστᾶ μου· τῶν ὁμοίως αὐτῷ συμβάντων προαγγελία ἦν. ἐκείνης γὰρ τῆς νυκτός, ὅτε ἀπὸ τοῦ Ὄρους τῶν Ἐλαιῶν ἐπῆλθον αὐτῷ οἱ ἀπὸ τοῦ λαοῦ ὑμῶν ὑπὸ τῶν Φαρισαίων καὶ γραμματέων κατὰ τὴν διδασκαλίαν ἐπιπεμφθέντες, ἐκύκλωσαν αὐτὸν οὓς μόσχους κερατιστὰς καὶ προώλεις ὁ λόγος ἔλεγε. 2 καὶ τὸ Ταῦροι πίονες περιέσχον με εἰπεῖν τοὺς καὶ αὐτοὺς μὲν τὰ ὅμοια τοῖς μόσχοις ποιήσαντας, ὅτε ἤχθη πρὸς τοὺς διδασκάλους ὑμῶν, προέλεγεν· οὓς ὡς ταύρους διὰ τοῦτο ὁ λόγος εἶπεν, ἐπειδὴ τοὺς ταύρους τοῦ εἶναι μόσχους αἰτίους οἴδαμεν. ὡς οὖν πατέρες εἰσὶ τῶν μόσχων οἱ ταῦροι, οὕτως οἱ διδάσκαλοι ὑμῶν τοῖς τέκνοις αὐτῶν αἴτιοι ἦσαν τοῦ ἐξελθόντας εἰς τὸ Ὄρος τῶν Ἐλαιῶν συλλαβεῖν αὐτὸν καὶ ἄγειν ἐπ' αὐτούς. καὶ τὸ εἰπεῖν Ὅτι οὐκ ἔστιν ὁ βοηθῶν δηλωτικὸν καὶ αὐτὸ τοῦ γενομένου. οὐδεὶς γὰρ οὐδὲ μέχρις ἑνὸς ἀνθρώπου βοηθεῖν αὐτῷ ὡς ἀναμαρτήτῳ βοηθὸς ὑπῆρχε. 3 καὶ τὸ Ἤνοιξαν ἐπ' ἐμὲ τὸ στόμα αὐτῶν ὡς λέων ὠρυόμενος δηλοῖ τὸν βασιλέα τῶν Ἰουδαίων τότε ὄντα, καὶ αὐτὸν Ἡρώδην λεγόμενον, διάδοχον γεγενημένον Ἡρώδου τοῦ, ὅτε ἐγεγέννητο, ἀνελόντος πάντας τοὺς ἐν Βηθλεὲμ ἐκείνου τοῦ καιροῦ γεννηθέντας παῖδας, διὰ τὸ ὑπονοεῖν ἐν αὐτοῖς πάντως εἶναι τὸν περὶ οὗ εἰρήκεισαν αὐτῷ οἱ ἀπὸ Ἀρραβίας ἐλθόντες μάγοι· μὴ ἐπιστάμενος τὴν τοῦ ἰσχυροτέρου πάντων βουλήν, ὡς εἰς Αἴγυπτον τῷ Ἰωσὴφ καὶ τῇ Μαρίᾳ ἐκεκελεύκει ἀπαλλαγῆναι λαβοῦσι τὸ παιδίον, καὶ εἶναι ἐκεῖ ἄχρις ἂν πάλιν αὐτοῖς ἀποκαλυφθῇ ἐπανελθεῖν εἰς τὴν χώραν αὐτῶν· κἀκεῖ ἦσαν ἀπελθόντες ἄχρις ἂν ἀπέθανεν ὁ ἀποκτείνας τὰ ἐν Βηθλεὲμ παιδία Ἡρώδης καὶ Ἀρχέλαος αὐτὸν διεδέξατο· καὶ οὗτος ἐτελεύτα πρὶν τὸν Χριστὸν τὴν οἰκονομίαν τὴν κατὰ τὸ βούλημα τοῦ πατρὸς γεγενημένην ὑπ' αὐτοῦ ἐπὶ τῷ σταυρωθῆναι ἐλθεῖν. 4 Ἡρώδου δὲ τὸν Ἀρχέλαον διαδεξαμένου, λαβόντος τὴν ἐξουσίαν τὴν ἀπονεμηθεῖσαν αὐτῷ, ᾧ καὶ Πιλᾶτος

χαριζόμενος δεδεμένον τὸν Ἰησοῦν ἔπεμψε, καὶ τοῦτο γενησόμενον προειδὼς ὁ θεὸς εἰρήκει οὕτως· *Καὶ αὐτὸν εἰς Ἀσσυρίου ἀπήνεγκαν ξένια τῷ βασιλεῖ.*[294] 5 ἢ λέοντα τὸν ὠρυόμενον ἐπ' αὐτὸν ἔλεγε τὸν διάβολον, ὃν Μωυσῆς μὲν ὄφιν καλεῖ, ἐν δὲ τῷ Ἰὼβ καὶ τῷ Ζαχαρίᾳ διάβολος κέκληται, καὶ ὑπὸ τοῦ Ἰησοῦ σατανᾶς προσηγόρευται, ὄνομα ἀπὸ τῆς πράξεως ἧς ἔπραξε σύνθετον κτησάμενον αὐτὸν μηνύων· τὸ γὰρ σατὰν τῇ Ἰουδαίων καὶ Σύρων φωνῇ ἀποστάτης ἐστί, τὸ δὲ νᾶς ὄνομα ἐξ οὗ ἡ ἑρμηνεία ὄφις ἐκλήθη· ἐξ ὧν ἀμφοτέρων τῶν εἰρημένων ἓν ὄνομα γίνεται σατανᾶς. 6 καὶ γὰρ οὗτος ὁ διάβολος ἅμα τῷ ἀναβῆναι αὐτὸν ἀπὸ τοῦ ποταμοῦ τοῦ Ἰορδάνου, τῆς φωνῆς αὐτῷ λεχθείσης· *Υἱός μου εἶ σύ, ἐγὼ σήμερον γεγέννηκά σε*·[295] ἐν τοῖς ἀπομνημονεύμασι τῶν ἀποστόλων γέγραπται προσελθὼν αὐτῷ καὶ πειράζων μέχρι τοῦ εἰπεῖν αὐτῷ· *Προσκύνησόν μοι*· καὶ ἀποκρίνασθαι αὐτῷ τὸν Χριστόν· *Ὕπαγε ὀπίσω μου, σατανᾶ· κύριον τὸν θεόν σου προσκυνήσεις καὶ αὐτῷ μόνῳ λατρεύσεις.*[296] ὡς γὰρ τὸν Ἀδὰμ ἐπλάνησεν, ἔλεγε καὶ τοῦτον δυνηθῆναι ἐργάσασθαί τι. 7 καὶ τὸ Ὡσεὶ ὕδωρ ἐξεχύθη καὶ διεσκορπίσθη πάντα τὰ ὀστᾶ μου, ἐγενήθη ἡ καρδία μου ὡσεὶ κηρὸς τηκόμενος ἐν μέσῳ τῆς κοιλίας μου, ὅπερ γέγονεν αὐτῷ ἐκείνης τῆς νυκτός, ὅτε ἐπ' αὐτὸν ἐξῆλθον εἰς τὸ Ὄρος τῶν Ἐλαιῶν συλλαβεῖν αὐτόν, προαγγελία ἦν. 8 ἐν γὰρ τοῖς ἀπομνημονεύμασιν, ἅ φημι ὑπὸ τῶν ἀποστόλων αὐτοῦ καὶ τῶν ἐκείνοις παρακολουθησάντων συντετάχθαι, γέγραπται ὅτι ἱδρὼς ὡσεὶ θρόμβοι κατεχεῖτο, αὐτοῦ εὐχομένου καὶ λέγοντος· *Παρελθέτω, εἰ δυνατόν, τὸ ποτήριον τοῦτο*·[297] ἐντρόμου τῆς καρδίας δῆλον ὅτι οὔσης καὶ τῶν ὀστῶν ὁμοίως καὶ ἐοικυίας τῆς καρδίας κηρῷ τηκομένῳ εἰς τὴν κοιλίαν, ὅπως εἰδῶμεν ὅτι ὁ πατὴρ τὸν ἑαυτοῦ υἱὸν καὶ ἐν τοιούτοις πάθεσιν ἀληθῶς γεγονέναι δι' ἡμᾶς βεβούληται, καὶ μὴ λέγωμεν ὅτι ἐκεῖνος, τοῦ θεοῦ υἱὸς ὤν, οὐκ ἀντελαμβάνετο τῶν γινομένων καὶ συμβαινόντων αὐτῷ. 9 καὶ τὸ Ἐξηράνθη ὡς ὄστρακον ἡ ἰσχύς μου, καὶ ἡ γλῶσσά μου κεκόλληται τῷ λάρυγγί μου, ὅπερ προεῖπον, τῆς σιγῆς, ἐν μηδενὶ μηδὲν ἀποκρινόμενος ὁ πάντας ἐλέγχων ἀσόφους τοὺς παρ' ὑμῖν διδασκάλους, προαγγελία ἦν.

---

294 Hos 10:6
295 Ps 2:7; compare Matt 3:17
296 Matt 4:9, 10
297 Lk 22:44, 42

Πρὸς Τρύφωνα Ἰουδαῖον Διάλογος

CIV

1 Καὶ τὸ Εἰς χοῦν θανάτου κατήγαγές με, ὅτι ἐκύκλωσάν με κύνες πολλοί, συναγωγὴ πονηρευομένων περιέσχον με· ὤρυξαν χεῖράς μου καὶ πόδας μου, ἐξηρίθμησαν πάντα τὰ ὀστᾶ μου· αὐτοὶ δὲ κατενόησαν καὶ ἐπεῖδόν με· διεμερίσαντο τὰ ἱμάτιά μου ἑαυτοῖς, καὶ ἐπὶ τὸν ἱματισμόν μου ἔβαλον κλῆρον, ὡς προεῖπον, προαγγελία ἦν διὰ ποίου θανάτου καταδικάζειν αὐτὸν ἔμελλεν ἡ συναγωγὴ τῶν πονηρευομένων, οὓς καὶ κύνας καλεῖ, καὶ κυνηγοὺς μηνύων, ὅτι αὐτοὶ οἱ κυνηγήσαντες καὶ συνήχθησαν οἱ ἀγωνιζόμενοι ἐπὶ τῷ καταδικάσασθαι αὐτόν· ὅπερ καὶ ἐν τοῖς ἀπομνημονεύμασι τῶν ἀποστόλων αὐτοῦ γέγραπται γενόμενον. 2 καὶ ὅτι μετὰ τὸ σταυρωθῆναι αὐτὸν ἐμέρισαν ἑαυτοῖς οἱ σταυρώσαντες αὐτὸν τὰ ἱμάτια αὐτοῦ, ἐδήλωσα.

CV

1 Τὰ δὲ ἀκόλουθα τοῦ ψαλμοῦ· Σὺ δέ, κύριε, μὴ μακρύνῃς τὴν βοήθειάν σου ἀπ' ἐμοῦ· εἰς τὴν ἀντίληψίν μου πρόσχες· ῥῦσαι ἀπὸ ῥομφαίας τὴν ψυχήν μου καὶ ἐκ χειρὸς κυνὸς τὴν μονογενῆ μου· σῶσόν με ἐκ στόματος λέοντος καὶ ἀπὸ κεράτων μονοκερώτων τὴν ταπείνωσίν μου· ὁμοίως πάλιν διδασκαλία καὶ προαγγελία τῶν ὄντων αὐτῷ καὶ συμβαίνειν μελλόντων. μονογενὴς γὰρ ὅτι ἦν τῷ πατρὶ τῶν ὅλων οὗτος, ἰδίως ἐξ αὐτοῦ λόγος καὶ δύναμις γεγεννημένος, καὶ ὕστερον ἄνθρωπος διὰ τῆς παρθένου γενόμενος, ὡς ἀπὸ τῶν ἀπομνημονευμάτων ἐμάθομεν, προεδήλωσα. 2 καὶ ὅτι σταυρωθεὶς ἀπέθανεν, ὁμοίως προεῖπε. τὸ γὰρ Ῥῦσαι ἀπὸ ῥομφαίας τὴν ψυχήν μου καὶ ἐκ χειρὸς κυνὸς τὴν μονογενῆ μου· σῶσόν με ἐκ στόματος λέοντος καὶ ἀπὸ κεράτων μονοκερώτων τὴν ταπείνωσίν μου· ὁμοίως μηνύοντος δι' οὗ πάθους ἔμελλεν ἀποθνήσκειν, τοῦτ' ἔστι σταυροῦσθαι· τὸ γὰρ Κεράτων μονοκερώτων ὅτι τὸ σχῆμα τοῦ σταυροῦ ἐστι μόνου, προεξηγησάμην ὑμῖν. 3 καὶ τὸ ἀπὸ ῥομφαίας καὶ στόματος λέοντος καὶ ἐκ χειρὸς κυνὸς αἰτεῖν αὐτὸν τὴν ψυχὴν σωθῆναι, ἵνα μηδεὶς κυριεύσῃ τῆς ψυχῆς αὐτοῦ αἴτησις ἦν, ἵνα, ἡνίκα ἡμεῖς πρὸς τῇ ἐξόδῳ τοῦ βίου γινώμεθα, τὰ αὐτὰ αἰτῶμεν τὸν θεόν, τὸν δυνάμενον ἀποστρέψαι πάντα ἀναιδῆ πονηρὸν ἄγγελον μὴ λαβέσθαι ἡμῶν τῆς ψυχῆς. 4 καὶ ὅτι μένουσιν αἱ ψυχαὶ ἀπέδειξα ὑμῖν ἐκ τοῦ καὶ τὴν Σαμουὴλ ψυχὴν κληθῆναι ὑπὸ τῆς ἐγγαστριμύθου, ὡς

ἠξίωσεν ὁ Σαούλ. φαίνεται δὲ καὶ ὅτι πᾶσαι αἱ ψυχαὶ τῶν οὕτως δικαίων καὶ προφητῶν ὑπὸ ἐξουσίαν ἔπιπτον τῶν τοιούτων δυνάμεων, ὁποία δὴ καὶ ἐν τῇ ἐγγαστριμύθῳ ἐκείνῃ ἐξ αὐτῶν τῶν πραγμάτων ὁμολογεῖται. 5 ὅθεν καὶ οὗτος διδάσκει ἡμᾶς καὶ διὰ τοῦ υἱοῦ αὐτοῦ τὸ πάντως ἀγωνίζεσθαι δικαίους γίνεσθαι, καὶ πρὸς τῇ ἐξόδῳ αἰτεῖν μὴ ὑπὸ τοιαύτην τινὰ δύναμιν ὑποπεσεῖν τὰς ψυχὰς ἡμῶν. καὶ γὰρ ἀποδιδοὺς τὸ πνεῦμα ἐπὶ τῷ σταυρῷ εἶπε· *Πάτερ, εἰς χεῖράς σου παρατίθεμαι τὸ πνεῦμά μου*,[298] ὡς καὶ ἐκ τῶν ἀπομνημονευμάτων καὶ τοῦτο ἔμαθον. 6 καὶ γὰρ πρὸς τὸ ὑπερβάλλειν τὴν Φαρισαίων πολιτείαν τοὺς μαθητὰς αὐτοῦ συνωθῶν, εἰ δὲ μή γε, ἐπίστασθαι ὅτι οὐ σωθήσονται, ταῦτα εἰρηκέναι ἐν τοῖς ἀπομνημονεύμασι γέγραπται· *Ἐὰν μὴ περισσεύσῃ ὑμῶν ἡ δικαιοσύνη πλεῖον τῶν γραμματέων καὶ Φαρισαίων, οὐ μὴ εἰσέλθητε εἰς τὴν βασιλείαν τῶν οὐρανῶν.*[299]

CVI

1 Καὶ ὅτι ἠπίστατο τὸν πατέρα αὐτοῦ πάντα παρέχειν αὐτῷ, ὡς ἠξίου, καὶ ἀνεγερεῖν αὐτὸν ἐκ τῶν νεκρῶν, καὶ πάντας τοὺς φοβουμένους τὸν θεὸν προέτρεπεν αἰνεῖν τὸν θεὸν διὰ τὸ ἐλεῆσαι καὶ διὰ τοῦ μυστηρίου τοῦ σταυρωθέντος τούτου πᾶν γένος τῶν πιστευόντων ἀνθρώπων, καὶ ὅτι ἐν μέσῳ τῶν ἀδελφῶν αὐτοῦ ἔστη, τῶν ἀποστόλων, οἵτινες, μετὰ τὸ ἀναστῆναι αὐτὸν ἐκ νεκρῶν καὶ πεισθῆναι ὑπ' αὐτοῦ ὅτι καὶ πρὸ τοῦ παθεῖν ἔλεγεν αὐτοῖς ὅτι ταῦτα αὐτὸν δεῖ παθεῖν καὶ ἀπὸ τῶν προφητῶν ὅτι προεκεκήρυκτο ταῦτα, μετενόησαν ἐπὶ τῷ ἀφίστασθαι αὐτοῦ ὅτε ἐσταυρώθη, καὶ μετ' αὐτῶν διάγων ὕμνησε τὸν θεόν, ὡς καὶ ἐν τοῖς ἀπομνημονεύμασι τῶν ἀποστόλων δηλοῦται γεγενημένον, τὰ λείποντα τοῦ ψαλμοῦ ἐδήλωσεν. 2 ἔστι δὲ ταῦτα· *Διηγήσομαι τὸ ὄνομά σου τοῖς ἀδελφοῖς μου, ἐν μέσῳ ἐκκλησίας ὑμνήσω σε. οἱ φοβούμενοι τὸν κύριον αἰνέσατε αὐτόν, ἅπαν τὸ σπέρμα Ἰακὼβ δοξάσατε αὐτόν, φοβηθήτωσαν αὐτὸν ἅπαν τὸ σπέρμα Ἰσραήλ.* 3 καὶ τὸ εἰπεῖν μετωνομακέναι αὐτὸν Πέτρον ἕνα τῶν ἀποστόλων, καὶ γεγράφθαι ἐν τοῖς ἀπομνημονεύμασιν αὐτοῦ γεγενημένον καὶ τοῦτο, μετὰ τοῦ καὶ ἄλλους δύο ἀδελφούς, υἱοὺς Ζεβεδαίου ὄντας, ἐπωνομακέναι ὀνόματι τοῦ Βοανεργές, ὅ ἐστιν υἱοὶ βροντῆς, σημαντικὸν ἦν τοῦ αὐτὸν ἐκεῖνον εἶναι, δι' οὗ

---
298 Lk 23:46
299 Matt 5:20

καὶ τὸ ἐπώνυμον Ἰακὼβ τῷ Ἰσραὴλ ἐπικληθέντι ἐδόθη καὶ τῷ Αὐσῇ ὄνομα Ἰησοῦς ἐπεκλήθη, δι' οὗ ὀνόματος καὶ εἰσήχθη εἰς τὴν ἐπηγγελμένην τοῖς πατριάρχαις γῆν ὁ περιλειφθεὶς ἀπὸ τῶν ἀπ' Αἰγύπτου ἐξελθόντων λαός. 4 καὶ ὅτι ὡς ἄστρον ἔμελλεν ἀνατέλλειν αὐτὸς διὰ τοῦ γένους τοῦ Ἀβραάμ, Μωυσῆς παρεδήλωσεν οὕτως εἰπών· Ἀνατελεῖ ἄστρον ἐξ Ἰακὼβ καὶ ἡγούμενος ἐξ Ἰσραήλ.[300] καὶ ἄλλη δὲ γραφή φησιν· Ἰδοὺ ἀνήρ, ἀνατολὴ ὄνομα αὐτῷ.[301] ἀνατείλαντος οὖν καὶ ἐν οὐρανῷ ἅμα τῷ γεννηθῆναι αὐτὸν ἀστέρος, ὡς γέγραπται ἐν τοῖς ἀπομνημονεύμασι τῶν ἀποστόλων αὐτοῦ. οἱ ἀπὸ Ἀρραβίας μάγοι, ἐκ τούτου ἐπιγνόντες, παρεγένοντο καὶ προσεκύνησαν αὐτῷ.

CVII

1 Καὶ ὅτι τῇ τρίτῃ ἡμέρᾳ ἔμελλεν ἀναστήσεσθαι μετὰ τὸ σταυρωθῆναι, γέγραπται ἐν τοῖς ἀπομνημονεύμασιν[302] ὅτι οἱ ἀπὸ τοῦ γένους ὑμῶν συζητοῦντες αὐτῷ ἔλεγον ὅτι Δεῖξον ἡμῖν σημεῖον. καὶ ἀπεκρίνατο αὐτοῖς· Γενεὰ πονηρὰ καὶ μοιχαλὶς σημεῖον ἐπιζητεῖ, καὶ σημεῖον οὐ δοθήσεται αὐτοῖς εἰ μὴ τὸ σημεῖον Ἰωνᾶ. καὶ ταῦτα λέγοντος αὐτοῦ παρακεκαλυμμένα ἦν νοεῖσθαι ὑπὸ τῶν ἀκουόντων ὅτι μετὰ τὸ σταυρωθῆναι αὐτὸν τῇ τρίτῃ ἡμέρᾳ ἀναστήσεται. 2 καὶ πονηροτέραν τὴν γενεὰν ὑμῶν καὶ μοιχαλίδα μᾶλλον τῆς Νινευϊτῶν πόλεως ἐδήλου, οἵτινες, τοῦ Ἰωνᾶ κηρύξαντος αὐτοῖς μετὰ τὸ ἐκβρασθῆναι αὐτὸν τῇ τρίτῃ ἡμέρᾳ ἀπὸ τῆς κοιλίας τοῦ ἁδροῦ ἰχθύος ὅτι μετὰ τρεῖς ἡμέρας παμπληθεὶ ἀπολοῦνται, νηστείαν ἁπλῶς πάντων ζώων, ἀνθρώπων τε καὶ ἀλόγων, μετὰ σακκοφορίας καὶ ἐκτενοῦς ὀλολυγμοῦ καὶ ἀπὸ τῶν καρδιῶν ἀληθινῆς μετανοίας αὐτῶν καὶ ἀποταγῆς τῆς πρὸς ἀδικίαν ἐκήρυξαν, πιστεύσαντες ὅτι ἐλεήμων ὁ θεὸς καὶ φιλάνθρωπός ἐστιν ἐπὶ πάντας τοὺς μετατιθεμένους ἀπὸ τῆς κακίας, ὡς καὶ αὐτὸν τὸν βασιλέα τῆς πόλεως ἐκείνης καὶ τοὺς μεγιστάνας ὁμοίως σακκοφορήσαντας προσμεμενηκέναι τῇ νηστείᾳ καὶ τῇ ἱκεσίᾳ, καὶ ἐπιτυχεῖν μὴ καταστραφῆναι τὴν πόλιν αὐτῶν. 3 ἀλλὰ καὶ τοῦ Ἰωνᾶ ἀνιωμένου ἐπὶ τῷ τῇ τρίτῃ ἡμέρᾳ, ὡς ἐκήρυξε, μὴ καταστραφῆναι τὴν πόλιν, διὰ τῆς οἰκονομίας τοῦ ἐκ τῆς γῆς ἀνατεῖλαι αὐτῷ σικυῶνα, ὑφ' ὃν καθεζόμενος ἐσκιάζετο ἀπὸ καύματος (ἦν δὲ ὁ σικυὼν κολόκυνθα

---

300 Num 24:17
301 Zech 6:12
302 Matt 12:38f

αἰφνίδιος, μήτε φυτεύσαντος τοῦ Ἰωνᾶ μήτε ποτίσαντος, ἀλλ' ἐξαίφνης ἐπανατείλας αὐτῷ σκιὰν παρέχειν), κἀκ τῆς ἄλλης ξηρᾶναι αὐτόν, ἐφ' ᾧ ἐλυπεῖτο Ἰωνᾶς, καὶ ἤλεγξεν αὐτὸν οὐ δικαίως ἀθυμοῦντα ἐπὶ τῷ μὴ κατεστράφθαι τὴν Νινευϊτῶν πόλιν, λέγων· 4 *Σὺ ἐφείσω περὶ τοῦ σικυῶνος, οὗ οὐκ ἐκοπίασας ἐν αὐτῷ, οὔτε ἐξέθρεψας αὐτόν, ὃς ὑπὸ νύκτα αὐτοῦ ἦλθε καὶ ὑπὸ νύκτα αὐτοῦ ἀπώλετο· κἀγὼ οὐ φείσομαι ὑπὲρ Νινευΐ, τῆς πόλεως τῆς μεγάλης, ἐν ᾗ κατοικοῦσι πλείους ἢ δώδεκα μυριάδες ἀνδρῶν, οἳ οὐκ ἔγνωσαν ἀνὰ μέσον δεξιᾶς αὐτῶν καὶ ἀνὰ μέσον ἀριστερᾶς αὐτῶν, καὶ κτήνη πολλά;*[303]

CVIII

1 Καὶ ταῦτα οἱ ἀπὸ τοῦ γένους ὑμῶν ἐπιστάμενοι ἅπαντες γεγενημένα ὑπὸ τοῦ Ἰωνᾶ, καὶ τοῦ Χριστοῦ παρ' ὑμῖν βοῶντος ὅτι τὸ σημεῖον Ἰωνᾶ δώσει ὑμῖν, προτρεπόμενος ἵνα κἂν μετὰ τὸ ἀναστῆναι αὐτὸν ἀπὸ τῶν νεκρῶν μετανοήσητε ἐφ' οἷς ἐπράξατε κακοῖς καὶ ὁμοίως Νινευΐταις προσκλαύσητε τῷ θεῷ, ὅπως καὶ τὸ ἔθνος καὶ ἡ πόλις ὑμῶν μὴ ἁλῷ καταστραφεῖσα, ὡς κατεστράφη, 2 καὶ οὐ μόνον οὐ μετενοήσατε, μαθόντες αὐτὸν ἀναστάντα ἐκ νεκρῶν, ἀλλ', ὡς προεῖπον, ἄνδρας χειροτονήσαντες ἐκλεκτοὺς εἰς πᾶσαν τὴν οἰκουμένην ἐπέμψατε, κηρύσσοντας ὅτι αἵρεσίς τις ἄθεος καὶ ἄνομος ἐγήγερται ἀπὸ Ἰησοῦ τινος Γαλιλαίου πλάνου ὃν σταυρωσάντων ἡμῶν, οἱ μαθηταὶ αὐτοῦ κλέψαντες αὐτὸν ἀπὸ τοῦ μνήματος νυκτός, ὁπόθεν κατετέθη ἀφηλωθεὶς ἀπὸ τοῦ σταυροῦ, πλανῶσι τοὺς ἀνθρώπους λέγοντες ἐγηγέρθαι αὐτὸν ἐκ νεκρῶν καὶ εἰς οὐρανὸν ἀνεληλυθέναι κατειπόντες δεδιδαχέναι καὶ ταῦτα ἅπερ κατὰ τῶν ὁμολογούντων Χριστὸν καὶ διδάσκαλον καὶ υἱὸν θεοῦ εἶναι παντὶ γένει ἀνθρώπων ἄθεα καὶ ἄνομα καὶ ἀνόσια λέγετε. 3 πρὸς τούτοις καὶ ἁλούσης ὑμῶν τῆς πόλεως καὶ τῆς γῆς ἐρημωθείσης οὐ μετανοεῖτε, ἀλλὰ καὶ καταρᾶσθαι αὐτοῦ καὶ τῶν πιστευόντων εἰς αὐτὸν πάντων τολμᾶτε. καὶ ἡμεῖς ὑμᾶς καὶ τοὺς δι' ὑμᾶς τοιαῦτα καθ' ἡμῶν ὑπειληφότας οὐ μισοῦμεν, ἀλλ' εὐχόμεθα κἂν νῦν μετανοήσαντας πάντας ἐλέους τυχεῖν παρὰ τοῦ εὐσπλάγχνου καὶ πολυελέου πατρὸς τῶν ὅλων θεοῦ.

---

303 Jonah 4:10, 11

Πρὸς Τρύφωνα Ἰουδαῖον Διάλογος

CIX

1 Ἀλλ' ὅτι τὰ ἔθνη μετανοεῖν ἀπὸ τῆς κακίας, ἐν ᾗ πλανώμενοι ἐπολιτεύοντο, ἀκούσαντα τὸν ἀπὸ τῶν ἀποστόλων αὐτοῦ ἀπὸ Ἰερουσαλὴμ κηρυχθέντα καὶ δι' αὐτῶν μαθόντα λόγον, καὶ λόγους βραχεῖς λέγοντός μου ἀπὸ προφητείας Μιχαίου, ἑνὸς τῶν δώδεκα, ἀνάσχεσθε.

2 Εἰσὶ δὲ οὗτοι· Καὶ ἔσται ἐπ' ἐσχάτου ἡμερῶν ἐμφανὲς τὸ ὄρος κυρίου, ἕτοιμον ἐπ' ἄκρου τῶν ὀρέων, ἐπηρμένον αὐτὸ ὑπὲρ τοὺς βουνούς· καὶ ποταμὸν θήσονται ἐπ' αὐτῷ λαοί, καὶ πορεύσονται ἔθνη πολλά, καὶ ἐροῦσι· Δεῦτε, ἀναβῶμεν εἰς τὸ ὄρος κυρίου καὶ εἰς τὸν οἶκον τοῦ θεοῦ Ἰακώβ, καὶ φωτιοῦσιν ἡμᾶς τὴν ὁδὸν αὐτοῦ, καὶ πορευσόμεθα ἐν ταῖς τρίβοις αὐτοῦ. ὅτι ἐκ Σιὼν ἐξελεύσεται νόμος καὶ λόγος κυρίου ἐξ Ἰερουσαλήμ, καὶ κρινεῖ ἀνὰ μέσον λαῶν πολλῶν καὶ ἐλέγξει ἔθνη ἰσχυρὰ ἕως μακράν· καὶ συγκόψουσι τὰς μαχαίρας αὐτῶν εἰς ἄροτρα καὶ τὰς ζιβύνας αὐτῶν εἰς δρέπανα, καὶ οὐ μὴ ἄρῃ ἔθνος ἐπ' ἔθνος μάχαιραν, καὶ οὐ μὴ μάθωσιν ἔτι πολεμεῖν. 3 καὶ καθίσεται ἀνὴρ ὑποκάτω ἀμπέλου αὐτοῦ καὶ ὑποκάτω συκῆς αὐτοῦ, καὶ οὐκ ἔσται ὁ ἐκφοβῶν, ὅτι στόμα κυρίου τῶν δυνάμεων ἐλάλησεν· ὅτι πάντες οἱ λαοὶ πορεύσονται ἐν ὀνόματι θεῶν αὐτῶν, ἡμεῖς δὲ πορευσόμεθα ἐν ὀνόματι κυρίου θεοῦ ἡμῶν εἰς τὸν αἰῶνα. καὶ ἔσται ἐν τῇ ἡμέρᾳ ἐκείνῃ, συνάξω τὴν ἐκτεθλιμμένην, καὶ τὴν ἐξωσμένην ἀθροίσω καὶ ἣν ἐκάκωσα, καὶ θήσω τὴν ἐκτεθλιμμένην εἰς ὑπόλειμμα καὶ τὴν ἐκπεπιεσμένην εἰς ἔθνος ἰσχυρόν· καὶ βασιλεύσει κύριος ἐπ' αὐτῶν ἐν τῷ ὄρει Σιὼν ἀπὸ τοῦ νῦν καὶ ἕως τοῦ αἰῶνος.[304]

CX

1 Καὶ τελέσας ταῦτα ἐπεῖπον· Καὶ ὅτι οἱ διδάσκαλοι ὑμῶν, ὦ ἄνδρες, τοὺς πάντας λόγους τῆς περικοπῆς ταύτης εἰς τὸν Χριστὸν ὁμολογοῦσιν εἰρῆσθαι, ἐπίσταμαι· καὶ αὐτὸν ὅτι οὐδέπω φασὶν ἐληλυθέναι, καὶ τοῦτο γινώσκω· εἰ δὲ καὶ ἐληλυθέναι λέγουσιν, οὐ γινώσκεται ὅς ἐστιν, ἀλλ' ὅταν ἐμφανὴς καὶ ἔνδοξος γένηται, τότε γνωσθήσεται ὅς ἐστι, φασί. 2 καὶ τότε τὰ εἰρημένα ἐν τῇ περικοπῇ ταύτῃ φασὶν ἀποβήσεσθαι, ὡς μηδενὸς μηδέπω καρποῦ ἀπὸ τῶν λόγων τῆς προφητείας γενομένου· ἀλόγιστοι, μὴ συνιέντες, ὅπερ διὰ πάντων τῶν λόγων ἀποδέδεικται, ὅτι δύο παρουσίαι αὐτοῦ κατηγγελμέναι εἰσί· μία μέν, ἐν ᾗ παθητὸς καὶ ἄδοξος καὶ ἄτιμος καὶ

---

[304] Mic 4:1-7

σταυρούμενος κεκήρυκται, ἡ δὲ δευτέρα, ἐν ᾗ μετὰ δόξης ἀπὸ τῶν οὐρανῶν παρέσται, ὅταν καὶ ὁ τῆς ἀποστασίας ἄνθρωπος, ὁ καὶ εἰς τὸν ὕψιστον ἔξαλλα λαλῶν, ἐπὶ τῆς γῆς ἄνομα τολμήσῃ εἰς ἡμᾶς τοὺς Χριστιανούς, οἵτινες, ἀπὸ τοῦ νόμου καὶ τοῦ λόγου τοῦ ἐξελθόντος ἀπὸ Ἰερουσαλὴμ διὰ τῶν τοῦ Ἰησοῦ ἀποστόλων τὴν θεοσέβειαν ἐπιγνόντες, ἐπὶ τὸν θεὸν Ἰακὼβ καὶ θεὸν Ἰσραὴλ κατεφύγομεν· 3 καὶ οἱ πολέμου καὶ ἀλληλοφονίας καὶ πάσης κακίας μεμεστωμένοι ἀπὸ πάσης τῆς γῆς τὰ πολεμικὰ ὄργανα ἕκαστος, τὰς μαχαίρας εἰς ἄροτρα καὶ τὰς ζιβύνας εἰς γεωργικά, μετεβάλομεν, καὶ γεωργοῦμεν εὐσέβειαν, δικαιοσύνην, φιλανθρωπίαν, πίστιν, ἐλπίδα τὴν παρ' αὐτοῦ τοῦ πατρὸς διὰ τοῦ σταυρωθέντος, ὑπὸ τὴν ἄμπελον τὴν ἑαυτοῦ ἕκαστος καθεζόμενοι, τοῦτ' ἔστι μόνῃ τῇ γαμετῇ γυναικὶ ἕκαστος χρώμενοι· ὅτι γὰρ ὁ λόγος ὁ προφητικὸς λέγει· *Καὶ ἡ γυνὴ αὐτοῦ ὡς ἄμπελος εὐθηνοῦσα, ἐπίστασθε.*[305] 4 καὶ ὅτι οὐκ ἔστιν ὁ ἐκφοβῶν καὶ δουλαγωγῶν ἡμᾶς, τοὺς ἐπὶ τὸν Ἰησοῦν πεπιστευκότας κατὰ πᾶσαν τὴν γῆν, φανερόν ἐστι. κεφαλοτομούμενοι γὰρ καὶ σταυρούμενοι καὶ θηρίοις παραβαλλόμενοι καὶ δεσμοῖς καὶ πυρὶ καὶ πάσαις ταῖς ἄλλαις βασάνοις ὅτι οὐκ ἀφιστάμεθα τῆς ὁμολογίας, δῆλόν ἐστιν, ἀλλ' ὅσωπερ ἂν τοιαῦτά τινα γίνηται, τοσούτῳ μᾶλλον ἄλλοι πλείονες πιστοὶ καὶ θεοσεβεῖς διὰ τοῦ ὀνόματος τοῦ Ἰησοῦ γίνονται. ὁποῖον ἐὰν ἀμπέλου τις ἐκτέμῃ τὰ καρποφορήσαντα μέρη, εἰς τὸ ἀναβλαστῆσαι ἑτέρους κλάδους καὶ εὐθαλεῖς καὶ καρποφόρους ἀναδίδωσι, τὸν αὐτὸν τρόπον καὶ ἐφ' ἡμῶν γίνεται· ἡ γὰρ φυτευθεῖσα ὑπὸ τοῦ θεοῦ ἄμπελος καὶ σωτῆρος Χριστοῦ ὁ λαὸς αὐτοῦ ἐστι. 5 τὰ δὲ λοιπὰ τῆς προφητείας ἐν τῇ δευτέρᾳ αὐτοῦ παρουσίᾳ ἀποβήσεται. Τὴν γὰρ ἐκτεθλιμμένην, τοῦτ' ἔστιν ἀπὸ τοῦ κόσμου, ὅσον ἐφ' ὑμῖν καὶ τοῖς ἄλλοις ἅπασιν ἀνθρώποις, οὐ μόνον ἀπὸ τῶν κτημάτων τῶν ἰδίων ἕκαστος τῶν Χριστιανῶν ἐκβέβληται ἀλλὰ καὶ τοῦ κόσμου παντός, ζῆν μηδενὶ Χριστιανῷ συγχωροῦντες. 6 ὑμεῖς δὲ ἐπὶ τὸν λαὸν ὑμῶν συμβεβηκέναι τοῦτό φατε. εἰ δὲ ἐξεβλήθητε πολεμηθέντες, δικαίως μὲν ὑμεῖς ταῦτα πεπόνθατε, ὡς αἱ γραφαὶ πᾶσαι μαρτυροῦσιν· ἡμεῖς δέ, οὐδὲν τοιοῦτον πράξαντες μετὰ τὸ ἐπιγνῶναι τὴν ἀλήθειαν τοῦ θεοῦ, μαρτυρούμεθα ὑπὸ τοῦ θεοῦ, σὺν τῷ δικαιοτάτῳ καὶ μόνῳ ἀσπίλῳ καὶ ἀναμαρτήτῳ Χριστῷ ὅτι ἀπὸ γῆς αἰρόμεθα. βοᾷ γὰρ Ἡσαίας· *Ἰδοὺ ὡς ὁ δίκαιος ἀπώλετο, καὶ οὐδεὶς*

---

305 Ps 127:3

Πρὸς Τρύφωνα Ἰουδαῖον Διάλογος

ἐκδέχεται τῇ καρδίᾳ· καὶ ἄνδρες δίκαιοι αἴρονται, καὶ οὐδεὶς κατανοεῖ.[306]

CXI

1 Καὶ ὅτι δύο παρουσίας συμβολικῶς γενήσεσθαι τούτου τοῦ Χριστοῦ καὶ ὑπὸ Μωυσέως προελέγετο, προεῖπον διὰ τοῦ συμβόλου τῶν ἐν τῇ νηστείᾳ προσφερομένων τράγων. καὶ πάλιν ἐν οἷς ἐποίησαν Μωυσῆς καὶ Ἰησοῦς τὸ αὐτὸ προκηρυσσόμενον συμβολικῶς ἦν καὶ λεγόμενον. ὁ μὲν γὰρ αὐτῶν τὰς χεῖρας ἐκτείνας ἐπὶ τοῦ βουνοῦ μέχρις ἑσπέρας ἔμενεν, ὑποβασταζομένων, τῶν χειρῶν, ὃ οὐδενὸς ἄλλου τύπον δείκνυσιν ἢ τοῦ σταυροῦ, ὁ δὲ τῷ Ἰησοῦ ὀνόματι μετονομασθεὶς ἦρχε τῆς μάχης, καὶ ἐνίκα Ἰσραήλ. 2 ἦν δὲ καὶ τοῦτο ἐπ' ἀμφοτέρων τῶν ἁγίων ἀνδρῶν ἐκείνων καὶ προφητῶν τοῦ θεοῦ νοῆσαι γεγενημένον, ὅτι ἀμφότερα τὰ μυστήρια εἷς αὐτῶν βαστάσαι οὐκ ἦν δυνατός, λέγω δὲ τὸν τύπον τοῦ σταυροῦ καὶ τὸν τύπον τῆς τοῦ ὀνόματος ἐπικλήσεως· ἑνὸς γὰρ μόνου ἡ ἰσχὺς αὕτη ἐστὶ καὶ ἦν καὶ ἔσται, οὗ καὶ τὸ ὄνομα πᾶσα ἀρχὴ δέδιεν, ὠδίνουσα ὅτι δι' αὐτοῦ καταλύεσθαι μέλλουσιν. ὁ οὖν παθητὸς ἡμῶν καὶ σταυρωθεὶς Χριστὸς οὐ κατηράθη ὑπὸ τοῦ νόμου, ἀλλὰ μόνος σώσειν τοὺς μὴ ἀφισταμένους τῆς πίστεως αὐτοῦ ἐδήλου. 3 καὶ τοὺς ἐν Αἰγύπτῳ δὲ σωθέντας, ὅτε ἀπώλλυντο τὰ πρωτότοκα τῶν Αἰγυπτίων, τὸ τοῦ πάσχα ἐρρύσατο αἷμα, τὸ ἑκατέρωσε τῶν σταθμῶν καὶ τοῦ ὑπερθύρου χρισθέν. ἦν γὰρ τὸ πάσχα ὁ Χριστός, ὁ τυθεὶς ὕστερον, ὡς καὶ Ἡσαΐας ἔφη· Αὐτὸς ὡς πρόβατον ἐπὶ σφαγὴν ἤχθη.[307] καὶ ὅτι ἐν ἡμέρᾳ τοῦ πάσχα συνελάβετε αὐτὸν καὶ ὁμοίως ἐν τῷ πάσχα ἐσταυρώσατε, γέγραπται. ὡς δὲ τοὺς ἐν Αἰγύπτῳ ἔσωσε τὸ αἷμα τοῦ πάσχα, οὕτως καὶ τοὺς πιστεύσαντας ῥύσεται ἐκ θανάτου τὸ αἷμα τοῦ Χριστοῦ. 4 ἔμελλεν οὖν ὁ θεὸς πλανᾶσθαι, εἰ μὴ τὸ σημεῖον τοῦτο ἐπὶ τῶν θυρῶν ἐγεγόνει; οὔ φημι ἐγώ, ἀλλ' ὅτι προεκήρυσσε τὴν μέλλουσαν δι' αἵματος τοῦ Χριστοῦ γενήσεσθαι σωτηρίαν τῷ γένει τῶν ἀνθρώπων. καὶ γὰρ τὸ σύμβολον τοῦ κοκκίνου σπαρτίου, οὗ ἔδωκαν ἐν Ἰεριχὼ οἱ ἀπὸ Ἰησοῦ τοῦ Ναυῆ πεμφθέντες κατάσκοποι Ῥαὰβ τῇ πόρνῃ, εἰπόντες προσδῆσαι αὐτὸ τῇ θυρίδι δι' ἧς αὐτοὺς ἐχάλασεν ὅπως λάθωσι τοὺς πολεμίους, ὁμοίως τὸ σύμβολον τοῦ αἵματος τοῦ Χριστοῦ ἐδήλου, δι' οὗ οἱ πάλαι πόρνοι καὶ

---

306 Isa 57:1
307 Isa 53:7

ἄδικοι ἐκ πάντων τῶν ἐθνῶν σώζονται, ἄφεσιν ἁμαρτιῶν λαβόντες καὶ μηκέτι ἁμαρτάνοντες.

CXII

1 Ὑμεῖς δέ, ταῦτα ταπεινῶς ἐξηγούμενοι, πολλὴν ἀσθένειαν καταψηφίζεσθε τοῦ θεοῦ, εἰ ταῦτα οὕτως ψιλῶς ἀκούοιτε καὶ μὴ τὴν δύναμιν ἐξετάζοιτε τῶν εἰρημένων. ἐπεὶ καὶ Μωυσῆς οὕτω παράνομος ἂν κριθείη· αὐτὸς γὰρ παραγγείλας μηδενὸς ὁμοίωμα γίνεσθαι, μήτε τῶν ἐπὶ τῷ οὐρανῷ μήτε τῶν ἐπὶ γῆς ἢ θαλάσσης, ἔπειτα ὄφιν χαλκοῦν αὐτὸς ἐποίει, καὶ στήσας ἐπὶ σημείου τινὸς ἐκέλευσεν εἰς αὐτὸν ὁρᾶν τοὺς δεδηγμένους· οἱ δ' ἐσώζοντο εἰς αὐτὸν ἀποβλέποντες. 2 ὁ ὄφις ἄρα νοηθήσεται σεσωκέναι τὸν λαὸν τότε, ὅν, προεῖπον, κατηράσατο ὁ θεὸς τὴν ἀρχήν, καὶ ἀνελεῖ διὰ τῆς μεγάλης μαχαίρας, ὡς Ἡσαΐας βοᾷ[308]; καὶ οὕτως ἀφρόνως παραδεξόμεθα τὰ τοιαῦτα, ὡς οἱ διδάσκαλοι ὑμῶν φασι, καὶ οὐ σύμβολα; οὐχὶ δὲ ἀνοίσομεν ἐπὶ τὴν εἰκόνα τοῦ σταυρωθέντος Ἰησοῦ τὸ σημεῖον, ἐπεὶ καὶ Μωυσῆς διὰ τῆς ἐκτάσεως τῶν χειρῶν σὺν τῷ ἐπικληθέντι Ἰησοῦ ὀνόματι καὶ νικᾶν τὸν λαὸν ὑμῶν εἰργάζοντο; 3 οὕτω γὰρ καὶ τοῦ ἀπορεῖν περὶ ὧν ἐποίησεν ὁ νομοθέτης παυσόμεθα. οὐ γὰρ καταλιπὼν τὸν θεὸν ἐπὶ θηρίον, δι' οὗ ἡ παράβασις καὶ παρακοὴ τὴν ἀρχὴν ἔλαβεν, ἔπειθε τὸν λαὸν ἐλπίζειν. καὶ ταῦτα μετὰ πολλοῦ νοῦ καὶ μυστηρίου γέγονε καὶ ἐρρέθη διὰ τοῦ μακαρίου προφήτου· καὶ οὐδέν ἐστιν ὅ τις μέμψασθαι δικαίως ἔχει τῶν λελεγμένων ἢ γεγενημένων ὑπὸ πάντων ἁπλῶς τῶν προφητῶν, ἐὰν τὴν γνῶσιν τὴν ἐν αὐτοῖς ἔχητε. 4 ἐὰν δὲ ὅσοι διδάσκαλοι ὑμῶν, διὰ τί κάμηλοι μὲν θήλειαι ἐν τῷδε τῷ τόπῳ οὐ λέγονται, ἢ τί εἰσιν αἱ λεγόμεναι κάμηλοι θήλειαι, ἢ διὰ τί σεμιδάλεως μέτρα τόσα καὶ ἐλαίου μέτρα τόσα ἐν ταῖς προσφοραῖς, μόνα ἐξηγοῦνται ὑμῖν, καὶ ταῦτα ταπεινῶς καὶ χαμερπῶς, τὰ δὲ μεγάλα καὶ ἄξια ζητήσεως μηδέποτε τολμῶσι λέγειν μηδὲ ἐξηγεῖσθαι, ἢ καὶ ἡμῶν ἐξηγουμένων παραγγέλλουσιν ὑμῖν μηδὲ ὅλως ἐπαΐειν μηδὲ εἰς κοινωνίαν λόγων ἐλθεῖν, οὐχὶ δικαίως ἀκούσονται ἅπερ πρὸς αὐτοὺς ἔφη ὁ ἡμέτερος κύριος Ἰησοῦς Χριστός· Τάφοι κεκονιαμένοι, ἔξωθεν φαινόμενοι ὡραῖοι καὶ ἔσωθεν γέμοντες ὀστέων νεκρῶν, τὸ ἡδύοσμον ἀποδεκατοῦντες, τὴν δὲ κάμηλον καταπίνοντες, τυφλοὶ ὁδηγοί;[309] 5 ἐὰν οὖν μὴ τῶν

---

308 Isa 27:1
309 Matt 23:27, 23, 24

Πρὸς Τρύφωνα Ἰουδαῖον Διάλογος

διδαγμάτων τῶν ἑαυτοὺς ὑψούντων καὶ θελόντων Ῥαββὶ ῥαββὶ καλεῖσθαι καταφρονήσητε, καὶ μετὰ τοιαύτης ἐνστάσεως καὶ νοῦ τοῖς προφητικοῖς λόγοις προσέλθητε, ἵνα τὰ αὐτὰ πάθητε ὑπὸ τῶν ὑμετέρων ἀνθρώπων ἃ καὶ αὐτοὶ οἱ προφῆται ἔπαθον, οὐ δύνασθε ὅλως οὐδὲν ἀπὸ τῶν προφητικῶν ὠφέλιμον λαβεῖν.

CXIII

1 Ὃ δὲ λέγω τοιοῦτόν ἐστιν. Ἰησοῦν, ὡς προέφην πολλάκις, Αὐσῆν καλούμενον, ἐκεῖνον τὸν μετὰ τοῦ Χαλὲβ κατάσκοπον εἰς τὴν Χαναὰν ἐπὶ τὴν γῆν ἀποσταλέντα, Ἰησοῦν Μωυσῆς ἐκάλεσε. τοῦτο σὺ οὐ ζητεῖς δι' ἣν αἰτίαν ἐποίησεν, οὐκ ἀπορεῖς, οὐδὲ φιλοπευστεῖς· τοιγαροῦν λέληθέ σε ὁ Χριστός, καὶ ἀναγινώσκων οὐ συνίης, οὐδὲ νῦν, ἀκούων ὅτι Ἰησοῦς ἐστιν ὁ Χριστὸς ἡμῶν, συλλογίζῃ οὐκ ἀργῶς οὐδ' ὡς ἔτυχεν ἐκείνῳ τεθεῖσθαι τοὔνομα. 2 ἀλλὰ διὰ τί μὲν ἓν ἄλφα πρώτῳ προσετέθη τῷ Ἀβραὰμ ὀνόματι, θεολογεῖς, καὶ διὰ τί ἓν ῥῶ τῷ Σάρρας ὀνόματι, ὁμοίως κομπολογεῖς·[310] διὰ τί δὲ τὸ πατρόθεν ὄνομα τῷ Αὐσῇ, τῷ υἱῷ Ναυῆ, ὅλον μετωνόμασται τῷ Ἰησοῦ, οὐ ζητεῖς ὁμοίως. 3 ἐπεὶ δὲ οὐ μόνον μετωνομάσθη αὐτοῦ τὸ ὄνομα, ἀλλὰ καὶ διάδοχος γενόμενος Μωυσέως, μόνος τῶν ἀπ' Αἰγύπτου ἐξελθόντων ἐν ἡλικίᾳ τοιαύτῃ ὄντων εἰσήγαγεν εἰς τὴν ἁγίαν γῆν τὸν περιλειφθέντα λαόν· καὶ ὃν τρόπον ἐκεῖνος εἰσήγαγεν εἰς τὴν ἁγίαν γῆν τὸν λαόν, οὐχὶ Μωυσῆς, καὶ ὡς ἐκεῖνος ἐν κλήρῳ διένειμεν αὐτὴν τοῖς εἰσελθοῦσι μετ' αὐτοῦ, οὕτως καὶ Ἰησοῦς ὁ Χριστὸς τὴν διασπορὰν τοῦ λαοῦ ἐπιστρέψει, καὶ διαμεριεῖ τὴν ἀγαθὴν γῆν ἑκάστῳ, οὐκέτι δὲ κατὰ ταὐτά. 4 ὁ μὲν γὰρ πρόσκαιρον ἔδωκεν αὐτοῖς τὴν κληρονομίαν, ἅτε οὐ Χριστὸς ὁ θεὸς ὢν οὐδὲ υἱὸς θεοῦ, ὁ δὲ μετὰ τὴν ἁγίαν ἀνάστασιν αἰώνιον ἡμῖν τὴν κατάσχεσιν δώσει. τὸν ἥλιον ἔστησεν ἐκεῖνος, μετονομασθεὶς πρότερον τῷ Ἰησοῦ ὀνόματι καὶ λαβὼν ἀπὸ τοῦ πνεύματος αὐτοῦ ἰσχύν. ὅτι γὰρ Ἰησοῦς ἦν ὁ Μωυσεῖ καὶ τῷ Ἀβραὰμ καὶ τοῖς ἄλλοις ἁπλῶς πατριάρχαις φανεὶς καὶ ὁμιλήσας, τῷ τοῦ πατρὸς θελήματι ὑπηρετῶν, ἀπέδειξα· ὃς καὶ ἄνθρωπος γεννηθῆναι διὰ τῆς παρθένου Μαρίας ἦλθε, καὶ ἔστιν ἀεί. 5 οὗτος γάρ ἐστιν ἀφ' οὗ καὶ τὸν οὐρανὸν καὶ τὴν γῆν καὶ δι' οὗ ὁ πατὴρ μέλλει καινουργεῖν, οὗτός ἐστιν ὁ ἐν Ἰερουσαλὴμ αἰώνιον φῶς λάμπειν μέλλων, οὗτός ἐστιν ὁ κατὰ τὴν τάξιν Μελχισεδὲκ βασιλεὺς Σαλὴμ καὶ αἰώνιος

---

310 In the Septuagint Ἀβραμ was changed to Ἀβραάμ and Σάρα to Σάρρα.

ἱερεὺς ὑψίστου ὑπάρχων. 6 ἐκεῖνος λέγεται δευτέραν περιτομὴν μαχαίραις πετρίναις τὸν λαὸν περιτετμηκέναι, ὅπερ κήρυγμα ἦν τῆς περιτομῆς ταύτης ἧς περιέτεμεν ἡμᾶς αὐτὸς Ἰησοῦς Χριστὸς ἀπὸ τῶν λίθων καὶ τῶν ἄλλων εἰδώλων, καὶ θημωνιὰς ποιήσας τῶν ἀπὸ ἀκροβυστίας, τοῦτ' ἔστιν ἀπὸ τῆς πλάνης τοῦ κόσμου, ἐν παντὶ τόπῳ περιτμηθέντων πετρίναις μαχαίραις, τοῖς Ἰησοῦ τοῦ κυρίου ἡμῶν λόγοις. ὅτι γὰρ λίθος καὶ πέτρα ἐν παραβολαῖς ὁ Χριστὸς διὰ τῶν προφητῶν ἐκηρύσσετο, ἀποδέδεικταί μοι. 7 καὶ τὰς μαχαίρας οὖν τὰς πετρίνας τοὺς λόγους αὐτοῦ ἀκουσόμεθα, δι' ὧν ἀπὸ τῆς ἀκροβυστίας οἱ πλανώμενοι τοσοῦτοι καρδίας περιτομὴν περιετμήθησαν, ἣν περιτμηθῆναι καὶ τοὺς ἔχοντας τὴν ἀπὸ τοῦ Ἀβραὰμ ἀρχὴν λαβοῦσαν περιτομὴν ὁ θεὸς διὰ τοῦ Ἰησοῦ προύτρεπεν ἔκτοτε, καὶ τοὺς εἰσελθόντας εἰς τὴν γῆν ἐκείνην τὴν ἁγίαν δευτέραν περιτομὴν πετρίναις μαχαίραις εἰπὼν τὸν Ἰησοῦν περιτετμηκέναι αὐτούς.

CXIV

1 Ἔσθ' ὅτε γὰρ τὸ ἅγιον πνεῦμα καὶ ἐναργῶς πράττεσθαί τι, ὁ τύπος τοῦ μέλλοντος γίνεσθαι ἦν, ἐποίει, ἔσθ' ὅτε δὲ καὶ λόγους ἐφθέγξατο περὶ τῶν ἀποβαίνειν μελλόντων, φθεγγόμενον αὐτοὺς ὡς τότε γινομένων ἢ καὶ γεγενημένων· ἣν τέχνην ἐὰν μὴ εἰδῶσιν οἱ ἐντυγχάνοντες, οὐδὲ παρακολουθῆσαι τοῖς τῶν προφητῶν λόγοις, ὡς δεῖ, δυνήσονται. παραδείγματος δὲ χάριν λόγους τινὰς προφητικοὺς εἴποιμ' ἄν, ὅπως παρακολουθήσητε τῷ λεγομένῳ. 2 ὅταν λέγῃ διὰ Ἡσαΐου· Αὐτὸς ὡς πρόβατον ἐπὶ σφαγὴν ἤχθη,[311] καὶ ὡς ἀμνὸς ἐναντίον τοῦ κείραντος, ὡς ἤδη τοῦ πάθους γενομένου λέγει. καὶ ὅταν πάλιν λέγῃ· Ἐγὼ ἐξεπέτασα τὰς χεῖράς μου ἐπὶ λαὸν ἀπειθοῦντα καὶ ἀντιλέγοντα,[312] καὶ ὅταν λέγῃ· Κύριε, τίς ἐπίστευσε τῇ ἀκοῇ ἡμῶν;[313] ἤδη γεγενημένων πραγμάτων ἐξαγγελίαν οἱ λόγοι σημαίνοντες λελεγμένοι εἰσί. καὶ γὰρ ἐν παραβολῇ λίθον πολλαχοῦ καλεῖν ἀπέδειξα τὸν Χριστὸν καὶ ἐν τροπολογίᾳ Ἰακὼβ καὶ Ἰσραήλ. 3 καὶ πάλιν ὅταν λέγῃ· Ὄψομαι τοὺς οὐρανούς, ἔργα τῶν δακτύλων σου,[314] ἐὰν μὴ ἀκούω τοῦ λόγου αὐτοῦ τὴν ἐργασίαν, οὐ συνετῶς ἀκούσομαι, ὥσπερ ὑμῶν οἱ

---

311 Isa 53:7
312 Isa 65:2
313 Isa 53:1
314 Ps 8:3

διδάσκαλοι ἀξιοῦσιν, οἰόμενοι χεῖρας καὶ πόδας καὶ δακτύλους καὶ ψυχὴν ἔχειν ὡς σύνθετον ζῷον τὸν πατέρα τῶν ὅλων καὶ ἀγέννητον θεόν, οἵτινες καὶ διὰ τοῦτο ὦφθαι τῷ Ἀβραὰμ καὶ τῷ Ἰακὼβ αὐτὸν τὸν πατέρα διδάσκουσι. 4 μακάριοι οὖν ἡμεῖς οἱ περιτμηθέντες πετρίναις μαχαίραις τὴν δευτέραν περιτομήν. ὑμῶν μὲν γὰρ ἡ πρώτη διὰ σιδήρου γέγονε καὶ γίνεται· σκληροκάρδιοι γὰρ μένετε· ἡμῶν δὲ ἡ περιτομή, ἥτις δευτέρα ἀριθμῷ, μετὰ τὴν ὑμετέραν φανερωθεῖσα, διὰ λίθων ἀκροτόμων, τοῦτ' ἔστι διὰ τῶν λόγων τῶν διὰ τῶν ἀποστόλων τοῦ ἀκρογωνιαίου λίθου καὶ τοῦ ἄνευ χειρῶν τμηθέντος, περιτέμνει ἡμᾶς ἀπό τε εἰδωλολατρείας καὶ πάσης ἁπλῶς κακίας· ὧν αἱ καρδίαι οὕτως περιτετμημέναι εἰσὶν ἀπὸ τῆς πονηρίας, ὡς καὶ χαίρειν ἀποθνήσκοντας διὰ τὸ ὄνομα τὸ τῆς καλῆς πέτρας, καὶ ζῶν ὕδωρ ταῖς καρδίαις τῶν δι' αὐτοῦ ἀγαπησάντων τὸν πατέρα τῶν ὅλων βρυούσης, καὶ ποτιζούσης τοὺς βουλομένους τὸ τῆς ζωῆς ὕδωρ πιεῖν. 5 ἀλλὰ ταῦτα μὲν οὐ νοεῖτε λέγοντος· ἃ γὰρ ποιῆσαι τὸν Χριστὸν πεπροφήτευται οὐ νενοήκατε, οὐδὲ ἡμῖν προσάγουσιν ὑμᾶς τοῖς γεγραμμένοις πιστεύετε. Ἱερεμίας μὲν γὰρ οὕτω βοᾷ· *Οὐαὶ ὑμῖν, ὅτι ἐγκατελίπετε πηγὴν ζῶσαν καὶ ὠρύξατε ἑαυτοῖς λάκκους συντετριμμένους, οἳ οὐ δυνήσονται συνέχειν ὕδωρ. Μὴ ἔρημον ᾖ οὗ ἐστι τὸ ὄρος Σιών; ὅτι Ἱερουσαλὴμ βιβλίον ἀποστασίου ἔδωκα ἔμπροσθεν ὑμῶν.*[315]

CXV

1 Ἀλλὰ Ζαχαρίᾳ, ἐν παραβολῇ δεικνύντι τὸ μυστήριον τοῦ Χριστοῦ καὶ ἀποκεκρυμμένως κηρύσσοντι, πιστεῦσαι ὀφείλετε. ἔστι δὲ τὰ λεγόμενα ταῦτα· *Χαῖρε καὶ εὐφραίνου, θύγατερ Σιών, ὅτι ἰδοὺ ἐγὼ ἔρχομαι καὶ κατασκηνώσω ἐν μέσῳ σου, λέγει κύριος. καὶ προστεθήσονται ἔθνη πολλὰ πρὸς κύριον ἐν τῇ ἡμέρᾳ ἐκείνῃ, καὶ ἔσονταί μοι εἰς λαόν· καὶ κατασκηνώσω ἐν μέσῳ σου, καὶ γνώσονται ὅτι κύριος τῶν δυνάμεων ἀπέσταλκέ με πρὸς σε.* 2 *καὶ κατακληρονομήσει κύριος τὸν Ἰούδαν τὴν μερίδα αὐτοῦ ἐπὶ τὴν γῆν τὴν ἁγίαν, καὶ ἐκλέξεται ἔτι τὴν Ἱερουσαλήμ. εὐλαβείσθω πᾶσα σὰρξ ἀπὸ προσώπου κυρίου, ὅτι ἐξεγήγερται ἐκ νεφελῶν ἁγίων αὐτοῦ. Καὶ ἔδειξέ μοι Ἰησοῦν, τὸν ἱερέα τὸν μέγαν, ἑστῶτα πρὸ προσώπου ἀγγέλου κυρίου· καὶ διάβολος εἱστήκει ἐκ δεξιῶν αὐτοῦ, τοῦ ἀντικεῖσθαι αὐτῷ. καὶ εἶπε κύριος πρὸς τὸν*

---

315 Jer 2:13

διάβολον· Ἐπιτιμήσαι κύριος ἐν σοί, ὁ ἐκλεξάμενος τὴν Ἰερουσαλήμ. οὐχὶ ἰδοὺ τοῦτο δαλὸς ἐξεσπασμένος ἐκ πυρός;[316]

3 Μέλλοντί τε τῷ Τρύφωνι ἀποκρίνεσθαι καὶ ἀντιλέγειν μοι ἔφην· Πρῶτον ἀνάμεινον καὶ ἄκουσον ἃ λέγω. οὐ γὰρ ἦν ὑπολαμβάνεις ἐξήγησιν ποιεῖσθαι μέλλω, ὡς μὴ γεγενημένου ἱερέως τινὸς Ἰησοῦ ὀνόματι ἐν τῇ Βαβυλωνίᾳ γῇ, ὅπου αἰχμάλωτος ὁ λαὸς ὑμῶν. ὅπερ εἰ καὶ ἐποίουν, ἀπέδειξα ὅτι ἦν μὲν Ἰησοῦς ἱερεὺς ἐν τῷ γένει ὑμῶν· τοῦτον δὲ αὐτὸν οὐκ ἐν τῇ ἀποκαλύψει αὐτοῦ ἑωράκει ὁ προφήτης, ὥσπερ οὐδὲ τὸν διάβολον καὶ τὸν τοῦ κυρίου ἄγγελον οὐκ αὐτοψίᾳ, ἐν καταστάσει ὤν, ἑωράκει, ἀλλ' ἐν ἐκστάσει, ἀποκαλύψεως αὐτῷ γεγενημένης. 4 νῦν δὲ λέγω ὅτι, ὅνπερ τρόπον διὰ τοῦ Ἰησοῦ ὀνόματος τῷ Ναυῆ υἱῷ καὶ δυνάμεις καὶ πράξεις τινὰς προκηρυσσούσας τὰ ὑπὸ τοῦ ἡμετέρου κυρίου μέλλοντα γίνεσθαι πεποιηκέναι ἔφη, οὕτω καὶ τὴν ἐπὶ τοῦ ἐν Βαβυλῶνι Ἰησοῦ ἱερέως γενομένου ἐν τῷ λαῷ ὑμῶν ἀποκάλυψιν ἔρχομαι νῦν ἀποδεῖξαι προκήρυξιν εἶναι τῶν ὑπὸ τοῦ ἡμετέρου ἱερέως καὶ θεοῦ καὶ Χριστοῦ, υἱοῦ τοῦ πατρὸς τῶν ὅλων, γίνεσθαι μελλόντων. 5 ἤδη μέντοι ἐθαύμαζον, ἔφην, διὰ τί καὶ πρὸ μικροῦ ἡσυχίαν ἠγάγετε ἐμοῦ λέγοντος, ἢ πῶς οὐκ ἐπελάβεσθέ μου εἰπόντος ὅτι ὁ τοῦ Ναυῆ υἱὸς τῶν ἐξελθόντων ἀπ' Αἰγύπτου ὁμηλίκων μόνος εἰσῆλθεν εἰς τὴν ἁγίαν γῆν καὶ οἱ γεγραμμένοι ἀφήλικες τῆς γενεᾶς ἐκείνης. ὥσπερ γὰρ αἱ μυῖαι ἐπὶ τὰ ἕλκη προστρέχετε καὶ ἐφίπτασθε. 6 κἂν γὰρ μύρια τις εἴπῃ καλῶς, ἓν δὲ μικρὸν ὁτιοῦν εἴη μὴ εὐάρεστον ὑμῖν ἢ μὴ νοούμενον ἢ μὴ πρὸς τὸ ἀκριβές, τῶν μὲν πολλῶν καλῶν οὐ πεφροντίκατε, τοῦ δὲ μικροῦ ῥηματίου ἐπιλαμβάνεσθε καὶ κατασκευάζειν αὐτὸ ὡς ἀσέβημα καὶ ἀδίκημα σπουδάζετε, ἵνα τῇ αὐτῇ ὁμοίᾳ κρίσει ὑπὸ τοῦ θεοῦ κρινόμενοι πολὺ μᾶλλον ὑπὲρ τῶν μεγάλων τολμημάτων, εἴτε κακῶν πράξεων εἴτε φαύλων ἐξηγήσεων, ἃς παραποιοῦντες ἐξηγεῖσθε, λόγον δώσετε. Ὃ γὰρ κρίμα κρίνετε, δίκαιόν ἐστιν ὑμᾶς κριθῆναι.

CXVI

1 Ἀλλ' ἵνα τὸν λόγον τὸν περὶ τῆς ἀποκαλύψεως Ἰησοῦ Χριστοῦ τοῦ ἁγίου ἀποδιδῶ ὑμῖν, ἀναλαμβάνω τὸν λόγον καὶ φημὶ κἀκείνην τὴν ἀποκάλυψιν εἰς ἡμᾶς τοὺς ἐπὶ τὸν Χριστὸν ἀρχιερέα τοῦτον τὸν σταυρωθέντα πιστεύοντας

---

[316] Zech 2:10-3:2

γεγενῆσθαι· οἵτινες, ἐν πορνείαις καὶ ἁπλῶς πάσῃ ῥυπαρᾷ πράξει ὑπάρχοντες, διὰ τῆς παρὰ τοῦ ἡμετέρου Ἰησοῦ κατὰ τὸ θέλημα τοῦ πατρὸς αὐτοῦ χάριτος τὰ ῥυπαρὰ πάντα, ἃ ἠμφιέσμεθα, κακὰ ἀπεδυσάμεθα, οἷς ὁ διάβολος ἐφέστηκεν ἀεὶ ἀντικείμενος καὶ πρὸς ἑαυτὸν ἕλκειν πάντας βουλόμενος, καὶ ὁ ἄγγελος τοῦ θεοῦ, τοῦτ' ἔστιν ἡ δύναμις τοῦ θεοῦ ἡ πεμφθεῖσα ἡμῖν διὰ Ἰησοῦ Χριστοῦ, ἐπιτιμᾷ αὐτῷ καὶ ἀφίσταται ἀφ' ἡμῶν. 2 καὶ ὥσπερ ἀπὸ πυρὸς ἐξεσπασμένοι ἐσμέν, ἀπὸ μὲν τῶν ἁμαρτιῶν τῶν προτέρων καθαρισθέντες, ἀπὸ δὲ τῆς θλίψεως καὶ τῆς πυρώσεως, ἣν πυροῦσιν ἡμᾶς ὅ τε διάβολος καὶ οἱ αὐτοῦ ὑπηρέται πάντες, ἐξ ὧν καὶ πάλιν ἀποσπᾷ ἡμᾶς Ἰησοῦς ὁ υἱὸς τοῦ θεοῦ· ἐνδῦσαι ἡμᾶς τὰ ἡτοιμασμένα ἐνδύματα, ἐὰν πράξωμεν αὐτοῦ τὰς ἐντολάς, ὑπέσχετο, καὶ αἰώνιον βασιλείαν προνοῆσαι ἐπήγγελται. 3 ὃν γὰρ τρόπον Ἰησοῦς ἐκεῖνος, ὁ λεγόμενος ὑπὸ τοῦ προφήτου ἱερεύς, ῥυπαρὰ ἱμάτια ἐφάνη φορῶν διὰ τὸ γυναῖκα πόρνην λελέχθαι εἰληφέναι αὐτόν, καὶ δαλὸς ἐξεσπασμένος ἐκ πυρὸς ἐκλήθη διὰ τὸ ἄφεσιν ἁμαρτιῶν εἰληφέναι, ἐπιτιμηθέντος καὶ τοῦ ἀντικειμένου αὐτῷ διαβόλου, οὕτως ἡμεῖς, οἱ διὰ τοῦ Ἰησοῦ ὀνόματος ὡς εἷς ἄνθρωπος πιστεύσαντες εἰς τὸν ποιητὴν τῶν ὅλων θεόν, διὰ τοῦ ὀνόματος τοῦ πρωτοτόκου αὐτοῦ υἱοῦ τὰ ῥυπαρὰ ἱμάτια τοῦτ' ἔστι τὰς ἁμαρτίας, ἀπημφιεσμένοι, πυρωθέντες διὰ τοῦ λόγου τῆς κλήσεως αὐτοῦ, ἀρχιερατικὸν τὸ ἀληθινὸν γένος ἐσμὲν τοῦ θεοῦ, ὡς καὶ αὐτὸς ὁ θεὸς μαρτυρεῖ, εἰπὼν ὅτι ἐν παντὶ τόπῳ ἐν τοῖς ἔθνεσι θυσίας εὐαρέστους αὐτῷ καὶ καθαρὰς προσφέροντες. οὐ δέχεται δὲ παρ' οὐδενὸς θυσίας ὁ θεός, εἰ μὴ διὰ τῶν ἱερέων αὐτοῦ.

CXVII

1 Πάσας οὖν διὰ τοῦ ὀνόματος τούτου θυσίας, ἃς παρέδωκεν Ἰησοῦς ὁ Χριστὸς γίνεσθαι, τοῦτ' ἔστιν ἐπὶ τῇ εὐχαριστίᾳ τοῦ ἄρτου καὶ τοῦ ποτηρίου, τὰς ἐν παντὶ τόπῳ τῆς γῆς γινομένας ὑπὸ τῶν Χριστιανῶν, προλαβὼν ὁ θεὸς μαρτυρεῖ εὐαρέστους ὑπάρχειν αὐτῷ· τὰς δὲ ὑφ' ὑμῶν καὶ δι' ἐκείνων ὑμῶν τῶν ἱερέων γινομένας ἀπαναίνεται, λέγων· *Καὶ τὰς θυσίας ὑμῶν οὐ προσδέξομαι ἐκ τῶν χειρῶν ὑμῶν· διότι ἀπὸ ἀνατολῆς ἡλίου ἕως δυσμῶν τὸ ὄνομά μου δεδόξασται, λέγει, ἐν τοῖς ἔθνεσιν, ὑμεῖς δὲ βεβηλοῦτε αὐτό.*[317]
2 καὶ μέχρι νῦν φιλονεικοῦντες λέγετε ὅτι τὰς μὲν ἐν Ἰερουσαλὴμ ἐπὶ τῶν ἐκεῖ τότε οἰκούντων Ἰσραηλιτῶν

---

317 Mal 1:10-12

καλουμένων θυσίας οὐ προσδέχεται ὁ θεός, τὰς δὲ διὰ τῶν ἐν τῇ διασπορᾷ τότε δὴ ὄντων ἀπὸ τοῦ γένους ἐκείνου ἀνθρώπων εὐχὰς προσίεσθαι αὐτὸν εἰρηκέναι, καὶ τὰς εὐχὰς αὐτῶν θυσίας καλεῖν. ὅτι μὲν οὖν καὶ εὐχαὶ καὶ εὐχαριστίαι, ὑπὸ τῶν ἀξίων γινόμεναι, τέλειαι μόναι καὶ εὐάρεστοί εἰσι τῷ θεῷ θυσίαι, καὶ αὐτός φημι. 3 ταῦτα γὰρ μόνα καὶ Χριστιανοὶ παρέλαβον ποιεῖν, καὶ ἐπ' ἀναμνήσει δὲ τῆς τροφῆς αὐτῶν ξηρᾶς τε καὶ ὑγρᾶς, ἐν ᾗ καὶ τοῦ πάθους, ὃ πέπονθε δι' αὐτοὺς ὁ υἱὸς τοῦ θεοῦ, μέμνηνται· οὗ τὸ ὄνομα βεβηλωθῆναι κατὰ πᾶσαν τὴν γῆν καὶ βλασφημεῖσθαι οἱ ἀρχιερεῖς τοῦ λαοῦ ὑμῶν καὶ διδάσκαλοι εἰργάσαντο, ἃ ῥυπαρὰ καὶ αὐτὰ ἐνδύματα, περιτεθέντα ὑφ' ὑμῶν πᾶσι τοῖς ἀπὸ τοῦ ὀνόματος τοῦ Ἰησοῦ γενομένοις Χριστιανοῖς, δείξει αἰρόμενα ἀφ' ἡμῶν ὁ θεός, ὅταν πάντας ἀναστήσῃ, καὶ τοὺς μὲν ἐν αἰωνίῳ καὶ ἀλύτῳ βασιλείᾳ ἀφθάρτους καὶ ἀθανάτους καὶ ἀλύπους καταστήσῃ, τοὺς δὲ εἰς κόλασιν αἰώνιον πυρὸς παραπέμψῃ. 4 ὅτι δὲ ἑαυτοὺς πλανᾶτε καὶ ὑμεῖς καὶ οἱ διδάσκαλοι ὑμῶν, ἐξηγούμενοι ὅτι περὶ τῶν ἀπὸ τοῦ γένους ὑμῶν ἐν τῇ διασπορᾷ ὄντων ἔλεγεν ὁ λόγος, ὅτι τὰς εὐχὰς αὐτῶν καὶ θυσίας καθαρὰς καὶ εὐαρέστους ἐν παντὶ τόπῳ γενομένας ἔλεγεν, ἐπίγνωτε ὅτι ψεύδεσθε καὶ ἑαυτοὺς κατὰ πάντα ἀπατᾶν πειρᾶσθε, ὅτι πρῶτον μὲν οὐδὲ νῦν ἀπὸ ἀνατολῶν ἡλίου ἕως δυσμῶν ἐστιν ὑμῶν τὸ γένος, ἀλλ' ἔστι τὰ ἔθνη ἐν οἷς οὐδέπω οὐδεὶς ὑμῶν τοῦ γένους ᾤκησεν. 5 οὐδὲ ἓν γὰρ ὅλως ἐστί τι γένος ἀνθρώπων, εἴτε βαρβάρων εἴτε Ἑλλήνων εἴτε ἁπλῶς ᾡτινιοῦν ὀνόματι προσαγορευομένων, ἢ ἁμαξοβίων ἢ ἀοίκων καλουμένων ἢ ἐν σκηναῖς κτηνοτρόφων οἰκούντων, ἐν οἷς μὴ διὰ τοῦ ὀνόματος τοῦ σταυρωθέντος Ἰησοῦ εὐχαὶ καὶ εὐχαριστίαι τῷ πατρὶ καὶ ποιητῇ τῶν ὅλων γίνωνται. εἶτα δὲ ὅτι κατ' ἐκεῖνο τοῦ καιροῦ, ὅτε ὁ προφήτης Μαλαχίας τοῦτο ἔλεγεν, οὐδέπω ἡ διασπορὰ ὑμῶν ἐν πάσῃ τῇ γῇ, ἐν ὅσῃ νῦν γεγόνατε, ἐγεγένητο, ὡς καὶ ἀπὸ τῶν γραφῶν ἀποδείκνυται.

CXVIII

1 Ὥστε μᾶλλον παυσάμενοι τοῦ φιλεριστεῖν μετανοήσατε πρὶν ἐλθεῖν τὴν μεγάλην ἡμέραν τῆς κρίσεως, ἐν ᾗ κόπτεσθαι μέλλουσι πάντες οἱ ἀπὸ τῶν φυλῶν ὑμῶν ἐκκεντήσαντες τοῦτον τὸν Χριστόν, ὡς ἀπὸ γραφῆς ἀπέδειξα προειρημένον. καὶ ὅτι ὤμοσε κύριος κατὰ

τὴν τάξιν Μελχισεδέκ,[318] καὶ τί τὸ προειρημένον ἐστίν, ἐξηγησάμην. καὶ ὅτι περὶ τοῦ θάπτεσθαι μέλλοντος καὶ ἀνίστασθαι Χριστοῦ ἦν ἡ προφητεία τοῦ Ἡσαίου, φήσαντος· Ἡ ταφὴ αὐτοῦ ἦρται ἐκ τοῦ μέσου,[319] προεῖπον. καὶ ὅτι κριτὴς ζώντων καὶ νεκρῶν ἁπάντων αὐτὸς οὗτος ὁ Χριστός, εἶπον ἐν πολλοῖς. 2 καὶ Νάθαν δὲ ὁμοίως περὶ τούτου λέγων πρὸς Δαυεὶδ οὕτως ἐπήνεγκεν· Ἐγὼ ἔσομαι αὐτῷ εἰς πατέρα, καὶ αὐτὸς ἔσται μοι εἰς υἱόν, καὶ τὸ ἔλεός μου οὐ μὴ ἀποστήσω ἀπ' αὐτοῦ, καθὼς ἐποίησα ἀπὸ τῶν ἔμπροσθεν αὐτοῦ· καὶ στήσω αὐτὸν ἐν τῷ οἴκῳ μου καὶ ἐν τῇ βασιλείᾳ αὐτοῦ ἕως αἰῶνος.[320] καὶ τὸν ἡγούμενον δὲ ἐν τῷ οἴκῳ οὐκ ἄλλον[321] Ἰεζεκιὴλ λέγει ἢ τοῦτον αὐτόν. οὗτος γὰρ ἐξαίρετος ἱερεὺς καὶ αἰώνιος βασιλεύς, ὁ Χριστός, ὡς υἱὸς θεοῦ· οὗ ἐν τῇ πάλιν παρουσίᾳ μὴ δόξητε λέγειν Ἡσαίαν ἢ τοὺς ἄλλους προφήτας θυσίας ἀφ' αἱμάτων ἢ σπονδῶν ἐπὶ τὸ θυσιαστήριον ἀναφέρεσθαι, ἀλλὰ ἀληθινοὺς καὶ πνευματικοὺς αἴνους καὶ εὐχαριστίας. 3 καὶ οὐ μάτην ἡμεῖς εἰς τοῦτον πεπιστεύκαμεν, οὐδ' ἐπλανήθημεν ὑπὸ τῶν οὕτως διδαξάντων, ἀλλὰ καὶ θαυμαστῇ προνοίᾳ θεοῦ τοῦτο γέγονεν, ἵνα ἡμεῖς ὑμῶν, τῶν νομιζομένων οὐκ ὄντων δὲ οὔτε φιλοθέων οὔτε συνετῶν, συνετώτεροι καὶ θεοσεβέστεροι εὑρεθῶμεν διὰ τῆς κλήσεως τῆς καινῆς καὶ αἰωνίου διαθήκης, τοῦτ' ἔστι τοῦ Χριστοῦ. 4 τοῦτο θαυμάζων Ἡσαΐας ἔφη· Καὶ συνέξουσι βασιλεῖς τὸ στόμα αὐτῶν· ὅτι οἷς οὐκ ἀνηγγέλη περὶ αὐτοῦ ὄψονται, καὶ οἳ οὐκ ἀκηκόασι. Κύριε, τίς ἐπίστευσε τῇ ἀκοῇ ἡμῶν; καὶ ὁ βραχίων κυρίου τίνι ἀπεκαλύφθη; καὶ ταῦτα λέγων, ἔφην, ὦ Τρύφων, ὡς ἐγχωρεῖ, διὰ τοὺς σήμερον σὺν σοὶ ἀφιγμένους ταῦτα λέγειν πειρῶμαι, βραχέως μέντοι καὶ περικεκομμένως.[322]

5 Κἀκεῖνος· Εὖ ποιεῖς, ἔφη· κἂν διὰ πλειόνων δὲ καὶ τὰ αὐτὰ πάλιν λέγῃς, χαίρειν με καὶ τοὺς συνόντας τῇ ἀκροάσει γίνωσκε.

CXIX

1 Ἐγώ τε αὖ εἶπον· Οἴεσθε ἂν ἡμᾶς ποτε, ὦ ἄνδρες, νενοηκέναι δυνηθῆναι ἐν ταῖς γραφαῖς ταῦτα, εἰ μὴ θελήματι τοῦ θελήσαντος αὐτὰ ἐλάβομεν χάριν τοῦ

---

318 Ps 109:4
319 This seems to be a partial paraphrase of Isa 53:9.
320 2 Kingdoms 7:14-16
321 Ezek 44:3
322 Isa 52:15-53:1

νοῆσαι; ἵνα γένηται καὶ τὸ λελεγμένον ἐπὶ Μωυσέως· 2 *Παρώξυνάν με ἐπ' ἀλλοτρίοις, ἐν βδελύγμασιν αὐτῶν ἐξεπίκρανάν με, ἔθυσαν δαιμονίοις οἷς οὐκ οἴδασι· καινοὶ καὶ πρόσφατοι ἥκασιν, οὓς οὐκ ᾔδεισαν οἱ πατέρες αὐτῶν. θεὸν τὸν γεννήσαντά σε ἐγκατέλιπες, καὶ ἐπελάθου θεοῦ τοῦ τρέφοντός σε. καὶ εἶδε κύριος, καὶ ἐζήλωσε, καὶ παρωξύνθη δι' ὀργὴν υἱῶν αὐτοῦ καὶ θυγατέρων, καὶ εἶπεν· Ἀποστρέψω τὸ πρόσωπόν μου ἀπ' αὐτῶν, καὶ δείξω τί ἔσται αὐτοῖς ἐπ' ἐσχάτων, ὅτι γενεὰ ἐξεστραμμένη ἐστίν, υἱοὶ οἷς οὐκ ἔστι πίστις ἐν αὐτοῖς. αὐτοὶ παρεζήλωσάν με ἐπ' οὐ θεῷ, παρώργισάν με ἐν τοῖς εἰδώλοις αὐτῶν· κἀγὼ παραζηλώσω αὐτοὺς ἐπ' οὐκ ἔθνει, ἐπ' ἔθνει ἀσυνέτῳ παροργιῶ αὐτούς· ὅτι πῦρ ἐκκέκαυται ἐκ τοῦ θυμοῦ μου, καὶ καυθήσεται ἕως ᾅδου· καταφάγεται τὴν γῆν καὶ τὰ γεννήματα αὐτῆς, φλέξει θεμέλια ὀρέων. συνάξω εἰς αὐτοὺς κακά.*³²³ 3 καὶ μετὰ τὸ ἀναιρεθῆναι τὸν δίκαιον ἐκεῖνον ἡμεῖς λαὸς ἕτερος ἀνεθήλαμεν, καὶ ἐβλαστήσαμεν στάχυες καινοὶ καὶ εὐθαλεῖς, ὡς ἔφασαν οἱ προφῆται· *Καὶ καταφεύξονται ἔθνη πολλὰ ἐπὶ τὸν κύριον ἐν ἐκείνῃ τῇ ἡμέρᾳ εἰς λαόν, καὶ κατασκηνώσουσιν ἐν μέσῳ τῆς γῆς πάσης.*³²⁴ ἡμεῖς δὲ οὐ μόνον λαὸς ἀλλὰ καὶ λαὸς ἅγιός ἐσμεν, ὡς ἐδείξαμεν ἤδη. *Καὶ καλέσουσιν αὐτὸν λαὸν ἅγιον, λελυτρωμένον ὑπὸ κυρίου.*³²⁵ 4 οὐκοῦν οὐκ εὐκαταφρόνητος δῆμός ἐσμεν οὐδὲ βάρβαρον φῦλον οὐδὲ ὁποῖα Καρῶν ἢ Φρυγῶν ἔθνη, ἀλλὰ καὶ ἡμᾶς ἐξελέξατο ὁ θεὸς καὶ ἐμφανὴς ἐγενήθη τοῖς μὴ ἐπερωτῶσιν αὐτόν. *Ἰδοὺ θεός εἰμι*, φησί, *τῷ ἔθνει, οἳ οὐκ ἐπεκαλέσαντο τὸ ὄνομά μου.*³²⁶ τοῦτο γάρ ἐστιν ἐκεῖνο τὸ ἔθνος, ὃ πάλαι τῷ Ἀβραὰμ ὁ θεὸς ὑπέσχετο, καὶ πατέρα πολλῶν ἐθνῶν θήσειν ἐπηγγείλατο, οὐκ Ἀρράβων οὐδ' Αἰγυπτίων οὐδ' Ἰδουμαίων λέγων· ἐπεὶ καὶ Ἰσμαὴλ μεγάλου πατὴρ ἔθνους ἐγένετο καὶ Ἡσαῦ, καὶ Ἀμμανιτῶν ἐστι νῦν πολὺ πλῆθος. Νῶε δὲ καὶ αὐτοῦ Ἀβραὰμ πατὴρ ἦν καὶ ἁπλῶς παντὸς ἀνθρώπων γένους, ἄλλοι δὲ ἄλλων πρόγονοι. 5 τί οὖν πλέον ἐνθάδε ὁ Χριστὸς χαρίζεται τῷ Ἀβραάμ; ὅτι διὰ τῆς ὁμοίας κλήσεως φωνῇ ἐκάλεσεν αὐτόν, εἰπὼν ἐξελθεῖν ἀπὸ τῆς γῆς ἐν ᾗ ᾤκει. καὶ ἡμᾶς δὲ ἅπαντας δι' ἐκείνης τῆς φωνῆς ἐκάλεσε, καὶ ἐξήλθομεν ἤδη ἀπὸ τῆς πολιτείας, ἐν ᾗ ἐζῶμεν κατὰ τὰ κοινὰ τῶν ἄλλων τῆς γῆς οἰκητόρων κακῶς ζῶντες· καὶ σὺν τῷ Ἀβραὰμ τὴν ἁγίαν κληρονομήσομεν γῆν, εἰς τὸν ἀπέραντον αἰῶνα τὴν κληρονομίαν ληψόμενοι, τέκνα τοῦ

---

323 De 32:16-23
324 Zech 2:11
325 Isa 62:12
326 Isa 65:1

Ἀβραὰμ διὰ τὴν ὁμοίαν πίστιν ὄντες. 6 ὃν γὰρ τρόπον ἐκεῖνος τῇ φωνῇ τοῦ θεοῦ ἐπίστευσε καὶ ἐλογίσθη αὐτῷ εἰς δικαιοσύνην, τὸν αὐτὸν τρόπον καὶ ἡμεῖς τῇ φωνῇ τοῦ θεοῦ, τῇ διά τε τῶν ἀποστόλων τοῦ Χριστοῦ λαληθείσῃ πάλιν καὶ τῇ διὰ τῶν προφητῶν κηρυχθείσῃ ἡμῖν, πιστεύσαντες μέχρι τοῦ ἀποθνήσκειν πᾶσι τοῖς ἐν τῷ κόσμῳ ἀπεταξάμεθα. ὁμοιόπιστον οὖν τὸ ἔθνος καὶ θεοσεβὲς καὶ δίκαιον, εὐφραῖνον τὸν πατέρα, ὑπισχνεῖται αὐτῷ, ἀλλ' οὐχ ὑμᾶς, οἷς οὐκ ἔστι πίστις ἐν αὐτοῖς.

CXX

1 Ὁρᾶτε μέντοι ὡς καὶ τῷ Ἰσαὰκ τὰ αὐτὰ καὶ τῷ Ἰακὼβ ὑπισχνεῖται. οὕτω γὰρ λέγει τῷ Ἰσαάκ· *Καὶ εὐλογηθήσονται ἐν τῷ σπέρματί σου πάντα τὰ ἔθνη τῆς γῆς.*327 τῷ δὲ Ἰακώβ· *Καὶ εὐλογηθήσονται ἐν σοὶ πᾶσαι αἱ φυλαὶ τῆς γῆς καὶ ἐν τῷ σπέρματί σου.*328 οὐκέτι τοῦτο τῷ Ἠσαῦ οὐδὲ τῷ Ῥουβὶμ λέγει οὐδὲ ἄλλῳ τινί, ἀλλ' ἐκείνοις ἐξ ὧν ἔμελλεν ἔσεσθαι κατὰ τὴν οἰκονομίαν τὴν διὰ τῆς παρθένου Μαρίας ὁ Χριστός. 2 εἴγε δὲ καὶ τὴν εὐλογίαν Ἰούδα καταμάθοις, ἴδοις ἂν ὃ λέγω. μερίζεται γὰρ τὸ σπέρμα ἐξ Ἰακώβ, καὶ διὰ Ἰούδα καὶ Φαρὲς καὶ Ἰεσσαὶ καὶ Δαυεὶδ κατέρχεται. ταῦτα δ' ἦν σύμβολα ὅτι τινὲς τοῦ γένους ὑμῶν εὑρεθήσονται τέκνα Ἀβραάμ, καὶ ἐν μερίδι τοῦ Χριστοῦ εὑρισκόμενοι, ἄλλοι δὲ τέκνα μὲν τοῦ Ἀβραάμ, ὡς ἡ ἄμμος δὲ ἡ ἐπὶ τὸ χεῖλος τῆς θαλάσσης ὄντες, ἥτις ἄγονός τε καὶ ἄκαρπος, πολλὴ μὲν καὶ ἀναρίθμητος ὑπάρχουσα, οὐδὲν δὲ ὅλως καρπογονοῦσα, ἀλλὰ μόνον τὸ ὕδωρ τῆς θαλάσσης πίνουσα· ὅπερ καὶ τὸ ἐν τῷ γένει ὑμῶν πολὺ πλῆθος ἐλέγχεται, πικρίας μὲν διδάγματα καὶ ἀθεότητος συμπίνοντες, τὸν δὲ τοῦ θεοῦ λόγον ἀποπτύοντες. 3 φησὶ γοῦν καὶ ἐν τῷ Ἰούδᾳ· *Οὐκ ἐκλείψει ἄρχων ἐξ Ἰούδα καὶ ἡγούμενος ἐκ τῶν μηρῶν αὐτοῦ, ἕως ἂν ἔλθῃ ᾧ ἀπόκειται· καὶ αὐτὸς ἔσται προσδοκία ἐθνῶν.*329 καὶ τοῦτο ὅτι οὐκ εἰς Ἰούδαν ἐρρέθη ἀλλ' εἰς τὸν Χριστόν, φαίνεται· καὶ γὰρ Ἰούδαν πάντες οἱ ἀπὸ τῶν ἐθνῶν πάντων οὐ προσδοκῶμεν, ἀλλὰ Ἰησοῦν, τὸν καὶ τοὺς πατέρας ὑμῶν ἐξ Αἰγύπτου ἐξαγαγόντα. μέχρι γὰρ τῆς παρουσίας τοῦ Χριστοῦ ἡ προφητεία προεκήρυσσεν· *Ἕως ἂν ἔλθῃ ᾧ ἀπόκειται· καὶ αὐτὸς ἔσται προσδοκία ἐθνῶν.* 4 ἐλήλυθε τοιγαροῦν, ὡς καὶ ἐν πολλοῖς ἀπεδείξαμεν, καὶ

---

327 Gen 26:4
328 Gen 27:14
329 Gen 49:10

προσδοκᾶται πάλιν παρέσεσθαι ἐπάνω τῶν νεφελῶν Ἰησοῦς, οὗ τὸ ὄνομα βεβηλοῦτε ὑμεῖς καὶ βεβηλοῦσθαι ἐν πάσῃ τῇ γῇ ἐξεργάζεσθε. δυνατὸν δὲ ἦν μοι, ἔφην, ὦ ἄνδρες, μάχεσθαι πρὸς ὑμᾶς περὶ τῆς λέξεως, ἣν ὑμεῖς ἐξηγεῖσθε λέγοντες εἰρῆσθαι· Ἕως ἂν ἔλθῃ τὰ ἀποκείμενα αὐτῷ· ἐπειδὴ οὐχ οὕτως ἐξηγήσαντο οἱ ἑβδομήκοντα, ἀλλ' Ἕως ἂν ἔλθῃ ᾧ ἀπόκειται. 5 ἐπειδὴ δὲ τὰ ἀκόλουθα μηνύει ὅτι περὶ Χριστοῦ εἴρηται, οὕτω γὰρ ἔχουσι· Καὶ αὐτὸς ἔσται προσδοκία ἐθνῶν, οὐ περὶ τοῦ λεξειδίου συζητῆσαι ὑμῖν ἔρχομαι, ὅνπερ τρόπον οὐδὲ ἀπὸ τῶν μὴ ὁμολογουμένων ὑφ' ὑμῶν γραφῶν, ὧν καὶ ἀνιστόρησα, ἀπὸ λόγων Ἱερεμίου τοῦ προφήτου καὶ Ἔσδρα καὶ Δαυείδ, τὴν ἀπόδειξιν τὴν περὶ τοῦ Χριστοῦ ποιήσασθαι ἐσπούδασα, ἀλλ' ἀπὸ τῶν ὁμολογουμένων μέχρι νῦν ὑφ' ὑμῶν· ἃ εἰ ἐνενοήκεισαν οἱ διδάσκαλοι ὑμῶν, εὖ ἴστε ὅτι ἀφανῆ ἐπεποιήκεισαν, ὡς καὶ τὰ περὶ τὸν θάνατον Ἠσαίου, ὃν πρίονι ξυλίνῳ ἐπρίσατε, μυστήριον καὶ αὐτὸ τοῦ Χριστοῦ, τοῦ τέμνειν ὑμῶν τὸ γένος διχῇ μέλλοντος, καὶ τοὺς μὲν ἀξίους σὺν τοῖς ἁγίοις πατριάρχαις καὶ προφήταις τῆς αἰωνίου βασιλείας καταξιοῦν μέλλοντος, τοὺς δὲ ἐπὶ τὴν καταδίκην τοῦ ἀσβέστου πυρὸς σὺν τοῖς ὁμοίοις ἀπειθέσι καὶ ἀμεταθέτοις ἀπὸ πάντων τῶν ἐθνῶν πέμψειν ἤδη φήσαντος.

6 Ἥξουσι γάρ, εἶπεν, ἀπὸ δυσμῶν καὶ ἀνατολῶν, καὶ ἀνακλιθήσονται μετὰ Ἀβραὰμ καὶ Ἰσαὰκ καὶ Ἰακὼβ ἐν τῇ βασιλείᾳ τῶν οὐρανῶν· οἱ δὲ υἱοὶ τῆς βασιλείας ἐκβληθήσονται εἰς τὸ σκότος τὸ ἐξώτερον.[330] καὶ ταῦτα, εἶπον, ὅτι οὐδὲν οὐδενὸς φροντίζω ἢ τοῦ τἀληθὲς λέγειν, λέγοιμι, οὐδένα δυσωπήσεσθαι μέλλων, κἂν δέῃ παραυτίκα ὑφ' ὑμῶν μελισθῆναι. οὐδὲ γὰρ ἀπὸ τοῦ γένους τοῦ ἐμοῦ, λέγω δὲ τῶν Σαμαρέων, τινὸς φροντίδα ποιούμενος, ἐγγράφως Καίσαρι προσομιλῶν, εἶπον πλανᾶσθαι αὐτοὺς πειθομένους τῷ ἐν τῷ γένει αὐτῶν μάγῳ Σίμωνι, ὃν θεὸν ὑπεράνω πάσης ἀρχῆς καὶ ἐξουσίας καὶ δυνάμεως εἶναι λέγουσι.

CXXI

1 Καὶ ἡσυχίαν ἀγόντων αὐτῶν ἐπέφερον· Διὰ Δαυείδ περὶ τούτου λέγων τοῦ Χριστοῦ, ὦ φίλοι, οὐκέτι ἐν τῷ σπέρματι αὐτοῦ εἶπεν εὐλογηθήσεσθαι τὰ ἔθνη, ἀλλὰ ἐν αὐτῷ. οὕτω δὲ ἐκεῖ ἐστι· Τὸ ὄνομα αὐτοῦ εἰς τὸν αἰῶνα, ὑπὲρ

---

330 Matt 8:11-12

Πρὸς Τρύφωνα Ἰουδαῖον Διάλογος

τὸν ἥλιον ἀνατελεῖ· καὶ ἐνευλογηθήσονται ἐν αὐτῷ πάντα τὰ ἔθνη.³³¹ εἰ δὲ ἐν τῷ Χριστῷ εὐλογεῖται τὰ ἔθνη πάντα, καὶ ἐκ πάντων τῶν ἐθνῶν ἐπὶ τοῦτον πιστεύομεν, καὶ αὐτός ἐστιν ὁ Χριστός, καὶ ἡμεῖς οἱ δι' αὐτοῦ εὐλογημένοι. 2 τὸν μὲν ἥλιον ὁ θεὸς ἐδεδώκει πρότερον εἰς τὸ προσκυνεῖν αὐτόν, ὡς γέγραπται, καὶ οὐδένα οὐδέποτε ἰδεῖν ἔστιν ὑπομείναντα διὰ τὴν πρὸς τὸν ἥλιον πίστιν ἀποθανεῖν· διὰ δὲ τὸ ὄνομα τοῦ Ἰησοῦ ἐκ παντὸς γένους ἀνθρώπων καὶ ὑπομείναντας καὶ ὑπομένοντας πάντα πάσχειν ὑπὲρ τοῦ μὴ ἀρνήσασθαι αὐτὸν ἰδεῖν ἔστι. πυρωδέστερος γὰρ αὐτοῦ ὁ τῆς ἀληθείας καὶ σοφίας λόγος καὶ φωτεινότερος μᾶλλον τῶν ἡλίου δυνάμεών ἐστι, καὶ εἰς τὰ βάθη τῆς καρδίας καὶ τοῦ νοῦ εἰσδύνων. ὅθεν καὶ ὁ λόγος ἔφη· *Ὑπὲρ τὸν ἥλιον ἀνατελεῖ τὸ ὄνομα αὐτοῦ.* καὶ πάλιν *Ἀνατολὴ ὄνομα αὐτοῦ*³³² Ζαχαρίας φησί. καὶ περὶ τοῦ αὐτοῦ λέγων εἶπεν, ὅτι *Κόψονται φυλὴ κατὰ φυλήν.* 3 εἰ δὲ ἐν τῇ ἀτίμῳ καὶ ἀειδεῖ καὶ ἐξουθενημένῃ πρώτῃ παρουσίᾳ αὐτοῦ τοσοῦτον ἔλαμψε καὶ ἴσχυσεν, ὡς ἐν μηδενὶ γένει ἀγνοεῖσθαι αὐτὸν καὶ ἀπὸ παντὸς μετάνοιαν πεποιῆσθαι ἀπὸ τῆς παλαιᾶς κακῆς ἑκάστου γένους πολιτείας, ὥστε καὶ τὰ δαιμόνια ὑποτάσσεσθαι αὐτοῦ τῷ ὀνόματι καὶ πάσας τὰς ἀρχὰς καὶ τὰς βασιλείας τούτου τὸ ὄνομα παρὰ πάντας τοὺς ἀποθανόντας δεδοικέναι, οὐκ ἐκ παντὸς τρόπου ἐν τῇ ἐνδόξῳ αὐτοῦ παρουσίᾳ καταλύσει πάντας τοὺς μισήσαντας αὐτὸν καὶ τοὺς αὐτοῦ ἀδίκως ἀποστάντας, τοὺς δὲ ἰδίους ἀναπαύσει, ἀποδιδοὺς αὐτοῖς τὰ προσδοκώμενα πάντα; 4 ἡμῖν οὖν ἐδόθη καὶ ἀκοῦσαι καὶ συνεῖναι καὶ σωθῆναι διὰ τούτου τοῦ Χριστοῦ καὶ τὰ τοῦ πατρὸς ἐπιγνῶναι πάντα. διὰ τοῦτο ἔλεγε πρὸς αὐτόν· *Μέγα σοί ἐστι τοῦ κληθῆναί σε παῖδά μου, τοῦ στῆσαι τὰς φυλὰς τοῦ Ἰακὼβ καὶ τὰς διασπορὰς τοῦ Ἰσραὴλ ἐπιστρέψαι· Τέθεικά σε εἰς φῶς ἐθνῶν, τοῦ εἶναί σε εἰς σωτηρίαν αὐτῶν ἕως ἐσχάτου τῆς γῆς.*³³³

CXXII

1 Ταῦτα ὑμεῖς μὲν εἰς τὸν γηόραν καὶ τοὺς προσηλύτους εἰρῆσθαι νομίζετε, τῷ ὄντι δὲ εἰς ἡμᾶς εἴρηται τοὺς διὰ Ἰησοῦ πεφωτισμένους. ἦ γὰρ ἂν κἀκείνοις ἐμαρτύρει ὁ Χριστός· νῦν δὲ διπλότερον υἱοὶ γεέννης, ὡς αὐτὸς εἶπε, γίνεσθε. οὐ πρὸς ἐκείνους οὖν οὐδὲ τὰ διὰ τῶν

---

331 Ps 71:17
332 Zech 6:12
333 Isa 49:6

προφητῶν εἰρημένα λέλεκται, ἀλλὰ πρὸς ἡμᾶς, περὶ ὧν ὁ λόγος λέγει· Ἄξω ἐν ὁδῷ τυφλοὺς ἣν οὐκ ἔγνωσαν, καὶ τρίβους οὓς οὐκ ᾔδεισαν πατήσουσι.[334] κἀγὼ μάρτυς, λέγει κύριος ὁ θεός, καὶ ὁ παῖς μου ὃν ἐξελεξάμην.[335] **2** τίσιν οὖν μαρτυρεῖ ὁ Χριστός; δῆλον ὡς τοῖς πεπιστευκόσιν. οἱ δὲ προσήλυτοι οὐ μόνον οὐ πιστεύουσιν, ἀλλὰ διπλότερον ὑμῶν βλασφημοῦσιν εἰς τὸ ὄνομα αὐτοῦ, καὶ ἡμᾶς τοὺς εἰς ἐκεῖνον πιστεύοντας καὶ φονεύειν καὶ αἰκίζειν βούλονται· κατὰ πάντα γὰρ ὑμῖν ἐξομοιοῦσθαι σπεύδουσι. **3** καὶ πάλιν ἐν ἄλλοις βοᾷ· *Ἐγὼ κύριος ἐκάλεσά σε τῇ δικαιοσύνῃ, καὶ κρατήσω τῆς χειρός σου καὶ ἰσχύσω σε, καὶ θήσω σε εἰς διαθήκην γένους, εἰς φῶς ἐθνῶν, ἀνοῖξαι ὀφθαλμοὺς τυφλῶν, ἐξαγαγεῖν ἐκ δεσμῶν πεπεδημένους.*[336] ἐπεὶ καὶ ταῦτα, ὦ ἄνδρες, πρὸς τὸν Χριστὸν καὶ περὶ τῶν ἐθνῶν τῶν πεφωτισμένων εἴρηται. ἢ πάλιν ὑμεῖς ἐρεῖτε· Πρὸς τὸν νόμον λέγει καὶ τοὺς προσηλύτους ταῦτα;

4 Καὶ ὥσπερ ἐν θεάτρῳ ἀνέκραγόν τινες τῶν τῇ δευτέρᾳ ἀφιγμένων· ἀλλὰ τί; οὐ πρὸς τὸν νόμον λέγει καὶ τοὺς φωτιζομένους ὑπ' αὐτοῦ; οὗτοι δέ εἰσιν οἱ προσήλυτοι.

5 Οὔκ, ἔφην, ἀπιδὼν πρὸς τὸν Τρύφωνα. ἐπεὶ εἰ νόμος εἶχε τὸ φωτίζειν τὰ ἔθνη καὶ τοὺς ἔχοντας αὐτόν, τίς χρεία καινῆς διαθήκης; ἐπεὶ δὲ καινὴν διαθήκην καὶ νόμον αἰώνιον καὶ πρόσταγμα ὁ θεὸς προεκήρυσσε πέμψειν, οὐχὶ τὸν παλαιὸν νόμον ἀκουσόμεθα καὶ τοὺς προσηλύτους αὐτοῦ, ἀλλὰ τὸν Χριστὸν καὶ τοὺς προσηλύτους αὐτοῦ, ἡμᾶς τὰ ἔθνη, οὓς ἐφώτισεν, ὥς πού φησιν· *Οὕτω λέγει κύριος· Καιρῷ δεκτῷ ἐπήκουσά σου, καὶ ἐν ἡμέρᾳ σωτηρίας ἐβοήθησά σοι, καὶ ἔδωκά σε εἰς διαθήκην ἐθνῶν, τοῦ καταστῆσαι τὴν γῆν καὶ κληρονομίαν κληρονομῆσαι ἐρήμους.*[337] **6** τίς οὖν ἡ κληρονομία τοῦ Χριστοῦ; οὐχὶ τὰ ἔθνη; τίς ἡ διαθήκη τοῦ θεοῦ; οὐχ ὁ Χριστός; ὡς καὶ ἀλλαχοῦ φησιν· *Υἱός μου εἶ σύ, ἐγὼ σήμερον γεγέννηκά σε· αἴτησαι παρ' ἐμοῦ, καὶ δώσω σοι ἔθνη τὴν κληρονομίαν σου καὶ τὴν κατάσχεσίν σου τὰ πέρατα τῆς γῆς.*[338]

---

334 Isa 42:16
335 Isa 43:10
336 Isa 42:6
337 Isa 49:8
338 Ps 2:7, 8

CXXIII

1 Ὡς οὖν πάντα ταῦτα εἴρηται πρὸς τὸν Χριστὸν καὶ τὰ ἔθνη, οὕτως κἀκεῖνα εἰρῆσθαι νομίζετε. οὐδὲν γὰρ χρῄζουσιν οἱ προσήλυτοι διαθήκης, εἰ, ἑνὸς καὶ τοῦ αὐτοῦ πᾶσι τοῖς περιτεμνομένοις κειμένου νόμου, περὶ ἐκείνων οὕτως ἡ γραφὴ λέγει· *Καὶ προστεθήσεται καὶ ὁ γηόρας πρὸς αὐτούς, καὶ προστεθήσεται πρὸς τὸν οἶκον Ἰακώβ.*[339] καὶ ὅτι μὲν προσήλυτος ὁ περιτεμνόμενος εἰς τὸ τῷ λαῷ προσκεχωρηκέναι ἐστὶν ὡς αὐτόχθων, ἡμεῖς δὲ λαὸς κεκλῆσθαι ἠξιωμένοι ὁμοίως ἔθνος ἐσμὲν διὰ τὸ ἀπερίτμητοι εἶναι. 2 πρὸς δὲ καὶ γελοῖόν ἐστιν ἡγεῖσθαι ὑμᾶς τῶν μὲν προσηλύτων αὐτῶν ἀνεῷχθαι τὰ ὄμματα, ὑμῶν δὲ οὔ, καὶ ὑμᾶς μὲν ἀκούειν τυφλοὺς καὶ κωφούς, ἐκείνους δὲ πεφωτισμένους. Καὶ ἔτι γελοιότερον ἀποβήσεται ὑμῖν τὸ πρᾶγμα, εἰ τὸν νόμον τοῖς ἔθνεσι δεδόσθαι φήσετε, ὑμεῖς δὲ οὐκ ἐκεῖνον τὸν νόμον ἔγνωτε. 3 ηὐλαβεῖσθε γὰρ ἂν τὴν τοῦ θεοῦ ὀργήν, καὶ υἱοὶ ἄνομοι καὶ ῥεμβεύοντες οὐκ ἂν ἦτε, δυσωπούμενοι ἀκούειν ἑκάστοτε λέγοντος αὐτοῦ· *Υἱοί, οἷς οὐκ ἔστι πίστις ἐν αὐτοῖς·* καί· *Τίς τυφλὸς ἀλλ' ἢ οἱ παῖδές μου, καὶ κωφὸς ἀλλ' ἢ οἱ κυριεύοντες αὐτῶν; καὶ ἐτυφλώθησαν οἱ δοῦλοι τοῦ θεοῦ. εἴδετε πολλάκις, καὶ οὐκ ἐφυλάξασθε· ἀνεῳγμένα τὰ ὦτα ὑμῶν, καὶ οὐκ ἠκούσατε.*[340] 4 ἢ καλὸς ὑμῶν ὁ ἔπαινος τοῦ θεοῦ, καὶ θεοῦ μαρτυρία δούλοις πρέπουσα; οὐκ αἰσχύνεσθε πολλάκις ταὐτὰ ἀκούοντες, οὐδὲ ἀπειλοῦντος τοῦ θεοῦ φρίσσετε, ἀλλ' ἢ λαὸς μωρὸς καὶ σκληροκάρδιός ἐστε. Διὰ τοῦτο ἰδοὺ προσθήσω τοῦ μεταθεῖναι τὸν λαὸν τοῦτον, λέγει κύριος, καὶ μεταθήσω αὐτούς, καὶ ἀπολῶ τὴν σοφίαν τῶν σοφῶν καὶ τὴν σύνεσιν τῶν συνετῶν κρύψω.[341] εὐλόγως. οὐ γὰρ σοφοί ἐστε οὐδὲ συνετοί, ἀλλὰ δριμεῖς καὶ πανοῦργοι· σοφοὶ εἰς τὸ κακοποιῆσαι μόνον, γνῶναι δὲ βουλὴν θεοῦ κεκρυμμένην ἢ διαθήκην κυρίου πιστὴν ἢ τρίβους αἰωνίους εὑρεῖν ἀδύνατοι. 5 τοιγαροῦν· *Ἐγερῶ, φησί, τῷ Ἰσραὴλ καὶ τῷ Ἰούδα σπέρμα ἀνθρώπων καὶ σπέρμα κτηνῶν.*[342] καὶ διὰ Ἡσαΐου περὶ ἄλλου Ἰσραὴλ οὕτω φησί·*Τῇ ἡμέρᾳ ἐκείνῃ ἔσται τρίτος Ἰσραὴλ ἐν τοῖς Ἀσσυρίοις καὶ Αἰγυπτίοις, εὐλογημένος ἐν τῇ γῇ, ἣν εὐλόγησε κύριος Σαβαὼθ λέγων· Εὐλογημένος ἔσται ὁ λαός μου ὁ ἐν Αἰγύπτῳ*

---

339 Isa 14:1
340 De 32:20; Isa 42:19
341 Isa 29:14
342 Jer 31:27

καὶ ὁ ἐν Ἀσσυρίοις, καὶ ἡ κληρονομία μου Ἰσραήλ.³⁴³ **6** εὐλογοῦντος οὖν τοῦ θεοῦ καὶ Ἰσραὴλ τοῦτον τὸν λαὸν καλοῦντος καὶ κληρονομίαν αὐτοῦ βοῶντος εἶναι, πῶς οὐ μετανοεῖτε ἐπί τε τῷ ἑαυτοὺς ἀπατᾶν, ὡς μόνοι Ἰσραὴλ ὄντες, καὶ ἐπὶ τῷ καταρᾶσθαι τὸν εὐλογημένον τοῦ θεοῦ λαόν; καὶ γὰρ ὅτε πρὸς τὴν Ἱερουσαλὴμ καὶ τὰς πέριξ αὐτῆς ἔλεγε χώρας, οὕτω πάλιν ἐπεῖπε· *Καὶ γεννήσω ἐφ' ὑμᾶς ἀνθρώπους, τὸν λαόν μου Ἰσραήλ, καὶ κληρονομήσουσιν ὑμᾶς καὶ ἔσεσθε αὐτοῖς εἰς κατάσχεσιν, καὶ οὐ μὴ προστεθῆτε ἔτι ἀτεκνωθῆναι ἀπ' αὐτῶν.*³⁴⁴

7 Τί οὖν; φησὶν ὁ Τρύφων. Ὑμεῖς Ἰσραήλ ἐστε, καὶ περὶ ὑμῶν λέγει ταῦτα;

Εἰ μέν, ἔφην αὐτῷ, μὴ περὶ τούτων καὶ πολὺν λόγον πεποιήμεθα, κἂν ἀμφέβαλλον μή τι οὐ συνίων τοῦτο ἐρωτᾷς· ἐπειδὴ δὲ καὶ μετὰ ἀποδείξεως καὶ συγκαταθέσεως καὶ τοῦτο συνηγάγομεν τὸ ζήτημα, οὐ νομίζω σε ἀγνοεῖν μὲν τὰ προειρημένα οὐδὲ πάλιν φιλεριστεῖν, ἀλλὰ προκαλεῖσθαί με καὶ τούτοις τὴν αὐτὴν ἀπόδειξιν ποιήσασθαι.

8 Καὶ τῷ διὰ τῶν ὀφθαλμῶν νεύματι συντιθεμένου· Πάλιν, ἔλεγον ἐγώ, ἐν τῷ Ἡσαΐᾳ, ὠσὶν ἀκούοντες εἰ ἄρα ἀκούετε, περὶ τοῦ Χριστοῦ λέγων ὁ θεὸς ἐν παραβολῇ Ἰακὼβ αὐτὸν καλεῖ καὶ Ἰσραήλ. οὕτω λέγει· *Ἰακὼβ ὁ παῖς μου, ἀντιλήψομαι αὐτοῦ. Ἰσραὴλ ἐκλεκτός μου, θήσω τὸ πνεῦμά μου ἐπ' αὐτόν, καὶ κρίσιν τοῖς ἔθνεσιν ἐξοίσει. οὐκ ἐρίσει οὔτε κράξει, οὔτε ἀκούσεταί τις ἐν ταῖς πλατείαις τὴν φωνὴν αὐτοῦ· κάλαμον συντετριμμένον οὐ κατεάξει καὶ λίνον τυφόμενον οὐ μὴ σβέσει, ἀλλὰ εἰς ἀλήθειαν ἐξοίσει, κρίσιν ἀναλήψει καὶ οὐ μὴ θραυσθήσεται, ἕως ἂν θῇ ἐπὶ τῆς γῆς κρίσιν· καὶ ἐπὶ τῷ ὀνόματι αὐτοῦ ἐλπιοῦσιν ἔθνη.*³⁴⁵ **9** ὡς οὖν ἀπὸ τοῦ ἑνὸς Ἰακὼβ ἐκείνου, τοῦ καὶ Ἰσραὴλ ἐπικληθέντος, τὸ πᾶν γένος ὑμῶν προσηγόρευτο Ἰακὼβ καὶ Ἰσραήλ, οὕτω καὶ ἡμεῖς ἀπὸ τοῦ γεννήσαντος ἡμᾶς εἰς θεὸν Χριστοῦ, ὡς καὶ Ἰακὼβ καὶ Ἰσραὴλ καὶ Ἰούδα καὶ Ἰωσὴφ καὶ Δαυείδ, καὶ θεοῦ τέκνα ἀληθινὰ καλούμεθα καὶ ἐσμέν, οἱ τὰς ἐντολὰς τοῦ Χριστοῦ φυλάσσοντες.

---

343 Isa 19:24, 25
344 Ez 36:12
345 Isa 42:1-4

Πρὸς Τρύφωνα Ἰουδαῖον Διάλογος

CXXIV

1 Καὶ ἐπειδὴ εἶδον αὐτοὺς συνταραχθέντας ἐπὶ τῷ εἰπεῖν με καὶ θεοῦ τέκνα εἶναι ἡμᾶς, προλαβὼν τὸ ἀνερωτηθῆναι εἶπον· Ἀκούσατε, ὦ ἄνδρες, πῶς τὸ ἅγιον πνεῦμα λέγει περὶ τοῦ λαοῦ τούτου, ὅτι υἱοὶ ὑψίστου πάντες εἰσὶ καὶ ἐν τῇ συναγωγῇ αὐτῶν παρέσται αὐτὸς οὗτος ὁ Χριστός, τὴν κρίσιν ἀπὸ παντὸς γένους ἀνθρώπων ποιούμενος. 2 εἴρηνται δὲ οἱ λόγοι διὰ Δαυείδ, ὡς μὲν ὑμεῖς ἐξηγεῖσθε, οὕτως· Ὁ θεὸς ἔστη ἐν συναγωγῇ θεῶν, ἐν μέσῳ δὲ θεοὺς διακρίνει. Ἕως πότε κρίνετε ἀδικίαν παὶ πρόσωπα ἁμαρτωλῶν λαμβάνετε; κρίνατε ὀρφανῷ καὶ πτωχῷ καὶ ταπεινὸν καὶ πένητα δικαιώσατε. ἐξέλεσθε πένητα, καὶ πτωχὸν ἐκ χειρὸς ἁμαρτωλοῦ ῥύσασθε. οὐκ ἔγνωσαν οὐδὲ συνῆκαν, ἐν σκότει διαπορεύονται· σαλευθήσονται πάντα τὰ θεμέλια τῆς γῆς. ἐγὼ εἶπα· Θεοί ἐστε καὶ υἱοὶ ὑψίστου πάντες· ὑμεῖς δὲ ὡς ἄνθρωπος ἀποθνήσκετε, καὶ ὡς εἷς τῶν ἀρχόντων πίπτετε. ἀνάστα, ὁ θεός, κρῖνον τὴν γῆν, ὅτι σὺ κατακληρονομήσεις ἐν πᾶσι τοῖς ἔθνεσιν.[346] 3 ἐν δὲ τῇ τῶν ἑβδομήκοντα ἐξηγήσει εἴρηται· Ἰδοὺ δὴ ὡς ἄνθρωποι ἀποθνήσκετε, καὶ ὡς εἷς τῶν ἀρχόντων πίπτετε· ἵνα δηλώσῃ καὶ τὴν παρακοὴν τῶν ἀνθρώπων, τοῦ Ἀδὰμ λέγω καὶ τῆς Εὔας, καὶ τὴν πτῶσιν τοῦ ἑνὸς τῶν ἀρχόντων, τοῦτ' ἔστι τοῦ κεκλημένου ἐκείνου ὄφεως, πεσόντος πτῶσιν μεγάλην διὰ τὸ ἀποπλανῆσαι τὴν Εὔαν. 4 ἀλλ' ἐπειδὴ οὐ πρὸς τοῦτό μοι νῦν ὁ λόγος λέλεκται ἀλλὰ πρὸς τὸ ἀποδεῖξαι ὑμῖν ὅτι τὸ πνεῦμα τὸ ἅγιον ὀνειδίζει τοὺς ἀνθρώπους, τοὺς καὶ θεῷ ὁμοίως ἀπαθεῖς καὶ ἀθανάτους, ἐὰν φυλάξωσι τὰ προστάγματα αὐτοῦ, γεγεννημένους, καὶ κατηξιωμένους ὑπ' αὐτοῦ υἱοὺς αὐτοῦ καλεῖσθαι, καὶ οὗτοι ὁμοίως τῷ Ἀδὰμ καὶ τῇ Εὔᾳ ἐξομοιούμενοι θάνατον ἑαυτοῖς ἐργάζονται, ἐχέτω καὶ ἡ ἑρμηνεία τοῦ ψαλμοῦ ὡς βούλεσθε· καὶ οὕτως ἀποδέδεικται ὅτι θεοὶ κατηξίωνται γενέσθαι, καὶ υἱοὶ ὑψίστου πάντες δύνασθαι γενέσθαι κατηξίωνται, καὶ παρ' ἑαυτοὺς καὶ κρίνεσθαι καὶ καταδικάζεσθαι μέλλουσιν, ὡς καὶ Ἀδὰμ καὶ Εὔα. ὅτι δὲ καὶ θεὸν τὸν Χριστὸν καλεῖ, ἐν πολλοῖς ἀποδέδεικται.

CXXV

1 Ἐβουλόμην, λέγω, παρ' ὑμῶν μαθεῖν, ὦ ἄνδρες, τίς ἡ δύναμις τοῦ Ἰσραὴλ ὀνόματος. καὶ ἡσυχαζόντων αὐτῶν ἐπήνεγκα· Ἐγὼ ὃ ἐπίσταμαι ἐρῶ· οὔτε γὰρ εἰδότα μὴ λέγειν

---
346 Ps 81

δίκαιον ἡγοῦμαι, οὔτε ὑπονοοῦντα ἐπίστασθαι ὑμᾶς καὶ διὰ φθόνον ἢ δι' ἀπειρίαν τὴν τοῦ βούλεσθαι ἐπίσταμαι αὐτὸς φροντίζειν ἀεί, ἀλλὰ πάντα ἁπλῶς καὶ ἀδόλως λέγειν, ὡς ὁ ἐμὸς κύριος εἶπεν· Ἐξῆλθεν ὁ σπείρων τοῦ σπεῖραι τὸν σπόρον· καὶ ὃ μὲν ἔπεσεν εἰς τὴν ὁδόν, ὃ δὲ εἰς τὰς ἀκάνθας, ὃ δὲ ἐπὶ τὰ πετρώδη, ὃ δὲ ἐπὶ τὴν γῆν τὴν καλήν.³⁴⁷ **2** ἐλπίδι οὖν τοῦ εἶναί που καλὴν γῆν λέγειν δεῖ· ἐπειδή γε ἐκεῖνος ὁ ἐμὸς κύριος, ὡς ἰσχυρὸς καὶ δυνατός, τὰ ἴδια παρὰ πάντων ἀπαιτήσει ἐλθών, καὶ τὸν οἰκονόμον τὸν ἑαυτοῦ οὐ καταδικάσει, εἰ γνωρίζοι αὐτόν, διὰ τὸ ἐπίστασθαι ὅτι δυνατός ἐστιν ὁ κύριος αὐτοῦ καὶ ἐλθὼν ἀπαιτήσει τὰ ἴδια, ἐπὶ πᾶσαν τράπεζαν διδόντα, ἀλλ' οὐ δι' αἰτίαν οἱανδηποτοῦν κατορύξαντα. **3** καὶ τὸ οὖν Ἰσραὴλ ὄνομα τοῦτο σημαίνει· ἄνθρωπος νικῶν δύναμιν· τὸ γὰρ ἴσρα ἄνθρωπος νικῶν ἐστι, τὸ δὲ ἢλ δύναμις. ὅπερ καὶ διὰ τοῦ μυστηρίου τῆς πάλης, ἣν ἐπάλαισεν Ἰακὼβ μετὰ τοῦ φαινομένου μὲν ἐκ τοῦ τῇ τοῦ πατρὸς βουλῇ ὑπηρετεῖν, θεοῦ δὲ ἐκ τοῦ εἶναι τέκνον πρωτότοκον τῶν ὅλων κτισμάτων, ἐπεπροφήτευτο οὕτως καὶ ἄνθρωπος γενόμενος ὁ Χριστὸς ποιήσειν. **4** ὅτε γὰρ ἄνθρωπος γέγονεν, ὡς προεῖπον, προσῆλθεν αὐτῷ ὁ διάβολος, τοῦτ' ἔστιν ἡ δύναμις ἐκείνη ἡ καὶ ὄφις κεκλημένη καὶ σατανᾶς, πειράζων αὐτὸν καὶ ἀγωνιζόμενος καταβαλεῖν διὰ τοῦ ἀξιοῦν προσκυνῆσαι αὐτόν. ὁ δὲ αὐτὸν κατέλυσε καὶ κατέβαλεν, ἐλέγξας ὅτι πονηρός ἐστι, παρὰ τὴν γραφὴν ἀξιῶν προσκυνεῖσθαι ὡς θεός, ἀποστάτης τῆς τοῦ θεοῦ γνώμης γεγενημένος. ἀποκρίνεται γὰρ αὐτῷ· Γέγραπται· *Κύριον τὸν θεόν σου προσκυνήσεις καὶ αὐτῷ μόνῳ λατρεύσεις.*³⁴⁸ καὶ ἡττημένος καὶ ἐληλεγμένος ἀπένευσε τότε ὁ διάβολος. **5** ἀλλ' ἐπεὶ καὶ ναρκᾶν ἔμελλε, τοῦτ' ἔστιν ἐν πόνῳ καὶ ἐν ἀντιλήψει τοῦ πάθους, ὅτε σταυροῦσθαι ἔμελλεν, ὁ Χριστὸς ὁ ἡμέτερος, καὶ τούτου προκήρυξιν ἐποίησε διὰ τοῦ ἅψασθαι τοῦ μηροῦ τοῦ Ἰακὼβ καὶ ναρκῆσαι ποιῆσαι. ὁ δὲ Ἰσραὴλ ἦν ὄνομα αὐτῷ ἄνωθεν, ὃ ἐπωνόμασε τὸν μακάριον Ἰακὼβ εὐλογῶν τῷ ἑαυτοῦ ὀνόματι, κηρύσσων καὶ διὰ τούτου ὅτι πάντες οἱ δι' αὐτοῦ τῷ πατρὶ προσφεύγοντες εὐλογημένος Ἰσραήλ ἐστιν. ὑμεῖς δέ, μηδὲν τούτων νενοηκότες μηδὲ νοεῖν παρασκευαζόμενοι, ἐπειδὴ κατὰ τὸ σαρκικὸν σπέρμα τοῦ Ἰακὼβ τέκνα ἐστέ, πάντως σωθήσεσθαι προσδοκᾶτε. ἀλλ' ὅτι καὶ ἐν τούτοις ἑαυτοὺς πλανᾶτε, ἀποδέδεικταί μοι ἐν πολλοῖς.

---

347 Matt 13:3
348 Matt 4:10

Πρὸς Τρύφωνα Ἰουδαῖον Διάλογος

CXXVI

1 Τίς δ' ἐστὶν οὗτος, ὃς καὶ ἄγγελος μεγάλης βουλῆς ποτε, καὶ ἀνὴρ διὰ Ἰεζεκιήλ, καὶ ὡς υἱὸς ἀνθρώπου διὰ Δανιήλ, καὶ παιδίον διὰ Ἡσαίου, καὶ Χριστὸς καὶ θεὸς προσκυνητὸς διὰ Δαυείδ, καὶ Χριστὸς καὶ λίθος διὰ πολλῶν, καὶ σοφία διὰ Σολομῶνος, καὶ Ἰωσὴφ καὶ Ἰούδας καὶ ἄστρον διὰ Μωυσέως, καὶ ἀνατολὴ διὰ Ζαχαρίου, καὶ παθητὸς καὶ Ἰακὼβ καὶ Ἰσραὴλ πάλιν διὰ Ἡσαίου, καὶ ῥάβδος καὶ ἄνθος καὶ λίθος ἀκρογωνιαῖος κέκληται καὶ υἱὸς θεοῦ, εἰ ἐγνώκειτε, ὦ Τρύφων, ἔφην, οὐκ ἂν ἐβλασφημεῖτε εἰς αὐτὸν ἤδη καὶ παραγενόμενον καὶ γεννηθέντα καὶ παθόντα καὶ ἀναβάντα εἰς τὸν οὐρανόν· ὃς καὶ πάλιν παρέσται, καὶ τότε κόψονται ὑμῶν αἱ δώδεκα φυλαί. 2 ἐπεὶ εἰ νενοήκατε τὰ εἰρημένα ὑπὸ τῶν προφητῶν, οὐκ ἂν ἐξηρνεῖσθε αὐτὸν εἶναι θεόν, τοῦ μόνου καὶ ἀγεννήτου καὶ ἀρρήτου θεοῦ υἱόν. εἴρηται γάρ που καὶ διὰ Μωυσέως ἐν τῇ Ἐξόδῳ οὕτως· *Ἐλάλησε δὲ κύριος πρὸς Μωυσῆν, καὶ εἶπε πρὸς αὐτόν· Ἐγώ εἰμι κύριος, καὶ ὤφθην πρὸς τὸν Ἀβραὰμ καὶ Ἰσαὰκ καὶ Ἰακώβ, θεὸς αὐτῶν, καὶ τὸ ὄνομά μου οὐκ ἐδήλωσα αὐτοῖς, καὶ ἔστησα τὴν διαθήκην μου πρὸς αὐτούς.*[349] 3 καὶ οὕτω πάλιν λέγει· *Μετὰ Ἰακὼβ ἄνθρωπος ἐπάλαιε·*[350] καὶ θεόν φησιν εἶναι· *Εἶδον γὰρ θεὸν πρόσωπον πρὸς πρόσωπον, καὶ ἐσώθη ἡ ψυχή μου*, λέγει εἰρηκέναι τὸν Ἰακώβ. καὶ ὅτι καὶ τὸν τόπον, ὅπου αὐτῷ ἐπάλαισε καὶ ὤφθη καὶ εὐλόγησε, καὶ ἐκάλεσεν *Εἶδος θεοῦ*, ἀνέγραψε. 4 καὶ τῷ Ἀβραὰμ ὁμοίως, Μωυσῆς φησιν, ὤφθη ὁ θεὸς πρὸς τῇ δρυΐ τῇ Μαμβρῇ, καθημένῳ ἐπὶ τῆς θύρας τῆς σκηνῆς αὐτοῦ μεσημβρίας. εἶτα ταῦτα εἰπὼν ἐπιφέρει· *Ἀναβλέψας δὲ τοῖς ὀφθαλμοῖς εἶδε καὶ ἰδοὺ τρεῖς ἄνδρες εἰστήκεισαν ἐπάνω αὐτοῦ. καὶ ἰδὼν συνέδραμεν εἰς συνάντησιν αὐτοῖς.*[351] μετ' ὀλίγον δὲ εἷς ἐξ αὐτῶν ὑπισχνεῖται τῷ Ἀβραὰμ υἱόν· *Τί ὅτι ἐγέλασε Σάρρα λέγουσα· Ἆρά γε τέξομαι; ἐγὼ δὲ γεγήρακα. μὴ ἀδυνατεῖ παρὰ τῷ θεῷ ῥῆμα; εἰς τὸν καιρὸν τοῦτον ἀποστρέψω εἰς ὥρας, καὶ ἔσται τῇ Σάρρᾳ υἱός.* καὶ ἀπαλλάσσονται ἀπὸ Ἀβραάμ.[352] 5 καὶ οὕτω περὶ αὐτῶν πάλιν λέγει· *Ἐξαναστάντες δὲ ἐκεῖθεν οἱ ἄνδρες κατέβλεψαν ἐπὶ πρόσωπον Σοδόμων.*[353] εἶτα πάλιν πρὸς τὸν Ἀβραὰμ ὃς ἦν καὶ ἔστιν οὕτως λέγει· *Οὐ μὴ κρύψω ἀπὸ τοῦ*

---

349 Ex 6:2-4
350 Gen 32:24, 30
351 Gen 18:2
352 Gen 18:13
353 Gen 18:16

παιδός μου Ἀβραάμ ἐγὼ ἃ μέλλω ποιεῖν·³⁵⁴ καὶ τὰ ἑξῆς ἀνιστορημένα ἀπὸ τῶν τοῦ Μωυσέως καὶ ἐξηγημένα ὑπ' ἐμοῦ πάλιν ἔλεγον, δι' ὧν ἀποδέδεικται ὑπὸ τῷ πατρὶ καὶ κυρίῳ τεταγμένος καὶ ὑπηρετῶν τῇ βουλῇ αὐτοῦ οὗτος ὃς ὤφθη τῷ τε Ἀβραὰμ καὶ τῷ Ἰσαὰκ καὶ τῷ Ἰακὼβ καὶ τοῖς ἄλλοις πατριάρχαις, ἀναγεγραμμένος θεός, ἔλεγον. 6 ἐπέφερον δέ, εἰ καὶ μὴ εἶπον ἐν τοῖς ἔμπροσθεν· Οὕτω δὲ καί, ὅτε κρέας ἐπεθύμησεν ὁ λαὸς φαγεῖν καὶ ἀπιστεῖ Μωυσῆς τῷ λελεγμένῳ κἀκεῖ ἀγγέλῳ, ἐπαγγελλομένῳ δώσειν αὐτοῖς τὸν θεὸν εἰς πλησμονήν, αὐτός, ὢν καὶ θεὸς καὶ ἄγγελος παρὰ τοῦ πατρὸς πεπεμμένος, ταῦτα εἰπεῖν καὶ πρᾶξαι δηλοῦται. οὕτως γὰρ ἐπάγει ἡ γραφὴ λέγουσα· Καὶ εἶπε κύριος πρὸς Μωυσῆν· Μὴ ἡ χεὶρ κυρίου οὐκ ἐξαρκέσει; ἤδη γνώσῃ εἰ ἐπικαταλήψεταί σε ὁ λόγος μου ἢ οὔ.³⁵⁵ καὶ πάλιν ἐν ἄλλοις λόγοις οὕτως φησί· Κύριος δὲ εἶπε πρός με· Οὐ διαβήσῃ τὸν Ἰορδάνην τοῦτον. κύριος ὁ θεός σου, ὁ προπορευόμενος τοῦ προσώπου σου, αὐτὸς ἐξολοθρεύσει τὰ ἔθνη.³⁵⁶

CXXVII

1 Καὶ τὰ ἄλλα δὲ τοιαῦτά ἐστιν εἰρημένα τῷ νομοθέτῃ καὶ τοῖς προφήταις. καὶ ἱκανῶς εἰρῆσθαί μοι ὑπολαμβάνω ὅτι, ὅταν μου ὁ θεὸς λέγῃ· Ἀνέβη ὁ θεὸς ἀπὸ Ἀβραάμ,³⁵⁷ ἢ Ἐλάλησε κύριος πρὸς Μωυσῆν,³⁵⁸ καὶ Κατέβη κύριος τὸν πύργον ἰδεῖν ὃν ᾠκοδόμησαν οἱ υἱοὶ τῶν ἀνθρώπων³⁵⁹ ἢ ὅτε Ἔκλεισεν ὁ θεὸς τὴν κιβωτὸν Νῶε ἔξωθεν,³⁶⁰ μὴ ἡγεῖσθε αὐτὸν τὸν ἀγέννητον θεὸν καταβεβηκέναι ἢ ἀναβεβηκέναι ποθέν. 2 ὁ γὰρ ἄρρητος πατὴρ καὶ κύριος τῶν πάντων οὔτε ποι ἀφῖκται οὔτε περιπατεῖ οὔτε καθεύδει οὔτε ἀνίσταται, ἀλλ' ἐν τῇ αὐτοῦ χώρᾳ, ὅπου ποτέ, μένει, ὀξὺ ὁρῶν καὶ ὀξὺ ἀκούων, οὐκ ὀφθαλμοῖς οὐδὲ ὠσὶν ἀλλὰ δυνάμει ἀλέκτῳ· καὶ πάντα ἐφορᾷ καὶ πάντα γινώσκει, καὶ οὐδεὶς ἡμῶν λέληθεν αὐτόν· οὔτε κινούμενος, ὁ τόπῳ τε ἀχώρητος καὶ τῷ κόσμῳ ὅλῳ, ὅς γε ἦν καὶ πρὶν τὸν κόσμον γενέσθαι. 3 πῶς ἂν οὖν οὗτος ἢ λαλήσειε πρός τινα ἢ ὀφθείη τινὶ ἢ ἐν ἐλαχίστῳ μέρει γῆς

---

354 Gen 18:17
355 Num 11:23
356 De 31:2-3
357 Ex 6:29
358 Gen 11:5
359 Gen 11:5
360 Gen 7:16

Πρὸς Τρύφωνα Ἰουδαῖον Διάλογος

φανείη, ὁπότε γε οὐδὲ τὴν δόξαν τοῦ παρ' αὐτοῦ πεμφθέντος ἴσχυεν ὁ λαὸς ἰδεῖν ἐν Σινᾶ, οὐδ' αὐτὸς Μωυσῆς ἴσχυσεν εἰσελθεῖν εἰς τὴν σκηνήν, ἣν ἐποίησεν, εἰ μὲν ἐπληρώθη τῆς παρὰ τοῦ θεοῦ δόξης, οὐδὲ μὴν ὁ ἱερεὺς ὑπέμεινε κατενώπιον τοῦ ναοῦ στῆναι, ὅτε τὴν κιβωτὸν Σολομὼν εἰσεκόμισεν εἰς τὸν οἶκον τὸν ἐν Ἰερουσαλήμ, ὃν αὐτὸς ὁ Σολομὼν ᾠκοδομήκει; 4 οὔτε οὖν Ἀβραὰμ οὔτε Ἰσαὰκ οὔτε Ἰακὼβ οὔτε ἄλλος ἀνθρώπων εἶδε τὸν πατέρα καὶ ἄρρητον κύριον τῶν πάντων ἁπλῶς καὶ αὐτοῦ τοῦ Χριστοῦ, ἀλλ' ἐκεῖνον τὸν κατὰ βουλὴν τὴν ἐκείνου καὶ θεὸν ὄντα, υἱὸν αὐτοῦ, καὶ ἄγγελον ἐκ τοῦ ὑπηρετεῖν τῇ γνώμῃ αὐτοῦ· ὃν καὶ ἄνθρωπον γεννηθῆναι διὰ τῆς παρθένου βεβούληται, ὃς καὶ πῦρ ποτε γέγονε τῇ πρὸς Μωυσέα ὁμιλίᾳ τῇ ἀπὸ τῆς βάτου. 5 ἐπεὶ ἐὰν μὴ οὕτω νοήσωμεν τὰς γραφάς, συμβήσεται τὸν πατέρα καὶ κύριον τῶν ὅλων μὴ γεγενῆσθαι τότε ἐν τοῖς οὐρανοῖς, ὅτε διὰ Μωυσέως λέλεκται· *Καὶ κύριος ἔβρεξεν ἐπὶ Σόδομα πῦρ καὶ θεῖον παρὰ κυρίου ἐκ τοῦ οὐρανοῦ.*[361] καὶ πάλιν διὰ Δαυεὶδ ὅτε λέλεκται οὕτως· *Ἄρατε πύλας οἱ ἄρχοντες ὑμῶν, καὶ ἐπάρθητε πύλαι αἰώνιοι, καὶ εἰσελεύσεται ὁ βασιλεὺς τῆς δόξης.*[362] καὶ πάλιν ὅτε φησί· *Λέγει κύριος τῷ κυρίῳ μου· Κάθου ἐκ δεξιῶν μου, ἕως ἂν θῶ τοὺς ἐχθρούς σου ὑποπόδιον τῶν ποδῶν σου.*[363]

CXXVIII

1 Καὶ ὅτι κύριος ὢν ὁ Χριστός, καὶ θεὸς θεοῦ υἱὸς ὑπάρχων, καὶ δυνάμει φαινόμενος πρότερον ὡς ἀνὴρ καὶ ἄγγελος, καὶ ἐν πυρὸς δόξῃ, ὡς ἐν τῇ βάτῳ, πέφανται καὶ ἐπὶ τῆς κρίσεως τῆς γεγενημένης ἐπὶ Σόδομα, ἀποδέδεικται ἐν πολλοῖς τοῖς εἰρημένοις. ἀνιστόρουν δὲ πάλιν ἃ καὶ προέγραψα ἀπὸ τῆς Ἐξόδου πάντα, περί τε τῆς ὀπτασίας τῆς ἐπὶ τῆς βάτου καὶ τῆς ἐπικλήσεως τοῦ Ἰησοῦ ὀνόματος, καὶ ἐπέλεγον· 2 Καὶ μὴ νομίζητε, ὦ οὗτοι, ὅτι περιττολογῶν ταῦτα λέγω πολλάκις, ἀλλ' ἐπεὶ γινώσκω καί τινας προλέγειν ταῦτα βουλομένους, καὶ φάσκειν τὴν δύναμιν τὴν παρὰ τοῦ πατρὸς τῶν ὅλων φανεῖσαν τῷ Μωυσεῖ ἢ τῷ Ἀβραὰμ ἢ τῷ Ἰακὼβ ἄγγελον καλεῖσθαι ἐν τῇ πρὸς ἀνθρώπους προόδῳ, ἐπειδὴ δι' αὐτῆς τὰ παρὰ τοῦ πατρὸς τοῖς ἀνθρώποις ἀγγέλλεται, δόξαν δέ, ἐπειδὴ ἐν ἀχωρήτῳ ποτὲ φαντασίᾳ φαίνεται, ἄνδρα δέ ποτε καὶ

---

361 Gen 19:24
362 Ps 23:7
363 Ps 109:1

ἄνθρωπον καλεῖσθαι, ἐπειδὴ ἐν μορφαῖς τοιαύταις σχηματιζόμενος φαίνεται αἷσπερ βούλεται ὁ πατήρ· καὶ λόγον καλοῦσιν, ἐπειδὴ καὶ τὰς παρὰ τοῦ πατρὸς ὁμιλίας φέρει τοῖς ἀνθρώποις. 3 ἄτμητον δὲ καὶ ἀχώριστον τοῦ πατρὸς ταύτην τὴν δύναμιν ὑπάρχειν, ὅνπερ τρόπον τὸ τοῦ ἡλίου φασὶ φῶς ἐπὶ γῆς εἶναι ἄτμητον καὶ ἀχώριστον ὄντος τοῦ ἡλίου ἐν τῷ οὐρανῷ· καί, ὅταν δύσῃ, συναποφέρεται τὸ φῶς· οὕτως ὁ πατήρ, ὅταν βούληται, λέγουσι, δύναμιν αὑτοῦ προπηδᾶν ποιεῖ, καὶ ὅταν βούληται, πάλιν ἀναστέλλει εἰς ἑαυτόν. κατὰ τοῦτον τὸν τρόπον καὶ τοὺς ἀγγέλους ποιεῖν αὐτὸν διδάσκουσιν. 4 ἀλλ' ὅτι μὲν οὖν εἰσὶν ἄγγελοι, καὶ ἀεὶ μένοντες καὶ μὴ ἀναλυόμενοι εἰς ἐκεῖνο ἐξ οὗπερ γεγόνασιν, ἀποδέδεικται· καὶ ὅτι δύναμις αὕτη, ἣν καὶ θεὸν καλεῖ ὁ προφητικὸς λόγος, διὰ πολλῶν ὡσαύτως ἀποδέδεικται, καὶ ἄγγελον, οὐχ ὡς τὸ τοῦ ἡλίου φῶς ὀνόματι μόνον ἀριθμεῖται, ἀλλὰ καὶ ἀριθμῷ ἕτερόν τί ἐστι, καὶ ἐν τοῖς προειρημένοις διὰ βραχέων τὸν λόγον ἐξήτασα, εἰπὼν τὴν δύναμιν ταύτην γεγεννῆσθαι ἀπὸ τοῦ πατρός, δυνάμει καὶ βουλῇ αὐτοῦ, ἀλλ' οὐ κατὰ ἀποτομήν, ὡς ἀπομεριζομένης τῆς τοῦ πατρὸς οὐσίας, ὁποῖα τὰ ἄλλα πάντα μεριζόμενα καὶ τεμνόμενα οὐ τὰ αὐτά ἐστιν ἃ καὶ πρὶν τμηθῆναι· καὶ παραδείγματος χάριν παρειλήφειν ὡς τὰ ἀπὸ πυρὸς ἀναπτόμενα πυρὰ ἕτερα ὁρῶμεν, οὐδὲν ἐλαττουμένου ἐκείνου, ἐξ οὗ ἀναφθῆναι πολλὰ δύνανται, ἀλλὰ ταὐτοῦ μένοντος.

CXXIX

1 Καὶ νῦν δὲ ἔτι καὶ οὓς εἶπον λόγους εἰς ἀπόδειξιν τούτου ἐρῶ. ὅταν λέγῃ· Ἔβρεξε κύριος πῦρ παρὰ κυρίου ἐκ τοῦ οὐρανοῦ, δύο ὄντας ἀριθμῷ μηνύει ὁ λόγος ὁ προφητικός, τὸν μὲν ἐπὶ γῆς ὄντα, ὅς φησι καταβεβηκέναι ἰδεῖν τὴν κραυγὴν Σοδόμων, τὸν δὲ ἐν τοῖς οὐρανοῖς ὑπάρχοντα, ὃς καὶ τοῦ ἐπὶ γῆς κυρίου κύριός ἐστιν, ὡς πατὴρ καὶ θεός, αἴτιός τε αὐτῷ τοῦ εἶναι καὶ δυνατῷ καὶ κυρίῳ καὶ θεῷ. 2 καὶ πάλιν ὅταν λέγῃ ὁ λόγος εἰρηκέναι τὸν θεὸν ἐν ἀρχῇ· Ἰδοὺ Ἀδὰμ γέγονεν ὡς εἷς ἐξ ἡμῶν,[364] τόδε 'Ὡς εἷς ἐξ ἡμῶν, καὶ αὐτὸς ἀριθμοῦ δηλωτικόν ἐστιν, ἀλλ' οὐ τροπολογίαν χωροῦσιν οἱ λόγοι, ὡς ἐξηγεῖσθαι ἐπιχειροῦσιν οἱ σοφισταὶ καὶ μηδὲ λέγειν τὴν ἀλήθειαν μηδὲ νοεῖν δυνάμενοι. 3 καὶ ἐν τῇ Σοφίᾳ εἴρηται· Ἐὰν ἀναγγείλω ὑμῖν τὰ καθ' ἡμέραν γινόμενα, μνημονεύσω τὰ ἐξ

---

364 Gen 3:22

Πρὸς Τρύφωνα Ἰουδαῖον Διάλογος

αἰῶνος ἀριθμῆσαι. Κύριος ἔκτισέ με ἀρχὴν ὁδῶν αὐτοῦ εἰς ἔργα αὐτοῦ. πρὸ τοῦ αἰῶνος ἐθεμελίωσέ με, ἐν ἀρχῇ, πρὸ τοῦ τὴν γῆν ποιῆσαι καὶ πρὸ τοῦ τὰς ἀβύσσους ποιῆσαι καὶ πρὸ τοῦ προελθεῖν τὰς πηγὰς τῶν ὑδάτων, πρὸ τοῦ ὄρη ἑδρασθῆναι· πρὸ δὲ πάντων βουνῶν γεννᾷ με.[365] 4 καὶ εἰπὼν ταῦτα ἐπήγαγον· Νοεῖτε, ὦ ἀκροαταί, εἴ γε καὶ τὸν νοῦν προσέχετε· καὶ ὅτι γεγεννῆσθαι ὑπὸ τοῦ πατρὸς τοῦτο τὸ γέννημα πρὸ πάντων ἁπλῶς τῶν κτισμάτων ὁ λόγος ἐδήλου, καὶ τὸ γεννώμενον τοῦ γεννῶντος ἀριθμῷ ἕτερόν ἐστι, πᾶς ὁστισοῦν ὁμολογήσειε.

CXXX

1 Καὶ συντιθεμένων πάντων εἶπον· Καὶ λόγους δέ τινας, οὓς μὴ ἀπεμνημόνευσα πρότερον, εἴποιμ' ἂν ἄρτι· εἰσὶ δὲ εἰρημένοι ὑπὸ τοῦ πιστοῦ θεράποντος Μωυσέως ἐπικεκαλυμμένως. εἴρηται δὲ οὕτως· Εὐφράνθητε οὐρανοὶ ἅμα αὐτῷ, καὶ προσκυνησάτωσαν αὐτῷ πάντες ἄγγελοι θεοῦ·[366] καὶ τὰ ἑξῆς τοῦ λόγου ἐπέφερον ταῦτα· Εὐφράνθητε ἔθνη μετὰ τοῦ λαοῦ αὐτοῦ, καὶ ἐνισχυσάτωσαν αὐτῷ πάντες ἄγγελοι θεοῦ, ὅτι τὸ αἷμα τῶν υἱῶν αὐτοῦ ἐκδικεῖται, καὶ ἐκδικήσει, καὶ ἀνταποδώσει δίκην τοῖς ἐχθροῖς, καὶ τοῖς μισοῦσιν αὐτὸν ἀνταποδώσει, καὶ ἐκκαθαριεῖ κύριος τὴν γῆν τοῦ λαοῦ αὐτοῦ. 2 καὶ εἰπὼν ταῦτα ἡμᾶς τὰ ἔθνη λέγει εὐφραίνεσθαι μετὰ τοῦ λαοῦ αὐτοῦ, λέγω Ἀβραὰμ παὶ Ἰσαὰκ καὶ Ἰακὼβ καὶ τοὺς προφήτας καὶ ἁπλῶς τοὺς ἀπ' ἐκείνου τοῦ λαοῦ πάντας εὐαρεστοῦντας τῷ θεῷ, κατὰ τὰ προωμολογημένα ἡμῖν· ἀλλ' οὐ πάντας τοὺς ἀπὸ τοῦ γένους ὑμῶν ἀκουσόμεθα, ἐπειδὴ ἔγνωμεν καὶ διὰ Ἡσαΐου τὰ κῶλα τῶν παραβεβηκότων ὑπὸ σκώληκος καὶ ἀπαύστου πυρὸς διαβιβρώσκεσθαι μέλλειν, ἀθάνατα μένοντα, ὥστε καὶ εἶναι εἰς ὅρασιν πάσης σαρκός. 3 ἐπειπεῖν δὲ ὑμῖν βούλομαι καὶ πρὸς τούτοις, ὦ ἄνδρες, ἔφην, καὶ ἄλλους τινὰς λόγους ἀπ' αὐτῶν τῶν Μωυσέως λόγων, ἐξ ὧν καὶ νοῆσαι δύνασθε ὅτι ἄνωθεν μὲν πάντας τοὺς ἀνθρώπους ὁ θεὸς διεσκόρπισε καὶ τὰ γένη καὶ γλώσσας· ἐκ πάντων δὲ τῶν γενῶν γένος ἑαυτῷ λαβὼν τὸ ὑμέτερον, γένος ἄχρηστον καὶ ἀπειθὲς καὶ ἄπιστον, δείξας τοὺς ἀπὸ παντὸς γένους αἱρουμένους πεπεῖσθαι αὐτοῦ τῇ βουλῇ διὰ τοῦ Χριστοῦ, ὃν καὶ Ἰακὼβ καλεῖ καὶ Ἰσραὴλ ὀνομάζει, τούτους καὶ Ἰακὼβ καὶ Ἰσραήλ, ὡς προέφην ἐν πολλοῖς, εἶναι δεῖ.

---

365 Prov 8:22-25
366 De 32:43

4 Εὐφράνθητε γὰρ ἔθνη μετὰ τοῦ λαοῦ αὐτοῦ εἰπών, τὴν μὲν ὁμοίαν αὐτοῖς ἀπονέμει κληρονομίαν, καὶ τὴν ὁμοίαν ὀνομάσιαν δίδωσιν· ἔθνη δὲ αὐτοὺς καὶ εὐφραινομένους μετὰ τοῦ λαοῦ αὐτοῦ λέγων, εἰς ὄνειδος τὸ ὑμέτερον λέγει ἔθνος. ὃν γὰρ καὶ ὑμεῖς τρόπον παρωργίσατε εἰδωλολατρήσαντες, οὕτω καὶ αὐτοὺς εἰδωλολάτρας ὄντας κατηξίωσε γνῶναι τὴν βουλὴν αὐτοῦ καὶ κληρονομῆσαι τὴν κληρονομίαν τὴν παρ' αὐτῷ.

CXXXI

1 Ἐρῶ δὲ καὶ τοὺς λόγους, δι' ὧν δηλοῦται μερίσας πάντα τὰ ἔθνη ὁ θεός. εἰσὶ δὲ οὗτοι· *Ἐπερώτησον τὸν πατέρα σου, καὶ ἀναγγελεῖ σοι, τοὺς πρεσβυτέρους σου, καὶ ἐροῦσί σοι. ὅτε διεμέριζεν ὁ ὕψιστος ἔθνη, ὡς διέσπειρεν υἱοὺς Ἀδάμ, ἔστησεν ὅρια ἐθνῶν κατὰ ἀριθμοὺς υἱῶν Ἰσραήλ· καὶ ἐγενήθη μερὶς κυρίου λαὸς αὐτοῦ Ἰακώβ, σχοίνισμα κληρονομίας αὐτοῦ Ἰσραήλ.*[367] Καὶ εἰπὼν ταῦτα ἐπήνεγκα λέγων ὅτι οἱ ἑβδομήκοντα ἐξηγήσαντο, ὅτι Ἔστησεν ὅρια ἐθνῶν κατὰ ἀριθμὸν ἀγγέλων θεοῦ. ἀλλ' ἐπεὶ καὶ ἐκ τούτου πάλιν οὐδέν μοι ἐλαττοῦται ὁ λόγος, τὴν ὑμετέραν ἐξήγησιν εἶπον. 2 καὶ ὑμεῖς δ' εἰ βούλεσθε τὴν ἀλήθειαν ὁμολογῆσαι, ὅτι πιστότεροι πρὸς τὸν θεόν ἐσμεν, οἵτινες διὰ τοῦ ἐξουθενημένου καὶ ὀνείδους μεστοῦ μυστηρίου τοῦ σταυροῦ κληθέντες ὑπὸ τοῦ θεοῦ, ὧν καὶ τῇ ὁμολογίᾳ καὶ τῇ ὑπακοῇ καὶ τῇ εὐσεβείᾳ κολάσεις μέχρι θανάτου ὑπὸ τῶν δαιμονίων καὶ τῆς στρατιᾶς τοῦ διαβόλου, διὰ τῆς ὑφ' ὑμῶν ἐκείνοις γεγενημένης ὑπηρεσίας, προστετίμηνται, πάνθ' ὑπομένομεν ὑπὲρ τοῦ μηδὲ μέχρι φωνῆς ἀρνεῖσθαι τὸν Χριστόν, δι' οὗ ἐκλήθημεν εἰς σωτηρίαν τὴν προητοιμασμένην παρὰ τοῦ πατρός, 3 ὑμῶν τῶν ἐν βραχίονι ὑψηλῷ καὶ ἐπισκοπῇ μεγάλης δόξης λυτρωθέντων ἀπὸ τῆς Αἰγύπτου, θαλάσσης ὑμῖν τμηθείσης καὶ γενομένης ὁδοῦ ξηρᾶς, ἐν ᾗ τοὺς διώκοντας ὑμᾶς μετὰ δυνάμεως πολλῆς πάνυ καὶ ἐνδόξων ἁρμάτων, ἐπικλύσας αὐτοῖς τὴν δι' ὑμᾶς ὁδοποιηθεῖσαν θάλασσαν, ἀπέκτεινεν· οἷς καὶ στύλος φωτὸς ἔλαμπεν, ἵνα καὶ παρὰ τὸν πάντα ἄλλον λαὸν τὸν ἐν τῷ κόσμῳ ἰδίῳ καὶ ἀνελλιπεῖ καὶ μὴ δύνοντι φωτὶ χρῆσθαι ἔχητε· οἷς ἄρτον εἰς τροφὴν ἴδιον ἀγγέλων οὐρανίων, τὸ μάννα, ἔβρεξεν, ἵνα μηδὲ σιτοποιΐας δεόμενοι ζητήσητε· καὶ τὸ ἐν Μερρᾷ ὕδωρ ἐγλυκάνθη· 4 καὶ σημεῖον τοῦ σταυροῦσθαι μέλλοντος καὶ ἐπὶ τῶν ὄφεων τῶν δακόντων ὑμᾶς, ὡς προεῖπον,

---
367 De 32:7-9

γεγένηται (πάντα προλαμβάνοντος πρὸ τῶν ἰδίων καιρῶν τὰ μυστήρια χαρίζεσθαι ὑμῖν τοῦ θεοῦ, πρὸς ὃν ἀχάριστοι ἐλέγχεσθε ἀεὶ γεγενημένοι) καὶ διὰ τοῦ τύπου τῆς ἐκτάσεως τῶν χειρῶν Μωυσέως καὶ τοῦ ἐπονομασθέντος Ἰησοῦ πολεμούντων τὸν Ἀμαλήκ, περὶ οὗ εἶπεν ὁ θεὸς ἀναγραφῆναι τὸ γεγενημένον, φήσας καὶ εἰς τὰς ὑμῶν ἀκοὰς Ἰησοῦ παραθέσθαι τὸ ὄνομα, εἰπὼν ὅτι οὗτός ἐστιν ὁ μέλλων ἐξαλείφειν ἀπὸ τῆς ὑπὸ τὸν οὐρανὸν τὸ μνημόσυνον τοῦ Ἀμαλήκ. 5 καὶ ὅτι τὸ μνημόσυνον τοῦ Ἀμαλὴκ καὶ μετὰ τὸν τοῦ Ναυῆ υἱὸν μένει, φαίνεται· διὰ δὲ τοῦ Ἰησοῦ τοῦ σταυρωθέντος, οὗ καὶ τὰ σύμβολα ἐκεῖνα προκηρύγματα ἦν τῶν κατ' αὐτὸν ἁπάντων, ὅτι μέλλει ἐξολοθρευθήσεσθαι τὰ δαιμόνια καὶ δεδιέναι τὸ ὄνομα αὐτοῦ, καὶ πάσας τὰς ἀρχὰς καὶ τὰς βασιλείας ὁμοίως ὑφορᾶσθαι αὐτόν, καὶ ἐκ παντὸς γένους ἀνθρώπων θεοσεβεῖς καὶ εἰρηνικοὺς δείκνυσθαι εἶναι τοὺς εἰς αὐτὸν πιστεύοντας, φανερὸν ποιεῖ, καὶ τὰ προανιστορημένα ὑπ' ἐμοῦ, Τρύφων, σημαίνουσι. 6 καὶ τοσαύτη δὲ ὀρτυγομήτρα ἐδόθη ὑμῖν ἐπιθυμήσασι κρεωφαγίας, ὅση ἀνάριθμος εἰπεῖν· οἷς καὶ ἐκ πέτρας ὕδωρ ἀνέβλυσε, καὶ νεφέλη εἰς σκιὰν ἀπὸ καύματος καὶ φυλακὴν ἀπὸ κρύους εἵπετο, ἄλλου οὐρανοῦ καινοῦ τρόπον καὶ προαγγελίαν ἀπαγγέλλουσα· ὧν καὶ οἱ ἱμάντες τῶν ὑποδημάτων οὐκ ἐρράγησαν, οὐδὲ αὐτὰ τὰ ὑποδήματα ἐπαλαιώθη, οὐδὲ τὰ ἐνδύματα κατετρίβη, ἀλλὰ καὶ τὰ τῶν νεωτέρων συνηύξανε.

CXXXII

1 Καὶ πρὸς τούτοις ἐμοσχοποιήσατε καὶ πρὸς τὰς θυγατέρας τῶν ἀλλογενῶν πορνεῦσαι καὶ εἰδωλολατρῆσαι ἐσπουδάσατε, καὶ μετὰ ταῦτα πάλιν, τῆς γῆς ὑμῖν παραδοθείσης μετὰ δυνάμεως τοσαύτης, ὡς καὶ τὸν ἥλιον θεάσασθαι ὑμᾶς προστάξει τοῦ ἀνδρὸς ἐκείνου τοῦ ἐπονομασθέντος τῷ Ἰησοῦ ὀνόματι σταθέντα ἐν τῷ οὐρανῷ καὶ μὴ δύναντα μέχρις ὡρῶν τριάκοντα ἕξ, καὶ τὰς ἄλλας πάσας δυνάμεις τὰς κατὰ καιρὸν γεγενημένας ὑμῖν· ὧν καὶ ἄλλην μίαν καταριθμῆσαι τὰ νῦν εἶναί μοι δοκεῖ· συναίρεται γὰρ πρὸς τὸ καὶ ἐξ αὐτῆς συνιέναι ὑμᾶς τὸν Ἰησοῦν, ὃν καὶ ἡμεῖς ἐπέγνωμεν Χριστὸν υἱὸν θεοῦ, σταυρωθέντα καὶ ἀναστάντα καὶ ἀνεληλυθότα εἰς τοὺς οὐρανοὺς καὶ πάλιν παραγενησόμενον κριτὴν πάντων ἁπλῶς ἀνθρώπων μέχρις αὐτοῦ Ἀδάμ. 2 ἐπίστασθε οὖν, ἔλεγον, ὅτι, τῆς σκηνῆς τοῦ

μαρτυρίου ὑπὸ τῶν περὶ Ἀζωτίους[368] πολεμίων ἁρπαγείσης καὶ πληγῆς αὐτοῖς γεγενημένης φοβερᾶς καὶ ἀνιάτου, ἐβουλεύσαντο ἐφ' ἁμάξης, ὑφ' ᾗ δαμάλεις νεοτόκους ἔζευξαν, ἐπιθεῖναι, εἰς πεῖραν τοῦ γνῶναι εἰ δυνάμει θεοῦ διὰ τὴν σκηνὴν πεπληγμένοι εἰσὶ καὶ βούλεται ὁ θεὸς ἀπενεχθῆναι αὐτὴν ὅθεν ἐλήφθη. **3** καὶ πραξάντων τοῦτο αἱ δαμάλεις, ὑπὸ μηδενὸς ὁδηγούμεναι ἀνθρώπων, οὐκ ἦλθον μὲν εἰς τὸν τόπον ὁπόθεν εἴληπτο ἡ σκηνή, ἀλλ' εἰς χωρίον τινὸς ἀνδρὸς καλουμένου Αὐσῆ, ὁμωνύμου ἐκείνου τοῦ μετονομασθέντος τῷ Ἰησοῦ ὀνόματι, ὡς προελέλεκτο, ὃς καὶ εἰσήγαγε τὸν λαὸν εἰς τὴν γῆν καὶ κατεκληροδότησεν αὐτοῖς αὐτήν· εἰς ὃ χωρίον ἐλθοῦσαι μεμενήκασι, δεικνυμένου ὑμῖν καὶ διὰ τούτων, ὅτι τῷ τῆς δυνάμεως ὀνόματι ὡδηγήθησαν, ὡς πρότερον ὁ περιλειφθεὶς λαὸς ἀπὸ τῶν ἀπ' Αἰγύπτου ἐξελθόντων διὰ τοῦ λαβόντος τὸ Ἰησοῦ ὄνομα, Αὐσῆ πρότερον καλουμένου, εἰς τὴν γῆν ὡδηγήθη.

CXXXIII

1 Καὶ τούτων καὶ πάντων τῶν τοιούτων παραδόξων καὶ θαυμαστῶν ὑμῖν γενομένων τε καὶ ὁρωμένων κατὰ καιρούς, ἐλέγχεσθε καὶ διὰ τῶν προφητῶν μέχρι τοῦ καὶ τὰ ἑαυτῶν τέκνα τεθυκέναι τοῖς δαιμονίοις καὶ ἐπὶ τούτοις πᾶσι τοιαῦτα τετολμηκέναι εἰς τὸν Χριστὸν καὶ ἔτι τολμᾶν, ἐφ' οἷς πᾶσι γένοιτο ὑμῖν, ἔλεος παρὰ τοῦ θεοῦ καὶ τοῦ Χριστοῦ αὐτοῦ λαβοῦσι, σωθῆναι. **2** διὰ γὰρ τοῦ προφήτου Ἡσαΐου προεπιστάμενος ὁ θεὸς ταῦτα μέλλειν ὑμᾶς ποιεῖν κατηράσατο οὕτως· *Οὐαὶ τῇ ψυχῇ αὐτῶν· βεβούλευνται βουλὴν πονηρὰν καθ' ἑαυτῶν, εἰπόντες· Δήσωμεν τὸν δίκαιον, ὅτι δύσχρηστος ἡμῖν ἐστι. τοίνυν τὰ γεννήματα τῶν ἔργων αὐτῶν φάγονται. οὐαὶ τῷ ἀνόμῳ· πονηρὰ κατὰ τὰ ἔργα τῶν χειρῶν αὐτοῦ συμβήσεται αὐτῷ. λαός μου, οἱ πράκτορες ὑμῶν καλαμῶνται ὑμᾶς καὶ οἱ ἀπαιτοῦντες κυριεύσουσιν ὑμῶν.* **3** *λαός μου, οἱ μακαρίζοντες ὑμᾶς πλανῶσιν ὑμᾶς καὶ τὴν τρίβον τῶν ὁδῶν ὑμῶν ταράσσουσιν. ἀλλὰ νῦν καταστήσεται εἰς κρίσιν τὸν λαὸν αὐτοῦ, καὶ αὐτὸς κύριος εἰς κρίσιν ἥξει μετὰ τῶν πρεσβυτέρων τοῦ λαοῦ καὶ τῶν ἀρχόντων αὐτοῦ· ὑμεῖς δὲ τί ἐνεπυρίσατε τὸν ἀμπελῶνά μου, καὶ ἡ ἁρπαγὴ τοῦ πτωχοῦ ἐν τοῖς οἴκοις ὑμῶν; ὑμεῖς τί ἀδικεῖτε τὸν λαόν μου καὶ τὸ πρόσωπον τῶν ταπεινῶν κατῃσχύνατε;*[369] **4** καὶ ἐν ἑτέροις πάλιν λόγοις ὁ αὐτὸς προφήτης εἰς τὸ αὐτὸ εἶπεν· *Οὐαὶ οἱ ἐπισπώμενοι τὰς ἁμαρτίας αὐτῶν ὡς ἐν σχοινίῳ μακρῷ καὶ ὡς*

---
368 See 1 Kingdoms 5
369 Isa 3:9-15

Πρὸς Τρύφωνα Ἰουδαῖον Διάλογος

ζυγοῦ ἱμάντι δαμάλεως τὰς ἀνομίας, οἱ λέγοντες· Τὸ τάχος αὐτοῦ ἐγγισάτω, καὶ ἐλθέτω ἡ βουλὴ τοῦ ἁγίου Ἰσραήλ, ἵνα γνῶμεν. Οὐαὶ οἱ λέγοντες τὸ πονηρὸν καλὸν καὶ τὸ καλὸν πονηρόν, οἱ τιθέντες τὸ φῶς σκότος καὶ τὸ σκότος φῶς, οἱ τιθέντες τὸ πικρὸν γλυκὺ καὶ τὸ γλυκὺ πικρόν. Οὐαὶ οἱ συνετοὶ ἐν ἑαυτοῖς καὶ ἐνώπιον αὐτῶν ἐπιστήμονες. 5 Οὐαὶ οἱ ἰσχύοντες ὑμῶν, οἱ τὸν οἶνον πίνοντες, καὶ οἱ δυνάσται, καὶ οἱ κιρνῶντες τὸ σίκερα, οἱ δικαιοῦντες τὸν ἀσεβῆ ἕνεκεν δώρων, καὶ τὸ δίκαιον τοῦ δικαίου αἴροντες. διὰ τοῦτο, ὃν τρόπον καυθήσεται καλάμη ὑπὸ ἄνθρακος πυρὸς καὶ συγκαυθήσεται ὑπὸ φλογὸς καιομένης, ἡ ῥίζα ὡς χνοῦς ἔσται καὶ τὸ ἄνθος αὐτῶν ὡς κονιορτὸς ἀναβήσεται· οὐ γὰρ ἠθέλησαν τὸν νόμον κυρίου Σαβαώθ, ἀλλὰ τὸ λόγιον κυρίου τοῦ ἁγίου Ἰσραὴλ παρώξυναν. καὶ ἐθυμώθη ὀργῇ κύριος Σαβαώθ, καὶ ἐπέβαλε τὰς χεῖρας ἐπ' αὐτοὺς καὶ ἐπάταξεν αὐτοὺς καὶ παρωξύνθη ἐπὶ τὰ ὄρη, καὶ ἐγενήθη τὰ θνησιμαῖα αὐτῶν ἐν μέσῳ ὡς κοπρία ὁδοῦ· καὶ ἐν πᾶσι τούτοις οὐκ ἀπεστράφησαν, ἀλλ' ἔτι ἡ χεὶρ αὐτῶν ὑψηλή.[370] 6 ἔτι γὰρ ἀληθῶς ἡ χεὶρ ὑμῶν πρὸς κακοποιΐαν ὑψηλή, ὅτι καὶ τὸν Χριστὸν ἀποκτείναντες οὐδ' οὕτως μετανοεῖτε, ἀλλὰ καὶ ἡμᾶς, τοὺς πιστεύσαντας δι' αὐτοῦ τῷ θεῷ καὶ πατρὶ τῶν ὅλων, μισεῖτε καὶ φονεύετε, ὁσάκις ἂν λάβητε ἐξουσίαν, ἀδιαλείπτως δὲ καταρᾶσθε αὐτῷ τε ἐκείνῳ καὶ τοῖς ἀπ' αὐτοῦ, πάντων ἡμῶν εὐχομένων ὑπὲρ ὑμῶν καὶ ὑπὲρ πάντων ἁπλῶς ἀνθρώπων, ὡς ὑπὸ τοῦ Χριστοῦ ἡμῶν καὶ κυρίου ποιεῖν ἐδιδάχθημεν, παραγγείλαντος ἡμῖν εὔχεσθαι καὶ ὑπὲρ τῶν ἐχθρῶν καὶ ἀγαπᾶν τοὺς μισοῦντας καὶ εὐλογεῖν τοὺς καταρωμένους.

CXXXIV

1 Εἰ οὖν καὶ ὑμᾶς δυσωπεῖ τά τε τῶν προφητῶν διδάγματα καὶ τὰ ἐκείνου αὐτοῦ, βέλτιόν ἐστιν ὑμᾶς τῷ θεῷ ἕπεσθαι ἢ τοῖς ἀσυνέτοις καὶ τυφλοῖς διδασκάλοις ὑμῶν, οἵτινες καὶ μέχρι νῦν καὶ τέσσαρας καὶ πέντε ἔχειν ὑμᾶς γυναῖκας ἕκαστον συγχωροῦσι, καὶ ἐὰν εὔμορφόν τις ἰδὼν ἐπιθυμήσῃ αὐτῆς, τὰς Ἰακὼβ τοῦ Ἰσραὴλ καὶ τῶν ἄλλων πατριαρχῶν πράξεις ἀνιστοροῦντες καὶ μηδὲν ἀδικεῖν λέγοντες τοὺς τὰ ὅμοια πράττοντας, τάλανες καὶ ἀνόητοι καὶ κατὰ τοῦτο ὄντες. 2 ὡς προέφην γάρ, οἰκονομίαι τινὲς μεγάλων μυστηρίων ἐν ἑκάστῃ τινὶ τοιαύτῃ πράξει ἀπετελοῦντο. ἐν γὰρ τοῖς γάμοις τοῦ Ἰακὼβ τίς οἰκονομία καὶ προκήρυξις ἀπετελεῖτο, ἐρῶ,

---

370 Isa 5:18-25

ὅπως καὶ ἐν τούτοις ἐπιγνῶτε ὅτι οὐδὲν πρὸς τὸ θειωδέστερον, δι' ὃ ἑκάστη πρᾶξις γέγονεν, ἀπεῖδον ὑμῶν ἀεὶ οἱ διδάσκαλοι, ἀλλὰ πρὸς τὰ χαμαιπετῆ καὶ τὰ διαφθορᾶς μᾶλλον πάθη. Προσέχετε τοιγαροῦν οἷς λέγω.

3 Τῆς ὑπὸ τοῦ Χριστοῦ μελλούσης ἀπαρτίζεσθαι πράξεως τύποι ἦσαν οἱ γάμοι τοῦ Ἰακώβ. δύο γὰρ ἀδελφὰς κατὰ τὸ αὐτὸ οὐ θεμιτὸν γαμῆσαι τὸν Ἰακώβ· καὶ δουλεύει δὲ τῷ Λάβαν ὑπὲρ τῶν θυγατέρων, καὶ ψευσθεὶς ἐπὶ τῇ νεωτέρᾳ πάλιν ἐδούλευσεν ἑπτὰ ἔτη. ἀλλὰ Λεία μὲν ὁ λαὸς ὑμῶν καὶ ἡ συναγωγή, Ῥαχὴλ δὲ ἡ ἐκκλησία ἡμῶν. καὶ ὑπὲρ τούτων δουλεύει μέχρι νῦν ὁ Χριστὸς καὶ τῶν ἐν ἀμφοτέραις δούλων. 4 ἐπεὶ γὰρ τοῖς δυσὶν υἱοῖς τὸ τοῦ τρίτου σπέρμα εἰς δουλείαν ὁ Νῶε ἔδωκε, νῦν πάλιν εἰς ἀποκατάστασιν ἀμφοτέρων τε τῶν ἐλευθέρων τέκνων καὶ τῶν ἐν αὐτοῖς δούλων Χριστὸς ἐλήλυθε, τῶν αὐτῶν πάντας καταξιῶν τοὺς φυλάσσοντας τὰς ἐντολὰς αὐτοῦ, ὃν τρόπον καὶ οἱ ἀπὸ τῶν ἐλευθέρων καὶ οἱ ἀπὸ δούλων γενόμενοι τῷ Ἰακὼβ πάντες υἱοὶ καὶ ὁμότιμοι γεγόνασι· κατὰ δὲ τὴν τάξιν καὶ κατὰ τὴν πρόγνωσιν, ὁποῖος ἕκαστος ἔσται, προλέλεκται. 5 ἐδούλευσεν Ἰακὼβ τῷ Λάβαν ὑπὲρ τῶν ῥαντῶν καὶ πολυμόρφων θρεμμάτων· ἐδούλευσε καὶ τὴν μέχρι σταυροῦ δουλείαν ὁ Χριστὸς ὑπὲρ τῶν ἐκ παντὸς γένους ποικίλων καὶ πολυειδῶν ἀνθρώπων, δι' αἵματος καὶ μυστηρίου τοῦ σταυροῦ κτησάμενος αὐτούς· Λείας ἀσθενεῖς ἦσαν οἱ ὀφθαλμοί· καὶ γὰρ ὑμῶν σφόδρα οἱ τῆς ψυχῆς ὀφθαλμοί. ἔκλεψε Ῥαχὴλ τοὺς θεοὺς Λάβαν καὶ κατέκρυψεν αὐτοὺς ἕως τῆς σήμερον ἡμέρας· καὶ ἡμῖν ἀπολώλασιν οἱ πατρικοὶ καὶ ὑλικοὶ θεοί. 6 τὸν χρόνον πάντα ἐμισεῖτο ὑπὸ τοῦ ἀδελφοῦ ὁ Ἰακώβ· καὶ ἡμεῖς νῦν καὶ αὐτὸς ὁ κύριος ἡμῶν μισεῖται ὑφ' ὑμῶν καὶ ὑπὸ τῶν ἄλλων ἁπλῶς ἀνθρώπων, ὄντων πάντων τῇ φύσει ἀδελφῶν. Ἰσραὴλ ἐπεκλήθη Ἰακώβ· καὶ Ἰσραὴλ καὶ ὁ Χριστὸς ἀποδέδεικται, ὁ ὢν καὶ καλούμενος Ἰησοῦς.

CXXXV

1 Καὶ ὅταν ἡ γραφὴ λέγῃ· *Ἐγὼ κύριος ὁ θεός, ὁ ἅγιος Ἰσραήλ, ὁ καταδείξας Ἰσραὴλ βασιλέα ὑμῶν·*[371] οὐχὶ ἀληθῶς τὸν Χριστὸν τὸν αἰώνιον βασιλέα ἀκούσεσθε; καὶ Ἰακὼβ γάρ, ὁ τοῦ Ἰσαὰκ υἱός, ὅτι οὐδέποτε βασιλεὺς γέγονεν, ἐπίστασθε· καὶ διὰ τοῦτο ἡ γραφή, πάλιν ἐξηγουμένη ἡμῖν τίνα λέγει βασιλέα Ἰακὼβ καὶ Ἰσραήλ, οὕτως ἔφη· 2 *Ἰακὼβ*

---

[371] Isa 43:15

Πρὸς Τρύφωνα Ἰουδαῖον Διάλογος

ὁ παῖς μου, ἀντιλήψομαι αὐτοῦ· καὶ Ἰσραὴλ ὁ ἐκλεκτός μου, προσδέξεται αὐτὸν ἡ ψυχή μου. δέδωκα τὸ πνεῦμά μου ἐπ' αὐτόν, καὶ κρίσιν τοῖς ἔθνεσιν ἐξοίσει. οὐ κεκράξεται, οὐδὲ ἀκουσθήσεται ἔξω ἡ φωνὴ αὐτοῦ· κάλαμον τεθραυσμένον οὐ συντρίψει καὶ λίνον τυφόμενον οὐ σβέσει, ἕως οὗ νῖκος ἐξοίσει, κρίσιν ἀναλήψει, καὶ οὐ θραυσθήσεται, ἕως ἂν θῇ ἐπὶ τῆς γῆς κρίσιν· καὶ ἐπὶ τῷ ὀνόματι αὐτοῦ ἐλπιοῦσιν ἔθνη.[372] 3 μήτι οὖν ἐπὶ τὸν Ἰακὼβ τὸν πατριάρχην οἱ ἀπὸ τῶν ἐθνῶν ἐλπίζουσιν, ἀλλ' οὐκ ἐπὶ τὸν Χριστόν, καὶ ὑμεῖς δὲ αὐτοί; ὡς οὖν Ἰσραὴλ τὸν Χριστὸν καὶ Ἰακὼβ λέγει, οὕτως καὶ ἡμεῖς ἐκ τῆς κοιλίας τοῦ Χριστοῦ λατομηθέντες Ἰσραηλιτικὸν τὸ ἀληθινόν ἐσμεν γένος. αὐτῷ δὲ μᾶλλον τῷ ῥητῷ προσέχωμεν.

4 Καὶ ἐξάξω, φησί, τὸ ἐξ Ἰακὼβ σπέρμα καὶ ἐξ Ἰούδα· καὶ κληρονομήσει τὸ ὄρος τὸ ἅγιόν μου, καὶ κληρονομήσουσιν οἱ ἐκλεκτοί μου καὶ οἱ δοῦλοί μου, καὶ κατοικήσουσιν ἐκεῖ· καὶ ἔσονται ἐν τῷ δρυμῷ ἐπαύλεις ποιμνίων, καὶ φάραγξ Ἀχὼρ εἰς ἀνάπαυσιν βουκολίων τῷ λαῷ οἳ ἐζήτησάν με. ὑμεῖς δέ, οἱ ἐγκαταλείποντές με καὶ ἐπιλανθανόμενοι τὸ ὄρος τὸ ἅγιόν μου καὶ ἑτοιμάζοντες τοῖς δαιμονίοις τράπεζαν καὶ πληροῦντες τῷ δαίμονι κέρασμα, ἐγὼ παραδώσω ὑμᾶς εἰς μάχαιραν· πάντες σφαγῇ πεσεῖσθε ὅτι ἐκάλεσα ὑμᾶς καὶ οὐχ ὑπηκούσατε, καὶ ἐποιήσατε τὸ πονηρὸν ἐνώπιόν μου, καὶ ἃ οὐκ ἐβουλόμην ἐξελέξασθε.[373] 5 καὶ τὰ μὲν τῆς γραφῆς ταῦτα· συννοεῖτε δὲ καὶ αὐτοὶ ὅτι ἄλλο τί ἐστι τὸ ἐξ Ἰακὼβ σπέρμα νῦν λεγόμενον, οὐχ ὡς οἰηθείη τις ἂν περὶ τοῦ λαοῦ λέγεσθαι. οὐ γὰρ ἐνδέχεται τοῖς ἐξ Ἰακὼβ γεγεννημένοις ἀπολιπεῖν ἐπείσαξιν τοὺς ἐξ Ἰακὼβ σπαρέντας, οὐδὲ ὀνειδίζοντα τῷ λαῷ ὡς μὴ ἀξίῳ τῆς κληρονομίας, πάλιν, ὡς ὑπολαβόμενος, τοῖς αὐτοῖς ὑπισχνεῖσθαι. 6 ἀλλ' ὅνπερ τρόπον ἐκεῖ φησιν ὁ προφήτης· Καὶ νῦν σὺ οἶκος τοῦ Ἰακώβ, δεῦρο καὶ πορευθῶμεν ἐν φωτὶ κυρίου· ἀνῆκε γὰρ τὸν λαὸν αὐτοῦ, τὸν οἶκον Ἰακώβ, ὅτι ἐπλήσθη ἡ χώρα αὐτῶν, ὡς τὸ ἀπ' ἀρχῆς, μαντειῶν καὶ κληδονισμῶν·[374] οὕτω καὶ ἐνθάδε δεῖ νοεῖν ἡμᾶς δύο σπέρματα Ἰούδα καὶ δύο γένη, ὡς δύο οἴκους Ἰακώβ, τὸν μὲν ἐξ αἵματος καὶ σαρκός, τὸν δὲ ἐκ πίστεως καὶ πνεύματος γεγεννημένον.

---

372 Isa 42:1-4
373 Isa 65:9-12
374 Isa 2:5, 6

CXXXVI

1 Ὁρᾶτε γὰρ ὡς πρὸς τὸν λαὸν νῦν λέγει, ἀνωτέρω εἰπών· Ὃν τρόπον εὑρεθήσεται ῥὰξ ἐν βότρυϊ, καὶ ἐροῦσι· Μὴ λυμάνῃ αὐτόν, ὅτι εὐλογία ἐν αὐτῷ ἐστιν, οὕτω ποιήσω ἕνεκεν τοῦ δουλεύοντός μοι· τούτου ἕνεκεν οὐ μὴ ἀπολέσω πάντας·[375] καὶ μετὰ τοῦτο ἐπιφέρει· Καὶ ἐξάξω τὸ ἐξ Ἰακὼβ καὶ ἐξ Ἰούδα. δῆλον οὖν, εἰ ἐκείνοις οὕτως ὀργίζεται καὶ ὀλιγοστοὺς καταλείψειν ἀπειλεῖ, ἄλλους τινὰς ἐξάξειν ἐπαγγέλλεται οἳ κατοικήσουσιν ἐν τῷ ὄρει αὐτοῦ. 2 οὗτοι δέ εἰσιν οὓς εἶπε σπερεῖν καὶ γεννήσειν· ὑμεῖς γὰρ οὔτε καλοῦντος αὐτοῦ ἀνέχεσθε οὔτε λαλοῦντος ἀκούετε, ἀλλὰ καὶ τὸ πονηρὸν ἐποιήσατε ἐνώπιον κυρίου. τὸ δὲ ὑπερβάλλον ὑμῶν τῆς κακίας τὸ καὶ μισεῖν, ὃν ἐφονεύσατε, δίκαιον καὶ τοὺς ἀπ' αὐτοῦ λαβόντας εἶναι ὅπερ εἰσίν, εὐσεβεῖς καὶ δίκαιοι καὶ φιλάνθρωποι. τοιγαροῦν Οὐαὶ τῇ ψυχῇ αὐτῶν λέγει κύριος, διότι βεβούλευνται βουλὴν πονηρὰν καθ' ἑαυτῶν, εἰπόντες· Ἄρωμεν τὸν δίκαιον, ὅτι δύσχρηστος ἡμῖν ἐστιν.[376] 3 οὐ γὰρ καὶ ὑμεῖς τῇ Βάαλ ἐθύετε, ὡς οἱ πατέρες ὑμῶν, οὐδὲ ἐν συσκίοις ἢ μετεώροις τόποις πέμματα ἐποιεῖτε τῇ στρατιᾷ τοῦ οὐρανοῦ, ἀλλ' ὅτι οὐκ ἐδέξασθε τὸν Χριστὸν αὐτοῦ. ὁ γὰρ τοῦτον ἀγνοῶν ἀγνοεῖ καὶ τὴν βουλὴν τοῦ θεοῦ, καὶ ὁ τοῦτον ὑβρίζων καὶ μισῶν καὶ τὸν πέμψαντα δῆλον ὅτι καὶ μισεῖ καὶ ὑβρίζει· καὶ εἰ οὐ πιστεύει τις εἰς αὐτόν, οὐ πιστεύει τοῖς τῶν προφητῶν κηρύγμασι τοῖς αὐτὸν εὐαγγελισαμένοις καὶ κηρύξασιν εἰς πάντας.

CXXXVII

1 Μὴ δή, ὦ ἀδελφοί, κακόν τι εἴπητε εἰς ἐκεῖνον τὸν ἐσταυρωμένον, μηδὲ χλευάσητε αὐτοῦ τοὺς μώλωπας, οἷς ἰαθῆναι πᾶσι δυνατόν, ὡς καὶ ἡμεῖς ἰάθημεν. καλὸν γάρ, ἢν πεισθέντες τοῖς λόγοις περιτμηθῆτε τὴν σκληροκαρδίαν, ἣν οὐχὶ δι' ὑμῶν ἐγγινομένην γνώμην ἔχετε, ἐπειδὴ εἰς σημεῖον ἦν δεδομένη, ἀλλ' οὐκ εἰς δικαιοπραξίας ἔργον, ὡς οἱ λόγοι ἀναγκάζουσι. 2 συμφάμενοι οὖν μὴ λοιδορῆτε ἐπὶ τὸν υἱὸν τοῦ θεοῦ, μηδὲ Φαρισαίοις πειθόμενοι διδασκάλοις τὸν βασιλέα τοῦ Ἰσραὴλ ἐπισκώψητέ ποτε, ὁποῖα διδάσκουσιν οἱ ἀρχισυνάγωγοι ὑμῶν, μετὰ τὴν προσευχήν. εἰ γὰρ ὁ

---

375 Isa 65:8
376 Isa 3:9

ἁπτόμενος τῶν μὴ εὐαρέστων τῷ θεῷ ὡς ὁ ἁπτόμενος κόρης τοῦ θεοῦ, πολὺ μᾶλλον ὁ τοῦ ἠγαπημένου καθαπτόμενος. ὅτι δὲ οὗτος αὐτός ἐστι, καὶ ἱκανῶς ἀποδέδεικται.

3 Καὶ σιγώντων αὐτῶν εἶπον· Ἐγώ, ὦ φίλοι, καὶ τὰς γραφὰς λέγω νῦν ὡς ἐξηγήσαντο οἱ ἑβδομήκοντα· εἰπὼν γὰρ αὐτὰς πρότερον ὡς ὑμεῖς αὐτὰς ἔχετε, πεῖραν ὑμῶν ἐποιούμην πῶς διάκεισθε ἤδη τὴν γνώμην. λέγων γὰρ τὴν γραφήν, ᾗ λέγει· Οὐαὶ αὐτοῖς, ὅτι βεβούλευνται βουλὴν πονηρὰν καθ' ἑαυτῶν εἰπόντες³⁷⁷ ὡς ἐξηγήσαντο οἱ ἑβδομήκοντα ἐπήνεγκα· Ἄρωμεν τὸν δίκαιον, ὅτι δύσχρηστος ἡμῖν ἐστιν· ἐμοῦ ἐν ἀρχῇ τῆς ὁμιλίας καὶ εἰπόντος ὅπερ ὑμεῖς εἰρῆσθαι βούλεσθε, εἰπόντες· Δήσωμεν τὸν δίκαιον, ὅτι δύσχρηστος ἡμῖν ἐστιν. 4 ἀλλὰ δέ τινα ἐπράξατε, καὶ οὐ δοκεῖτέ μοι ἐνηκόως τῶν λόγων ἐπακηκοέναι. ἀλλ' ἐπεὶ καὶ νῦν ἤδη ἡ ἡμέρα πέρας ποιεῖσθαι μέλλει, πρὸς δυσμὰς γὰρ ἤδη ὁ ἥλιός ἐστι, καὶ ἕν τι προσθεὶς τοῖς εἰρημένοις παύσομαι· τοῦτο δ' αὐτὸ καὶ ἐν τοῖς εἰρημένοις μοι ἐρρέθη, ἀλλὰ πάλιν αὐτὸ ἐπεξεργάσασθαι ἂν δίκαιον εἶναί μοι δοκεῖ.

CXXXVIII

1 Γινώσκετε οὖν, ὦ ἄνδρες, ἔφην, ὅτι ἐν τῷ Ἠσαΐᾳ λέλεκται ὑπὸ τοῦ θεοῦ πρὸς τὴν Ἰερουσαλήμ, ὅτι Ἐπὶ τοῦ κατακλυσμοῦ τοῦ Νῶε ἔσωσά σε.³⁷⁸ τοῦτο δέ ἐστιν ὃ ἔλεγεν ὁ θεός, ὅτι τὸ μυστήριον τῶν σωζομένων ἀνθρώπων ἐπὶ τοῦ κατακλυσμοῦ γέγονεν. ὁ δίκαιος γὰρ Νῶε μετὰ τῶν ἄλλων ἀνθρώπων ἐπὶ τοῦ κατακλυσμοῦ, τοῦτ' ἔστι τῆς τε γυναικὸς τῆς αὐτοῦ καὶ τῶν τριῶν τέκνων αὐτῶν καὶ τῶν γυναικῶν τῶν υἱῶν αὐτοῦ, οἵτινες ἀριθμῷ ὄντες ὀκτώ, σύμβολον εἶχον τῆς ἀριθμῷ μὲν ὀγδόης ἡμέρας, ἐν ᾗ ἐφάνη ὁ Χριστὸς ἡμῶν ἀπὸ νεκρῶν ἀναστάς, δυνάμει δ' ἀεὶ πρώτης ὑπαρχούσης. 2 ὁ γὰρ Χριστός, πρωτότοκος πάσης κτίσεως ὤν, καὶ ἀρχὴ πάλιν ἄλλου γένους γέγονε, τοῦ ἀναγεννηθέντος ὑπ' αὐτοῦ δι' ὕδατος καὶ πίστεως καὶ ξύλου, τοῦ τὸ μυστήριον τοῦ σταυροῦ ἔχοντος, ὃν τρόπον καὶ ὁ Νῶε ἐν ξύλῳ διεσώθη ἐποχούμενος τοῖς ὕδασι μετὰ τῶν ἰδίων. ὅταν οὖν εἴπῃ ὁ προφήτης· Ἐπὶ Νῶε ἔσωσά σε, προέφην, τῷ ὁμοίως πιστῷ λαῷ πρὸς θεὸν ὄντι καὶ τὰ

---

377 Isa 3:9
378 This passage is not found in any part of Scripture, Isa 54:9 comes closest to the wording. It may be a citation rather than quotation of that verse.

σύμβολα ταῦτα ἔχοντι λέγει. καὶ γὰρ ῥάβδον ἔχων ὁ Μωυσῆς μετὰ χεῖρα διὰ τῆς θαλάσσης διήγαγεν ὑμῶν τὸν λαόν. 3 ὑμεῖς δὲ ὑπολαμβάνετε ὅτι τῷ γένει ὑμῶν μόνων ἔλεγεν ἢ τῇ γῇ. ὅτι γὰρ πᾶσα ἡ γῆ, ὡς ἡ γραφὴ λέγει, κατεκλύσθη, καὶ ὑψώθη τὸ ὕδωρ ἐπάνω πάντων ὀρέων πήχεις δεκαπέντε, ὁ θεὸς οὐ τῇ γῇ φαίνεται εἰρηκώς, ἀλλὰ τῷ λαῷ τῷ πειθομένῳ αὐτῷ, ᾧ καὶ ἀνάπαυσιν προητοίμασεν ἐν Ἰερουσαλήμ, ὡς προαποδέδεικται διὰ πάντων τῶν ἐπὶ τοῦ κατακλυσμοῦ συμβόλων· εἶπον δέ, δι' ὕδατος καὶ πίστεως καὶ ξύλου οἱ προπαρασκευαζόμενοι καὶ μετανοοῦντες ἐφ' οἷς ἥμαρτον ἐκφεύξονται τὴν μέλλουσαν ἐπέρχεσθαι τοῦ θεοῦ κρίσιν.

CXXXIX

1 Καὶ γὰρ ἄλλο μυστήριον ἐπὶ τοῦ Νῶε προεφητεύθη τελούμενον, ὃ οὐκ ἐπίστασθε. ἔστι δὲ τοῦτο. ἐν ταῖς εὐλογίαις, αἷς εὐλόγει ὁ Νῶε τοὺς δύο υἱοὺς αὐτοῦ, καὶ τὸν υἱὸν τοῦ υἱοῦ αὐτοῦ καταρᾶται· τὸν γὰρ υἱόν, συνευλογηθέντα ὑπὸ τοῦ θεοῦ, τὸ προφητικὸν πνεῦμα καταρᾶσθαι οὐκ ἔμελλεν, ἀλλ', ἐπεὶ δι' ὅλου τοῦ γένους τοῦ ἐπιγελάσαντος τῇ γυμνώσει υἱοῦ αὐτοῦ ἡ προστίμησις τοῦ ἁμαρτήματος εἶναι ἔμελλεν, ἀπὸ τοῦ υἱοῦ τὴν κατάραν πεποίηται. 2 ἐν δὲ οἷς εἶπε προέλεγεν ὅτι καὶ οἱ ἀπὸ Σὴμ γενησόμενοι διακαθέξουσι τὰς κτήσεις καὶ οἰκήσεις τοῦ Χαναάν, καὶ πάλιν οἱ ἀπὸ τοῦ Ἰάφεθ αὐτάς, ἃς διακατέσχον παρὰ τῶν τοῦ Χαναὰν οἱ ἀπὸ Σὴμ παραλαβόντες, διακαθέξουσιν, ἀφελόμενοι τοὺς ἀπὸ Σὴμ γενομένους, ὃν τρόπον ἀφαιρεθέντων αὐτὰ τῶν υἱῶν Χαναὰν αὐτοὶ διακατέσχον. 3 καὶ ὅτι οὕτω γέγονεν, ἀκούσατε. ὑμεῖς γάρ, οἱ ἀπὸ τοῦ Σὴμ κατάγοντες τὸ γένος, ἐπήλθετε κατὰ τὴν τοῦ θεοῦ βουλὴν τῇ γῇ τῶν υἱῶν Χαναὰν καὶ διακατέσχετε αὐτήν. καὶ ὅτι οἱ υἱοὶ Ἰάφεθ, κατὰ τὴν τοῦ θεοῦ κρίσιν ἐπελθόντες καὶ αὐτοὶ ὑμῖν, ἀφείλοντο ὑμῶν τὴν γῆν καὶ διακατέσχον αὐτήν, φαίνεται. εἴρηται δὲ ταῦτα οὕτως· Ἐξένηψε δὲ Νῶε ἀπὸ τοῦ οἴνου, καὶ ἔγνω ὅσα ἐποίησεν αὐτῷ ὁ υἱὸς αὐτοῦ ὁ νεώτερος. καὶ εἶπεν· Ἐπικατάρατος Χαναὰν παῖς, οἰκέτης ἔσται τοῖς ἀδελφοῖς αὐτοῦ. καὶ εἶπεν· Εὐλογητὸς κύριος, ὁ θεὸς Σήμ, καὶ ἔσται Χαναὰν παῖς αὐτοῦ. πλατύναι κύριος τῷ Ἰάφεθ, καὶ κατοικησάτω ἐν τοῖς οἴκοις Σήμ, καὶ γενηθήτω Χαναὰν παῖς αὐτοῦ.[379] 4 δύο οὖν λαῶν εὐλογηθέντων, τῶν ἀπὸ τοῦ Σὴμ καὶ τοῦ Ἰάφεθ, καὶ πρώτων κατασχεῖν τοὺς οἴκους τοῦ Χαναὰν ἐγνωσμένων τῶν ἀπὸ Σήμ, καὶ πάλιν

---

379 Gen 9:24-27

διαδέξασθαι παρ' αὐτῶν τὰς αὐτὰς κτήσεις τῶν ἀπὸ Ἰάφεθ προειρημένων, καὶ τοῖς δυσὶ λαοῖς τοῦ ἑνὸς λαοῦ τοῦ ἀπὸ Χαναὰν εἰς δουλείαν παραδοθέντος, ὁ Χριστὸς κατὰ τὴν τοῦ παντοκράτορος πατρὸς δύναμιν δοθεῖσαν αὐτῷ παρεγένετο, εἰς φιλίαν καὶ εὐλογίανκαὶ μετάνοιαν καὶ συνοικίαν καλῶν, τὴν ἐν τῇ αὐτῇ γῇ τῶν ἁγίων πάντων μέλλουσαν γίνεσθαι, ἧς, ὡς προαποδέδεικται, διακατάσχεσιν ἐπήγγελται. 5 ὅθεν οἱ πάντοθεν ἄνθρωποι, εἴτε δοῦλοι εἴτε ἐλεύθεροι, πιστεύοντες ἐπὶ τὸν Χριστὸν καὶ ἐγνωκότες τὴν ἐν τοῖς λόγοις αὐτοῦ καὶ τῶν προφητῶν αὐτοῦ ἀλήθειαν, ἐπίστανται ἅμα αὐτῷ ἐν τῇ γῇ ἐκείνῃ γενησόμενοι καὶ τὰ αἰώνια καὶ ἄφθαρτα κληρονομήσειν.

CXL

1 Ὅθεν καὶ Ἰακώβ, ὡς προεῖπον, τύπος ὢν καὶ αὐτὸς τοῦ Χριστοῦ, καὶ τὰς δύο δούλας τῶν δύο ἐλευθέρων αὐτοῦ γυναικῶν ἐγεγαμήκει, καὶ ἐξ αὐτῶν ἐτέκνωσεν υἱούς, εἰς τὸ προμηνυθῆναι ὅτι ὁ Χριστὸς προσλήψεται καὶ τοὺς ἐν γένει τοῦ Ἰάφεθ ὄντας ἀπὸ τοῦ Χαναὰν πάντας ὁμοίως τοῖς ἐλευθέροις καὶ τέκνα συγκληρονόμα ἕξει· ἅπερ ἡμεῖς ὄντες, συνιέναι ὑμεῖς οὐ δύνασθε, διὰ τὸ μὴ δύνασθαι ἀπὸ τῆς τοῦ θεοῦ ζώσης πηγῆς πιεῖν, ἀλλὰ ἀπὸ τῶν συντετριμμένων λάκκων καὶ ὕδωρ μὴ δυναμένων συνέχειν, ὡς ἡ γραφὴ λέγει[380]. 2 εἰσὶ δὲ λάκκοι συντετριμμένοι καὶ ὕδωρ μὴ συνέχοντες οὓς ὤρυξαν ὑμῖν οἱ διδάσκαλοι ὑμῶν αὐτῶν, ὡς καὶ ἡ γραφὴ διαρρήδην λέγει, διδάσκοντες διδασκαλίας ἐντάλματα ἀνθρώπων.[381] καὶ πρὸς τούτοις ἑαυτοὺς καὶ ὑμᾶς βουκολοῦσιν, ὑπολαμβάνοντες ὅτι πάντως τοῖς ἀπὸ τῆς σπορᾶς τῆς κατὰ σάρκα τοῦ Ἀβραὰμ οὖσι, κἂν ἁμαρτωλοὶ ὦσι καὶ ἄπιστοι καὶ ἀπειθεῖς πρὸς τὸν θεόν, ἡ βασιλεία ἡ αἰώνιος δοθήσεται, ἅπερ ἀπέδειξαν αἱ γραφαὶ οὐκ ὄντα. 3 ἢ γὰρ τοῦτο οὐκ ἂν εἶπεν Ἠσαΐας· *Καὶ εἰ μὴ κύριος Σαβαὼθ ἐγκατέλιπεν ἡμῖν σπέρμα, ὡς Σόδομα ἂν καὶ Γόμορρα ἐγενήθημεν*·[382] καὶ Ἰεζεκιήλ· *ὅτι κἂν Νῶε καὶ Ἰακὼβ καὶ Δανιὴλ ἐξαιτήσωνται υἱοὺς ἢ θυγατέρας, οὐ μὴ δοθῇ αὐτοῖς*·[383] ἀλλ' οὔτε πατὴρ ὑπὲρ υἱοῦ οὔτε υἱὸς ὑπὲρ πατρός, ἀλλ' ἕκαστος τῇ ἁμαρτίᾳ αὐτοῦ ἀπολεῖται καὶ ἕκαστος τῇ

---

380 Reference to Jer 2:13
381 Isa 29:13
382 Isa 1:9
383 Ez 14:18, 20

ἑαυτοῦ δικαιοπραξίᾳ σωθήσεται.[384] καὶ πάλιν Ἡσαΐας· Ὄψονται τὰ κῶλα τῶν παραβεβηκότων· ὁ σκώληξ αὐτῶν οὐ παύσεται, καὶ τὸ πῦρ αὐτῶν οὐ σβεσθήσεται, καὶ ἔσονται εἰς ὅρασιν πάσῃ σαρκί.[385] 4 καὶ ὁ κύριος ἡμῶν κατὰ τὸ θέλημα τοῦ πέμψαντος αὐτὸν πατρὸς καὶ δεσπότου τῶν ὅλων οὐκ ἂν εἶπεν· Ἥξουσιν ἀπὸ δυσμῶν καὶ ἀνατολῶν, καὶ ἀνακλιθήσονται μετὰ Ἀβραὰμ καὶ Ἰσαὰκ καὶ Ἰακὼβ ἐν τῇ βασιλείᾳ τῶν οὐρανῶν· οἱ δὲ υἱοὶ τῆς βασιλείας ἐκβληθήσονται εἰς τὸ σκότος τὸ ἐξώτερον.[386] ἀλλὰ καὶ ὅτι οὐκ αἰτίᾳ τοῦ θεοῦ οἱ προγινωσκόμενοι καὶ γενησόμενοι ἄδικοι, εἴτε ἄγγελοι εἴτε ἄνθρωποι, γίνονται φαῦλοι, ἀλλὰ τῇ ἑαυτῶν ἕκαστος αἰτίᾳ τοιοῦτοί εἰσιν ὁποῖος ἕκαστος φανήσεται, ἀπέδειξα καὶ ἐν τοῖς ἔμπροσθεν.

CXLI

1 Ἵνα δὲ μὴ πρόφασιν ἔχητε λέγειν ὅτι ἔδει τὸν Χριστὸν σταυρωθῆναι, ἢ καὶ ἐν τῷ γένει ὑμῶν εἶναι τοὺς παραβαίνοντας, καὶ οὐκ ἂν ἄλλως ἐδύνατο γενέσθαι, φθάσας διὰ βραχέων εἶπον, ὅτι βουλόμενος τοὺς ἀγγέλους καὶ τοὺς ἀνθρώπους ἕπεσθαι τῇ βουλῇ αὐτοῦ ὁ θεὸς ἐβουλήθη ποιῆσαι τούτους αὐτεξουσίους πρὸς δικαιοπραξίαν, μετὰ λόγου τοῦ ἐπίστασθαι αὐτοὺς ὑφ' οὗ γεγόνασι, καὶ δι' ὃν εἰσι πρότερον οὐκ ὄντες, καὶ μετὰ νόμου τοῦ ὑπ' αὐτοῦ κρίνεσθαι, ἐὰν παρὰ τὸν ὀρθὸν λόγον πράττωσι· καὶ δι' ἑαυτοὺς ἡμεῖς, οἱ ἄνθρωποι καὶ οἱ ἄγγελοι, ἐλεγχθησόμεθα πονηρευσάμενοι, ἐὰν μὴ φθάσαντες μεταθώμεθα. 2 εἰ δὲ ὁ λόγος τοῦ θεοῦ προμηνύει πάντως τινὰς καὶ ἀγγέλους καὶ ἀνθρώπους κολασθήσεσθαι μέλλοντας, διότι προεγίνωσκεν αὐτοὺς ἀμεταβλήτως γενησομένους πονηρούς, προεῖπε ταῦτα, ἀλλ' οὐχ, ὅτι αὐτοὺς ὁ θεὸς τοιούτους ἐποίησεν. ὥστε, ἐὰν μετανοήσωσι, πάντες βουλόμενοι τυχεῖν τοῦ παρὰ τοῦ θεοῦ ἐλέους δύνανται, καὶ μακαρίους αὐτοὺς ὁ λόγος προλέγει εἰπών· Μακάριος, ᾧ οὐ μὴ λογίσηται κύριος ἁμαρτίαν.[387] τοῦτο δέ ἐστιν, ὃς μετανοήσας ἐπὶ τοῖς ἁμαρτήμασι τῶν ἁμαρτημάτων παρὰ τοῦ θεοῦ λάβῃ ἄφεσιν, ἀλλ' οὐχ, ὡς ὑμεῖς ἀπατᾶτε ἑαυτοὺς καὶ ἄλλοι τινὲς ὑμῖν ὅμοιοι κατὰ τοῦτο, οἳ λέγουσιν ὅτι, κἂν ἁμαρτωλοὶ ὦσι, θεὸν δὲ γινώσκουσιν, οὐ μὴ λογίσηται

---

384 Ez 18:20
385 Isa 66:24
386 Matt 8:11, 12
387 Ps 31:2

αὐτοῖς κύριος ἁμαρτίαν. 3 μαρτύριον δὲ τούτου τὴν μίαν τοῦ Δαυεὶδ διὰ τὴν καύχησιν αὐτοῦ γενομένην παράπτωσιν ἔχομεν, ἥτις τότε ἀφείθη, ὅτε οὕτως ἔκλαυσε καὶ ἐθρήνησεν ὡς γέγραπται. εἰ δὲ τῷ τοιούτῳ ἄφεσις πρὶν μετανοῆσαι οὐκ ἐδόθη, ἀλλ' ὅτε τοιαῦτα ἔκλαυσε καὶ ἔπραξεν ὁ μέγας οὗτος βασιλεὺς καὶ χριστὸς καὶ προφήτης, πῶς οἱ ἀκάθαρτοι καὶ πάντα ἀπονενοημένοι, ἐὰν μὴ θρηνήσωσι καὶ κόψωνται καὶ μετανοήσωσιν, ἐλπίδα ἔχειν δύνανται ὅτι οὐ μὴ λογίσηται αὐτοῖς κύριος ἁμαρτίαν; 4 καὶ ἡ μία δὲ αὕτη τῆς παραπτώσεως τοῦ Δαυεὶδ πρὸς τὴν τοῦ Οὐρίου γυναῖκα πρᾶξις, ὦ ἄνδρες, ἔφην, δείκνυσιν ὅτι οὐχ ὡς πορνεύοντες πολλὰς ἔσχον γυναῖκας οἱ πατριάρχαι, ἀλλ' οἰκονομία τις καὶ μυστήρια πάντα δι' αὐτῶν ἀπετελεῖτο· ἐπεὶ εἰ συνεχωρεῖτο, ἣν βούλεταί τις καὶ ὡς βούλεται καὶ ὅσας βούλεται, λαμβάνειν γυναῖκας, ὁποῖον πράττουσιν οἱ ἀπὸ τοῦ γένους ὑμῶν ἄνθρωποι, κατὰ πᾶσαν γῆν, ἔνθα ἂν ἐπιδημήσωσιν ἢ προσπεμφθῶσιν, ἀγόμενοι ὀνόματι γάμου γυναῖκας, πολὺ μᾶλλον ἂν τῷ Δαυεὶδ τοῦτο συνεχωρεῖτο πράξειν.

5 Ταῦτα εἰπών, ὦ φίλτατε Μᾶρκε Πομπήϊε, ἐπαυσάμην.

CXLII

1 Ἐπὶ ποσὸν δὲ ὁ Τρύφων ἐπισχών· Ὁρᾷς, ἔφη, ὅτι οὐκ ἀπὸ ἐπιτηδεύσεως γέγονεν ἐν τούτοις ἡμᾶς συμβαλεῖν. καὶ ὅτι ἐξαιρέτως ἥσθην τῇ συνουσίᾳ ὁμολογῶ, καὶ τούτους δὲ οἶμαι ὁμοίως ἐμοὶ διατεθεῖσθαι· πλέον γὰρ εὕρομεν ἢ προσεδοκῶμεν καὶ προσδοκηθῆναί ποτε δυνατὸν ἦν. εἰ δὲ συνεχέστερον ἦν τοῦτο ποιεῖν ἡμᾶς, μᾶλλον ἂν ὠφελήθημεν, ἐξετάζοντες αὐτοὺς τοὺς λόγους· ἀλλ' ἐπειδή, φησί, πρὸς τῇ ἀναγωγῇ εἶ καὶ καθ' ἡμέραν πλοῦν ποιεῖσθαι προσδοκᾷς, μὴ ὄκνει ὡς φίλων ἡμῶν μεμνῆσθαι ἐὰν ἀπαλλαγῇς.

2 Ἐμοῦ δὲ χάριν, ἔφην, εἰ ἐπέμενον, καθ' ἡμέραν ἐβουλόμην ταὐτὸ γίνεσθαι· ἀναχθήσεσθαι δὲ ἤδη προσδοκῶν, ἐπιτρέποντος τοῦ θεοῦ καὶ συνεργοῦντος, ὑμᾶς προτρέπομαι, ἐνστησαμένους ὑπὲρ τῆς ἑαυτῶν σωτηρίας μέγιστον τοῦτον ἀγῶνα, τῶν διδασκάλων ὑμῶν σπουδάσαι προτιμῆσαι μᾶλλον τὸν τοῦ παντοκράτορος θεοῦ Χριστόν.

3 Μεθ' ἃ ἀπῄεσαν λοιπὸν εὐχόμενοί τέ μοι σωτηρίαν καὶ ἀπὸ τοῦ πλοῦ καὶ ἀπὸ πάσης κακίας· ἐγώ τε ὑπὲρ αὐτῶν

εὐχόμενος ἔφην· Οὐδὲν ἄλλο μεῖζον ὑμῖν εὔχεσθαι δύναμαι, ὦ ἄνδρες, ἢ ἵνα, ἐπιγνόντες διὰ ταύτης τῆς ὁδοῦ δίδοσθαι παντὶ ἀνθρώπῳ εὐδαιμονεῖν, πάντως καὶ αὐτοὶ ἡμῖν ὅμοια ποιήσητε, τὸ ἡμῶν εἶναι τὸν Χριστὸν τοῦ θεοῦ.

Τέλος τοῦ πρὸς Τρύφωνα Ἰουδαῖον διαλόγου τοῦ ἁγίου Ἰουστίνου.

Part 2
Doubtful Works

Πρὸς Διόγνητον

(Joseph Barber Lightfoot)

Key· St· Stephanus, Mi· Migne, Gi· Gildersleeve, KL· Kirsopp Lake, JBL· Joseph Barber Lightfoot.

I

Ἐπειδὴ ὁρῶ, κράτιστε Διόγνητε, ὑπερεσπουδακότα σε τὴν θεοσέβειαν τῶν Χριστιανῶν μαθεῖν καὶ πάνυ σαφῶς καὶ ἐπιμελῶς πυνθανόμενον περὶ αὐτῶν, τίνι τε Θεῷ πεποιθότες καὶ πῶς θρησκεύοντες αὐτὸν τόν[388] τε κόσμον ὑπερορῶσι πάντες καὶ θανάτου καταφρονοῦσι, καὶ οὔτε τοὺς νομιζομένους ὑπὸ τῶν Ἑλλήνων θεοὺς λογίζονται οὔτε τὴν Ἰουδαίων δεισιδαιμονίαν φυλάσσουσι, καὶ τίνα τὴν φιλοστοργίαν ἔχουσι πρὸς ἀλλήλους, καὶ τί δήποτε καινὸν τοῦτο γένος ἢ ἐπιτήδευμα εἰσῆλθεν εἰς τὸν βίον νῦν καὶ οὐ πρότερον· ἀποδέχομαί γε τῆς προθυμίας σε ταύτης καὶ παρὰ τοῦ Θεοῦ, τοῦ καὶ τὸ λέγειν καὶ τὸ ἀκούειν ἡμῖν χορηγοῦντος, αἰτοῦμαι δοθῆναι ἐμοὶ μὲν εἰπεῖν οὕτως ὡς μάλιστα ἂν ἀκούσαντά[389] σε βελτίω γενέσθαι, σοί τε οὕτως ἀκοῦσαι ὡς μὴ λυπηθῆναι τὸν εἰπόντα.

II

1 Ἄγε δὴ καθάρας σεαυτὸν ἀπὸ πάντων τῶν προκατεχόντων σου τὴν διάνοιαν λογισμῶν, καὶ τὴν ἀπατῶσάν σε συνήθειαν ἀποσκευασάμενος, καὶ γενόμενος ὥσπερ ἐξ ἀρχῆς καινὸς ἄνθρωπος, ὡς ἂν καὶ λόγου καινοῦ, καθάπερ καὶ αὐτὸς ὡμολόγησας, ἀκροατὴς ἐσόμενος· ἴδε μὴ μόνον τοῖς ὀφθαλμοῖς ἀλλὰ καὶ τῇ φρονήσει τίνος

---
388 St Mi τόν Omit
389 St Mi ἀκοῦσαί

ὑποστάσεως ἢ τίνος εἴδους τυγχάνουσιν οὓς ἐρεῖτε καὶ νομίζετε θεούς. **2** οὐχ ὁ μέν τις λίθος ἐστὶν ὅμοιος τῷ πατουμένῳ, ὁ δ' ἐστὶ χαλκὸς οὐ κρείσσων τῶν εἰς τὴν χρῆσιν ἡμῖν κεχαλκευμένων σκευῶν, ὁ δὲ ξύλον ἤδη καὶ σεσηπός, ὁ δὲ ἄργυρος χρῄζων ἀνθρώπου τοῦ φυλάξαντος ἵνα μὴ κλαπῇ, ὁ δὲ σίδηρος ὑπὸ ἰοῦ διεφθαρμένος, ὁ δὲ ὄστρακον, οὐδὲν τοῦ κατεσκευασμένου πρὸς τὴν ἀτιμοτάτην ὑπηρεσίαν εὐπρεπέστερον; **3** οὐ φθαρτῆς ὕλης ταῦτα πάντα; οὐχ ὑπὸ σιδήρου καὶ πυρὸς κεχαλκευμένα; οὐχ ὁ μὲν αὐτῶν λιθοξόος ὁ δὲ χαλκεὺς ὁ δὲ ἀργυροκόπος ὁ δὲ κεραμεὺς ἔπλασεν; οὐ πρὶν ἢ ταῖς τέχναις τούτων εἰς τὴν μορφὴν ταύτην ἐκτυπωθῆναι ἦν ἕκαστον αὐτῶν ἑκάστῳ εἰκάζειν[390] μεταμεμορφωμένον; οὐ τὰ νῦν ἐκ τῆς αὐτῆς ὕλης ὄντα σκεύη γένοιτ' ἄν, εἰ τύχοι τῶν αὐτῶν τεχνιτῶν, ὅμοια τοιούτοις; **4** οὐ ταῦτα πάλιν τὰ νῦν ὑφ' ὑμῶν προσκυνούμενα δύναιτ' ἂν ὑπὸ ἀνθρώπων σκεύη ὅμοια γενέσθαι τοῖς λοιποῖς; οὐ κωφὰ πάντα, οὐ τυφλά, οὐκ ἄψυχα, οὐκ ἀναίσθητα, οὐκ ἀκίνητα; οὐ πάντα σηπόμενα, οὐ πάντα φθειρόμενα; **5** ταῦτα θεοὺς καλεῖτε, τούτοις δουλεύετε, τούτοις προσκυνεῖτε· τέλεον δ'[391] αὐτοῖς[392] ἐξομοιοῦσθε. **6** διὰ τοῦτο μισεῖτε Χριστιανούς, ὅτι τούτους οὐχ ἡγοῦνται θεούς. **7** ὑμεῖς γὰρ οἱ νῦν[393] νομίζοντες καὶ σεβόμενοι, οὐ πολὺ πλέον αὐτῶν καταφρονεῖτε; οὐ πολὺ μᾶλλον αὐτοὺς χλευάζετε καὶ ὑβρίζετε, τοὺς μὲν λιθίνους καὶ ὀστρακίνους σέβοντες ἀφυλάκτως, τοὺς δὲ ἀργυρέους καὶ χρυσοῦς ἐγκλείοντες ταῖς νυξί, καὶ ταῖς ἡμέραις φύλακας παρακαθιστάντες[394], ἵνα μὴ κλαπῶσιν; **8** αἷς δὲ δοκεῖτε τιμαῖς προσφέρειν, εἰ μὲν αἰσθάνονται, κολάζετε μᾶλλον αὐτούς· εἰ δὲ ἀναισθητοῦσιν, ἐλέγχοντες αἵματι καὶ κνίσαις[395] αὐτοὺς θρησκεύετε. **9** ταῦθ' ὑμῶν τις ὑπομεινάτω, ταῦτα ἀνασχέσθω τις ἑαυτῷ γενέσθαι. ἀλλὰ ἄνθρωπος μὲν οὐδὲ εἷς ταύτης τῆς κολάσεως ἑκὼν ἀνέξεται, αἴσθησιν γὰρ ἔχει καὶ λογισμόν· ὁ δὲ λίθος ἀνέχεται, ἀναισθητεῖ γάρ.

οὐκοῦν[396] τὴν αἴσθησιν[397] αὐτοῦ[398] ἐλέγχετε. **10** περὶ μὲν οὖν τοῦ μὴ δεδουλῶσθαι Χριστιανοὺς τοιούτοις θεοῖς πολλὰ μὲν [ἂν]*[399] καὶ ἄλλα εἰπεῖν ἔχοιμι· εἰ δέ τινι μὴ δοκοίη κἂν ταῦτα ἱκανά, περισσὸν ἡγοῦμαι καὶ τὸ πλείω λέγειν.

III

1 Ἑξῆς δὲ περὶ τοῦ μὴ κατὰ τὰ αὐτὰ Ἰουδαίοις θεοσεβεῖν αὐτοὺς οἶμαί σε μάλιστα ποθεῖν ἀκοῦσαι. **2** Ἰουδαῖοι τοίνυν εἰ μὲν ἀπέχονται ταύτης τῆς προειρημένης λατρείας, καλῶς[400] Θεὸν ἕνα τῶν πάντων σέβειν[401] καὶ δεσπότην ἀξιοῦσι φρονεῖν· εἰ δὲ τοῖς προειρημένοις ὁμοιοτρόπως τὴν θρησκείαν προσάγουσιν αὐτῷ ταύτην, διαμαρτάνουσιν. **3** ἃ γὰρ τοῖς ἀναισθήτοις καὶ κωφοῖς προσφέροντες οἱ Ἕλληνες ἀφροσύνης δεῖγμα παρέχουσι, ταῦθ' οὗτοι καθάπερ προσδεομένῳ τῷ θεῷ λογιζόμενοι παρέχειν μωρίαν εἰκὸς μᾶλλον ἡγοῖντ' ἄν, οὐ θεοσέβειαν. **4** ὁ γὰρ ποιήσας τὸν οὐρανὸν καὶ τὴν γῆν καὶ πάντα τὰ ἐν αὐτοῖς καὶ πᾶσιν ἡμῖν χορηγῶν ὧν προσδεόμεθα, οὐδενὸς ἂν αὐτὸς προσδέοιτο τούτων ὧν τοῖς οἰομένοις διδόναι παρέχει αὐτός. **5** οἱ δέ γε θυσίας αὐτῷ δι' αἵματος καὶ κνίσης[402] καὶ ὁλοκαυτωμάτων ἐπιτελεῖν οἰόμενοι καὶ ταύταις ταῖς τιμαῖς αὐτὸν γεραίρειν, οὐδέν μοι δοκοῦσι διαφέρειν τῶν εἰς τὰ κωφὰ τὴν αὐτὴν ἐνδεικνυμένων φιλοτιμίαν· τῶν [μὲν][403] μὴ δυναμένοις[404] τῆς τιμῆς μεταλαμβάνειν, τῶν δὲ δοκούντων[405] παρέχειν τῷ μηδενὸς προσδεομένῳ.

IV

1 Ἀλλὰ μὴν τό γε[406] περὶ τὰς βρώσεις αὐτῶν ψοφοδεές, καὶ τὴν περὶ τὰ σάββατα δεισιδαιμονίαν, καὶ τὴν τῆς

---

396 JBL: οὐκουν] KL: οὐκ οὖν
397 Gi: ἀναισθησίαν
398 Gi: αὐτῶν | St Mi: αὐτοῦ Omit
399 St Mi: ἂν Omit
400 Gi: καὶ | St Mi: καὶ εἰς
401 Gi: σέβεσθαι
402 St Mi: κνισσης
403 JBL KL: τῶν μὲν] Gi: τὰ | St Mi: τῶν
404 Gi: δυνάμενα
405 JBL KL: τῶν δὲ δοκούντων] Gi: τῷ γε δοκεῖν τινὰ | St Mi: τὸ δὲ δοκεῖν τινὰ
406 JBL KL Gi: τό γε] St Mi: τόγε

περιτομῆς ἀλαζονείαν, καὶ τὴν τῆς νηστείας καὶ νουμηνίας εἰρωνείαν, καταγέλαστα καὶ οὐδενὸς[407] ἄξια λόγου [οὐ]*[408] νομίζω σε χρῇζειν παρ' ἐμοῦ μαθεῖν. **2** τό τε γὰρ τῶν ὑπὸ τοῦ Θεοῦ κτισθέντων εἰς χρῆσιν ἀνθρώπων ἃ μὲν ὡς καλῶς κτισθέντα παραδέχεσθαι, ἃ δ' ὡς ἄχρηστα καὶ περισσὰ παραιτεῖσθαι, πῶς οὐκ ἀθέμιστον[409]; **3** τὸ δὲ καταψεύδεσθαι Θεοῦ ὡς κωλύοντος ἐν τῇ τῶν σαββάτων ἡμέρᾳ καλόν τι ποιεῖν, πῶς οὐκ ἀσεβές; **4** τὸ δὲ καὶ τὴν μείωσιν τῆς σαρκὸς μαρτύριον ἐκλογῆς ἀλαζονεύεσθαι ὡς διὰ τοῦτο ἐξαιρέτως ἠγαπημένους ὑπὸ Θεοῦ, πῶς οὐ χλεύης ἄξιον; **5** τὸ δὲ παρεδρεύοντας αὐτοὺς ἄστροις καὶ σελήνῃ τὴν[410] παρατήρησιν τῶν μηνῶν καὶ τῶν ἡμερῶν ποιεῖσθαι, καὶ τὰς οἰκονομίας Θεοῦ καὶ τὰς τῶν καιρῶν ἀλλαγὰς καταδιαιρεῖν[411] πρὸς τὰς αὐτῶν ὁρμάς, ἅς μὲν εἰς ἑορτάς, ἃς δὲ εἰς πένθη· τίς ἄν θεοσεβείας καὶ οὐκ ἀφροσύνης πολὺ πλέον ἡγήσαιτο[412] δεῖγμα; **6** τῆς μὲν οὖν κοινῆς εἰκαιότητος καὶ ἀπάτης καὶ τῆς Ἰουδαίων πολυπραγμοσύνης καὶ ἀλαζονείας [ὡς]*[413] ὀρθῶς ἀπέχονται Χριστιανοί, ἀρκούντως σε νομίζω μεμαθηκέναι· τὸ δὲ τῆς ἰδίας αὐτῶν θεοσεβείας μυστήριον μὴ προσδοκήσῃς δύνασθαι παρὰ ἀνθρώπου μαθεῖν.

V

1 Χριστιανοὶ γὰρ οὔτε γῇ οὔτε φωνῇ οὔτε ἔθεσι διακεκριμένοι τῶν λοιπῶν εἰσὶν ἀνθρώπων. **2** οὔτε γάρ που πόλεις ἰδίας κατοικοῦσιν οὔτε διαλέκτῳ τινὶ παρηλλαγμένῃ χρῶνται οὔτε βίον παράσημον ἀσκοῦσιν. **3** οὐ μὴν ἐπινοίᾳ τινὶ καὶ φροντίδι πολυπραγμόνων ἀνθρώπων μάθημα τοιοῦτ'[414] αὐτοῖς ἐστιν εὑρημένον[415], οὐδὲ δόγματος ἀνθρωπίνου προεστᾶσιν ὥσπερ ἔνιοι. **4** κατοικοῦντες δὲ πόλεις Ἑλληνίδας τε καὶ βαρβάρους ὡς ἕκαστος ἐκληρώθη, καὶ τοῖς ἐγχωρίοις ἔθεσιν ἀκολουθοῦντες ἔν τε ἐσθῆτι καὶ διαίτῃ καὶ τῷ λοιπῷ βίῳ,

---

407 St Mi: οὐδὲν
408 St Mi: οὐ Omit
409 JBL KL Gi: οὐκ ἀθέμιστον] St Mi: οὐ θέμις ἐστί
410 St Mi: τὴν
411 St Mi: κατά
412 St Mi: + τὸ
413 St Mi: ὅτι
414 JBL: μάθημα τοιοῦτ'] KL: μάθημα τοῦτ' | St Mi: μαθήματι τοῦτ'
415 St Mi: εἰρημένον

Προς Διογνητον

θαυμαστὴν καὶ ὁμολογουμένως παράδοξον ἐνδείκνυνται τὴν κατάστασιν τῆς ἑαυτῶν πολιτείας. **5** πατρίδας οἰκοῦσιν ἰδίας, ἀλλ' ὡς πάροικοι· μετέχουσι πάντων ὡς πολῖται, καὶ πάνθ' ὑπομένουσιν ὡς ξένοι· πᾶσα ξένη πατρίς ἐστιν αὐτῶν, καὶ πᾶσα πατρὶς ξένη. **6** γαμοῦσιν ὡς πάντες[416], τεκνογονοῦσιν· ἀλλ' οὐ ῥίπτουσι τὰ γεννώμενα. **7** τράπεζαν κοινὴν παρατίθενται, ἀλλ' οὐ[417] κοιτήν. **8** ἐν σαρκὶ τυγχάνουσιν, ἀλλ' οὐ κατὰ σάρκα ζῶσιν. **9** ἐπὶ γῆς διατρίβουσιν, ἀλλ' ἐν οὐρανῷ πολιτεύονται. **10** πείθονται τοῖς ὡρισμένοις νόμοις, καὶ τοῖς ἰδίοις βίοις νικῶσι τοὺς νόμους. **11** ἀγαπῶσι πάντας, καὶ ὑπὸ πάντων διώκονται. **12** ἀγνοοῦνται, καὶ κατακρίνονται· θανατοῦνται, καὶ ζωοποιοῦνται. **13** πτωχεύουσι, καὶ πλουτίζουσι πολλούς· πάντων ὑστεροῦνται, καὶ ἐν πᾶσι περισσεύουσιν. **14** ἀτιμοῦνται, καὶ ἐν ταῖς ἀτιμίαις δοξάζονται· βλασφημοῦνται, καὶ δικαιοῦνται. **15** λοιδοροῦνται, καὶ εὐλογοῦσιν· ὑβρίζονται, καὶ τιμῶσιν. **16** ἀγαθοποιοῦντες ὡς κακοὶ κολάζονται· κολαζόμενοι χαίρουσιν ὡς ζωοποιούμενοι. **17** ὑπὸ Ἰουδαίων ὡς ἀλλόφυλοι πολεμοῦνται καὶ ὑπὸ Ἑλλήνων διώκονται, καὶ τὴν αἰτίαν τῆς ἔχθρας εἰπεῖν οἱ[418] μισοῦντες οὐκ ἔχουσιν.

VI

1 Ἁπλῶς δ' εἰπεῖν, ὅπερ ἐστὶν ἐν[419] σώματι ψυχή, τοῦτ' εἰσὶν ἐν κόσμῳ Χριστιανοί. **2** ἔσπαρται κατὰ πάντων τῶν τοῦ σώματος μελῶν ἡ ψυχή, καὶ Χριστιανοὶ κατὰ τὰς τοῦ κόσμου πόλεις. **3** οἰκεῖ μὲν ἐν τῷ σώματι ψυχή, οὐκ ἔστι δὲ ἐκ τοῦ σώματος· καὶ Χριστιανοὶ ἐν κόσμῳ οἰκοῦσιν, οὐκ εἰσὶ δὲ ἐκ τοῦ κόσμου. **4** ἀόρατος ἡ ψυχὴ ἐν ὁρατῷ φρουρεῖται τῷ σώματι· καὶ Χριστιανοὶ γινώσκονται μὲν ὄντες[420] ἐν τῷ κόσμῳ, ἀόρατος δὲ αὐτῶν ἡ θεοσέβεια μένει. **5** μισεῖ τὴν ψυχὴν ἡ σὰρξ καὶ πολεμεῖ μηδὲν ἀδικουμένη, διότι ταῖς ἡδοναῖς κωλύεται χρῆσθαι· μισεῖ καὶ Χριστιανοὺς ὁ κόσμος μηδὲν ἀδικούμενος, ὅτι ταῖς ἡδοναῖς ἀντιτάσσονται. **6** ἡ ψυχὴ τὴν μισοῦσαν ἀγαπᾷ

---

416 St Mi: + καὶ
417 St Mi: οὐ Omit
418 St Mi: οἱ Omit
419 St Mi: + ἐν
420 JBL KL Gi: μὲν ὄντες] St Mi: μένοντες

σάρκα καὶ τὰ μέλη· καὶ Χριστιανοὶ τοὺς μισοῦντας ἀγαπῶσιν. 7 ἐγκέκλεισται μὲν ἡ ψυχὴ τῷ σώματι, συνέχει δὲ αὐτὴ τὸ σῶμα· καὶ Χριστιανοὶ κατέχονται μὲν ὡς ἐν φρουρᾷ τῷ κόσμῳ, αὐτοὶ δὲ συνέχουσι τὸν κόσμον. 8 ἀθάνατος ἡ ψυχὴ ἐν θνητῷ σκηνώματι κατοικεῖ· καὶ Χριστιανοὶ παροικοῦσιν ἐν φθαρτοῖς, τὴν ἐν οὐρανοῖς ἀφθαρσίαν προσδεχόμενοι. 9 κακουργουμένη σιτίοις καὶ ποτοῖς ἡ ψυχὴ βελτιοῦται· καὶ Χριστιανοὶ κολαζόμενοι καθ' ἡμέραν πλεονάζουσι μᾶλλον. 10 εἰς τοσαύτην αὐτοὺς τάξιν ἔθετο ὁ Θεός, ἣν οὐ θεμιτὸν αὐτοῖς παραιτήσασθαι.

VII

1 Οὐ γὰρ ἐπίγειον, ὡς ἔφην, εὕρημα τοῦτ' αὐτοῖς παρεδόθη, οὐδὲ θνητὴν ἐπίνοιαν φυλάσσειν οὕτως ἀξιοῦσιν ἐπιμελῶς, οὐδὲ ἀνθρωπίνων οἰκονομίαν μυστηρίων πεπίστευνται. 2 ἀλλ' αὐτὸς ἀληθῶς[421] ὁ παντοκράτωρ καὶ παντοκτίστης καὶ ἀόρατος Θεός, αὐτὸς ἀπ' οὐρανῶν τὴν ἀλήθειαν καὶ τὸν λόγον τὸν ἅγιον καὶ ἀπερινόητον ἀνθρώποις ἐνίδρυσε καὶ ἐγκατεστήριξε ταῖς καρδίαις αὐτῶν, οὐ καθάπερ ἄν τις εἰκάσειεν ἄνθρωπος, ὑπηρέτην τινὰ πέμψας ἢ ἄγγελον ἢ ἄρχοντα ἤ τινα τῶν διεπόντων τὰ ἐπίγεια ἤ τινα τῶν πεπιστευμένων τὰς ἐν οὐρανοῖς διοικήσεις, ἀλλ' αὐτὸν τὸν τεχνίτην καὶ δημιουργὸν τῶν ὅλων, ᾧ τοὺς οὐρανοὺς ἔκτισεν, ᾧ τὴν θάλασσαν ἰδίοις ὅροις ἐνέκλεισεν, οὗ τὰ μυστήρια πιστῶς πάντα φυλάσσει τὰ στοιχεῖα, παρ' οὗ τὰ μέτρα τῶν τῆς ἡμέρας δρόμων [ἥλιος]* εἴληφε φυλάσσειν, ᾧ πειθαρχεῖ σελήνη νυκτὶ φαίνειν κελεύοντι, ᾧ πειθαρχεῖ τὰ ἄστρα τῷ τῆς σελήνης ἀκολουθοῦντα δρόμῳ, ᾧ πάντα διατέτακται καὶ διώρισται καὶ ὑποτέτακται, οὐρανοὶ καὶ τὰ ἐν οὐρανοῖς, γῆ καὶ τὰ ἐν τῇ γῇ, θάλασσα καὶ τὰ ἐν τῇ θαλάσσῃ, πῦρ, ἀήρ, ἄβυσσος, τὰ ἐν ὕψεσι, τὰ ἐν βάθεσι, τὰ ἐν τῷ μεταξύ· τοῦτον πρὸς αὐτοὺς ἀπέστειλεν. 3 ἆρά γε, ὡς ἀνθρώπων ἄν τις λογίσαιτο, ἐπὶ τυραννίδι καὶ φόβῳ καὶ καταπλήξει; 4 οὐμενοῦν[422]· ἀλλ' ἐν ἐπιεικείᾳ [καὶ]*[423] πραΰτητι ὡς βασιλεὺς πέμπων υἱὸν βασιλέα ἔπεμψεν, ὡς Θεὸν ἔπεμψεν, ὡς [ἄνθρωπον][424] πρὸς ἀνθρώπους ἔπεμψεν, ὡς σώζων ἔπεμψεν, ὡς πείθων, οὐ βιαζόμενος·

---

421 St Mi: ἀληθῶς Omit
422 KL: οὐ μὲν οὖν
423 St Mi: καὶ Omit
424 Gi St Mi: ἄνθρωπον Omit

Προς Διογνητον

βία γὰρ οὐ πρόσεστι τῷ Θεῷ. **5** ἔπεμψεν ὡς καλῶν, οὐ διώκων· ἔπεμψεν ὡς ἀγαπῶν, οὐ κρίνων. **6** πέμψει γὰρ αὐτὸν κρίνοντα, καὶ τίς αὐτοῦ τὴν παρουσίαν ὑποστήσεται; ...[425] **7** [Οὐχ ὁρᾷς]*[426] παραβαλλομένους θηρίοις, ἵνα ἀρνήσωνται τὸν Κύριον, καὶ μὴ νικωμένους; **8** οὐχ ὁρᾷς ὅσῳ πλείονες κολάζονται, τοσούτῳ πλεονάζοντας ἄλλους; **9** ταῦτα ἀνθρώπου οὐ δοκεῖ τὰ ἔργα, ταῦτα δύναμίς ἐστι Θεοῦ· ταῦτα τῆς παρουσίας αὐτοῦ δείγματα.

VIII

1 Τίς γὰρ ὅλως ἀνθρώπων ἠπίστατο τί ποτ' ἐστὶ Θεός, πρὶν αὐτὸν ἐλθεῖν; **2** ἢ τοὺς κενοὺς καὶ ληρώδεις ἐκείνων λόγους ἀποδέχῃ τῶν ἀξιοπίστων φιλοσόφων; ὧν οἱ μέν τινες[427] πῦρ ἔφασαν εἶναι τὸν θεόν (οὗ μέλλουσι χωρήσειν αὐτοί, τοῦτο καλοῦσι θεόν), οἱ δὲ ὕδωρ, οἱ δ' ἄλλο τι τῶν στοιχείων τῶν ἐκτισμένων ὑπὸ Θεοῦ. **3** καίτοι[428] γε εἴ τις τούτων τῶν λόγων ἀπόδεκτός ἐστι, δύναιτ' ἂν καὶ τῶν λοιπῶν κτισμάτων ἓν ἕκαστον ὁμοίως ἀποφαίνεσθαι Θεόν. **4** ἀλλὰ ταῦτα μὲν τερατεία καὶ πλάνη τῶν γοήτων ἐστίν· **5** ἀνθρώπων δὲ οὐδεὶς οὔτε εἶδεν οὔτε ἐγνώρισεν, αὐτὸς δὲ ἑαυτὸν ἐπέδειξεν. **6** ἐπέδειξε δὲ διὰ πίστεως, ᾗ μόνῃ Θεὸν ἰδεῖν συγκεχώρηται. **7** ὁ γὰρ δεσπότης καὶ δημιουργὸς τῶν ὅλων Θεός, ὁ ποιήσας τὰ πάντα καὶ κατὰ τάξιν διακρίνας, οὐ μόνον φιλάνθρωπος ἐγένετο ἀλλὰ καὶ μακρόθυμος. **8** ἀλλ' οὗτος ἦν μὲν ἀεὶ τοιοῦτος, καὶ ἔστι, καὶ ἔσται· χρηστὸς καὶ ἀγαθὸς καὶ ἀόργητος καὶ ἀληθής, καὶ μόνος ἀγαθός ἐστιν· **9** ἐννοήσας δὲ μεγάλην καὶ ἄφραστον ἔννοιαν ἀνεκοινώσατο[429] μόνῳ τῷ παιδί. **10** ἐν ὅσῳ μὲν οὖν κατεῖχεν ἐν μυστηρίῳ καὶ διετήρει τὴν σοφὴν αὐτοῦ βουλήν, ἀμελεῖν ἡμῶν καὶ ἀφρονιστεῖν ἐδόκει· **11** ἐπεὶ δὲ ἀπεκάλυψε διὰ τοῦ ἀγαπητοῦ παιδὸς καὶ ἐφανέρωσε τὰ ἐξ ἀρχῆς ἡτοιμασμένα, πάνθ' ἅμα παρέσχεν

---

425 According to Lightfoot, 'Here the MS marks a lacuna and adds in marg. οὕτως καὶ ἐν τῷ ἀντιγράφῳ εὗρον ἐγκοπήν, παλαιοτάτου ὄντος.'
426 There is a lacuna of unknown length between the end of verse 6 and 7. Lightfoot included [Οὐχ ὁρᾷς] which was added by Stephens at the beginning of verse 7.
427 St Mi: τινες Omit
428 St Mi: καί τοί
429 St Mi: ἣν ἐκοινώσατο

ἡμῖν, καὶ μετασχεῖν τῶν⁴³⁰ εὐεργεσιῶν αὐτοῦ καὶ ἰδεῖν καὶ νοῆσαι ἅ⁴³¹ τίς ἂν πώποτε προσεδόκησεν ἡμῶν;

IX

1 Πάντ᾽ οὖν ἤδη παρ᾽ ἑαυτῷ σὺν τῷ παιδὶ οἰκονομηκώς⁴³², μέχρι μὲν τοῦ πρόσθεν χρόνου εἴασεν ἡμᾶς ὡς ἐβουλόμεθα ἀτάκτοις φοραῖς φέρεσθαι, ἡδοναῖς καὶ ἐπιθυμίαις ἀπαγομένους, οὐ πάντως ἐφηδόμενος τοῖς ἁμαρτήμασιν ἡμῶν, ἀλλ᾽ ἀνεχόμενος, οὐδὲ τῷ τότε τῆς ἀδικίας καιρῷ συνευδοκῶν, ἀλλὰ τὸν νῦν τῆς δικαιοσύνης δημιουργῶν, ἵνα ἐν τῷ τότε χρόνῳ ἐλεγχθέντες ἐκ τῶν ἰδίων ἔργων ἀνάξιοι ζωῆς νῦν ὑπὸ τῆς τοῦ Θεοῦ χρηστότητος ἀξιωθῶμεν καὶ τὸ καθ᾽ ἑαυτοὺς φανερώσαντες ἀδύνατον εἰσελθεῖν εἰς τὴν βασιλείαν τοῦ Θεοῦ τῇ δυνάμει τοῦ Θεοῦ δυνατοὶ γενηθῶμεν. **2** ἐπεὶ δὲ πεπλήρωτο μὲν ἡ ἡμετέρα ἀδικία, καὶ τελείως πεφανέρωτο ὅτι ὁ μισθὸς αὐτῆς⁴³³ κόλασις καὶ θάνατος προσεδοκᾶτο, ἦλθε δὲ ὁ καιρὸς ὃν Θεὸς προέθετο λοιπὸν φανερῶσαι τὴν ἑαυτοῦ χρηστότητα καὶ δύναμιν (ὢ τῆς⁴³⁴ ὑπερβαλλούσης φιλανθρωπίας καὶ ἀγάπης τοῦ Θεοῦ⁴³⁵), οὐκ ἐμίσησεν ἡμᾶς οὐδὲ ἀπώσατο οὐδὲ ἐμνησικάκησεν, ἀλλὰ ἐμακροθύμησεν, ἠνέσχετο, ἐλεῶν⁴³⁶ αὐτὸς τὰς ἡμετέρας ἁμαρτίας ἀνεδέξατο, αὐτὸς τὸν ἴδιον υἱὸν ἀπέδοτο λύτρον ὑπὲρ ἡμῶν, τὸν ἅγιον ὑπὲρ⁴³⁷ ἀνόμων, τὸν ἄκακον ὑπὲρ τῶν κακῶν, τὸν δίκαιον ὑπὲρ τῶν ἀδίκων, τὸν ἄφθαρτον ὑπὲρ τῶν φθαρτῶν, τὸν ἀθάνατον ὑπὲρ τῶν θνητῶν. **3** τί γὰρ ἄλλο τὰς ἁμαρτίας ἡμῶν ἠδυνήθη καλύψαι ἢ ἐκείνου δικαιοσύνη; **4** ἐν τίνι δικαιωθῆναι δυνατὸν τοὺς ἀνόμους ἡμᾶς καὶ ἀσεβεῖς ἢ ἐν μόνῳ τῷ υἱῷ τοῦ Θεοῦ; **5** ὢ τῆς γλυκείας ἀνταλλαγῆς, ὢ τῆς ἀνεξιχνιάστου δημιουργίας, ὢ τῶν ἀπροσδοκήτων εὐεργεσιῶν· ἵνα ἀνομία μὲν πολλῶν ἐν δικαίῳ ἑνὶ κρυβῇ, δικαιοσύνη δὲ ἑνὸς πολλοὺς ἀνόμους δικαιώσῃ. **6** ἐλέγξας οὖν ἐν μὲν τῷ πρόσθεν χρόνῳ τὸ ἀδύνατον τῆς ἡμετέρας

---

430 St Mi: τῶν Omit
431 JBL KL Gi: καὶ νοῆσαι ἅ] St Mi: ... ἦσαι ...
432 St Mi: Move Πάντ᾽ οὖν ἤδη παρ᾽ ἑαυτῷ σὺν τῷ παιδὶ οἰκονομηκώς to end of 8:11
433 St Mi: αὐτῆς Omit
434 St Mi: τῆς Omit
435 St Mi: τοῦ θεοῦ Omit
436 St Mi: λέγων
437 Gi: + τῶν

Προς Διογνητον

φύσεως εἰς τὸ τυχεῖν ζωῆς, νῦν δὲ τὸν σωτῆρα δείξας δυνατὸν σώζειν καὶ τὰ ἀδύνατα, ἐξ ἀμφοτέρων ἐβουλήθη πιστεύειν ἡμᾶς τῇ χρηστότητι αὐτοῦ, αὐτὸν ἡγεῖσθαι τροφέα, πατέρα, διδάσκαλον, σύμβουλον, ἰατρόν, νοῦν, φῶς, τιμήν, δόξαν, ἰσχύν, ζωήν[438].

X

1 Ταύτην καὶ σὺ τὴν πίστιν ἐὰν ποθήσῃς[439], κατάλαβε[440] πρῶτον μὲν ἐπίγνωσιν πατρός[441]. **2** ὁ γὰρ Θεὸς τοὺς ἀνθρώπους ἠγάπησε, δι' οὓς ἐποίησε τὸν κόσμον, οἷς ὑπέταξε πάντα τὰ ἐν τῇ γῇ[442], οἷς λόγον[443] ἔδωκεν, οἷς νοῦν, οἷς μόνοις ἄνω[444] πρὸς οὐρανὸν ὁρᾶν ἐπέτρεψεν, οὓς ἐκ τῆς ἰδίας εἰκόνος ἔπλασε, πρὸς οὓς ἀπέστειλε τὸν υἱὸν αὐτοῦ τὸν μονογενῆ, οἷς τὴν ἐν οὐρανῷ βασιλείαν ἐπηγγείλατο καὶ δώσει τοῖς ἀγαπήσασιν αὐτόν. **3** ἐπιγνοὺς δέ, τίνος οἴει πληρωθήσεσθαι χαρᾶς; ἢ πῶς ἀγαπήσεις τὸν οὕτως προαγαπήσαντά σε; **4** ἀγαπήσας δὲ μιμητὴς ἔσῃ αὐτοῦ τῆς χρηστότητος. καὶ μὴ θαυμάσῃς εἰ δύναται μιμητὴς ἄνθρωπος γενέσθαι Θεοῦ· δύναται θέλοντος αὐτοῦ. **5** οὐ γὰρ τὸ καταδυναστεύειν τῶν πλησίον οὐδὲ τὸ πλέον ἔχειν βούλεσθαι τῶν ἀσθενεστέρων οὐδὲ τὸ πλουτεῖν καὶ βιάζεσθαι τοὺς ὑποδεεστέρους εὐδαιμονεῖν ἐστιν, οὐδὲ ἐν τούτοις δύναταί τις μιμήσασθαι Θεόν, ἀλλὰ ταῦτα ἐκτὸς τῆς ἐκείνου μεγαλειότητος· **6** ἀλλ' ὅστις τὸ τοῦ πλησίον ἀναδέχεται βάρος, ὃς ἐν ᾧ κρείσσων ἐστὶν ἕτερον τὸν ἐλαττούμενον εὐεργετεῖν ἐθέλει, ὃς ἃ[445] παρὰ τοῦ Θεοῦ λαβὼν ἔχει, ταῦτα τοῖς[446] ἐπιδεομένοις χορηγῶν Θεὸς γίνεται τῶν λαμβανόντων, οὗτος μιμητής ἐστι Θεοῦ. **7** τότε θεάσῃ τυγχάνων ἐπὶ γῆς ὅτι Θεὸς ἐν οὐρανοῖς πολιτεύεται, τότε μυστήρια Θεοῦ λαλεῖν ἄρξῃ, τότε τοὺς κολαζομένους ἐπὶ τῷ μὴ θέλειν ἀρνήσασθαι Θεὸν καὶ ἀγαπήσεις καὶ θαυμάσεις, τότε τῆς ἀπάτης τοῦ κόσμου καὶ τῆς πλάνης καταγνώσῃ, ὅταν τὸ ἀληθῶς ἐν οὐρανῷ ζῆν

---

438 KL Gi St Mi: + περὶ ἐνδύσεως καὶ τροφῆς μὴ μεριμνᾶν.
439 St Mi: ποθῇς
440 KL St Mi: καὶ λάβῃς | Gi: καταλάβοις ἂν
441 KL: πατρός + ... | St Mi: π ...
442 St Mi: τῇ γῇ Omit
443 St Mi: λόγιον
444 St Mi: ἄνω Omit
445 JBL KL Mi: ὃς ἃ] St Mi: ὅσα
446 St Mi: τοῖς Omit

ἐπιγνῷς, ὅταν τοῦ δοκοῦντος ἐνθάδε θανάτου καταφρονήσῃς, ὅταν τὸν ὄντως θάνατον φοβηθῇς, ὃς φυλάσσεται τοῖς κατακριθησομένοις εἰς τὸ[447] πῦρ τὸ αἰώνιον, ὃ τοὺς παραδοθέντας αὐτῷ μέχρι τέλους κολάσει. **8** τότε τοὺς ὑπομένοντας ὑπὲρ δικαιοσύνης θαυμάσεις τὸ πῦρ τὸ πρόσκαιρον, καὶ[448] μακαρίσεις, ὅταν ἐκεῖνο τὸ πῦρ ἐπιγνῷς

XI

1 Οὐ ξένα ὁμιλῶ οὐδὲ παραλόγως ζητῶ, ἀλλὰ ἀποστόλων γενόμενος μαθητὴς γίνομαι διδάσκαλος ἐθνῶν, τὰ παραδοθέντα ἀξίως ὑπηρετῶν γινομένοις ἀληθείας μαθηταῖς. **2** τίς γὰρ ὀρθῶς διδαχθεὶς καὶ Λόγῳ προσφιλὴς γενηθεὶς οὐκ ἐπιζητεῖ σαφῶς μαθεῖν τὰ διὰ Λόγου δειχθέντα φανερῶς μαθηταῖς; οἷς ἐφανέρωσεν ὁ Λόγος φανείς, παρρησίᾳ λαλῶν, ὑπὸ ἀπίστων μὴ νοούμενος, μαθηταῖς δὲ διηγούμενος, οἳ πιστοὶ λογισθέντες ὑπ' αὐτοῦ ἔγνωσαν πατρὸς μυστήρια. **3** οὗ χάριν ἀπέστειλε Λόγον, ἵνα κόσμῳ φανῇ, ὃς ὑπὸ λαοῦ ἀτιμασθείς, διὰ ἀποστόλων κηρυχθείς, ὑπὸ ἐθνῶν ἐπιστεύθη. **4** οὗτος ὁ ἀπ' ἀρχῆς, ὁ καινὸς φανεὶς καὶ παλαιὸς[449] εὑρεθεὶς καὶ πάντοτε νέος ἐν ἁγίων καρδίαις γεννώμενος· **5** οὗτος ὁ ἀεί, [ὁ][450] σήμερον υἱὸς λογισθείς, δι' οὗ πλουτίζεται ἡ ἐκκλησία καὶ χάρις ἁπλουμένη ἐν ἁγίοις πληθύνεται, παρέχουσα νοῦν, φανεροῦσα μυστήρια, διαγγέλλουσα καιρούς, χαίρουσα ἐπὶ πιστοῖς, ἐπιζητοῦσι δωρουμένη, οἷς ὅρκια πίστεως οὐ θραύεται οὐδὲ ὅρια πατέρων παρορίζεται. **6** εἶτα φόβος νόμου ᾄδεται καὶ προφητῶν χάρις γινώσκεται καὶ εὐαγγελίων πίστις ἵδρυται καὶ ἀποστόλων παράδοσις φυλάσσεται καὶ ἐκκλησίας χαρὰ σκιρτᾷ. **7** ἣν χάριν μὴ λυπῶν ἐπιγνώσῃ ἃ Λόγος ὁμιλεῖ δι' ὧν βούλεται, ὅτε θέλει. **8** ὅσα γὰρ θελήματι τοῦ κελεύοντος Λόγου ἐκινήθημεν ἐξειπεῖν μετὰ πόνου, ἐξ ἀγάπης τῶν ἀποκαλυφθέντων ἡμῖν γινόμεθα ὑμῖν κοινωνοί.

---

447 St Mi: τὸ Omit
448 St Mi: πρόσκαιρον καὶ Omit
449 St Mi: παλαιὸς Omit
450 St Mi: [ὁ] Omit

Προς Διογνητον

XII

1 Οἷς ἐντυχόντες καὶ ἀκούσαντες μετὰ σπουδῆς εἴσεσθε ὅσα παρέχει ὁ Θεὸς τοῖς ἀγαπῶσιν ὀρθῶς, οἱ γενόμενοι παράδεισος τρυφῆς, πάγκαρπον ξύλον, εὐθαλοῦν, ἀνατείλαντες ἐν ἑαυτοῖς, ποικίλοις καρποῖς κεκοσμημένοι. 2 ἐν γὰρ τούτῳ τῷ χωρίῳ ξύλον γνώσεως καὶ ξύλον ζωῆς πεφύτευται· ἀλλ' οὐ τὸ τῆς γνώσεως ἀναιρεῖ, ἀλλ' ἡ παρακοὴ ἀναιρεῖ. 3 οὐδὲ γὰρ ἄσημα τὰ γεγραμμένα, ὡς Θεὸς ἀπ' ἀρχῆς ξύλον |γνώσεως καὶ ξύλον⁴⁵¹| ζωῆς ἐν μέσῳ παραδείσου ἐφύτευσε, διὰ γνώσεως ζωὴν ἐπιδεικνύς. ᾗ μὴ καθαρῶς χρησάμενοι οἱ ἀπ' ἀρχῆς πλάνῃ τοῦ ὄφεως γεγύμνωνται. 4 οὐδὲ γὰρ ζωὴ ἄνευ γνώσεως, οὐδὲ γνῶσις ἀσφαλὴς ἄνευ ζωῆς ἀληθοῦς· διὸ πλησίον ἑκάτερον πεφύτευται. 5 ἣν δύναμιν ἐνιδὼν ὁ ἀπόστολος τήν τε ἄνευ ἀληθείας προστάγματος εἰς ζωὴν ἀσκουμένην γνῶσιν μεμφόμενος λέγει· Ἡ γνῶσις φυσιοῖ, ἡ δὲ ἀγάπη οἰκοδομεῖ. 6 ὁ γὰρ νομίζων εἰδέναι τι ἄνευ γνώσεως ἀληθοῦς καὶ μαρτυρουμένης ὑπὸ τῆς ζωῆς, οὐκ ἔγνω· ὑπὸ τοῦ ὄφεως πλανᾶται, μὴ ἀγαπήσας τὸ ζῆν. ὁ δὲ μετὰ φόβου ἐπιγνοὺς καὶ ζωὴν ἐπιζητῶν ἐπ' ἐλπίδι φυτεύει, καρπὸν προσδοκῶν. 7 ἤτω σοι καρδία γνῶσις, ζωὴ δὲ λόγος ἀληθής, χωρούμενος. 8 οὗ ξύλον φέρων καὶ καρπὸν αἴρων⁴⁵² τρυγήσεις ἀεὶ τὰ παρὰ Θεῷ ποθούμενα, ὧν ὄφις οὐχ ἅπτεται οὐδὲ πλάνη συγχρωτίζεται· οὐδὲ Εὔα φθείρεται, ἀλλὰ παρθένος πιστεύεται· 9 καὶ σωτήριον δείκνυται, καὶ ἀπόστολοι συνετίζονται, καὶ τὸ Κυρίου πάσχα προέρχεται, καὶ κλῆροι συνάγονται καὶ [πάντα]*⁴⁵³ μετὰ κόσμου ἁρμόζεται, καὶ διδάσκων ἁγίους ὁ Λόγος εὐφραίνεται, δι' οὗ Πατὴρ δοξάζεται· ᾧ ἡ δόξα εἰς τοὺς αἰῶνας. ἀμήν.

---

451 St Mi: κνώσεως καὶ ξύλον Omit
452 Gi: [αἰ]ρῶν St Gi: ...ρῶν
453 KL Gi St Mi: [πάντα] Omit

Προς Ελληνας

(Joannes Otto)

I

Μὴ ὑπολάβητε, ὦ ἄνδρες Ἕλληνες, ἄλογον ἢ ἀνεπίκριτον εἶναί μου τὸν ἐκ τῶν ὑμετέρων ἐθῶν χωρισμόν· οὐδὲν γὰρ ἐν αὐτοῖς εὗρον ὅσιον ἢ θεοφιλές. Αὐτὰ γὰρ τὰ τῶν ποιητῶν ὑμῶν συνθέματα λύσσης καὶ ἀκρασίας ἐστὶ μνημεῖα. Τῷ γὰρ ἐν παιδείᾳ παρ' ὑμῖν προὔχοντι φοιτῶν τις πάντων ἀνθρώπων ἐστὶν ἀργαλεώτατος. Πρώτιστα μὲν γάρ φησι τὸν Ἀγαμέμνονα, τῇ τοῦ ἀδελφοῦ ἀκρασίᾳ ἐπιτεταμένῃ λύσσῃ καὶ ἀκατασχέτῳ ἐπιθυμίᾳ συνεργοῦντα, καὶ τὴν θυγατέρα πρὸς θυσίαν εὐδοκήσαντα δοῦναι καὶ πᾶσαν ταράξαι τὴν Ἑλλάδα, ἵνα ῥύσηται τὴν Ἑλένην ὑπὸ λεπροῦ ποιμένος ἡρπασμένην. Ὁπότε δὲ καὶ τοῦ πολέμου κατασχόντος αἰχμαλώτους ἤγαγον, αὐτὸς Ἀγαμέμνων ὑπὸ Χρυσηΐδος αἰχμάλωτος ἤγετο· πρὸς τὸν Θέτιδος παῖδα Βρισηΐδος ἕνεκεν ἔχθραν ἤρατο. Αὐτὸς δὲ Πηληϊάδης, ὁ ποταμὸν πεδήσας, Τροίαν καταστρέψας, Ἕκτορα χειρωσάμενος, Πολυξένης ὁ ἥρως ὑμῶν δοῦλος ἦν, ὑπὸ Ἀμαζόνος νεκρᾶς νενίκητο· τὰ θεότευκτα ὅπλα ἀποδυσάμενος, νυμφικὴν στολὴν ἐνδυσάμενος, φίλτρων θῦμα ἐγίνετο ἐν τῷ τοῦ Ἀπόλλωνος νηῷ. Ὁ γὰρ Ἰθακήσιος Λαερτιάδης ἐκ κακίας ἀρετὴν ἐνεπορεύσατο· ὅτι δὲ ἀγαθῆς φρονήσεως ἄμοιρος ἦν, ὁ κατὰ τὰς Σειρῆνας διάπλους ἐδήλωσεν, ὅτε μὴ ἠδυνήθη φρονήσει ἐμφράξαι τὴν ἀκοήν. Ὁ Τελαμώνιος Αἴας, ὁ τὸ ἑπταβόειον φέρων σάκος, διὰ τὴν πρὸς Ὀδυσσέα περὶ τῶν ὅπλων κρίσιν ἡττηθεὶς ὑπὸ μανίας ἡλίσκετο. Ταῦτα παιδεύεσθαι οὐ θέλω· οὐ γὰρ τοιαύτης ἀρετῆς ἐπιδικάζομαι, ἵνα τοῖς Ὁμήρου μύθοις πείθωμαι. Ἔστι γὰρ ἡ πᾶσα ῥαψῳδία, Ἰλιάδος τε καὶ Ὀδυσσείας ἀρχὴ καὶ τέλος, γυνή.

II

Ἀλλ' ἐπεὶ Ἡσίοδος μεθ' Ὅμηρον Ἔργα τε καὶ Ἡμέρας συνέγραψε, τίς αὐτοῦ τῇ λήρῳ Θεογονίᾳ συνθήσεται; Φησὶ γὰρ Κρόνον, τὸν Οὐρανοῦ παῖδα, τῆς ἀρχῆς καθελεῖν τὸν πατέρα καὶ τῶν σκήπτρων λαβέσθαι, καὶ διευλαβηθέντα τὸ ὅμοιον παθεῖν τεκνοφαγεῖν ἑλέσθαι, τῇ δὲ τῶν Κουρήτων ἐπινοίᾳ τὸν Δία κλαπέντα καὶ λαθόντα δεσμοῖς καθεῖρξαι τὸν πατέρα, καὶ διανείμασθαι, ὡς λόγος, Δία μὲν τὸν αἰθέρα, Ποσειδῶνα δὲ τὸν βυθόν, καὶ Πλουτέα τὴν καθ' ᾅδου μοῖραν λαχεῖν. Ἀλλ' ὁ μὲν Πλουτεὺς τὴν Κόρην ἥρπασε· καὶ ἡ Δήμητρα, ἀλωμένη κατὰ τὰς ἐρήμους, τὸ τέκνον ἐζήτει. Καὶ τοῦτον τὸν μῦθον εἰς ὕψος ἤγαγε τὸ ἐν Ἐλευσῖνι πῦρ. Πάλιν ὁ Ποσειδῶν Μελανίππην μὲν ᾔσχυνεν ὑδρευομένην, ὄχλῳ δὲ Νηρηΐδων οὐκ ὀλίγων κατεχρήσατο, ὧν τὰ ὀνόματα ἐὰν διηγώμεθα, πολὺ πλῆθος λόγων κατατρίψομεν. Ὁ μὲν οὖν Ζεὺς μοιχὸς πολλαχῇ· ἐπ' Ἀντιόπῃ μὲν ὡς σάτυρος, καὶ ἐπὶ Δανάῃ χρυσὸς καὶ ἐπ' Εὐρώπῃ ταῦρος ἦν, ἐπτεροῦτο δὲ παρὰ Λήδᾳ. Ὁ γὰρ Σεμέλης ἔρως καὶ αὐτοῦ τὴν ἀκρασίαν ἤλεγξε καὶ τῆς Ἥρας τὸν ζῆλον. Τὸν γὰρ Φρύγα Γανυμήδην, φασίν, εἰς τὸ οἰνοχοεῖν ἀνήρπασε. Καὶ ταῦτα μὲν οἱ Κρονίδαι ἐποίησαν. Ὁ γὰρ μεγαλώνυμος ὑμῶν ὁ Λητοΐδης, ὁ μαντικὴν ἐπαγγειλάμενος, ἑαυτὸν ἤλεγξεν ὅτι ψεύδεται. Δάφνην ἐδίωξεν, ἣν οὐ κατέλαβε· καὶ τῷ ἐρωμένῳ αὐτοῦ Ὑακίνθῳ δισκεύων τι τὸν αὐτοῦ θάνατον οὐκ ἐμαντεύσατο. Ἀθηνᾶς γὰρ τὸ ἀνδρικὸν σιγῶ καὶ Διονύσου τὸ θηλυκὸν καὶ Ἀφροδίτης τὸ πορνικόν. Ἀνάγνωτε τῷ Διΐ, ἄνδρες Ἕλληνες, τὸν κατὰ πατρολῳῶν νόμον καὶ τὸ μοιχείας πρόστιμον καὶ τὴν παιδεραστίας αἰσχρότητα. Διδάξατε Ἀθηνᾶν καὶ Ἄρτεμιν τὰ τῶν γυναικῶν ἔργα καὶ Διόνυσον τὰ ἀνδρῶν. Τί σεμνὸν ἐπιδείκνυται γυνὴ ὅπλοις κεκοσμημένη, ἀνὴρ δὲ κυμβάλοις καὶ στέμμασι καὶ ἐσθῆτι γυναικείᾳ καλλωπιζόμενος καὶ ὀργιῶν σὺν ἀγέλῃ γυναικῶν;

III

Τὸν γὰρ τριέσπερον Ἀλκείδην, τῶν ἀγώνων ἡγήτορα, τὸν δι' ἀνδρείαν ᾀδόμενον, τὸν τοῦ Διὸς υἱόν, ὃς βριαρὸν κατέπεφνε λέοντα καὶ πολύκρανον ὤλεσεν ὕδραν, ὗν δ' ἄγριον ἀκάματον ὁ νεκρώσας, ὄρνιθας δ' ἀνδροβόρους ἱπταμένας καθελεῖν ὁ δυνηθείς, καὶ κύνα τρικάρηνον ἐξ ᾅδου ἀναγαγών, Αὐγείου δ' ὀχυρὸν τεῖχος σκυβάλων καθελεῖν ὁ δυνηθείς, ταύρους δὲ καὶ ἔλαφον ἀνελὼν ὧν μυξωτῆρες ἔπνεον πῦρ, καὶ καρπὸν χρύσεον στελέχους ὁ λαβών, ἑρπετὸν ἰοβόλον ἀνελὼν καὶ Ἀχελῷον (τίνος ἕνεκεν ἔκτανεν, οὐ θέμις εἰπεῖν) καὶ τὸν ξενοκτόνον Βούσιριν, καὶ ὁ ὄρη πηδήσας ἵνα λάβῃ ὕδωρ ἔναρθρον φωνὴν ἀποδιδόν, ὡς λόγος, ὁ τὰ τοσαῦτα καὶ τοιαῦτα καὶ τηλικαῦτα δρᾶσαι δυνηθείς, ὡς νήπιος ὑπὸ σατύρων κατακυμβαλισθεὶς καὶ ὑπὸ γυναικείου ἔρωτος ἡττηθεὶς ὑπὸ Λυδῆς γελώσης κατὰ γλουτῶν τυπτόμενος ἥδετο, καὶ τέλος, τὸν Νέσσειον χιτῶνα ἀποδύσασθαι μὴ δυνηθείς, πυρὰν κατ' αὐτοῦ αὐτὸς ποιήσας τέλος ἔλαβε τοῦ βίου. Θέτω τὸν ζῆλον Ἥφαιστος, καὶ μὴ φθονείτω εἰ πρεσβύτης ὢν καὶ κυλλὸς τὸν πόδα μεμίσητο, Ἄρης δὲ πεφίλητο νέος ὢν καὶ ὡραῖος. Ἐπεὶ οὖν, ἄνδρες Ἕλληνες, οἱ μὲν θεοὶ ὑμῶν ὑπὸ ἀκρασίας ἠλέγχθησαν, ἄνανδροι δὲ οἱ ἥρωες ὑμῶν, αἱ παρ' ὑμῖν δραματουργοὶ ἱστορίαι ἐδήλωσαν τὰ μὲν Ἀτρέως ἄγη Θυέστου τε λέχη καὶ Πελοπιδῶν μύση καὶ Δαναὸν φθόνῳ φονεύοντα καὶ ἀτεκνοῦντα Αἴγυπτον μεμεθυσμένον καὶ τὰ Θυέστεια δεῖπνα ἃ Ἐρινύες ἤρτυον. Καὶ Πρόκνη μέχρι νῦν ἐπτερωμένη γοᾷ, καὶ ταύτης ἀδελφὴ γλωσσότμητος τέτριγεν ἡ Κεκροπίς. Τὰ γὰρ Οἰδίποδος κέντρα τί δεῖ καὶ λέγειν, καὶ τὸν Λαΐου φόνον καὶ μητρὸς γάμον, καὶ τὴν τῶν ἀδελφῶν αὐτοῦ καὶ τέκνων ἅμα ἀλληλοκτονίαν;

IV

Καὶ τὰς πανηγύρεις ὑμῶν μεμίσηκα· ἄμετροι γὰρ ἐκεῖ πλησμοναί, καὶ αὐλοὶ γλαφυροὶ ἐκκαλούμενοι πρὸς οἱστρώδεις κινήσεις, καὶ μύρων περίεργοι χρίσεις, καὶ στεφάνων περιθέσεις. Καὶ τῷ τοσούτῳ σωρῷ τῶν κακῶν τὴν αἰδῶ περιγράφετε, καὶ νοῦν πληροῦσθε, ὑπὸ ἀκρασίας ἐκβακχευόμενοι· καὶ ταῖς ἀνοσίαις καὶ λυσσώδεσι χρᾶσθαι εἰώθατε μίξεσιν. Εἴποιμι δ' ἂν ὑμῖν ἔτι καὶ τοῦτο· Τί ἀγανακτεῖς, Ἕλλην ὤν, πρὸς τὸ τέκνον σου, εἰ τὸν Δία μιμούμενος ἐπιβουλεύει σοι καὶ ἐπ' ἴσου τὸν γάμον σεσύληκε; Τί τοῦτον ἐχθρὸν ἡγῇ, τὸν δὲ ὅμοιον αὐτῷ σέβῃ; Τί δὲ μέμφῃ σου τὴν γυναῖκα ἀκολάστως ζῶσαν, τὴν δὲ Ἀφροδίτην ναοῖς τετίμηκας; Καὶ εἰ μὲν ταῦτα ὑφ' ἑτέρων ἦν εἰρημένα, κατηγορία ἔδοξεν εἶναι ψιλὴ καὶ οὐκ ἀλήθεια· νῦν δὲ ταῦτα οἱ ὑμέτεροι ᾄδουσι ποιηταί, καὶ αἱ παρ' ὑμῖν κεκράγασιν ἱστορίαι.

V

Ἔλθετε λοιπόν, ἄνδρες Ἕλληνες, καὶ σοφίᾳ ἀπαραμιλλήτῳ κοινωνήσατε, καὶ θείῳ λόγῳ παιδεύθητε, καὶ μάθετε βασιλέα ἄφθαρτον, καὶ τοὺς τούτου ἥρωας ἐπίγνωτε οὔποτε λαοῖς φόνον ἐργαζομένους. Αὐτὸς γὰρ ἡμῶν ὁ στρατηγὸς οὐ βούλεται σωμάτων ἀλκὴν καὶ τύπων εὐμορφίαν οὐδ' εὐγενείας φρύαγμα, ἀλλὰ ψυχήν τε καθαράν, ὁσιότητι τετειχισμένην, καὶ τὰ τοῦ βασιλέως ἡμῶν συνθήματα, καὶ πράξεις θείας, ὡς διὰ λόγου δυνάμεως εἰς ψυχὴν διικνουμένης (ὦ σάλπιγξ εἰρηνικὴ ψυχῆς πολεμουμένης, ὦ παθῶν δεινῶν φυγαδευτήριον, ὦ πυρὸς ἐμψύχου σβεστικὸν διδασκάλιον!), ἥτις οὐ ποιητὰς ποιεῖ, οὐ φιλοσόφους κατασκευάζει οὐδὲ ῥήτορας δεινούς, ἀλλὰ παιδεύουσα ποιεῖ τοὺς θνητοὺς ἀθανάτους, τοὺς βροτοὺς θεούς, ἐκ γῆς δὲ μετάγει εἰς τοὺς ὑπὲρ Ὄλυμπον ὄρους. Ἔλθετε, παιδεύθητε· γίνεσθε ὡς ἐγώ, ὅτι κἀγὼ ἤμην ὡς ὑμεῖς[454]. Ταῦτά με εἷλε, τό τε τῆς παιδείας ἔνθεον καὶ τὸ τοῦ λόγου δυνατόν· ὅτι καθάπερ ἐπαοιδὸς ἀγαθὸς ἐκ φωλεοῦ ἐξερπύσαι ποιήσας φυγαδεύει δεινὸν ἑρπετόν, οὕτως ὁ λόγος ἐξ αὐτῶν τῶν τῆς ψυχῆς μυχῶν τὰ δεινὰ τῆς αἰσθήσεως ἀπελαύνει πάθη, πρῶτον ἐπιθυμίαν, δι' ἧς πᾶν δεινὸν φύεται, ἔχθραι ἔρεις ζῆλος ἐριθεῖαι θυμοὶ καὶ τὰ ὅμοια τούτοις[455]. Ἐπιθυμίας οὖν ἀπελαθείσης εὔδιος ἡ ψυχὴ καὶ γαληνιῶσα γίνεται. Παραλυθεῖσα δὲ τῶν περὶ τὸν τράχηλον αὐτῆς κακῶν περιρρεόντων ἀπέρχεται πρὸς τὸν ποιήσαντα αὐτήν· δεῖ γὰρ ἀποκατασταθῆναι ὅθεν ἀπέστη.

---

454 This seems to be a partial quote from Galatians 4:12 'γείνεσθε ὡς ἐγώ, ὅτι κἀγὼ ὡς ὑμεῖς. Ἀδελφοί, δέομαι ὑμῶν· οὐδέν με ἠδικήσατε.'
455 Perhaps a reference to Galatians 5:20, 21 Otto cites Sauppe: 'Es würde mir πᾶσαν für πρῶτον besser gefallen, doch lässt sich dieses vertheidigen.' (I would prefer πᾶσαν for πρῶτον, but this can be defended).

Λογος Παραινετικος Προς Ελληνας

(Joannes Otto)

I

1 Ἀρχόμενος τῆς πρὸς ὑμᾶς παραινέσεως, ὦ ἄνδρες Ἕλληνες, εὔχομαι τῷ θεῷ ἐμοὶ μὲν ὑπάρξαι τὰ δέοντα πρὸς ὑμᾶς εἰπεῖν, ὑμᾶς δέ, τῆς προτέρας ἀφεμένους φιλονεικίας καὶ τῆς τῶν προγόνων πλάνης ἀπαλλαγέντας, ἑλέσθαι τὰ λυσιτελοῦντα νῦν, οὐδὲν οἰομένους περὶ τοὺς προγόνους ὑμῶν ἔσεσθαι παρ' ὑμῶν πλημμελές, εἰ τἀναντία νυνὶ τῶν πρότερον μὴ καλῶς δοξάντων αὐτοῖς χρήσιμα φαίνοιτο παρ' ὑμῖν. Ἡ γὰρ τῶν πραγμάτων ἀκριβὴς ἐξέτασις καὶ τὰ δόξαντα πολλάκις καλῶς ἔχειν ἀλλοιότερα δείκνυσιν, ἀκριβεστέρα πείρᾳ τἀληθὲς βασανίσασα. Ἐπεὶ τοίνυν ἡμῖν ὁ περὶ τῆς ἀληθοῦς θεοσεβείας πρόκειται λόγος, ἧς οὐδέν, οἶμαι, προτιμότερον τοῖς ἀκινδύνως βιοῦν προῃρημένοις εἶναι νενόμισται διὰ τὴν μέλλουσαν μετὰ τὴν τελευτὴν τοῦδε τοῦ βίου ἔσεσθαι κρίσιν, ἣν οὐ μόνον οἱ ἡμέτεροι κατὰ θεὸν προκηρύττουσι πρόγονοι, προφῆταί τε καὶ νομοθέται, ἀλλὰ καὶ οἱ παρ' ὑμῖν νομισθέντες εἶναι σοφοί, οὐ ποιηταὶ μόνον ἀλλὰ καὶ φιλόσοφοι, οἱ τὴν ἀληθῆ καὶ θείαν εἰδέναι παρ' ὑμῖν ἐπαγγελλόμενοι γνῶσιν, ἔδοξέ μοι καλῶς ἔχειν, πρῶτον μὲν τοὺς τῆς θεοσεβείας ἡμῶν τε καὶ ὑμῶν ἐξετάσαι διδασκάλους, οἵτινες καὶ ὅσοι καὶ καθ' οὓς γεγόνασι χρόνους, ἵν' οἱ μὲν πρότερον τὴν ψευδώνυμον θεοσέβειαν παρὰ τῶν προγόνων παρειληφότες, νῦν γοῦν αἰσθόμενοι, τῆς παλαιᾶς ἐκείνης ἀπαλλαγῶσι πλάνης, ἡμεῖς δὲ υαφῶς καὶ φανερῶς ἡμᾶς αὐτοὺς ἀποδείξωμεν τῇ τῶν κατὰ θεὸν προγόνων ἑπομένους θεοσεβείᾳ.

II

Τίνας τοίνυν, ὦ ἄνδρες Ἕλληνες, τῆς θεοσεβείας ὑμῶν διδασκάλους εἶναί φατε; Τοὺς ποιητάς; ἀλλ' οὐ συνοίσει ὑμῖν πρὸς ἄνδρας τὰ τῶν ποιητῶν εἰδότας λέγειν· ἴσασι γὰρ τὴν ὑπ' αὐτῶν γελοιοτάτην περὶ θεῶν θεογονίαν λεγομένην, ὡς ἔστιν ἡμῖν ἀπὸ τοῦ κορυφαιοτάτου παρ' ὑμῖν καὶ πρώτου τῶν ποιητῶν Ὁμήρου μανθάνειν. Οὗτος γὰρ πρῶτον μὲν τὴν τῶν θεῶν γένεσιν ἐξ ὕδατος τὴν ἀρχὴν ἐσχηκέναι φησίν· οὕτω γὰρ γέγραφεν,

Ὠκεανόν τε θεῶν γένεσιν, καὶ μητέρα Τηθύν[456].

Ἔπειτα δὲ καὶ ἃ περὶ τοῦ πρώτου παρ' αὐτοῖς νομιζομένου θεοῦ λέγει, ὃν καὶ πατέρα ὀνομάζει πολλάκις ἀνδρῶν τε θεῶν τε, ἀναγκαῖον ὑπομνῆσαι· ἔφη γάρ,

Ζεὺς ὅστ' ἀνθρώπων ταμίης πολέμοιο τέτυκται.[457]

Αὐτὸν τοίνυν οὐ πολέμου ταμίαν μόνον τῷ στρατεύματι, ἀλλὰ καὶ ἐπιορκίας Τρωσὶ διὰ τῆς αὐτοῦ θυγατρὸς αἴτιον γεγενῆσθαί φησι· καὶ τοῦτον ἐρῶντα, καὶ σχετλιάζοντα, καὶ ὀλοφυρόμενον, καὶ ὑπὸ τῶν ἄλλων θεῶν ἐπιβουλευόμενον Ὅμηρος εἰσάγει, καὶ ποτὲ μὲν ἐπὶ τοῦ ἑαυτοῦ παιδὸς λέγοντα,

Ὤ μοι ἐγών, ὅτε μοι Σαρπηδόνα φίλτατον ἀνδρῶν
Μοῖρ' ὑπὸ Πατρόκλοιο Μενοιτιάδαο δαμῆναι·[458]

ποτὲ δὲ ὑπὲρ τοῦ Ἕκτορος·
Ὢ πόποι, ἦ φίλον ἄνδρα διωκόμενον περὶ τεῖχος
Ὀφθαλμοῖσιν ὁρῶμαι, ἐμὸν δ' ὀλοφύρεται ἦτορ.[459]

Τίνα δὲ καὶ περὶ τῶν ἄλλων θεῶν κατὰ τῆς τοῦ Διὸς ἐπιβουλῆς λέγει, ἴσασιν οἱ ἐντυγχάνοντες τοῖς ἔπεσι τούτοις·

Ὁππότε μιν ξυνδῆσαι Ὀλύμπιοι ἤθελον ἄλλοι,
Ἥρη τ' ἠδὲ Ποσειδάων καὶ Παλλὰς Ἀθήνη.[460]

Καὶ εἰ μὴ τὸν, ὃν Βριάρεων καλέουσι θεοὶ, ὑπέδεισαν οἱ μάκαρες θεοὶ, ἐδέδετο ἂν ὑπ' αὐτῶν ὁ Ζεύς. Ὅσα δὲ καὶ περὶ τῆς ἐρωτικῆς τοῦ Διὸς ἀκολασίας Ὅμηρος λέγει, ἀναγκαῖον δι' αὐτῶν ὑμᾶς ὑπομνῆσαι ὧν εἴρηκε ῥητῶν. Ἔφη γὰρ αὐτὸν οὕτω πρὸς τὴν Ἥραν λέγειν·

Οὐ γὰρ πώποτέ μ' ὧδε θεᾶς ἔρος, οὐδὲ γυναικὸς

---

456 Iliad, xiv. 302
457 Iliad, xiv 224
458 Iliad, xvi. 433. Sarpedon was a son of Zeus.
459 Iliad, xxii. 168.
460 Iliad, i. 399, etc.

Λογος Παραινετικος Προς Ελληνας

Θυμὸν ἐνὶ στήθεσσι περιπροχυθεὶς ἐδάμασσεν·
Οὐδ' ὁπότ' ἠρασάμην Ἰξιονίης ἀλόχοιο,
Οὐδ' ὅτε περ Δανάης καλλισφύρου Ἀκρισιώνης,
Οὐδ' ὅτε Φοίνικος κούρης τηλεκλειτοῖο,
Οὐδ' ὅτε περ Σεμέλης, οὐδ' Ἀλκμήνης ἐνὶ Θήβῃ,
Οὐδ' ὅτε Δήμητρος καλλιπλοκάμοιο ἀνάσσης,
Οὐδ' ὁπότε Λητοῦς ἐρικυδέος, οὐδέ σευ αὐτῆς.[461]

Τίνα δὲ καὶ περὶ τῶν ἄλλων θεῶν ἐκ τῆς Ὁμήρου ποιήσεως ἔξεστι μανθάνειν, καὶ ὅσα ὑπὸ ἀνθρώπων πεπόνθασιν, ἀκόλουθόν ἐστιν ὑπομνῆσαι νυνί. Ἄρεα μὲν γὰρ καὶ Ἀφροδίτην ὑπὸ Διομήδους τετρῶσθαι λέγει, πολλῶν δὲ καὶ ἄλλων θεῶν διηγεῖται πάθη. Οὕτω γὰρ ἔστιν ἡμῖν ἀπὸ τῆς παραμυθουμένης τὴν θυγατέρα Διώνης μανθάνειν· ἔφη γὰρ πρὸς αὐτήν·

Τέτλαθι, τέκνον ἐμόν, καὶ ἀνάσχεο, κηδομένη περ.
Πολλοὶ γὰρ δὴ τλῆμεν Ὀλύμπια δώματ' ἔχοντες
Ἐξ ἀνδρῶν, χαλέπ' ἄλγε' ἐπ' ἀλλήλοισι τιθέντες.
Τλῆ μὲν Ἄρης, ὅτε μιν Ὦτος κρατερός τ' Ἐφιάλτης,
Παῖδες Ἀλωῆος δῆσαν κρατερῷ ἐνὶ δεσμῷ,
Χαλκέῳ δ' ἐν κεράμῳ δέδετο τρισκαίδεκα μῆνας·
Τλῆ δ' Ἥρη, ὅτε μιν κρατερὸς παῖς Ἀμφιτρύωνος
Δεξιτερὸν κατὰ μαζὸν ὀϊστῷ τριγλώχινι
Βεβλήκει· τότε κέν μιν ἀνήκεστον λάβεν ἄλγος.
Τλῆ δ' Ἀΐδης ἐν τοῖσι πελώριος ὠκὺν ὀϊστόν,
Εὖτέ μιν ωὑτὸς ἀνὴρ υἱὸς Διὸς αἰγιόχοιο
Ἐν πύλῳ ἐν νεκύεσσι βαλὼν ὀδύνῃσιν ἔδωκεν·
Αὐτὰρ ἔβη πρὸς δῶμα Διός, καὶ μακρὸν Ὄλυμπον,
Κῆρ ἀχέων, ὀδύνῃσι πεπαρμένος· αὐτὰρ ὀϊστὸς
Ὤμῳ ἐνὶ στιβαρῷ ἠλήλατο, κῆδε δὲ θυμόν.
Εἰ δὲ καὶ τῆς τῶν λοιπῶν θεῶν ἐξ ἐναντίας μάχης[462]

ὑπομνησθῆναι ὑμᾶς προσήκει, αὐτὸς ὑμᾶς ὁ ὑμέτερος ποιητὴς ὑπομνήσει λέγων,
Τόσσος ἄρα κτύπος ὦρτο θεῶν ἔριδι ξυνιόντων·
Ἤτοι μὲν γὰρ ἔναντα Ποσειδάωνος ἄνακτος

---
461 Iliad, xiv. 315.
462 Iliad, v. 382

Ἵστατ' Ἀπόλλων Φοῖβος, ἔχων ἰὰ πτερόεντα·
Ἄντα δ' Ἐνυαλίοιο θεὰ γλαυκῶπις Ἀθήνη.
Ἥρῃ δ' ἀντέστη χρυσηλάκατος κελαδεινὴ
Ἄρτεμις ἰοχέαιρα, κασιγνήτη Ἑκάτοιο·
Λητοῖ δ' ἀντέστη σῶκος ἐριούνιος Ἑρμῆς.[463]

Ταῦτα καὶ τοιαῦτα περὶ θεῶν ἐδίδαξεν ὑμᾶς Ὅμηρος, καὶ οὐχ Ὅμηρος μόνον, ἀλλὰ καὶ Ἡσίοδος, Ὥστε εἰ μὲν πιστεύετε τοῖς κορυφαιοτάτοις ὑμῶν ποιηταῖς, τοῖς γενεαλογήσασι τοὺς θεοὺς ὑμῶν, ἀνάγκη ὑμᾶς ἢ τοιούτους αὐτοὺς εἶναι νομίζειν, ἢ μηδ' ὅλως θεοὺς αὐτοὺς εἶναι πιστεύειν.

III

Εἰ δὲ τοὺς ποιητὰς παραιτεῖσθε λέγειν, ἐπειδὴ μύθους τε αὐτοῖς πλάττειν ἐξεῖναί φατε καὶ πολλὰ πόρρω τῆς ἀληθείας περὶ θεῶν μυθωδῶς διεξιέναι, τίνας ἑτέρους τῆς θεοσεβείας ὑμῶν διδασκάλους ἔχειν οἴεσθε, ἢ πῶς ταύτην αὐτοὺς μεμαθηκέναι φατέ; Ἀδύνατον γὰρ τοὺς μὴ πρότερον παρὰ τῶν εἰδότων μεμαθηκότας τὰ οὕτω μεγάλα καὶ θεῖα πράγματα γινώσκειν. Τοὺς σοφοὺς πάντως δήπου καὶ φιλοσόφους λέξετε· ἐπὶ τούτους γάρ, ὥσπερ ἐπὶ τεῖχος ὀχυρόν, καταφεύγειν εἰώθατε, ἐπειδάν τις ὑμῖν τὰς τῶν ποιητῶν περὶ θεῶν ἀπαγγέλλῃ δόξας. Οὐκοῦν ἐπειδήπερ ἀπὸ τῶν παλαιῶν καὶ πρώτων ἄρξασθαι προσήκει, ἐντεῦθεν ἀρξάμενος τὴν ἑκάστου δόξαν ἐκθήσομαι, πολλῷ γελοιοτέραν τῆς τῶν ποιητῶν θεολογίας οὖσαν. Θαλῆς μὲν γὰρ ὁ Μιλήσιος, ὁ πρῶτος τῆς φυσικῆς φιλοσοφίας ἄρξας, ἀρχὴν εἶναι τῶν ὄντων ἁπάντων ἀπεφήνατο τὸ ὕδωρ· ἐξ ὕδατος γάρ φησι τὰ πάντα εἶναι καὶ εἰς ὕδωρ τὰ πάντα ἀναλύεσθαι. Ἀναξίμανδρος δὲ μετὰ τοῦτον, ἀπὸ τῆς αὐτῆς ὁρμώμενος Μιλήτου, τὸ ἄπειρον ἀρχὴν ἁπάντων ἔφησεν εἶναι· ἐκ τούτου γὰρ δὴ τὰ πάντα γίνεσθαι καὶ εἰς τοῦτο τὰ πάντα φθείρεσθαι. Τρίτος Ἀναξιμένης, καὶ οὗτος ἐκ τῆς Μιλήτου ὑπάρχων, ἀέρα τοῦ παντὸς ἀρχὴν εἶναι λέγει· ἐκ γὰρ τούτου τὰ πάντα γίνεσθαι καὶ εἰς τοῦτον τὰ πάντα ἀναλύεσθαί φησιν. Ἡράκλειτος ὁ Μεταπόντιος ἀρχὴν τῶν πάντων τὸ πῦρ εἶναι λέγει· ἐκ πυρὸς γὰρ τὰ πάντα γίνεσθαι καὶ εἰς τὸ πῦρ τὰ πάντα τελευτᾶν. Ἀναξαγόρας ὁ Κλαζομένιος ἀρχὰς τῶν πάντων τὰς ὁμοιομερείας εἶναί φησιν. Ἀρχέλαος ὁ Ἀπολλοδώρου

---

[463] Iliad, xx. 66

Ἀθηναῖος ἀέρα ἄπειρον καὶ τὴν περὶ αὐτὸν πυκνότητα καὶ μάνωσιν ἀρχὴν ἁπάντων εἶναι λέγει. Οὗτοι πάντες, ἀπὸ Θαλοῦ τὰς διαδοχὰς ἐσχηκότες, τὴν φυσικὴν ὑπ' αὐτῶν καλουμένην μετῆλθον φιλοσοφίαν.

IV

Εἶθ' ἑξῆς ἀφ' ἑτέρας ἀρχῆς Πυθαγόρας Μνησάρχου Σάμιος ἀρχὰς τοὺς ἀριθμοὺς καὶ τὰς συμμετρίας καὶ τὰς ἐν αὐτοῖς ἁρμονίας καλεῖ τά τ' ἐξ ἀμφοτέρων σύνθετα στοιχεῖα, ἔτι μέντοι μονάδα καὶ τὴν ἀόριστον δυάδα. Ἐπίκουρος Νεοκλέους Ἀθηναῖος ἀρχὰς τῶν ὄντων σώματα λόγῳ θεωρητὰ εἶναι λέγει, ἀμέτοχα κενοῦ, ἀγένητα, ἄφθαρτα, οὔτε θραυσθῆναι δυνάμενα οὔτε διάπλασιν ἐκ τῶν μερῶν λαβεῖν οὔτ' ἀλλοιωθῆναι, διὰ τοῦτο καὶ λόγῳ θεωρητά. Ἐμπεδοκλῆς Μέτωνος ὁ Ἀκραγαντῖνος τέσσαρα στοιχεῖα, πῦρ ἀέρα ὕδωρ γῆν, δύο δὲ ἀρχικὰς δυνάμεις, φιλίαν τε καὶ νεῖκος, ὧν ἡ μέν ἐστιν ἑνωτική, τὸ δὲ διαιρετικόν. Ὁρᾶτε τοίνυν τὴν ἀταξίαν τῶν παρ' ὑμῖν νομισθέντων γεγενῆσθαι σοφῶν, οὓς διδασκάλους ὑμῶν τῆς θεοσεβείας γεγενῆσθαί φατε, τῶν μὲν ὕδωρ ἀποφηναμένων ἀρχὴν ἁπάντων εἶναι, τῶν δὲ ἀέρα, τῶν δὲ πῦρ, τῶν δὲ ἄλλο τι τῶν προειρημένων, καὶ πάντων τούτων πιθανοῖς τισι λόγοις πρὸς κατασκευὴν τῶν μὴ καλῶς δοξάντων αὐτοῖς χρωμένων καὶ τὸ ἴδιον δόγμα προτιμότερον ἐπιχειρούντων δεικνύναι. Ταῦθ' ὑπ' αὐτῶν εἴρηται. Πῶς οὖν ἀσφαλές, ὦ ἄνδρες Ἕλληνες, τοῖς σῴζεσθαι βουλομένοις παρὰ τούτων οἴεσθαι δύνασθαι τὴν ἀληθῆ θεοσέβειαν μανθάνειν, τῶν μηδ' ἑαυτοὺς πεῖσαι δυνηθέντων τὸ μὴ πρὸς ἀλλήλους στασιάζειν μηδ' ἐναντίοι τῆς ἀλλήλων φαίνεσθαι δόξης;

V

Ἀλλ' ἴσως οἱ τῆς ἀρχαίας καὶ παλαιᾶς ἐκείνης ἀποστῆναι μὴ βουλόμενοι πλάνης οὔ φασι παρὰ τῶν προειρημένων, ἀλλὰ παρὰ τῶν ἐνδοξοτάτων καὶ τελειοτάτων ἐν ἀρετῇ νομισθέντων εἶναι παρ' αὐτοῖς φιλοσόφων, τὸν περὶ τῆς θεοσεβείας παρειληφέναι λόγον, Πλάτωνός τε καὶ Ἀριστοτέλους· τούτους γὰρ τὴν τελείαν καὶ ἀληθῆ φασι μεμαθηκέναι θεοσέβειαν. Ἐγὼ δὲ πρῶτον μὲν ἡδέως ἂν πυθοίμην τῶν ταῦτα λεγόντων, παρὰ τίνων αὐτοὺς μεμαθηκότας εἰδέναι φασίν· ἀδύνατον γὰρ τοὺς τὰ οὕτω μεγάλα καὶ θεῖα μὴ παρά τινων εἰδότων μεμαθηκότας ἢ αὐτοὺς εἰδέναι ἢ ἑτέρους δύνασθαι διδάσκειν ὀρθῶς. Δεύτερον δὲ οἶμαι δεῖν καὶ τὰς τούτων ἐξετάσαι δόξας· εἰσόμεθα γάρ, εἰ μὴ καὶ τούτων ἑκάτερος τἀναντία θατέρῳ φανήσεται λέγων. Εἰ δὲ καὶ τούτους μὴ συμφωνοῦντας ἀλλήλοις εὕροιμεν, ῥᾴδιον οἶμαι καὶ τὴν τούτων ἄγνοιαν γινώσκειν σαφῶς. Πλάτων μὲν γάρ, ὡς ἄνωθεν κατεληλυθὼς καὶ τὰ ἐν οὐρανοῖς ἅπαντα ἀκριβῶς ἑωρακώς, τὸν ἀνωτάτω θεὸν ἐν τῇ πυρώδει οὐσίᾳ εἶναι λέγει. Ἀριστοτέλης δέ, ἐν τῷ πρὸς Ἀλέξανδρον τὸν Μακεδόνα λόγῳ σύντομόν τινα τῆς ἑαυτοῦ φιλοσοφίας ἐκτιθέμενος ὅρον, σαφῶς καὶ φανερῶς τὴν Πλάτωνος ἀναιρεῖ δόξαν, οὐκ ἐν τῇ πυρώδει οὐσίᾳ τὸν θεὸν εἶναι λέγων· ἀλλά, πέμπτον αἰθέριόν τι καὶ ἀμετάβλητον ἀναπλάττων σῶμα, ἐν τούτῳ αὐτὸν εἶναί φησιν. Γέγραφε γοῦν οὕτως· Οὐχ ὡς ἔνιοι τῶν περὶ τὸ θεῖον πλημμελούντων ἐν τῇ πυρώδει οὐσίᾳ τὸν θεὸν εἶναί φασιν. Εἶτα, ὥσπερ μὴ ἀρκούμενος ἐπὶ τῇ κατὰ Πλάτωνος βλασφημίᾳ, καὶ τὸν ὑπ' αὐτοῦ τῆς πολιτείας ἐκβληθέντα ὡς ψεύστην καὶ τρίτον τῶν ἀπὸ τῆς ἀληθείας εἰδώλων, ὡς αὐτὸς ἔφη, μιμητὴν ὄντα Ὅμηρον εἰς ἀπόδειξιν τῶν ὑπ' αὐτοῦ περὶ τοῦ αἰθερίου σώματος λεγομένων καλεῖ μάρτυρα. Γέγραφε γάρ· Οὕτως γοῦν καὶ Ὅμηρος ἔφη· Ζεὺς δ' ἔλαχ' οὐρανὸν εὐρὺν ἐν αἰθέρι καὶ νεφέλῃσιν·[464] βουλόμενος ἐκ τῆς Ὁμήρου μαρτυρίας ἀξιόπιστον τὴν ἑαυτοῦ δεικνύναι δόξαν, ἀγνοῶν ὅτι, εἰ Ὁμήρῳ πρὸς ἀπόδειξιν τοῦ ἀληθῆ ἑαυτὸν λέγειν μάρτυρι χρῷτο, πολλὰ τῶν αὐτῷ δοξάντων οὐκ ἀληθῆ φανήσεται ὄντα. Θαλῆς γὰρ ὁ Μιλήσιος, ὁ πρῶτος παρ' αὐτοῖς τῆς φιλοσοφίας ἄρξας, τὴν πρόφασιν παρ' αὐτοῦ λαβὼν τὰς πρώτας αὐτοῦ περὶ ἀρχῶν ἀθετήσει δόξας. Αὐτοῦ γὰρ Ἀριστοτέλους θεὸν καὶ ὕλην ἀρχὰς εἶναι τῶν πάντων εἰρηκότος ὁ πρεσβύτατος τῶν κατ' αὐτοὺς ἁπάντων Θαλῆς ἀρχὴν τῶν ὄντων ὕδωρ εἶναι λέγει· ἐξ ὕδατος γάρ φησι τὰ πάντα εἶναι καὶ εἰς ὕδωρ ἀναλύεσθαι τὰ πάντα. Στοχάζεται δὲ πρῶτον μὲν ἀπὸ τοῦ πάντων τῶν ζώων τὴν γονήν, ἀρχὴν οὖσαν, ὑγρὰν εἶναι· δεύτερον δὲ ὅτι πάντα τὰ φυτὰ ὑγρῷ τρέφεται καὶ καρποφορεῖ, ἀμοιροῦντα δὲ τοῦ ὑγροῦ ξηραίνεται. Εἶθ', ὥσπερ μὴ ἀρκούμενος οἷς στοχάζεται, καὶ τὸν Ὅμηρον ὡς ἀξιόπιστον μαρτύρεται οὕτως λέγοντα·

Ὠκεανός, ὅσπερ γένεσις πάντεσσι τέτυκται.[465]

Πῶς οὖν οὐκ εἰκότως ὁ Θαλῆς πρὸς αὐτὸν φήσει· Δι' ἣν αἰτίαν, ὦ Ἀριστότελες, τὰς μὲν Πλάτωνος ἀναιρεῖν

---

464 Iliad, xv. 192
465 Iliad, xiv. 246

Λογος Παραινετικος Προς Ελληνας

ἐθέλων δόξας, ὡς ἀληθεύοντι προσέχεις Ὁμήρῳ, ἡμῶν δὲ τὴν ἐναντίαν ἀποφηνάμενος δόξαν οὐκ ἀληθεύειν Ὅμηρον οἴει;

VI

Ὅτι τοίνυν οἱ σφόδρα θαυμαστοὶ καθ' ὑμᾶς σοφοὶ οὐδ' ἐν τοῖς ἄλλοις συμφωνοῦντες φαίνονται, καὶ ἀπὸ τούτων γνῶναι ῥάδιον. Τοῦ γὰρ Πλάτωνος τρεῖς ἀρχὰς τοῦ παντὸς εἶναι λέγοντος, θεὸν καὶ ὕλην καὶ εἶδος (θεὸν μὲν τὸν πάντων ποιητήν, ὕλην δὲ τὴν ὑποκειμένην τῇ πρώτῃ τῶν γενομένων γενέσει καὶ τὴν πρόφασιν αὐτῷ τῆς δημιουργίας παρέχουσαν, εἶδος δὲ τὸ ἑκάστου τῶν γινομένων παράδειγμα), Ἀριστοτέλης τοῦ μὲν εἴδους ὡς ἀρχῆς οὐδαμῶς μέμνηται, δύο δὲ ἀρχάς, θεὸν καὶ ὕλην, εἶναί φησι. Καὶ αὖθις τοῦ Πλάτωνος ἐν τῇ πρώτῃ τοῦ ἀνωτάτω οὐρανοῦ ἀπλανεῖ σφαίρᾳ τόν τε πρῶτον θεὸν καὶ τὰς εἰδέας εἶναι λέγοντος, Ἀριστοτέλης μετὰ τὸν πρῶτον θεὸν οὐ τὰς εἰδέας ἀλλὰ τινας νοητοὺς θεοὺς εἶναι λέγει. Οὕτω μὲν οὖν περὶ τῶν ἐν οὐρανοῖς πρὸς ἀλλήλους διαφέρονται πραγμάτων. Ὥστε εἰδέναι προσήκει ὅτι οἱ μηδὲ τὰ παρ' ἡμῖν ἐνταῦθα γνῶναι δυνηθέντες, ἀλλὰ καὶ περὶ τούτων πρὸς ἀλλήλους διενεχθέντες, οὐκ ἀξιόπιστοι φανήσονται περὶ τῶν ἐν οὐρανοῖς διηγούμενοι. Ὅτι τοίνυν οὐδὲ ὁ περὶ τῆς ἐνταῦθα ἀνθρωπίνης ψυχῆς αὐτοῖς συμφωνήσει λόγος, δῆλον ἀπὸ τῶν ὑφ' ἑκατέρου αὐτῶν περὶ αὐτῆς λεχθέντων. Πλάτων μὲν γὰρ τριμερῆ αὐτὴν εἶναί φησι, καὶ τὸ μὲν λογικὸν αὐτῆς, τὸ δὲ θυμικόν, τὸ δὲ ἐπιθυμητικὸν εἶναι λέγει· Ἀριστοτέλης δὲ οὐ κοινοτέραν τὴν ψυχὴν εἶναί φησιν, ἐν ᾧ περιείληπται καὶ τὰ φθαρτὰ μόρια, ἀλλὰ τὸ λογικὸν μόνον. Καὶ ὁ μὲν Πλάτων Ψυχὴ πᾶσα ἀθάνατος κέκραγε λέγων· Ἀριστοτέλης δέ, ἐντελέχειαν αὐτὴν ὀνομάζων, οὐκ ἀθάνατον ἀλλὰ θνητὴν αὐτὴν εἶναι βούλεται. Καὶ ὁ μὲν ἀεικίνητον αὐτὴν εἶναι λέγει· Ἀριστοτέλης δὲ ἀκίνητον αὐτὴν εἶναί φησιν, ἁπάσης κινήσεως προηγουμένην.

VII

Ἀλλ' ἐν τούτοις μὲν ὑπεναντία φρονοῦντες ἀλλήλοις ἐλέγχονται. Εἰ δέ τις ἀκριβῶς τὰ κατ' αὐτοὺς σκοπεῖν ἐθέλοι, οὐδὲ ταῖς ἑαυτῶν δόξαις ἐμμένειν προῄρηνται. Ὁ γοῦν Πλάτων ποτὲ μὲν τρεῖς ἀρχὰς τοῦ παντὸς εἶναι λέγει, θεὸν καὶ ὕλην καὶ εἶδος, ποτὲ δὲ τέσσαρας· προστίθησι γὰρ καὶ τὴν καθόλου ψυχήν. Καὶ αὖθις τὴν ὕλην ἀγένητον πρότερον εἰρηκὼς ὕστερον γενητὴν αὐτὴν εἶναι λέγει· καὶ τῷ εἴδει δὲ ἀρχὴν ἰδίαν πρότερον δεδωκώς, καὶ καθ' ἑαυτὸ οὐσιῶσθαι ἀποφήσας, ὕστερον ἐν τοῖς νοήμασιν αὐτὸ τοῦτ' εἶναι λέγει. Ἔτι μέντοι γε καὶ πᾶν τὸ γενόμενον φθαρτὸν πρότερον ἀποφηνάμενος εἶναι ὕστερον ἔνια τῶν γινομένων ἄλυτα καὶ ἄφθαρτα δύνασθαι εἶναί φησι. Τί τοίνυν αἴτιον τοῦ μὴ πρὸς ἀλλήλους μόνον ἀλλὰ καὶ πρὸς ἑαυτοὺς στασιάζειν τοὺς παρ' ὑμῖν νομισθέντας γεγενῆσθαι σοφούς; Τὸ μὴ βουληθῆναι δῆλον ὅτι παρὰ τῶν εἰδότων μανθάνειν, ἀλλ' ἑαυτοὺς οἴεσθαι τῇ ἀνθρωπίνῃ αὐτῶν περινοίᾳ τὰ ἐν οὐρανοῖς δύνασθαι γινώσκειν σαφῶς, καίτοι γε μηδὲ τὰ ἐπὶ τῆς γῆς γνῶναι δυνηθέντες. Τὴν γοῦν ἀνθρωπίνην ψυχὴν ἔνιοι μὲν τῶν παρ' ὑμῖν φιλοσόφων ἐν ἡμῖν, ἕτεροι δὲ περὶ ἡμᾶς εἶναί φασιν· οὐδὲ γὰρ ἐν τούτῳ συμφωνεῖν ἀλλήλοις προῄρηνται, ἀλλ', ὥσπερ τὴν ἄγνοιαν διαφόρως μερισάμενοι, καὶ περὶ ψυχῆς φιλονεικεῖν καὶ στασιάζειν πρὸς ἀλλήλους προῄρηνται. Οἱ μὲν γὰρ αὐτῶν φασι πῦρ εἶναι τὴν ψυχήν, οἱ δὲ τὸν ἀέρα, οἱ δὲ τὸν νοῦν, οἱ δὲ τὴν κίνησιν, οἱ δὲ τὴν ἀναθυμίασιν, ἄλλοι δέ τινες δύναμιν ἀπὸ τῶν ἄστρων ῥέουσαν, οἱ δὲ ἀριθμὸν κινητικόν, ἕτεροι δὲ ὕδωρ γονοποιόν. Καὶ ὅλως ἄτακτός τις καὶ ἀσύμφωνος ἡ παρ' αὐτοῖς κεκράτηκε δόξα, ἑνὶ μόνῳ τοῖς ὀρθῶς κρίνειν δυναμένοις ἐπαίνου ἀξία φαινομένη, ὅτι πλανωμένους καὶ μὴ τἀληθῆ λέγοντας ἀλλήλους ἐλέγχειν προῄρηνται.

VIII

Οὐκοῦν ἐπειδήπερ οὐδὲν ἀληθὲς περὶ θεοσεβείας παρὰ τῶν ὑμετέρων διδασκάλων μανθάνειν ἐστὶ δυνατόν, ἱκανὴν ὑμῖν ἀπόδειξιν τῆς ἑαυτῶν ἀγνοίας διὰ τῆς πρὸς ἀλλήλους στάσεως παρεσχηκότων, ἀκόλουθον ἡγοῦμαι ἀνελθεῖν ἐπὶ τοὺς ἡμετέρους προγόνους, τοὺς καὶ τοὺς χρόνους τῶν παρ' ὑμῖν διδασκάλων πολλῷ προειληφότας καὶ μηδὲν ἀπὸ τῆς ἰδίας αὐτῶν φαντασίας διδάξαντας ἡμᾶς, μηδὲ πρὸς ἀλλήλους διενεχθέντας ἢ τὰ ἀλλήλων ἀνατρέπειν πειρωμένους, ἀλλὰ ἀφιλονείκως καὶ ἀστασιάστως τὴν παρὰ θεοῦ δεξαμένους γνῶσιν καὶ ταύτην διδάσκοντας ἡμᾶς. Οὔτε γὰρ φύσει οὔτε ἀνθρωπίνῃ ἐννοίᾳ οὕτω μεγάλα καὶ θεῖα γινώσκειν ἀνθρώποις δυνατόν, ἀλλὰ τῇ ἄνωθεν ἐπὶ τοὺς ἁγίους ἄνδρας τηνικαῦτα κατελθούσῃ δωρεᾷ, οἷς οὐ λόγων ἐδέησε τέχνης οὐδὲ τοῦ ἐριστικῶς τι καὶ φιλονείκως εἰπεῖν, ἀλλὰ καθαροὺς ἑαυτοὺς τῇ τοῦ θείου πνεύματος παρασχεῖν ἐνεργείᾳ, ἵνα αὐτὸ τὸ θεῖον ἐξ οὐρανοῦ κατιὸν πλῆκτρον, ὥσπερ ὀργάνῳ κιθάρας τινὸς ἢ λύρας τοῖς δικαίοις ἀνδράσι χρώμενον, τὴν τῶν θείων ἡμῖν καὶ οὐρανίων ἀποκαλύψῃ γνῶσιν. Διὰ τοῦτο τοίνυν ὥσπερ ἐξ ἑνὸς στόματος καὶ μιᾶς γλώττης καὶ περὶ θεοῦ καὶ περὶ κόσμου κτίσεως καὶ περὶ πλάσεως ἀνθρώπου καὶ περὶ ἀνθρωπίνης ψυχῆς ἀθανασίας καὶ τῆς μετὰ τὸν βίον τοῦτον μελλούσης ἔσεσθαι κρίσεως καὶ περὶ πάντων ὧν ἀναγκαῖόν ἐστιν ἡμῖν εἰδέναι ἀκολούθως καὶ συμφώνως ἀλλήλοις ἐδίδαξαν ἡμᾶς, καὶ ταῦτα ἐν διαφόροις τόποις τε καὶ χρόνοις τὴν θείαν ἡμῖν διδασκαλίαν παρεσχηκότες.

IX

Οὐκοῦν ἐπειδήπερ οὐδὲν ἀληθὲς περὶ θεοσεβείας παρὰ τῶν ὑμετέρων διδασκάλων μανθάνειν ἐστὶ δυνατόν, ἱκανὴν ὑμῖν ἀπόδειξιν τῆς ἑαυτῶν ἀγνοίας διὰ τῆς πρὸς ἀλλήλους στάσεως παρεσχηκότων, ἀκόλουθον ἡγοῦμαι ἀνελθεῖν ἐπὶ τοὺς ἡμετέρους προγόνους, τοὺς καὶ τοὺς χρόνους τῶν παρ' ὑμῖν διδασκάλων πολλῷ προειληφότας καὶ μηδὲν ἀπὸ τῆς ἰδίας αὐτῶν φαντασίας διδάξαντας ἡμᾶς, μηδὲ πρὸς ἀλλήλους διενεχθέντας ἢ τὰ ἀλλήλων ἀνατρέπειν πειρωμένους, ἀλλὰ ἀφιλονείκως καὶ ἀστασιάστως τὴν παρὰ θεοῦ δεξαμένους γνῶσιν καὶ ταύτην διδάσκοντας ἡμᾶς. Οὔτε γὰρ φύσει οὔτε ἀνθρωπίνῃ ἐννοίᾳ οὕτω μεγάλα καὶ θεῖα γινώσκειν ἀνθρώποις δυνατόν, ἀλλὰ τῇ ἄνωθεν ἐπὶ τοὺς ἁγίους ἄνδρας τηνικαῦτα κατελθούσῃ δωρεᾷ, οἷς οὐ λόγων ἐδέησε τέχνης οὐδὲ τοῦ ἐριστικῶς τι καὶ φιλονείκως εἰπεῖν, ἀλλὰ καθαροὺς ἑαυτοὺς τῇ τοῦ θείου πνεύματος παρασχεῖν ἐνεργείᾳ, ἵνα αὐτὸ τὸ θεῖον ἐξ οὐρανοῦ κατιὸν πλῆκτρον, ὥσπερ ὀργάνῳ κιθάρας τινὸς ἢ λύρας τοῖς δικαίοις ἀνδράσι χρώμενον, τὴν τῶν θείων ἡμῖν καὶ οὐρανίων ἀποκαλύψῃ γνῶσιν. Διὰ τοῦτο τοίνυν ὥσπερ ἐξ ἑνὸς στόματος καὶ μιᾶς γλώττης καὶ περὶ θεοῦ καὶ περὶ κόσμου κτίσεως καὶ περὶ πλάσεως ἀνθρώπου καὶ περὶ ἀνθρωπίνης ψυχῆς ἀθανασίας καὶ τῆς μετὰ τὸν βίον τοῦτον μελλούσης ἔσεσθαι κρίσεως καὶ περὶ πάντων ὧν ἀναγκαῖόν ἐστιν ἡμῖν εἰδέναι ἀκολούθως καὶ συμφώνως ἀλλήλοις ἐδίδαξαν ἡμᾶς, καὶ ταῦτα ἐν διαφόροις τόποις τε καὶ χρόνοις τὴν θείαν ἡμῖν διδασκαλίαν παρεσχηκότες.

X

Ταῦτα, ὦ ἄνδρες Ἕλληνες, οἱ ἔξωθεν τῆς ἡμετέρας θεοσεβείας περὶ τῆς ἀρχαιότητος Μωϋσέως ἱστοροῦντες γεγράφασι, καὶ ταῦτα πάντα παρ' Αἰγυπτίων ἱερέων μεμαθηκέναι φήσαντες, παρ' οἷς οὐκ ἐτέχθη Μωϋσῆς μόνον, ἀλλὰ καὶ πάσης τῆς Αἰγυπτίων παιδεύσεως μετασχεῖν ἠξιώθη, διὰ τὸ ὑπὸ θυγατρὸς βασιλέως εἰς παιδὸς ᾠκειῶσθαι χώραν καὶ διὰ τὴν προειρημένην πρόφασιν πολλῆς ἠξιῶσθαι σπουδῆς, ὡς ἱστοροῦσιν οἱ σοφώτατοι τῶν ἱστοριογράφων, οἱ καὶ τὸν βίον αὐτοῦ καὶ τὰς πράξεις καὶ τὸ τοῦ γένους ἀξίωμα ἀναγράψασθαι προελόμενοι, Φίλων τε καὶ Ἰώσηπος. Οὗτοι γάρ, τὰς Ἰουδαίων ἱστοροῦντες πράξεις, ἀπὸ μὲν τοῦ Χαλδαίων γένους τὸν Μωϋσέα γεγενῆσθαί φασι· τῶν δὲ προγόνων αὐτοῦ διὰ λιμοῦ πρόφασιν ἀπὸ τῆς Φοινίκης ἐπὶ τὴν Αἴγυπτον μεταναστάντων ἐκεῖ τὸν ἄνδρα τετέχθαι φασίν, ὃν δι' ὑπερβάλλουσαν ἀρετὴν ὁ θεὸς τιμῆσαι προύθετο, καὶ ἄρχοντα καὶ στρατηγὸν καὶ νομοθέτην γενέσθαι τοῦ ἑαυτοῦ γένους ἠξίωσεν, ὁπηνίκα ἀπὸ τῆς Αἰγύπτου τὸ τῶν Ἑβραίων πλῆθος ἐπὶ τὴν οἰκείαν χώραν ἐπανελθεῖν ἐδικαίωσεν. Τούτῳ πρῶτον ὁ θεὸς καὶ τὴν ἄνωθεν ἐπὶ τοὺς ἁγίους ἄνδρας θείαν καὶ προφητικὴν τηνικαῦτα κατιοῦσαν παρέσχε δωρεάν, καὶ πρῶτον τῆς θεοσεβείας ἡμῶν διδάσκαλον γενέσθαι παρεσκεύασεν, εἶτα μετ' αὐτὸν τοὺς λοιποὺς προφήτας, τοὺς καὶ αὐτούς, τῆς αὐτῆς αὐτῷ τυχόντας δωρεᾶς καὶ τὰ αὐτὰ περὶ τῶν αὐτῶν διδάξαντας ἡμᾶς. Τούτους ἡμεῖς τῆς ἡμετέρας θρησκείας διδασκάλους γεγενῆσθαί φαμεν, μηδὲν ἀπὸ τῆς ἀνθρωπίνης αὐτῶν διανοίας διδάξαντας ἡμᾶς, ἀλλ' ἐκ τῆς ἄνωθεν αὐτοῖς παρὰ θεοῦ δοθείσης δωρεᾶς.

XI

Ὑμεῖς δέ, ἐπειδὴ διὰ τὴν προτέραν τῶν πατέρων ὑμῶν πλάνην τούτοις πείθεσθαι οὐκ οἴεσθε δεῖν, τίνας διδασκάλους ὑμῶν ἀξιοπίστους τῆς θεοσεβείας γεγενῆσθαί φατε; Ἀδύνατον γάρ, ὥσπερ πολλάκις ἔφην, τὰ οὕτω μεγάλα καὶ θεῖα τοὺς μὴ πρότερον παρὰ τῶν εἰδότων μεμαθηκότας ἢ αὐτοὺς εἰδέναι ἢ ἑτέρους δύνασθαι διδάσκειν ὀρθῶς. Οὐκοῦν ἐπειδήπερ ἱκανῶς ἐκ τῶν προειρημένων τὰ τῶν φιλοσόφων ὑμῶν ἐλήλεγκται πράγματα πάσης ἀγνοίας καὶ ἀπάτης φανέντα πλήρη, ἀφέμενοί που λοιπὸν πάντως τῶν φιλοσόφων, ὥσπερ πρότερον τῶν ποιητῶν, ἐπὶ τὴν τῶν χρηστηρίων ἀπάτην τραπήσεσθε· οὕτω γὰρ ἀκήκοα λεγόντων τινῶν. Οὐκοῦν ἀκόλουθον ἡγοῦμαι, ἃ παρ' ὑμῶν πρότερον περὶ αὐτῶν ἀκήκοα λεγόντων, ταῦτα ἐν καιρῷ νυνὶ πρὸς ὑμᾶς εἰπεῖν. Ἐρομένου γάρ τινος, ὡς αὐτοί φατε, τὸ παρ' ὑμῖν χρηστήριον, τίνας συνέβη θεοσεβεῖς ἄνδρας γεγενῆσθαί ποτε, οὕτω τὸ χρηστήριον εἰρηκέναι φατέ· Μοῦνοι Χαλδαῖοι σοφίην λάχον, ἠδ' ἄρ' Ἑβραῖοι, Αὐτογένητον ἄνακτα σεβαζόμενοι θεὸν ἁγνῶς. Οὐκοῦν ἐπειδήπερ οἴεσθε παρὰ τῶν χρηστηρίων ὑμῶν δύνασθαι τἀληθῆ μανθάνειν, ἐντυχόντες ταῖς ἱστορίαις καὶ τοῖς περὶ τοῦ βίου Μωϋσέως γραφεῖσιν ὑπὸ τῶν ἔξωθεν τῆς ἡμετέρας θρησκείας, καὶ γνόντες ὅτι ἐκ τοῦ τῶν Χαλδαίων καὶ Ἑβραίων γένους ὥρμητο Μωϋσῆς καὶ οἱ λοιποὶ προφῆται, μηδὲν παράδοξον γεγενῆσθαι νομίζητε, εἰ ἐκ γένους ὄντα θεοσεβῶν τὸν ἄνδρα καὶ ἀξίως τῆς τῶν προγόνων θεοσεβείας βεβιωκότα ὁ θεὸς τῇ μεγάλῃ ταύτῃ δωρεᾷ τιμῆσαι προὔθετο καὶ πρῶτον ἁπάντων ἀποφῆναι τῶν προφητῶν.

XII

Ἀναγκαῖον δὲ οἶμαι καὶ τοὺς χρόνους σκοπεῖν, καθ' οὓς οἱ καθ' ὑμᾶς γεγόνασι φιλόσοφοι, ὅπως γνῶτε ὅτι σφόδρα νέος καὶ βραχύς ἐστιν ὁ τούτους ὑμῖν ἐνεγκὼν χρόνος· οὕτω γὰρ ὑμῖν ἔσται δυνατὸν καὶ τὴν Μωϋσέως ἀρχαιότητα ῥᾳδίως γνῶναι. Ἵνα δὲ μὴ περὶ τῶν χρόνων διεξιὼν παρέλξειν δόξω, πλείοσιν ἀποδείξεσι χρώμενος, ἀποχρώντως οἶμαι καὶ ἀπὸ τούτων δεικνύναι. Σωκράτης μὲν γὰρ Πλάτωνος, Πλάτων δὲ Ἀριστοτέλους διδάσκαλος γέγονεν. Οὗτοι δὲ κατὰ τοὺς Φιλίππου καὶ Ἀλεξάνδρου τοῦ Μακεδόνος ἤκμασαν χρόνους, καθ' οὓς καὶ οἱ Ἀθηναίων ῥήτορες, ὡς δηλοῦσιν ἡμῖν σαφῶς καὶ οἱ Δημοσθένει κατὰ Φιλίππου γραφέντες λόγοι. Ὅτι δὲ καὶ Ἀριστοτέλης Ἀλεξάνδρῳ συνῆν ἐν τῷ τῆς βασιλείας χρόνῳ, ἱκανῶς δηλοῦσιν οἱ τὰς Ἀλεξάνδρου ἱστορήσαντες πράξεις. Πανταχόθεν οὖν γνῶναι ῥᾴδιον ὅτι πολλῷ ἀρχαιοτάτην πασῶν τῶν ἔξωθεν ἱστοριῶν τὴν Μωϋσέως ἱστορίαν εἶναι συμβαίνει. Ἄλλως τε οὐδὲ τοῦτο ἀγνοεῖν ὑμᾶς προσήκει, ὅτι οὐδὲν Ἕλλησι πρὸ τῶν ὀλυμπιάδων ἀκριβὲς ἱστόρηται, οὐδ' ἔστι τι σύγγραμμα παλαιόν, Ἑλλήνων ἢ βαρβάρων σημαῖνον πρᾶξιν. Μόνη δὲ ἡ τοῦ πρώτου προφήτου Μωϋσέως προϋπῆρχεν ἱστορία, ἣν ἐκ θείας ἐπιπνοίας Μωϋσῆς γέγραφε τοῖς τῶν Ἑβραίων γράμμασι. Τὰ γὰρ τῶν Ἑλλήνων οὐδέπω ἦν, ὡς δηλοῦσι καὶ αὐτοὶ οἱ τῶν γραμμάτων διδάσκαλοι, φάσκοντες Κάδμον πρῶτον ἐκ Φοινίκης αὐτὰ κομίσαντα Ἕλλησι μεταδοῦναι. Καὶ ὁ πρῶτος δὲ τῶν παρ' ὑμῖν φιλοσόφων μαρτυρεῖ Πλάτων ὕστερον εὑρῆσθαι αὐτά. Γέγραφε γὰρ ἐν τῷ Τιμαίῳ τὸν τῶν σοφῶν σοφώτατον Σόλωνα, ἐκ τῆς Αἰγύπτου ἐπανελθόντα, Κριτίᾳ λέγειν ταῦτα ἅπερ ἀκηκοέναι Αἰγυπτίου τινὸς ἱερέως οὐ μάλα παλαιοῦ πρὸς αὐτὸν λέγοντος· Ὦ Σόλων Σόλων, Ἕλληνές ἐστε παῖδες ἀεί, γέρων δὲ Ἕλλην οὐκ ἔστιν. Εἶτ' αὖθις· Νέοι ἐστέ, ἔφη, τὰς ψυχὰς πάντες· οὐδεμίαν γὰρ ἐν αὐταῖς ἔχετε παλαιὰν δόξαν οὐδὲ μακρῷ χρόνῳ παλαιὸν οὐδέν. Ἀλλ' ὑμᾶς λέληθε διὰ τὸ ἐπὶ πολλὰς γενεὰς γράμμασι τελευτᾶν ἀφώνους. Εἰδέναι τοίνυν προσήκει ὅτι πᾶσαν ἱστορίαν τοῖς τῶν Ἑλλήνων ὕστερον εὑρεθεῖσι γράμμασι γεγράφθαι συμβαίνει, καὶ εἴτε ποιητῶν τις ἀρχαίων εἴτε νομοθετῶν εἴτε ἱστοριογράφων εἴτε φιλοσόφων ἢ ῥητόρων μνημονεῦσαι βούλοιτο, εὑρήσει τούτους τὰ ἑαυτῶν συγγράμματα τοῖς τῶν Ἑλλήνων γεγραφότας γράμμασιν.

XIII

Εἰ δέ τις φάσκοι καὶ τὴν Μωϋσέως καὶ τῶν ἄλλων προφητῶν τοῖς τῶν Ἑλλήνων γεγράφθαι γράμμασι, γνώτω, ταῖς ἔξωθεν ἐντυχὼν ἱστορίαις, ὅτι Πτολεμαῖος ὁ τῆς Αἰγύπτου βασιλεύς, βιβλιοθήκην ἐν τῇ Ἀλεξανδρείᾳ κατασκευάσας καὶ πανταχόθεν συναγαγὼν βιβλία καὶ πληρώσας αὐτήν, ἔπειτα μαθὼν ὅτι ἀρχαίας ἱστορίας τοῖς τῶν Ἑβραίων γράμμασι γεγραμμένας σῴζεσθαι ἀκριβῶς συμβαίνει, γνῶναι τὰ γεγραμμένα βουλόμενος, σοφοὺς ἄνδρας ἑβδομήκοντα, τοὺς καὶ τὴν Ἑλλήνων καὶ Ἑβραίων διάλεκτον εἰδότας, ἑρμηνεῦσαι αὐτοῖς τὰς βίβλους προσέταξεν, ἀπὸ τῆς Ἱερουσαλὴμ μεταστειλάμενος. Καὶ ἵνα πάσης ὀχλήσεως ἐκτὸς ὄντες θᾶττον ἑρμηνεύσωσι, προσέταξεν αὐτοῖς μὴ ἐν αὐτῇ τῇ πόλει, ἀλλὰ ἀπὸ ἑπτὰ σταδίων ἔνθα τὸν φάρον ᾠκοδομῆσθαι συμβαίνει, ἰσαρίθμους τῶν ἑρμηνευόντων οἰκίσκους γενέσθαι μικρούς, ἐπὶ τῷ ἕκαστον ἰδίᾳ καθ' ἑαυτὸν τὴν ἑρμηνείαν πληρῶσαι, προστάξας τοῖς ἐφεστῶσιν ὑπηρέταις πάσης μὲν αὐτοὺς θεραπείας τυγχάνειν, εἴργεσθαι δὲ τῆς πρὸς ἀλλήλους ὁμιλίας, ἵνα τὸ τῆς ἑρμηνείας ἀκριβὲς καὶ διὰ τῆς τούτων συμφωνίας γνωσθῆναι δυνηθῇ. Ἐπεὶ δὲ ἔγνω τοὺς ἑβδομήκοντα ἄνδρας μὴ μόνον τῇ αὐτῇ διανοίᾳ ἀλλὰ καὶ ταῖς αὐταῖς λέξεσι χρησαμένους, καὶ μηδὲ ἄχρι μιᾶς λέξεως τῆς πρὸς ἀλλήλους συμφωνίας διημαρτηκότας ἀλλὰ τὰ αὐτὰ καὶ περὶ τῶν αὐτῶν γεγραφότας, ἐκπλαγεὶς

Λογος Παραινετικος Προς Ελληνας

καὶ θείᾳ δυνάμει τὴν ἑρμηνείαν γεγράφθαι πιστεύσας, πάσης μὲν τιμῆς αὐτοὺς ἀξίους, ὡς θεοφιλεῖς ἄνδρας, διέγνω, μετὰ πολλῶν δὲ δώρων αὐτοὺς εἰς τὴν ἑαυτῶν πατρίδα ἐπανελθεῖν προσέταξε, τὰς δὲ βίβλους ἐκθειάσας, ὡς εἰκός, ἐκεῖσε ἀνέθηκεν. Ταῦτα οὐ μύθους ὑμῖν, ὦ ἄνδρες Ἕλληνες, οὐδὲ πεπλασμένας ἱστορίας ἀπαγγέλλομεν· ἀλλ' αὐτοὶ ἐν τῇ Ἀλεξανδρείᾳ γενόμενοι καὶ τὰ ἴχνη τῶν οἰκίσκων ἐν τῇ Φάρῳ ἑωρακότες ἔτι σωζόμενα, καὶ παρὰ τῶν ἐκεῖ ὡς τὰ πάτρια παρειληφότων ἀκηκοότες, ταῦτα ἀπαγγέλλομεν, ἃ καὶ παρ' ἑτέρων ἔξεστιν ὑμῖν μανθάνειν, καὶ μάλιστα παρ' αὐτῶν τῶν περὶ τούτων ἱστορησάντων σοφῶν καὶ δοκίμων ἀνδρῶν, Φίλωνός τε καὶ Ἰωσήπου, καὶ ἑτέρων πλειόνων. Εἰ δέ τις φάσκοι τῶν προχείρως ἀντιλέγειν εἰθισμένων, μὴ ἡμῖν τὰς βίβλους ταύτας ἀλλὰ Ἰουδαίοις προσήκειν, διὰ τὸ ἔτι καὶ νῦν ἐν ταῖς συναγωγαῖς αὐτῶν σῴζεσθαι, καὶ μάτην ἡμᾶς ἐκ τούτων φάσκειν τὴν θεοσέβειαν μεμαθηκέναι λέγοι, γνώτω ἀπ' αὐτῶν τῶν ἐν ταῖς βίβλοις γεγραμμένων ὅτι οὐκ αὐτοῖς ἀλλ' ἡμῖν ἡ ἐκ τούτων διαφέρει διδασκαλία. Τὸ δὲ παρὰ Ἰουδαίοις ἔτι καὶ νῦν τὰς τῇ ἡμετέρᾳ θεοσεβείᾳ διαφερούσας σῴζεσθαι βίβλους θείας προνοίας ἔργον ὑπὲρ ἡμῶν γέγονεν· ἵνα γὰρ μὴ ἐκ τῆς ἐκκλησίας προκομίζοντες πρόφασιν ῥᾳδιουργίας τοῖς βλασφημεῖν ἡμᾶς βουλομένοις παράσχωμεν, ἀπὸ τῆς τῶν Ἰουδαίων συναγωγῆς ταύτας ἀξιοῦμεν προκομίζεσθαι, ἵνα ἀπ' αὐτῶν τῶν ἔτι παρ' αὐτοῖς σῳζομένων βιβλίων, ὡς ἡμῖν τὰ πρὸς διδασκαλίαν ὑπὸ τῶν ἁγίων ἀνδρῶν γραφέντα δίκαια σαφῶς καὶ φανερῶς προσήκει, φανῇ.

XIV

Δεῖ τοίνυν ὑμᾶς, ὦ ἄνδρες Ἕλληνες, τὰ μέλλοντα προορωμένους καὶ εἰς τὴν ὑπὸ πάντων, οὐ μόνον θεοσεβῶν ἀλλὰ καὶ τῶν ἔξωθεν, κηρυττομένην ἀφορῶντας κρίσιν, μὴ τῇ τῶν προγόνων ὑμῶν ἀβασανίστῳ προσέχειν πλάνῃ, μηδ' εἴ τι σφαλέντες αὐτοὶ παρέδοσαν ὑμῖν τοῦτ' ἀληθὲς εἶναι νομίζειν, ἀλλ', εἰς τὸν τῆς οὕτω δεινῆς ἀποτυχίας ἀφορῶντας κίνδυνον, ζητεῖν καὶ ἐρευνᾶν ἀκριβῶς καὶ τὰ ὑπ' αὐτῶν τῶν ὑμετέρων, ὡς αὐτοί φατε, διδασκάλων εἰρημένα. Πολλὰ γὰρ καὶ αὐτοὶ ὑπὸ τῆς θείας τῶν ἀνθρώπων προνοίας καὶ ἄκοντες ὑπὲρ ἡμῶν εἰπεῖν ἠναγκάσθησαν, καὶ μάλιστα οἱ ἐν Αἰγύπτῳ γενόμενοι καὶ ἀπὸ τῆς Μωϋσέως καὶ τῶν προγόνων αὐτοῦ θεοσεβείας ὠφεληθέντες. Οὐ γὰρ λανθάνειν ἐνίους ὑμῶν οἶμαι, ἐντυχόντας πάντως που τῇ τε Διοδώρου ἱστορίᾳ καὶ ταῖς τῶν λοιπῶν τῶν περὶ τούτων ἱστορησάντων, ὅτι καὶ Ὀρφεὺς καὶ Ὅμηρος καὶ Σόλων, ὁ τοὺς νόμους Ἀθηναίοις γεγραφώς, καὶ Πυθαγόρας καὶ Πλάτων καὶ ἄλλοι τινές, ἐν τῇ Αἰγύπτῳ γενόμενοι καὶ ἐκ τῆς Μωϋσέως ἱστορίας ὠφεληθέντες, ὕστερον ἐναντία τῶν πρότερον μὴ καλῶς περὶ θεῶν δοξάντων αὐτοῖς ἀπεφήναντο.

XV

Ὀρφεὺς γοῦν, ὁ τῆς πολυθεότητος ὑμῶν, ὡς ἂν εἴποι τις, πρῶτος διδάσκαλος γεγονώς, οἷα πρὸς τὸν υἱὸν αὐτοῦ Μουσαῖον καὶ τοὺς λοιποὺς γνησίους ἀκροατὰς ὕστερον περὶ ἑνὸς καὶ μόνου θεοῦ κηρύττει λέγων, ἀναγκαῖον ὑπομνῆσαι ὑμᾶς. Ἔφη δὲ οὕτως·

Φθέγξομαι οἷς θέμις ἐστί· θύρας δ' ἐπίθεσθε βέβηλοι
Πάντες ὁμῶς. Σὺ δ' ἄκουε, φαεσφόρου ἔκγονε Μήνης,
Μουσαῖ'! Ἐξερέω γὰρ ἀληθέα· μηδέ σε τὰ πρὶν
Ἐν στήθεσσι φανέντα φίλης αἰῶνος ἀμέρσῃ.
Εἰς δὲ λόγον θεῖον βλέψας τούτῳ προσέδρευε,
Ἰθύνων κραδίης νοερὸν κύτος, εὖ τ' ἐπίβαινε
Ἀτραπιτοῦ, μοῦνον δ' ἐσόρα κόσμοιο ἄνακτα.
Εἷς ἔστ', αὐτογενής, ἑνὸς ἔκγονα πάντα τέτυκται·
Ἐν δ' αὐτοῖς αὐτὸς περιγίνεται, οὐδέ τις αὐτὸν
Εἰσοράᾳ θνητῶν, αὐτὸς δέ γε πάντας ὁρᾶται.
Οὗτος δ' ἐξ ἀγαθοῖο κακὸν θνητοῖσι δίδωσι
Καὶ πόλεμον κρυόεντα καὶ ἄλγεα δακρυόεντα.
Οὐδέ τις ἔσθ' ἕτερος χωρὶς μεγάλου βασιλῆος.
Αὐτὸν δ' οὐχ ὁρόω· περὶ γὰρ νέφος ἐστήρικται.
Πᾶσιν γὰρ θνητοῖς θνηταὶ κόραι εἰσὶν ἐν ὄσσοις,
Ἀσθενέες δ' ἰδέειν Δία τὸν πάντων μεδέοντα.
Οὗτος γὰρ χάλκειον ἐς οὐρανὸν ἐστήρικται
Χρυσέῳ ἐνὶ θρόνῳ, γαίης δ' ἐπὶ ποσσὶ βέβηκε
Χεῖρά τε δεξιτερὴν ἐπὶ τέρματος ὠκεανοῖο
Πάντοθεν ἐκτέτακεν· περὶ γὰρ τρέμει οὔρεα μακρὰ
Καὶ ποταμοὶ πολιῆς τε βάθος χαροποῖο θαλάσσης.
Καὶ αὖθις ἀλλαχοῦ που οὕτως λέγει·
Εἷς Ζεύς, εἷς Ἀΐδης, εἷς Ἥλιος, εἷς Διόνυσος,
Εἷς θεὸς ἐν πάντεσσι. Τί σοι δίχα ταῦτ' ἀγορεύω;

Λογος Παραινετικος Προς Ελληνας

Καὶ ἐν τοῖς Ὅρκοις δὲ οὕτως·
Οὐρανὸν ὁρκίζω σε, θεοῦ μεγάλου σοφὸν ἔργον,
Αὐδὴν ὁρκίζω σε πατρός, τὴν φθέγξατο πρῶτον,
Ἡνίκα κόσμον ἅπαντα ἑαῖς στηρίξατο βουλαῖς.
Τί βούλεται τὸ λέγειν αὐτὸν
Αὐδὴν ὁρκίζω σε πατρός, τὴν φθέγξατο πρῶτον;

Αὐδὴν ἐνταῦθα τὸν τοῦ θεοῦ ὀνομάζει λόγον, δι' οὗ οὐρανὸς καὶ γῆ καὶ ἡ πᾶσα ἐγένετο κτίσις, ὡς διδάσκουσιν ἡμᾶς αἱ θεῖαι τῶν ἁγίων ἀνδρῶν προφητεῖαι, αἷς ἐν μέρει καὶ αὐτὸς ἐν τῇ Αἰγύπτῳ προσχὼν ἔγνω ὅτι τῷ λόγῳ τοῦ θεοῦ πᾶσα ἐγένετο κτίσις. Διὸ καὶ μετὰ τὸ φῆσαι·
Αὐδὴν ὁρκίζω σε πατρός, ἣν φθέγξατο πρῶτον,
παραυτὰ συνάπτει λέγων·

Ἡνίκα κόσμον ἅπαντα ἑαῖς στηρίξατο βουλαῖς.
Ἐνταῦθα τὸν λόγον αὐδὴν διὰ τὸ ποιητικὸν ὀνομάζει μέτρον. Ὅτι δὲ τοῦθ' οὕτως ἔχει, δῆλον ἀπὸ τοῦ μικρῷ πρόσθεν τοῦ μέτρου συγχωροῦντος αὐτῷ λόγον αὐτὸν ὀνομάζειν. Ἔφη γάρ·
Εἰς δὲ λόγον θεῖον βλέψας τούτῳ προσέδρευε.

XVI

Τίνα δὲ καὶ τὴν ἀρχαίαν καὶ σφόδρα παλαιὰν Σίβυλλαν, ἧς καὶ Πλάτων καὶ Ἀριστοφάνης καὶ ἕτεροι πλείους ὡς χρησμῳδοῦ μέμνηνται, διὰ χρησμῶν ὑμᾶς διδάσκειν περὶ ἑνὸς καὶ μόνου θεοῦ συμβαίνει, ἀναγκαῖον ὑπομνῆσαι. Λέγει δὲ οὕτως·
Εἷς δὲ θεὸς μόνος ἔστιν, ὑπερμεγέθης, ἀγένητος,
Παντοκράτωρ, ἀόρατος, ὁρώμενος αὐτὸς ἅπαντα,
Αὐτὸς δ' οὐ βλέπεται θνητῆς ὑπὸ σαρκὸς ἁπάσης.

Εἶτ' ἀλλαχοῦ που οὕτως·
Ἡμεῖς δ' ἀθανάτοιο τρίβους πεπλανημένοι εἰμέν,
Ἔργα δὲ χειροποίητα γεραίρομεν ἄφρονι θυμῷ,
Εἴδωλα ξόανά τε καταφθιμένων ἀνθρώπων.

Καὶ πάλιν ἀλλαχοῦ που οὕτως·
Ὄλβιοι ἄνθρωποι κεῖνοι κατὰ γαῖαν ἔσονται,
Ὅσσοι δὴ στέρξουσι μέγαν θεόν, εὐλογέοντες

Πρὶν φαγέειν πιέειν τε, πεποιθότες εὐσεβίῃσιν·
Οἳ νηοὺς μὲν ἅπαντας ἀπαρνήσονται ἰδόντες
Καὶ βωμούς, εἰκαῖα λίθων ἀφιδρύματα κωφῶν,
Αἵμασιν ἐμψύχων μεμιασμένα καὶ θυσίῃσι
Τετραπόδων, βλέψουσι δ' ἑνὸς θεοῦ ἐς μέγα κῦδος.

Ταῦτα μὲν οὖν ἡ Σίβυλλα.

XVII

Ὁ δὲ ποιητὴς Ὅμηρος, τῇ τῆς ποιήσεως ἀποχρώμενος ἐξουσίᾳ καὶ τὴν ἐν ἀρχῇ τῆς πολυθεότητος Ὀρφέως ζηλώσας δόξαν, μυθωδῶς μὲν πλειόνων θεῶν μέμνηται, ἵνα μὴ δόξῃ τῆς Ὀρφέως ἀπᾴδειν ποιήσεως, ἣν οὕτως ζηλῶσαι προύθετο, ὡς καὶ διὰ τοῦ πρώτου τῆς ποιήσεως ἔπους τὴν πρὸς αὐτὸν σημῆναι σχέσιν. Τοῦ γὰρ Ὀρφέως,

Μῆνιν ἄειδε, θεά, Δημήτερος ἀγλαοκάρπου,

ἐν ἀρχῇ τῆς ποιήσεως εἰρηκότος, αὐτός,

Μῆνιν ἄειδε, θεά, Πηληϊάδεω Ἀχιλῆος,

γέγραφεν, ἑλόμενος, ὡς ἐμοὶ δοκεῖ, ἐν ἀρχῇ καὶ τοῦ κατὰ τὴν ποίησιν ἐκπεσεῖν μέτρου, ἵνα μὴ δόξῃ τοῦ τῶν θεῶν ὀνόματος μὴ μεμνῆσθαι πρῶτον. Μικρὸν δὲ ὕστερον καὶ τὴν ἑαυτοῦ περὶ ἑνὸς καὶ μόνου θεοῦ σαφῶς καὶ φανερῶς ἐκτίθεται δόξαν, πῇ μὲν διὰ τοῦ Φοίνικος πρὸς Ἀχιλλέα λέγων·

Οὐδ' εἴ κέν μοι ὑποσταίη θεὸς αὐτός,
Γῆρας ἀποξύσας, θήσειν νέον ἡβώοντα,

διὰ τῆς ἀντωνυμίας τὸν ὄντως ὄντα σημαίνων θεόν· πῇ δὲ διὰ τοῦ Ὀδυσσέως πρὸς τὸ τῶν Ἑλλήνων πλῆθος οὕτω λέγων·

Οὐκ ἀγαθὸν πολυκοιρανίη· εἷς κοίρανος ἔστω.[466]

Ὅτι δὲ οὐκ ἀγαθὸν πολυκοιρανίη, ἀλλὰ τοὐναντίον κακόν, ἔργῳ δηλῶσαι προύθετο, πολέμους τε αὐτῶν διὰ τὸ πλῆθος καὶ μάχας καὶ στάσεις καὶ κατ' ἀλλήλων ἐπιβουλὰς διηγούμενος. Τὴν γὰρ μοναρχίαν ἄμαχον εἶναι συμβαίνει. Ταῦτα μὲν οὖν ὁ ποιητὴς Ὅμηρος.

---

466 Iliad, ii. 204

XVIII

Εἰ δὲ καὶ τῶν ἀπὸ τῆς σκηνῆς περὶ ἑνὸς θεοῦ μαρτυρίας ἡμᾶς προσθεῖναι δέοι, ἀκούσατε καὶ Σοφοκλέους οὕτω λέγοντος·

Εἷς ταῖς ἀληθείαισιν, εἷς ἔστιν θεός,
Ὃς οὐρανὸν τέτευχε καὶ γαῖαν μακράν,
Πόντου τε χαροπὸν οἶδμα κἀνέμων βίας.
Θνητοὶ δὲ πολλοὶ καρδίᾳ πλανώμενοι
Ἱδρυσάμεσθα πημάτων παραψυχήν,
Θεῶν ἀγάλματ' ἐκ λίθων τε καὶ ξύλων,
Ἢ χρυσοτεύκτων ἢ ἐλεφαντίνων τύπους·
Θυσίας τε τούτοις καὶ καλὰς πανηγύρεις
Τεύχοντες, οὕτως εὐσεβεῖν νομίζομεν.

Ταῦτα μὲν οὖν ὁ Σοφοκλῆς.

XIX

Ὁ δὲ τοῦ Μνησάρχου Πυθαγόρας, ὁ τὰ δόγματα τῆς ἑαυτοῦ φιλοσοφίας διὰ συμβόλων μυστικῶς ἐκθέμενος, ὡς δηλοῦσιν οἱ τὸν βίον αὐτοῦ γεγραφότες, ἄξια καὶ αὐτὸς τῆς εἰς Αἴγυπτον ἀποδημίας περὶ ἑνὸς θεοῦ φρονῶν φαίνεται. Τὴν γὰρ μονάδα ἀρχὴν ἁπάντων λέγων καὶ ταύτην τῶν ἀγαθῶν ἁπάντων αἰτίαν εἶναι, δι' ἀλληγορίας ἕνα τε καὶ μόνον διδάσκει θεὸν εἶναι. Ὅτι δὲ τοῦθ' οὕτως ἔχει, δῆλον ἀφ' ὧν μονάδα καὶ ἓν πολλῷ διαφέρειν ἀλλήλων ἔφη· τὴν μὲν γὰρ μονάδα ἐν τοῖς νοητοῖς εἶναι λέγει, τὸ δὲ ἓν ἐν τοῖς ἀριθμοῖς. Εἰ δὲ καὶ σαφεστέραν ἀπόδειξιν περὶ ἑνὸς θεοῦ τῆς Πυθαγόρου δόξης ποθεῖτε γνῶναι, ἀκούσατε καὶ τῆς αὐτοῦ δόξης. Οὕτω γὰρ ἔφη· Ὁ μὲν θεὸς εἷς, αὐτὸς δὲ οὐχ, ὥς τινες ὑπονοοῦσιν, ἐκτὸς τᾶς διακοσμήσιος, ἀλλ' ἐν ἑαυτῷ ὅλος ἐν ὅλῳ τῷ κύκλῳ ἐπισκοπῶν πάσας γενεσιάς ἐστιν, κρᾶσις ἐὼν τῶν ὅλων αἰώνων καὶ ἐργάτας τῶν αὐτοῦ δυνάμεων καὶ ἔργων, ἀρχὰ πάντων, ἐν οὐρανῷ φωστὴρ καὶ πάντων πατήρ, νοῦς καὶ ψύχωσις τῶν ὅλων, κύκλων ἁπάντων κίνασις. Οὕτω μὲν οὖν ὁ Πυθαγόρας.

XX

Πλάτων δέ, ἀποδεξάμενος μέν, ὡς ἔοικεν, τὴν περὶ ἑνὸς καὶ μόνου θεοῦ Μωϋσέως καὶ τῶν ἄλλων προφητῶν διδασκαλίαν, ἣν ἐν Αἰγύπτῳ γενόμενος ἔγνω, διὰ δὲ τὰ συμβεβηκότα Σωκράτει δεδιὼς μήπως καὶ αὐτὸς Ἄνυτόν τινα ἢ Μέλητον καθ' ἑαυτοῦ γενέσθαι παρασκευάσῃ κατηγοροῦντα αὐτοῦ παρ' Ἀθηναίοις καὶ λέγοντα· Πλάτων ἀδικεῖ καὶ περιεργάζεται, θεοὺς οὓς ἡ πόλις νομίζει οὐ νομίζων· φόβῳ τοῦ κωνείου ποικίλον τινὰ καὶ ἐσχηματισμένον τὸν περὶ θεῶν γυμνάζει λόγον, εἶναί τε θεοὺς τοῖς βουλομένοις καὶ μὴ εἶναι οἷς τἀναντία δοκεῖ τῷ λόγῳ κατασκευάζων, ὡς ἔσται ῥᾴδιον ἀπ' αὐτῶν τῶν ὑπ' αὐτοῦ λεχθέντων γνῶναι. Πᾶν γὰρ τὸ γενόμενον θνητὸν προαποφηνάμενος εἶναι, ὕστερον θεοὺς γεγενῆσθαι λέγει. Εἰ τοίνυν ἀρχὴν ἁπάντων τὸν θεὸν καὶ τὴν ὕλην εἶναι βούλεται, δῆλον ὅτι ἀνάγκη πᾶσα ἐξ ὕλης τοὺς θεοὺς γεγενῆσθαι λέγειν. Εἰ δὲ ἐξ ὕλης, ἐξ ἧς καὶ τὸ κακὸν ὡρμῆσθαι ἔφη, οἵους εἶναι τοὺς θεοὺς τοὺς ἐξ ὕλης γενομένους οἴεσθαι προσήκει, τοῖς εὖ φρονοῦσι παρῆκε σκοπεῖν. Διὰ τοῦτο γὰρ καὶ ἀγένητον τὴν ὕλην ἔφησεν εἶναι, ἵνα μὴ δόξῃ τὸν θεὸν τοῦ κακοῦ ποιητὴν εἶναι λέγειν. Καὶ περὶ μὲν τῶν ὑπὸ τοῦ θεοῦ δημιουργηθέντων θεῶν ταῦτ' εἰρηκὼς φαίνεται· Θεοὶ θεῶν, ὧν ἐγὼ δημιουργός. Περὶ δὲ τοῦ ὄντως ὄντος θεοῦ τὴν ὀρθὴν ἔχων φαίνεται δόξαν. Ἀκηκοὼς γὰρ ἐν Αἰγύπτῳ τὸν θεὸν τῷ Μωϋσεῖ εἰρηκέναι Ἐγώ εἰμι ὁ ὤν, ὁπηνίκα πρὸς τοὺς Ἑβραίους αὐτὸν ἀποστέλλειν ἔμελλεν, ἔγνω ὅτι οὐ κύριον ὄνομα ἑαυτοῦ ὁ θεὸς πρὸς αὐτὸν ἔφη.

XXI

Οὐδὲν γὰρ ὄνομα ἐπὶ θεοῦ κυριολογεῖσθαι δυνατόν. Τὰ γὰρ ὀνόματα εἰς δήλωσιν καὶ διάγνωσιν τῶν ὑποκειμένων κεῖται πραγμάτων, πολλῶν καὶ διαφόρων ὄντων· θεῷ δὲ οὔτε ὁ τιθεὶς ὄνομα προϋπῆρχεν, οὔτε αὐτὸς ἑαυτὸν ὀνομάζειν ᾠήθη δεῖν, εἷς καὶ μόνος ὑπάρχων, ὡς αὐτὸς διὰ τῶν ἑαυτοῦ προφητῶν μαρτυρεῖ λέγων· Ἐγὼ θεὸς πρῶτος καὶ ἐγὼ μετὰ ταῦτα καὶ πλὴν ἐμοῦ θεὸς ἕτερος οὐκ ἔστι. Διὰ τοῦτο τοίνυν, ὡς καὶ πρότερον ἔφην, οὐδὲ ὀνόματός τινος ὁ θεὸς ἀποστέλλων πρὸς τοὺς Ἑβραίους τὸν Μωϋσέα μέμνηται, ἀλλὰ διά τινος μετοχῆς ἕνα καὶ μόνον θεὸν ἑαυτὸν εἶναι μυστικῶς διδάσκει. Ἐγὼ γάρ, φησίν, εἰμὶ ὁ ὤν, ἀντιδιαστέλλων ἑαυτὸν δῆλον ὅτι ὁ ὢν τοῖς μὴ οὖσιν, ἵνα γνῶσιν οἱ πρότερον ἀπατηθέντες ὅτι οὐχὶ τοῖς οὖσιν ἀλλὰ τοῖς μὴ οὖσι προσέσχον. Ἐπεὶ τοίνυν ὁ θεὸς ἠπίστατο τοὺς πρώτους ἀνθρώπους τῆς παλαιᾶς τῶν προγόνων μεμνημένους ἀπάτης, ἣν ἀπατῆσαι αὐτοὺς ὁ μισάνθρωπος δαίμων ἐβουλήθη φήσας πρὸς αὐτοὺς Εἰ πεισθείητέ μοι

Λογος Παραινετικος Προς Ελληνας

τὴν τοῦ θεοῦ παρελθεῖν ἐντολήν, ἔσεσθε ὡς θεοί, θεοὺς ὀνομάζων τοὺς μὴ ὄντας, ἵν' οἱ ἄνθρωποι οἰηθέντες καὶ ἑτέρους εἶναι θεοὺς καὶ ἑαυτοὺς δύνασθαι γενέσθαι θεοὺς πιστεύσωσι, διὰ τοῦτο πρὸς τὸν Μωϋσέα ἔφη Ἐγώ εἰμι ὁ ὤν, ἵνα διὰ τῆς μετοχῆς ὄντος τοῦ θεοῦ ὄντος καὶ μὴ ὄντων διαφορὰν διδάξῃ. Πεισθέντες τοίνυν οἱ ἄνθρωποι τῷ ἠπατηκότι δαίμονι καὶ θεοῦ παρακοῦσαι τολμήσαντες ἐξῆλθον τοῦ παραδείσου, τοῦ μὲν ὀνόματος τῶν θεῶν μεμνημένοι, μηκέτι δὲ παρὰ θεοῦ μὴ εἶναι θεοὺς ἑτέρους διδαχθέντες· οὐ γὰρ δίκαιον ἦν τοὺς τὴν πρώτην ἐντολὴν μὴ φυλάξαντας, ἣν φυλάξαι ῥᾴδιον ἦν, διδάσκειν ἔτι, ἀλλὰ τιμωρίαν αὐτοῖς ἐπάγειν δικαίαν. Ἐκβληθέντες τοίνυν τοῦ παραδείσου καὶ οἰόμενοι διὰ τὴν παρακοὴν ἐκβεβλῆσθαι μόνην, οὐ μὴν εἰδότες διότι καὶ θεοὺς μὴ ὄντας ἐπείσθησαν εἶναι, τὸ τῶν θεῶν ὄνομα καὶ τοῖς μετὰ ταῦτα ἐξ αὐτῶν γενομένοις ἀνθρώποις παρέδοσαν. Αὕτη τοίνυν πρώτη περὶ θεῶν ψευδὴς φαντασία, ἀπὸ τοῦ ψεύστου πατρὸς τὴν ἀρχὴν ἐσχηκυῖα. Εἰδὼς τοίνυν ὁ θεὸς τὴν τῆς πολυθεότητος μὴ ἀληθῆ δόξαν ὥσπερ τινὰ νόσον τῇ τῶν ἀνθρώπων ἐνοχλοῦσαν ψυχῇ, ἀνελεῖν καὶ ἀνατρέψαι βουλόμενος, πρῶτον μὲν τῷ Μωϋσεῖ φανεὶς ἔφη πρὸς αὐτόν· Ἐγώ εἰμι ὁ ὤν. Ἔδει γάρ, οἶμαι, τὸν ἄρχοντα καὶ στρατηγὸν τοῦ τῶν Ἑβραίων γένους ἔσεσθαι μέλλοντα πρῶτον ἁπάντων τὸν ὄντα γινώσκειν θεόν. Διὸ καὶ τούτῳ πρώτῳ φανείς, ὡς ἦν δυνατὸν ἀνθρώπῳ φανῆναι θεόν, ἔφη πρὸς αὐτόν· Ἐγώ εἰμι ὁ ὤν. Εἶτα, ἀποστέλλειν αὐτὸν πρὸς τοὺς Ἑβραίους μέλλων, κἀκείνοις αὐτὸν τὰ αὐτὰ προστάττει λέγειν· Ὁ ὢν ἀπέσταλκέ με πρὸς ὑμᾶς.

XXII

Ταῦτα τοίνυν ἐν Αἰγύπτῳ μαθὼν ὁ Πλάτων, καὶ σφόδρα ἀρεσθεὶς τοῖς περὶ ἑνὸς θεοῦ εἰρημένοις, τοῦ μὲν ὀνόματος Μωϋσέως, διὰ τὸ ἕνα καὶ μόνον διδάσκειν θεόν, μνημονεῦσαι παρ' Ἀθηναίοις οὐκ ἀσφαλὲς ἡγεῖτο, δεδιὼς τὸν Ἄρειον πάγον, τὸ δὲ καλῶς εἰρημένον ὑπ' αὐτοῦ οὐχ ὡς παρ' ἐκείνου μαθών, ἀλλ' ὡς ἑαυτοῦ ἐκτιθέμενος δόξαν ἐν τῷ ἐσπουδασμένῳ αὐτοῦ λόγῳ Τιμαίῳ, ἐν ᾧ καὶ θεολογεῖν ἐπιχειρεῖ, τὸ αὐτὸ ὃ καὶ περὶ θεοῦ Μωϋσῆς γέγραφεν. Ἔφη γάρ· Ἔστιν οὖν κατ' ἐμὴν δόξαν διαιρετέον πρῶτον, τί τὸ ὂν ἀεί, γένεσιν δὲ οὐκ ἔχον, καὶ τί τὸ γινόμενον μὲν ἀεί, ὂν δὲ οὐδέποτε. Τοῦτο, ὦ ἄνδρες Ἕλληνες, τοῖς νοεῖν δυναμένοις οὐ δοκεῖ ἓν καὶ ταὐτὸν εἶναι, τῷ ἄρθρῳ μόνῳ διαλλάττον; Ὁ μὲν γὰρ Μωϋσῆς ὁ ὧν ἔφη, ὁ δὲ Πλάτων τὸ ὄν. Ἑκάτερον δὲ τῶν εἰρημένων τῷ ἀεὶ ὄντι θεῷ προσήκειν φαίνεται· αὐτὸς γάρ ἐστι μόνος ὁ ἀεὶ ὤν, γένεσιν δὲ μὴ ἔχων. Τί τοίνυν ἐστὶν ἕτερον τὸ τῷ ἀεὶ ὄντι ἀντιδιαστελλόμενον, περὶ οὗ αὐτὸς ἔφη· Καὶ τί τὸ γινόμενον μὲν ἀεί, ὂν δὲ οὐδέποτε, ἀκριβῶς σκοπεῖν προσήκει. Εὑρήσομεν γὰρ αὐτὸν σαφῶς καὶ φανερῶς τὸν μὲν ἀγένητον ἀΐδιον εἶναι λέγοντα, τοὺς δὲ γενητοὺς ἢ δημιουργητοὺς (ὡς αὐτὸς περὶ τῶν αὐτῶν εἰρῆσθαι ἔφη· Θεοὶ θεῶν, ὧν ἐγὼ δημιουργός) γινομένους καὶ ἀπολλυμένους. Οὕτω τοῦτο γὰρ αὐτὸς λέγει· Ἔστιν οὖν κατ' ἐμὴν δόξαν πρῶτον διαιρετέον, τί τὸ ὂν ἀεί, γένεσιν δὲ οὐκ ἔχον, καὶ τί τὸ γινόμενον, ὂν δὲ οὐδέποτε. Τὸ μὲν οὖν νοήσει μετὰ τοῦ λόγου περιληπτόν, ἀεὶ κατὰ ταὐτὰ ὄν, τὸ δ' αὖ δόξῃ μετ' αἰσθήσεως ἀλόγου δοξαστόν, γινόμενον καὶ ἀπολλύμενον, ὂν δὲ οὐδέποτε. Ταῦτα τὰ ῥητὰ τοῖς ὀρθῶς νοεῖν δυναμένοις ἀναίρεσιν καὶ ἀπώλειαν τῶν γενομένων κηρύττει θεῶν. Ἀναγκαῖον δὲ οἶμαι καὶ τούτῳ προσέχειν τὸν νοῦν, ὅτι οὐδὲ ποιητὴν αὐτὸν ὁ Πλάτων ἀλλὰ δημιουργὸν ὀνομάζει θεῶν, καίτοι πολλῆς διαφορᾶς ἐν τούτοις οὔσης κατὰ τὴν αὐτοῦ Πλάτωνος δόξαν· ὁ μὲν γὰρ ποιητής, οὐδενὸς ἑτέρου προσδεόμενος, ἐκ τῆς ἑαυτοῦ δυνάμεως καὶ ἐξουσίας ποιεῖ τὸ ποιούμενον, ὁ δὲ δημιουργός, τὴν τῆς δημιουργίας δύναμιν ἐκ τῆς ὕλης εἰληφώς, κατασκευάζει τὸ γινόμενον.

XXIII

Ἀλλ' ἴσως τινές, τῶν τῆς πολυθεότητος δογμάτων ἀποστῆναι μὴ βουλόμενοι, αὐτὸν τὸν δημιουργὸν τοῖς δημιουργηθεῖσι θεοῖς ταῦτ' εἰρηκέναι φήσουσιν· Ἐπείπερ γεγένησθε, ἀθάνατοι μὲν οὐκ ἐστὲ οὐδ' ἄλυτοι τὸ πάμπαν, οὔτε μὴν δὴ λυθήσεσθέ γε οὔτε τεύξεσθε θανάτου μοίρας, τῆς ἐμῆς βουλήσεως, μείζονος ἔτι δεσμοῦ καὶ ἰσχυροτέρου, λαχόντες. Ἐνταῦθα ὁ Πλάτων, τοὺς τὴν πολυθεότητα ἀσπαζομένους δεδιώς, ἐναντία ἑαυτῷ τὸν κατ' αὐτὸν δημιουργὸν εἰσάγει λέγοντα. Πᾶν γὰρ τὸ γενόμενον φθαρτὸν πρότερον εἰρηκέναι αὐτὸν φήσας νῦν τἀναντία αὐτὸν εἰσάγει λέγοντα, ἀγνοῶν ὅτι οὐδαμῶς οὕτω δυνατὸν τὸ τῆς ψευδολογίας ἐκφυγεῖν ἔγκλημα· ἢ γὰρ τὸ πρότερον εἰρηκὼς πᾶν τὸ γενόμενον φθαρτὸν ψεύδεται, ἢ νῦν τἀναντία τοῖς πρότερον περὶ αὐτῶν εἰρημένοις ἐπαγγελλόμενος. Εἰ γὰρ ἀνάγκη πᾶσα τὸ γενητὸν φθαρτὸν εἶναι κατὰ τὸν πρότερον αὐτοῦ ὅρον, πῶς ἐγχωρεῖ τὸ κατ' ἀνάγκην ἀδύνατον γενέσθαι δυνατόν; Ὥστε μάτην ἔοικεν ὁ Πλάτων ἀδύνατα χαρίζεσθαι τῷ κατ' αὐτὸν δημιουργῷ,

Λογος Παραινετικος Προς Ελληνας

τοὺς ἅπαξ διὰ τὸ ἐξ ὕλης γεγενῆσθαι φθαρτοὺς καὶ λυτοὺς γενομένους αὖθις δι' αὐτοῦ ἀφθάρτους καὶ ἀλύτους ἐπαγγελλόμενος ἔσεσθαι. Τὴν γὰρ τῆς ὕλης δύναμιν, ἀγένητον καὶ ἰσόχρονον καὶ ἡλικιῶτιν κατὰ τὴν αὐτοῦ δόξαν τοῦ δημιουργοῦ οὖσαν, ἀντιστατεῖν εἰκὸς τῇ αὐτοῦ βουλήσει· τῷ γὰρ μὴ πεποιηκότι οὐδεμία ἐξουσία πρὸς τὸ μὴ γεγονός, ὥστε οὐδὲ βιασθῆναι αὐτὴν δυνατόν, τῆς ἔξωθεν πάσης ἀνάγκης ἐλευθέραν οὖσαν. Διὰ τοῦτο τοίνυν καὶ αὐτὸς ὁ Πλάτων εἰς ταῦτα ἀφορῶν οὕτω γέγραφεν· Ἀνάγκη δὲ οὐδὲ θεὸν λέγεσθαι δυνατὸν βιάζεσθαι.

XXIV

Πῶς οὖν Ὅμηρον τῆς ἑαυτοῦ πολιτείας ἐκβάλλει Πλάτων, ἐπειδὴ ἐν τῇ πρὸς Ἀχιλλέα πρεσβείᾳ τὸν Φοίνικα πεποίηκε τῷ Ἀχιλλεῖ λέγοντα·

Στρεπτοὶ δέ τε καὶ θεοὶ αὐτοί,[467]

καίτοι Ὁμήρου οὐ περὶ τοῦ βασιλέως καὶ κατὰ Πλάτωνα δημιουργοῦ τῶν θεῶν ταῦτ' εἰρηκότος, ἀλλὰ περί τινων θεῶν, τῶν παρ' Ἕλλησι πολλῶν εἶναι νομιζομένων, ὡς ἔστιν ἡμῖν καὶ παρ' αὐτοῦ Πλάτωνος μανθάνειν, θεοὶ θεῶν λέγοντος; Τῷ γὰρ ἑνὶ καὶ πρώτῳ θεῷ τὴν ἐξουσίαν καὶ τὸ κράτος ἁπάντων Ὅμηρος διὰ τῆς χρυσῆς ἐκείνης ἀναφέρει σειρᾶς, τοὺς δὲ λοιποὺς θεοὺς τοσοῦτ' ἀπέχειν ἔφη τῆς ἐκείνου θεότητος, ὥστε αὐτοὺς καὶ μετὰ ἀνθρώπων ὀνομάζειν ἀξιοῦν. Τὸν γοῦν Ὀδυσσέα κατὰ τοῦ Ἕκτορος πρὸς τὸν Ἀχιλλέα εἰσάγει λέγοντα·

Μαίνεται ἐκπάγλως, πίσυνος Διΐ, οὐδέ τι τίει
Ἀνέρας οὐδὲ θεούς.[468]

Ἐνταῦθά μοι Ὅμηρος δοκεῖ πάντως που καὶ αὐτὸς ὥσπερ ὁ Πλάτων ἐν Αἰγύπτῳ μαθὼν περὶ ἑνὸς θεοῦ σαφῶς καὶ φανερῶς τουτὶ ἐμφαίνειν, ὅτι ὁ τῷ ὄντι πεποιθὼς θεῷ τῶν μὴ ὄντων ἀμελεῖ. Οὕτως γὰρ ὁ ποιητὴς καὶ ἀλλαχοῦ που, δι' ἑτέρας λέξεως ἰσοδυναμούσης, τῇ ἀντωνυμίᾳ, ταύτῃ τῇ ὑπὸ Πλάτωνος εἰρημένῃ μετοχῇ, κέχρηται, τὸν ὄντα θεὸν ἀπαγγελλούσῃ, περὶ οὗ ὁ Πλάτων ἔφη· Τί τὸ ὂν ἀεί, γένεσιν δὲ οὐκ ἔχον. Οὐ γὰρ ἁπλῶς εἰρῆσθαί μοι δοκεῖ τὸ ὑπὸ τοῦ Φοίνικος εἰρημένον·

---

467 Iliad, ix. 497
468 Iliad ix, v. 239

Οὐδ' εἴ κέν μοι ὑποσταίη θεὸς αὐτός,
Γῆρας ἀποξύσας, θήσειν νέον ἡβώοντα.

Ἡ γὰρ αὐτὸς ἀντωνυμία τὸν ὄντως ὄντα σημαίνει θεόν. Οὕτως γὰρ καὶ ὁ περὶ τῶν Χαλδαίων ὑμῖν καὶ Ἑβραίων εἰρημένος σημαίνει χρησμός· πυθομένου γάρ τινος, τίνας πώποτε θεοσεβεῖς ἄνδρας γεγενῆσθαι συνέβη, οὕτως εἰρηκέναι αὐτόν φατε·
Μοῦνοι Χαλδαῖοι σοφίην λάχον, ἠδ' ἄρ' Ἑβραῖοι,
Αὐτογένητον ἄνακτα σεβαζόμενοι θεὸν αὐτόν.

XXV

Πῶς οὖν ὁ Πλάτων Ὁμήρῳ μέμφεται τοὺς θεοὺς στρεπτοὺς εἶναι λέγοντι, καίτοι Ὁμήρου διὰ τὸ χρήσιμον τοῦτ' εἰρηκότος, ὡς ἔστι δῆλον ἀπ' αὐτῶν τῶν εἰρημένων; Ἴδιον γὰρ τῶν δι' εὐχῆς καὶ θυσιῶν φιλανθρωπίας τυγχάνειν ἀξιούντων τὸ παύεσθαι καὶ μεταγινώσκειν ἐφ' οἷς ἥμαρτον· οἱ γὰρ ἀνεπιστρεφὲς τὸ θεῖον οἰόμενοι εἶναι, οὐδαμῶς ἀφίστασθαι τῶν ἁμαρτημάτων προήρηνται, οὐδὲν ὄφελος ἐκ τῆς μετανοίας ἕξειν οἰόμενοι. Πῶς οὖν Ὁμήρου τοῦ ποιητοῦ καταγνοὺς ὁ φιλόσοφος Πλάτων, Στρεπτοὶ δέ τε καὶ θεοὶ αὐτοὶ εἰρηκότος, αὐτὸς τὸν τῶν θεῶν δημιουργὸν εἰσάγει οὕτω ῥᾳδίως τρεπόμενον, ὡς ποτὲ μὲν θεοὺς θνητούς, ποτὲ δὲ τοὺς αὐτοὺς ἀθανάτους εἶναι λέγειν; Καὶ οὐ μόνον περὶ αὐτῶν, ἀλλὰ καὶ περὶ τῆς ὕλης, ἀφ' ἧς καὶ τοὺς δημιουργηθέντας θεούς, ὡς αὐτός φησι, γεγενῆσθαι ἀνάγκη, ποτὲ μὲν ἀγένητον ποτὲ δὲ γενητὴν εἶναι λέγει, ἀγνοῶν ὅτι οἷς Ὁμήρῳ μέμφεται τούτοις αὐτὸς περιπίπτων ἐλέγχεται, τὸν τῶν θεῶν δημιουργὸν οὕτω ῥᾳδίως τρέπεσθαι λέγων, καίτοι Ὁμήρου περὶ αὐτοῦ ἐναντία εἰρηκότος. Ἔφη γὰρ αὐτὸν οὕτω περὶ ἑαυτοῦ λέγειν·
Οὐ γὰρ ἐμὸν παλινάγρετον οὐδ' ἀπατηλὸν
Οὐδ' ἀτελεύτητον, ὅ τι κεν κεφαλῇ κατανεύσω.[469]

Ἀλλὰ ταῦτα μὲν ἑκών, ὡς ἔοικεν, ὁ Πλάτων, τοὺς τὴν πολυθεότητα ἀσπαζομένους δεδιώς, ἀλλόκοτα περὶ θεῶν διεξιέναι φαίνεται. Ὅσα δὲ παρὰ Μωϋσέως καὶ τῶν προφητῶν περὶ ἑνὸς θεοῦ μεμαθηκὼς οἴεται δεῖν λέγειν ταῦτα μυστικῶς προήρηται λέγειν, τοῖς θεοσεβεῖν βουλομένοις τὴν ἑαυτοῦ σημαίνων δόξαν. Ἀρεσθεὶς γὰρ

---
[469] Iliad, i. 526

τῷ ὑπὸ τοῦ θεοῦ πρὸς τὸν Μωϋσέα εἰρημένῳ Ἐγώ εἰμι ὁ ὤν, καὶ τὴν βραχεῖαν διὰ τῆς μετοχῆς εἰρημένην ῥῆσιν μετὰ πολλῆς θεωρίας δεξάμενος, ἔγνω ὅτι τὴν ἀϊδιότητα αὐτοῦ ὁ θεὸς τῷ Μωϋσεῖ σημῆναι θέλων Ἐγώ εἰμι ὁ ὢν ἔφη, τῆς ὢν συλλαβῆς οὐχ ἕνα χρόνον δηλούσης, ἀλλὰ τοὺς τρεῖς, τόν τε παρεληλυθότα καὶ τὸν ἐνεστῶτα καὶ τὸν μέλλοντα. Οὕτω γὰρ καὶ ὁ Πλάτων τοῦ ὢν ἐπὶ τοῦ περιττοῦ μέμνηται χρόνου, Ὃν δὲ οὐδέποτε λέγων. Τὸ γὰρ οὐδέποτε οὐκ ἐπὶ τοῦ παρεληλυθότος, ὡς οἴονταί τινες, ἀλλ' ἐπὶ τοῦ μέλλοντος εἴρηται χρόνου. Τοῦτο γὰρ καὶ παρὰ τοῖς ἔξωθεν ἠκρίβωται. Διὰ τοῦτο τοίνυν, ὥσπερ ἑρμηνεῦσαι τοῖς ἀγνοοῦσι τὸ μυστικῶς περὶ τῆς ἀϊδιότητος τοῦ θεοῦ διὰ τῆς μετοχῆς εἰρημένον βουλόμενος, ὁ Πλάτων αὐταῖς λέξεσιν οὕτω γέγραφεν· Ὁ μὲν δὴ θεός, ὥσπερ καὶ ὁ παλαιὸς λόγος, ἀρχὴν καὶ τελευτὴν καὶ μέσα τῶν πάντων ἔχων. Ἐνταῦθα ὁ Πλάτων σαφῶς καὶ φανερῶς τὸν παλαιὸν λόγον Μωϋσέως ὀνομάζει νόμον, τοῦ μὲν ὀνόματος Μωϋσέως φόβῳ τοῦ κωνείου μεμνῆσθαι δεδιώς· ἠπίστατο γὰρ τὴν τοῦ ἀνδρὸς διδασκαλίαν ἐχθρὰν Ἑλλήνων οὖσαν· διὰ δὲ τῆς τοῦ λόγου παλαιότητος τὸν Μωϋσέα σημαίνει σαφῶς. Ὅτι δὲ παλαιὸς καὶ πρῶτος ὁ Μωϋσέως νόμος, καὶ ἐκ τῆς Διοδώρου καὶ τῶν λοιπῶν ἱστοριῶν ἱκανῶς ἡμῖν ἐν τοῖς προάγουσιν ἀποδέδεικται· πρῶτον γὰρ ἁπάντων νομοθέτην αὐτὸν Διόδωρος γεγενῆσθαι λέγει, μηδέπω μηδὲ τῶν τοῖς Ἕλλησι διαφερόντων εὑρεθέντων γραμμάτων, οἷς χρώμενοι τὰς ἑαυτῶν γεγράφασιν ἱστορίας.

XXVI

Θαυμαζέτω δὲ μηδείς, εἰ Μωϋσεῖ πεισθεὶς ὁ Πλάτων περὶ τῆς ἀϊδιότητος τοῦ θεοῦ οὕτως γέγραφεν. Εὑρήσεις γὰρ αὐτὸν μυστικῶς μετὰ τὸν ὄντως ὄντα θεὸν καὶ τοῖς προφήταις τὴν ἀληθῆ περὶ τῶν ὄντων ἀναφέροντα γνῶσιν. Οὕτω γὰρ ἐν τῷ Τιμαίῳ περί τινων ἀρχῶν διαλεγόμενος γέγραφε· *Τὴν δὲ πυρὸς ἀρχὴν καὶ τῶν ἄλλων σωμάτων ὑποτιθέμεθα, κατὰ τὸν μετ' ἀνάγκης εἰκότα λόγον πορευόμενοι· τὰς δὲ ἔτι τούτων ἀρχὰς ὁ θεὸς οἶδεν ἄνωθεν καὶ ἀνδρῶν ὃς ἂν ἐκείνῳ φίλος ᾖ.*[470] Ἄνδρας δὲ τίνας ἑτέρους θεοῦ φίλους εἶναι νομίζει, εἰ μὴ Μωϋσέα καὶ τοὺς λοιποὺς προφήτας; Ὧν ταῖς προφητείαις ἐντυχὼν καὶ τὸν περὶ κρίσεως παρ' αὐτῶν μεμαθηκὼς λόγον ἐν τῷ πρώτῳ τῆς Πολιτείας λόγῳ οὕτω προαναφωνεῖ λέγων· Ἐπειδάν τις

---

470 Plato Timæus ch. 20

ἐγγὺς ᾖ τοῦ οἴεσθαι τελευτήσειν, εἰσέρχεται αὐτῷ δέος καὶ φροντὶς περὶ ὧν ἐν τῷ πρόσθεν οὐκ εἰσῄει. Οἵ τε γὰρ λεγόμενοι μῦθοι περὶ τῶν ἐν ᾅδου, ὡς τὸν ἐνθάδε ἀδικήσαντα δέοι ἐκεῖ διδόναι δίκην, καταγελώμενοι τέως, τότε δὴ στρέφουσιν αὐτοῦ τὴν ψυχὴν μὴ ἀληθεῖς ὦσι, καὶ αὐτὸς ἤτοι ὑπὸ τῆς τοῦ γήρως ἀσθενείας ἢ καὶ ὥσπερ ἐγγυτέρω ὢν τῶν ἐκεῖ μᾶλλον καθορᾷ αὐτά. Ὑποψίας γοῦν καὶ δείματος μεστὸς γίνεται, καὶ ἀναλογίζεται ἤδη καὶ σκοπεῖ εἴ τινά τι ἠδίκησεν. Ὁ μὲν οὖν τις εὑρίσκων ἑαυτοῦ ἐν τῷ βίῳ πολλὰ ἀδικήματα καὶ ἐκ τῶν ὕπνων, ὥσπερ οἱ παῖδες, θαμὰ ἐγειρόμενος δειμαίνει καὶ ζῇ μετὰ κακῆς τῆς ἐλπίδος· τῷ δὲ μηδὲν ἄδικον ἑαυτῷ ξυνειδότι γλυκεῖα ἐλπὶς ἀεὶ πάρεστι καὶ ἀγαθὴ γηροτρόφος,[471] ὥσπερ καὶ Πίνδαρος λέγει. Χαριέντως γάρ τοι, ὦ Σώκρατες, τοῦτ' ἐκεῖνος εἶπεν, ὅτι ὃς ἂν ὁσίως καὶ δικαίως τὸν βίον διαγάγῃ,

Γλυκεῖά οἱ καρδίαν ἀτιτάλλοισα γηροτρόφος ξυναορεῖ

Ἐλπίς, ἃ μάλιστα θνατῶν πολύστροφον γνώμαν κυβερνᾷ.[472]

Καὶ ταῦτα μὲν ἐν τῷ πρώτῳ τῆς Πολιτείας γέγραφε λόγῳ.

XXVII

Ἐν δὲ τῷ δεκάτῳ σαφῶς καὶ φανερῶς ἃ παρὰ τῶν προφητῶν περὶ κρίσεως μεμάθηκε, ταῦτα οὐχ ὡς παρ' αὐτῶν μεμαθηκώς, διὰ τὸ πρὸς Ἕλληνας δέος, ἀλλ' ὡς παρά τινος, ὡς αὐτῷ πλάττειν ἐδόκει, ἐν πολέμῳ ἀναιρεθέντος καὶ δωδεκαταίου μέλλοντος θάπτεσθαι καὶ ἐπὶ τῆς πυρᾶς κειμένου, ἀναβιώσαντός τε καὶ τὰ ἐκεῖ διηγουμένου, ἀκηκοώς, αὐταῖς λέξεσιν οὕτως γέγραφεν· Ἔφη γὰρ δὴ παραγενέσθαι ἐρωτωμένῳ ἑτέρῳ ὑπὸ ἑτέρου, ὅπου εἴη Ἀριδαῖος ὁ μέγας. Ὁ δὲ Ἀριδαῖος οὗτος τῆς Παμφυλίας ἔν τινι πόλει τύραννος ἐγεγόνει, γέροντα πατέρα ἀποκτείνας καὶ πρεσβύτερον ἀδελφόν, καὶ ἄλλα δὴ πολλὰ καὶ ἀνόσια ἐργασάμενος, ὡς ἐλέγετο. Ἔφη γοῦν τὸν ἐρωτώμενον εἰπεῖν· Οὐχ ἥκει, φάναι, οὐδὲ ἂν ἥξειν δεῦρο. Ἐθεασάμεθα γὰρ οὖν δὴ καὶ τοῦτο τῶν δεινῶν θεαμάτων. Ἐπειδὴ ἐγγὺς τοῦ στομίου ἦμεν, μέλλοντες ἀνιέναι καὶ τὰ ἄλλα πάντα πεπονθότες, ἐκεῖνόν τε κατείδομεν ἐξαίφνης καὶ ἄλλους σχεδόν τι αὐτῶν τοὺς πλείστους τυράννους· ἦσαν δὲ καὶ ἰδιῶταί τινες τῶν μεγάλα ἡμαρτηκότων· οὓς οἰομένους ἤδη ἀναβήσεσθαι οὐκ

---

471 Pindar, fragment 233, a fragment preserved by Pseudo-Justin.
472 Plato, Republic, p.330 D.

Λογος Παραινετικος Προς Ελληνας

ἐδέχετο τὸ στόμιον, ἀλλὰ ἐμυκᾶτο, ὁπότε τις τῶν οὕτως ἀνιάτως ἐχόντων εἰς πονηρίαν, εἰ μὴ ἱκανῶς δεδωκὼς δίκην, ἐπιχειροῖ ἀνιέναι. Ἐνταῦθα ἄνδρες ἄγριοι, διάπυροι ἰδεῖν, παρεστῶτες καὶ καταμανθάνοντες τὸ φθέγμα, τοὺς μὲν διαλαβόντες ἦγον, τὸν δὲ Ἀριδαῖον καὶ ἄλλους συμποδίσαντες χεῖράς τε καὶ πόδας καὶ κεφαλήν, καταβαλόντες καὶ ἐκδείραντες, εἷλκον παρὰ τὴν ὁδὸν ἐκτός, ἐπ' ἀσπαλάθων γνάπτοντες, καὶ τοῖς παροῦσι σημαίνοντες ὧν ἕνεκά τε καὶ ὅτι εἰς τὸν τάρταρον ἐμπεσούμενοι ἄγοιντο. Ἔνθα δὴ φόβων, ἔφη, πολλῶν καὶ παντοδαπῶν σφίσι γεγονότων τοῦτον ὑπερβάλλειν, εἰ μὴ γένοιτο ἑκάστῳ τὸ φθέγμα ὅτε ἀναβαίνοι, ὡς καὶ ἀσμενέστατα ἕκαστον σιγήσαντος ἀναβῆναι. Καὶ τὰς μὲν δίκας τε καὶ τιμωρίας τοιαύτας τινὰς εἶναι καὶ αὖ τὰς εὐεργεσίας ταύταις ἀντιστρόφους.[473] Ἐνταῦθά μοι δοκεῖ ὁ Πλάτων οὐ μόνον τὸν περὶ κρίσεως παρὰ τῶν προφητῶν μεμαθηκέναι λόγον, ἀλλὰ καὶ τὸν περὶ τῆς ἀπιστουμένης παρ' Ἕλλησιν ἀναστάσεως. Τὸ γὰρ μετὰ σώματος κρίνεσθαι τὴν ψυχὴν φῆσαι οὐδὲν ἕτερον δηλοῖ, ἢ ὅτι τῷ περὶ τῆς ἀναστάσεως ἐπίστευσε λόγῳ. Ἐπεὶ πῶς Ἀριδαῖος καὶ οἱ λοιποί, τὸ ἔχον σῶμα κεφαλὴν καὶ χεῖρας καὶ πόδας καὶ δέρμα ὑπὲρ γῆς καταλιπόντες, τοιαύτην ὑπεῖχον ἐν ᾅδου τιμωρίαν; Οὐ γὰρ δήπου τὴν ψυχὴν κεφαλὴν καὶ χεῖρας καὶ πόδας καὶ δέρμα ἔχειν φήσουσιν. Ἀλλ' ἐν Αἰγύπτῳ ταῖς τῶν προφητῶν ἐντυχὼν μαρτυρίαις ὁ Πλάτων, καὶ τὴν περὶ τῆς τοῦ σώματος ἀναστάσεως δεξάμενος διδασκαλίαν, μετὰ τοῦ σώματος τὴν ψυχὴν κρίνεσθαι διδάσκει.

XXVIII

28. Καὶ οὐχ ὁ Πλάτων μόνον, ἀλλὰ καὶ Ὅμηρος, ὁμοίως καὶ αὐτὸς ἐν Αἰγύπτῳ μαθών, τὸν Τιτυὸν ὁμοίως τιμωρεῖσθαι ἔφη. Οὕτω γὰρ ἐν τῇ νεκυομαντείᾳ Ὀδυσσεὺς τῷ Ἀλκινόῳ διηγεῖται λέγων·

Καὶ Τιτυὸν εἶδον γαίης ἐρικυδέα υἱόν
Κείμενον ἐν δαπέδῳ· ὅδ' ἐπ' ἐννέα κεῖτο πέλεθρα·
Γῦπε δέ μιν ἑκάτερθε παρημένω ἧπαρ ἔκειρον.[474]

Ἧπαρ γὰρ οὐ τὴν ψυχήν, ἀλλὰ τὸ σῶμα ἔχειν δηλοῖ. Τὸν αὐτὸν δὴ τρόπον καὶ Σίσυφον καὶ Τάνταλον μετὰ σώματος τὴν τιμωρίαν ὑπέχειν γέγραφεν. Ὅτι δὲ Ὅμηρος

---

473 Plato, Republic, bk x p. 325, Bipont (1785).
474 Odyssey, Λ, v. 576

ἐν Αἰγύπτῳ γέγονε, καὶ πολλὰ ὧν ἐκεῖ μεμάθηκεν, εἰς τὴν ἑαυτοῦ μετήνεγκεν ποίησιν, ἱκανῶς διδάσκει ἡμᾶς Διόδωρος, ὁ τῶν ἱστοριογράφων ἐνδοξότατος. Ἔφη γὰρ αὐτὸν ἐν Αἰγύπτῳ γενόμενον μεμαθηκέναι, ὅτι τὸ

Νηπενθὲς, ἄχολόν τε κακῶν ἐπίληθες ἁπάντων[475] φάρμακον, ἡ Ἑλένη λαβοῦσα παρὰ τῆς Θέωνος γυναικὸς Πολυδάμνας, εἰς τὴν Σπάρτην ἐκόμισε· Κἀκείνῳ τῷ φαρμάκῳ ἔφη Ὅμηρος χρησαμένην τὴν Ἑλένην παῦσαι τὸν ἐν τῇ παρουσίᾳ Τηλεμάχου παρὰ Μενελάου γενόμενον θρῆνον. Καὶ χρυσῆν δὲ Ἀφροδίτην ὠνόμασεν ἐκ τῆς ἐν Αἰγύπτῳ ἱστορίας. Ἔγνω γὰρ καὶ τέμενος χρυσῆς Ἀφροδίτης ἐν Αἰγύπτῳ λεγόμενον καὶ πεδίον χρυσῆς Ἀφροδίτης ὀνομαζόμενον. Καὶ τοῦ χάριν τούτου γέγονε μνήμη νυνί; Ἵνα δείξωμεν τὸν ποιητὴν καὶ τῶν ἀπὸ τῆς θείας τῶν προφητῶν ἱστορίας πολλὰ εἰς τὴν ἑαυτοῦ μεταβαλόντα ποίησιν. Καὶ πρῶτον τῆς κοσμοποιίας ὑπὸ Μωϋσέως τὴν εἰρημένην ἀρχήν. οὕτω γὰρ Μωϋσῆς γέγραφεν· *Ἐν ἀρχῇ ἐποίησεν ὁ Θεὸς τὸν οὐρανὸν καὶ τὴν γῆν,*[476] εἶτα ἥλιον καὶ σελήνην καὶ ἀστέρας. Ταῦτα γὰρ ἐν Αἰγύπτῳ μαθὼν, καὶ τοῖς ὑπ' αὐτοῦ ἐν τῇ τοῦ κόσμου γενέσει γραφεῖσιν ἀρεσθεὶς, ἐν τῇ τοῦ Ἀχιλλέως ἀσπίδι τὸν Ἥφαιστον ὥσπερ εἰκόνα τινὰ τῆς κοσμοποιίας κατασκευάσαι παρεσκεύασεν. Οὕτω γὰρ γέγραφεν·

Ἐν μὲν γαῖαν ἔτευξ', ἐν δ' οὐρανὸν, ἐν δὲ θάλασσαν,

Ἠέλιόν τ' ἀκάμαντα, σελήνην τε πλήθουσαν·

Ἐν δέ τε τείρεα πάντα, τά τ' οὐρανὸς ἐστεφάνωται.[477]

Καὶ τοῦ παραδείσου δὲ εἰκόνα τὸν Ἀλκινόου κῆπον σώζειν πεποίηκεν, ἀειθαλῆ τε αὐτὸν καὶ καρπῶν πλήρη διὰ τῆς εἰκόνος ἐπιδεικνύς· οὕτω γὰρ γέγραφεν·

Ἔνθα δὲ δένδρεα μακρὰ πεφύκει τηλεθόωντα,

Ὄχναι, καὶ ῥοιαὶ, καὶ μηλέαι ἀγλαόκαρποι,

Συκαῖ τε γλυκεραὶ, καὶ ἐλαῖαι τηλεθόωσαι.

Τάων οὔποτε καρπὸς ἀπόλλυται, οὐδ' ἐπιλείπει

Χείματος οὐδὲ θέρους ἐπετήσιος, ἀλλ' αἰεὶ αὔρη

Ζεφυρίη πνείουσα τὰ μὲν φύει, ἄλλα δὲ πέσσει.

Ὄχνη ἐπ' ὄχνῃ γηράσκει, μῆλον δ' ἐπὶ μήλῳ,

---

475 Homer, Odyssey, IV. 221
476 Gen. 1:1
477 Iliad, XVIII. 483

Λογος Παραινετικος Προς Ελληνας

Αὐτὰρ ἐπὶ σταφυλῇ σταφυλὴ, σῦκον δ' ἐπὶ σύκῳ.
Ἔνθα δέ οἱ πολύκαρπος ἀλωὴ ἐρρίζωται·
Τῆς ἕτερον μὲν θειλόπεδον λευρῷ ἐνὶ χώρῳ
Τέρσεται ἠελίῳ, ἑτέρας δ' ἄρα τε τρυγόωσιν,
Ἄλλας δὲ τραπέουσι, πάροιθε δέ τ' ὄμφακές εἰσιν,
Ἄνθος ἀφιεῖσαι, ἕτεραι δ' ὑποπερκάζουσιν.[478]

Ταῦτα τὰ ῥήματα οὐ φανερὰν καὶ σαφῆ μίμησιν τῶν ὑπὸ τοῦ πρώτου προφήτου Μωϋσέως περὶ τοῦ παραδείσου λεχθέντων δηλοῖ; Εἰ δέ τις καὶ εἰς τὴν τοῦ (19) πύργου ποίησιν ἀφορᾶν ἐθέλοι, δι' ἧς οἱ τὸ τηνικαῦτα ἄνδρες τὴν εἰς οὐρανὸν ἄνοδον δύνασθαι κατασκευάζειν ἑαυτοῖς ᾤοντο, εὑρήσει καὶ ταύτην ἱκανὴν δι' ἀλληγορίας μίμησιν ὑπὸ τοῦ ποιητοῦ διά τε Ὤτου καὶ Ἐφιάλτου γινομένην· οὕτω γὰρ καὶ ὁ ποιητὴς περὶ αὐτῶν ἔφη·

Οἵ ῥα καὶ ἀθανάτοισιν ἀπειλήτην ἐν Ὀλύμπῳ
Φυλόπιδα στήσειν πολυάϊκος πολέμοιο.
Ὄσσαν ἐπ' Οὐλύμπῳ μέμασαν θέμεν, αὐτὰρ ἐπ' Ὄσσῃ
Πήλιον εἰνοσίφυλλον, ἵν' οὐρανὸς ἀμβατὸς εἴη.[479]

Ὁμοίως δὲ καὶ περὶ τοῦ ἀπ' οὐρανῶν κατενεχθέντος ἐχθροῦ τῆς ἀνθρωπότητος, ὃν διάβολον αἱ θεῖαι Γραφαὶ καλοῦσιν, ἀπὸ τῆς πρώτης αὐτοῦ πρὸς τὸν ἄνθρωπον διαβολῆς, ταύτης τῆς προσηγορίας τυχόντα· καὶ εἴ τις ἀκριβῶς σκοπεῖν ἐθέλοι, εὕροι ἂν τὸν ποιητὴν τοῦ μὲν διαβόλου ὀνόματος οὐδαμῶς μεμνημένον, ἐκ δὲ τῆς κακίστης αὐτοῦ πράξεως τὴν ὀνομασίαν πεποιημένον· Ἄτην γὰρ αὐτὸν ὁ ποιητὴς ὀνομάζων, ὑπὸ τοῦ κατ' αὐτοὺς Θεοῦ καθῃρῆσθαι αὐτὸν ἐκ τοῦ οὐρανοῦ λέγει, ὥσπερ ἀκριβῶς τῶν ὑπὸ Ἡσαΐου τοῦ προφήτου περὶ αὐτοῦ εἰρημένων μεμνημένος ῥητῶν· οὕτως ἐν τῇ ἑαυτοῦ ποιήσει γέγραφεν·

Αὐτίκα δ' εἷλ' Ἄτην κεφαλῆς λιπαροπλοκάμοιο
Χωόμενος φρεσὶν ᾗσι, καὶ ὤμοσε καρτερὸν ὅρκον,
Μήποτ' ἐς Οὔλυμπόν τε καὶ οὐρανὸν ἀστερόεντα
Αὖθις ἐλεύσεσθαι Ἄτην· ἢ πάντας ἀᾶται.
Ὣς εἰπών, ἔρριψεν ἀπ' οὐρανοῦ ἀστερόεντος,

---

478 Homer, Odyssey, VII. 114-126
479 Homer, Odyssey, XI. 313-316

Χειρὶ περιστρέψας· τάχα δ' ἵκετο ἔργ' ἀνθρώπων.⁴⁸⁰

XXIX

Καὶ Πλάτων δέ, μετὰ τὸν θεὸν καὶ τὴν ὕλην τὸ εἶδος τρίτην ἀρχὴν εἶναι λέγων, οὐκ ἄλλοθέν ποθεν ἀλλὰ παρὰ Μωϋσέως τὴν πρόφασιν εἰληφὼς φαίνεται, τὸ μὲν τοῦ εἴδους ὄνομα ἀπὸ τῶν Μωϋσέως μεμαθηκὼς ῥητῶν, οὐ διδαχθεὶς δὲ τηνικαῦτα παρὰ τῶν εἰδότων ὅτι οὐδὲν ἐκτὸς μυστικῆς θεωρίας τῶν ὑπὸ Μωϋσέως εἰρημένων σαφῶς γινώσκειν ἐστὶ δυνατόν. Γέγραφε γὰρ Μωϋσῆς ὡς τοῦ θεοῦ περὶ τῆς σκηνῆς πρὸς αὐτὸν εἰρηκότος οὕτως· Καὶ ποιήσεις μοι κατὰ πάντα, ὅσα ἐγὼ δεικνύω σοι ἐν τῷ ὄρει, τὸ παράδειγμα τῆς σκηνῆς. Καὶ πάλιν· Καὶ ἀναστήσεις τὴν σκηνὴν κατὰ τὸ παράδειγμα πάντων τῶν σκευῶν αὐτῆς, καὶ οὕτως ποιήσεις. Καὶ αὖθις μικρὸν ὕστερον οὕτως· Ὅρα, ποιήσεις κατὰ τὸν τύπον τὸν δεδειγμένον σοι ἐν τῷ ὄρει. Τούτοις οὖν ἐντυχὼν ὁ Πλάτων καὶ οὐ μετὰ τῆς προσηκούσης θεωρίας δεξάμενος τὰ γεγραμμένα ῥητά, ᾠήθη εἶδός τι χωριστὸν προϋπάρχειν τοῦ αἰσθητοῦ, ὃ καὶ παράδειγμα τῶν γενομένων ὀνομάζει πολλάκις, ἐπειδὴ τὸ Μωϋσέως οὕτω περὶ τῆς σκηνῆς σημαίνει γράμμα· Κατὰ τὸ εἶδος τὸ δειχθέν σοι ἐν τῷ ὄρει, οὕτως ποιήσεις αὐτό.

XXX

Ὁμοίως δὲ καὶ ἐπὶ τῆς γῆς καὶ τοῦ οὐρανοῦ καὶ τοῦ ἀνθρώπου σφαλεὶς φαίνεται· καὶ τούτων γὰρ ἰδέας εἶναι οἴεται. Ἐπειδὴ γὰρ Μωϋσῆς οὕτω γέγραφεν· Ἐν ἀρχῇ ἐποίησεν ὁ θεὸς τὸν οὐρανὸν καὶ τὴν γῆν, εἶτα παραυτὰ συνάπτει λέγων· Ἡ δὲ γῆ ἦν ἀόρατος καὶ ἀκατασκεύαστος, ᾠήθη ὅτι ταύτην μὲν περὶ ἧς ἔφη Ἡ δὲ γῆ ἦν τὴν προϋπάρχουσαν εἰρῆσθαι γῆν, ἐπειδὴ Μωϋσῆς ἔφη· Ἡ δὲ γῆ ἦν ἀόρατος καὶ ἀκατασκεύαστος· ταύτην δὲ περὶ ἧς λέγει Ἐποίησεν ὁ θεὸς τὸν οὐρανὸν καὶ τὴν γῆν ᾠήθη ταύτην λέγειν αὐτὸν τὴν κατὰ προϋπάρχον εἶδος ὑπὸ τοῦ θεοῦ γενομένην αἰσθητήν. Ὁμοίως δὲ καὶ περὶ τοῦ γενομένου οὐρανοῦ· τὸν μὲν πεποιημένον οὐρανόν, ὃν καὶ στερέωμα ὠνόμασεν, τοῦτον εἶναι τὸν γενόμενον αἰσθητόν, ἕτερον δὲ εἶναι τὸν νοητόν, περὶ οὗ ὁ προφήτης ἔφη· Ὁ οὐρανὸς τοῦ οὐρανοῦ τῷ κυρίῳ, τὴν δὲ γῆν ἔδωκε τοῖς υἱοῖς τῶν ἀνθρώπων. Καὶ περὶ ἀνθρώπου δὲ ὁμοίως· πρότερον μὲν ὀνόματος ἀνθρώπου μέμνηται Μωϋσῆς, εἶτα

---

480 Homer, Iliad, XIX. 126-131

Λογος Παραινετικος Προς Ελληνας

μετὰ τὰ πολλὰ τῶν κτισμάτων περὶ πλάσεως ἀνθρώπου πεποίηται μνήμην, οὕτω λέγων· Καὶ ἐποίησεν ὁ θεὸς τὸν ἄνθρωπον, χοῦν ἀπὸ τῆς γῆς. Ὠιήθη γοῦν τὸν μὲν πρότερον ὀνομασθέντα ἄνθρωπον προϋπάρχειν τοῦ γενομένου, τὸν δὲ ἐκ τῆς γῆς πλασθέντα ὕστερον κατὰ τὸ προϋπάρχον εἶδος γεγενῆσθαι. Ὅτι δὲ ἐκ γῆς ἄνθρωπος πέπλασται, καὶ Ὅμηρος ἀπὸ τῆς παλαιᾶς καὶ θείας ἱστορίας μαθών, τῆς λεγούσης Γῆ εἶ καὶ εἰς γῆν ἀπελεύσῃ, τὸ ἄψυχον τοῦ Ἕκτορος σῶμα κωφὴν ὀνομάζει γῆν. Ἔφη γάρ που κατὰ τοῦ Ἀχιλλέως μετὰ θάνατον τὸ τοῦ Ἕκτορος σύροντος σῶμα·

Κωφὴν γὰρ δὴ γαῖαν ἀεικίζεις μενεαίνων.[481]

Καὶ αὖθις ἀλλαχοῦ που τὸν Μενέλαον λέγοντα τοῖς μὴ ἑτοίμως δεξαμένοις τὴν τοῦ Ἕκτορος περὶ τῆς μονομαχίας πρόσκλησιν·

Ἀλλ' ὑμεῖς μὲν πάντες ὕδωρ καὶ γαῖα γένοισθε! δι' ὑπερβάλλουσαν ὀργὴν εἰς τὴν ἀρχαίαν αὐτοὺς ἐκ γῆς ἀναλύων πλάσιν. Ταῦτα ἀπὸ τῶν ἀρχαίων ἱστοριῶν ἐν Αἰγύπτῳ μεμαθηκότες Ὅμηρος καὶ Πλάτων ἐν τοῖς ἑαυτῶν γεγράφασι λόγοις.

XXXI

Ἐπεὶ πόθεν ἄλλοθεν μεμαθηκὼς ὁ Πλάτων πτηνὸν ἅρμα ἐλαύνειν τὸν Δία ἐν οὐρανῷ λέγει, εἰ μὴ ταῖς τῶν προφητῶν ἐντυχὼν ἱστορίαις; Ἔγνω γὰρ ἀπὸ τῶν τοῦ προφήτου ῥητῶν περὶ τῶν Χερουβεὶμ οὕτως εἰρημένων· Καὶ ἐξῆλθεν δόξα κυρίου ἀπὸ τοῦ οἴκου καὶ ἐπέβη ἐπὶ Χερουβείμ, καὶ ἀνέλαβεν τὰ Χερουβεὶμ τὰς πτέρυγας αὐτῶν, καὶ οἱ τροχοὶ ἐχόμενοι αὐτῶν, καὶ δόξα κυρίου θεοῦ Ἰσραὴλ ἦν ἐπ' αὐτοῖς ὑπεράνωθεν. Ἔνθεν ὁρμώμενος ὁ μεγαλόφωνος Πλάτων μετὰ πολλῆς παρρησίας βοᾷ λέγων· Ὁ μὲν δὴ μέγας ἐν οὐρανῷ Ζεὺς πτηνὸν ἅρμα ἐλαύνων. Ἐπεὶ πόθεν ἄλλοθεν μεμαθηκὼς ταῦτα γέγραφεν, εἰ μὴ παρὰ Μωϋσέως καὶ τῶν προφητῶν; Πόθεν δὲ τὴν πρόφασιν εἰληφὼς καὶ ἐν τῇ πυρώδει οὐσίᾳ τὸν θεὸν εἶναι ἔφη; Οὐκ ἀπὸ τῆς τρίτης τῶν Βασιλειῶν ἱστορίας, ἔνθα γέγραπται· Οὐκ ἐν τῷ πνεύματι κύριος· καὶ μετὰ τὸ πνεῦμα συσσεισμός, οὐκ ἐν τῷ συσσεισμῷ κύριος· καὶ μετὰ τὸν συσσεισμὸν πῦρ, οὐκ ἐν τῷ πυρὶ κύριος· καὶ μετὰ τὸ πῦρ φωνὴ αὔρας λεπτῆς; Ἀλλ' ἐκεῖνα μὲν κατ'

---

481 Homer, Iliad, XXIV. 54

ἀναγωγὴν μετὰ πολλῆς θεωρίας τοῖς θεοσεβέσι νοεῖν ἀναγκαῖον· Πλάτων δέ, οὐ μετὰ τῆς προσηκούσης θεωρίας προσέχων τοῖς ῥητοῖς, ἐν τῇ πυρώδει οὐσίᾳ τὸν θεὸν εἶναι ἔφη.

XXXII

Εἰ δέ τις καὶ περὶ τῆς ἄνωθεν παρὰ θεοῦ κατιούσης ἐπὶ τοὺς ἁγίους ἄνδρας δωρεᾶς, ἣν πνεῦμα ἅγιον ὀνομάζουσιν οἱ ἱεροὶ προφῆται, ἀκριβῶς σκοπεῖν ἐθέλοι, εὕροι ἂν καὶ ταύτην ὑπὸ Πλάτωνος ἐν τῷ πρὸς Μένωνα λόγῳ δι' ἑτέρου ὀνόματος κηρυττομένην· δεδιὼς γὰρ τὴν τοῦ θεοῦ δωρεὰν πνεῦμα ἅγιον ὀνομάζειν, ἵνα μὴ δόξῃ τῇ τῶν προφητῶν ἑπόμενος διδασκαλίᾳ ἐχθρὸς Ἑλλήνων εἶναι, τὸ μὲν ἄνωθεν αὐτὸ παρὰ θεοῦ κατιέναι ὁμολογεῖ, οὐ μὴν πνεῦμα ἅγιον ἀλλὰ ἀρετὴν ὀνομάζειν αὐτὸ ἠξίου. Οὕτω γὰρ πρὸς τὸν Μένωνα ἐν τῷ περὶ ἀναμνήσεως λόγῳ, πολλὰ πρότερον περὶ τῆς ἀρετῆς ζητήσας, πότερόν ποτε διδακτὸν ἡ ἀρετὴ ἢ οὐ διδακτὸν ἀλλ' ἀσκητόν, ἢ οὔτε ἀσκητὸν οὔτε μαθητὸν ἀλλὰ φύσει παραγινόμενον τοῖς ἀνθρώποις ἢ ἄλλῳ τινὶ τρόπῳ, ὕστερον αὐταῖς λέξεσιν οὕτως ἀποφαίνεται λέγων· Εἰ δὲ νῦν ἡμεῖς ἐν παντὶ τῷ λόγῳ τούτῳ καλῶς ἐζητήσαμέν τε καὶ ἐλέγομεν, ἀρετὴ ἂν εἴη οὔτε φύσει οὔτε διδακτόν, ἀλλὰ θείᾳ μοίρᾳ παραγινομένη ἄνευ νοῦ οἷς ἂν παραγίνηται. Ταῦτα, οἶμαι, σαφῶς παρὰ τῶν προφητῶν περὶ τοῦ ἁγίου πνεύματος μεμαθηκὼς Πλάτων, εἰς τὸ τῆς ἀρετῆς ὄνομα μεταφέρων φαίνεται· ὁμοίως γὰρ ὥσπερ οἱ ἱεροὶ προφῆται τὸ ἓν καὶ τὸ αὐτὸ πνεῦμα εἰς ἑπτὰ πνεύματα μερίζεσθαί φασιν, οὕτως καὶ αὐτός, μίαν καὶ τὴν αὐτὴν ὀνομάζων ἀρετήν, ταύτην εἰς τέσσαρας ἀρετὰς μερίζεσθαι λέγει, τοῦ μὲν ἁγίου πνεύματος οὐδαμῶς μνημονεύειν ἐθέλων, διὰ δέ τινος ἀλληγορίας τὰ ὑπὸ τῶν προφητῶν περὶ τοῦ ἁγίου πνεύματος εἰρημένα ἀπαγγέλλων σαφῶς. Οὕτω γὰρ πρὸς τῷ τέλει τοῦ λόγου πρὸς τὸν Μένωνα ἔφη· Ἐκ μὲν τοίνυν τούτου τοῦ λογισμοῦ, ὦ Μένων, θείᾳ μοίρᾳ φαίνεται ἡμῖν παραγινομένη ἡ ἀρετὴ οἷς ἂν παραγίνηται· τὸ δὲ σαφὲς παρ' αὐτοῦ εἰσόμεθα τοῦτο, ὁποίῳ τινὶ τρόπῳ τοῖς ἀνθρώποις παραγίνεται ἀρετή, ὅταν πρότερον ἐπιχειρήσωμεν αὐτὸ καθ' αὑτὸ ζητεῖν, τί ποτέ ἐστιν ἀρετή. Ὁρᾶτε ὅπως τὴν ἄνωθεν κατιοῦσαν δωρεὰν ἀρετὴν μόνον ὀνομάζει· ἔτι δὲ ζητήσεως ἄξιον εἶναι νομίζει, πότερόν ποτε ἀρετὴν ἢ ἕτερόν τι αὐτὸ ὀνομάζεσθαι προσήκει, δεδιὼς αὐτὸ φανερῶς ἅγιον ὀνομάζειν πνεῦμα, ἵνα μὴ δόξῃ τῇ τῶν προφητῶν ἕπεσθαι διδασκαλίᾳ.

XXXIII

Πόθεν δὲ μαθὼν ὁ Πλάτων τὸν χρόνον μετ' οὐρανοῦ γεγενῆσθαι ἔγνω; Οὕτω γὰρ γέγραφε· Χρόνος δ' οὖν μετ' οὐρανοῦ γέγονεν, ἵνα ἅμα γενόμενοι ἅμα καὶ λυθῶσιν, ἄν ποτε λύσις αὐτῶν γίνηται. Οὐχὶ καὶ τοῦτο ἀπὸ τῆς θείας Μωσέως ἱστορίας μεμαθηκώς; Ἔγνω γὰρ ὅτι ἡ τοῦ χρόνου γένεσις ἔκ τε ἡμερῶν καὶ μηνῶν καὶ ἐνιαυτῶν τὴν ἀρχὴν τῆς συστάσεως εἴληφεν. Ὡς οὖν τῆς πρώτης ἡμέρας, τῆς μετ' οὐρανοῦ γενομένης, ἀρχὴν τοῦ παντὸς χρόνου παρεσχηκυίας (οὕτω γὰρ Μωϋσῆς γέγραφεν· Ἐν ἀρχῇ ἐποίησεν ὁ θεὸς τὸν οὐρανὸν καὶ τὴν γῆν· εἶτα παραυτὰ συνάπτει λέγων· Καὶ ἐγένετο ἡμέρα μία, ὡς ἀπὸ μέρους τὸν πάντα σημαίνων χρόνον), ὁ Πλάτων τὴν ἡμέραν ὀνομάζει χρόνον, ἵνα μὴ δόξῃ ἡμέρας μεμνημένος, ὡς πάντῃ τοῖς Μωϋσέως ἑπόμενος ῥητοῖς, παρὰ Ἀθηναίοις κατηγορεῖσθαι. Πόθεν δὲ καὶ περὶ λύσεως οὐρανοῦ φαντασθεὶς οὕτω γέγραφεν; Οὐχὶ καὶ τοῦτο παρὰ τῶν ἱερῶν προφητῶν μεμαθηκὼς καὶ οὕτως εἰρῆσθαι ὑπ' αὐτῶν νομίσας;

XXXIV

Εἰ δὲ καὶ τὸν περὶ τῶν ἀγαλμάτων τις ἐξετάζοι λόγον, πόθεν ὁρμώμενοι οἱ πρῶτοι τοὺς θεοὺς ὑμῶν κατασκευάσαντες ἀνθρώπων μορφὰς ἔχειν αὐτοὺς διέγνωσαν, εὑρήσει καὶ τοῦτο ἀπὸ τῆς θείας ἱστορίας αὐτοὺς μεμαθηκότας. Τῆς γὰρ Μωϋσέως ἱστορίας ἐκ προσώπου τοῦ θεοῦ λεγούσης· Ποιήσωμεν ἄνθρωπον κατ' εἰκόνα ἡμετέραν καὶ ὁμοίωσιν, ὡς οὕτως εἰρῆσθαι τῶν ἀνθρώπων κατὰ τὴν μορφὴν ἐοικότων τῷ θεῷ, οὕτως κατασκευάζειν τοὺς θεοὺς αὐτῶν ἤρξαντο, ἐκ τοῦ ὁμοίου τὸ ὅμοιον δημιουργεῖν οἰόμενοι. Τοῦ χάριν μνημονεῦσαι τούτων νυνὶ προήχθην, ὦ ἄνδρες Ἕλληνες; Ἵνα γνῶτε ὅτι τὴν ἀληθῆ θεοσέβειαν οὐ δυνατὸν παρὰ τούτων μανθάνειν τῶν μηδὲ ἐν οἷς ὑπὸ τῶν ἔξωθεν ἐθαυμάσθησαν ἴδιόν τι γράψαι δυνηθέντων, ἀλλὰ διά τινος ἀλληγορίας τὰ ὑπὸ Μωϋσέως καὶ τῶν λοιπῶν προφητῶν εἰρημένα ἐν τοῖς ἑαυτῶν συγγράμμασιν ἀπηγγελκότων.

XXXV

Καιρὸς οὖν ἥκει νῦν πεισθέντας ὑμᾶς, ὦ ἄνδρες Ἕλληνες, ἀπὸ τῶν ἔξωθεν ἱστοριῶν, ὅτι πολλῷ πρεσβύτατος Μωϋσῆς καὶ οἱ λοιποὶ προφῆται γεγόνασιν πάντων τῶν παρ' ὑμῖν σοφῶν γεγενῆσθαι νομισθέντων, τῆς παλαιᾶς μὲν ὑμᾶς τῶν προγόνων ἀποστῆναι πλάνης, ἐντυχεῖν δὲ ταῖς θείαις τῶν προφητῶν ἱστορίαις καὶ γνῶναι παρ' αὐτῶν τὴν ἀληθῆ θεοσέβειαν, οὐ λόγων ὑμῖν ἀπαγγελλόντων τέχνας, οὐδὲ πιθανῶς καὶ πιστευτικῶς λεγόντων (τοῦτο γὰρ ἴδιον τῶν τὴν ἀλήθειαν κλέπτειν ἐθελόντων), ἀλλὰ ἁπλῶς τοῖς ἐπιτυχοῦσιν ὀνόμασί τε καὶ ῥήμασι χρωμένων, καὶ ταῦθ' ὑμῖν ἀπαγγελλόντων ἃ τὸ ἅγιον ἐπ' αὐτοὺς κατελθὸν πνεῦμα τοὺς τὴν ἀληθῆ θεοσέβειαν μανθάνειν βουλομένους δι' αὐτῶν διδάσκειν προῄρηται. Πᾶσαν οὖν αἰδῶ καὶ παλαιὰν ἀνθρώπων πλάνην καὶ τὸν τῶν ὄγκων φαντασιώδη παρωσάμενοι ψόφον, δι' οὗ καὶ τὴν πᾶσαν ἀπόλαυσιν ἔχειν οἴεσθε, ἔχεσθε τῶν ὑμῖν συμφερόντων. Οὐδὲν γὰρ ἔσται παρ' ὑμῶν οὐδὲ περὶ τοὺς προγόνους ὑμῶν πλημμελές, εἰ εἰς τὴν ἐναντίαν τρέπεσθαι νυνὶ τῆς ἐξ ἐκείνων βούλεσθε πλάνης, οὓς εἰκὸς ἐν ᾅδου νυνὶ ἐκπρόθεσμον μετάνοιαν μετανοοῦντας ὀδύρεσθαι· οἷς εἰ δυνατὸν ἦν ἐκεῖθεν δηλοῦν ὑμῖν τὰ μετὰ τελευτὴν τοῦδε τοῦ βίου συμβεβηκότα αὐτοῖς, ἔγνωτε ἂν ὅσων ὑμᾶς ἀπαλλάξαι κακῶν προείλοντο. Νυνὶ δὲ ἐπεὶ μὴ δυνατὸν ἐν τῷ παρόντι μήτε παρ' ἐκείνων ὑμᾶς μανθάνειν μήτε μὴν παρὰ τῶν ἐνταῦθα τὴν ψευδώνυμον ταύτην φιλοσοφίαν φιλοσοφεῖν ἐπαγγελλομένων, ἀκόλουθον ὑμῖν ἔσται λοιπὸν τὴν τῶν προγόνων ὑμῶν ἀπωσαμένους πλάνην ἐντυγχάνειν ταῖς τῶν ἱερῶν ἀνδρῶν προφητείαις, μὴ δοκιμότητα φράσεως παρ' αὐτῶν αἰτοῦντας (οὐ γὰρ ἐν λόγοις ἀλλ' ἐν ἔργοις τὰ τῆς ἡμετέρας θεοσεβείας πράγματα), καὶ μαθεῖν παρ' αὐτῶν τὰ αἴτια ὑμῖν τῆς αἰωνίου ζωῆς ἐσόμενα. Οἱ γὰρ μάτην τὸ τῆς φιλοσοφίας ἐπηρεάζοντες ὄνομα οὐδὲν εἰδότες ἐλέγχονται, ὡς καὶ αὐτοὶ ὁμολογεῖν καὶ ἄκοντες ἀναγκάζονται, δι' ὧν οὐ πρὸς ἀλλήλους στασιάζουσι μόνον, ἀλλὰ καὶ τὰς ἑαυτῶν ἄλλοτε ἄλλως ἐκτίθενται δόξας.

XXXVI

Εἰ δὲ ἡ τἀληθοῦς εὕρεσις ὅρος τις λέγεται παρ' αὐτοῖς φιλοσοφίας, πῶς οἱ τῆς ἀληθοῦς μὴ τυχόντες γνώσεως τοῦ τῆς φιλοσοφίας ὀνόματός εἰσιν ἄξιοι; Εἰ γὰρ ὁ τῶν παρ' ὑμῖν σοφῶν σοφώτατος Σωκράτης, ᾧ καὶ τὸ χρηστήριον ὑμῶν, ὡς αὐτοί φατε, μαρτυρεῖ λέγον·

Ἀνδρῶν ἁπάντων Σωκράτης σοφώτατος, ὁμολογεῖ μηδὲν εἰδέναι, πῶς οἱ μετ' αὐτὸν καὶ τὰ ἐν οὐρανοῖς

Λογος Παραινετικος Προς Ελληνας

ἐπηγγέλλοντο εἰδέναι; Σωκράτης γὰρ ἑαυτὸν σοφὸν διὰ τοῦτ' εἰρῆσθαι ἔφη, ὅτι τῶν λοιπῶν ἀνθρώπων ἃ μὴ ἴσασι προσποιουμένων εἰδέναι αὐτὸς οὐκ ὤκνει μηδὲν εἰδέναι ὁμολογεῖν. Ἔφη γὰρ οὕτως· Ἔοικα οὖν αὐτῷ τούτῳ τῷ σμικρῷ σοφώτατος εἶναι, ὅτι ἃ μὴ οἶδα οὐδὲ οἴομαι εἰδέναι. Μηδεὶς δὲ οἰέσθω εἰρωνευόμενον ἄγνοιαν προσποιεῖσθαι Σωκράτη, ἐπειδὴ πολλάκις ἐν τοῖς διαλόγοις εἴωθε τοῦτο ποιεῖν· ἡ γὰρ τελευταία ῥῆσις τῆς ἀπολογίας, ἣν ἐπὶ τὸ δεσμωτήριον ἀπιὼν ἔφη, δηλοῖ μετὰ σπουδῆς αὐτὸν καὶ ἀληθείας τὴν ἄγνοιαν ὁμολογεῖν. Ἔφη γὰρ οὕτως· Ἀλλὰ γὰρ ἤδη ὥρα ἀπιέναι, ἐμοὶ μὲν τεθνηξομένῳ, ὑμῖν δὲ βιωσομένοις. Ὁπότεροι δὲ ἡμῶν ἐπὶ τὸ ἄμεινον πρᾶγμα ἔρχονται, ἄδηλον παντὶ πλὴν ἢ τῷ θεῷ. Ἀλλὰ Σωκράτης μὲν ταύτην ὑστάτην ἐν τῷ Ἀρείῳ πάγῳ φωνὴν ἀφεὶς ἐπὶ τὸ δεσμωτήριον ὥρμησε, τῷ θεῷ μόνῳ τὴν τῶν παρ' ἡμῖν ἀδήλων πραγμάτων ἀναφέρων γνῶσιν, οἱ δὲ μετ' αὐτόν, μηδὲ τὰ ἐπὶ γῆς γνῶναι δυνάμενοι, τὰ ἐν οὐρανοῖς ὡς ἑωρακότες εἰδέναι ἐπαγγέλλονται. Ὁ γοῦν Ἀριστοτέλης, ὡς ἀκριβέστερον Πλάτωνος τὰ ἐν οὐρανοῖς ἑωρακώς, οὐχ ὥσπερ ὁ Πλάτων ἐν τῇ πυρώδει οὐσίᾳ τὸν θεὸν εἶναι λέγει (οὕτω καὶ αὐτὸς ἔφη), ἀλλ' ἐν τῷ αἰθεριώδει πέμπτῳ στοιχείῳ εἶναι αὐτὸν ἀπεφήνατο. Καὶ περὶ τούτων πιστεύεσθαι ἑαυτὸν διὰ δοκιμότητα φράσεως ἀξιῶν, οὐδὲ τὴν τοῦ Εὐρίπου φύσιν τοῦ ὄντος ἐν Χαλκίδι γνῶναι δυνηθείς, διὰ πολλὴν ἀδοξίαν καὶ αἰσχύνην λυπηθεὶς μετέστη τοῦ βίου. Μηδεὶς οὖν τῶν εὖ φρονούντων προτέραν ἡγείσθω τῆς ἑαυτοῦ σωτηρίας τὴν τούτων εὐγλωττίαν, ἀλλὰ κατὰ τὴν παλαιὰν ἐκείνην ἱστορίαν κηρῷ τὰ ὦτα φραξάμενος τὴν ἐκ τῶν Σειρήνων αὐτῶν ἐνοχλοῦσαν ἡδεῖαν φευγέτω βλάβην· οἱ γὰρ προειρημένοι ἄνδρες, ὥσπερ τι δέλεαρ τὴν εὐγλωττίαν προϊσχόμενοι, πολλοὺς ἀπάγειν τῆς ὀρθῆς θεοσεβείας προῄρηνται, μιμούμενοι τὸν τὴν πολυθεότητα τοὺς πρώτους ἀνθρώπους διδάξαι τολμήσαντα. Οἷς μὴ πείθεσθαι ὑμᾶς ἀξιῶ, ἐντυγχάνειν δὲ ταῖς τῶν ἱερῶν ἀνδρῶν προφητείαις. Εἰ δέ τις ὄκνος ἢ παλαιὰ τῶν προγόνων ὑμῶν δεισιδαιμονία τέως ἐντυγχάνειν ὑμᾶς ταῖς τῶν ἁγίων ἀνδρῶν προφητείαις κωλύει, δι' ὧν δυνατὸν μανθάνειν ὑμᾶς ἕνα καὶ μόνον εἶναι θεόν, ὃ πρῶτόν ἐστι τῆς ἀληθοῦς θεοσεβείας γνώρισμα, τῷ γοῦν πρότερον ὑμᾶς τὴν πολυθεότητα διδάξαντι, ὕστερον δὲ λυσιτελῆ καὶ ἀναγκαίαν παλινῳδίαν ᾆσαι προελομένῳ πείσθητε Ὀρφεῖ, ταῦτ' εἰρηκότι ἃ μικρῷ πρόσθεν γέγραφα, καὶ τοῖς λοιποῖς δὲ τοῖς τὰ αὐτὰ περὶ ἑνὸς θεοῦ γεγραφόσι πείσθητε. Θείας γὰρ ὑπὲρ ὑμῶν προνοίας ἔργον γέγονε τὸ καὶ ἄκοντας τούτους μαρτυρεῖν τὰ ὑπὸ τῶν προφητῶν περὶ ἑνὸς θεοῦ εἰρημένα ἀληθῆ εἶναι, ἵνα παρὰ πάντων ὁ τῆς πολυθεότητος ἀθετούμενος λόγος ἀφορμὴν ὑμῖν παρέχῃ τῆς ἀληθοῦς γνώσεως.

XXVII

Ἔσται δὲ ὑμῖν ῥᾳδίως τὴν ὀρθὴν θεοσέβειαν ἐκ μέρους παρὰ τῆς παλαιᾶς Σιβύλλης, ἔκ τινος δυνατῆς ἐπιπνοίας διὰ χρησμῶν ὑμᾶς διδασκούσης, μανθάνειν, ταῦθ' ἅπερ ἐγγὺς εἶναι δοκεῖ τῆς τῶν προφητῶν διδασκαλίας. Ταύτην δὲ ἐκ μὲν Βαβυλῶνος ὡρμῆσθαί φασι, Βηρώσσου τοῦ τὴν Χαλδαϊκὴν ἱστορίαν γράψαντος θυγατέρα οὖσαν, εἰς δὲ τὰ μέρη τῆς Καμπανίας οὐκ οἶδ' ὅπως διαβᾶσαν ἐκεῖ τοὺς χρησμοὺς ἐξαγορεύειν ἔν τινι Κουμᾷ οὕτω καλουμένῃ πόλει, ἓξ σημείοις διεστώσῃ Βαΐων, ἔνθα τὰ θερμὰ τῆς Καμπανίας εἶναι συμβαίνει. Ἐθεασάμεθα δὲ ἐν τῇ πόλει γενόμενοι καί τινα τόπον, ἐν ᾧ βασιλικὴν μεγίστην ἐξ ἑνὸς ἐξεσμένην λίθου ἔγνωμεν, πρᾶγμα μέγιστον καὶ παντὸς θαύματος ἄξιον, ἔνθα τοὺς χρησμοὺς αὐτὴν ἀπαγγέλλειν οἱ ὡς τὰ πάτρια παρειληφότες παρὰ τῶν ἑαυτῶν προγόνων ἔφασκον. Ἐν μέσῳ δὲ τῆς βασιλικῆς ἐπεδείκνυον ἡμῖν τρεῖς δεξαμενὰς ἐκ τοῦ αὐτοῦ ἐξεσμένας λίθου, ὧν πληρουμένων ὕδατος λούεσθαι αὐτὴν ἐν αὐταῖς ἔλεγον, καὶ στολὴν ἀναλαμβάνουσαν εἰς τὸν ἐνδότατον τῆς βασιλικῆς βαδίζειν οἶκον ἐκ τοῦ αὐτοῦ ἐξεσμένον λίθου, καὶ ἐν μέσῳ τῷ οἴκῳ καθεζομένην ἐπὶ ὑψηλοῦ βήματος καὶ θρόνου οὕτω τοὺς χρησμοὺς ἐξαγορεύειν. Ταύτης δὲ τῆς Σιβύλλης ὡς χρησμῳδοῦ πολλοὶ μὲν καὶ ἄλλοι τῶν συγγραφέων μέμνηνται, καὶ Πλάτων δὲ ἐν τῷ Φαίδρῳ. Δοκεῖ δέ μοι τοῖς ταύτης χρησμοῖς ἐντυχὼν ὁ Πλάτων τοὺς χρησμῳδοὺς ἐκθειάζειν· ἑώρα γὰρ τὰ ὑπ' αὐτῆς πάλαι προειρημένα ἔργοις πληρούμενα. Καὶ διὰ τοῦτο θαυμάσας ἐν τῷ πρὸς Μένωνα λόγῳ αὐταῖς λέξεσιν ἐπαινῶν τοὺς χρησμῳδοὺς οὕτως γέγραφεν· Ὀρθῶς ἄρα ἂν καλοῖμεν θείους αὐτούς, οὓς δὴ νῦν λέγομεν χρησμῳδούς· οὐχ ἥκιστα φαῖμεν ἂν τούτους τε θείους εἶναι καὶ ἐνθουσιάζειν, ἐπίπνους ὄντας καὶ κατεχομένους ἐκ τοῦ θεοῦ, ὅταν κατορθῶσι λέγοντες πολλὰ καὶ μεγάλα πράγματα, μηδὲν εἰδότες ὧν λέγουσι· σαφῶς καὶ φανερῶς εἰς τοὺς Σιβύλλης ἀφορῶν χρησμούς. Αὕτη γὰρ οὐχ, ὥσπερ οἱ ποιηταὶ καὶ μετὰ τὸ γράψαι τὰ ποιήματα, εἶχεν ἐξουσίαν διορθοῦσθαι καὶ ἐπιξέειν μάλιστα διὰ τὴν τῶν μέτρων ἀκρίβειαν, ἀλλ' ἐν μὲν τῷ τῆς ἐπιπνοίας καιρῷ τὰ τῆς προφητείας ἐπλήρου, παυσαμένης δὲ τῆς ἐπιπνοίας ἐπέπαυτο καὶ ἡ τῶν εἰρημένων μνήμη. Τοῦτ' οὖν αἴτιον τοῦ μὴ πάντα τὰ μέτρα τῶν ἐπῶν τῆς Σιβύλλης σώζεσθαι. Αὐτοὶ γὰρ ἐν τῇ πόλει γενόμενοι παρὰ τῶν περιηγητῶν μεμαθήκαμεν, τῶν καὶ τοὺς τόπους ἡμῖν, ἐν οἷς ἐχρησμῴδει, ὑποδειξάντων καὶ φακόν τινα ἐκ χαλκοῦ κατεσκευασμένον, ἐν ᾧ τὰ λείψανα αὐτῆς σώζεσθαι ἔλεγον. Ἔφασκον δὲ μετὰ πάντων ὧν διηγοῦντο καὶ τοῦτο ὡς παρὰ τῶν προγόνων ἀκηκοότες, ὅτι οἱ ἐκλαμβάνοντες τοὺς χρησμοὺς τηνικαῦτα, ἐκτὸς παιδεύσεως ὄντες, πολλαχοῦ τῆς τῶν μέτρων ἀκριβείας διήμαρτον· καὶ ταύτην ἔλεγον αἰτίαν εἶναι τῆς ἐνίων ἐπῶν ἀμετρίας, τῆς μὲν χρησμῳδοῦ διὰ τὸ πεπαῦσθαι τῆς κατοχῆς καὶ τῆς ἐπιπνοίας μὴ μεμνημένης τῶν εἰρημένων, τῶν δὲ ὑπογραφέων δι' ἀπαιδευσίαν τῆς τῶν μέτρων ἀκριβείας ἐκπεπτωκότων. Διὰ τοῦτο τοίνυν τὸν Πλάτωνα εἰς τοὺς τῆς Σιβύλλης ἀφορῶντα χρησμοὺς περὶ τῶν χρησμῳδῶν τοῦτ' εἰρηκέναι δῆλον. Ἔφη γὰρ οὕτως· Ὅταν κατορθῶσι λέγοντες πολλὰ καὶ μεγάλα πράγματα, μηδὲν εἰδότες ὧν λέγουσι.

XXXVIII

Πλὴν ἀλλ' ἐπειδήπερ, ὦ ἄνδρες Ἕλληνες, οὐκ ἐν ποιητικοῖς μέτροις τὰ τῆς ἀληθοῦς θεοσεβείας πράγματα οὐδὲ ἐν τῇ παρ' ὑμῖν εὐδοκιμούσῃ παιδεύσει, ἀφέμενοι λοιπὸν τῆς τῶν μέτρων καὶ λόγων ἀκριβείας, τοῖς ὑπ' αὐτῆς εἰρημένοις ἀφιλονείκως προσέχοντες γνῶτε πόσων ὑμῖν ἀγαθῶν αἰτία ἔσται, τὴν τοῦ σωτῆρος ἡμῶν Ἰησοῦ Χριστοῦ ἄφιξιν σαφῶς καὶ φανερῶς προαγορεύουσα· ὃς τοῦ θεοῦ ὑπάρχων λόγος ἀχώρητος δυνάμει, τὸν κατ' εἰκόνα θεοῦ καὶ ὁμοίωσιν πλασθέντα ἀναλαβὼν ἄνθρωπον, τῆς τῶν ἀρχαίων ἡμᾶς προγόνων ἀνέμνησε θεοσεβείας, ἣν οἱ ἐξ αὐτῶν γενόμενοι ἄνθρωποι καταλιπόντες διδασκαλίᾳ βασκάνου δαίμονος ἐπὶ τὴν τῶν μὴ θεῶν ἐτράπησαν θρησκείαν. Εἰ δέ τις ὄκνος ὑμῖν ἐνοχλεῖ πίστεως περὶ τῆς τοῦ ἀνθρώπου πλάσεως, πείσθητε τούτοις οἷς ἔτι προσέχειν οἴεσθε δεῖν, καὶ γνῶτε ὅτι τὸ παρ' ὑμῖν χρηστήριον, ἀξιωθὲν ὑπό τινος ὕμνον τοῦ παντοκράτορος ἐκδοῦναι θεοῦ, οὕτως ἐν μέσῳ τοῦ ὕμνου ἔφη·

Ὃς πρῶτον πλάσας μερόπων, Ἀδὰμ δὲ καλέσσας. Καὶ τοῦτον σώζεσθαι τὸν ὕμνον παρὰ πολλοῖς ὧν ἴσμεν συμβαίνει εἰς ἔλεγχον τῶν μὴ πείθεσθαι τῇ ὑπὸ πάντων μαρτυρουμένη ἀληθείᾳ βουλομένων. Εἰ τοίνυν, ὦ ἄνδρες Ἕλληνες, μὴ προτιμοτέραν ἡγεῖσθε τῆς ὑμῶν αὐτῶν σωτηρίας τὴν περὶ τῶν μὴ ὄντων θεῶν ψευδῆ φαντασίαν, πείσθητε, ὥσπερ ἔφην, τῇ ἀρχαιοτάτῃ καὶ σφόδρα παλαιᾷ Σιβύλλῃ, ἧς τὰς βίβλους ἐν πάσῃ τῇ οἰκουμένῃ σώζεσθαι συμβαίνει, περὶ μὲν τῶν λεγομένων θεῶν ὡς μὴ ὄντων ἀπό τινος δυνατῆς ἐπιπνοίας διὰ χρησμῶν ὑμᾶς διδασκούσῃ, περὶ δὲ τῆς τοῦ σωτῆρος ἡμῶν Ἰησοῦ Χριστοῦ μελλούσης ἔσεσθαι παρουσίας καὶ περὶ πάντων τῶν ὑπ' αὐτοῦ γίνεσθαι μελλόντων σαφῶς καὶ φανερῶς προαναφωνούσῃ· ἔσται γὰρ ὑμῖν ἀναγκαῖον προγύμνασμα ἡ τούτων γνῶσις τῆς τῶν ἱερῶν ἀνδρῶν προφητείας. Εἰ δέ τις οἴοιτο παρὰ τῶν πρεσβυτάτων παρ' αὐτοῖς ὀνομασθέντων φιλοσόφων τὸν περὶ θεοῦ μεμαθηκέναι λόγον, Ἄμμωνός τε καὶ Ἑρμοῦ ἀκουέτω· Ἄμμωνος μὲν ἐν τοῖς περὶ αὐτοῦ λόγοις πάγκρυφον τὸν θεὸν ὀνομάζοντος, Ἑρμοῦ δὲ σαφῶς καὶ φανερῶς λέγοντος· Θεὸν νοῆσαι μέν ἐστι χαλεπόν, φράσαι δὲ ἀδύνατον, ᾧ καὶ νοῆσαι δυνατόν. Πανταχόθεν τοίνυν εἰδέναι προσήκει, ὅτι οὐδαμῶς ἑτέρως περὶ θεοῦ ἢ τῆς ὀρθῆς θεοσεβείας μανθάνειν οἷόν τε ἢ παρὰ τῶν προφητῶν μόνων, τῶν διὰ τῆς θείας ἐπιπνοίας διδασκόντων ὑμᾶς.

Λογος Παραινετικος Προς Ελληνας

Eusebius of Caesarea - André Thevet - Les vrais
pourtraits et vies des hommes illustres Grecz,
Latins et payens (1584)

Περι Μοναρχιας

(Joannes Otto)

I

Τῆς ἀνθρωπίνης φύσεως τὸ κατ' ἀρχὴν συζυγίαν συνέσεως καὶ σωτηρίας λαβούσης εἰς ἐπίγνωσιν ἀληθείας θρησκείας τε τῆς εἰς τὸν ἕνα καὶ πάντων δεσπότην, παρεισδῦσα εἰς εἰδωλοποιΐας ἐξέτρεψε βασκανία τὸ ὑπερβάλλον τῆς τῶν ἀνθρώπων μεγαλειότητος, καὶ πολλῷ χρόνῳ μεῖναν τὸ περισσὸν ἔθος ὡς οἰκείαν καὶ ἀληθῆ τὴν πλάνην τοῖς πολλοῖς παραδίδωσι. Φιλανθρώπου δὲ ἢ μᾶλλον φιλοθέου ἔργον ἐστὶν ὑπομνῆσαι τοὺς ἅπερ ὤφελον εἰδέναι παραλελοιπότας. Ἦν μὲν γὰρ καθ' ἑαυτὴν ἀρκετὴ ἡ ἀλήθεια δεικνύναι ἐκ τῶν συνεχομένων ὑπὸ τὸν πόλον τὴν τοῦ δημιουργήσαντος ταῦτα τάξιν, λήθη δὲ διὰ τὸ μακρόθυμον τοῦ θεοῦ περικρατήσασα τῆς τῶν ἀνθρώπων γνώμης ἐραδιούργησε, τὸ μόνῳ τῷ ὄντως θεῷ πρέπον ὄνομα ἐπὶ θνητοὺς μεταφέρουσα. Καὶ δι' ὀλίγων νομὴν πονηρίας ἔσχον οἱ πολλοί, ἀμαυρούμενοι τῇ εἰς τὸ βέβαιον καὶ ἄτρεπτον γνώσει ὀχλικῇ συνηθείᾳ· οἱ μὲν γὰρ τὸ κατ' ἀρχὴν εἰς τιμὴν τῶν ὑπερεχόντων τελετὰς καὶ λειτουργίας τελοῦντες ἀμνηστίαν τοῖς μετ' αὐτοὺς τῆς καθολικῆς δόξης ἐνέβαλον. Ἐγὼ δέ, ὡς μικρῷ πρόσθεν ὑπέστην, φιλοθέῳ τῇ γνώμῃ κεχρημένος φιλανθρώπῳ χρήσομαι τῇ φωνῇ, καὶ παρίστημι τοῖς γε νοῦν ἔχουσι, δέον ὑπάρχειν πᾶσι τοῖς κεχρημένοις τῇ τῶν ὅλων διοικήσει, ἄτρεπτον ἔχειν τὴν εἰς τὸν πάντων γνώστην θρησκείαν. Τοῦτο δὲ οὐ λόγῳ καλλωπίζων φράσω, ἀποδείξει δὲ τῇ ἐκ τῶν κατὰ τὸ παλαιὸν εἰς τὸ παντελὲς τῆς ἑλληνικῆς ἱστορίας ποιήσει κεχρημένος, ἐκ τῶν πᾶσι κοινῇ δεδομένων γραμμάτων· ἐξ ὧν γὰρ οἱ πάνυ τῆς τῶν εἰδώλων θρησκείας νόμον τοῖς πολλοῖς παρέδοσαν, μαθόντες ἐξ αὐτῶν ἀγνῶτες νοῦ ἐλεγχθήσονται ὑπὸ τῶν παρ' αὐτοῖς ποιητῶν καὶ μελογράφων.

II

Πρῶτος μὲν γὰρ Αἰσχύλος, τὴν τῶν καθ' ἑαυτὸν λόγων σύνταξιν ἐκθείς, καὶ τὴν περὶ θεοῦ τοῦ μόνου ἐξήνεγκε φωνήν, ὡς λέγει·

Χώριζε θνητῶν τὸν θεόν, καὶ μὴ δόκει
Ὅμοιον αὐτῷ σάρκινον καθεστάναι.
Οὐκ οἶσθα δ' αὐτόν· ποτὲ μὲν ὡς πῦρ φαίνεται
Ἄπλατος ὁρμή, ποτὲ δ' ὕδωρ, ποτὲ γνόφος·
Καὶ θηρσὶν αὐτὸς γίνεται παρεμφερής,
Ἀνέμῳ, νεφέλῃ τε κἀστραπῇ, βροντῇ, βροχῇ.
Ὑπηρετεῖ δ' αὐτῷ θάλασσα καὶ πέτραι
Καὶ πᾶσα πηγὴ χὕδατος συστήματα·
Τρέμει δ' ὄρη καὶ γαῖα καὶ πελώριος
Βυθὸς θαλάσσης κωρέων ὕψος μέγα,
Ὅταν ἐπιβλέψῃ γοργὸν ὄμμα δεσπότου.
Πάντα δύναται γάρ· δόξα δ' ὑψίστου θεοῦ.[482]

Οὐ μόνον δὲ οὗτος τὴν περὶ θεοῦ ἐμυήθη γνῶσιν, ἀλλὰ καὶ Σοφοκλῆς τὴν τοῦ μόνου ποιητοῦ τῶν ὅλων καὶ ἑνὸς θεοῦ ἱστορεῖ τάξιν οὕτως·

Εἷς ταῖς ἀληθείαισιν, εἷς ἔστιν θεός,
Ὃς οὐρανόν τ' ἔτευξε καὶ γαῖαν μακράν,
Πόντου τε χαροπὸν οἶδμα κἀνέμων βίας.
Θνητοὶ δὲ πολλοὶ καρδίαν πλανώμενοι
Ἱδρυσάμεσθα πημάτων παραψυχάς,
Θεῶν ἀγάλματ' ἐκ λίθων ἢ χαλκέων,
Ἢ χρυσοτεύκτων ἢ ἐλεφαντίνων τύπους·
Θυσίας τε τούτοις καὶ καλὰς πανηγύρεις
Τεύχοντες, οὕτως εὐσεβεῖν νομίζομεν.

---

482 This quote is also found in Στρώματα (The Stromata or Miscelanies) by Clement of Alexandria v. 14, and Eusebius in his Εὐαγγελικὴ προπαρασκευή (Lat. Praeparatio Evangelia or Preparation for the Gospel) xiii. 13. Otto in his edition also noted that [Hugo] Grotius (1583-1645) attributed the passage to Aeschylus Junior. Herbert Weir Smyth disagreed and listed this in the 'Doubtful or Spurious Fragments' chapter as Fragment 239 of his edition of Aeschylus With an English Translation vol. II (Loeb, 1926).

Περὶ Μοναρχίας

Ἀλλὰ καὶ Φιλήμων[483], τὰ ἀρχαῖα εὐπορήσας φράσαι, κοινωνεῖ τῇ περὶ τῶν ὄντων γνώσει, ὡς γράφει·

Θεὸν δὲ ποῖον, εἰπέ μοι, νομιστέον;
Τὸν πάνθ' ὁρῶντα καὐτὸν οὐχ ὁρώμενον.[484]

Μαρτυρήσει δέ μοι καὶ Ὀρφεύς, ὁ παρεισαγαγὼν τοὺς τριακοσίους ἑξήκοντα θεούς, ἐν τῷ Διαθῆκαι ἐπιγραφομένῳ βιβλίῳ, ὁπότε μετανοῶν ἐπὶ τούτῳ φαίνεται ἐξ ὧν γράφει·

Μουσαῖ'! Ἐξερέω γὰρ ἀληθέα· μηδέ σε τὰ πρὶν
Ἐν στήθεσσι φανέντα φίλης αἰῶνος ἀμέρσῃ.
Εἰς δὲ λόγον θεῖον βλέψας τούτῳ προσέδρευε,
Ἰθύνων κραδίης νοερὸν κύτος, εὖ τ' ἐπίβαινε
Ἀτραπιτοῦ, μοῦνον δ' ἐσόρα κόσμοιο ἄνακτα.
Εἷς ἔστ', αὐτογενής, ἑνὸς ἔκγονα πάντα τέτυκται·
Ἐν δ' αὐτοῖς αὐτὸς περιγίνεται, οὐδέ τις αὐτὸν
Εἰσοράᾳ θνητῶν, αὐτὸς δέ γε πάντας ὁρᾶται.
Οὗτος δ' ἐξ ἀγαθοῖο κακὸν θνητοῖσι δίδωσι
Καὶ πόλεμον κρυόεντα καὶ ἄλγεα δακρυόεντα.
Οὐδέ τις ἔσθ' ἕτερος χωρὶς μεγάλοιο ἄνακτος.
Αὐτὸν δ' οὐχ ὁρόω· περὶ γὰρ νέφος ἐστήρικται.
Πᾶσιν γὰρ θνητοῖς θνηταὶ κόραι εἰσὶν ἐν ὄσσοις,
Ἀσθενέες δ' ἰδέειν Δία τὸν πάντων μεδέοντα.
Οὗτος γὰρ χάλκειον ἐπ' οὐρανὸν ἐστήρικται
Χρυσέῳ ἐνὶ θρόνῳ, γαίης δ' ἐπὶ ποσσὶ βέβηκε
Χεῖρά τε δεξιτερὴν ἐπὶ τέρματος ὠκεανοῖο
Πάντοθεν ἐκτέτακεν· περὶ γὰρ τρέμει οὔρεα μακρὰ
Καὶ ποταμοὶ πολιῆς τε βάθος χαροποῖο θαλάσσης.

Καὶ ταῦτα οὕτως φράζει, ὡς αὐτόπτης γεγονὼς τοῦ μεγέθους θεοῦ. Κοινωνεῖ δ' αὐτῷ καὶ Πυθαγόρας ἐν οἷς γράφει·

Εἴ τις ἐρεῖ Θεός εἰμι πάρεξ ἑνός, οὗτος ὀφείλει
Κόσμον ἴσον τούτῳ στήσας εἰπεῖν Ἐμὸς οὗτος·

---

483 Philemon of Athens (c.362-c.262 BC), a New Comedy poet and playwright.
484 This quote is also found in Clement of Alexandria's Προτρεπτικὸς πρὸς Ἕλληνας (Exhortation to the Greeks) vi. 68.1. Clement Al. attributes it to Euripides. Otto said that [Augustus] Meinekius suspected it was a Christian who originally penned these words.

Κούχὶ μόνον στήσας εἰπεῖν Ἐμός, ἀλλὰ κατοικεῖν
Αὐτὸς ἐν ᾧ πεποίηκε· πεποίηται δ' ὑπὸ τούτου.

III

Καὶ περὶ τοῦδε ὅτι μόνος δυνατός ἐστι καὶ τῶν ἐν τῷ βίῳ συντελουμένων πράξεων καὶ τῆς περὶ τὸ θεῖον ἀγνωσίας κρίσιν ἐνστήσασθαι, οἰκείους μάρτυρας παραστῆσαι ἔχω· καὶ πρῶτόν γε Σοφοκλέα, καὶ περὶ τούτου λέγοντα·

Ἔσται γάρ, ἔσται κεῖνος αἰώνων χρόνος,
Ὅταν πυρὸς γέμοντα θησαυρὸν σχάσῃ
Χρυσωπὸς αἰθήρ· ἡ δὲ βοσκηθεῖσα φλόξ
Ἅπαντα τἀπίγεια καὶ μετάρσια
Φλέξει μανεῖς'. Ὅταν δὲ ἐκλίπῃ τὸ πᾶν,
Φροῦδος μὲν ἔσται κυμάτων ἅπας βυθός,
Γῆ δ' ἐδράνων ἔρημος, οὐδ' ἀὴρ ἔτι
Πτερωτὰ φῦλα βαστάσει πυρουμένη.
Καὶ γὰρ καθ' ᾅδην δύο τρίβους νομίζομεν,
Μίαν δικαίων χἀτέραν τῶν ἀδίκων.
Κἄπειτα σώσει πάνθ' ἃ πρόσθ' ἀπώλεσεν.[485]
Ἀλλὰ καὶ Φιλήμων πάλιν·
Οἴει σὺ τοὺς θανόντας, ὦ Νικόστρατε,
Τρυφῆς ἁπάσης μεταλαβόντας ἐν βίῳ,
Καὶ γῆν καλύψειν, ὡς ἀπὸ τοῦ πάντ' εἰς χρόνον
Πεφευγέναι τὸ θεῖον ὡς λεληθότας;
Ἔστιν Δίκης ὀφθαλμός, ὃς τὰ πάνθ' ὁρᾷ.
Εἰ γὰρ δίκαιος κἀσεβὴς ἕξουσιν ἕν,
Ἅρπαζ' ἀπελθών, κλέπτ' ἀποστέρει κύκα.
Μηδὲν πλανηθῇς· ἔστι κἀν ᾅδου κρίσις,
Ἥνπερ ποιήσει θεὸς ὁ πάντων δεσπότης,
Οὗ τοὔνομα φοβερὸν οὐδ' ἂν ὀνομάσαιμ' ἐγώ.[486]

---

485 Ἔσται ... ἀπώλεσεν] these words are quoted by both Clement of Alexandria (Stromata V. c. 14 s.121) and Eusebius (Praeparatio Evangelium XIII c.13 s.48). Grotius thought that the passage is from the Sophocles the Younger (c.396) and not his more famous grandfather, Sophocles the Greater (c.495-406 BC).
486 Οἴει ... ἐγώ] Quoted by Clement of Alexandria (Stromata XIV) and Eusebius and attributed by both to Diphilus of Sinope (342-291 BC) rather than Philemon and Euripedes as by pseudo-Justin here.

Περι Μοναρχιας

Καὶ Εὐριπίδης·
Ἄφθονον βίου μῆκος δίδωσι πρὸς κρίσιν.
Ὅστις δὲ θνητῶν οἴεται τοὐφ' ἡμέραν
Κακόν τι πράσσων τὸν θεὸν λεληθέναι,
Δοκεῖ πονηρά, καὶ δοκῶν ἁλίσκεται,
Ὅταν σχολὴν ἄγουσα τυγχάνῃ Δίκη.
Ὁρᾶθ' ὅσοι νομίζετ' οὐκ εἶναι θεόν,
Δὶς ἐξαμαρτάνοντες οὐκ εὐγνωμόνως·
Ἔστιν γάρ, ἔστιν. Εἰ δέ τις πράσσει καλῶς,
Κακὸς πεφυκώς, τὸν χρόνον κερδαινέτω·
Χρόνῳ γὰρ οὗτος ὕστερον δώσει δίκην.[487]

IV

Καὶ ὅτι οὐ σπονδῇ καὶ θυμιάματι κακούργων προσφέρεται ὁ θεός, ἀλλ' εὐθύτητι τὰς τιμωρίας προσνέμει ἑκάστῳ, μαρτυρήσει μοι Φιλήμων πάλιν·
Εἴ τις δὲ θυσίαν προσφέρων, ὦ Πάμφιλε,
Ταύρων τι πλῆθος ἢ ἐρίφων ἢ νὴ Δία
Ἑτέρων τοιούτων, ἢ κατασκευάσματα,
Χρυσᾶς ποιήσας χλαμύδας ἤτοι πορφύρας,
Ἢ δι' ἐλέφαντος ἢ σμαράγδου ζώδια,
Εὔνουν νομίζει τὸν θεὸν καθεστάναι,
Πλανᾶτ' ἐκεῖνος καὶ φρένας κούφας ἔχει.
Δεῖ γὰρ τὸν ἄνδρα χρήσιμον καθεστάναι,
Μὴ παρθένους φθείροντα καὶ μοιχώμενον,
Κλέπτοντα καὶ σφάζοντα χρημάτων χάριν,
Τἀλλότρια βλέποντα, κἀπιθυμοῦντα
Ἤτοι γυναικὸς πολυτελοῦς ἢ δώματος
Ἢ κτήσεως παιδός τε παιδίσκης θ' ἁπλῶς,
Ἵππων, βοῶν τὸ σύνολον ἢ κτηνῶν. Τί δή;
Μηδὲ βελόνης ἓν ἅμμ' ἐπιθυμήσῃς, Πάμφιλε·
Ὁ γὰρ θεὸς βλέπει σε πλησίον παρών,
Ὃς ἔργοις δικαίοις ἥδεται κοὐκ ἀδίκοις·
Πονοῦντα δ' ἐᾷ τὸν ἴδιον ὑψῶσαι βίον,

---

[487] As with the previous quote, Clement and Eusebius attribute these words to Diphilus of Sinope.

Τὴν γῆν ἀροῦντα νύκτα καὶ τὴν ἡμέραν.
Θεῷ δὲ θῦε διὰ τέλους δίκαιος ὤν,
Μὴ λαμπρὸς ὢν ταῖς χλαμύσιν ὡς τῇ καρδίᾳ.
Βροντῆς ἀκούσας μηδαμῶς πόρρω φύγῃς,
Μηδὲν συνειδὼς αὐτὸς αὑτῷ, δέσποτα·
Ὁ γὰρ θεὸς βλέπει σε πλησίον παρών.[488]

Πάλιν τε Πλάτων ἐν Τιμαίῳ· Εἰ δέ τις τούτων ἔργῳ σκοπούμενος βάσανον λαμβάνοιτο, τῆς ἀνθρωπίνης καὶ θείας φύσεως ἠγνοηκὼς ἂν εἴη τὸ διάφορον, ὅτι θεὸς μὲν ἅπαντα εἰς ἓν συγκεράννυται, ἱκανῶς ἐπιστάμενος ἅμα καὶ δυνατὸς ὤν, ἀνδρῶν δὲ οὐδεὶς οὐδέτερα τούτων ἱκανὸς οὔτ' ἐστὶ νῦν οὔτ' εἰσαῦθις ἔσται ποτέ.

V

Περὶ δὲ τῶν δοκούντων παρά τισι μετέχειν τοῦ ἁγίου καὶ τελείου ὀνόματος, ὅπερ παραδόσει ματαίᾳ τινὲς ἀπηνέγκαντο ὡς θεοί, Μένανδρος ἐν Ἡνιόχῳ λέγει·

Οὐθείς μ' ἀρέσκει περιπατῶν ἔξω θεὸς
[Μετὰ γραός], οὐδ' εἰς οἰκίας παρέρπων
Ἐπὶ τοῦ σανιδίου. Τὸν δίκαιον δεῖ θεὸν
Οἴκοι μένειν σώζοντα τοὺς ἱδρυμένους.

Ὁ αὐτὸς Μένανδρος ἐν Ἱερείᾳ·

Οὐθεὶς δι' ἀνθρώπου θεὸς σώζει, γύναι,
Ἑτέρου τὸν ἕτερον· εἰ γὰρ ἕλκει τινὰ θεὸν
Τοῖς κυμβάλοις ἄνθρωπος εἰς ὃ βούλεται,
Ὁ τοῦτο ποιῶν ἐστι μείζων τοῦ θεοῦ.
Ἀλλ' ἔστι τόλμης καὶ βίου ταῦτ' ὄργανα,
Εὑρημέν' ἀνθρώποις ἀναιδέσιν, Ῥόδη,
Εἰς καταγέλωτα τῷ βίῳ πεπλασμένα.

Ἐν Μισουμένῳ δὲ πάλιν ἀποφαίνων περὶ τῶν εἰς θεοὺς παραλαμβανομένων τὰς γνώμας, μᾶλλον δὲ ἐλέγχων ὡς οὐκ ὄντας, ὁ αὐτὸς Μένανδρος·

Εἰ γὰρ ἐπίδοιμι τοῦτο, καὶ ψυχὴν [πάλιν]

---

[488] Clement of Alexandria and Eusebius attribute these words to Menander. Otto said that Richard Brunck (1729-1803) believed they were either spurius and the work of later Greek poets or that they were partially sourced from Menander and changed or added to at some point by an interpolator.

Περι Μοναρχιας

Λάβοιμ' ἐγώ· νυνὶ γὰρ ἀλλὰ ποῦ θεοὺς
Οὕτως δικαίους ἔστιν εὑρεῖν, ὦ Γέτα;

Καὶ ἐν Παρακαταθήκῃ·
Ἔστι κρίσις ἄδικος, ὡς ἔοικε, κἄν θεοῖς.

Καὶ Εὐριπίδης ὁ τραγῳδιογράφος ἐν Ὀρέστῃ·
Φοῖβος κελεύσας μητρὸς ἐκπρᾶξαι φόνον,
Ἀμαθέστερός γ' ὢν τοῦ καλοῦ καὶ τῆς δίκης.
Δουλεύομεν θεοῖς, ὅ τι ποτ' εἰσὶ θεοί.
Ὁρᾷς δ' Ἀπόλλων', ὃς μεσομφάλους ἕδρας
Ναίων βροτοῖσι στόμα νέμει σαφέστατον;
Ὧι πειθόμεσθα πάνθ' ὅς' ἂν κεῖνος λέγῃ,
Τούτῳ πιθόμενος τὴν τεκοῦσαν ἔκτανον.
Ἐκεῖνον ἡγεῖσθ' ἀνόσιον καὶ κτείνετε·
Ἐκεῖνος ἥμαρτ', οὐκ ἐγώ. Τί χρή με δρᾶν;
Ἢ οὐκ ἀξιόχρεως ὁ θεὸς ἀναφέροντί μοι
Μίασμα σῶσαι.

Ὁ αὐτὸς καὶ ἐν Ἱππολύτῳ·
Ἀλλ' οὐ γὰρ ὀρθῶς ταῦτα κρίνουσιν θεοί.

Καὶ ἐν τῷ Ἴωνι·
Ἀτὰρ θυγατρὸς τῆς Ἐρεχθέως τί μοι
Μέλει; Προσῆκε μ' οὐθέν. Ἀλλὰ χρυσέαις
Πρόχοισιν, ἐλθὼν εἰς ἀπορραντήρια,
Δρόσον καθήσω. Νουθετητέος δέ μοι
Φοῖβος. Τί παρέχει, παρθένους βίᾳ γαμῶν;
Προδίδωσι παῖδας ἐκτεκνούμενος λάθρα,
Θνήσκοντας ἀμελεῖ. Μὴ σύ γ'· ἀλλ', ἐπεὶ κρατεῖς,
Ἀρετὰς δίωκε. Καὶ γάρ, ὅστις ἂν βροτῶν
Κακὸς πεφύκῃ, ζημιοῦσιν οἱ θεοί.
Πῶς οὖν δίκαιον, τοὺς νόμους ὑμᾶς βροτοῖς
Γράψαντας αὐτοὺς ἀδικίας ὀφλισκάνειν;
Εἰ δ' οὐ πάρεστε, τῷ λόγῳ κεχρήσομαι·
Δίκας βιαίων δώσετ' ἀνθρώποις γάμων,
Σὺ καὶ Ποσειδῶν Ζεύς θ', ὃς οὐρανοῦ κρατεῖ,
Ναοὺς τίνοντες ἀδικίας κενώσετε.

Τὰς ἡδονὰς γὰρ τῆς προμηθείας πέραν
Σπεύδοντες ἀδικεῖτ'. Οὐκέτ' ἀνθρώπους κακοὺς
Λέγειν δίκαιον, εἰ τὰ τῶν θεῶν καλὰ
Μιμούμεθ', ἀλλὰ τοὺς διδάξαντας τάδε.

Καὶ ἐν Ἀρχελάῳ·

Πόλλ', ὦ τέκνον, σφάλλουσιν ἀνθρώπους θεοί.

Καὶ ἐν Βελλεροφόντῃ·
Εἰ θεοί τι δρῶσι φαῦλον, οὐκ εἰσὶν θεοί.

Καὶ πάλιν ἐν τῷ αὐτῷ·
Φησίν τις εἶναι δῆτ' ἐν οὐρανῷ θεούς;
Οὐκ εἰσίν, οὐκ εἴς'· εἴ τις ἀνθρώπων λέγει,
Μὴ τῷ παλαιῷ μῶρος ὢν χρήσθω λόγῳ.
Σκέψασθε δ' αὐτά, μὴ ἐπὶ τοῖς ἐμοῖς λόγοις
Γνώμην ἔχοντες. Φήμ' ἐγὼ τυραννίδα
Κτείνειν τε πλείστους κτημάτων τ' ἀποστερεῖν
Ὅρκους τε παραβαίνοντας ἐκπορθεῖν πόλεις·
Καὶ ταῦτα δρῶντες μᾶλλόν εἰς' εὐδαίμονες
Τῶν εὐσεβούντων ἡσυχῇ καθ' ἡμέραν.
Πόλεις τε μικρὰς οἶδα τιμώσας θεούς,
Αἳ μειζόνων κλύουσι δυσσεβεστέρων
Λόγχης ἀριθμῷ πλείονος κρατούμεναι.
Οἶμαι δ' ἂν ὑμᾶς, εἴ τις ἀργὸς ὢν θεοῖς
Εὔχοιτο καὶ μὴ χειρὶ συλλέγοι βίον,
Τὰ θεῖα πυργοῦς' αἱ κακαί τε συμφοραί.

Καὶ Μένανδρος ἐν Διφίλῳ·
Διότι τὸν ὄντα κύριον πάντων ἀεὶ
Καὶ πατέρα τοῦτον διὰ τέλους τιμᾶν μόνον,
Ἀγαθῶν τοσούτων εὑρετὴν καὶ κτίστορα.
Ὁ αὐτὸς ἐν Ἁλιεῦσι·
Τὸ γὰρ τρέφον με τοῦτ' ἐγὼ κρίνω θεόν.

Τὸ δ' εἰθισμένον τρέφειν οὐ δεῖται τῆς παρὰ τοῦ δεομένου χορηγίας.

Ὁ αὐτὸς ἐν Ἀδελφοῖς·

Θεός ἐστι τοῖς χρηστοῖς ἀεί

Ὁ νοῦς γάρ, ὡς ἔοικεν, ὦ σοφώτατοι.

Καὶ ἐν Αὐλητρίσι·
Πάντ' ἐστὶ τῷ καλῷ λόγῳ
Ἱερόν· ὁ νοῦς γάρ ἐστιν ὁ λαλήσων θεός.

Ἐν Φρίξῳ ὁ τραγικός·
Εἰ δ' εὐσεβὴς ὢν τοῖσι δυσσεβεστάτοις
Εἰς ταῦτ' ἔπραττον, πῶς τόδ' ἂν καλῶς ἔχοι;
Ἢ Ζεὺς ὁ λῷστος μηδὲν ἔνδικον φρονεῖ;

Ἐν Φιλοκτήτῃ·
Ὁρᾶτε δ' ὡς κἂν θεοῖσι κερδαίνειν καλόν,
Θαυμάζεται δ' ὁ πλεῖστον ἐν ναοῖς ἔχων
Χρυσόν· τί δῆτα καὶ σὲ κωλύει [λαβεῖν]
Κέρδος, παρόν γε κἀξομοιοῦσθαι θεοῖς;

Ἐν Ἑκάβῃ·
Ζεύς, ὅστις εἶ Ζεύς· οὐ γὰρ οἶδα πλὴν λόγῳ.

Καί·
Ζεύς, εἴτ' ἀνάγκη φύσεος εἴτε νοῦς βροτῶν,
Προσηυξάμην σε!

VI

Ἐνταῦθα τοίνυν ἐστὶν ἔλεγχος ἀρετῆς καὶ γνώμης σύνεσιν ἀγαπώσης, ἐπαναδραμεῖν ἐπὶ τὴν τῆς συζυγίας κοινωνίαν καὶ προσάψαι ἑαυτὸν συνέσει εἰς σωτηρίαν αἱρεῖσθαί τε τὴν τῶν κρεισσόνων ἐκλογὴν κατὰ τὸ ἐπ' ἀνθρώπῳ κείμενον αὐτεξούσιον, μὴ τοὺς ἀνθρωποπαθεῖς ἡγουμένους τῶν ὅλων δεσπότας, ὅπου γε οὐδὲ ἀνθρώποις ἴσην ἔχοντες φανήσονται. Παρ' Ὁμήρῳ γὰρ ὁ μὲν Δημόδοκος αὐτοδίδακτός φησιν εἶναι·

Θεὸς δέ μοι ἔμβαλεν οἴμους,

θνητὸς ὤν. Ἀσκληπιὸς καὶ Ἀπόλλων παρὰ Χείρωνι τῷ Κενταύρῳ ἰᾶσθαι διδάσκονται, τὸ καινότατον παρὰ ἀνθρώπῳ θεοί. Τί γὰρ δίειμι περὶ Διονύσου, ὃν μαινόμενόν φησιν ὁ ποιητής, ἢ Ἡρακλέους, ὃν καὶ αὐτὸν σχέτλιον λέγει; Τί δέ μοι ἀναγορεύειν Ἄρη καὶ Ἀφροδίτην, τοὺς τῆς μοιχείας ἀρχηγούς, καὶ ἐξ ἁπάντων τούτων κρίσιν ἐπάγειν τοῖς δεικνυμένοις; Εἰ γάρ τις μὴ μαθὼν τὰς περὶ τὰ λεγόμενα θείας πράξεις μιμήσαιτο, κἂν ἐπὶ τῶν κιβδήλων ἀλλότριος βίου καὶ ἀνθρωπότητος λογισθείη· γνοὺς δέ τις εὔλογον ἕξει τὴν τῶν τιμωριῶν ἀποφυγήν, οὐ παρανομίαν δεικνύων τὴν τῶν θεϊκῶν τολμημάτων μίμησιν. Εἰ δ' ἄρα τις τοῖς ἔργοις ἐπιμέμψαιτο, ἀνελεῖ καὶ τὰ ἐκ τούτων γνωσθέντα ὀνόματα καὶ μὴ πεπινωμέναις καὶ στωμύλοις ῥήσεσιν ἐπισκεπάσει αὐτούς. Ἀσπάζεσθαι δὲ χρὴ τὸ ἀληθινὸν καὶ ἄτρεπτον ὄνομα, τὸ οὐχὶ διὰ τῆς ἐμῆς φωνῆς μόνον ἀλλὰ καὶ διὰ τῶν εἰσαγαγόντων ἡμᾶς εἰς τὴν ἀρχὴν τῆς παιδείας κηρυσσόμενον, ἵνα μή, ἀργῶς τελειώσαντες τὸν ἐνταῦθα τοῦ ζῆν χρόνον, οὐ μόνον ὡς ἀγνῶτες τῆς οὐρανίου δόξης ἀλλὰ καὶ ὡς ἀχάριστοι τῷ κριτῇ τὰς εὐθύνας παρέξομεν.

Plato - André Thevet - Les vrais pourtraits et vies des hommes illustres grecz, latins et payens (1584)

Περι Αναστασεως

On Resurrection has been attributed to Justin Martyr but some believe it may have been written by Athenagoras of Athens (c.133-c190) or possibly Hippolytus of Rome (c.170-c.235).

(Joannes Otto)

I

Ὁ μὲν τῆς ἀληθείας λόγος ἐστὶν ἐλεύθερός τε καὶ αὐτεξούσιος, ὑπὸ μηδεμίαν βάσανον ἐλέγχου θέλων πίπτειν μηδὲ τὴν παρὰ τοῖς ἀκούουσι δι' ἀποδείξεως ἐξέτασιν ὑπομένειν. Τὸ γὰρ εὐγενὲς αὐτοῦ καὶ πεποιθὸς αὐτῷ τῷ πέμψαντι πιστεύεσθαι θέλει. Λόγος δὲ ἀληθείας ἀπὸ θεοῦ πέμπεται· διὸ καὶ τὸ ἐλεύθερον τὸ περὶ αὐτὸν οὐ φορτικόν. Κατ' ἐξουσίαν γὰρ φερόμενος εἰκότως οὐδὲ τὰς ἀποδείξεις τῶν λεγομένων ἀπαιτεῖσθαι θέλει, ὅτι μηδέ εἰσιν ἄλλαι παρὲξ αὐτῆς τῆς ἀληθείας, ὅπερ ἐστὶν ὁ θεός. Πᾶσα γὰρ ἀπόδειξις ἰσχυροτέρα καὶ πιστοτέρα τοῦ ἀποδεικνυμένου τυγχάνει, εἴ γε τὸ πρότερον ἀπιστούμενον, πρὶν ἢ τὴν ἀπόδειξιν ἐλθεῖν, ταύτης κομισθείσης ἔτυχε πίστεως, καὶ τοιοῦτον ἐφάνη ὁποῖον ἐλέγετο. Τῆς δὲ ἀληθείας ἰσχυρότερον οὐδὲν οὐδὲ πιστότερον, ὥστε ὁ περὶ ταύτης ἀπόδειξιν αἰτῶν ὅμοιός ἐστι τῷ τὰ φαινόμενα ταῖς αἰσθήσεσι λόγοις θέλοντι ἀποδείκνυσθαι διότι φαίνεται. Τῶν γὰρ διὰ τοῦ λόγου λαμβανομένων κριτήριόν ἐστιν ἡ αἴσθησις· αὐτῆς δὲ κριτήριον οὐκ ἔστι πλὴν αὐτῆς. Ὥσπερ οὖν τὰ διὰ τοῦ λόγου θηρώμενα, ἀπάγοντες ἐπὶ τὴν αἴσθησιν, ταύτῃ κρίνομεν, ὁποῖά ποτε ὄντα τυγχάνει, εἴτε ἀληθῆ εἴτε καὶ ψευδῆ, τὰ λεγόμενα, οὐκέτι δὲ κρίνομεν πιστεύοντες αὐτῇ, οὕτως τοὺς ἀνθρωπίνους καὶ κοσμικοὺς λόγους ἀναπέμπομεν ἐπὶ τὴν ἀλήθειαν, καὶ ταύτῃ κρίνομεν, εἴτε φαῦλοι εἴτε καὶ μὴ τυγχάνουσιν ὄντες, τοὺς δὲ τῆς ἀληθείας οὐδενὶ κρίνομεν ἑτέρῳ, πιστεύοντες αὐτῇ. Ἔστι δὲ ἀλήθεια ὁ θεός, ὁ πατὴρ τῶν ὅλων, ὅς ἐστι νοῦς τέλειος.

Οὗ γενόμενος υἱὸς ὁ λόγος ἦλθεν εἰς ἡμᾶς, σάρκα φορέσας, ἑαυτόν τε καὶ τὸν πατέρα μηνύων, διδοὺς ἡμῖν ἐν ἑαυτῷ τὴν ἐκ νεκρῶν ἀνάστασιν καὶ τὴν μετὰ ταῦτα ζωὴν αἰώνιον. Ἔστι δὲ οὗτος Ἰησοῦς Χριστός, ὁ σωτὴρ ἡμῶν καὶ δεσπότης· οὗτος τοίνυν αὐτός ἐστιν ἑαυτοῦ τε καὶ τῶν ὅλων πίστις τε καὶ ἀπόδειξις. Διόπερ οἱ τούτῳ κατακολουθοῦντες καὶ γνόντες αὐτόν, τὴν εἰς αὐτὸν πίστιν ὡς ἀπόδειξιν ἔχοντες, ἀναπαύονται ἐπ' αὐτῷ. Ἐπειδὴ δὲ πολλοὺς ὁ ἀντικείμενος πολεμῶν οὐ παύεται, πολλαῖς δὲ καὶ ποικίλαις μεθόδοις πρὸς ἐπιβουλὴν χρῆται, πρὸς μὲν τοὺς πεπιστευκότας, ἵνα τούτους τῆς πίστεως ἀπαγάγῃ, πρὸς δὲ τοὺς ἀπίστους ἔτι, ἵνα μὴ πιστεύσωσιν, ἀναγκαῖον εἶναί μοι δοκεῖ καὶ ἡμᾶς, καθωπλισμένους τοῖς τῆς πίστεως λόγοις ἀτρώτοις οὖσιν, ἀντιπολεμεῖν αὐτῷ διὰ τοὺς ἀσθενεῖς.

II

Φασὶν οἱ χείρονα λέγοντες οὐκ εἶναι τῆς σαρκὸς ἀνάστασιν. Ἀδύνατον γὰρ εἶναι τὴν φθειρομένην καὶ διαλυομένην ταύτην συναχθῆναι εἰς τὸ αὐτό. Πρὸς δὲ τὸ ἀδύνατον καὶ ἀσύμφορόν φασιν ὑπάρχειν τὴν ταύτης σωτηρίαν, καὶ κακίζουσιν αὐτὴν τὰ ἐλαττώματα προφέροντες, καὶ αὐτὴν μόνην τῶν ἁμαρτημάτων αἰτίαν ἀποφαίνονται, ὥστε, εἰ μέλλει, φασί, σὰρξ ἀνίστασθαι, καὶ τὰ ἐλαττώματα συναναστήσεται. Καὶ σοφίσματα πλέκουσι τοιαῦτα· Εἰ ἡ σὰρξ ἀνίσταται, ἤτοι ὁλόκληρος ἀναστήσεται καὶ πάντα τὰ μόρια ἔχουσα ἢ ἀτελής. Ἀλλὰ τὸ μὲν ἐλλειπῆ μέλλειν αὐτὴν ἀνίστασθαι ἀδυναμίαν ἐμφαίνει τοῦ ἀνιστῶντος, εἰ τὰ μὲν ἠδυνήθη σῶσαι, τὰ δὲ οὔ. Εἰ δὲ πάντα τὰ μέρη καὶ τὰ μόρια ἕξει, δῆλον ὅτι ταῦτα λέγειν ὑπάρχειν μετὰ τὴν ἐκ νεκρῶν ἀνάστασιν πῶς οὐκ ἄτοπον, τοῦ σωτῆρος εἰρηκότος· Οὔτε γαμοῦσιν οὔτε γαμίσκονται, ἀλλ' ἔσονται ὡς ἄγγελοι ἐν τῷ οὐρανῷ; Οἱ δὲ ἄγγελοι, φασίν, οὔτε σάρκα ἔχουσιν οὔτε ἐσθίουσιν οὔτε συνουσιάζουσιν· ὥστε οὐδὲ σαρκικὴ ἀνάστασις γενήσεται. Ταῦτα μὲν οὖν καὶ τὰ τούτοις ὅμοια λέγοντες πειρῶνται διαστρέφειν τοὺς ἀπὸ τῆς πίστεως. Εἰσὶ δέ τινες οἳ λέγουσι καὶ αὐτὸν τὸν Ἰησοῦν πνευματικὸν μόνον παρεῖναι, μηκέτι ἐν σαρκί, φαντασίαν δὲ σαρκὸς παρεσχηκέναι, πειρώμενοι καὶ αὐτοὶ ἀποστερεῖν τῆς ἐπαγγελίας τὴν σάρκα. Πρῶτον μὲν τὰ ὑπ' αὐτῶν δοκοῦντα ἄπορα φαίνεσθαι λύσομεν· εἶθ' οὕτως ἑξῆς ἐπάξομεν τὸν ἀποδεικνύντα λόγον περὶ τῆς σαρκὸς ὡς ἔχει σωτηρίαν.

III

Φασὶ τοίνυν· Εἰ ὁλόκληρον ἀναστήσεται τὸ σῶμα καὶ τὰ μόρια αὐτοῦ πάντα ἕξει, ἀνάγκη δὲ καὶ τὰ ἔργα τῶν μορίων ὑπάρξαι· μήτραν μὲν κυΐσκειν, σπερματίζειν δὲ μόριον ἀνδρός, καὶ τὰ λοιπὰ δὲ ὁμοίως. Ἔστω δὲ ἐφ' ἑνὸς πᾶς λόγος ἱστάμενος. Τούτου γὰρ ἀποδεικνυμένου ψευδοῦς οἰχήσεται πᾶς ὁ λόγος αὐτῶν. Τὸ μὲν οὖν τὰ μόρια ἐνεργοῦντα ταῦτα ἐνεργεῖν ἅπερ ἐνταῦθα φαίνεται δῆλον, τὸ δὲ κατ' ἀνάγκην αὐτὰ κατὰ τὴν ἀρχὴν ἐνεργεῖν οὐκ ἀναγκαῖον. Ἵνα δὲ σαφὲς ᾖ τὸ λεγόμενον, οὕτω σκοπήσομεν. Μήτρας ἐστὶν ἐνέργεια τὸ κυΐσκειν καὶ μορίου ἀνδρικοῦ τὸ σπερμαίνειν. Ὥσπερ δέ, εἰ ταῦτα μέλλει ἐνεργεῖν ταύτας τὰς ἐνεργείας, οὕτως οὐκ ἀναγκαῖον αὐτοῖς ἐστι τὸ τὴν ἀρχὴν ἐνεργεῖν (ὁρῶμεν γοῦν πολλὰς γυναῖκας μὴ κυϊσκούσας, ὡς τὰς στείρας, καὶ μήτρας ἐχούσας), οὕτως οὐκ εὐθέως καὶ τὸ μήτραν ἔχειν καὶ κυΐσκειν ἀναγκάζει. Ἀλλὰ καὶ μὴ στεῖραι μὲν ἐξ ἀρχῆς, παρθενεύουσαι δέ, κατήργησαν καὶ τὴν συνουσίαν· ἕτεραι δὲ καὶ ἀπὸ χρόνου. Καὶ τοὺς ἄρσενας δὲ τοὺς μὲν ἀπ' ἀρχῆς παρθενεύοντας ὁρῶμεν, τοὺς δὲ ἀπὸ χρόνου, ὥστε δι' αὐτῶν καταλύεσθαι τὸν δι' ἐπιθυμίας ἄνομον γάμον. Ἀλλὰ μὴν καὶ ζῷά τινα εὑρίσκομεν ἄτοκα, καίτοι μήτρας ἔχοντα, ὡς καὶ ἡμίονον, καὶ οἱ ἄρσενες δὲ οὐ γεννῶσιν ἡμίονοι· ὥστε καὶ διὰ ἀνθρώπων καὶ διὰ ἀλόγων καταργουμένην τὴν συνουσίαν καὶ πρὶν τοῦ μέλλοντος αἰῶνος ὁρᾶσθαι. Καὶ ὁ κύριος δὲ ἡμῶν Ἰησοῦς ὁ Χριστὸς οὐ δι' ἄλλο τι ἐκ παρθένου ἐγεννήθη, ἀλλ' ἵνα καταργήσῃ γέννησιν ἐπιθυμίας ἀνόμου καὶ δείξῃ τῷ ἄρχοντι καὶ δίχα συνουσίας ἀνθρωπίνης δυνατὴν εἶναι τῷ θεῷ τὴν ἀνθρώπου πλάσιν. Καὶ γεννηθεὶς δὲ καὶ πολιτευσάμενος τὴν λοιπὴν τῆς σαρκὸς πολιτείαν, λέγω δὴ ἐν τροφαῖς καὶ ποτοῖς καὶ ἐνδύμασι, ταύτην δὲ τὴν διὰ συνουσίας μόνον οὐκ εἰργάσατο, ἀλλὰ τὰς τῆς σαρκὸς ἐπιθυμίας ἃς μὲν ἀναγκαίας ὑπάρχειν κατεδέξατο, ἃς δὲ μὴ ἀναγκαίας οὐ προσήκατο. Τροφῆς μὲν γὰρ καὶ ποτοῦ καὶ ἐνδύματος ὑστερουμένη σὰρξ καὶ διαφθαρείη ἄν, συνουσίας δὲ στερουμένη ἀνόμου οὐδὲν ὅ τι πάσχει κακόν. Ἅμα δὲ καὶ τὴν μέλλουσαν καταργεῖσθαι διὰ συνουσίας μῖξιν ἐν τῷ μέλλοντι αἰῶνι προεμήνυσεν, ὥς φησιν· Οἱ υἱοὶ τοῦ αἰῶνος τούτου γαμοῦσι καὶ γαμίσκονται, οἱ δὲ υἱοὶ τοῦ μέλλοντος αἰῶνος οὔτε γαμοῦσιν οὔτε γαμίσκονται, ἀλλ' ἔσονται ὡς ἄγγελοι ἐν τῷ οὐρανῷ. Μὴ θαυμαζέτωσαν οὖν οἱ τῆς πίστεως ἐκτός, εἰ τὴν ἀπὸ τοῦ νῦν καταργουμένην ἐν τοῖς ἔργοις τούτοις σάρκα καὶ ἐν τῷ μέλλοντι αἰῶνι καταργήσει.

IV

Ναί, φασίν. Εἰ οὖν ἡ σὰρξ ἀνίσταται, καὶ τοιαύτη ἀνίσταται ὁποία κλιθήσεται, ὥστε, εἰ μονόφθαλμος κλιθήσεται, μονόφθαλμος ἀνίσταται, εἰ χωλός, χωλός, εἰ ἄλλο τι τοῦ σώματος ὑστεροῦν εἴη, τοῦτο καὶ ἐλάττων ὁ ἄνθρωπος ἀναστήσεται. Τετυφλωμένοι ὡς ἀληθῶς τὰ τῆς καρδίας ὄμματα! Οὐ γὰρ εἶδον ἐπὶ τῆς γῆς τυφλοὺς ἀναβλέποντας, χωλοὺς περιπατοῦντας τῷ ἐκείνου λόγῳ; Ἃ πάντα ἐποίησεν ὁ σωτήρ, πρῶτον μὲν ἵνα πληρωθῇ τὸ ῥηθὲν περὶ αὐτοῦ διὰ τῶν προφητῶν, ὅτι Τυφλοὶ ἀναβλέπουσι καὶ κωφοὶ ἀκούουσιν καὶ τὰ ἄλλα, ἔτι δὲ καὶ εἰς πίστιν τοῦ ὅτι ἐν τῇ ἀναστάσει ἡ σὰρξ ὁλόκληρος ἀναστήσεται. Εἰ γὰρ ἐπὶ τῆς γῆς τὰς ἀσθενείας τῆς σαρκὸς ἰάσατο καὶ ὁλόκληρον ἐποίησε τὸ σῶμα, πολλῷ μᾶλλον ἐν τῇ ἀναστάσει τοῦτο ποιήσει, ὥστε καὶ ἀκέραιον καὶ ὁλόκληρον ἀναστῆναι τὴν σάρκα. Τὰ μὲν οὖν παρ' αὐτῶν νομιζόμενα ἄπορα τοῦτον τὸν τρόπον ἰαθήσεται.

V

Ἔτι δὲ καὶ τῶν λεγόντων μὴ ἀνίστασθαι τὴν σάρκα οἱ μὲν ὡς ἀδύνατον ἀναστῆναι λέγουσιν, οἱ δὲ ὡς μὴ προσῆκον τῷ θεῷ τὸ ἀνιστάνειν αὐτὴν διὰ τὸ εὐτελὲς καὶ εὐκαταφρόνητον αὐτῆς, οἱ δὲ ὅτι τὴν ἀρχὴν οὐδὲ ἐπαγγελίαν ἔχειν. Πρῶτον οὖν δοκεῖ μέν μοι πρὸς τοὺς ἀδύνατον εἶναι λέγοντας τῷ θεῷ τὸ ταύτην ἀναστῆσαι διεξελθεῖν, ὅτι ἀγνοοῦσιν αὐτοὶ τῷ λόγῳ λέγοντες ἑαυτοὺς εἶναι πιστούς, καὶ διὰ τῶν ἔργων ἀποδεικνύντες ἀπίστους ἑαυτοὺς καὶ τῶν ἀπίστων ἀπιστοτέρους. Τῶν γὰρ ἐθνῶν ἁπάντων ἐπὶ τὰ εἴδωλα πεπιστευκότων καὶ πεπεισμένων ὅτι πάντα δυνατὰ τούτοις ἐστίν, ὡς καὶ Ὅμηρος, ὁ ποιητὴς αὐτῶν, φησίν·

Θεοὶ δέ τε πάντα δύνανται

Καὶ ῥεῖα-

(ἀλλὰ καὶ τὸ ῥεῖα προσέθηκεν, ὅπερ ἐστὶν εὐχερῶς, ἵνα τὴν μεγαλειότητα τῆς τῶν θεῶν δυνάμεως ἐμφάνῃ), πολὺ οὖν τούτων ἀπιστότεροι φαίνονται. Εἰ γὰρ τοῖς εἰδώλοις τὰ ἔθνη, τοῖς θεοῖς αὐτῶν, οἳ ὦτα ἔχουσι καὶ οὐκ ἀκούουσιν, ὀφθαλμοὺς ἔχουσι καὶ οὐκ ὄψονται, τὸ πάντα

Περὶ Ἀναστάσεως

δύνασθαι πεπιστεύκασι, δαιμονίοις οὖσι, καθὼς ἡ γραφὴ λέγει, ὅτι Οἱ θεοὶ τῶν ἐθνῶν δαιμόνια, πολὺ μᾶλλον ἡμεῖς, οἱ τὴν ἐξαίρετον καὶ ἀληθῆ πίστιν ἔχοντες, ὀφείλομεν τῷ θεῷ ἡμῶν πιστεύειν, ἔχοντες τεκμήρια· καὶ πρῶτον μὲν τὴν τοῦ πρωτοπλάστου γένεσιν, ὅτι ἐκ γῆς ὑπὸ θεοῦ γέγονεν· ἱκανὸν γὰρ τοῦτο δεῖγμα τῆς τοῦ θεοῦ δυνάμεως. Ἔτι δὲ καὶ τὴν μετὰ ταῦτα ἐξ ἀλλήλων γένεσιν κατανοοῦσιν ἔστιν ἰδεῖν, καὶ θαυμάσαι μειζόνως, ὅτι ἐξ ἐλαχίστης ῥανίδος ὑγροῦ τηλικοῦτον πλάσσεται ζῷον. Καίτοι γε εἰ ἐν ἐπαγγελίᾳ καὶ τοῦτο ἦν καὶ μὴ ἐφαίνετο γινόμενον, πολὺ τῶν ἄλλων ἦν ἀπιστότερον· ἀλλὰ γὰρ πιστότερον αὐτὸ ποιεῖ τὸ ἀποτέλεσμα. Ἀλλὰ μὴν περὶ τῆς ἀναστάσεως ἡμῖν ἔδειξεν ὁ σωτὴρ ἀποτελέσματα, ἃ μετ' ὀλίγον ἐροῦμεν. Νῦν δὲ τὸ δυνατὴν εἶναι τὴν τῆς σαρκὸς ἀνάστασιν ἐπιδεικνύομεν, συγγνώμην αἰτούμενοι παρὰ τῶν τῆς ἀληθείας τέκνων, εἰ καὶ τῶν ἔξωθεν εἶναι δοκούντων καὶ κοσμικῶν λόγων ἁπτόμεθα· πρῶτον μὲν ὅτι οὐδέν ἐστιν ἔξωθεν τοῦ θεοῦ, οὐδὲ αὐτὸς ὁ κόσμος· ποίημα γάρ ἐστιν αὐτοῦ· δεύτερον ὅτι πρὸς ἀπίστους τούτους ποιούμεθα τοὺς λόγους. Εἰ γὰρ πρὸς πιστούς, αὔταρκες ἦν ἀποκρίνεσθαι τὸ ὅτι πεπιστεύκαμεν· νῦν δὲ διὰ ἀποδείξεων χωρεῖν ἀναγκαῖον. Ἱκανὰ μὲν οὖν καὶ τὰ προειρημένα τεκμήρια πρὸς τὸ δυνατὴν εἶναι δεικνύειν τὴν τῆς σαρκὸς ἀνάστασιν· ἀλλ', ἐπεὶ λίαν εἰσὶν ἄπιστοι, καὶ ἀναγκαστικώτερον ἐπάξομεν τὸν λόγον, οὐκ ἐκ τῆς πίστεως, ὅτι μὴ τυγχάνουσιν ὄντες αὐτῆς, ἀλλ' ἐκ τῆς ἀπιστίας, τῆς μητρὸς αὐτῶν, λέγω δὴ τῶν κοσμικῶν λόγων. Εἰ γὰρ ἐκ τούτων ἐπιδεικνύομεν αὐτοῖς δυνατὴν εἶναι τὴν τῆς σαρκὸς ἀνάστασιν, πολλῆς δήπουθεν αἰσχύνης εἰσὶν ἄξιοι, εἰ μήτε τοῖς τῆς πίστεως μήτε τοῖς τοῦ κόσμου ἀκολουθεῖν δύνανται.

VI

Φασὶ τοίνυν οἱ τοῦ κόσμου φυσικοί, σοφοὶ λεγόμενοι, τὸ πᾶν ὑπάρχειν οἱ μὲν ὕλην καὶ θεόν, ὡς Πλάτων, οἱ δὲ ἄτομα καὶ κενόν, ὡς Ἐπίκουρος, οἱ δὲ τὰ τέσσαρα, γῆν καὶ ὕδωρ, ἀέρα, πῦρ, ὥσπερ οἱ Στωϊκοί. Ἀρκεῖ γὰρ ἐπιμνησθῆναι τῶν ἐπικρατουσῶν μάλιστα δοξῶν. Καὶ ὁ μὲν Πλάτων φησὶν ὑπὸ τοῦ θεοῦ τὰ πάντα ἐκ τῆς ὕλης γεγονέναι καὶ κατὰ πρόνοιαν αὐτοῦ, ὁ δὲ Ἐπίκουρος καὶ οἱ μετ' αὐτοῦ ἐκ τῶν ἀτόμων καὶ ἐκ τοῦ κενοῦ κατὰ ταὐτόματόν τινα φορὰν τῆς ἐκ τῶν σωμάτων φυσικῆς κινήσεως, οἱ δὲ Στωϊκοὶ ἐκ τῶν τεσσάρων διήκοντος δι' αὐτῶν τοῦ θεοῦ. Τοιαύτης δὲ διαφωνίας αὐτοῖς οὔσης, ἔστι τινὰ παρ' αὐτοῖς ὁμολογούμενα κοινὰ δόγματα πρὸς ἁπάντων· ἓν μὲν τὸ μήτε ἐκ τοῦ μὴ ὄντος γίνεσθαι μήτε εἰς τὸ μὴ ὂν ἀναλύεσθαι καὶ ἀπόλλυσθαι, καὶ τὸ τὰ στοιχεῖα ἄφθαρτα ὑπάρχειν, ἐξ ὧν ἡ ἑκάστου πράγματος γένεσίς ἐστι. Τούτων τοίνυν οὕτως ἐχόντων, κατὰ πάντας αὐτοὺς φανήσεται δυνατὴ ἡ τῆς σαρκὸς ὑπάρχειν παλιγγενεσία. Εἴτε γὰρ κατὰ Πλάτωνά ἐστιν ἡ ὕλη καὶ ὁ θεός, ἀμφότερα ταῦτα ἄφθαρτα· καὶ ὁ μὲν θεὸς ἐπέχει τόπον τεχνίτου, οἷον πλάστου, ἡ δὲ ὕλη ἐπέχει τόπον πηλοῦ ἢ κηροῦ ἢ τοιούτου τινός. Τὸ μὲν οὖν ἐκ τῆς ὕλης γινόμενον φθαρτὸν πλάσμα, ὁ ἀνδριὰς ἢ εἰκών, ἡ δὲ ὕλη αὐτὴ ἄφθαρτος, οἷον πηλὸς ἢ κηρὸς ἤ τι τοιοῦτον ἄλλο εἶδος ὕλης. Οὕτως ὁ πλάστης ἐκ τοῦ κηροῦ ἢ πηλοῦ πλάσσει καὶ ζωοποιεῖ ζῴου μορφήν· πάλιν, ἐὰν διαλυθῇ τὸ πλάσμα, οὐκ ἀδύνατον αὐτῷ ἐστι, τὴν αὐτὴν ὕλην ἀναφυράσαντι καὶ καινοποιήσαντι, τὸ αὐτὸ πλάσμα ποιῆσαι. Οὕτως κατὰ Πλάτωνα οὐδὲ τῷ θεῷ, ἀφθάρτῳ ὄντι, ἄφθαρτον ἔχοντι καὶ τὴν ὕλην, τοῦ ἐξ αὐτῆς γενομένου πλάσματος διαλυθέντος, ἀδύνατόν ἐστιν ἀνακαινοποιῆσαι πάλιν αὐτὴν καὶ ποιῆσαι τὸ αὐτὸ πλάσμα ὁποῖον ἦν καὶ τὸ πρότερον. Ἀλλὰ μὴν κατὰ τοὺς Στωϊκούς, ἐκ τῆς τῶν τεσσάρων στοιχείων κράσεως γινομένου τοῦ σώματος, καί, διαλυομένου τούτου εἰς τὰ τέσσαρα, παραμενόντων τούτων ἀφθάρτων, δυνατόν ἐστι πάλιν τὰ τέσσαρα στοιχεῖα, τὴν αὐτὴν μῖξιν καὶ κρᾶσιν λαβόντα ἀπὸ τοῦ δι' αὐτῶν διήκοντος θεοῦ, ποιῆσαι ὃ πρότερον πεποιήκει σῶμα· ὥσπερ, εἴ τις ἐκ χρυσοῦ καὶ ἀργύρου καὶ χαλκοῦ καὶ κασσιτήρου ποιήσει μίγμα, ἔπειτα θελήσει πάλιν διαλῦσαι, ὥστε κατ' ἰδίαν ἕκαστον εἶναι, καὶ πάλιν, εἰ θελήσει, μίξας τὰ αὐτὰ ποιήσει ὃ πρότερον πεποιήκει ἐξ αὐτῶν μῖγμα. Καὶ κατὰ τὸν Ἐπίκουρον δέ, τῶν ἀτόμων ἀφθάρτων οὐσῶν καὶ τοῦ κενοῦ, παρὰ τὴν ποιὰν τάξιν καὶ θέσιν τῶν ἀτόμων συντεθειμένων γίνεται τά τε ἄλλα συγκρίματα καὶ τὸ σῶμα, χρόνῳ δὲ διαλυόμενον διαλύεται πάλιν εἰς τὰς ἀτόμους, ἐξ ὧν καὶ ἐγένετο. Τούτων μὲν οὐσῶν ἀφθάρτων, οὐδὲν ἀδύνατόν ἐστι, συνελθουσῶν πάλιν καὶ τὴν αὐτὴν θέσιν καὶ τάξιν λαβουσῶν, ποιῆσαι ὃ πρότερον ἐγεγόνει ἐξ αὐτῶν σῶμα καὶ ὅμοιον· ὥσπερ, εἴ τις ψηφοθέτης ἐκ ψηφίδων ποιήσει ζῴου μορφήν, ἔπειτα τούτων ἀπὸ χρόνου διαλυθέντων ἢ ὑπ' αὐτοῦ τοῦ ποιήσαντος, τὰς αὐτὰς ἔχων ψήφους, ἐσκορπισμένας συνάγων, οὐκ ἀδυνατήσει συλλέξας αὐτὰς καὶ διαθεὶς ὁμοίως ποιῆσαι τὸ αὐτὸ εἶδος τοῦ ζῴου. Ὁ δὲ θεὸς ἀναλυθέντα τὰ μέλη τῆς σαρκὸς ἀπ' ἀλλήλων οὐ δυνήσεται πάλιν συναγαγὼν ποιῆσαι τὸ αὐτὸ τῷ πρότερον γεγονότι ὑπ' αὐτοῦ σώματι;

VII

Ἀλλὰ γὰρ ὁ μὲν περὶ τοῦ δυνατὴν εἶναι τὴν τῆς σαρκὸς ἀνάστασιν ἱκανῶς ἀποδέδεικταί μοι λόγος κατὰ τοὺς ἐθνικούς. Εἰ δὲ κατὰ τοὺς ἀπίστους οὐχ εὑρίσκεται ἀδύνατος ἡ ἀνάστασις τῆς σαρκός, πόσῳ μᾶλλον κατὰ τοὺς πιστούς! Ἑξῆς δὲ λεκτέον πρὸς τοὺς ἀτιμάζοντας τὴν σάρκα καὶ φάσκοντας μὴ ἀξίαν εἶναι τῆς ἀναστάσεως μηδὲ τῆς ἐπουρανίου πολιτείας· ὅτι πρῶτον αὐτῆς ἐστιν ἡ οὐσία γῆ, μετέπειτα δὲ καὶ μεστὴ γέγονε πάσης ἁμαρτίας, ὥστε καὶ τὴν ψυχὴν ἀναγκάσαι συναμαρτάνειν. Ἐοίκασι δὲ οὗτοι τὴν ὅλην τοῦ θεοῦ πραγματείαν ἀγνοεῖν, καὶ τὴν ἐξ ἀρχῆς γένεσιν τοῦ ἀνθρώπου καὶ πλάσιν, καὶ τὰ ἐν κόσμῳ ὧν ἕνεκα γέγονεν. Ἢ γὰρ οὔ φησιν ὁ λόγος· Ποιήσωμεν ἄνθρωπον κατ' εἰκόνα ἡμετέραν καὶ καθ' ὁμοίωσιν; Ποῖον; Σαρκικὸν δῆλον ὅτι λέγει ἄνθρωπον. Φησὶ γὰρ ὁ λόγος· Καὶ ἔλαβεν ὁ θεὸς χοῦν ἀπὸ τῆς γῆς καὶ ἔπλασε τὸν ἄνθρωπον. Δῆλον οὖν ὡς κατ' εἰκόνα θεοῦ πλασσόμενος ὁ ἄνθρωπος ἦν σαρκικός. Εἶτα πῶς οὐκ ἄτοπον τὴν ὑπὸ θεοῦ σάρκα πλασθεῖσαν κατ' εἰκόνα τὴν ἑαυτοῦ φάσκειν ἄτιμον εἶναι καὶ οὐδενὸς ἀξίαν; Ὅτι δὲ τίμιον κτῆμα ἡ σὰρξ παρὰ θεῷ δῆλον πρῶτον μὲν ἐκ τοῦ πρὸς αὐτοῦ πεπλᾶσθαι, εἴ γε καὶ εἰκὼν τῷ πλάστῃ καὶ ζωγράφῳ τιμία γινομένη· καὶ ἐκ τῆς λοιπῆς δὲ κοσμοποιΐας μαθεῖν πάρεστιν· οὗ γὰρ ἕνεκεν γέγονε τὰ λοιπά, τοῦτο πάντων τῷ ποιήσαντι τιμιώτατον.

VIII

Ναί, φασίν· ἀλλὰ ἁμαρτωλὸς ἡ σάρξ, ὥστε καὶ τὴν ψυχὴν ἀναγκάζειν συναμαρτάνειν αὐτῇ, μάτην κατηγοροῦντες αὐτῆς καὶ τὰ τῶν ἀμφοτέρων ἁμαρτήματα μόνῃ περιτιθέντες. Ποῦ γὰρ καθ' ἑαυτὴν ἁμαρτῆσαι ἡ σὰρξ δυνήσεται, ἐὰν μὴ τὴν ψυχὴν ἔχῃ προηγουμένην καὶ προκαλουμένην αὐτήν; Ὥσπερ γὰρ ζεῦγος βοῶν λυθέντων ἀπ' ἀλλήλων τοῦ ζυγοῦ τῶν βοῶν οὐδέτερος αὐτῶν κατ' ἰδίαν ἀροῦν δύναται, οὕτως οὐδὲ ψυχὴ καὶ σῶμα λυθέντα τῆς συζυγίας καθ' ἑαυτὰ ποιῆσαί τι δύνανται. Εἰ δὲ καὶ ἡ σὰρξ μόνη ἁμαρτωλός, μόνης ταύτης ἕνεκεν ἦλθεν ὁ σωτήρ, καθώς φησιν· Οὐκ ἦλθον καλέσαι δικαίους ἀλλὰ ἁμαρτωλοὺς εἰς μετάνοιαν. Ἐπειδὴ οὖν τιμία παρὰ θεῷ καὶ ἔνδοξος παρὰ πάντα τὰ ποιήματα δέδεικται ἡ σάρξ, δικαίως ἂν ὑπ' αὐτοῦ σωθήσεται. Λεκτέον οὖν πρὸς τοὺς λέγοντας ὅτι, εἰ καὶ τὰ μάλιστα τοῦ θεοῦ ποίημα τυγχάνει οὖσα καὶ τιμία αὐτῷ παρὰ πάντα, οὐκ εὐθέως καὶ τὴν ἐπαγγελίαν τῆς ἀναστάσεως ἔχει. Καίτοι πῶς οὐκ ἄτοπον τὸ μετὰ τηλικαύτης βουλῆς γενόμενον καὶ παρὰ πάντα τὰ λοιπὰ τίμιον περιορᾶν τὸν ποιήσαντα εἰς τὸ μηκέτι εἶναι; Εἶτα ὁ μὲν πλάστης καὶ ζωγράφος, εἰ τὰς εἰκόνας, ἃς ἂν ποιήσωσι, διαμένειν ἐθέλουσιν, ἵνα δι' αὐτῶν δοξάζωνται, φθειρομένας αὐτὰς ἀνακαινοποιοῦσιν· ὁ δὲ θεὸς τὸ αὑτοῦ κτῆμα καὶ πλάσμα περιεῖδεν ἂν ὡς τὸ μὴ ὄν, μηκέτι δὲ καὶ εἰς τὸ εἶναι; Ματαιοπόνον ἀποκαλοῦμεν, ὥσπερ εἴ τις οἰκίαν οἰκοδομήσας ἔπειτα καταλύοι, ἢ καταλελυμένην περιορῴη, δυνάμενος ἀναστῆσαι· τὸν δὲ θεὸν οὐκ αἰτιασόμεθα, ὅτι μάτην ποιεῖ; Ἀλλ' οὐχ ὁ ἄφθαρτος τοιοῦτος, οὐκ ἄφρων ὁ τῶν ὅλων πέφυκε νοῦς. Εὐφημείτωσαν οἱ ἄπιστοι, εἰ τὸ μὴ πιστεύειν ἔχουσιν αὐτοί! Ἀλλὰ μὴν καὶ κέκληκεν αὐτὴν ἐπὶ τὴν ἀνάστασιν καὶ ἐπαγγέλλεται τὴν αἰωνίαν ζωήν. Ἔνθα γὰρ τὸν ἄνθρωπον εὐαγγελίζεται σῶσαι, καὶ τῇ σαρκὶ εὐαγγελίζεται. Τί γάρ ἐστιν ὁ ἄνθρωπος, ἀλλ' ἢ τὸ ἐκ ψυχῆς καὶ σώματος συνεστὸς ζῶον λογικόν; Μὴ οὖν καθ' ἑαυτὴν ψυχὴ ἄνθρωπος; Οὔκ· ἀλλ' ἀνθρώπου ψυχή. Μὴ οὖν καλοῖτο σῶμα ἄνθρωπος; Οὔκ· ἀλλ' ἀνθρώπου σῶμα καλεῖται. Εἴπερ οὖν κατ' ἰδίαν μὲν τούτων οὐδέτερον ἄνθρωπός ἐστι, τὸ δὲ ἐκ τῆς ἀμφοτέρων συμπλοκῆς καλεῖται ἄνθρωπος, κέκληκε δὲ ὁ θεὸς εἰς ζωὴν καὶ ἀνάστασιν τὸν ἄνθρωπον, οὐ τὸ μέρος ἀλλὰ τὸ ὅλον κέκληκεν, ὅπερ ἐστὶ τὴν ψυχὴν καὶ τὸ σῶμα. Ἐπεὶ πῶς οὐκ ἄτοπον, ἀμφοτέρων ὄντων κατὰ τὸ αὐτὸ καὶ ἐν τῷ αὐτῷ, τὸ μὲν σώζειν, τὸ δὲ μή; Οὐκ ὄντος γὰρ ἀδυνάτου, καθάπερ δέδεικται, τὴν σάρκα ἔχειν τὴν παλιγγενεσίαν, τίς ἡ διάκρισις, ὥστε τὴν μὲν ψυχὴν σώζεσθαι, τὴν δὲ σάρκα μή; Ἢ φθονερὸν ποιοῦσι τὸν θεόν; Ἀλλὰ ἀγαθός ἐστι καὶ σώζεσθαι πάντας θέλει· καὶ δὴ αὐτοῦ καὶ τοῦ κηρύγματος αὐτοῦ οὐχὶ μόνον ἤκουσεν ἡ ψυχὴ ἡμῶν καὶ σὺν αὐτῇ ἡ σάρξ, καὶ ἐπίστευσαν εἰς Χριστὸν Ἰησοῦν, ἀλλ' ἀμφότερα ἐλούσαντο καὶ ἀμφότερα τὴν δικαιοσύνην εἰργάσαντο. Ἆρ' οὖν ἀχάριστον ἢ ἄδικον ἀποφαίνουσι τὸν θεόν, εἰ τῶν ἀμφοτέρων πιστευόντων ἐπ' αὐτὸν τὴν μὲν σώζειν θέλει, τὴν δὲ οὔ; Ναί, φασίν· ἀλλ' ἡ μὲν ψυχή ἐστιν ἄφθαρτος, μέρος οὖσα τοῦ θεοῦ καὶ ἐμφύσημα, καὶ διὰ τοῦτο τὸ ἴδιον καὶ συγγενὲς ἠθέλησεν σῶσαι· ἡ δὲ σὰρξ φθαρτὴ καὶ οὐκ ἀπ' αὐτοῦ καθάπερ ἡ ψυχή. Εἶτα τίς αὐτῷ χάρις; Καὶ τίς ἐπίδειξις τῆς δυνάμεως καὶ χρηστότητος αὐτοῦ, εἰ τὸ μὲν φύσει σωζόμενον καὶ μέρος ὑπάρχον αὐτοῦ σώζειν

Περὶ Ἀναστάσεως

ἤμελλεν; Αὐτὸ γὰρ ἐξ ἑαυτοῦ εἶχε τὴν σωτηρίαν, ὥστε τὴν μὲν ψυχὴν σώζων οὐ μέγα ποιεῖ· τὸ γὰρ σώζεσθαι πάρεστιν αὐτῇ, ὅτι ἐστὶν αὐτοῦ μέρος, ἐμφύσημα αὐτοῦ οὖσα. Ἀλλ' οὐδὲ χάρις αὐτῷ τὸ ἴδιον σώζοντι· τοῦτο γάρ ἐστιν ἑαυτὸν σώζειν. Ὁ γὰρ τὸ μέρος αὐτοῦ σώζων δι' ἑαυτοῦ ἑαυτὸν σώζει, μή ποτε ἐκεῖνο τὸ μέρος ἐνδεὲς γένηται. Οὐκ ἔστιν ἀγαθοῦ τὸ τοιοῦτον. Οὐδὲ γὰρ ἄνθρωπον ἀγαθόν τις ἐρεῖ τὸν τοῖς τέκνοις αὐτοῦ καὶ ἐγγόνοις χαριζόμενόν τι. Τοῦτο γὰρ καὶ τὰ ἀγριώτατα τῶν θηρίων ποιοῦσι· κἂν ὑπεραποθανεῖν τῶν ἐκγόνων αὐτῶν δέῃ, ἑκοντὶ τοῦτο ὑπομένουσιν. Εἰ δέ τις τὰ αὐτὰ τοῖς δούλοις παράσχοι, δικαίως ἂν οὗτος λέγοιτο ἀγαθός. Διὰ τοῦτο καὶ ὁ σωτὴρ ἐδίδαξεν ἡμᾶς ἀγαπᾶν τοὺς ἐχθρούς, ἐπεὶ τίς ὑμῖν χάρις; φησίν. Ὥστε δέδειχεν ἡμῖν ἀγαθὸν ἔργον εἶναι τὸ μὴ τοὺς ἐξ αὐτοῦ γεγονότας μόνον ἀγαπᾶν, ἀλλὰ καὶ τοὺς ἔξωθεν. Ἃ δὲ ἡμῖν παρήγγειλε πολὺ πρότερον αὐτὸς ἐποίει. ***

IX

Εἰ εἰς μηδὲν ἔχρῃζε τῆς σαρκός, τί καὶ ἐθεράπευσεν αὐτήν; Καί, τὸ πάντων ἰσχυρότατον, νεκροὺς ἀνέστησε. Τίνος ἕνεκεν; Οὐχ ἵνα δείξῃ τὴν ἀνάστασιν οἵα μέλλει γίνεσθαι; Πῶς οὖν τοὺς νεκροὺς ἀνέστησε; Πότερον τὰς ψυχὰς ἢ τὰ σώματα; Ἀλλὰ δῆλον ὅτι ἀμφότερα. Εἰ δὲ ἦν πνευματικὴ μόνη ἡ ἀνάστασις, ἐχρῆν ἀναστάντα αὐτὸν κατ' ἰδίαν μὲν δεῖξαι τὸ σῶμα κείμενον, κατ' ἰδίαν δὲ τὴν ψυχὴν ὑπάρχουσαν. Νῦν δὲ τοῦτο μὲν οὐκ ἐποίησεν, ἀνέστησε δὲ τὸ σῶμα, τῆς ζωῆς τὴν ἐπαγγελίαν ἐν αὐτῷ πιστούμενος. Τίνος οὖν ἕνεκεν τῇ σαρκὶ τῇ παθούσῃ ἀνέστη, εἰ μὴ ἵνα δείξῃ τὴν σαρκικὴν ἀνάστασιν; Καὶ τοῦτο βουλόμενος πιστοποιῆσαι, τῶν μαθητῶν αὐτοῦ μὴ πιστευόντων εἰ ἀληθῶς σώματι ἀνέστη, βλεπόντων αὐτῶν καὶ διστάζοντων, εἶπεν αὐτοῖς· Οὔπω ἔχετε πίστιν; φησίν. Ἴδετε ὅτι ἐγώ εἰμι. Καὶ ψηλαφᾶν αὐτὸν ἐπέτρεπεν αὐτοῖς, καὶ τοὺς τύπους τῶν ἥλων ἐν ταῖς χερσὶν ἐπεδείκνυε. Καὶ πανταχόθεν αὐτὸν κατανοήσαντες, ὅτι αὐτός ἐστι καὶ ἐν τῷ σώματι, παρεκάλεσαν αὐτὸν φαγεῖν μετ' αὐτῶν, ἵνα καὶ διὰ τούτου βεβαίως μάθωσιν ὅτι ἀληθῶς σαρκικῶς ἀνέστη. Καὶ ἔφαγε κηρίον καὶ ἰχθύν. Καὶ οὕτως ἐπιδείξας αὐτοῖς ὅτι ἀληθῶς σαρκὸς ἀνάστασίς ἐστι, βουλόμενος ἐπιδεῖξαι καὶ τοῦτο (καθὼς εἴρηκεν ἐν οὐρανῷ τὴν κατοίκησιν ἡμῶν ὑπάρχειν) ὅτι οὐκ ἀδύνατον καὶ σαρκὶ εἰς οὐρανὸν ἀνελθεῖν, ἀνελήφθη βλεπόντων αὐτῶν εἰς τὸν οὐρανόν, ὡς ἦν ἐν τῇ σαρκί. Οὐκοῦν, εἴ τις ἀπαιτεῖ μετὰ πάντα τὰ προειρημένα λόγους ἀποδεικτικοὺς περὶ ἀναστάσεως, οὐδὲν τῶν Σαδδουκαίων διαφέρει· ἐπειδὴ ἡ ἀνάστασις τῆς σαρκὸς δύναμις θεοῦ ἐστι καὶ ὑπεράνω λόγου παντός, βεβαιουμένη μὲν πίστει, θεωρουμένη δὲ ἔργοις. ***

X

Ἀνάστασίς ἐστι τοῦ πεπτωκότος σαρκίου· πνεῦμα γὰρ οὐ πίπτει. Ψυχὴ ἐν σώματί ἐστιν, οὐ ζῇ δὲ ἄψυχον· σῶμα, ψυχῆς ἀπολειπούσης, οὐκ ἔστιν. Οἶκος γὰρ τὸ σῶμα ψυχῆς, πνεύματος δὲ ψυχὴ οἶκος. Τὰ τρία δὲ ταῦτα τοῖς ἐλπίδα εἰλικρινῆ καὶ πίστιν ἀδιάκριτον ἐν τῷ θεῷ ἔχουσι σωθήσεται. Θεωροῦντες γοῦν καὶ τοὺς κοσμικοὺς λόγους, καὶ κατ' αὐτοὺς οὐχ εὑρίσκοντες ἀδύνατον ὑπάρχειν τῇ σαρκὶ τὴν παλιγγενεσίαν, καὶ ἐπὶ τούτοις πᾶσι τὸν σωτῆρα διὰ παντὸς τοῦ εὐαγγελίου δεικνύντα τὴν τῆς σαρκὸς ἡμῶν σωτηρίαν, τί λοιπὸν ἀνεχόμεθα τῶν ἀπίστων καὶ σκανδάλων λόγων, καὶ λανθάνομεν ἑαυτοὺς ἐπιστρέφοντες εἰς τοὐπίσω, ὁπόταν ἀκούσωμεν ὅτι ἡ μὲν ψυχὴ ἀθάνατός ἐστι, τὸ δὲ σῶμα φθαρτὸν καὶ οὐκέτι δυνάμενον ἀναζῆσαι; Ταῦτα γὰρ καὶ πρὸ τοῦ μαθεῖν τὴν ἀλήθειαν παρὰ Πυθαγόρου καὶ Πλάτωνος ἠκούομεν. Εἰ οὖν ταῦτα ἔλεγεν ὁ σωτὴρ καὶ μόνης τῆς ψυχῆς τὴν ζωὴν εὐηγγελίζετο, τί καινὸν ἡμῖν ἔφερε παρὰ Πυθαγόραν καὶ Πλάτωνα καὶ τὸν τούτων χορόν; Νῦν δὲ τὴν καινὴν καὶ ξένην εὐαγγελιζόμενος ἦλθεν ἀνθρώποις ἐλπίδα. Ξένον δὲ ἄρα ἦν καὶ καινὸν τὸ τὸν θεὸν ὑπισχνεῖσθαι μὴ τῇ ἀφθαρσίᾳ τὴν ἀφθαρσίαν τηρεῖν, ἀλλὰ τὴν φθορὰν ἀφθαρσίαν ποιεῖν. Ἀλλὰ γὰρ οὐκ ἄλλως λυμαίνεσθαι τὸν λόγον δυνάμενος ὁ τῆς πονηρίας ἄρχων ἐξέπεμψε τοὺς ἀποστόλους αὐτοῦ, κακὰς καὶ λοιμώδεις διδασκαλίας εἰσάγοντας, ἐκλεξάμενος αὐτοὺς ἐκ τῶν σταυρωσάντων τὸν σωτῆρα ἡμῶν, οἵτινες τὸ μὲν ὄνομα τοῦ σωτῆρος ἔφερον, τὰ δὲ ἔργα τοῦ πέμψαντος αὐτοὺς ἐποίουν, δι' οὓς καὶ τῷ ὀνόματι ἠκολούθησεν ἡ βλασφημία. Εἰ δὲ μὴ ἀνίσταται ἡ σάρξ, διὰ τί καὶ φυλάσσεται καὶ οὐ μᾶλλον αὐτῇ συγχωροῦμεν χρήσασθαι ταῖς ἐπιθυμίαις, καὶ οὐ μιμούμεθα τοὺς ἰατρούς, οἵτινες, ἐπειδὰν ἀπεγνωσμένον ἔχωσιν ἄνθρωπον σώζεσθαι μὴ δυνάμενον, ἐπιτρέπουσιν αὐτῷ ταῖς ἐπιθυμίαις ὑπηρετεῖν; Ἴσασι γὰρ ὅτι ἀπόλλυται. Ὅπερ ἀμέλει ποιοῦσιν οἱ τὴν σάρκα μισοῦντες, ἐκβάλλοντες αὐτὴν τῆς κληρονομίας, τὸ ὅσον ἐπ' αὐτοῖς· διὰ τοῦτο γὰρ καὶ ὡς νεκρὰν ἐσομένην ἀτιμάζουσιν αὐτήν. Εἰ δὲ ὁ ἡμέτερος ἰατρὸς Ἰησοῦς ὁ Χριστός, ἀπὸ τῶν

Περι Αναστασεως

ἐπιθυμιῶν ἡμῶν ἀποσπάσας, διαιτᾶται τῇ κατ' αὐτὸν σώφρονι καὶ ἐγκρατεῖ διαίτῃ τὴν σάρκα ἡμῶν, δῆλον ὡς ἐλπίδα σωτηρίας ἔχουσαν ἀπὸ τῶν ἁμαρτημάτων αὐτὴν φυλάσσει, καθάπερ τοὺς ἐλπίδα σωτηρίας ἔχοντας ἀνθρώπους οἱ ἰατροὶ οὐκ ἐῶσιν ὑπηρετεῖν ταῖς ἡδοναῖς.

Index of Scripture References

Index of Scripture References

Verses **Location**

Genesis

Verse	Location
1:1	Hort Addr. 28
1:1-3	1 Apol. 60.2-4
1:1, 2	1 Apol. 64.2-3
1:26, 28	Dial. 62.1
3:15	Dial. 102.3
3:22	Dial. 129.2
3:22	Dial. 62.3
7:16	Dial. 127.1
9:24-27	Dial. 138.3
11:5	Dial. 127.1
11:6	Dial. 102.4
15:6	Dial. 92.3
18:1, 2	Dial. 56.2
18:10	Dial. 56.6
18:13, 14	Dial. 56.17
18:16, 17	Dial. 56.17
18:20-23	Dial. 56.18
18:33, 19:1	Dial. 56.19
19:10	Dial. 56.19
19:16-25	Dial. 56.19-21
19:23	Dial. 56.12
19:27, 28	Dial. 56.2
21:9-12	Dial. 56.7
28:10-19	Dial. 58.11-13
31:10-13	Dial. 58.4-5
32:22-30	Dial. 58.4-5
35:6-10	Dial. 58.8
18:2	Dial. 126.4
18:13	Dial. 126.4
18:16	Dial. 126.5
18:17	Dial. 126.5
19:24	Dial. 127.5
26:4	Dial. 120.1
27:14	Dial. 120.1
32:24, 30	Dial. 126.3
35:7	Dial. 59.4
49:8-12	Dial. 52.2
49:9, 10	1 Apol. 54.5
49:10	Dial. 120.3
49:10	1 Apol. 32.1

Exodus

Verse	Location
2:23	Dial. 59.2
3:2-4	Dial. 59.4
3:6	1 Apol. 63.7-8
3:6	1 Apol. 63.11

Verses	Location
3:6	1 Apol. 63.17
3:16	Dial. 59.2
6:2-4	Dial. 126.2
6:29	Dial. 127.1
Ez 14:20	Dial. 44.2
23:20, 21	Dial. 75.1
28:33, 34 and 39:25, 26	Dial. 42.1

Leviticus

36:40, 41	Dial. 16.1

Numbers

11:17	Dial. 49.6
11:23	Dial. 126.6
21:8	1 Apol. 60.3
24:17	Dial. 106.4

Deuteronomy

4:19	Dial. 55.1
10:16	Dial. 16.1
21:23	Dial. 96.1
27:26	Dial. 95.1
30:15, 19	1 Apol. 44.1
31:2-3	Dial. 126.6
31:16-18	Dial. 74.4
32:6, 20	Dial. 20.4
32:7-9	Dial. 131.1
32:15	Dial. 20.1
32:16-23	Dial. 119.2
32:22	1 Apol. 60.9
32:20; Isa 42:19	Dial. 123.3
32:43	Dial. 130.1
33:13-17	Dial. 90.1

Joshua

5:2; Isa 26:2, 3	Dial. 23.2
5:13-6:2	Dial. 62.5

1 Kingdoms (1 Samuel)

5	Dial. 132.2

2 Kingdoms (2 Samuel)

7:14-16	Dial. 118.2

Index of Scripture References

Verses   Location

3 Kingdoms (1 Kings)

19:14, 18 ....Dial. 39.1

Psalms

1 ....1 Apol. 40.8-10
1:3 ....Dial. 86.4
2 ....1 Apol. 40.11-19
2:7 ....Dial. 88.8
.... See Mt 3:17; Mk 1:10, 11; Lk 3:21, 22
2:7, 8 ....Dial. 122.6
2:7; compare Mt 3:17 ....Dial. 103.6
3:4, 5 ....Dial. 97.1
3:5 ....1 Apol. 38.5
8:3 ....Dial. 114.3
9:5 ....1 Apol. 54.9
17:43 ....Dial. 28.6
18:1-6 ....Dial. 64.8
18:2-6 ....1 Apol. 40.1-4
18:4 ....Dial. 42.1
18:6 ....Dial. 69.3
21:1-24 ....Dial. 98.2-5
21:8, 9 (22:8, 9) ....1 Apol. 38.6
21:16-18 ....Dial. 97.3
21:18 ....1 Apol. 38.4
22:16 ....1 Apol. 35.5
23 ....Dial. 36.3-4
23:7-10 ....1 Apol. 51.7
23:7 ....Dial. 127.5
23:7 ....Dial. 85.1
31:2 ....Dial. 141.2
44 ....Dial. 39.3-5
44:6-11 ....Dial. 63.3-4
44:6, 7 ....Dial. 56.14
44:7 ....Dial. 86.3
46:6-10 ....Dial. 37.1
49 ....Dial. 22.7-10
67:19 ....Dial. 39.4
67:19 ....Dial. 87.6
71 ....Dial. 34.2-6
71:1-19 ....Dial. 64.4
71:17 ....Dial. 121.1
81 ....Dial. 124.2
89:4; 2 Pe 3:8 ....Dial. 81.3
94 ....Dial. 73.1
95:1-13 ....Dial. 73.3-4
95:2, 5-10 (paraphase) ....1 Apol. 41.1-3
95:5 ....Dial. 79.4

Verses	Location
96:5	Dial. 55.2
98	Dial. 37.3-4
98:1-7	Dial. 64.4
109	Dial. 32.6
109	Dial. 83.2
109:1	Dial. 56.14
109:3, 4	Dial. 63.3
109:1-3	1 Apol. 45.2-4
109:1	Dial. 127.5
109:4	Dial. 118.1
127:3	Dial. 110.3
148:1, 2	Dial. 85.6

Proverbs

Verses	Location
8:21-36	Dial. 61.3-5
8:22-25	Dial. 129.3

Job

Verses	Location
1:6	Dial. 79.4

Hosea

Verses	Location
10:6	Dial. 103.4

Amos

Verses	Location
5:18 to 6:7	Dial. 22.2-5

Micah

Verses	Location
4:1-7	Dial. 108.2-3
5:2	1 Apol. 33.1

Joel

Verses	Location
3:1	Dial. 87.6

Jonah

Verses	Location
4:10, 11	Dial. 107.4

Zechariah

Verses	Location
2:10-3:2	Dial. 115.1-2
2:11	Dial. 119.3
3:1, 2	Dial. 79.4
6:12	Dial. 121.2
6:12	Dial. 106.4

Verses	Location
9:9	1 Apol. 35.11
9:9	Dial. 53.3
Comb. of 12:3-14, Isa 63:17, and Isa 64:1	11 Apol. 52.10-12
13:7	Dial. 53.6

Malachi

1:10-12	Dial. 28.5
1:10-12	Dial. 41.2
1:10-12	Dial. 117.1

Isaiah

1:3	1 Apol. 63.2
1:3	1 Apol. 63.12
1:3, 4	1 Apol. 37.1-2
1:7	1 Apol. 47.4
1:9	1 Apol. 53.7
1:9	Dial. 140.3
1:14, 18:6	1 Apol. 37.5-8
1:16-20	1 Apol. 61.7-8
1:16-20	1 Apol. 44.3-4
1:23	Dial. 82.4
2:3	1 Apol. 39.1
2:5, 6	Dial. 135.6
3:9-11	Dial. 17.2
3:9-15	Dial. 133.2-3
3:9	Dial. 136.2
3:9	Dial. 137.3
3:16	Dial. 27.3
5:18, 20	Dial. 17.2
5:18-25	Dial. 133.4-5
5:20	1 Apol. 49.7
5:21	Dial. 39.5
6:8	Dial. 75.3
7:10-17 with 8:4 inserted	Dial. 43.5-6
7:10-17 with 8:4 inserted	Dial. 66.2-3
7:14	1 Apol. 33.1
9:6	1 Apol. 35.2
11:1	1 Apol. 32.12
11:1-3	Dial. 86.3
14:1	Dial. 123.1
19:24, 25	Dial. 123.5
26:2, 3; Josh 5:2	Dial. 23.2
29:14	Dial. 32.5
29:13	Dial. 140.2
29:13, 14	Dial. 78.11
29:14	Dial. 123.4
30:1-5	Dial. 79.3

Verses	Location
33:13-19	Dial. 70.2-3
35:1-7	Dial. 69.5
35:6	1 Apol. 48.1
40:1-17	Dial. 50.3-5
42:1-4	Dial. 123.8
42:1-4	Dial. 135.2
42:5-13	Dial. 65.4-6
42:6, 7	Dial. 26.2
42:6	Dial. 122.3
42:8	Dial. 65.1
42:16	Dial. 122.1
42:19; De 32:20	Dial. 123.3
43:10	Dial. 122.1
43:15	Dial. 135.1
45:24	1 Apol. 52.6
49:6	Dial. 121.4
49:8	Dial. 122.5
50:4	Dial. 102.5
50:6-8	1 Apol. 38.2-3
51:4, 5	Dial. 11.3
52:5	Dial. 17.2
52:10 to 54:6	Dial. 13.2-7
52:15-53:1	Dial. 118.4
52:13-53:8	1 Apol. 50.2-11
53:1, 2	Dial. 42.2
53:1	Dial. 114.2
53:7	Dial. 111.3
53:7	Dial. 114.2
53:8	Dial. 43.3
53:8-12	1 Apol. 51.1-5
53:8	Dial. 63.2
53:9 (partial paraphrase)	Dial. 118.1
53:9	Dial. 97.2
54:1	1 Apol. 53.5
55:3	Dial. 12.1
55:3-13	Dial. 14.1-7
57:1	1 Apol. 48.5-6
57:1	Dial. 110.6
57:1-4	Dial. 17.5
58:1-12	Dial. 15.1-6
58:13, 14	Dial. 27.1
62:10 to 63:6	Dial. 26.3-4
63:15 to 64:12	Dial. 25.2-5
Comb. of **Zech 12:3-14, 63:17,** and **64:11**	1 Apol. 52.10-12
64:10-12	1 Apol. 47.2-3
65:1-3	Dial. 23.3-4
65:1-3	1 Apol. 49.2-4
65:2 (see also **Rom 10:21**)	Dial. 97.2
65:2	1 Apol. 38.1

Verses	Location
65:2	1 Apol. 35.3
65:2	Dial. 114.2
62:12	Dial. 119.3
65:1	Dial. 119.4
65:8	Dial. 136.1
65:9-12	Dial. 135.4
65:17-25	Dial. 81.1-2
66:1	1 Apol. 37.3-4
66:1	Dial. 22.11
66:5-11	Dial. 85.8-9
66:24	Dial. 44.3
66:24	1 Apol. 52.8
66:24	Dial. 140.3

Jeremiah

2:13	Dial. 140.2
2:13	Dial. 114.5
4:3	Dial. 28.2
7:21, 22	Dial. 22.6
9:25	Dial. 28.3
9:26	1 Apol. 53.11
11:19	Dial. 72.2
31:15	Dial. 78.8
31:27	Dial. 123.5
31:31, 32	Dial. 11.3

Lamentations

4:20	1 Apol. 55.20

Ezekiel

3:17-19	Dial. 82.3
14:18, 20	Dial. 140.3
16:3	Dial. 78.1
18:20	Dial. 140.3
20:12	Dial. 19.6
20:19-26	Dial. 21.2-4
Ex 32:6	Dial. 20.1
36:12	Dial. 123.6
37:7, 8	1 Apol. 52.5
44:3	Dial. 118.2

Daniel

7:9-28	Dial. 31.2-7
7:13	1 Apol. 51.9

Verses	Location

Matthew

Verses	Location
1:21; Lk 1:32	1 Apol. 33.5
3:11, 12	Dial. 49.3
4:9, 10	Dial. 103.6
4:10	Dial. 125.4
5:20	Dial. 105.6
5:28, 29, 32	1 Apol. 15.1, 2
5:34, 37	1 Apol. 16.5
5:46, 44; Lk 6:28	1 Apol. 15.9
6:1	1 Apol. 15.17
7:11	Dial. 76.4
7:15	Dial. 35.3
7:15	Dial. 35.3
7:21-23; Lk 13:42, 7:15, 16, 19	1 Apol. 16.9-13
7:22	Dial. 76.5
8:11, 12	Dial. 140.4
8:11, 12	Dial. 120.6
9:13	1 Apol. 15.8
10:28	1 Apol. 19.7
11:12-15	Dial. 51.3
11:27	1 Apol. 63.3
11:27	1 Apol. 63.13
11:27	Dial. 100.1
12:38	Dial. 107.1
13:3	Dial. 125.1
16:21	Dial. 100.3
17:12	Dial. 49.5
19:12	1 Apol. 15.4
19:16, 17	1 Apol. 16.7
19:26	1 Apol. 19.6
21:13	Dial. 17.3
22:17, 19, 20, 21	1 Apol. 17.1
22:37	Dial. 93.2
23 and Lk 11	Dial. 17.4
23:27, 23, 24	Dial. 112.4
24:11	Dial. 35.3
25:31	1 Apol. 51.9
25:41	Dial. 76.5
26:39	Dial. 99.2
See 27:39	1 Apol. 38.8

Mark

Verses	Location
12:30	1 Apol. 16.5

Luke

Verses	Location
1:32; Mt 1:21	1 Apol. 33.5

Index of Scripture References

Verses	Location
1:35	Dial. 100.3
1:38	Dial. 100.3
6:30, 34; Mt 6:19, 16:26, 6:20	1 Apol. 15.10-12
6:35	Dial. 96.3
6:36; Mt 5:45, 6:25, 26, 33, 21	1 Apol. 15.13-16
6:29; Mt 5:22, 41, 16	1 Apol. 16.1-2
9:22	Dial. 76.7
10:6	1 Apol. 63.5
10:19	Dial. 76.6
11 and Mt 23	Dial. 17.4
12:48	1 Apol. 17.4
18:18	Dial. 101.2
20:35, 36 (paraphrased)	Dial. 81.4
22:19	1 Apol. 66.3
22:20; 1 Co 11:25	1 Apol. 66.3
22:44, 42	Dial. 103.8
23:46	Dial. 105.5

John

1:20-23	Dial. 88.7
3:5	1 Apol. 61.4

Romans

3:12, 13, 16, 17	Dial. 27.3

1 Corinthians

11:18, 19 allusion	Dial. 35.3

Galatians

4:12	To the Greeks 5
5:20, 21 (?)	To the Greeks 5

Unknown

Possibly 2 Esdras 6:21.	Dial. 72.1
Possibly the lost Gospel of the Hebrews (?)	Dial. 47.5
Unknown	Dial. 72.4
Perhaps an allusion to Isa 54:9	Dial. 138.1

www.ingramcontent.com/pod-product-compliance
Lightning Source LLC
Chambersburg PA
CBHW051417290426
44109CB00016B/1334